.

民事訴訟判例 読み方の基本

田中 豊［著］

The Fundamentals of Judicial
Precedents on Civil Procedure

日本評論社

はしがき

　法律実務家は、眼前の仕事が既発生の紛争の解決を目指した訴訟・仲裁・調停（ADR を含む。）に関するものであるか、市民生活に係る相談やビジネスに係る契約締結等に関するものであるかを問わず、それまでに積み重ねられてきた判例の検討を抜きにしては、一日たりとも生活することができません。

　2011年に『法律文書作成の基本——Legal Reasoning and Legal Writing』（日本評論社）を上梓したところ、若い法律実務家又はそれを目指している方々から大変好意的に迎えられました。そして、法律実務家が判例に向かう場合の基本について Legal Reasoning の観点からした解説部分——判例の射程、判例の種類、主論と傍論との区別、多数意見と少数意見等——につき、より深くより多くの判例に即して学びたいとの要望が寄せられました。

　本書は、法律実務家がその主な使い手である民事訴訟法に関する判例の読み方の基本を修得しようとするものですが、併せてその作業を通じて、現代の日本に生きている民事訴訟の動態を理解し、将来に向かう展望を得ようとするものです。そこで、分析の対象とする判決を選択するに当たっては、民事訴訟法の各主題についての基本に遡って議論しているものであってできるだけ新しいものとしました。本書で取り上げた判決（主要判決は50件ですが、その位置付けを明らかにするためにその６倍以上の判決を取り上げています。）によって、現代の日本に生きている民事訴訟の動態の全体像が明らかになることを期待しています。

　さて、以下に、本書を執筆するに際して留意した点等を整理しておきましょう。

　第１に、一つ一つの判決につき、地に足を着けて理解することを試みています。すなわち、どのような事案において、どのような点を解決するために、どのような理由を述べて、どのような結論を導いたのかを、当該判決に即して内在的に理解しようとしています。一定の法理論を前提として、当該判決の採った理屈が正しいかどうかを評価するという姿勢で臨むのではなく、まずはできるだけ客観的に当該判決を読んでみるということです。

第2に、一つ一つの判決につき、それが生まれた環境の中に位置付けて理解することを試みています。民事訴訟は紛争を解決し、市民の権利を実現するために国が設営する手続ですが、判決は無菌の実験室の中で生まれるものではなく、生きた社会・経済の現実の中で、先人（判例・学説）がそれまでに築いてきた知的蓄積を前提にして、一定の解決方法を提示するものです。そこで、当該判決を同時代の社会・経済状況とそれまでの判例・学説の展開の中に位置付けることによって、できる限り客観的にその意味と役割とを把握しようとしています。

第3に、以上の検討を経て、一つ一つの判決につき、その射程（適用範囲）を明らかにすることを試みています。それによって、判例によって解決されたとされる問題（判例の到達点）と将来に残された問題とを識別しようとしています。このような姿勢の系として、当該判決が契機になって立法に繋がるといった司法と立法との相互作用を見ることができるものについては、その点についても言及しています。

第4に、判例の射程を明らかにするため、一つ一つの判決につき、まずは判決理由中の複数の判断を主論と傍論とに区別し、次に主論とされる判断部分が法理判例・場合判例・事例判例のいずれに性質区分されるかを明らかにすることを試みています。法律実務家は、判例変更の手続を経ない限り通用する判断であるのかそうでないのかを常に念頭に置いて仕事をする必要があるからです。

第5に、最高裁判決には、下級審判決とは異なって、少数意見を付することができることとされています。少数意見が付せられている判決は、裁判官間の議論の過程が垣間見えるばかりか、当該判決の判例の射程を確定するとともに、その安定度を測るといった様々な観点から興味深い問題を提供しています。そこで、少数意見の付せられた判決については、多数意見と少数意見との間の議論の応酬を（かみ合った議論の応酬になっているかどうかを含めて）具体的かつ詳細に検討することを試みています。法律実務家のする議論の片鱗に触れることができ、良い議論の仕方（悪い議論の仕方）を考えるきっかけにもなります。

第6に、以上のような検討を積み重ねてみると、判決理由中の判断が理屈として良く考えられている上、民事訴訟の実務においても使い勝手の良いもので

あると納得することのできる場合もあるでしょうし、説得力が貧弱であって、むしろ残された問題が多いと指摘せざるを得ない場合もあるでしょう。前述したように、本書の目的は、単に民事訴訟の現実を知るというだけではなく、将来に向かう展望を得ようとするところにもありますから、後者のように考えられる点については、率直に指摘をして大方の議論をまつことにしました。特に、若い法律実務家の皆様の議論のきっかけになることを期待しています。

　最後に、冒頭に紹介した前著と同様、本書についても最終校正に至るまで、日本評論社第一編集部の田中早苗氏に尽力していただきました。ここに謝意を表します。

　　　2017年8月

　　　　　　　　　　　　　　　　　　　　　　　　　　　　　田中　豊

●民事訴訟判例 読み方の基本──目次

はしがき

第1章　民事紛争の解決と民事訴訟

◆司法権の限界と法律上の争訟 ……………………………………………………2
　　1　宗教上の教義の内容が争点になる場合と法律上の争訟
　　最3小判平成5・9・7民集47巻7号4667頁［32］（日蓮正宗管長事件）
◆民事紛争の国際的広がりと我が国の裁判管轄権 ………………………… 16
　　2　国際裁判管轄と特段の事情
　　最3小判平成9・11・11民集51巻10号4055頁［54］（ドイツ在住日本人事件）

第2章　当事者

◆当事者能力 ………………………………………………………………………… 30
　　3　民訴法29条にいう「法人でない社団」と独立財産の要否
　　最2小判平成14・6・7民集56巻5号899頁［19］
◆当事者適格・訴訟提起・追行に係る特別の授権 ……………………………… 38
　　4　入会権確認訴訟と入会団体の当事者適格
　　最3小判平成6・5・31民集48巻4号1065頁［20］

第3章　訴訟要件・訴えの利益

◆確認の訴えの利益 ………………………………………………………………… 54
　　5　遺言無効確認の訴えと紛争の成熟性
　　最2小判平成11・6・11判時1685号36頁
◆給付の訴えの原告適格等(1) …………………………………………………… 64
　　6　マンションの管理をめぐる紛争と管理組合の当事者適格
　　最3小判平成23・2・15判時2110号40頁

◆給付の訴えの原告適格等(2) ……………………………………………… 75
 7 継続的不法行為に基づく損害賠償請求と将来給付の訴えの請求権適格
 最3小判平成19・5・29判時1978号7頁（第5次～7次横田基地事件）
◆形成の訴えの利益 ……………………………………………………………… 91
 8 株主総会決議取消訴訟と訴えの利益
 最1小判平成4・10・29民集46巻7号2580頁［20］（ブリヂストン事件）

第4章 審判の対象と処分権主義

◆訴訟物の異同 ………………………………………………………………… 104
 9 法定解除による原状回復請求権と合意解除による不当利得返還請求権
  の訴訟物の異同
 最3小判昭和32・12・24民集11巻14号2322頁［127］
◆訴えの選択的併合と訴訟物理論 …………………………………………… 113
 10 遺産確認の訴えと共有持分確認の訴えとの選択的併合
 最3小判平成元・9・19判時1328号38頁
◆重複訴訟禁止の原則(1) ……………………………………………………… 123
 11 債権者代位訴訟における重複訴訟禁止の原則と当事者適格
 最3小判昭和48・4・24民集27巻3号596頁［10］
◆重複訴訟禁止の原則(2) ……………………………………………………… 134
 12 債務不存在確認の訴えと給付を求める反訴
 最1小判平成16・3・25民集58巻3号753頁［10］
◆重複訴訟禁止の原則(3) ……………………………………………………… 141
 13 重複訴訟禁止の原則と相殺の抗弁の許否（別訴先行型）
 最2小判平成18・4・14民集60巻4号1497頁［22］

第5章 訴訟の審理

◆弁論主義と主張・立証責任 ………………………………………………… 154
 14 被相続人の処分行為と所有権喪失の抗弁
 最1小判昭和55・2・7民集34巻2号123頁［7］
◆自白の拘束力 ………………………………………………………………… 166
 15 債権譲渡の原因行為は間接事実か
 最1小判昭和41・9・22民集20巻7号1392頁［67］

◆不利益陳述 ……………………………………………………………………………… 177

16 積極否認事実として原告の共有持分権取得原因事実を被告が主張した
場合と不利益陳述

最1小判平成9・7・17判時1614号72頁

◆釈明権と釈明義務(1) ………………………………………………………………… 188

17 異なる訴訟物を示唆する釈明権限の有無

最1小判昭和45・6・11民集24巻6号516頁[33]

◆釈明権と釈明義務(2) ………………………………………………………………… 199

18 主張の補正と証拠の提出に係る釈明義務

最1小判平成17・7・14判時1911号102頁

第6章　証拠法

◆自由心証主義と証明度 ………………………………………………………………… 216

19 訴訟上の要証事実の立証と証明度

最3小判平成12・7・18判時1724号29頁（長崎原爆症事件）

◆当事者の証明・裁判官の事実認定(1) …………………………………………… 225

20 事実的因果関係と概括的認定

最3小判平成9・2・25民集51巻2号502頁[14]

◆当事者の証明・裁判官の事実認定(2) …………………………………………… 237

21 推計による損害（額）の証明と推計条件の主張・立証責任

最2小判平成元・12・8民集43巻11号1259頁[26]（鶴岡灯油訴訟事件）

◆当事者の証明・裁判官の事実認定(3) …………………………………………… 249

22 主張・立証責任を負わない当事者の事案解明義務

最1小判平成4・10・29民集46巻7号1174頁[19]（伊方原発事件）

◆当事者の証明・裁判官の事実認定(4) …………………………………………… 262

23 採石権侵害の不法行為による損害賠償請求事件と民訴法248条の適用

最3小判平成20・6・10判時2042号5頁

◆2段の推定(1) ………………………………………………………………………… 274

24 印影の顕出に使用された印章をその所有者が保管していないのが
常態である場合と第1段の推定

最3小判平成5・7・20判時1508号18頁（出稼ぎ印鑑保管事件）

◆2段の推定(2) ………………………………………………………………………… 284

25 第2段の推定を妨げる反証

最3小判昭和38・7・30集民67号141頁（賃貸借契約合意解約事件）

◆証拠提出義務等(1)··· 294

26 金融機関の顧客情報と職業の秘密

最 3 小決平成19・12・11民集61巻 9 号3364頁［36］

◆証拠提出義務等(2)··· 308

27 報道関係者の取材源と職業の秘密

最 3 小決平成18・10・ 3 民集60巻 8 号2647頁［40］（NHK記者証言拒絶事件）

◆証拠提出義務等(3)··· 318

28 銀行作成の自己査定資料と自己利用文書

最 2 小決平成19・11・30民集61巻 8 号3186頁［32］（八十二銀行事件）

◆証拠調べ·· 327

29 反対尋問の機会のなかった供述の証拠能力

最 2 小判昭和32・ 2 ・ 8 民集11巻 2 号258頁［16］

第 7 章　複雑な訴訟形態

◆共同所有関係と訴訟形態(1)·· 338

30 共有権確認訴訟・共有権に基づく所有権移転登記手続請求訴訟と
固有必要的共同訴訟

最 1 小判昭和46・10・ 7 民集25巻 7 号885頁［60］

◆共同所有関係と訴訟形態(2)·· 347

31 土地所有権に基づく建物共有者に対する建物収去土地明渡請求と
通常共同訴訟

最 2 小判昭和43・ 3 ・15民集22巻 3 号607頁［37］

◆共同所有関係と訴訟形態(3)·· 356

32 遺産確認の訴えと固有必要的共同訴訟

最 3 小判平成元・ 3 ・28民集43巻 3 号167頁［5］

◆必要的共同訴訟の審理手続(1)··· 366

33 入会権確認の訴えと訴え提起に同調しない入会権者の扱い

最 1 小判平成20・ 7 ・17民集62巻 7 号1994頁［20］

◆必要的共同訴訟の審理手続(2)··· 375

34 住民訴訟と共同訴訟人である住民の一部の者がした上訴又は上訴の
取下げ

最大判平成 9 ・ 4 ・ 2 民集51巻 4 号1673頁［23］（愛媛玉串料事件）

◆独立当事者参加訴訟(1)··· 387

35 不動産の二重譲渡と独立当事者参加

最 3 小判平成 6 ・ 9 ・27判時1513号111頁

◆独立当事者参加訴訟(2) ……………………………………………………… 401
36 敗訴者の1人による上訴と利益変更禁止の原則
最2小判昭和48・7・20民集27巻7号863頁［20］

◆補助参加(1) ………………………………………………………………… 409
37 株主代表訴訟と取締役のためにする会社の補助参加の許否
最1小決平成13・1・30民集55巻1号30頁［3］

◆補助参加(2) ………………………………………………………………… 425
38 参加的効力と既判力との異同
最1小判昭和45・10・22民集24巻11号1583頁［46］

◆補助参加(3) ………………………………………………………………… 435
39 参加的効力の客観的範囲と主観的範囲
最3小判平成14・1・22判時1776号67頁

第8章　判　決

◆既判力の客観的範囲(1) ……………………………………………………… 448
40 所有権確認請求を棄却する判決の既判力と既判力の制限
　　共有持分権を主張できない相続人と遺産確認の訴えの原告適格
最2小判平成9・3・14判時1600号89頁、97頁

◆既判力の客観的範囲(2) ……………………………………………………… 461
41 前訴判決の既判力に実質的に矛盾する後訴の許否
最1小判平成10・9・10判時1661号81頁（オリエントコーポレーション事件）

◆既判力の基準時 ……………………………………………………………… 472
42 建物買取請求権の行使と既判力の時的限界
最2小判平成7・12・15民集49巻10号3051頁［42］

◆一部請求と既判力(1) ………………………………………………………… 482
43 一部請求敗訴後の残部請求の許否
最2小判平成10・6・12民集52巻4号1147頁［25］

◆一部請求と既判力(2) ………………………………………………………… 491
44 一部請求訴訟における相殺と既判力の生ずる範囲
最3小判平成6・11・22民集48巻7号1355頁［29］

◆既判力の主観的範囲(1) ……………………………………………………… 501
45 「口頭弁論終結後の承継人」の判断枠組み
最1小判昭和48・6・21民集27巻6号712頁［65］

◆既判力の主観的範囲(2)‥‥‥‥‥‥‥‥‥‥‥‥‥‥‥‥‥‥‥‥‥‥‥514

46 法人格否認の法理と既判力・執行力の拡張

最 1 小判昭和53・9・14判時906号88頁

◆既判力の主観的範囲(3)‥‥‥‥‥‥‥‥‥‥‥‥‥‥‥‥‥‥‥‥‥‥‥523

47 反射的効力——主債務者勝訴の確定判決の保証人による援用の許否

最 1 小判昭和51・10・21民集30巻 9 号903頁［32］

第 9 章　判決によらない訴訟の終了

◆訴訟上の和解‥‥‥‥‥‥‥‥‥‥‥‥‥‥‥‥‥‥‥‥‥‥‥‥‥‥‥‥‥540

48 訴訟上の和解と既判力

最 1 小判昭和33・6・14民集12巻 9 号1492頁［68］（苺ジャム事件）

◆訴えの取下げ‥‥‥‥‥‥‥‥‥‥‥‥‥‥‥‥‥‥‥‥‥‥‥‥‥‥‥‥‥550

49 終局判決後の訴えの取下げと再訴禁止効

最 3 小判昭和52・7・19民集31巻 4 号693頁［21］

◆請求の放棄‥‥‥‥‥‥‥‥‥‥‥‥‥‥‥‥‥‥‥‥‥‥‥‥‥‥‥‥‥‥561

50 離婚請求訴訟と請求の放棄の許否

最 1 小判平成 6・2・10民集48巻 2 号388頁［9］

Refreshments 一覧

1　「事案を異にし本件に適切でない」とは？‥‥‥‥‥‥‥‥‥‥‥‥‥‥‥‥51
2　主論（ratio decicendi）と傍論（obiter dicta）‥‥‥‥‥‥‥‥‥‥‥‥‥‥60
3　法理判例・場合判例・事例判例‥‥‥‥‥‥‥‥‥‥‥‥‥‥‥‥‥‥‥‥‥85
4　「破棄・差戻し」と「破棄・自判」‥‥‥‥‥‥‥‥‥‥‥‥‥‥‥‥‥‥‥120
5　本案審理の要件と本案判決の要件‥‥‥‥‥‥‥‥‥‥‥‥‥‥‥‥‥‥‥131
6　釈明権の行使・手渡し釈明・判決釈明‥‥‥‥‥‥‥‥‥‥‥‥‥‥‥‥‥198
7　判決主文の「決まり文句」‥‥‥‥‥‥‥‥‥‥‥‥‥‥‥‥‥‥‥‥‥‥212
8　認定と判断‥‥‥‥‥‥‥‥‥‥‥‥‥‥‥‥‥‥‥‥‥‥‥‥‥‥‥‥‥228
9　「判例」と民集の「判決要旨」‥‥‥‥‥‥‥‥‥‥‥‥‥‥‥‥‥‥‥‥‥260
10　「本証」と「反証」及び「心証の形成過程」‥‥‥‥‥‥‥‥‥‥‥‥‥‥282
11　「私文書は、本人の押印があるときは、真正に成立したものと推定する」とは？‥‥‥‥288
12　共同所有関係と訴訟形態についての判例の立場の整理‥‥‥‥‥‥‥‥‥‥363

事項索引　　568
判例索引　　573

凡　例

▽**法令名**
民訴法＝民事訴訟法
民訴規則＝民事訴訟規則

▽**判例集・判例解説等**
民（刑）集＝最高裁判所民事（刑事）判例集・大審院民事（刑事）判例集
集民（刑）＝最高裁判所裁判集民事（刑事）
民録＝大審院民事判決録
高民（刑）集＝高等裁判所民事（刑事）判例集
下民集＝下級裁判所民事裁判例集
裁判例＝大審院裁判例（法律新聞別冊）
新聞＝法律新聞
法学＝法学（東北大学法学会誌）
判時＝判例時報
判タ＝判例タイムズ
金判＝金融・商事判例
金法＝金融法務事情
私リマ＝私法判例リマークス
判評＝判例評論
最判解平成〇年度民事（刑事）＝最高裁判所判例解説民事（刑事）篇平成〇年度

▽**雑誌**
時報＝法律時報
法セミ＝法学セミナー
ジュリ＝ジュリスト
法教＝法学教室
曹時＝法曹時報
法協＝法学協会雑誌
民訴雑誌＝民事訴訟雑誌
民商＝民商法雑誌

▽**文献**
・単行本は著者名の後に書名に『』を付して入れ、論文は著者名の後に論文名を「」を付し
　て入れた。共著は＝で結んだ。
・本書の基本的な参考文献については、以下の略語を用いた。

【民事訴訟法】
伊藤・民訴＝伊藤眞『民事訴訟法［第 5 版］』（有斐閣、2016年12月）
上田・民訴＝上田徹一郎『民事訴訟法［第 7 版］』（法学書院、2011年）
梅本・民訴＝梅本吉彦『民事訴訟法［第 4 版］』（信山社、2009年）
兼子・新修体系＝兼子一『新修民事訴訟法体系［増訂版］』（酒井書店、1965年）
兼子原著・条解＝兼子一原著『条解民事訴訟法［第 2 版］』（弘文堂、2011年）
新堂・新民訴＝新堂幸司『新民事訴訟法［第 5 版］』（弘文堂、2011年）
高橋・重点講義上・下＝高橋宏志『重点講義民事訴訟法(上)(下)［第 2 版補訂版］』（有斐
　　閣、2013〜2014年）
注釈(1)＝新堂幸司・小島武司編『注釈民事訴訟法(1)　裁判所・当事者(1)』（有斐閣、1991年）
注釈(6)＝谷口安平・福永有利編『注釈民事訴訟法(6)　証拠(1)』（有斐閣、1995年）
中野ほか・新民訴講義＝中野貞一郎・松浦馨・鈴木正裕『新民事訴訟法講義［第 2 版補訂 2
　　版］』編（有斐閣、2008年）
長谷部・民訴＝長谷部由起子『民事訴訟法［新版］』（岩波書店、2017年）
三ヶ月・民訴＝三ヶ月章『民事訴訟法』（有斐閣、1959年）
新シリーズ民訴争点＝伊藤眞・山本和彦編『新・法律学の争点シリーズ　民事訴訟法の争
　　点』（2009年）
民訴争点［初版］＝三ヶ月章・青山善充編『民事訴訟法の争点［初版］』（1979年）
民訴争点［新版］＝三ヶ月章・青山善充編『民事訴訟法の争点［新版］』（1988年）
民訴争点［第 3 版］＝青山善充・伊藤眞編『民事訴訟法の争点［第 3 版］』（1998年）

【民法】
我妻・民法総則＝我妻榮『新訂　民法総則』（岩波書店、1965年）
四宮＝能見・民法総則＝四宮和夫・能見善久『民法総則［第 8 版］』（弘文堂、2010年）

【民事訴訟実務】
司法研修所・要件事実 1 巻＝司法研修所編『民事訴訟における要件事実　第 1 巻［増補版］』
　　（法曹会、1986年）
司法研修所・類型別＝司法研修所編『改訂　紛争類型別の要件事実——民事訴訟における攻
　　撃防御の構造』（法曹会、2015年）
司法研修所・手引＝司法研修所編『10訂　民事判決起案の手引』（法曹会、2006年）
田中・事実認定－田中豊『事実認定の考え方と実務』（民事法研究会、2008年）
田中・要件事実＝田中豊『民事訴訟の基本原理と要件事実』（民事法研究会、2011年）
田中・法律文書＝田中豊『法律文書作成の基本』（日本評論社、2011年）

▽その他
・判例や文献の引用は「　」を付して入れ、その中に著者の注釈等を挟む場合は〔　〕を付して
　入れた。
・判例解説書中の判例評釈は論文名を略した。ex.滝澤孝臣・最判解平成 5 年度民事下758頁

第1章　民事紛争の解決と民事訴訟

◆　司法権の限界と法律上の争訟

1 宗教上の教義の内容が争点になる場合と法律上の争訟

最3小判平成5・9・7民集47巻7号4667頁[32]（日蓮正宗管長事件）

【事実】

1　Xらは、Y₁（包括宗教法人日蓮正宗）の構成員である僧侶であって、被包括宗教法人である寺院等の代表役員の地位にある者であるが、Y₁との間に財産上・法律上（人事・懲戒・財務等）の利害関係があるとして、Y₁とY₂（阿部日顕）に対し、Y₂がY₁の代表役員及び管長の地位にないことの確認を求める訴えを提起した。

2　Y₁には宗教法人法12条所定の規則として「宗制」があり、Y₁の母体である宗教団体日蓮正宗の規則として「宗規」がある。代表役員は宗教法人における地位であり、法主及び管長は宗教団体における地位である。そして、宗制上、代表役員は管長の職にある者をもって充てるとされ、宗規上、管長は法主の職にある者をもって充てるとされている。結局、Y₁の代表役員は法主の職にある者をもって充てることになる。

3　Xらは、Y₂は宗規に基づいて法主に選定されていないから、管長の職になく、Y₁の代表役員の地位にもないと主張した。Xらは、宗規によれば、Y₂が法主に選定されるためには、前法主から「血脈相承」を受ける必要があるところ、その事実はなく、また、そうであるなら、次期法主は宗教団体の総監・重役・能化の協議によって能化のうちから選定されるべきところ、Y₂は大僧都にすぎないから法主に選定される資格すらなく、同協議がされたこともないと主張した。

4　これに対し、Y₁・Y₂は、Y₂が前法主から血脈相承を受けたかどうかは、血脈相承の意義を教義を解釈して確定することが前提になるが、これは教義と信仰の内容に深くかかわるから、裁判所の審理・判断は許されないと主張した。

5　第1審は、代表役員・管長たる地位の不存在確認という具体的な権利義務ないし法律関係に関する紛争の形式をとっているが、その争点は宗教上の教

義・信仰にかかわるものであるから、裁判所法3条にいう法律上の争訟に当たらないとして、訴えを却下した[1]。また、控訴審（原審）は、代表役員・管長たる地位の存否を争う適格及び法律上の利益を有するのは、Y₁、当該役員たることを主張する者、総監・重役・能化に限られ、法主の任免に関与する機会を有しない末寺の僧侶であるXらは、当事者適格と訴えの利益を欠くとして、控訴を棄却した[2]。Xらが上告の申立て。

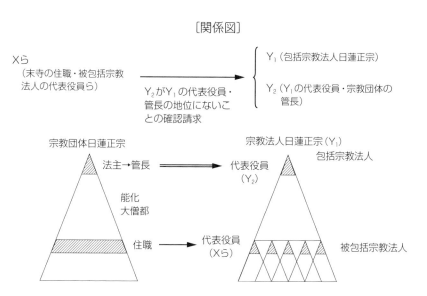

［関係図］

【判旨】

上告棄却（第1審判決相当、原判決の結論是認）。

〈法廷意見〉

1 「法律上の争訟」該当性の判断枠組み

「特定の者が宗教団体の宗教活動上の地位にあることに基づいて宗教法人である当該宗教団体の代表役員の地位にあることが争われている場合には、裁判

---

(1) 静岡地判昭和58・3・30判時1081号38頁。
(2) 東京高判昭和60・11・21判時1173号14頁。

所は、原則として右の者が宗教活動上の地位にあるか否かを審理、判断すべき
ものであるが、他方、宗教上の教義ないし信仰の内容にかかわる事項について
まで裁判所の審判権が及ぶものではない[3]。したがって、特定の者の宗教活動
上の地位の存否を審理、判断するにつき、当該宗教団体の教義ないし信仰の内
容に立ち入って審理、判断することが必要不可欠である場合には、裁判所は、
その者が宗教活動上の地位にあるか否かを審理、判断することができず、その
結果、宗教法人の代表役員の地位の存否についても審理、判断することができ
ないことになるが、この場合には、特定の者の宗教法人の代表役員の地位の存
否の確認を求める訴えは、裁判所が法令の適用によって終局的な解決を図るこ
とができない訴訟として、裁判所法3条にいう『法律上の争訟』に当たらない
というほかない。」

2　本件への当てはめ

「右事実関係によれば、Y₂が代表役員及び管長の地位にあるか否かを審理、
判断するには、Y₂が法主の地位にあるか否かを審理、判断する必要があると
ころ、記録によれば、Y₁においては、法主は、宗祖以来の唯授1人の血脈を
相承する者であるとされているから、Y₂が法主の地位にあるか否かを審理、
判断するには、血脈相承の意義を明らかにした上で、同人が血脈を相承したも
のということができるかどうかを審理しなければならない。そのためには、
Y₁の教義ないし信仰の内容に立ち入って審理、判断することが避けられない
ことは、明らかである。そうであるとすると、本件訴えは、結局、いずれも法
律上の争訟性を欠き、不適法として却下を免れない。」

〈個別意見〉

（大野裁判官の少数意見）

「『血脈相承』は、Y₁の教義ないし信仰の内容にかかわる宗教的儀式であっ
て、その意義及び存否は、裁判所の判断の対象とはならない。……しかし、そ
のことから直ちに法主の『選定』の有無が裁判所によって判断できない非法律
的な宗教的事項になるわけではない。法主の『選定』があったか否かは、『血

---

(3)　本判決は、最1小判昭和55・4・10判時973号85頁（本門寺事件判決）を引用。

脈相承』それ自体を判断しないでも、『選定』を推認させる間接事実（例えば、就任の公表、披露、就任儀式の挙行など）の存否、あるいは選任に対するY_1内の自律的決定ないしこれと同視し得るような間接事実（例えば、責任役員らによる承認、新法主による儀式の挙行と列席者の承認など）の存否を主張立証させることによって判断することが可能である。『選定』の直接事実は『血脈相承』であり、それは裁判所の判断すべき事項ではないが、右例示の間接事実は、教義、教理の内容にわたるものではなく、裁判所にとって判断可能な社会的事実であり、これらの事実の存否によって、裁判所はY_2が宗教法人たるY_1の代表役員であるか否かを判定することが可能であり、また必要である。」

【判例の読み方】

1　本判決のポイント

(1)　問題の所在——宗教団体の活動の二面性

　宗教団体は、宗教活動（信仰に関する活動）をするのが本来的目的であるが、そればかりでなく経済的・市民的活動（世俗的活動）をもしている。そこで、国は、宗教法人法を立法し、礼拝の施設を備える神社・寺院・教会等で一定の要件を満たす宗教団体に法人格を付与することにした[4]。そうすると、法人格を取得した宗教団体の活動には、宗教法人法の適用を受ける経済的・市民的活動と司法権による干渉の許されない宗教活動とが並存することになる[5]。

---

(4)　このような宗教団体に、礼拝の施設を備える寺院等の「単位宗教団体」と、単位宗教団体を束ねる宗派等の「包括宗教団体」とが存する。いずれの宗教団体も法人格を取得することができるところ、宗教法人法は包括関係についての定義規定を置いておらず、包括関係を宗教団体の一種の合意として把握しているようである。すなわち、包括宗教法人が被包括宗教法人の組織運営等を支配・統制することを当然に内容とするわけではなく、基本的には同一教義を信ずることに基づく結合であって、包括関係の内容は合意によって様々なものがあり得ると解されている。包括関係を廃止するための役員解任等を原因とする紛争を扱ったものとして、最1小判平成12・9・7民集54巻7号2349頁［30］がある。

(5)　厳密には、法人格を取得していない宗教団体の活動にも本文の指摘する二面性はあるが、裁判所に持ち込まれる紛争の大多数は法人格を取得した宗教団体におけるものである。

このように宗教団体の活動に二面性があるところに、宗教団体をめぐる紛争において法律上の争訟性が問題になる素地がある。

(2) 充て職と宗教問題

本件は、宗制上、宗教団体日蓮正宗の管長の職にある者をもって Y_1（宗教法人日蓮正宗）の代表役員に充てるとされ、宗規上、宗教団体日蓮正宗の法主に選定された者をもって管長に充てるとされていたため、Y_2 が Y_1 の代表役員の地位にあるかどうかを判断するには、Y_2 が宗教団体日蓮正宗の管長の職にあったかどうか、更にその前提として宗教団体日蓮正宗の法主に選定されたかどうかを審理・判断する必要が生じた。そこで、管長というのが宗教上の地位であるのかどうかが問題になり、また、司法裁判所において、法主に選定されるために必須の「血脈相承」という宗教問題をどのように扱うべきであるかが問題となった。

以下、第1に、司法権の限界を画する「法律上の争訟」の意義とその判断枠組みを整理し（後記2）、第2に、宗教団体における地位が法律上の地位といえるかどうかについての判例の立場と本判決の対処の仕方を検討し（後記3）、第3に、争点レベルにおける宗教問題と法律上の争訟との関係についての判例の立場を確認し（後記4）、第4に、宗教問題への対処のあり方についての幾つかの提案とその問題点を検討し（後記5）、第5に、宗教問題を含む争点についての判断が結論を導くために必要不可欠である場合とはどのような場合をいうのかを類型分けして検討する（後記6）。

2 司法権の限界と「法律上の争訟」

(1) 司法権の限界

憲法76条1項は「すべて司法権は、最高裁判所及び法律の定めるところにより設置する下級裁判所に属する。」と規定して、裁判所の有する本質的機能を「司法権」と表現し、他方、憲法32条は「何人も、裁判所において裁判を受ける権利を奪はれない。」と規定して、国民に裁判を受ける権利を保障する。

これらを受けて、裁判所法3条1項は、「裁判所は、日本国憲法に特別の定のある場合を除いて一切の法律上の争訟を裁判し、その他法律において特に定める権限を有する。」と規定し、憲法のいう「司法権」が「一切の法律上の争訟」に及ぶことを明らかにする。結局、裁判所法3条1項にいう「**法律上の争**

訟」は、裁判所の有する権限の範囲を画するとともに、国民に対して負う責務の範囲を画する道具概念として重要な役割を果たしている。

(2) 「法律上の争訟」の意義に関する判例理論

「法律上の争訟」は、①当事者間の具体的な権利義務又は法律関係の存否に関する争いであって、②法令を適用することにより終局的に解決することのできるものをいうというのが確立した最高裁判例の立場であり、学説にも異論がないといってよい[6]。例えば、裁判所は、具体的な権利義務又は法律関係を離れて、抽象的に法令の違憲審査をする権限はない（①）し、また、学問上の正否、宗教上の正統と異端等の判断をする権限もない（②）と解されている。

しかし、具体的な権利義務又は法律関係のカテゴリーに入るものは何か、法令を適用することにより終局的に解決することができるかどうかをどのように識別するかといった点につき、最高裁判例の立場と学説の大勢との間には顕著な相違が見られる（後記5を参照）。

最高裁は、民事紛争における法律上の争訟性の有無を判断するに当たり、①につき当該事件の訴訟物（請求権）に着目して検討し、②につき当該事件の結論を導くために不可避の争点に着目して検討するという2ステップ・テストを採用している。このような最高裁の判断枠組みを最もよく示しているのが宗教団体をめぐる紛争である。

(3) 最高裁の判断枠組み——宗教紛争と「法律上の争訟」

最高裁は、宗教団体をめぐる紛争につき、上記(2)の2ステップ・テストを当てはめ、第1に、訴訟物レベルで宗教活動それ自体に関するものであるかどうかを検討する。そして、宗教上の地位の確認や宗教団体内部における懲戒処分の効力の有無の確認を求める訴えは、訴訟物が宗教活動それ自体に関するものであるので、法律上の争訟に当たらないとする[7]。

第2に、最高裁は、第1の関門を突破した事件につき、当該事件の結論を導くために宗教上の教義や信仰の内容に立ち入ることを回避することができるか

---

(6) 松浦馨「民事訴訟による司法審査の限界」民訴争点［新版］24頁、高橋宏志「審判権の限界」民訴争点［第3版］20頁を参照。

(7) 最1小判平成4・1・23民集46巻1号1頁［1］は、この理を述べ、宗教上の懲戒処分の無効確認訴訟を法律上の争訟に当たらないとした。宗教上の地位の存否確認訴訟については、本文3(1)を参照。

どうかを検討する。そして、当該事件の結論を導くために宗教上の教義や信仰の内容に立ち入ることが不可避である場合には、争点レベルでの問題ではあるが、当該事件は法律上の争訟に当たらないとする[8]。

そこで、次に、本件事案に即してこの判例理論の適用の実際を検証してみよう。

3 訴訟物レベルの問題——法律上の地位かどうか

(1) 法律上の地位かどうかが争われた事例

前記1(1)のとおり、宗教法人は宗教団体が経済的・市民的活動をするための器であるから、その代表役員・責任役員等の地位が法律上の地位であるのは当然であり、この点に争いはない。しかし、被包括宗教法人の規則が「同宗教法人の代表役員は末寺の住職の職にある者をもって充てる」とされている場合には、末寺の住職たる地位の確認を求めるという訴えが提起されることがある。

最1小判昭和44・7・10民集23巻8号1423頁［74］（銀閣寺事件）及び最3小判昭和55・1・11民集34巻1号1頁［1］（種徳寺事件）は、寺院の住職たる地位につき、宗教的な活動における主宰者たる地位であるとし、それが宗教法人の代表役員たり得る基本資格となるときであっても、確認の訴えの対象適格を欠くものであって、その確認を求める訴えは不適法であるとした。

また、宗教法人における檀徒の地位が法人組織上の地位に当たるかどうかにつき、最3小判平成7・7・18民集49巻7号2717頁［34］（満徳寺事件）は、当該宗教法人における檀徒の経済的・市民的地位ないし権利義務（権限と負担）を検討の上、法律上の地位に当たるとした[9]。

(2) 本件における問題——管長の地位は法律上の地位に当たるか

【事実】に要約のとおり、本件のXらはY₂がY₁の管長の地位にないことの確認を求めたのであるが、管長は宗教団体における地位であるから、これが法律上の地位に当たるかどうかは検討を要する。仏教系被包括団体（寺院）の住

---

[8] 最3小判昭和56・4・7民集35巻3号443頁［14］（板まんだら事件判決）は、この理を述べ、不当利得金返還請求訴訟を法律上の争訟に当たらないとした場合判例である。

[9] 他に檀徒等の信者の地位が法律上の地位に当たるかどうかについて触れた判決と学説の考え方につき、田中豊・最判解平成7年度民事下825～830頁を参照。

職の地位が原則として宗教活動上の地位にとどまるとみるのであれば、仏教系包括団体の管長の地位もまた宗教活動上の地位にとどまるとみるのが整合的な理解のようにも思われる。事は、当該宗教団体における管長の地位がどのような職責を負うものであるのかの事実認定にかかる問題であり、一概にどうと決めつけることはできない。

本判決は、【判旨】2に明らかなように、宗教団体における管長の地位が法律上の地位に当たるかどうか（第1の関門を突破できるかどうか）の検討をしないまま、争点レベルの問題（第2の関門を突破できるかどうか）の検討に移り、争点レベルにおいて宗教上の教義ないし信仰の内容に立ち入って審判することが必要不可欠であるとして、本件訴えが法律上の争訟性を欠くとした。宗教法人における代表役員の地位及び宗教団体における管長の地位がいずれも宗教団体における法主の充て職であって、いずれにしても法主の職に就いたかどうかにつき宗教問題を回避することのできない事案であったため、2ステップ・テストのうちの第1ステップを省略したものと理解することができる[10]。

4 争点レベルの問題——血脈相承と法律問題
(1) 宗教法人における地位の判断と宗教活動上の地位の判断との関係 ——【判旨】1

最高裁判例の立場は、宗教活動上の地位の存否を訴訟物に据えることは許されないというのであって、これを訴訟上の審理・判断の対象にすること（争点にすること）が許されないというのではない。

本判決は、この点につき、【判旨】1において「特定の者が宗教団体の宗教活動上の地位にあることに基づいて宗教法人である当該宗教団体の代表役員の地位にあることが争われている場合には、裁判所は、原則として右の者が宗教活動上の地位にあるか否かを審理、判断すべきものである」と判示して、明確にしている[11]。

その上で、本判決は、前掲注(3)のとおり、本門寺事件判決を引用し、宗教上の教義や信仰の内容にかかわる事項について裁判所の審判権が及ばないことを

---

[10] 滝澤孝臣・最判解平成5年度民事下758頁は、本判決が管長の地位を法律上の地位とした原判決の判断を是認する趣旨のものと解説するが、疑問である。

理由に、「特定の者の宗教活動上の地位の存否を審理、判断するにつき、当該宗教団体の教義ないし信仰の内容に立ち入って審理、判断することが必要不可欠である場合には、……特定の者の宗教法人の代表役員の地位の存否の確認を求める訴えは、……裁判所法3条にいう『法律上の争訟』に当たらない」と判断した。この判断部分が民集の判決要旨として抽出されている。

(2) 【判旨】1の判例としての性質と射程

本判決の【判旨】1は、特定の者の宗教法人の代表役員の地位の存否の確認を求める訴えにつき、法律上の争訟性を欠くことになる1つの場合についての法理を説示したものであるから、いわゆる場合判例である。

その射程は、①特定の者の宗教法人の代表役員の地位の存否を確定するために、その者の宗教活動上の地位の存否を審理、判断する必要がある、②その者の宗教活動上の地位の存否を審理、判断するにつき、当該宗教団体の教義ないし信仰の内容に立ち入って審理、判断することが必要不可欠である、という2つの要件を満たす事案に及ぶ。

本判決の【判旨】1は、前掲注(8)の板まんだら事件判決の考え方（前記2(2)の2ステップ・テストのうちの第2ステップ）を、宗教法人代表役員の地位確認訴訟にそのまま応用して、もう1つ別の場合判例を作ったという意味がある。

(3) 本件への当てはめ──【判旨】2

本判決は、【判旨】2のとおり、Y2がY1の代表役員及び宗教団体日蓮正宗の管長の各地位にあるかどうかを決するには、Y2が宗教団体日蓮正宗の宗教活動上の地位である法主の地位にあるかどうかを審理・判断する必要があるところ、Y2が法主の地位にあるかどうかを審理・判断するには、宗教上の教義

---

(11) この点につき、前掲最3小判昭和55・1・11（種徳時事件）は、「住職たる地位それ自体は宗教上の地位にすぎないからその存否自体の確認を求めることが許されない……が、他に具体的な権利又は法律関係をめぐる紛争があり、その当否を判定する前提問題として特定人につき住職たる地位の存否を判断する必要がある場合には、その判断の内容が宗教上の教義の解釈にわたるものであるような場合は格別、そうでない限り、その地位の存否、すなわち選任ないし罷免の適否について、裁判所が審判権を有するものと解すべきであり、このように解することと住職たる地位の存否それ自体について確認の訴を許さないこととの間にはなんらの矛盾もないのである。」と明言した上、住職の地位にいた者が有効に罷免されたかどうかを審理・判断した。前掲最1小判平成12・9・7も同様である。

ないし信仰の内容である血脈相承の意義を明らかにし、かつ Y₂ が血脈を相承したかどうかについての審理・判断を回避することができないとし、結局、本件訴えは、争点レベルにおいて法律上の争訟性を欠くに至ると判断した。

【判旨】２は、血脈相承という本件事案に【判旨】１の場合判例の判断枠組みを当てはめた結論を説示したものであり、**事例判例**である。

5　宗教問題の審理・判断方法についての提案

(1)　はじめに

訴訟物レベルで法律上の争訟性があるのに、争点レベルで宗教問題が提示されると法律上の争訟性を欠くに至るというのでは、訴訟の紛争解決機能がそれだけそがれることになる。しかし、裁判所が宗教問題に立ち入った判断をすべきでないし、裁判所にはそのような判断をする能力もない。

そこで、裁判所が宗教問題に立ち入らずに、審理・判断をし、終局的には本案判決をするための方策につき、幾つかの提案がされている。

(2)　主張責任説

第１は、主張責任説である。板まんだら事件判決において、寺田裁判官は、争点レベルで宗教問題が提示された場合には、宗教問題を包含した主張に裁判所の審判権が及ばないがゆえに主張自体失当として処理すべきである[12]との立場を採る。これに基本的に賛同する学説もある[13]。

この立場によると、宗教問題を含む事実の主張責任をいずれの当事者が負うかによって、請求を認容するか棄却するかの結論（主文）が逆になるのであり、いずれの当事者が宗教問題を持ち出しても訴えが却下されることになる最高裁判例の立場とは顕著に異なった事件処理になる。この立場は、結局のところ、訴訟における主張としては宗教問題を提示することを禁止することと差が

---

[12]　板まんだら事件は、不当利得金返還請求事件において、法律上の原因のないことを根拠付けるために、原告において動機の錯誤であることの主張責任を負っていたケースであるが、寺田裁判官は、「無効原因として単に錯誤があると主張するのみでその具体的内容を主張しない場合……等と同視される。」と説示する。

[13]　中野貞一郎「司法審判権の限界の確定基準」民商103巻１号（1990年）１頁、片井輝夫「法律上の地位の前提たる宗教上の地位と裁判所の審判権」判タ829号（1994年）15頁を参照。

ないものである。

(3) 間接事実推認説

第2は、本判決における大野裁判官の少数意見の採る立場（その概要は【判旨】大野裁判官の少数意見のとおり）であり、間接事実推認説である。

この立場は、主要事実である宗教問題に立ち入らずに、その意義ないし内容をブラックボックスにしておいても、世俗の世界に通用している経験則を用いることによって、当該主要事実を推認するのに関係のある間接事実が何であるのか、そのような間接事実をどの程度に集積させると当該主要事実を推認するのに十分であるのかを、決することができるという理屈を前提にしている。しかし、この理屈は論理的に破綻しているのではないかという疑いを払拭することができない[14]。

(4) 自律的決定尊重説

第3は、自律的決定尊重説である。最3小判平成5・7・20判時1503号5頁（日蓮正宗末寺事件）における大野裁判官と佐藤庄市郎裁判官の少数意見及び最1小判平成5・11・25判時1503号18頁（日蓮正宗末寺事件）における三好裁判官の少数意見の採る立場である。

この立場は、宗教団体における懲戒処分の効力が争われる事案において、懲戒事由の存否が争点になる場合、裁判所は、宗教団体の自律的な決定をその当否を判断せずに尊重することとし、重大な手続的瑕疵、公共の福祉・公序良俗違反等の争点のみを判断するというものであり、政党における除名処分の効力が争われた事件における最3小判昭和63・12・20判時1307号113頁（袴田事件）の判断枠組みとほぼ同一のものである。多くの学説は、これに賛同する[15]。

ただし、宗教団体における懲戒処分の効力が争われる事案において、懲戒権限の存否が争点になる場合においても、自律的な決定を尊重してよいとすることについては批判が強い[16]。

このように、自律的決定尊重説には、尊重すべき自律的決定の範囲と司法裁

---

(14) 同旨をいうものとして、伊藤眞「宗教団体の内部紛争に関する訴訟の構造と審判権の範囲」宗教法10号（1991年）154頁がある。

(15) 高橋宏志・私リマ1号（1989年）203頁を参照。

(16) 中野貞一郎「判批」判タ704号（1989年）80頁、梅本・民訴317頁を参照。

判権を行使すべき範囲とをどのように画すべきであるかにつき、基本的な疑問が残っている[17]。

6 審理・判断の必要不可欠性

本判決は、訴訟の結論を導くために「教義ないし信仰の内容に立ち入って審理、判断することが避けられない」、すなわち必要不可欠である場合に、当該訴訟が法律上の争訟性を欠くに至るという[18]。

これを裏からいうと、訴訟において宗教問題が争点として提示されていても、当該宗教問題に立ち入らずに（回避して）結論を導くことができる場合は、当該訴訟は法律上の争訟性を欠くことはなく、裁判所は本案判決をすべきであるということになる。

この必要不可欠性をどのように判断すべきであるかを明言した最高裁判例はないが、結論を整理すれば、原告の求める請求を肯定するかどうかの結論が、宗教問題の争点についての判断を経由しなくても導くことができる場合ということになる。

これをチャート化して、次の基本2類型で検討してみよう。

---

[17] なお、近時、訴訟の審理過程に着目して、宗教事項に立ち入らないことにするために処分権限の主張を禁止する、処分事由についても宗教事項の主張を禁止するのが相当であるといった提案がある。しかし、このような争点形成の仕方が論者の主張する「公正・対等な主張立証を実現する」ことと有意な関連があるのかどうか、また、このような権利行使の禁止が裁判所の訴訟指揮権の範囲に属するのかどうかにつき、基本的な疑問を払拭することができない。安西明子「公正な争点形成のための審理・判決方法――宗教団体紛争を題材に」民訴雑誌48号（2002年）214頁を参照。

[18] 板まんだら事件判決は、「訴訟の帰すうを左右する必要不可欠のもの」、「右の判断に関するものがその核心となっている」といった表現をする。

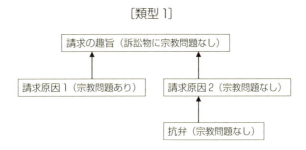

　類型 1 においては、請求原因 2 につき、自白が成立し又は証拠で認定することができる場合であって、抗弁が成立しないときは、法律上の争訟性を欠くことはない。これに対し、宗教問題を含まない請求原因 2 につき、自白が成立せずかつ証拠で認定することができない場合又は抗弁が成立する場合は、法律上の争訟性を欠くことになる。なぜなら、裁判所としては、宗教問題を含んだ請求原因 1 の審理・判断が必要不可欠になるからである。

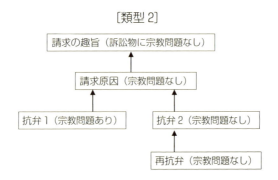

　類型 2 においては、最終的に抗弁 2 によって請求原因が覆滅される場合は、法律上の争訟性を欠くことはない。これに対し、抗弁 2 につき、自白が成立せずかつ証拠で認定することができない場合又は再抗弁によって抗弁 2 が覆滅される場合は、法律上の争訟性を欠くことになる。なぜなら、裁判所としては、宗教問題を含んだ抗弁 1 の審理・判断が必要不可欠になるからである。
　最高裁判例のいう必要不可欠性は、このような主張・立証の構造上の問題を念頭に置いているのであって、それ以外に、例えば当事者の双方又は一方が裁

判所による宗教問題を含んだ争点についての審理・判断を希望している（又は
そのために訴訟を提起した）といった主観的事情を考慮に入れるという趣旨のも
のではないと考えるのが妥当であろう。

ところで、本件訴えのうち Y_2 が Y_1 の代表役員の地位にないことの確認の訴
えは、類型2であって、抗弁2及びそれに対する再抗弁の系列の主張がないも
のである。すなわち、抗弁1の宗教問題の中身が「血脈相承」なのである。

7　おわりに

本判決は、それまでの最高裁判例の延長上に位置するものであって、その理
由付けと結論とを理解するのに困難をおぼえることはない。

しかし、本判決に少数意見が付せられていることから分かるように、宗教問
題を含む訴訟に裁判所がどのような判断枠組みをもって対処するのが、私人間
の紛争を実効的に解決すべき裁判所として賢明であるのかは、今後とも検討を
続けるべきテーマである。

本判決は、現代における裁判所の果たすべき役割を考える上でも、参照に値
する判決である。

◆ 民事紛争の国際的広がりと我が国の裁判管轄権

 国際裁判管轄と特段の事情

最 3 小判平成 9・11・11民集51巻10号4055頁[54]（ドイツ在住日本人事件）

【事実】

1　Xは自動車の輸入販売等を業とする日本法人（株式会社）であり、Yはドイツ連邦共和国在住の日本人である。Xは、Yとの間で、フランクフルト市において、昭和62年12月１日、YがXのために欧州各地から自動車を買い付け、XがYに対して手数料を支払う旨の業務委託契約（本件契約）を締結した。Xは、Yに対し、買付け資金として、同月７日までに合計9174万7138円を預託した。

2　本件契約には、我が国内の地を債務の履行場所とする旨の又は準拠法を日本法とする旨の明示の合意はない。

3　Xは、Yの預託金管理に不信感を持ち、昭和63年９月29日までに、Yに対し、信用状による決済を提案するとともに、預託金残金の返還を求めた。この要求をYが拒絶したため、Xは、Yを被告として、平成２年９月22日、本件契約に基づき、預託金残金2496万0081円（本件預託金）の返還等を求める訴えを千葉地裁に提起した。

4　第１審は、本件預託金債務の義務履行地がXの住所地である日本にあることを理由にして我が国に国際裁判管轄を認めることは条理に反するとして、本件訴えを却下した[(1)]。控訴審は、本件契約の効力についての準拠法を日本法とする旨の黙示の合意があったというのが相当であるから、本件預託金債務の義務履行地は民法484条・商法516条により債権者であるXの本店所在地となり、その結果、我が国に裁判管轄が生じると考えられるとしたものの、損害賠償のように被害者に配慮すべき場合はともかく、契約上の債務の履行を求める訴訟において、義務履行地として我が国に裁判管轄が認められるためには契約上の義務履行地を我が国内とすることが当事者間で明確に合意されている場合

---

(1) 千葉地判平成 4・3・23民集51巻10号4067頁。

第1章　民事紛争の解決と民事訴訟　17

に限られるところ、本件契約において義務履行地を我が国内とする旨の合意がされたことを認めるに足りないから、本件の裁判管轄は普通裁判籍の存するドイツ国に属し、我が国には裁判管轄が認められない旨判断し、Xの控訴を棄却した[2]。

　5　Xは、原判決は、条理の解釈適用を誤ったものであると主張して、上告した。

[関係図]

X（日本法人）
｜昭和62・12・1　業務委託契約締結（委託者X、受託者Y）
｜昭和62・12・7までに合計9174万7138円を預託
↓平成2・9・22　X→Y　預託金2496万0081円の返還請求の訴え提起（千葉地裁）
Y（ドイツ在住日本人）◀————————▶A（欧州在住者）
　　　　　　　　　自動車買付け→代金支払

【判旨】
上告棄却。

1　国際裁判管轄の考え方の基本
「被告が我が国に住所を有しない場合であっても、我が国と法的関連を有する事件について我が国の国際裁判管轄を肯定すべき場合のあることは、否定し得ないところであるが、どのような場合に我が国の国際裁判管轄を肯定すべきかについては、国際的に承認された一般的な準則が存在せず、国際的慣習法の成熟も十分ではないため、当事者間の公平や裁判の適正・迅速の理念により条理に従って決定するのが相当である[3]。」

2　国際裁判管轄の判断枠組み
「我が国の民訴法の規定する裁判籍のいずれかが我が国内にあるときは、原

---

(2)　東京高判平成5・5・31民集51巻10号4073頁。
(3)　本判決は、後掲最2小判昭和56・10・16及び最2小判平成8・6・24民集50巻7号1451頁［20］を参照判例として引用する。

則として、我が国の裁判所に提起された訴訟事件につき、被告を我が国の裁判権に服させるのが相当であるが、我が国で裁判を行うことが当事者間の公平、裁判の適正・迅速を期するという理念に反する特段の事情があると認められる場合には、我が国の国際裁判管轄を否定すべきである。」

3 本件への当てはめ

「これを本件についてみると、Xは、本件契約の効力についての準拠法は日本法であり、本訴請求に係る預託金返還債務の履行地は債権者が住所を有する我が国内にあるとして、義務履行地としての我が国の国際裁判管轄を肯定すべき旨を主張するが、前記事実関係によれば、①本件契約は、ドイツ連邦共和国内で締結され、Yに同国内における種々の業務を委託することを目的とするものであり、本件契約において我が国内の地を債務の履行場所とすること又は準拠法を日本法とすることが明示的に合意されていたわけではないから、本件契約上の債務の履行を求める訴えが我が国の裁判所に提起されることは、Yの予測の範囲を超えるものといわざるを得ない。また、②Yは、20年以上にわたり、ドイツ連邦共和国内に生活上及び営業上の本拠を置いており、③Yが同国内の業者から自動車を買い付け、その代金を支払った経緯に関する書類などYの防御のための証拠方法も、同国内に集中している。他方、④Xは同国から自動車等を輸入していた業者であるから、同国の裁判所に訴訟を提起させることがXに過大な負担を課することになるともいえない。右の事情を考慮すれば、我が国の裁判所において本件訴訟に応訴することをYに強いることは、当事者間の公平、裁判の適正・迅速を期するという理念に反するものというべきであり、本件契約の効力についての準拠法が日本法であるか否かにかかわらず、本件については、我が国の国際裁判管轄を否定すべき特段の事情があるということができる。」（①ないし④の付番は、筆者による。）

【判例の読み方】

1 本判決のポイント──民事紛争の国際的広がり

経済活動の国際化、私人の国境を越えた移動の容易化と日常化等の趨勢を反映して、近時、当事者の国籍又は住所、紛争の主題となる法律関係等に国際的

要素を含む民事紛争が激増している。そこで、このような国際（渉外）民事訴訟につき、いずれの国の裁判所が裁判権を行使すべきであるかという問題が生ずる。これを、一般に「**国際裁判管轄**」の問題と呼ぶ。

　国際裁判管轄は、基本的に一国の裁判権の及ぶ範囲の問題として、各国が独自に決定すべき事柄なのであるが、適正・迅速な裁判と執行とを実現するためには国際的調整が必要不可欠であると考えられる。しかし、本判決が【判旨】1において説示するように、現在でも、国際的に承認された一般的な調整準則は存在せず、国際的慣習法の成熟も十分でないという実情にある。

　本判決を理解する**ポイントの第1は、国際的要素を含む民事紛争が激増しているにもかかわらず、一国の裁判権の及ぶ範囲につき、国際的に承認された一般的な調整準則が存在しないという現実をしっかりと把握することである。**

　その上で、本判決を正確に理解するには、国際裁判管轄に関する先例となる最高裁判決の内容を把握し、その後の学説の進展をも押さえておくことが必要である。

　以下、国際裁判管轄についてのリーディング・ケースであるマレーシア航空事件判決と【判旨】1との関係（後記2）、国際裁判管轄の有無に係る判断枠組みとしての「特段の事情アプローチ」と【判旨】2との関係（後記3）、国際裁判管轄に係る民訴法の改正（後記4）、特段の事情の考慮要素と【判旨】3との関係（後記5）の順に論点を検討することにする。

2　国際裁判管轄の考え方の基本──【判旨】1
(1)　最2小判昭和56・10・16民集35巻7号1224頁［38］
（マレーシア航空事件判決）

　前記1の国際民事訴訟激増という背景の下、国際裁判管轄についてのリーディング・ケースであるマレーシア航空事件判決が現れた。

　マレーシア航空事件判決は、第1に、本来的に国の裁判権は主権の及ぶ範囲と同一であるから、被告が外国に本店を有する外国法人である場合はその法人が進んで服する場合のほか日本の裁判権は及ばないのが原則であるとした。第2に、その例外として、被告の国籍、所在のいかんを問わず、その者を我が国の裁判権に服させるのを相当とする場合があるとし、それを、**当事者間の公平、裁判の適正・迅速を期するという理念により条理に従って決定するのが相**

当であるとした上で、**民訴法の規定する裁判籍のいずれかが我が国内にあるときは、被告を我が国の裁判権に服させるのが条理にかなう**と判示した[4]。

そして、結論として、日本国内に営業所を有する外国法人に対する旅客運送契約の債務不履行に基づく損害賠償請求訴訟につき、我が国の裁判権が及ぶことを肯定した。

(2) 【判旨】1と本判決における位置付け

本判決の【判旨】1は、マレーシア航空事件判決の考え方を基本的に踏襲したものである。ただし、マレーシア航空事件判決は、民訴法の土地管轄の規定は国内事件に関するものであって、国際裁判管轄を直接規定したものではないとの当時の一般的理解を前提にして、「国際裁判管轄を直接規定する法規もなく」と説示していた[5]が、本判決の判決文にはこの趣旨の説示部分が見当たらない。これは、その後、立法過程を検証することによって、民訴法の土地管轄の規定が国内事件の管轄とともに国際裁判管轄をも定めるものであるとの学説[6]が現れたことを踏まえてのものである[7]。最高裁が学説における議論の進展に目配りをするのは当然のことであるが、本判決の【判旨】1にはそのような学説の議論状況が反映されており、興味深い。

ところで、【判旨】1は、本件の裁判管轄権が我が国にあるかどうかについての結論を導くのに必要不可欠な命題ではなく、その前提となる一般的な**理由付け命題**であるから、本判決の**主論**ではなく**傍論**として位置付けるべきであろう[8]。

3 国際裁判管轄の判断枠組み──【判旨】2

(1) 「特段の事情アプローチ」を採用した法理判例

マレーシア航空事件判決の後、民訴法の規定する土地管轄のいずれかが日本

---

(4) マレーシア航空事件判決は、後記3(2)の学説のうちの逆推知説を基本に据えて管轄配分説の発想をも取り入れたものといってよかろう。

(5) 前掲最2小判平成8・6・24にも、同旨の説示部分が存する。

(6) 藤田泰宏「『国際的裁判管轄』法規とその比較法的研究」判タ856号（1994年）11頁、小林秀之『国際取引紛争［第3版］』（弘文堂、2003年）68頁、竹下守夫「判例からみた国際裁判管轄」NBL386号（1987年）33頁を参照。

(7) 孝橋宏・最判解民事平成9年度下1334〜1335頁を参照。

(8) 主論と傍論の区別につき、**Refreshments 2** を参照。

国内にある場合は、原則として、我が国の国際裁判管轄を認めるが、民事訴訟の基本理念に著しく反する結果をもたらす特段の事情の存するときは、例外として、我が国の国際裁判管轄を否定するという判断枠組み（いわゆる「特段の事情アプローチ」）による多数の下級審判決例[9]が現れた。

本判決の【判旨】2は、その判決文から明らかなように、「特段の事情アプローチ」を最高裁が採用することを宣明したものである。この説示部分は、民集の判決要旨として抽出されていないが、本判決の**法理判例**[10]部分である。民集の判決要旨として抽出されていない理由は明らかでない。マレーシア航空事件判決の判示した一般的理由付け命題（本判決の【判旨】1）の裏側に付随する例外としての法理であると考えられたのかもしれない。

しかし、【判旨】2は、本件事案についての当てはめ判断をする事例判例としての【判旨】3を導くのに必要不可欠な命題であるから、本判決の主論であり、法理判例の性質を有するものである。

(2) 学説における議論

国際裁判管轄の判断枠組みに関する学説は、一般に、以下の4説に分類される[11]。

①逆推知説　民訴法の土地管轄の規定による裁判籍が我が国内にある場合は、我が国に国際裁判管轄ありとする考え方[12]。

②管轄配分説（修正類推説）　国際的規模における土地管轄の配分の問題であるから、民訴法の土地管轄の規定を、裁判の適正、当事者間の公平、手続の迅速等の観点から修正しつつ類推して国際裁判管轄を決するとする考え方[13]。

③利益衡量説　管轄原因の集中の程度、事案と法廷地との関連の密接性、弱

---

(9)　東京地判昭和57・9・27判時1075号137頁等。孝橋・前掲注(7)1341頁に数多くの下級審判決例が挙げられている。

(10)　法理判例とは、制定法の要件又は効果に係る規定の解釈を示す判断をしたものをいう。**Refreshments 3** を参照。

(11)　高橋宏志「国際裁判管轄──財産関係事件を中心として」澤木敬郎＝青山善充編『国際民事訴訟法の理論』（有斐閣、1987年）47頁以下を参照。

(12)　兼子・新修体系66頁、斎藤秀夫『民事訴訟法概論［新版］』（有斐閣、1982年）56頁、菊井維大＝村松俊夫『全訂民事訴訟法Ⅰ』（日本評論社、1978年）42頁を参照。

者保護の要請等の観点からの利益衡量をして国際裁判管轄を決するとする考え方[14]。

④新類型説　民訴法の規定のほか条約や国際学会の決議等を参考に、事件を類型化して利益衡量するとともに、個別事件にみられる事情をも考慮して国際裁判管轄を決するとする考え方[15]。

　民訴法の規定を議論の出発点とするかどうか等の理屈の立て方に差異はあるものの、学説の大勢は、国内事件の土地管轄規定によりつつ、国際民事訴訟事件を類型化して観察し、諸般の事情を参酌して国際裁判管轄を決するとするところに集約しているといってよかろう[16]。

4　国際裁判管轄に係る民訴法改正の実現

　マレーシア航空事件判決以降の最高裁判例及び下級審判決例並びに学説の議論の蓄積を踏まえて、2011（平成23）年に民訴法第2章の第1節に「日本の裁判所の管轄権」に係る規定（3条の2から12まで）が新設された。そこで、その施行日である2012（平成24）年4月1日以降に提起された訴訟については、本件で議論された問題は新設規定の解釈適用問題となる。

　そこで、本件訴訟で議論された点を中心にして、新設規定を見ておくことにする。

　まず、民訴法3条の2が、訴えの類型にかかわらず我が国に国際裁判管轄が認められる一般管轄を規定する。原則として、自然人については住所が、法人については主たる事務所又は営業所が日本国内にあるときに我が国に国際裁判管轄が認められる。

　次に、民訴法3条の3が、訴えの類型に応じて我が国に国際裁判管轄が認め

---

(13)　池原季雄「国際裁判管轄権」鈴木恵一＝三ヵ月章監修『新・実務民事訴訟講座(7)』（日本評論社、1982年）16頁、青山善充「国際的裁判管轄権」民訴争点［初版］50頁を参照。

(14)　石黒一憲「渉外訴訟における訴え提起」新堂幸司編集代表『講座民事訴訟②』（弘文堂、1984年）27頁を参照。

(15)　松岡博「国際裁判管轄」淡路剛久編『現代契約法大系⑨』（有斐閣、1985年）268頁、注釈(1)［道垣内正人］86頁を参照。

(16)　同旨をいうものとして、小林秀之「国際裁判管轄」民訴争点［第3版］274頁を参照。

第1章 民事紛争の解決と民事訴訟 23

られる特別管轄を規定する。

本件で争われたのは、義務履行地を管轄原因にする場合についてであるが、同条1号は、国内管轄についての規定である5条を、次のように修正している。義務履行地を管轄原因とすることができるのは、①契約上の債務の履行の請求を目的とする訴え等につき、②契約において定められた当該債務の履行地又は契約において選択された地の法（準拠法）による当該債務の履行地が日本国内にあるときに限られる。

要件①は、民訴法5条1号が「財産権上の訴え」全般について義務履行地を管轄原因とすることができることとしているのに対し、訴えの類型を限定したものである。

要件②は、要件①に属する類型の訴えにつき、義務履行地を管轄原因とすることができる場合を、当該契約における義務履行地の合意又は当該契約の準拠法による義務履行地によって決することを明らかにしたものである。

【事実】4のとおり、本件控訴審判決は、契約上の義務履行地を我が国内とすることが当事者間で明確に合意されている場合に限られると判断した。しかし、民訴法3条の3第1号は、「契約において**明確**に定められた」又は「契約において**明示**に定められた」ことを要件としてはいないし、当該契約の準拠法による義務履行地をも管轄原因として認めるから、本件控訴審判決の立場を採用しなかったことが明らかである。

後記5(3)のとおり、本判決は、義務履行地を国際裁判管轄原因とすることのできる要件につき、全く触れるところがない。民訴法3条の3第1号は、本判決が明らかにしなかった点につき、立法によって決着をつけたものである[17]。

5　特段の事情の考慮要素と本件への当てはめ　　【判旨】3

(1)　【判旨】3の挙げた考慮要素

本判決は、【判旨】2において、我が国で裁判を行うことが当事者間の公平、裁判の適正・迅速を期するという理念に反する特段の事情があるかどうかを判断するのに意味のある項目（考慮要素）を列挙することはしていない。

---

(17)　義務履行地を国際裁判管轄の原因とすることを肯定するかどうかの学説及び下級審判決例における対立につき、孝橋・前掲注(7)の1333頁を参照。

しかし、本判決は、【判旨】3において、本件に即して特段の事情の有無を決するために考慮した要素として、①我が国において訴訟提起されることについての被告の予測可能性の有無、②被告の生活上及び営業上の本拠地の所在、③当該訴訟の争点に係る証拠方法の所在地（集中地）、④我が国における訴訟提起を許容しないことの原告に対する負担の過大性の有無、の4項目を挙げている。

さらに、本判決は、①の「被告の予測可能性」の有無につき、契約締結地、当該契約の主要な権利義務の内容とその履行地、義務履行地又は準拠法についての明示の合意の有無等を勘案したことを明示している。

【判旨】3は、我が国の国際裁判管轄を肯定するかどうかにつき、我が国に特定の管轄原因があることを前提として、例外的に我が国の国際裁判管轄を否定すべき「特段の事情」ありと判断したものである。例外としての特段の事情であるから、我が国の国際裁判管轄を否定する方向に働く具体的事実が相当程度高度に集積していることを要するところ、本件事案に即して上記①ないし④の考慮要素を摘示しつつ我が国の国際裁判管轄否定の結論を導いた【判旨】3は、下級審裁判所の今後の審理判断に当たって十分参考に値するものになっている。

本判決は、【判旨】1から3までにおいて、「**一般的理由づけ命題→法理判例→事例判例**」という構成によって説示することによって、今後の裁判所の判断の安定性に寄与するものになっており、予測可能性を低めたと評価するのは当たらない。そもそも、国際裁判管轄の有無に関する裁判所の適切な判断を担保するという観点からすると、我が国の国際裁判管轄を否定すべき特段の事情の考慮要素を限定列挙するという方式を採ることは困難であると思われる。

(2)　現行民訴法3条の9が規定する考慮要素

民訴法3条の9は、「裁判所は、訴えについて日本の裁判所が管轄権を有することとなる場合（……）においても、**事案の性質、応訴による被告の負担の程度、証拠の所在地**その他の事情を考慮して、日本の裁判所が審理及び判断をすることが当事者間の衡平を害し、又は適正かつ迅速な審理の実現を妨げることとなる**特別の事情**があると認めるときは、その訴えの全部又は一部を却下することができる。」と規定する。

民訴法3条の9は、国際裁判管轄の要件につき、本判決の原則と例外という

枠組み（特段の事情アプローチ）を継承したものであることが条文構造からも明らかである。そして、同条は、「特別の事情」の考慮要素として、具体的に(i)事案の性質、(ii)応訴による被告の負担の程度、(iii)証拠の所在地の3項目を挙げ、最後に(iv)その他を挙げる[18]。

(iii)は、本判決の③に対応することが明らかである。(ii)は、本判決の②に対応するとともに、他国の裁判所に訴えを提起することに対する原告の負担との比較をもこの項目に分類するのであれば、本判決の④をその一部に含むことになる。(i)は、文言自体はオープン・エンドなものであるが、我が国に特定の管轄原因がある場合における例外として意味のある「事案の性質」であるから、本判決の①及び①'を判断するのに勘案する事情（当該契約の主要な権利義務の内容とその履行地等）を内容とするものと理解すべきであろう。いずれにしても、最後に(iv)その他が挙げられている。

これは、立法者が「特別の事情」の考慮要素を限定列挙するという方式を採らなかったことを意味している[19]のであるが、その理由は上記(1)に述べたところにあると理解することができる。

(3) 事実審裁判所には【判旨】3の判断方式を推奨できないこと

【判旨】3は、読みやすいとはいえない。その原因は、どこにあるのであろうか。

本判決は、【判旨】2では、管轄原因という訴訟要件を原則と例外という構造で説明しているのに、【判旨】3では、原則の判断をすることなく（原則部分を仮定して）、いきなり例外の判断をしているのである。

本判決がこのようなやや異例ともいうべき判断方式をとった理由を考えておくと面白い。理由のひとつは、本件において、原則部分の判断を示そうとする

---

[18] 制定法自身が**規範的要件の考慮要素**（**評価根拠事実**又は**評価障害事実**として意味のある事実の項目）を列挙しているのであるが、このような立法例はそう多くない。

[19] 長谷部・民訴443頁は、本条の「特別の事情」は従来の「特段の事情」よりも限定されたものになるという。本文に述べたとおり、原則である管轄原因が条文上限定されたから、例外である「特別の事情」の考慮要素としての評価根拠事実又は評価障害事実の項目が限定されたものになるのは当然であるが、本条にいう「特別の事情」と本判決にいう「特段の事情」との間に、例外になり得る評価のレベル（閾値）の高低に差異はないと解すべきであろう。

と、義務履行地を国際裁判管轄の原因としてよい場合についての判断[20]及び本件への当てはめの判断をしなければならないことになるが、その判断を示すには議論が十分に煮詰まっていないと考えた[21]ところにあると思われる。理由のもうひとつは、原則部分の判断を回避しても、本件の一件記録によれば[22]、我が国の国際裁判管轄を否定すべき特段の事情の評価根拠事実を優に認定することができ、本件控訴審判決を結論において是認するのが相当であり、そうすることによって下級審が積み重ねてきた「特段の事情アプローチ」を採用することを宣明することができると考えた[23]ところにあると思われる。

そして、本判決の【判旨】3が、民集において判決要旨として抽出されている。もちろん、【判旨】3は、**事例判例**である。

本判決は、【判旨】2において特段の事情アプローチを採用することを明らかにした上で、【判旨】3においてやや技術的な判断方式によることによって、控訴審判決の理由を差し替えて、その結論を維持したものである。このような本判決の採った判断方式は、最高裁における判例形成の仕方としてみる限り、問題はない[24]。

ただし、下級審裁判所は、将来の事件において国際裁判管轄の有無が争われた場合に、本判決の判断方式を真似しない方がよい。

このような判断方式は、時に、実体判断においても見られる。請求原因事実に争いがあるのに、これについての判断をしないで、「請求原因事実が認められると仮定しても（または、請求原因事実が認められるかどうかにかかわらず）、抗弁事実が認められるから、本件請求は理由がない。」と判断するというのがそれである。

---

(20) 義務履行地につき、現行民訴法3条の3第1号が規定する場合に限って肯定するのが正しいかどうか、控訴審判決のように明確な合意がされた場合に限って肯定するのが正しいかかどうか等についての判断。

(21) 孝橋・前掲注(7)の1335頁を参照。

(22) 訴訟要件に係る判断であるため、本判決は、特段の事情の評価根拠事実を職権で認定している。

(23) 孝橋・前掲注(7)の1338頁を参照。

(24) 竹下守夫＝村上正子「国際裁判管轄と特段の事情」判タ979号（1998年）23頁、山本和彦「ドイツ居住の日本人を被告とする訴訟と国際裁判管轄」民商法雑誌119巻2号（1998年）278頁を参照。

第1章　民事紛争の解決と民事訴訟　27

　このような判断方式は、絶対に許されないものではなく、争点の性質等によっては、有効な場合もなくはないが、誤った判断をできる限り少なくするという観点からは、避けるのが賢明である。法律実務家は、仮説的問題（hypothetical question）に答えるのに慣れてはいないのである[25]。

　現在では、前記のとおり、国際裁判管轄についての明文規定があるのであるから、**原則としての管轄原因の有無**を十分に検討し、これが肯定される場合に、**例外としての特別の事情の有無**の順に判断を進めるのが王道というべきである。前述したとおり、例外としての特別の事情は規範的要件であるから、原則としての管轄原因を特定して検討し、これを肯定すべきことを確認しないで、例外としての特別の事情の認定判断に飛びつくと、その評価根拠事実の認定にも、特別の事情として閾値を超えるに十分であるかどうかの規範的評価にも誤りが生じやすい。

6　本判決の意義

　国際裁判管轄についてのリーディング・ケースであるマレーシア航空事件判決から16年を経て、本判決は、【判旨】2において特段の事情アプローチを採用することを宣明するとともに、【判旨】3において事案に即して特段の事情の考慮要素として4項目を挙げてその有無を明らかにした上で、特段の事情ありとして、我が国の国際裁判管轄を否定する事例判断をした。【判旨】2が法理判例、【判旨】3が事例判例であって、【判旨】2の方が射程の広い判例である。しかし、最高裁判例として我が国の国際裁判管轄を否定したのは本判決が初めてであったためか、事例判例部分である【判旨】3のみが民集の判決要旨として抽出されている。

　本判決は、その後の裁判実務の参考になっているだけでなく、現行民訴法3条の3及び同条の9の形で明文化されたという意味においても重要な判例である。ここに、司法と立法との相互作用の実例をみることができる。

---

[25]　田中・法律文書の264〜265頁を参照。

第 2 章　当事者

30

◆　当事者能力

3　民訴法29条にいう「法人でない社団」と独立財産の要否

最2小判平成14・6・7民集56巻5号899頁[19]

【事実】

1　Xは、ゴルフ場の会員によって会員相互の親睦やクラブライフの向上を目指して組織されたゴルフクラブである。Yは、預託金会員制の当該ゴルフ場を経営する株式会社である。

2　Xには内部的規約として規則と細則とがあり、規則には、特別会員及び正会員によって構成される総会、総会において選任された理事によって構成される理事会及びその下の8つの分科委員会が組織されること、Xの運営に関する事項は理事会において決定され、各分科委員会においてそれを分担処理されること、理事間で互選される理事長がXを代表して会務を統括処理することなどが定められている。また、規則と細則によれば、会員が負担すべき年会費、使用料等は理事会が決定することとされているが、Xには固定資産、固有の事務所はなく、専属の従業員もおらず、専ら理事らによって運営されており、Xの会計業務（収支決算と予算とを記載した事業報告書の作成を含む。）はYが行った上で、X選任に係る監事が監査することになっている。

3　Yの元代表者による背任事件の発生をきっかけにして、XとYとの間で、昭和47年10月ころ、協約書の調印に至り、その中には、①Xは、分科委員会のひとつである財務委員会によって、Yの経理内容を調査することができる、②年会費、使用料等その他の収入はYの収入とし、Yは、この収入をもってゴルフ場施設の整備運営に充てるほか、Xの運営に要する通常経費を負担するといった条項があった。

4　Xは、Yに対し、主位的に、本件協約書の上記①の経理内容調査権に基づき、予備的に、旧商法282条2項の規定に基づき、計算関係書類等の謄本交付を求めて本件訴訟を提起した。

5　第1審[(1)]、控訴審（原審）[(2)]とも、Xが民訴法29条にいう「法人でない社団」に当たらず、当事者能力を欠くとして、本件訴えを却下した。Xが上告受

理の申立て。

［関係図］

X （預託金会員制ゴルフクラブ）

│　計算関係書類等の謄本交付請求
↓

Y （ゴルフ場運営会社）

【判旨】

破棄・自判（第1審判決取消し、本件を第1審に差戻し）。

1 「法人でない社団」の要件

「民訴法29条にいう『法人でない社団』に当たるというためには、団体としての組織を備え、多数決の原則が行われ、構成員の変更にかかわらず団体そのものが存続し、その組織において代表の方法、総会の運営、財産の管理その他団体としての主要な点が確定していなければならない（最高裁昭和35年(オ)第1029号同39年10月15日第1小法廷判決・民集18巻8号1671頁参照）。これらのうち、財産的側面についていえば、必ずしも固定資産ないし基本的財産を有することは不可欠の要件ではなく、そのような資産を有していなくても、団体として、内部的に運営され、対外的に活動するのに必要な収入を得る仕組みが確保され、かつ、その収支を管理する体制が備わっているなど、他の諸事情と併せ、総合的に観察して、同条にいう『法人でない社団』として当事者能力が認められる場合があるというべきである。」

2 本件への当てはめ

「前記の事実関係によれば、Xは、預託金会員制の本件ゴルフ場の会員によって組織された団体であり、多数決の原則が行われ、構成員の変更にかかわらず団体そのものが存続し、規約により代表の方法、総会の運営等が定められているものと認められる。財産的な側面についても、本件協約書の前記(ウ)の定め

---

(1)　千葉地判平成13・2・21判時1756号96頁。
(2)　東京高判平成13・8・22金判1157号10頁。

等によって、団体として内部的に運営され対外的にも活動するのに必要な収入の仕組みが確保され、かつ、規約に基づいて収支を管理する体制も備わっているということができる。さらに、XとYとの間で本件協約書が調印され、それに伴って規則も改正されているところ、その内容にも照らせば、Xは、Yや会員個人とは別個の独立した存在としての社会的実体を有しているというべきである。以上を総合すれば、Xは、民訴法29条にいう『法人でない社団』に当たると認めるべきものであり、論旨は理由がある。」

【判例の読み方】

1　本判決のポイント

　民訴法29条は、「法人でない社団又は財団で代表者又は管理人の定めのあるものは、その名において訴え、又は訴えられることができる。」として、「法人でない社団」等の当事者能力について規定する。

　他方、民法学では、法人格を有しないにもかかわらず、あたかも権利義務が帰属するかのように扱うことを肯定すべき社団を、一般に「権利能力のない社団」と呼んで議論してきた。

　そこで、第1に、法人格を有しない社団の問題が実体法と手続法とが交錯する領域におけるものであることを認識し、それぞれの分野における議論を正確に把握しておきたい（後記2）。

　第2に、本判決の扱った手続法の分野における問題——民事訴訟での当事者能力を認めるための要件の問題——につき、本判決が形成されるに至った学説の議論のおおよそを理解しておきたい（後記3）。

　そして、第3に、学説の問題提起を受けての本判決の応答を検討した上で、その理由説示に即して、法理判例と事例判例の区別を理解し、本判決の法理判例部分（【判旨】1の部分）の説示が必ずしも明快とはいえないので、その読み方を勉強することにしたい（後記4）。

第2章 当事者 33

2 「法人でない社団」をめぐる判例理論
──実体法と手続法との交錯

(1) 民法上の議論──「権利能力のない社団」

民法上、権利義務の帰属主体となるのは、自然人（民法3条）と法人（民法34条）とであるが、法人格は法律の規定によらなければ取得し得ない（民法33条1項。法人法定主義）から、町内会、学会、スポーツクラブ等一定の目的の下に活動している団体（その中には社団としてのものと財団としてのものとがある。）であっても、法人格を取得していないものは権利義務の帰属主体となることはない。しかし、社会生活上、そのような団体を一切法的な主体として扱わないことにすると、不都合なこともあるので、一定の範囲であたかも権利義務が帰属するかのように扱うことにしてきた。実体法の議論をする場面では、このような社団を「権利能力のない社団」という用語を使って説明してきた[3]。

最1小判昭和39・10・15民集18巻8号1671頁［96］（昭和39年判決）は、このような文脈において実体法上の権利義務の帰属が問題になった事件である。最高裁は、権利能力のない社団の成立要件を次の4つであるとした。

① 団体としての組織を備えていること
② 多数決の原則が行われていること
③ 構成員の変更にもかかわらず団体そのものが存続すること
④ 代表の方法、総会の運営、財産の管理その他団体としての主要な点が確定していること

このような実体法の議論をするのは一定の効果を導くためであるが、その効果とは、その社団の代表者がその社団の名において取得した資産が構成員全員に総有的に帰属し、同様にして負った債務が構成員全員に1個の債務として総有的に帰属し、その社団の総有資産のみが責任財産になり、構成員の個人が債務を負い責任を負うことはないというものである[4]。

(2) 民訴法上の議論──「法人でない社団」の当事者能力

他方、民事訴訟において当事者として訴訟追行をし、判決の名宛人となり得

---

[3] 我妻・民法総則132頁、四宮＝能見・民法総則148頁を参照。
[4] 昭和39年判決、最3小判昭和48・10・9民集27巻9号1129頁［6］。

る一般的な資格をいう当事者能力は、民法上の権利能力に対応するものである[5]ところ、民訴法に特別の定めがある場合を除き、民法その他の法令に従うこととされている（民訴法28条）から、法人でない社団は、特別の定めがない限り当事者能力なしということになる。法人でない社団で代表者の定めのあるものに当事者能力を認めることを規定する民訴法29条は、この特別の定めに当たる。

最1小判昭和42・10・19民集21巻8号2078頁［86］（昭和42年判決）は、当事者能力の有無を識別するという文脈においても、昭和39年判決の4要件による判断枠組みを採用することを明らかにした上、地域住民の福祉向上のための任意団体「三田市11番区」の当事者能力を肯定したものである[6]。

結局、最高裁判例の立場は、民法上の「権利能力のない社団」に当たるかどうかについてであれ、民訴法上の当事者能力を肯定すべき「法人でない社団」に当たるかどうかについてであれ、同じ4要件の充足を要求するというものである。

3 独立財産の要否をめぐる学説の議論

前記2のとおり、最高裁判例は、民訴法29条にいう「法人でない社団」として当事者能力を肯定するための要件として、財産の管理についての主要な点が確定していることを要求するものの、団体が独立財産を有すること[7]を要求していなかった。

ところが、昭和42年判決後、主に民事訴訟法学説において、民訴法29条にいう「法人でない社団」として当事者能力を肯定するためには、団体に構成員から独立して管理されている財産があることを要件とすべきではないかが活発に

---

(5) 高橋・重点講義上172頁。

(6) その後のものとして、最2小判昭和55・2・8民集34巻2号138頁［8］（沖縄の血縁団体「門中」の当事者能力を肯定）がある。

(7) この点は、一般に「財産的独立性の要否」と題して議論されるが、「財産的独立性」を要することについてはおそらく争いがなく、「現に独立財産を有していること」を要件とするかどうかが問題なのであろう。すなわち、本文2⑴に摘記した4要件のうちの④として、「財産の管理その他団体としての主要な点が確定していること」が挙げられているが、これは、「財産的独立性」を当然の前提としているものと思われる。そのような趣旨で、本文では「独立財産の要否」と表現した。

議論されるようになった。

すなわち、従来の通説は、独立財産の保有を要件とは考えていなかった[8]。現在の通説もまた、不可欠の要件ではなく当事者能力を肯定するための要素のひとつにすぎないと説明する不要説[9]である。これに対し、独立財産の保有を要件とする必要説[10]、又は団体が金銭支払請求訴訟の被告となる場合に限って要件とし、その他の場合には要件ではなく要素のひとつ又は補助的要件にすぎないとする類型的必要説[11]が有力に唱えられるに至った。

4　学説の問題提起に対する本判決の応答

(1)　法理判例としての【判旨】1

学説におけるこのような議論の影響を受けて、Xの当事者能力を否定したのが本件第1審及び控訴審判決である。

本判決は、昭和39年判決以降の学説における議論の状況及び下級審裁判例の状況を考慮して、【判旨】1のとおり、民訴法29条にいう「法人でない社団」の要件につき、昭和39年判決の判断と全く同一の判断をした上、前記2(1)の要件④の「財産の管理」の意味を付言した。

すなわち、**本判決は、第1に、「必ずしも固定資産ないし基本的財産を有することは不可欠の要件ではなく」と説示することによって、団体が独立財産を有することが民訴法29条にいう「法人でない社団」の要件でないこと（不要説を採ること）を明らかにした。**

民集は、本判決のこの判断部分を判決要旨として抽出しておらず、【判旨】2の判断部分のみを判決要旨として抽出し、本判決を**事例判例**と位置付けてい

---

(8)　兼子・新修体系110頁を参照。

(9)　長谷部由起子「法人でない団体の当事者能力」民訴争点［新版］102頁、注釈(1)428頁［高見進］、高橋・重点講義上178頁を参照。

(10)　上田・民訴93頁、梅本・民訴110頁を参照。なお、新堂幸司『新民事訴訟法［第2版］』（弘文堂、2001年）121頁は、「人の結合体で、その団体の活動から生じた債務の引当てに供しうるように構成員から独立して管理されている独自の財産を有するものを指す。」と説明していたが、本判決後の同『新民事訴訟法［第4版］』（弘文堂、2008年）138頁では、「人の結合体で、その団体の活動に必要な財産的基礎があり、これが構成員から独立して管理されているものを指す。」と説明を改めている。

(11)　伊藤真『民事訴訟の当事者』（弘文堂、1978年）71頁を参照。

る。しかし、厳密には、本判決の【判旨】1のこの説示部分は、【判旨】2の判断を導くために必須の論理的前提であるから、最高裁の**法理判例**と理解すべきである。

そして、本判決は、上記の説示部分に続けて、「団体として、内部的に運営され、対外的に活動するのに必要な収入を得る仕組みが確保され、かつ、その収支を管理する体制が備わっているなど、他の諸事情と併せ、総合的に観察して、同条にいう『法人でない社団』として当事者能力が認められる場合があるというべきである。」と説示した。この説示部分は、「など」の前と後の文章の関係が必ずしも明快ではなく、どう読むべきであるかが問題になる。

筆者は、「内部的に運営され、対外的に活動するのに必要な収入を得る仕組みが確保され、かつ、その収支を管理する体制が備わっている」という前半部分は、昭和42年判決の引用する昭和39年判決が要件とした「財産の管理」の意味を敷衍して明らかにするものであって、民訴法29条にいう「法人でない社団」の要件を説示するものと解している。なぜなら、現実の社会において団体として存立し得るための経済的仕組みが確保されていて、団体としての資産・債務（構成員全員に総有的に帰属するプラス・マイナスの財産）と構成員個人の資産・債務とが識別することのできる体制が備わっていることは必要不可欠であるからである。

そして、筆者は、「他の諸事情と併せ、総合的に観察して、同条にいう『法人でない社団』として当事者能力が認められる場合がある」という後半部分は、固定資産ないし基本的財産を有することが「法人でない社団」該当性判断の要素のひとつにすぎないことを説示するものと解している。

(2) 事例判例としての【判旨】2

本判決の【判旨】2は、【判旨】1に整理した「法人でない社団」の要件に従って、Xの「法人でない社団」の該当性如何について判断し、Xの該当性を肯定した**事例判例**である。

ここで、最高裁は、原判決の確定した事実関係から、Xの財産的側面につき、「団体として内部的に運営され対外的にも活動するのに必要な収入の仕組みが確保され、かつ、規約に基づいて収支を管理する体制も備わっている」ことを積極的に説示している。これは、前記(1)に説明したように、この点が「法人でない社団」の要件であることを間接的に明らかにするものである。この説

示部分から明らかなように、本判決は、団体の財産的側面の仕組みや体制が備わっていることは要件としているが、それが規約・細則といった形式によることまで要件としてはいない。

5　本判決の意味と位置付け

以上のとおり、本判決は、団体が独立財産を有することが民訴法29条にいう「法人でない社団」の要件でないこと（不要説を採ること）を明らかにした**法理判例**であると同時に、1つの預託金制ゴルフクラブについての当てはめをした**事例判例**である。

【事実】4に摘示したように、本件はXとYとの間の協約上の書類閲覧に係る内部的紛争と性質付けることのできるものである[12]が、法理判例部分にせよ事例判例部分にせよ、その射程が内部的紛争に限定されることはない。

また、当然のことながら、事例判例としては、本判決の摘示する事実関係の存する団体を射程に収めるのみであり、我が国に存在する預託金制ゴルフクラブ一般が民訴法29条にいう「法人でない社団」に当たるとしたわけではない。

民集の判決要旨として抽出されたのは、【判旨】2の事例判例部分であるが、これと相まって【判旨】1の法理判例部分は、これまで必ずしも明らかにされていなかった団体の財産的側面についての判断枠組みを明らかにすると同時に、昭和42年判決及びその引用する昭和39年判決の宣明した判例理論を再確認し、判例理論の到達点を分かりやすくまとめたものである。

本判決の結論は、昭和42年判決及びその引用する昭和39年判決の宣明した判例理論によって導くことができる順当なものである[13]。すなわち、本判決は、その後の学説の展開を咀嚼しこれに応接した上で、昭和42年から35年を経た時点における最高裁の考え方を確認したものと理解することができる。本判決が民集登載判例にされたのは、そのように位置付けられてのことであろう。

---

[12]　井上治典「ある権利能力なき社団の当事者資格」『新堂幸司先生古稀祝賀　民事訴訟法理論の新たな構築上』（有斐閣、2001年）581頁を参照。

[13]　同旨の指摘をするものとして、西野喜一・平成14年度主要民事判例解説（判タ1125号）178頁を参照。

◆　当事者適格・訴訟提起・追行に係る特別の授権

4　入会権確認訴訟と入会団体の当事者適格

最3小判平成6・5・31民集48巻4号1065頁[20]

【事実】

1　愛知県豊田市に存するA村落の住民は、江戸時代から生活共同体を成していたところ、明治時代以降、共同して財産を取得するなどしてきたが、大正3年2月には、A村落の戸主全員によって、それまでに形成された共同財産の管理収益の方法等についての慣習を確認する「規約書」が作成された。そして、昭和48年12月16日、共同財産の所有者としての資格を有する住民全員の合意により、「A共有財産管理組合規約」（旧規約）が制定され、入会団体であるX₁組合が設立された。次いで、昭和52年12月24日、X₁組合の構成員全員の合意により、旧規約を改正した「A町部落有財産管理組合規約」（改正規約）が制定された。

2　改正規約には、構成員の資格要件、構成員全員によって組織される総会の権限・議決方法、代表者等の役員の種類・権限、共同財産の管理方法等が定められている。

3　X₂は、X₁組合の構成員（代表者ではない）の1人であって、昭和52年8月14日の総会において、全員一致の議決によって本件土地（合計53筆の山林等）の登記名義人とすることとされた者である。

4　本件土地は、大正4年5月26日、A村落の戸主24名全員を共有者として同月20日売買を原因とする所有権移転登記がされたが、そのうちの1人であるBにつき数次の相続による持分移転登記がされ、現在Cが共有持分24分の1の所有名義人になっている。Cの相続人Y₁・Y₂は、本件土地につき、もともと共有地であって入会地であったことはない、仮に入会地であったことがあったとしても、遅くとも昭和40年代には入会権は解体していたとして、本件土地がX₁組合の構成員全員の総有に属することを争っている。また、Cの持分につき、Y₃を権利者とする抵当権設定登記等がされている。

5　X₁組合（代表者は組合長D）は、Y₁・Y₂に対して本件土地がX₁組合の

構成員全員の総有に属することの確認を求め、X₂は、本件土地につき、Y₁・Y₂に対して真正な登記名義の回復を原因とする共有持分全部移転登記手続を、Y₃に対して抵当権設定登記等の抹消登記手続を求めて、本件訴訟を提起した。

6　第1審は、X₁組合及びX₂が上記5の各訴訟についての原告適格を有することを認めた上、X₁組合及びX₂の請求をいずれも認容した[1]。これに対し、控訴審は、①総有権確認請求訴訟は権利者全員が共同してのみ提起し得る固有必要的共同訴訟であり、X₁組合は同訴訟の原告適格を有しない、②入会権の目的である不動産についての登記手続請求訴訟も、同様に固有必要的共同訴訟であり、X₂は本件各登記手続請求訴訟の原告適格を有しないと判断して、第1審判決を取り消し、X₁組合及びX₂の訴えをいずれも却下した[2]。X₁組合及びX₂が上告。

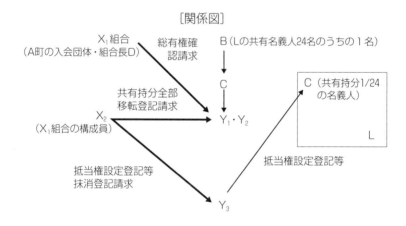

[関係図]

【判旨】

原判決破棄・本件を控訴審に差戻し。

1　総有権確認請求訴訟において入会団体が原告適格を有する場合

「入会権は権利者である一定の村落住民の総有に属するものであるが[3]、村

---

(1)　名古屋地判平成元・3・24民集48巻4号1075頁。
(2)　名古屋高判平成3・7・18民集48巻4号1095頁。

落住民が入会団体を形成し、それが権利能力のない社団に当たる場合には、当該入会団体は、構成員全員の総有に属する不動産につき、これを争う者を被告とする総有権確認請求訴訟を追行する原告適格を有するものと解するのが相当である。けだし、訴訟における当事者適格は、特定の訴訟物について、誰が当事者として訴訟を追行し、また、誰に対して本案判決をするのが紛争の解決のために必要で有意義であるかという観点から決せられるべき事柄であるところ、入会権は、村落住民各自が共有におけるような持分権を有するものではなく、村落において形成されてきた慣習等の規律に服する団体的色彩の濃い共同所有の権利形態であることに鑑み、入会権の帰属する村落住民が権利能力のない社団である入会団体を形成している場合には、当該入会団体が当事者として入会権の帰属に関する訴訟を追行し、本案判決を受けることを認めるのが、このような紛争を複雑化、長期化させることなく解決するために適切であるからである。」

2　入会団体の代表者に対する特別の授権の要否

「権利能力のない社団である入会団体の代表者が構成員全員の総有に属する不動産について総有権確認請求訴訟を原告の代表者として追行するには、当該入会団体の規約等において当該不動産を処分するのに必要とされる総会の議決等の手続による授権を要するものと解するのが相当である。けだし、右の総有権確認請求訴訟についてされた確定判決の効力は構成員全員に対して及ぶものであり、入会団体が敗訴した場合には構成員全員の総有権を失わせる処分をしたのと事実上同じ結果をもたらすことになる上、入会団体の代表者の有する代表権の範囲は、団体ごとに異なり、当然に一切の裁判上又は裁判外の行為に及ぶものとは考えられないからである。」

3　本件への当てはめ

「記録によると、X₁組合は、A町の地域に居住する一定の資格を有する者によって構成される入会団体であって、規約により代表の方法、総会の運営、財産の管理等団体としての主要な点が確定しており、組織を備え、多数決の原則

---

(3)　本判決は、最2小判昭和41・11・25民集20巻9号1921頁［95］を引用。

が行われ、構成員の変更にかかわらず存続することが認められるから、X_1組合は権利能力のない社団に当たるというべきである。したがって、X_1組合は、本件各土地がX_1組合の構成員全員の総有に属することの確認を求める訴えの原告適格を有することになる。また、X_1組合の代表者である組合長Ｄは、訴えの提起に先立って、本件訴訟を追行することにつき、財産処分をするのに規約上必要とされる総会における議決による承認を得たことが記録上明らかであるから、前記の授権の要件をも満たしているものということができる。前記判例〔前掲注(3)の最2小判昭和41・11・25〕は、村落住民の一部の者のみが全員の総有に属する入会権確認の訴え等を提起した場合に関するものであって、事案を異にし本件に適切でない。」

4　入会団体の代表者でない構成員が登記手続請求訴訟の原告適格を有する場合

「権利能力のない社団である入会団体において、規約等に定められた手続により、構成員全員の総有に属する不動産につきある構成員個人を登記名義人とすることとされた場合には、当該構成員は、入会団体の代表者でなくても、自己の名で右不動産についての登記手続請求訴訟を追行する原告適格を有するものと解するのが相当である。けだし、権利能力のない社団である入会団体において右のような措置を採ることが必要になるのは入会団体の名義をもって登記をすることができないためであるが、任期の定めのある代表者を登記名義人として表示し、その交代に伴って所有名義を変更するという手続を採ることなく、別途、当該入会団体において適切であるとされた構成員を所有者として登記簿上表示する場合であっても、そのような登記が公示の機能を果たさないとはいえないのであって、右構成員は構成員全員のために登記名義人になることができるのであり、右のような措置が採られた場合には、右構成員は、入会団体から、登記名義人になることを委ねられるとともに登記手続請求訴訟を追行する権限を授与されたものとみるのが当事者の意思にそうものと解されるからである。このように解したとしても、民訴法が訴訟代理人を原則として弁護士に限り、信託法11条が訴訟行為をさせることを主たる目的とする信託を禁止している趣旨を潜脱するものということはできない。」

【判例の読み方】

1　本判決のポイント

　本件における主要な問題は、入会権の対象である不動産に係る総有権確認請求訴訟及び登記請求訴訟につき、誰に原告適格を認めるのが相当であるかにある。

　本判決は、入会権の性質という実体法上の論点を検討の出発点にして、権利能力のない社団という民法と民訴法の交錯する制度を利用することによって、入会権をめぐる紛争を適正・迅速に解決する合理的な方法のひとつを案出したものである（後記2ないし4）。また、総有不動産に係る登記請求権と登記請求訴訟の原告適格という、ここでも実体法と手続法の双方にまたがる問題につき、1つの合理的な解決方法を案出したものである（後記5）。

　本判決は、混迷を来しかねない複数の問題につき、明快な処方箋を供したものである。本判決を学習することによって、判例形成のプロセスの実際を体感することができる。

2　入会権の確認を対外的に求める訴訟と原告適格──【判旨】1
(1)　入会権の性質についての判例の立場

　X_1組合の Y_1・Y_2 に対する請求の趣旨及び第1審判決の主文は、「Y_1・Y_2 との関係において、本件土地が X_1 組合の構成員全員の総有であることを確認する。」というものである[(4)]。最高裁判例を読む第一歩は、それが実体法の判例であれ訴訟法の判例であれ、訴訟物の確認である。

　この請求の趣旨は、本判決が【判旨】1で引用する前掲最2小判昭和41・11・25（昭和41年判決）の立場に従ったものである。すなわち、昭和41年判決は、「入会権は権利者である一定の部落民に総有的に帰属するものである」と判示していた。この「総有的に帰属する」の意義につき、最1小判昭和57・7・1民集36巻6号891頁 [28] は、「入会部落の個々の構成員は、右〔入会権そのもの〕管理処分については入会部落の一員として参与しうる資格を有するだけで、共有におけるような持分権又はこれに類する権限を有するものではな

---

(4)　【事実】5を参照。

い」と説明する。結局、本件確認訴訟の訴訟物は、X_1組合の構成員全員の本件土地総有権である。

通説は、共有の性質を有する入会権[5]は実在的総合人としての部落協同体の共同所有権（総有そのもの）であり、共有の性質を有しない入会権[6]は部落協同体の他人の土地における収益権（一種の他物権の総有的帰属）であって、その権利自体の管理処分権は部落協同体に帰属し、それに基づく収益権能だけが各部落民に帰属する関係であるなどと説明する[7]。判例は、説明の道具として「実在的総合人としての部落協同体」といった概念を用いることは避けているものの、考え方の基本に違いはなかろう。

(2) 総有権確認訴訟の原告適格を有する者

昭和41年判決は、上記(1)のとおり、入会権が権利者である一定の村落住民に総有的に帰属するものであるという入会権の権利の性質を理由に、「入会権の確認を求める訴は、権利者全員が共同してのみ提起しうる固有必要的共同訴訟というべきである。」とし、さらに、「この理は、入会権が共有の性質を有するものであると、共有の性質を有しないものであるとで異なるところがない。」とした[8]。昭和41年判決のこの論理は、**提起された訴訟が固有必要的共同訴訟であるかどうかにつき、当該訴訟の訴訟物である権利義務（法律関係）の実体法上の性質を識別の基準として決するというのが確定判例の立場であること**[9]を示すものである。

ところで、本件における問題は、入会権の権利者全員が一致して訴えを提起することができない事情がある場合における権利救済の方法如何にあるのでは

---

(5) 民法263条の「共有の性質を有する入会権」とは、入会地の地盤が入会権者の所有に属する場合である。

(6) 民法294条の「共有の性質を有しない入会権」とは、入会地の地盤が入会権者の所有に属さない場合である。

(7) 我妻榮『物権法』（岩波書店、1952年）297頁、星野英一『民法概論Ⅱ』（良書普及会、1976年）178頁、中尾英俊「入会集団の団体的性格」西南学院大学法学論集27巻4号（1995年）16、21頁を参照。

(8) 大判明治39・2・5民録12輯165頁は、入会権確認の訴えが合一確定訴訟であることを判示したものの、固有必要的共同訴訟であると明言してはいなかったのであるが、昭和41年判決はこの点を明確にした。

(9) 田中・要件事実263〜266頁を参照。

なく、**入会権の権利者が民訴法46条**（現行民訴法29条）**の法人でない社団**（本判決は「権利能力のない社団」の用語を使っているので、本稿も以後これに従う。）[10]**に当たる入会団体を形成している場合に、その入会団体に入会権**（総有権）**確認の訴えについての原告適格を認めてよいかどうか**にある。

この点につき、高裁判決間に不統一が見られていた[11]ところ、本判決は、【判旨】１のとおり、**積極に解することを明らかにした**。本判決の判決文は、【判旨】１及び２を一読すれば明らかなように、取り上げた論点につき、まず結論を示し、「けだし」以下の説示部分においてその理由を示すという構成を採っており、判決文を読み解くのに苦労はない。

本判決が積極に解する理由を分説すると、次の２点に集約される。

第１は、訴訟物である入会権の法的性質に着目して、「入会権は、村落住民各自が共有におけるような持分権を有するものではなく、村落において形成されてきた慣習等の規律に服する団体的色彩の濃い共同所有の権利形態である」と指摘する。これは、訴訟物である権利と当事者である団体との実体法レベルにおける密着性の強さの観点から、入会団体を当事者とすることの合理性をいうものと理解することができる[12]。

第２は、紛争の合理的解決という手続法の観点から、入会団体を当事者とするのが「紛争を複雑化、長期化させることなく解決するために適切である」と指摘する。これは、村落住民全員が当事者になるという形の訴訟しか認めないとの立場は、権利者の権利救済の道を閉ざすおそれがあるばかりでなく、当事

---

(10)　「権利能力のない社団」と「法人でない社団」という用語の使い分けにつき、３講の【判例の読み方】２を参照。

(11)　本件控訴審判決は消極に解するものであるが、積極に解する高裁判決として、大阪高判昭和48・11・16判時750号60頁、広島高松江支判昭和52・１・26判時841号３頁を挙げることができる。学説の大部分は、積極に解していた。本判決前の下級審判決例及び学説の状況につき、田中豊・最判解平成６年度民事404、420頁を参照。

(12)　前記(1)のように、民法学説は、むしろ、入会権は部落協同体に帰属するといった説明の仕方を好む。本判決は、あくまでも、入会権の権利主体は一定の村落住民であるとの立場に立って説示する。入会権の権利主体は権利能力のない社団である入会団体ではないという点に着目すると、入会団体に解釈による法定訴訟担当者の地位を認めた判決であると解する立場につながる。高橋宏志「権利能力なき入会団体は、入会権確認訴訟で原告適格を有する」法教174号（1995年）75頁を参照。

者が多数にのぼることが原因になって、訴訟関係が複雑化し紛争解決までに長期間を要するという弊害が生ずるため、適切とはいえないとの考え方[13]を示すものと理解することができる。

この点が民集の判決要旨1として抽出されている。

3　入会団体の代表者に対する特別の授権の要否──【判旨】2

(1)　問題の所在

権利能力のない社団に当たる入会団体に入会権（総有権）確認の訴えについての原告適格を認めてよいと解することを前提にして、次に検討すべきは、村落住民が訴えを提起するには村落住民全員が原告となることを要するとする昭和41年判決との調和をどのように図るかという問題である。この点につき、下級審判決例又は学説による明快な見解表明があるとはいえない状況であった[14]。

入会団体の代表者に入会権（総有権）確認の訴えの提起・追行権限ありとするための要件をどう解するかについては、次の3つの立場があり得る。

A説　入会団体の構成員全員による授権を要するとの立場

B説　入会団体の規約等において当該財産を処分するのに必要とされる授権を要するとの立場

C説　入会団体の真実の代表者であればよく、特別の授権を要しないとの立場

(2)　本判決の判断

本判決の意義のひとつは、村落住民の意思の点を、原告適格の問題と区別して、入会団体の代表者の権限の問題として明確に位置付けた上で、その解決方法を明示した点にある。

本判決は、【判旨】2に明らかなように、B説を採用し、A説とC説を排斥した。この点が民集の判決要旨2として抽出されている。

本判決は、【判旨】2についても、「けだし」以下にそのように解する理由を

---

[13]　入会権をめぐる紛争につき、同様の視点を提供していたものとして、小島武司「共同所有をめぐる紛争とその集団的処理」ジュリ500号（1972年）331頁を参照。

[14]　本判決前の下級審判決例又は学説の状況につき、田中・前掲注(11)408〜410頁を参照。

2つ挙げる。第1は、確定判決の効力が入会団体の構成員全員に対して及び、入会団体が敗訴した場合には総有権を喪失させる処分をしたのと同じ結果をもたらすこと、第2は、入会団体の代表者の有する代表権の範囲が団体ごとに異なり、当然に裁判上又は裁判外の一切の行為に及ぶものとは考えられないこと、である。

第1の点は、権利能力のない社団である入会団体が規約等の形で財産の種類や目的に応じた処分要件を定めた場合（例えば、総会における多数決による議決を要するとした場合）には、当該規約等の定めを有効と考える[15]ことを前提としている。そして、その規約等の定めに従って財産処分を有効とする要件と同一の団体意思の形成を訴えの提起・追行権限授与の要件とするものである。B説を採用し、A説を排斥する理由になっている。ところで、最1小判平成20・4・14民集62巻5号909頁［12］は、入会団体の構成員全員の同意を要件としないで入会権の処分を認める慣習であっても、公序良俗違反などの特段の事情が認められない限り、有効と判断した。

第2の点は、入会団体の代表者の代表権が当該団体の規約や慣習に由来するものであって、その範囲も団体ごとに異なるという実情を踏まえて、会社の代表者と同様に定型的なものとみることはできないとの趣旨をいうものであり、C説を排斥する理由になっている。

(3) 入会団体が被告とされる場合と特別の授権の要否

本判決は、**入会団体が原告となる場合についてその代表者が特別の授権を得ることを要する旨判断した**のであり、入会団体が被告になる場合については何らの判断も示していない。

したがって、判例としては将来の問題として留保されているのであるが、入会団体が被告になる場合には、その代表者として応訴する者が真実の代表者でありさえすればよく、特別の授権を得る必要はないと考えるのが合理的であろう。そうでないと、入会団体はその代表者が特別の授権を得ることができないという理由によって、常に被告とされる訴訟を回避することができ、入会団体

---

(15) 小島武司「総有権確認請求訴訟等における原告適格」私リマ11号（1995年下）132頁は、同旨をいう。なお、入会地の管理処分の要件が規約・慣習にゆだねられていることにつき、星野・前掲注(7)184頁を参照。

が当該訴訟に応訴しないことに利益を見出すときは、いつまでも紛争の解決を先延ばしする結果を認めることになり相当でない[16]。

4 当事者適格、特別の授権に係る判断の本件への当てはめ ——【判旨】3

(1) X₁組合は権利能力のない社団に当たるか

「法人でない社団」で代表者の定めのあるものに当事者能力を認めることを規定する民訴法29条の位置付け、及び民訴法上の当事者能力を肯定すべき「法人でない社団」に当たるかどうかについても、民法上の「権利能力のない社団」に当たるかどうかを決するための4要件——①団体としての組織を備えていること、②多数決の原則が行われていること、③構成員の変更にもかかわらず団体そのものが存続すること、④代表の方法、総会の運営、財産の管理その他団体としての主要な点が確定していること——の充足を要求するというのが最高裁判例の立場であることについては、3講を参照されたい。

本判決は、このような確定判例の立場を前提にして、【判旨】3のとおり、X₁組合が当事者能力を有する権利能力のない社団に当たるばかりでなく、本件訴訟の当事者適格を有する旨判断した。

(2) X₁組合の構成員特定の要否

入会団体が入会権（総有権）確認の訴えを提起するに際し、訴状の「請求の趣旨」において入会権の帰属主体である構成員を個別に特定することを要するかどうかは、実務的には大きな問題である。裁判所としても、既判力の及ぶ範囲を明らかにするため、判決主文において構成員を個別に特定することを要するかどうかが問題になる。

本判決は、この点についての判断をしてはいない。しかし、本件第1審判決の主文は前記2(1)のとおり「Y₁・Y₂との関係において、本件土地がX₁組合の**構成員全員の総有であることを確認する。**」というものであって、構成員を個別に特定していなかったのであるが、差戻しを受けた名古屋高裁は単純にY₁・Y₂のX₁組合に対する控訴を棄却した。この高裁判決に対する再度の上告を受けた最高裁は、Y₁・Y₂のX₁組合に対する上告を却下した。入会権をめぐ

---

(16) 田中・前掲注(11)412頁を参照。

る紛争を複雑化、長期化させることなく解決するとの観点から、入会団体に当事者適格を認めた最高裁としては、入会団体の構成員を個別に特定することを要しないとの立場を前提にしていると考えてよかろう[17]。

この問題は、入会団体に限らず、権利能力のない社団が訴訟の当事者になる場合一般において問題になるのであるが、学説の多数説も構成員の個別的特定を不要としている[18]。

(3) X₁組合の組合長Dに対する特別の授権の有無

本判決は、【判旨】3のとおり、自ら本件記録に当たって、X₁組合の代表者である組合長Dが訴えの提起に先立って本件訴訟を追行することについて本件土地の処分に規約上必要とされる総会における議決による承認を得たことを認定した上で、特別の授権の要件を満たしている旨判断している。

この特別の授権につき、民訴規則18条により同規則15条の規定が適用されるから、入会団体の代表者は訴訟の提起に際して書面をもって証明する必要がある。訴状の附属書類として、総会議事録等を添付することになる。実務的には、重要である。

5 登記手続請求訴訟の原告適格を有する者——【判旨】4

(1) 総有不動産と登記

不動産登記法は、入会権をそれとして登記する方法を用意していない（同法3条参照）[19]。しかし、実際には、共有の性質を有する入会権については便法として地盤の所有権について様々な形の登記——村落名義とするもの、村落住民の全員又は一部の者の共有名義とするもの、村落の代表者1名の名義とするもの、村落に存する寺社の名義とするもの等——がされてきた[20]。

登記実務は、権利能力のない社団の資産である不動産の登記につき、以下の

---

(17) 田中・前掲注(11)407〜408、422頁を参照。

(18) 福永有利「権利能力なき社団の当事者能力」『木川統一郎博士古稀祝賀　民事裁判の充実と促進上巻』（判例タイムズ社、1994年）313頁、堀野出「団体の任意的訴訟担当について」同志社法学47巻2号（1995年）538頁を参照。

(19) 不動産登記法上登記する方法がないのは、入会権に限らず、総有という共同所有形態の権利一般について同様である。

(20) 星野・前掲注(7)185頁を参照。

とおりの取扱いをしてきた。

① 権利能力のない社団を登記名義人とすることはできない[21]。

② 代表者名義とする定めがある場合は代表者の個人名義で、その他の場合は構成員全員の名義で登記する[22]。

③ 権利能力のない社団の代表者である旨の肩書を付した登記はできない[23]。

④ 代表者の個人名義で登記されている場合に代表者が交替したときは、「委任の終了」を原因として新代表者の個人名義の所有権移転登記をする[24]。

そして、最2小判昭和47・6・2民集26巻5号957頁［67］（昭和47年判決）は、大筋において以上の登記実務を追認した。昭和47年判決は、学説が代表者個人名義説、団体名義説、代表者肩書説などに分かれて議論してきた問題につき、最高裁として**代表者個人名義説**を採ることを明らかにしたものである[25]。

⑵ 代表者でない構成員を名義人とする登記と原告適格

昭和47年判決は、権利能力のない社団の資産である不動産につき、当該社団の代表者でない構成員の名義で登記することができる場合があるかどうか、また、同構成員が登記請求訴訟の原告適格を有する場合があるかどうかに触れるところはなく、登記実務や学説も明らかとはいえない状況にあった[26]。

本判決は、**【判旨】4のとおり、権利能力のない社団である入会団体の構成員全員の総有に属する不動産につき、当該社団の規約等に定められた手続によってある構成員個人を登記名義人とすることとされた場合には、当該構成員は、入会団体の代表者でなくても、自己の名で当該不動産についての登記手続請求訴訟を追行する原告適格を有する旨判示し、原告適格につき積極説を採る**

---

[21] 昭和23・6・21民事甲第1897号民事局長回答・登記先例集上834頁。

[22] 昭和28・12・24民事甲第2523号民事局長回答・登記先例集下2132頁。

[23] 昭和36・7・21民事三発第3課長回答・登記先例集追Ⅲ588頁。

[24] 昭和41・4・18民事甲第1126号民事局長電話回答・登記先例集追Ⅳ727頁。

[25] 昭和47年判決につき、吉井直昭・最判解昭和47年度民事614頁を参照。

[26] わずかに、吉野衛・判評199号（判時783号〔1975年〕）157頁が積極説を、長井秀典「総有的所有権に基づく登記請求権」判タ650号（1988年）21頁が消極説を採ることを表明していた。

ことを宣明した。この点が民集の判決要旨3として抽出されている。

また、本判決は、原告適格について積極説を採る前提として、社団の代表者でない構成員を所有名義人として表示することによっても、そのような登記が公示の機能を果たさないとはいえないとし、代表者でない構成員個人の名義で登記することができる場合があることを認めた。

本判決は、【判旨】4によると、登記名義人とすることとされた構成員が登記請求訴訟の原告になるのは**任意的訴訟担当**としてであり、同構成員個人に所有権又は登記請求権という実体法上の権利が信託的に移転するという理論構成によってはいない。昭和47年判決は、代表者個人名義の登記につき、「構成員全員のために信託的に社団代表者個人の所有とされる」と説明したために、実体法上の権利が信託的に移転するという理屈によっているかのようにみえる。しかし、本判決は、入会団体名義の又は入会団体の肩書付きの登記をすることができないことによる次善の策として、代表者でない構成員個人の名義による登記を認めるのであって、不動産の所有権又は登記請求権という実体法上の権利が信託的に移転するためであるとは考えていないのである。注意を要する。

そうすると、権利能力のない社団の資産である不動産の登記請求訴訟につき原告適格を有する者として判例によって肯認されたのは、①当該社団の構成員全員、②当該社団の代表者、③本判決の判示する要件を満たす当該社団の代表者でない1名又は複数名の構成員ということになる。

なお、本判決は、権利能力のない社団に登記請求訴訟の原告適格を認めるかどうかに触れるものではなく、この点は将来の問題とされている。しかし、上記の3つの方法があることを考慮すれば、実務的にはこの問題の重要性はかなり小さなものになったということができる。

6　本判決の意義

入会権は、現在、解体の過程にあるといわれており、それだけに入会権をめぐる紛争が頻発している。本件の Y_1・Y_2 は、正にそのように主張したために、本件訴訟が提起されるに至ったのである。

本判決は、入会権をめぐる訴訟において必ず問題になるといってよい、しかも高裁レベルの判断が分かれていた論点につき、かなり詳細な理由を示して決着をつけたものである。本判決の直接の対象は入会権であるが、本判決の論理

は権利能力のない社団の資産に係る紛争一般に応用可能なものであり、影響を及ぼす範囲も相当に広く、重要判例というべきものである。

そして、本判決は、判決理由中の説示において、当事者適格という民訴法上の典型的論点につき、極めて原理的なところから説き起こしており、法律実務家らしいものの考え方を学ぶに当たって参考になる。また、訴訟法の議論がそれだけで独立して成立するのではなく、実体法と交錯しつつ、実体法の正確な理解ないし実体法の議論の検証とともに初めて成立することを実感することができるという意味でも参考になる判例である。

Refreshments 1

●「事案を異にし本件に適切でない」とは？●

1つの判例が適用される範囲を指して、一般に「判例の射程」とか「判例の射程範囲」と表現する。制定法国である我が国においては、1つの判決中の先例となる判断（判例）は、結局のところ制定法の規定の解釈適用についての結論命題なのであり、その結論命題である法律効果の及ぶ範囲を「判例の射程」という。

判決の結論命題は、「a、b、c……の事実が存するときは、Aという法律効果が発生する」という形で提示されるので、「判例の射程」を画するには、当該判決が「Aという法律効果」の発生のために最小限どれだけの類型化された事実が必要であるのかを確定する作業が不可欠である。この必要最小限の類型化された事実を、英米法では「重要な事実（material facts）」という。

既存の判例が「Aという法律効果」の発生のために必要最小限の類型化された事実を「a、b、c、d」としている場合において、後継事件には「a、b、c、d」のうちの1つ以上の事実がないときは、当該後継事件は既存の判例の射程外にあるということになる。

そのような場合、最高裁判決は、「○○の**判例は、事案を異にし本件に適切で**ない。」と表現することによって、判例の射程外にあるとの趣旨を示す。より丁寧に、射程外であると判断する理由を併せて説示することもある。例えば、本講の判決（最3小判平成6・5・31）は、「前記判例は、村落住民の一部の者のみが全員の総有に属する入会権確認の訴え等を提起した場合に関するものであって、事案を異にし本件に適切でない。」と説示している（【判旨】3）。

なお、後継事件には「a、b、c」があり「d」はないものの、「d」に代替し得る事実「e」があるので、既存の判例が肯定した「Aという法律効果」の発生を肯定してよいと考える場合には、「a、b、c、eの事実が存するときは、Aという法律効果が発生する」という新たな判例が形成されることになる。後継事件が既存の判例の射程外にあるというのは、当該後継事件において既存の判例と同じ結論を導くことができないことを意味するのではない。注意を要する。

第3章 訴訟要件・訴えの利益

◆ 確認の訴えの利益

5 遺言無効確認の訴えと紛争の成熟性

最2小判平成11・6・11判時1685号36頁

【事実】

1 Xは、Y₁の養子であり、Y₁の唯一の推定相続人である。Y₁は、平成元年12月18日、奈良地方法務局所属公証人A作成の公正証書によって遺言（本件遺言）をした。その内容は、Y₁の所有する本件土地と建物の持分各100分の55を、Y₁の甥であるY₂に遺贈するというものである。

2 奈良家裁は、平成5年3月15日、Y₁がアルツハイマー型認知症であるとの鑑定結果に基づき、心神喪失の常況にあるとして、Y₁に対して禁治産宣告をした。

3 Xは、Y₁の生存中に、Y₁・Y₂を被告として、本件遺言はY₁の意思能力を欠いた状態で作成されたものであり、公正証書遺言の方式にも違反しているから、無効であると主張して、遺言無効確認の訴えを提起した。

4 第1審は、【判例の読み方】3(2)に挙げた昭和31年判決を引用して、訴えを却下した[1]。しかし、控訴審は、遺言者の生存中に遺言の無効確認を求める訴えは原則として不適法であるが、遺言者による遺言の取消し又は変更の可能性がないことが明白な場合には、その生存中であっても遺言の無効確認の訴えを認めることが紛争の予防のために必要かつ適切であるとして、本件訴えを適法と判断し、第1審判決を取り消し、本件を第1審裁判所に差し戻す旨の判決をした[2]。

5 Y₁・Y₂は、Y₁が本件遺言後現在までの間の意思能力に問題のない時期に別途遺言書を作成している可能性がないわけではなく、アルツハイマー型認知症の治療法が見出されて、Xが生存中に意思能力を回復して本件遺言と抵触する遺言をする事態もないとはいえず、さらに、受遺者であるY₂がY₁より先

---

(1) 大阪地判平成6・10・28判タ865号256頁。

(2) 大阪高判平成7・3・17判時1527号107頁。

に死亡して、本件遺言が無効になることもあり得る等の事情に鑑みると、本件遺言無効確認の訴えに即時確定の利益はないなどと主張して、上告した。

[関係図]

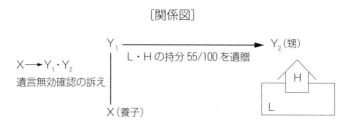

【判旨】
原判決破棄・自判（Xの控訴棄却）。

1 Xが遺言無効確認の判決を求める趣旨
「Xが遺言者であるY₁の生存中に本件遺言が無効であることを確認する旨の判決を求める趣旨は、Y₂が遺言者であるY₁の死亡により遺贈を受けることとなる地位にないことの確認を求めることによって、推定相続人であるXの相続する財産が減少する可能性をあらかじめ除去しようとするにあるものと認められる。」

2 受遺者の地位の性質
「遺言は遺言者の死亡により初めてその効力が生ずるものであり（民法985条1項）、遺言者はいつでも既にした遺言を取り消すことができ（同法1022条）、遺言者の死亡以前に受遺者が死亡したときには遺贈の効力は生じない（同法994条1項）のであるから、遺言者の生存中は遺贈を定めた遺言によって何らの法律関係も発生しないのであって、受遺者とされた者は、何らかの権利を取得するものではなく、単に将来遺言が効力を生じたときは遺贈の目的物である権利を取得することができる事実上の期待を有する地位にあるにすぎない。したがって、このような受遺者とされる者の地位は、確認の訴えの対象となる権利又は法律関係には該当しないというべきである。遺言者が心神喪失の常況にあって、回復する見込みがなく、遺言者による当該遺言の取消し又は変更の可

能性が事実上ない状態にあるとしても、受遺者とされた者の地位の右のような
性質が変わるものではない。」

3　結　論
「したがって、Xが遺言者であるY₁の生存中に本件遺言の無効確認を求める
本件訴えは、不適法なものというべきである。」

【判例の読み方】

1　本判決のポイント
本判決は遺言者の生存中に推定相続人が提起した遺言無効確認の訴えに確認
の利益を認めることができないとしたものであるが、本判決には、確認訴訟と
いう形態の訴訟をめぐる様々な問題を考えさせる契機が凝縮されている。

そこで、確認訴訟の意義と機能（紛争解決において果たすべき役割）とを再確
認した上で（後記2）、本判決と先行最高裁判例との関係を分析することによ
って、確認の利益における対象適格の問題と紛争の成熟性の問題との関係を検
討する（後記3ないし5）ことにしよう。

2　確認訴訟と訴えの利益
(1)　確認訴訟の意義と機能
確認訴訟とは、一般に、特定の法律関係又は権利義務の存在・不存在の確認
を求める訴えをいう。原告の請求が特定の法律関係又は権利義務の存在の確認
を求めるものを「積極的確認の訴え」（特定の不動産の所有権を有することの確認
を求める訴え等）と呼び、その不存在の確認を求めるものを「消極的確認の訴
え」（特定の交通事故を原因とする損害賠償債務を負っていないことの確認を求める
訴え等）と呼ぶ。

そして、確認訴訟につき、請求認容判決が確定すると、原告の求めるとおり
の権利義務の存否の判断（例えば、特定の不動産の所有権が原告に帰属すること）
に既判力が生ずる。他方、請求棄却判決が確定すると、原告の求めるのと逆の
判断（例えば、特定の不動産の所有権が原告に帰属しないこと）に既判力が生ず
る。

確認訴訟という訴訟形態が肯認されるのは、判決をもって特定の権利義務の存否を観念的に確認することによって、当事者間に現に存する紛争を解決し又は将来の紛争の発生を予防するという機能を果たすことが期待されるからである。このような期待が成立するためには、権利義務の体系である実体法秩序が明確になっていると同時に、裁判所による権利義務の存否の確認に従うという規範意識が人々に広く浸透していることが前提になる。そこで、歴史的には、給付訴訟がローマ法以来の訴訟の原初形態であるのに対し、確認訴訟は19世紀後半に至ってようやく成立をみたものであって、いわば洗練された訴訟形態であると理解されている[3]。

(2) 確認の利益を検討するための3つの観点

確認訴訟においては、給付訴訟及び形成訴訟と比べ、訴えの利益の問題の検討が重要である。確認訴訟では訴えの対象になる権利義務が無限定であるので、訴えの利益というフィルターを通して訴訟として許容すべきものであるかどうかを決する必要があるからである。確認訴訟における訴えの利益を「**確認の利益**」と呼ぶ。

学説は、確認の利益につき、以下の3つの観点から検討するのが一般である。すなわち、①紛争解決手段として確認訴訟を選択するのが適切であるかどうか、②確認対象とする訴訟物の選択が適切であるかどうか（対象適格の問題）、③訴訟という方法で解決すべき紛争として成熟しているかどうか（紛争の成熟性の問題）、の3つの観点である[4]。

3 遺言無効確認の訴えと対象適格の問題

(1) 対象適格（確認対象とする訴訟物の選択が適切であるかどうか）の問題

確認訴訟を前記2(1)のとおり定義することから分かるように、一般に、確認対象は現在の法律関係又は権利義務でなければならないと考えられている。この考え方を分説すると、まず、**確認対象は法律関係又は権利義務でなければな**

---

(3) 以上につき、中野ほか・新民訴講義32頁［徳田和幸］、高橋・重点講義上69〜70頁を参照。

(4) ただし、本文の3つの観点は、確認の利益についての考え方の整理の指標として有用であるというだけであり、1つの問題が論理的にいずれかに分類することができるとか分類しなければならないというものではない。田中・要件事実342頁を参照。

らず、**事実の確認は許されないこと**(5)を意味し、次に、**法律関係又は権利義務**
であっても、過去のものの確認は許されないこと(6)を意味する。

(2)　対象適格についての判例理論の変遷

　最１小判昭和31・10・４民集10巻10号1229頁［74］（昭和31年判決）は、遺言
者自身が生前に提起した遺言無効確認の訴えを不適法として却下したのである
が、その理由のひとつとして、「法律行為はその法律効果として発生する法律
関係に対しては法律要件を構成する前提事実に外ならないのであって法律関係
そのものではない」ことを挙げる。これは、遺言無効確認の訴えは、事実の確
認を求める訴えにすぎないから確認の訴えの対象適格を欠くというのである。
この理由付けによると、遺言無効確認の訴えはおよそ確認の利益を肯定するこ
とができないということになる。

　しかし、昭和31年判決の後も、下級審において、遺言無効確認の訴えを適法
とする判決と不適法とする判決との対立が続いたため、最高裁は、判例統一の
必要に迫られた。そのような状況の中で、最３小判昭和47・２・15民集26巻１
号30頁［37］（昭和47年判決）は生まれた(7)。

　昭和47年判決は、遺言無効確認の訴えにつき、形式上過去の法律行為の確認
を求めるものであるとした上で、「①遺言が有効であるとすれば、それから生
ずべき現在の特定の法律関係が存在しないことの確認を求めるものと解される
場合で、②原告がかかる確認を求めるにつき法律上の利益を有するときは、適

---

(5)　その理由は、事実の確認をしてみても紛争を解決するのに有効ではないからである。
　ところが、民訴法134条は、証書真否確認の訴えという事実の確認を求める訴えを明文
　で許容している。これは、証書真否確認の訴えの判決が確定したときは、当該証書に記
　載された法律関係をめぐる紛争の解決に資すると期待することができることを法が認め
　ていることを意味する。

(6)　その理由は、民事上の法律関係は時々刻々変動する可能性があるから、過去のものの
　確認をしてみても紛争を解決するのに有効ではないからである。そうすると、過去の法
　律関係を確定することが現在の紛争の抜本的な解決のために必要で適切な場合には、確
　認の利益を肯定してもおかしくはない。現に、最大判昭和45・７・15民集24巻７号861
　頁は、子の死亡後における親子関係確認の訴えについて確認の利益を肯定している。

(7)　昭和47年判決の第１審と控訴審は、いずれも昭和31年判決の本文掲記の第１の理由に
　よって遺言無効確認の訴えを確認の利益を欠く不適法な訴えであると判断した。この点
　から推測すると、昭和47年判決の第１審と控訴審は、昭和31年判決の本文掲記の第１の
　理由を**主論**として位置付けていたということになる。

法として許容されうるものと解するのが相当である。」（①、②の付番は筆者による。）と判断した。

　昭和47年判決の要件①は、遺言の有効性如何を決しても**現在の特定の法律関係の存否の確認**に結びつかない場合を排除する趣旨のものであり、結局、民法上の法律行為を含まない遺言には確認の対象適格がないこと[8]を説示するものである。昭和47年判決は、要件①を明示することによって、事実の確認は許されないという伝統的な考え方との間を架橋したのである。

　また、昭和47年判決の要件②は、原告がそのような現在の特定の法律関係が存在しないことの確認を求める法律上の利益を有する者であること——すなわち、相続人、受遺者、遺言執行者等何らかの**法律上の利害関係のある者**であること——を要することを説示するものであり、当然の要件というべきものである。

　このように、昭和47年判決は、昭和31年判決の挙げた理由付けのひとつを捨て去ったのであるが、判例変更の手続を踏まずにこのようなことをしたのは、昭和31年判決の挙げた上記の理由付けを**傍論として位置付けること**ができたからである。すなわち、昭和47年判決は、副次的に、昭和31年判決の主論がもうひとつの理由付けである「本件確認の訴は現在の法律関係の存否をその対象とするものではなく、将来被上告人〔遺言者を指す。〕が死亡した場合において発生するか否かが問題となり得る本件遺贈に基ずく法律関係の不存在の確定を求めるに帰着する。」との説示部分[9]であることを明らかにしたという意義をも有するのである[10]。

　結局、昭和47年判決は、形式的には事実の確認のようにみえる遺言無効確認の訴えにつき、それが現実の社会で果たしている紛争解決機能を直視して、対象適格という観点においては適法として許容することを明らかにしたのである。

---

(8)　柴田保幸・最判解昭和47年度民事307頁を参照。

(9)　昭和31年判決は、本文の結論を導いた理由につき、「元来遺贈は死因行為であり遺言者の死亡によりはじめてその効果を発生するものであって、その生前においては何等法律関係を発生せしめることはない。」と説示する。

(10)　主論と傍論の区別、ある判例の射程を決するのがその後の判例であること等につき、**Refreshments 2** および田中・法律文書65〜69頁を参照。

Refreshments 2

● 主論（ratio decicendi）と傍論（obiter dicta）●

英米法では、先例拘束性の原理（doctrine of stare decisis）を採用していて、判例が法源（source of law）の一部を形成している。1つの判決は、その理由中で幾つかの法律判断をした上で結論に到達するのが通常である。そこで、当該判決の理由中の判断のうち、判例として後の裁判所に対する拘束力を有する部分をそれ以外の部分から識別する必要が生ずる英米法では、上記のような判例としての判断を主論（ratio decicendi）と呼び、それ外の判断を傍論（obiter dicta）と呼んで区別する。

我が国は、先例拘束性の原理を採用してはいないものの、最高裁への上告受理申立理由（民訴法318条1項）を構成するに際しては、自らの依拠する判決につき、主論と傍論とを識別する現実的必要がある。そのような場面ではなくても、法律家としては、1つの判決を読む際に、主論と傍論とを識別する癖をつけておくことが望ましい。

本講で解説したように、昭和31年判決は、遺言者自身が生前に提起した遺言無効確認の訴えを不適法として却下するにつき、遺言という法律行為の無効確認を求める訴えは、法律関係の無効確認を求める訴えではなく、事実の無効確認を求める訴えにすぎないとして、確認の訴えの対象適格を欠くことをその理由の1つとして説示していた。

これに対し、昭和47年判決は、遺言無効確認の訴えは形式上過去の法律行為の無効確認を求めるものではあるが、適法な訴えとして許容され得る場合があると判断し、昭和31年判決の理由中の判断に忠実に従った判断をした原判決を破棄した。ところで、最高裁は、大法廷に回付して判例変更の手続を経たわけではないから、上記の昭和31年判決の理由中の判断は、傍論としての判断にすぎないとみたことが明らかである。

このように、最高裁判決が理由中に明示にした判断であっても、傍論にすぎないとして捨て去られるものがある。判例を検討するに当たり、判決理由を忠実になぞる理解で終わるのではなく、理由中の判断の主論と傍論とを識別することのできる能力を涵養しておくことがいかに重要であるかを物語っている。

4 本判決と昭和47年判決との関係──【判旨】1

本判決は、【判旨】1において、本件訴訟の趣旨につき、「Y₂が遺言者である Y₁ の死亡により遺贈を受けることとなる地位にないことの確認を求める」ものであって、「推定相続人である X の相続する財産が減少する可能性をあらかじめ除去しようとするにある」と説示する。

この説示部分は、遺言無効確認の訴えについての昭和47年判決の要件①、②を充足することを確認する目的のものと理解することができる。すなわち、昭和47年判決の要件①である「現在の特定の法律関係が存在しないことの確認を求めるもの」に当たるかどうかにつき、Y₂ が Y₁ の受遺者という法律上の地位にないことの確認を求めるものと解されることを、要件②である「原告がかかる確認を求めるにつき法律上の利益を有するとき」に当たるかどうかにつき、X が Y₁ の推定相続人であって法律上の利害関係のある者であることを、それぞれ明らかにしている。

本判決は、昭和47年判決の判示したところを踏襲して、裁判所に持ち込まれた遺言無効確認の訴えが確認の利益（対象適格）を有するかどうかにつき、特定の法律関係の存否の確認と解されるかどうかを具体的に確認しなければならないとの立場を再確認したのである。

5 本判決と紛争の成熟性の問題──【判旨】2、3

⑴ 紛争の成熟性と係争法律関係の実体法上の性質

本件において問題とされている特定の法律関係が「Y₂ が Y₁ の受遺者の地位にないこと」であるとすると、確認の利益の存否を決するための第3の観点である紛争の成熟性の問題がクローズアップされることになる。

すなわち、遺言無効確認の訴えにつき、紛争として成熟していることを根拠付ける事実は、通常であれば「Y₁ が死亡した（その結果、本件遺言が効力を生じた）」ことであるが、これを「Y₁ がアルツハイマー型認知症に罹患していて、現在意思能力がなく、その病状に回復の見込みがない」ことによって、代置することができるかどうかが問題になる。X は、Y₁ の病状と現在の医学水準とに照らして、本件遺言の変更可能性が極めて少ないことという事実が紛争の成熟性を根拠付けることができると考えているのであるが、このような考え方が正鵠を射ているのかどうかが正に問題である。

この点につき、最高裁の立場を明らかにしたのが【判旨】2、3である。最高裁は、遺言者生存中の受遺者の地位につき、実体法上、何らの法律関係も発生せず、単に事実上の期待を有する地位にあるにすぎないことを理由にして、確認の訴えの対象となる権利又は法律関係には該当しないと判断し、本件訴えを不適法として却下すべきものとの結論を導いた。**本判決のこの論理は、前記3(2)に説明した昭和31年判決の主論を43年経てそのまま復活させたものである。**

　本判決の【判旨】2の表現振りからは、対象適格（確認の利益の第2の観点）を問題にしているようにも見えるが、対象適格の問題についての本判決の立場を上記3のように整理するのであれば、【判旨】2は、遺言者が生存中であることに着目して、紛争の成熟性（確認の利益の第3の観点）を問題にしているものと理解するのが相当であろう[(11)]。

　このように、本判決は、確認の訴えの対象となる権利又は法律関係の実体法上の性質を理由にして、紛争の成熟性があるとはいえないと判断したのであるが、これを原告の地位の実体法上の性質の問題として議論することも可能である。すなわち、被相続人 Y_1 が自己の財産を自由に処分することができることからすれば、推定相続人の地位は単に事実上の期待を有する地位にあるにすぎないから、被相続人の生存中に確認の訴えの利益を認めて保護する必要はないと説明することになる[(12)]。なお、最3小判昭和30・12・26民集9巻14号2082頁[138]は、推定相続人が被相続人に代位してその生存中に提起した被相続人と第三者との間の土地売買契約の無効確認の訴えにつき、原告適格なし（被保全債権なし）として訴えを却下した。

(2)　紛争の成熟性と手続法的視点を強調する立場

　係争法律関係の実体法上の性質を基本に据えて紛争の成熟性の有無を決する考え方に対し、証拠保全の必要性、紛争解決への事実上の波及効果等の手続法的視点を強調することによって紛争の成熟性をより緩やかに決しようとする考

---

(11)　前掲注(4)のとおり、本判決を読むことによっても、確認の利益を検討するための3つの観点が考え方の整理・分類のための一応の指標にすぎないことを理解することができる。

(12)　野村秀敏『予防的権利保護の研究』（千倉書房、1995年）386頁を参照。

え方も存する[13]。

　本判決は、原判決の結論に賛同するこのような考え方を採らないことを明らかにしたものでもある。

6　本判決の意義

　本判決は、遺言者が心神喪失の常況にあるために遺言の取消し・変更の可能性が極めて乏しいという事実があるとしても、遺言者生存中に提起された遺言無効確認の訴えに確認の利益（紛争の成熟性の観点における）がないという判断に影響のないことを明らかにした点に、昭和31年判決を超える独自の価値がある。

　ただし、本判決の採ったこの結論は、前記 5 (1)に指摘したように、遺言者生存中の受遺者の法的地位について説示した昭和31年判決の論理をそのまま採用することにより導かれたものであり、**係争法律関係の実体法上の性質が確認の利益の有無の考慮要素として最も重要であることを再確認したものとして位置付けることができる**。

　そして、昭和31年判決→昭和47年判決→本判決を約半世紀の時間軸の中に置き、この間の学説の展開に照らしてみると、学説の展開に影響されて判例が動いた部分と民事訴訟の運営の適否の観点から判例が動かなかった部分とを対比して参照することができて興味深い。

---

[13]　中野貞一郎「遺言者生存中の遺言無効確認の訴え」奈良法学会雑誌 7 巻 3 = 4 号（1995年）51頁、松村和徳「遺言無効確認の訴えに関する諸問題」鈴木重勝ほか編『中村英郎教授古稀祝賀　民事訴訟法学の新たな展開上』（成文堂、1996年）179頁、川嶋四郎『民事救済過程の展望的指針』（弘文堂、2006年）163頁以下を参照。

◆ 給付の訴えの原告適格等(1)

6 マンションの管理をめぐる紛争と管理組合の当事者適格

最3小判平成23・2・15判時2110号40頁

【事実】

1　Xは、11階建てマンション（本件マンション）の区分所有者全員を構成員とする管理組合であり、民訴法29条にいう「法人でない社団」である。Y₁は本件マンション1階にある専有部分の区分所有者、Y₂はその前区分所有者、Y₃はその賃借人である。Xは、Y₁〜Y₃に対し、YらがXの定めた管理規約（本件規約）に違反してXの承諾を得ることなく本件マンションの共用部分である1階出入口や壁面の改造工事をしたと主張して、本件規約に基づく所定の違約金又は不法行為に基づくそれと同額の損害賠償金の支払を求め、Y₁に対し、本件規約に基づく原状回復義務の履行としての工作物の撤去、Xとの間で締結した本件マンションの共用部分に看板等を設置してこれを使用する旨の契約（本件使用契約）が終了したことを理由とする使用料相当損害金の支払を求める訴えを提起した。

2　第1審（東京地判平成20・6・24判例集未登載）は、Xの原告適格を問題とすることなく、本案につき、Yらが本件規約の定めに反して改造工事をしたとは認められず、Yらのした工事によって本件マンションの区分所有者の区分所有権が侵害されたともいえないと判断し、Y₁に対する上記使用料相当損害金請求の一部のみを認容し、その余の請求をいずれも棄却する判決をした。

3　これに対し、控訴審（東京高判平成20・12・10判例集未登載）は、本件マンションの共用部分は区分所有者の共有に属するものであるから、共用部分の侵害を理由とする本件各請求権は区分所有者において行使されるべきものであるところ、管理組合に訴訟担当を認める規定は存在しないし、任意的訴訟担当を認める合理的必要性があるともいえないから、Xが区分所有者のために本件訴訟を追行することは許されないと判断し、Xの原告適格を否定し、第1審を取り消して、本件訴えをいずれも却下した。Xが上告受理の申立て。

第 3 章　訴訟要件・訴えの利益　65

[関係図]

X（管理組合）————————→Y₁～Y₃（区分所有者ら）

対 Y₁～Y₃：本件規約に基づく違約金請求・不法行為に基づく損害賠償請求
対 Y₁：本件規約に基づく工作物撤去請求・使用料相当損害金請求

【判旨】

破棄・差戻し。

1　給付の訴えにおける原告適格

「給付の訴えにおいては、自らがその給付を請求する権利を有すると主張する者に原告適格があるというべきである。」

2　本件各請求の合理的解釈とXの原告適格

「本件各請求は、Xが、Y₁～Y₃に対し、X自らが本件各請求に係る工作物の撤去又は金員の支払を求める権利を有すると主張して、その給付を求めるものであり、Xが、本件各請求に係る訴えについて、原告適格を有することは明らかである。」

【判例の読み方】

1　本判決のポイント

　本判決は、【判旨】1のとおり、給付の訴えにおいては、当該訴訟の訴訟物である請求権の主体であると主張する者に原告適格があるという伝統的考え方を確認したものであり、この判断自体を理解するのに大した困難はない。民訴法の基礎ともいうべき、当事者能力と当事者適格との区別を復習し（後記2）、給付の訴えにおける当事者適格に関する学説と最高裁判例の立場を復習しておけば（後記3）、この範囲の問題については用が足りる。

　本判決を読む意義は、その先にある。すなわち、訴訟行為を合理的に解釈したとして、「自らが請求権の主体である」又は「被告が給付義務者である」と原告が主張しているとは考えられない場合であってもなお、**原告となっている者又は被告とされた者に第三者の訴訟担当として当事者適格を肯定してよいと**

66

きがあるのではないかという**問題**を検討するということである。そこで、本講では、マンションの管理をめぐる紛争を素材にして、この問題を考えてみる（後記4、5）。

2　当事者能力と当事者適格との区別

　当事者能力とは、民事訴訟において当事者として訴訟追行をし、判決の名宛人となり得る一般的な資格をいう[1]。民訴法28条は民訴法に特別の定めがある場合を除いて民法その他の法令に従うこととしているところ、民訴法29条は、この特別の定めとして、法人でない社団につき、代表者の定めのあるものに当事者能力を認めることを規定する。

　これに対し、**当事者適格**とは、個別の訴訟の訴訟物である特定の権利義務又は法律関係につき、当事者として訴訟を追行し本案判決を求め得る資格をいう。

　Xは、法人でない社団であるから、民訴法29条の規定によって当事者能力ありということになる。本件における問題は、【事実】1に挙げた本件各請求を前提として、給付訴訟を追行し本案判決を求め得る資格（すなわち、当事者適格）を有するかどうかという点にある。

3　給付の訴えにおける当事者適格──【判旨】1
(1)　学説の状況

　給付の訴えにおいては、当該訴訟の訴訟物である請求権の主体であると主張する者に原告適格があり、原告によってその義務者であると主張される者に被告適格があると解するのが学説の圧倒的通説といってよい[2]。

　ただし、主張された権利義務又は法律関係から請求権者又は義務者たり得ないことが明らかな場合には、例外的に当事者適格を欠くとして却下判決すべきであるとする例外的却下説も存する[3]が、一般的には、このような例外を否定

---

(1)　3講を参照。

(2)　長谷部・民訴150頁、高橋・重点講義上246頁、新堂・新民訴290頁を参照。

(3)　兼子原著・条解113頁［新堂幸司］、徳田和幸「給付訴訟における当事者適格の機能について」高田裕成ほか編『福永有利先生古稀記念　企業紛争と民事手続法理論』（商事法務、2005年）116頁以下を参照。

第3章 訴訟要件・訴えの利益 67

する[4]。

(2) 給付の訴えにおける被告適格に関する最高裁判例

最高裁判例としては、被告適格に関するものがあり、上記の通説の立場を採用することを明らかにした。

すなわち、マンションの区分所有者である原告がマンションの管理組合を被告として、共用部分である壁面に設置されている設備の撤去を求めた事案において、東京高判昭和58・2・28判時1075号121頁は、「物権的請求としてある物件の撤去を求めるに当り、所有者その他当該物件について処分権限を有する者以外の者……を被告とした訴は当事者適格をあやまった不適法な訴というべきである」として、訴えを却下した。この東京高判の立場は、上記の学説の異説の立場に立つものといってよい。

これに対し、最1小判昭和61・7・10判時1213号83頁（昭和61年判決）は、「給付の訴えにおいては、その訴えを提起する者が給付義務者であると主張している者に被告適格があり、その者が当該義務を負担するかどうかは本案請求の当否にかかわる事柄であると解すべきであるから、上告人の右訴えは、適法なものというべきであり、したがってこれを却下した原判決は違法である。」と判断した。昭和61年判決は、上記の学説の通説の立場を採用することを宣言したものである。

昭和61年判決が異説を採用しないこととしたのは、異説のいう例外的場合がいわゆる「主張自体失当」[5]の場合（請求原因事実である要件事実の主張が整わずに欠落している場合）とどのような相違があるのか、どのように識別するのかが明らかでないところに根本的な理由があろう。

(3) 給付の訴えにおける原告適格

本判決の【判旨】1は、昭和61年判決が給付の訴えにおける被告適格について判示したところが原告適格についてもそのまま妥当することを明らかにしたものである。したがって、本判決が【判旨】1で判示するところに特段目新し

---

(4) 中野貞一郎『民事訴訟法の論点I』（判例タイムズ社、1996年）103頁、福永有利「給付訴訟における当事者適格」新堂幸司ほか編『中野貞一郎先生古稀祝賀　判例民事訴訟法の理論上』（有斐閣、1995年）237頁を参照。

(5) 「主張自体失当」の意義につき、田中・法律文書79頁を参照。

いものはなく、当然の法理を再確認するものと理解するのが相当である。昭和61年判決と同様、本判決が民集登載判例でなく、集民登載判例とされた理由もその点にあろう。

4 マンションの管理をめぐる紛争と訴訟当事者

(1) マンションの管理をめぐる紛争と訴訟類型

マンションの管理をめぐって様々な紛争が起きる。当該紛争の類型に応じて問題とされる権利義務も、一様ではない。ところで、本件における管理組合は「法人格のない社団」であるから、管理組合が建物の区分所有等に関する法律（区分所有法）47条1項に基づき法人格を取得していないことを前提として考えてみよう。紛争とそこで問題にされる権利義務を大別すると、次の3つに類型化することができる。

第1は、マンションの各区分所有者間にその共有持分割合に応じて分割帰属する債権債務（例えば、マンションの共用部分が第三者によって破壊されたことによって被った不法行為に基づく損害賠償請求権）[6]が考えられる。

第2に、マンションの各区分所有者がその共有持分権に基づき行使することのできる請求権（例えば、共用部分の不法占拠者に対して保存行為として行使することのできる原状回復請求権）が考えられる。

第3に、法人格のない社団の構成員であるマンションの区分所有者全員に総有的に帰属する債権債務（例えば、管理組合が第三者又は特定の区分所有者との間でマンションの共用部分の占有使用を認める契約を締結したことに基づき、その対価として取得する使用料請求権）が考えられる。

なお、区分所有法26条2項は、区分所有者が選任した管理者が共用部分等について生じた損害賠償金及び不当利得による返還金の請求及び受領に関して区分所有者を代理することができることとし、同条4項は、規約又は集会の決議により、管理者がその職務に関して区分所有者のために原告又は被告となることができることとしている[7]。そうすると、マンションの管理者は、これら3

---

(6) 東京高判平成8・12・26判時1599号79頁。

(7) 区分所有法26条4項は、管理者の任意的訴訟担当を明文で容認したものである。管理組合法人につき、区分所有法47条8項を参照。

つの紛争類型のいずれについても、第三者の訴訟担当として原告又は被告となることができる[8]。

(2) 法人格のない社団である管理組合の当事者適格

区分所有法26条4項は明文でマンションの管理者の任意的訴訟担当を認めるのであるが、ここで検討すべきは、法人格のない社団である管理組合に当事者適格を認めてよい場合があるかどうか、あるとすればそれはどのような場合であるかという問題である。

【事実】3のとおり、本件控訴審は、X（管理組合）の請求がいずれも共用部分の侵害を理由とする請求であると解釈した上で、Xが区分所有者のために訴訟を追行することは許されないとした。

しかし、Xの請求する実体法上の権利が区分所有者に帰属するものであるとしても、その実体法上の権利と法人格のない社団であるXとの法的関係によっては、Xの原告適格を認めてよい場合もあろう。

なぜなら、もともと、実体法上、「権利能力のない社団」という用語を使ってその成立要件の議論をしてきた目的は、法人格を有しない団体を一切法的な主体として扱わないことにすると、社会生活上不都合なことがあるので、一定の範囲であたかも権利義務が帰属するかのように扱うことを許容しようとするところにあったからである。そして、実体法上の効果とは、その社団の代表者がその社団の名において取得した資産が構成員全員に総有的に帰属し、同様にして負った債務が構成員全員に1個の債務として総有的に帰属し、その社団の総有資産のみが責任財産になり、構成員の個人が債務を負い責任を負うことはないというものである[9]。

そうすると、適正で効率的な民事紛争の解決方法という観点からみて、「**権利能力のない社団**」**の構成員全員に総有的に帰属する債権債務に係る訴え**については、「**法人格のない社団**」**に当事者適格を肯定するのが望ましい**ということになる。このように実体法上の「権利能力のない社団」と訴訟法上の「**法人格のない社団**」との関係を理解すると、**民訴法29条**は、「**法人格のない社団**」

---

(8) 吉田徹編著『一問一答改正マンション法』（商事法務、2003年）30頁を参照。

(9) 最1小判昭和39・10・15民集18巻8号1671頁［96］、最3小判昭和48・10・9民集27巻9号1129頁［6］。「権利能力のない社団」の考え方につき、3講を参照。

の当事者能力を規定すると同時に、その構成員全員に総有的に帰属する債権債務に係る訴えについての当事者適格を規定する（訴訟担当する資格を法定する）というに帰着する[10]。

(3) 訴訟行為の合理的解釈——【判旨】2

最高裁が原判決（本件控訴審判決）を破棄した直接の理由は、原判決がXの訴訟行為（請求及びそれを根拠づける主張）の解釈を誤ったところにある。本判決の【判旨】2は、それを指摘するものである。

すなわち、【事実】1のとおり、Xは、Y₁〜Y₃に対し、本件規約に基づく所定の違約金等の支払を求め、Y₁に対し、本件規約に基づく原状回復義務の履行とXとの間で締結した本件使用契約の終了を理由とする使用料相当損害金の支払を求めて本件訴えを提起した。

Xのこれらの請求につき、本判決は、「X自らが本件各請求に係る工作物の撤去又は金員の支払を求める権利を有すると主張して、その給付を求めるもの」と解釈したのに対し、原判決は、Xが本件マンションの区分所有者に帰属する請求権を区分所有者のために行使するものと解釈したのである。

本判決の【判旨】2を表面的に観察する限り、以上の範囲における理解に困難はない。しかし、上記(2)のとおり、「権利能力のない社団」に権利義務が帰属するとの説明の実体法上の意味は、結局のところ、その社団の構成員全員に権利義務が総有的に帰属することをいうものであり、最高裁判例もこれを繰り返し確認している[11]から、そうであるなら、最高裁としては、Xの請求の一部を認容した第1審判決を破棄して請求棄却の判決をすべきところ、上告人がXであるから不利益変更禁止の原則が働き、上告棄却にとどめるしかないということになるのではないか、との疑問に逢着する[12]。

そこで、1歩進めて、本判決が原判決を破棄し、事件を原審に差し戻す旨の判決をした意味を考えてみることにしよう。

---

(10) 坂田宏「当事者能力に関する一考察」法学68巻1号（2004年）15頁を参照。

(11) 最2小判昭和47・6・2民集26巻5号957頁［67］、最3小判平成6・5・31民集48巻4号1065頁［20］を参照。

(12) 上田竹志「判批」法セミ682号（2011年）132頁を参照。昭和61年判決は、被告適格についてであるが、不利益変更禁止の原則を援用して本文記載の処理をしたものである。

5 本判決が事件を原審に差し戻した意味

(1) Xの主張の不明確性と事実審における主張整理の不十分性

前記4(1)にみたマンションの管理をめぐる紛争の多様性を反映して、訴訟においても、原告は誰であるのか（法人格のない管理組合であるのか、管理組合の理事長であるのか等）、訴訟物となっている権利義務は誰に帰属するのか、その法的性質如何（管理組合法人に帰属するものであるのか、区分所有者の全員又は特定の者に帰属するものであるのか、区分所有者に帰属するとして総有的に帰属するのか分割して帰属するのか等）が明確とはいえない事例が少なくない。

本件においても、原告が管理組合Xであるのかその理事長個人であるのか、Xの行使する権利が誰のどのような権利であるのか等につき、Xの主張に混乱が見られる旨指摘されている[13]。

(2) 差戻審における審理の対象

そうであるとすると、本判決の【判旨】2は、X自らが工作物撤去又は金員支払を求める権利を有すると主張して、その給付を求めるものであると簡単に説示しているが、差戻審としては、「X自らが権利を有する」とのXの主張の真意を確認する作業をすることが必須である。なぜなら、前記4(3)に整理した判例の立場を前提とする限りは、権利能力（法人格）のない社団に権利義務が帰属するとの主張は、その社団の構成員全員に権利義務が総有的に帰属するとの趣旨をいうものと解し得る余地がある[14]からである。

Xがそのような趣旨で「自らに権利が帰属する」と主張しているのであるとすれば、改めて、第三者の訴訟担当としてXに原告適格を肯定してよいかどうかを検討しなければならない。

【事実】1に挙げたXの本件請求のうち、Y₁〜Y₃に対する本件規約に基づく違約金請求、Y₁に対する本件規約に基づく原状回復義務の履行としての工作

---

(13) 本判決を紹介する匿名記事（判時2110号〔2011年〕）41頁を参照。

(14) 椎村寛道「判批」NBL961号（2011年）72頁は、昭和61年判決が「原審の適法に確定した事実関係のもとにおいては、被上告人ら〔法人格のない管理組合はその1人。〕に本件設備を撤去すべき義務がなく、右請求が理由のないものであることは明らかであり、これを棄却すべきこととなる」と判示しており、法人格のない社団である管理組合がおよそ実体法上の権利義務の帰属主体となり得ないとはしていないことを指摘するが、本文指摘の趣旨をいうものであろう。

物撤去請求、Y₁に対するXとの間の本件使用契約に基づく同契約終了後の使用料相当損害金請求等は、権利能力（法人格）のない社団であるXの構成員である区分所有者全員に総有的に帰属する権利に係る訴えとみることもできるから、Xに当事者適格を肯定してよい請求の候補として考えることができる。

最高裁判例をみてみると、最1小判昭和50・4・10判時779号62頁は、権利能力（法人格）のない社団であるマンションの管理組合が原告となって、バルコニーの改築を禁止した組合規約及び建築協定に基づき、これに違反して管理組合の管理する共有物であるバルコニーを改築した被告に対し、原状回復義務の履行としての工作物撤去と将来の改築禁止とを請求した訴えにつき、原告適格の有無を全く問題にすることなく、各請求を認容した原判決（控訴審判決）を正当として是認した。

また、最1小判平成13・3・22金法1617号39頁は、マンションの管理組合法人が原告となって、同管理組合法人設立の前後にわたって管理費等を支払わなかった区分所有者を被告として、自己の負担部分を超えて被告である区分所有者のために立て替えて支払った他の区分所有者の求償金を請求した訴えにおいて、同管理組合法人設立前に係る請求分につき、(i)同求償金債権が自己の負担部分を超えて立替払をした各区分所有者に帰属するものであって、法人設立前の旧組合に帰属するものでない、(ii)同求償金債権についての訴訟追行権を付与した事実もない、との2つの理由を挙げて、同請求に係る訴えを却下した原判決（控訴審判決）を正当として是認した。すなわち、この事件において管理組合法人の訴訟追行権が否定されたのは、行使された求償金請求権が不当利得返還請求権の性質を有するものであって、立替払をした各区分所有者に分属し、区分所有者全員の総有に属するものではない（上記(i)）、任意的訴訟担当の可能性を検討してみても、そもそも訴訟追行権を授与した事実がない（上記(ii)）、との理由によるものである[15]。

このように検討してくると、Xの訴訟行為についての原審（控訴審）の解釈

---

[15] 八田卓也「判批」私リマ44号（2012年）125頁は、最1小判平成13・3・22につき、「区分所有における権利について、各区分所有者個人への帰属を指向し、その管理組合法人による行使の許容に対して消極的姿勢を見せる」と最高裁の傾向をまとめるが、過度に抽象化したものであって正確とはいえない。当該事案において問題とされた権利の実体法的性質及び訴訟追行権の授与なしという重要な事実を忘れてはならない。

（Xが本件訴訟において行使する権利は本件マンションの区分所有者に帰属するものであるとの解釈）を前提にしても、当事者適格なしとして本件請求に係る訴えの全てを簡単に却下することには大きな問題があることを理解することができる。

最高裁が昭和61年判決のように単に上告を棄却するという処理をしなかったのには、このような理由があるのである。

(3)　Xの代表者の授権の有無

法人格のない社団に問題となっている訴訟物（請求権）との関係において当事者適格を肯定してよいかどうかの問題と法人格のない社団の代表者として当該訴訟を提起し追行している者が訴訟上の代表権を有しているかどうかとは、訴訟要件の問題ではあるものの、別の問題である。

入会団体が法人格のない社団を組織している場合につき、この点を明らかにしたのが最3小判平成6・5・31民集48巻4号1065頁［20］である。4講の解説を参照されたい。

マンションの管理組合が原告となって訴訟を提起し追行するには、代表者に訴訟の提起追行権限が授与されている必要がある。本件では、【事実】1のように多岐にわたる請求がされているところ、規約上、代表者に選出されることによって授与されているもの、総会決議によって特別の授権がされなければならないもの等、各別に代表者に対する訴訟の提起追行権限の授与の有無を検討する必要がある。

本判決は、判決理由の末尾に「本件各請求の全てにつき、Xの代表者が本件訴訟を追行する権限を有するか否かを含め、更に審理を尽くさせるため、本件を原審に差し戻すこととする。」と判示して、差戻審の注意を喚起している。

6　本判決の意義は判示内容の先にある

本判決は、給付の訴えにおける被告適格についての判断を示した昭和61年判決の後四半世紀を経て、給付の訴えにおける原告適格についての判断を示した最高裁判決であり、学説の通説の立場を採用することを再確認したものである。「給付の訴えにおける当事者適格」という法律問題（法理）につき、最高裁の立場が強固なものとして確立したことは明らかである。

しかし、昭和61年判決と本判決がいずれも、マンションの管理をめぐる紛争

の中から生まれたことが示唆するように、法人格のない社団が原告となり又は被告となっている給付訴訟における当事者適格の問題について最終的に的確に答えるためには、「自らがその給付を請求する権利を有すると主張する」のかどうか（原告適格）、又は「訴えを提起する者が給付義務者であると主張する」のかどうか（被告適格）という「訴訟行為の合理的解釈」の問題（本判決の【判旨】2の扱った問題）に的確な対応をするだけでは十分でなく、**許されるべき第三者の訴訟担当であるかどうかの問題に的確な対応をする必要があるのである**。

　すなわち、民事訴訟の実務においては、本判決の【判旨】1の法理判例を前提にして、適正かつ迅速な民事訴訟を実現するという観点から、その先の「第三者の訴訟担当」の許容範囲をどのような判断枠組みによって画定するかの問題がはるかに重要である。本判決の判示した法律論自体は、簡明なものであって理解するのに困難はないが、法律実務家が本件事案にいかに対処するのが適正かつ迅速な民事訴訟を実現するゆえんであるかという問題には、一筋縄ではいかない難しさが伴う。

　本判決は、本判決が判示した法律論の先にある問題を考えさせる良い素材を提供している。

◆　給付の訴えの原告適格等(2)

7 継続的不法行為に基づく損害賠償請求と将来給付の訴えの請求権適格

最３小判平成19・5・29判時1978号7頁(第５次～７次横田基地事件)

【事実】

1　横田飛行場の周辺に居住する住民5917人（Ｘら）は、日米安保条約に基づきアメリカ合衆国に対して米軍の使用する施設及び区域として同飛行場を提供している国（Ｙ）を被告として、同飛行場に離着陸する米軍機の発する騒音等により受忍限度を超える精神的・身体的被害を被っていると主張して、夜間の米軍機の飛行差止めと過去及び将来の損害賠償を請求した。

2　第１審は、飛行差止請求を棄却し、過去の損害賠償請求を一部認容した。また、将来の損害賠償請求につき、最大判昭和56・12・16民集35巻10号1369頁［43］（大阪国際空港訴訟事件最高裁判決。以下「大法廷判決」という。）を引用し、これを不適法として却下した[(1)]。

3　控訴審は、飛行差止請求を棄却すべきものとしたが、過去の損害賠償請求における受忍限度の判断基準及び危険への接近の法理を認めるかどうかにつき、第１審判決と判断を異にして、Ｘらの一部との関係で結論と認容額の異なる判決をした。また、本講のテーマである将来の損害賠償請求につき、「口頭弁論終結後も、本判決の言渡日である平成17年11月30日までの８か月ないし１年間といった短期間については、口頭弁論終結時点に周辺住民が受けていた航空機騒音の程度に取立てて変化が生じないことが推認され、受忍限度や損害額（慰謝料、弁護士費用）の評価を変更すべき事情も生じないから、終結後の損害の賠償を求めて再び訴えを提起しなければならないことによるＸらの負担にかんがみて、口頭弁論終結時について認められる損害賠償請求権と同内容の損害賠償請求権を認めるべきである。」と説示して、同請求の一部を認容した[(2)]。

---

(1)　東京地八王子支判平成14・5・30判時1790号47頁。

(2)　東京高判平成17・11・30判時1938号61頁。

4 これに対し、Yは、原判決中将来の損害賠償請求を認容した部分につき、判例違反があるとして上告及び上告受理の申立てをした[3]。

[関係図]

Xら（横田飛行場の周辺住民）
 ｜夜間の米軍機の飛行差止請求
 ｜過去の損害賠償請求
 ↓将来の損害賠償請求
Y（国）

【判旨】
破棄・自判（Xらの控訴棄却）。

〈法廷意見〉
1 継続的不法行為に基づく損害賠償請求権と将来給付の訴えの請求権適格

「継続的不法行為に基づき将来発生すべき損害賠償請求権については、①たとえ同一態様の行為が将来も継続されることが予測される場合であっても、②損害賠償請求権の成否及びその額をあらかじめ一義的に明確に認定することができず、具体的に請求権が成立したとされる時点において初めてこれを認定することができ、かつ、③その場合における権利の成立要件の具備については債権者においてこれを立証すべく、事情の変動を専ら債務者の立証すべき新たな権利成立阻却事由の発生としてとらえてその負担を債務者に課するのは不当であると考えられるようなものは、将来の給付の訴えを提起することのできる請求権としての適格を有しないものと解するのが相当である。」（①ないし③の付番は、筆者による。）

---

(3) Xらも、原判決中Xらの請求を棄却した部分につき、上告及び上告受理の申立てをした。これらについては、上告棄却兼不受理決定がされた。

2 飛行場の騒音被害に基づく損害賠償請求権と将来給付の訴えの請求権適格

「飛行場等において離着陸する航空機の発する騒音等により周辺住民らが精神的又は身体的被害等を被っていることを理由とする損害賠償請求権のうち事実審の口頭弁論終結の日の翌日以降の分については、将来それが具体的に成立したとされる時点の事実関係に基づきその成立の有無及び内容を判断すべく、かつ、その成立要件の具備については請求者においてその立証の責任を負うべき性質のものであって、このような請求権が将来の給付の訴えを提起することのできる請求権としての適格を有しないものであることは、当裁判所の判例とするところである。」[4]

3 本件への当てはめ

「横田飛行場において離着陸する米軍の航空機の発する騒音等により精神的又は身体的被害等を被っていることを理由とするXらのYに対する損害賠償請求権のうち事実審の口頭弁論終結の日の翌日以降の分については、その性質上、将来の給付の訴えを提起することのできる請求権としての適格を有しないものであるから、これを認容する余地はないものというべきである。」

〈個別意見〉

（上田裁判官と堀籠裁判官の補足意見）

大法廷判決のうちの「『空港周辺の住民が同空港を離着陸する航空機による騒音等により被る損害の賠償請求のうち、事実審の口頭弁論終結日の翌日以降のものは、権利保護の要件を欠き、不適法である』とする判断は、当該具体的事案に前記の一般法理を当てはめて当該事件を解決した最も重要な事例判断から抽出される命題、いわゆる結論命題であり、この部分こそ狭義の『判例』として先例的な意義・価値を有し、拘束力を持つものというべきである。」

---

(4) 本判決は、【判旨】1、2に関する先例として、大法廷判決、最1小判平成5・2・25民集47巻2号643頁［12］（厚木基地訴訟）、最1小判平成5・2・25判時1456号53頁（横田基地訴訟）の3つの判決を引用している。

（藤田裁判官の補足意見）

「『防衛施設である横田飛行場の騒音の状況はその時々の国際情勢あるいは我国の防衛力の整備状況等に応じて常に変動する可能性を有するものであって、将来にわたって一定の航空交通量があることを確定できるものではない』という要素があるという事実はこれを否定できないこと、また、論旨の指摘する、周辺住民の移動状況等に鑑みるとき、過去の被害についてのデータから、将来の被害についての『高度の蓋然性』を、果たしてまたどのように見出せるかについては、なお残された多くの問題があるのではないか、と思われる。」

（那須裁判官の反対意見）

「原判決が、将来の損害賠償請求一般の中から判決言渡日までという比較的短い期間で、予測可能性及び確実性が高い部分（しかも、判決言渡しの時点では現実となっている部分）を切り取って類型化し将来の損害賠償請求の適格を認めたことについては相当な理由があり、かつ、……大法廷判決の趣旨に照らしてもこれに抵触するとまではいえないと考える。」

（田原裁判官の反対意見）

「大法廷判決から既に25年を経た今日、その間に提起された同種事件の状況や学説の状況を踏まえれば、同判決が定立した継続的不法行為による将来の損害賠償請求権の行使が許容される場合の要件について、その見直しがなされるべきである。」

「私は、本件では、……事実審口頭弁論終結日の翌日以降の損害賠償請求も認めて然るべきであると考えるが、如何なる範囲でそれを認めるかは、口頭弁論終結時におけるＸらの被っている被害が将来も継続することが高度の蓋然性をもって認められる期間、Ｘらが口頭弁論終結後の被害にかかる損害賠償請求を求めるために新たに訴えを提起することに伴う負担の内容、将来請求を認容した場合にＹが請求異議事由として主張し得る事項とその立証に要する負担の程度、及びその負担をさせることに伴うＹ、Ｘ間の衡平性を考慮したうえで判断すべきであり、その認容判決をなすに当たっては、Ｘらの請求の範囲で、将来請求を認容する期間、及び認容する金額のいずれも控え目になすべきであって、その具体的な認定は、当該事案における事実関係に応じて判断すべき事柄

であると考える。」[5]

【判例の読み方】

1　本判決のポイント

　本講のテーマである将来給付の訴えの請求権適格に関する判例として大法廷判決がある[6]。

　大法廷判決の民集に登載された判決要旨4は、以下①ないし③が継続的不法行為を理由とする損害賠償請求権に基づく将来給付の訴えの請求権適格を肯定すべき要件であると判断した。

① 　損害賠償請求権の発生根拠となる不法行為が現在存在し、それと同一態様の行為が将来も継続されることが予測されること。

② 　損害賠償請求権の成否及びその額を**あらかじめ一義的に明確に認定する****こと**ができること（より具体的に表現すると、損害賠償請求権の成否及びその額につき、債務者に有利な影響を及ぼすような将来における事情の変動事由をあらかじめ明確に予測することができること）。

③ 　将来における事情の変動事由を専ら債務者の立証すべき新たな権利成立阻却事由の発生として、債務者に請求異議の訴えを提起する負担を課するのが不当であると考えられないこと。

　本判決は、大法廷判決の言渡しから四半世紀を経て、大法廷判決の射程の範囲そのものを主題として議論がたたかわされ、また大法廷判決の判断を見直すべきであるかどうかが問題とされたものであり、判例の意義、種類、射程といった基本を学ぶための格好の素材を提供している。

　まず、本判決の取り上げたテーマである**将来給付の訴えの請求権適格**という問題の基本を理解し（後記2）、大法廷判決の判断のどの部分に先例としての意味を見出すことができるのかを検討した上で（後記3）、本判決の意義と残

---

(5)　田原裁判官は、ここで大法廷判決の団藤裁判官の反対意見を参照する。

(6)　本判決は、【判旨】1において大法廷判決がこの点に関する判例であることを確認している。

された問題とを検討することにする（後記4、5）。

そして、これらの検討の過程を通じて、上記の大法廷判決の判決要旨4の②における「あらかじめ一義的に明確に認定することができ〔る〕」との表現が請求権適格を肯定するための要件として必ずしも大法廷判決の考え方を正確に反映させたものとはいえないために、様々な問題が生じることになったことを学ぶことにしたい。

2 将来給付の訴えにおける訴えの利益と請求権適格

(1) 民訴法135条の規定と将来給付の訴えの類型

原告が現に（口頭弁論終結時に）給付を請求することのできる地位にあると主張する現在給付の訴えは、当然に紛争解決の必要性があり、訴えの利益があるとされる。これに対し、原告が現に（口頭弁論終結時に）給付を請求することのできる地位にないことを前提にする給付の訴えは、原則として訴えの利益がないのであるが、民訴法135条は、「**将来の給付を求める訴えは、あらかじめその請求をする必要がある場合に限り、提起することができる。**」と規定して、その例外を認める。

将来給付の訴えにも様々なものが存するところ、請求権の性質に着目して分類すると、大要、以下のとおりである。

第1は、1回的給付請求権であって、①当該請求権は既発生であるが、その履行に期限又は停止条件が付されているもの[7]、②当該請求権は未発生であるが、既に基礎となる法律関係が成立しているもの[8]がある。

第2は、継続的給付請求権（債務者側からみると、反復して発生する給付義務）であって、当該請求権は未発生であるが、その基礎となる法律関係として、①契約に基づくもの[9]、②不当利得に基づくもの[10]、③不法行為に基づくもの[11]

---

(7) 本文第1の①のうち、期限付請求の例としては満期未到来の約束手形金請求を、停止条件付請求の例としては仮登記担保権者からこれに対抗することのできない賃借人に対する本登記経由を条件とする明渡請求を、それぞれ挙げることができる。

(8) 本文第1の②の例としては、いわゆる代償請求（本来の給付請求が執行不奏功に終わった場合の損害賠償請求）、保証人の主債務者に対する事後求償（民法459条1項）等を挙げることができる。

(9) 本文第2の①の例としては、家賃、地代、賃金、割賦代金等を挙げることができる。

がある。

(2) 訴えの利益が認められる場合

上記(1)のいずれの態様の将来給付の訴えであっても、「あらかじめその請求をする必要がある場合に限り」適法とされるのであるから、それはどのような場合をいうのかが問題になる。

学説は、将来給付の訴えの利益が存する場合として、一般に、以下の2つの類型を挙げていた[12]。

1つ目は、給付義務者である被告が義務の存在又は内容を争っているというものである。この類型においては、原告の求める時期における即時の給付を期待することができないことが訴えの利益が存することの根拠になる。上記(1)の第1の1回的給付請求権にこれに当たる事案が多いが、同第2の継続的給付請求権についても、現に履行期にある給付義務に不履行があるときは、将来分について訴えの利益が存するとされる。

2つ目は、給付の性質上、履行の遅滞が債務の本旨に反することになる又は履行の遅滞によって原告に著しい損害を被らせることになるというものである。この類型においては、給付義務者が義務の存在又は内容を争っているかどうかは問題にならない。定期行為の請求権が前者の例として、生活保護のための扶養料請求権が後者の例として挙げられる。

本判決が取り扱ったのは、継続的不法行為に基づく損害賠償請求権についてであり、上記の分類によると1つ目のものである。継続的不法行為に基づくものとしては、所有権侵害を理由とする不動産明渡しに至るまでの賃料相当損害金請求が民事訴訟実務に定着している訴えの利益があるものの典型例である。本件は、離着陸する航空機の発する騒音が個々の周辺住民の受忍限度を超えて初めて違法な侵害行為に当たるというより非定型性の高い不法行為に基づく損

---

(10)　本文第2の②の例としては、共有者のうちの1人が共有物から利得を得ている場合における、他の共有者からの持分割合を超える分の不当利得返還請求を挙げることができる。後掲最2小判平成24・12・21を参照。

(11)　本文第2の③の例としては、所有権を被侵害権利とする占有者に対する賃料相当損害金請求のように実務上定着したものから、公害・生活妨害を理由とする侵害行為の停止に至るまでの損害賠償請求のようなものまで、様々な態様のものがある。

(12)　高橋・重点講義上355頁、伊藤・民訴178〜179頁を参照。

害賠償請求権であるため、将来給付の訴えの適法性を肯定すべきであるかどうかが先鋭に争われることになった。

(3) 「訴えの利益」と「請求権適格」という用語

上記(1)のように、民訴法135条は、将来給付の訴えの訴訟要件について「あらかじめその請求をする必要がある場合」と表現していて、「**訴えの利益**」の問題として規定している。

しかし、大法廷判決が、「訴えの利益」の概念の中から、「将来給付の訴えにおける請求権の行使が適法なものと評価されるために具備すべき定型的な性質」とでもいうべきものを抜き出して、「請求権としての適格」という言い回しをして以降、学説においても、これを「**請求権適格**」という用語によって説明するのが一般的になった[13]。

しかし、我が国の民訴法の解釈適用の問題としては、将来給付の訴えにつき、民訴法135条にいう「あらかじめその請求をする必要がある場合」に当たるかどうかを検討するところに帰着する。「請求権適格」と言い換えたところで一定の結論を導くことができるわけでもなく、この用語にどれほどの意味があるのか疑問である[14]。一口に「訴えの利益」として語られる問題の中にやや性質を異にするものが含まれていることを理解し、以上のような用語の包摂関係と出自とを理解しておけば足りるであろう。

3 本判決の【判旨】1及び2の意義
——大法廷判決の判例部分はどこか

(1) 判例の意義——先例拘束性のある判断

裁判所法10条3号は、最高裁判所が小法廷で裁判をすることができないときにつき、「憲法その他の法令の解釈適用について、意見が前に最高裁判所のした裁判に反するとき」と規定する。また、民訴法318条1項は、上告受理の申立事由として、「原判決に最高裁判所の判例（……）と相反する判断がある事

---

(13) 新堂幸司=福永有利編『注釈民事訴訟法(5)』（有斐閣、1998年）138頁［上原敏夫］を参照。

(14) 高橋・重点講義上357頁は、「その定型性も結局は程度問題であり、将来の給付の訴えの利益を欠くと言い直してよいと思われる。」というが、同旨をいうものと思われる。

件」と規定する。

本件では、先例となる法的判断という意味における「判例」を大法廷判決の判決理由説示のどの部分に見出すべきであるかが争われ、本判決は、以下のとおりその点につき、明確に判断した。

(2) 本判決の【判旨】1——大法廷判決の判決要旨4

本判決の【判旨】1は、民集に登載された大法廷判決の判決要旨4と同一の判断をしたものであり、本講の前掲注(4)記載のとおり、判決文中に大法廷判決等を引用して、同判決要旨4の説示部分が判例（先例拘束性のある判断）であることを明らかにしている。

大法廷判決のこの判断は、旧民訴法226条（現行民訴法135条）の解釈を示したものではあるが、同条の解釈一般を示したわけではなく、継続的不法行為を理由とする損害賠償請求権に基づく将来給付の訴えの場合に限って、請求権適格を肯定すべき要件の解釈を示したものであるから、その性質は**場合判例**[15]に分類される。

ところで、民集の「判示事項」、「判決要旨」及び「参照条文」の各項目は、最高裁判所の判例委員会の議を経たものであり、同委員会がこの点に大法廷判決の先例となる判断が存すると考えたことを示している。ただし、民集の判決要旨として抽出された説示部分であっても、判例とはいえない場合も存するので、注意を要する。

(3) 本判決の【判旨】2——事例判断も大法廷判決の「判例」か

制定法の要件又は効果に係る規定の一定の解釈を前提として、具体的事案における適用（当てはめ）の可否を示す判断をした判例を**事例判例**という。

本判決の【判旨】2は、大法廷判決の上記(2)の場合判例部分を大阪国際空港事件の具体的事案（【判旨】2に整理されている事案）に当てはめてその請求権適格の有無を判断した部分もまた、大法廷判決の先例となる判断であることを明らかにしたものである。

結局、【判旨】2は、**大法廷判決**には上記(2)に検討した**場合判例としての判断部分のみならず、事例判例としての判断部分が存する**ことを明らかにしたのである。

---

(15) 法理判例、場合判例、事例判例の区別につき、**Refreshments 3** を参照。

(4) 判例についての各裁判官の立場の異同

以上(2)、(3)に説明した判例の考え方については、第3小法廷の5名の裁判官全員に共通するものである[16]。それでは、法廷意見を構成する3名の裁判官と反対意見を述べた2名の裁判官の立場の相違はどこにあるのであろうか。

ア　田原裁判官の反対意見

田原裁判官は、大法廷判決の場合判例の変更を提案する。前記1の要件①ないし③のうち、②（将来の事情変動事由の一義的明確性）の要件は狭きにすぎて不要であり、要件①と②を勘案し、認容期間と認容金額とを控えめにすることによって、請求権適格を肯定してよいとの立場である[17]。

イ　那須裁判官の反対意見

那須裁判官は、原判決言渡日までという短期間に限定して将来請求を認容した原判決は期限を限定しないことを前提とする大法廷判決と区別する（distinguish）ことができるから、大法廷判決の場合判例はもちろん事例判例にも抵触するものではないという立場である[18]。

これは、期間の限定をしないことが当該事案における将来給付の訴えの請求権適格を否定した大法廷判決の事例判例の「重要な事実（material facts）」であると考えるものである。

ウ　上田裁判官と堀籠裁判官の補足意見、藤田裁判官の補足意見

これに対し、法廷意見の3名の裁判官は、結論としては、大法廷判決の場合判例及び事例判例の変更の要なしとする立場に立つ[19]。

また、法廷意見の3名の裁判官は、期間の限定をしないことが大法廷判決の事例判例部分の重要な事実であるとの那須裁判官の意見に反対する。藤田裁判

---

(16)　本判決の評釈をみると、学説の理解もほぼ同様である。ただし、異説として、川嶋四郎「判批」法セミ632号（2007年）121頁がある。これは、大法廷判決につき、場合判例としての判断部分のみを判例とし、事例判例としての判断部分を判例としないとする考え方のようである。

(17)　その結果、田原裁判官は、本件においても将来請求を肯定すべきであり、原判決の認容した判決言渡日までという認容期間はあまりにも中途半端であるが、不利益変更禁止の原則を適用して、上告棄却判決が相当であるという。この立場によると、判例変更を要するから、事件を大法廷に回付して判決することになる。

(18)　この立場によると、単に上告を棄却すればよいので、事件を大法廷に回付する必要はない。

官は、その補足意見で「同判決〔大法廷判決を指す。筆者注〕が、最終口頭弁論終結時以後判決言渡日までの期間をあえて排除した上で判断を下したものとはいえない」と明言し、上田裁判官と堀籠裁判官は、大法廷判決について「事実審の口頭弁論終結日の翌日以降の損害賠償請求については、権利保護の要件を欠き不適法であるとして、……その請求に係る訴えを却下した。」との理解を示し、同様に、事実審の口頭弁論終結日の翌日以降判決言渡日までの期間を排除して判断したと解することができないことを指摘する[20]。

田原裁判官は、この点につき明言してはいないが、判例変更を提案し、原判決について「その認容期間は余りにも中途半端である。」と述べるところからすると、大法廷判決の事例判例部分についての理解は、法廷意見と同一であると考えてよかろう。

Refreshments 3

● 法理判例・場合判例・事例判例 ●

一口に判例といっても、射程の広いものから狭いものまで様々なものが存する。射程の広い順に並べると、法理判例＞場合判例＞事例判例となる。

法理判例とは、制定法の要件又は効果に係る規定の解釈一般を示す判断をしたものをいう。**場合判例**とは、性質としては法理判例の一部を成すものであって、制定法の要件又は効果に係る規定の解釈をするものであるが、一定の場合（場面）を設定し、その場合（場面）に限定された判断をしたものをいう。**事例判例**とは、制定法の要件又は効果に係る規定の一定の解釈を前提として、当該事案についての適用の可否を示す判断をしたものをいう。

本書で扱った最高裁判決の判断は、この３種類の判例のいずれかに当たるし、１つの判決に複数の性質の判例が存することもある。

---

(19) ただし、藤田裁判官は、大法廷判決は近い将来然るべき事案において再検討されるべきであるが、本件がそのような事案であるとするには躊躇を覚えると述べており、法廷意見に与するものの、田原裁判官の反対意見にかなりの共感を示す。

(20) 山本和彦・判評592号（判時1999号〔2008年〕）167頁は、大法廷判決において期間を限定すれば適法性が認められるかどうかが明示の論点として議論されていたことを指摘して、大法廷判決の事例判例部分の読み方としては本判決の法廷意見に賛成し、原判決を維持するには判例変更を要するという。これが素直な大法廷判決の読み方であろう。

例えば、３講の判決（最２小判平成14・6・7民集56巻５号899頁〔19〕）についてみると、「民訴法29条にいう『法人でない社団』に当たるというためには、……必ずしも固定資産ないし基本的財産を有することは不可欠の要件ではな〔い〕」との判断は、民訴法29条の規定の解釈一般を示す判断であり、法理判例に当たる。その上で、上告人であるゴルフクラブにつき、当該事件について認められる事実関係を前提にして、民訴法29条にいう「法人でない社団」に当たるとした判断は、事例判例に当たる。

　また、本講の判決（最３小判平成19・5・29〔第５次～７次横田基地事件〕）についてみると、本文で詳しく検討したように、継続的不法行為に基づく損害賠償請求権と将来給付の訴えの請求権適格についての判断は、将来給付の訴えのうちの継続的不法行為に基づく損害賠償請求という一場合についての判断であるから、場合判例に分類されることになる。

　もちろん、この３種類の判例の性質区分は、判決の社会的ないし経済的重要性とは関係がない。

4　本判決の【判旨】３の意義──大法廷判決への当てはめ

　本判決の【判旨】３は、大法廷判決に場合判例としての判断部分のみならず事例判例としての判断部分が存するという立場に立ち、かつ、事実審の最終口頭弁論期日後の期間の限定をするかどうかは大法廷判決の事例判例における重要な事実（material facts）とはいえないという立場に立って、大法廷判決の事例判例を本件事案に適用した判断をしたものである。

　結局、【判旨】３が本判決の判例としての判断部分であり、本判決は、大法廷判決を前提とした事例判例という位置付けになる。

5　大法廷判決及び本判決の位置付けと残された問題

(1)　大法廷判決及び本判決の位置付け

　以上２ないし４に詳述したように、将来給付の訴えの請求権適格の観点における大法廷判決の判例としての射程は、第１に、継続的不法行為に基づく損害賠償請求権の事案という限られた場合に及ぶものであり、第２に、本判決の【判旨】２が明らかにしたとおり、飛行場に離着陸する航空機の発する騒音等により周辺住民が精神的・身体的損害を被っている損害賠償請求権という更に

限られた事例に及ぶものである。

　本判決は、これらの2点を明らかにした上で、大法廷判決の扱った民間空港である大阪国際空港とは性質を異にする横田基地飛行場[21]に離着陸する米軍機の発する騒音等により周辺住民が精神的・身体的損害を被っている損害賠償請求の事案にも大法廷判決の事例判例の射程が及ぶことを明らかにした**事例判例である**。

　大法廷判決及び本判決における法廷意見と反対意見との応酬を踏まえて、現在では、**将来給付の訴えにおける訴えの利益（請求権適格）の有無は、**結局のところ、不確定要素が存する場合に、訴えの利益を否定して、債権者側に再訴の負担を課して過去分の問題として債務名義となる給付判決を取得させるのが公平であるのか、それとも、訴えの利益を肯定して、債務者側に請求異議の訴え（民執法35条）を提起する負担を課して請求権の消滅・変更原因を異議事由として主張・立証させるのが公平であるのかの**比較衡量の問題であり、債権者と債務者とに適正に振り分けられるべきである**との理解が共有されるに至っている[22]。

(2) 残された問題

　そうすると、将来給付の訴えのうち前記2(1)の第2の「継続的給付請求権」についてみると、本判決によっても残されている問題は、大法廷判決の前記1の②、③の要件を満たすとして将来給付の訴えの利益（請求権適格）を肯定してよいのはどのようなものであるかという点にある[23]。

　最1小判昭和63・3・31判時1277号122頁（昭和63年判決）は、共有者の1人が共有物を第三者に賃貸して得る収益についてその持分割合を超える部分の不

---

[21]　本文【事実】1のとおり、日本国がアメリカ合衆国に対して日米安保条約に基づき米軍の使用する施設及び区域として提供している飛行場である。

[22]　中野貞一郎『民事訴訟法の論点Ⅰ』「将来の給付の訴え」（判例タイムズ社、1994年）139頁、伊藤眞「将来請求」判時1025号（1982年）25頁、内山衛次「将来給付の訴え」鈴木正裕先生古稀祝賀『民事訴訟法の史的展開』（有斐閣、2002年）142頁、西野喜一・平成19年度主要民事判例解説203頁、山本・前掲注⑳の判評（判時169頁）を参照。

[23]　安西明子・私リマ37号（2008年下）114頁は、判例の立場につき、本文「②の要件を厳格に捉え、この明渡義務の履行完了までの賃料相当損害金請求権に限って認める」と説明するが、そのような立場を宣明した判例があるという趣旨をいうものであるとすれば、不正確な説明である。

当利得返還を求める他の共有者の将来給付の訴えの請求権適格を否定した。最2小判平成24・12・21判時2175号20頁（平成24年判決）は、昭和63年判決を引用して同旨の判断をした。

昭和63年判決の判示する理由は、大法廷判決の①の要件の存在は肯定し得るものの、同②、③の要件の存在を肯定し得ないというにある。すなわち、①継続的法律関係である賃貸借契約の性質からいって、将来も継続的に同様の収益が得られるであろうことを一応予測し得るが、②賃貸借契約の解約は専ら賃借人の意思でされることがあり、賃料の支払は賃借人の都合に左右されるから、請求権に関する事情変動の事由が明確に予測できるとはいえないし、③したがって、債務者に起訴責任を負わせるのは酷であるとした。

昭和63年判決の理由は、債務者の収受する収益についての定性的な不安定要因に依拠するものであるが、学説から、この事例では第三者である賃借人からの解約が予測される事情はないし、何らかの不安定要因が想定されるとしても、判決主文の工夫（被告が現実に賃料収入を得たことを条件として支払を命ずる条件付判決によって、債務者の不安定性を解消する等）によって債権者と債務者との公平性を担保する方法はあるのではないか等の疑問が呈されている[24]。

そして、平成24年判決には、昭和63年判決の射程は賃料収入が駐車場収入である事例に及ぶにすぎず、「いずれにしろ、将来の給付請求を認める適格の有無は、このようにその基礎となる債権の内容・性質等の具体的事情を踏まえた判断を行うべきであ〔る〕」と述べる千葉裁判官の補足意見が付せられ、これに須藤裁判官が同調した。将来給付の訴えの請求権適格につき、将来の最高裁判決が後述(3)に提示するような柔軟な方向に動き出す予兆を感じさせる個別意見である。

(3) 公平性の考慮要素

継続的給付請求を根拠付ける法律関係が存在していて、事実審の最終口頭弁論期日においてそれまでの給付請求権の存在が肯定される場合には、原則として、将来の給付請求を肯定するのが債権者と債務者との間の公平に資する。

---

[24] 坂口裕英「判批」民商99巻4号（1989年）562頁、井上治典・昭和63年度主要民事判例解説277頁、三木浩一「将来給付の訴えの利益」慶應法学28号（2014年）346〜347頁を参照。

第3章　訴訟要件・訴えの利益　89

　大法廷判決や本判決は、空港に離発着する航空機の発する騒音等による精神的・身体的損害が受忍限度を超える場合に違法とされ、不法行為に基づく損害賠償請求権が発生するという事案を扱ったものである。原告を「周辺住民」と表現するために、個人を超えた集合としての住民が現存するかのようなイメージを持ちがちであるが、民事訴訟としては、あくまでも個別の原告に対する不法行為が成立するかどうかが判断の対象となる。個別の原告の被る騒音等被害が受忍限度を超えるかどうかという判断は、占有による所有権侵害の不法行為の事案に対比すると、夥しい数の要因によって左右される。その中には、(i)双方当事者の意思にかかわりのないもの（国際情勢の変化による飛行場の利用状況の変化、防音技術の向上等）、(ii)債権者（原告）の意思によるコントロールが及ぶもの（原告の居住地域の変更）、(iii)債務者（被告）の意思によるコントロールが及ぶもの（原告住宅に対する防音工事の施工等）等様々なものが含まれる。

　そうすると、このような事案において、個々の原告が受忍限度を超えない状態になったことを被告において主張・立証させるのが公平に資するというのは難しい[25]。

　しかし、世の中に生起する紛争の多くのものは、このような類型に属してはいない。占有による所有権侵害の不法行為の事案における変動要因は、大法廷判決が指摘するように、原則として、占有の廃止又は占有権原の取得に限られている。これらの要因は、上記分類によってみれば、(iii)の「債務者（被告）の意思によるコントロールが及ぶもの」に当たる。これを当事者間の公平の観点からみると、主要な変動要因が債務者（被告）の意思によるコントロールが及ぶ領域で発生する場合には、債務者（被告）に起訴責任を負わせることが公平に資するということになる。

　また、本判決の田原裁判官が反対意見で指摘するように、占有による所有権侵害の不法行為の事案においてすら、不動産価格の下落による賃料相当損害金の下落という変動要因（上記分類の(i)）があるのであるが、これを債務者（被告）に請求異議事由として主張・立証させることとしても、債務者が不法占有者であることが認定判断されていて、債務者は明渡義務を完了すれば賃料相当損害金の支払を免れ得るのであるから、公平に反することはないと考えられて

────────────────

[25]　学説のいう条件付判決をしようとしても、条件の内容を決するのに困難が生ずる。

いるのである。

6 おわりに

本判決は、大法廷判決に従ったものであって、事案の解決内容それ自体には新味はない。しかし、小法廷を構成する5名の全裁判官が自らの大法廷判決の「判例（先例拘束性のある判断）」となるべき説示部分についての考え方を各個別意見において開陳しており、判例とは何かを学ぶのに好個の素材を提供している。

そして、本判決は、**判例の射程を決するのは、当該判例自身ではなく、当該判例の射程が争われてその点の判断を示す後の判例である**[26]との消息をよく示している。

本判決は、将来給付の訴えの請求権適格につき、大法廷判決の場合判例及び事例判例を再確認したのであるが、将来給付の訴えを肯定すべき訴訟類型としてどのようなものがあるかについては、これからの下級審判決の積重ねを前提にした最高裁判例の展開にかかっている。

---

[26] この点につき、田中・法律文書60頁を参照。

◆ 形成の訴えの利益

8 株主総会決議取消訴訟と訴えの利益

最 1 小判平成 4・10・29民集46巻 7 号2580頁[20]（ブリヂストン事件）

【事実】

1　昭和62年 3 月30日に開催されたＹ社の定時株主総会において、退任する取締役と監査役に対して退職慰労金を贈呈する旨の議案が上程され、可決された（第 1 決議）。この議案には「当社所定の基準に従い相当の範囲内で退職慰労金を贈呈いたしたいと存じます。」、「贈呈の金額、時期、方法等は、退任取締役については取締役会に、退任監査役については監査役の協議に、それぞれご一任願いたいと存じます。」と記載されているにすぎなかったため、同株主総会において、株主の 1 人が金額の明示を求めたところ、議長は慣例がないとして質疑を打ち切った。

2　Ｙ社の株主 X_1・X_2 は、第 1 決議につき、①株主総会の招集手続に瑕疵があった、②商法237条ノ 3 第 1 項（現行会社法314条）に規定する説明義務違反があったと主張して、その取消しを求める訴えを提起した。

3　第 1 審は、上記 2 の①の主張を排斥したが、②の主張を容れ、第 1 決議を取り消した[1]。Ｙ社が控訴。

4　その後、昭和63年 3 月30日に開催されたＹ社の定時株主総会において、退職慰労金贈呈に係る同一内容の議案が再度上程されて可決され（第 2 決議）、これに対する取消訴訟の提起がなく確定した。ただし、再度上程された議案には、退任取締役と退任監査役に対する退職慰労金の各総額及び支給時期が明示された上、第 2 決議は第 1 決議の取消しが確定した場合、遡って効力を生じる旨記載されていた。

5　控訴審は、第 2 決議が有効に成立している以上、Ｙ社にとってもＸらにとっても、第 1 決議の効力を争うことは無用、無益になったとして、第 1 審判決を破棄して本件訴えを却下した[2]。

---

(1)　東京地判昭和63・1・28判時1263号 3 頁。

6 X_1が上告し、その理由として、①第2決議は第1決議の取消判決が確定しなければ効力を生じないのであるから、その取消しを求める訴えの利益がある、②XらはY社の取締役に対して説明義務違反を理由に過料の制裁の申立てをする予定であるから、第1決議に説明義務違反の違法があることを公権的に確定しておく利益がある、の2点を主張した。

[関係図]

X₁・X₂（株主）

S62・3・30	役員退職慰労金贈呈の株主総会決議（第1決議）→決議取消しの訴え提起
S63・1・28	第1審：決議取消しの認容判決
S63・3・30	同一内容の株主総会決議（第2決議：第1決議の取消しが確定した場合遡って有効に）
S63・12・14	控訴審判決：第1審判決取消し・本件訴え却下

Y社

【判旨】

上告棄却。

1　第2決議の成立と第1決議の取消しを求める実益の有無

「本件においては、仮に第1の決議に取消事由があるとしてこれを取り消したとしても、その判決の確定により、第2の決議が第1の決議に代わってその効力を生ずることになるのであるから、第1の決議の取消しを求める実益はなく、記録を検討しても、他に本件訴えにつき訴えの利益を肯定すべき特別の事情があるものとは認められない。」

2　過料の制裁を求めることと訴えの利益

「論旨はまた、取締役等に対する過料の制裁を求める上で第1の決議の取消しを求める必要があることを理由に本件訴えにつき訴えの利益があるとも主張するが、右の制裁を求める上で第1の決議の取消しは法律上必要でなく、単な

---

(2)　東京高判昭和63・12・14判時1297号126頁。

第3章　訴訟要件・訴えの利益　93

る立証上の便宜を図る必要性をもって訴えの利益があるものとすることはできない。」

【判例の読み方】

1　本判決のポイント

　本判決が扱ったのは、株主総会決議取消訴訟であり、形成訴訟の典型例のひとつである。本判決は、株主総会決議取消しを求める実益なしとして、訴えを却下すべきものと判断したのである。

　まず、形成訴訟における訴えの利益に関する考え方の基本を押さえ（後記2）、株主総会決議取消しの訴えの利益の存否の判断枠組みにつき、実益説と適法性確保説との異同を検討した上で（後記3）、株主総会決議取消しを求める実益なしとした本判決の論理と結論とに存する問題点を検討する（後記4ないし6）。本判決を検討することによって、表面だけを見ると先例に従ったもののようにみえて、その内実はそうではないという判決が存することを理解することができる。

2　形成訴訟における訴えの利益に関する判例理論
(1)　株主総会決議取消しの訴えの性質

　形成訴訟とは、一定の法律関係又は権利義務の変動（発生・変更・消滅）を求める訴えをいい、法律に特別の定めが存する場合にのみ許されるものである[3]。

　株主総会決議取消しの訴えは、会社法831条1項（本件当時の商法247条1項）に規定する形成訴訟である。問題とされた決議は、取消判決が確定するまでは有効として扱われ、当該決議の日から3か月の出訴期間内に取消しの訴えが提起され、取消判決が確定すると決議の時点に遡って無効とされる[4]。

　これに対し、同じ株主総会決議を対象とするものであっても、株主総会決議

---

(3)　中野ほか・新民訴講義32〜33頁［徳田和幸］を参照。

(4)　最3小判昭和58・6・7民集37巻5号517頁［15］は、「その勝訴の判決が確定すれば、右決議は初めに遡って無効となる」と判示する。会社法839条を参照。

不存在確認の訴え（会社法830条1項）及び株主総会決議無効確認の訴え（会社法830条2項）は、出訴期間の制限はないものであって、いずれも当該決議が効力を有しないことの確定を求める確認訴訟である[5]が、請求認容判決には対世効が認められていて（会社法838条）、一般の確認訴訟よりも強い紛争予防機能を装着した訴訟類型である。

(2) 形成訴訟と訴えの利益

上記(1)のとおり、**形成訴訟は法律に特別の定めが存する場合にのみ許される**ものであって、当該法律の規定する要件を満たす場合には原則として訴えの利益が存するのであるから、**例外的な事情の存する場合に初めて訴えの利益なし**とされる。

判例上、この例外的な事情の存する場合に当たるとされたものを類型化すると、訴え提起後の事情の変化（時間の経過を含む。）によって、①形成判決と同一の効果が生じてしまっている場合[6]、②形成目的が実現不能となっている場合[7]、③形成目的実現の実益がなくなっている場合、の3類型に分類することができる。

形成の訴えを許すための法律の規定する要件が満たされていることを前提にすると、形成訴訟において訴えの利益が争われるのは、上記のような例外的な事情の存否を巡ってであるということになる。本件は、類型③の形成目的実現の実益がなくなっている場合に当たるかどうかが争われたものである。

---

(5) 最1小判昭和38・8・8民集17巻6号823頁［54］、最1小判昭和45・7・9民集24巻7号755頁［78］を参照。後者の判決には、株主総会決議不存在確認の訴えは形成訴訟であるとの立場に立つ松田二郎裁判官の少数意見が付せられているが、確定判例の立場は本文のとおりである。

(6) 重婚における後婚が離婚によって解消された場合（最3小判昭和57・9・28民集36巻8号1642頁［41］）等。

(7) 目的実現不能に分類されるものとして、メーデーのための皇居外苑使用許可申請に対する不許可処分取消しの訴えにつき5月1日が経過した場合（最大判昭和28・12・23民集7巻13号1561頁）、株主以外の第三者に新株引受権を与える旨の株主総会決議取消しの訴えにつき新株が発行された場合（最2小判昭和37・1・19民集16巻1号76頁［1］）、商工組合創立総会における定款承認決議取消しの訴えにつき同組合の設立が認可されその登記がされた場合（最1小判昭和49・9・26民集28巻6号1283頁［57］）を挙げることができる。

第3章 訴訟要件・訴えの利益　95

3　株主総会決議取消訴訟の訴えの利益

(1)　従前の判例の立場

　一般に、株主総会決議取消訴訟の訴えの利益につき、取消しの「実益」の有無によって決するのが判例の立場（実益説）であると解説される[8]。確かに、最1小判昭和45・4・2民集24巻4号223頁［74］（昭和45年判決）は、役員選任の株主総会決議取消訴訟につき、「取消を求める選任決議に基づく取締役ら役員がもはや現存しなくなったときは、……特別の事情のないかぎり、**決議取消の訴は実益なきに帰し、訴の利益を欠くに至るものと解する**」と判示した。

　ただし、昭和45年判決は、取り消されるべき決議に基づいて選任された取締役の在任中の行為について会社の受けた損害を回復するために、当該決議取消しの利益があるとの上告理由に対し、「上告人は、右のごとき主張をするにかかわらず本件取消の訴が会社のためにすることについて何等の立証をしない以上、本件について特別事情を認めるに由なく、結局本件の訴は、訴の利益を欠くに至ったものと認める外はない。」と判示した。

　すなわち、昭和45年判決は、役員選任に係る株主総会決議取消訴訟において、当該決議の対象になった役員が退任し後任役員が有効に選任されている場合には、原則として決議取消しの「実益」はなくなったものとしながらも、「特別の事情」の存するとき（その主張・立証がされたとき）はその限りでないという判断枠組みを示した場合判例として、位置付けることができる。

(2)　実益説と適法性確保説との対立

　株主総会決議取消訴訟の訴えの利益につき、大別すると、2つの考え方が対立している。

　1つは、昭和45年判決に代表される判例の考え方であり、**実益説**と呼ばれるものである。形成訴訟であっても、抽象的な違法宣言をするというだけでは訴えの利益ありとはいえないのであって、個別的具体的な紛争解決効を期待することのできる場合であって初めて訴えの利益ありといえるとする考え方である[9]。

---

(8)　大内俊身・最判解平成4年度民事440頁を参照。

(9)　鴻常夫・矢沢惇編『会社判例百選［新版］』（有斐閣、1970年）111頁、高橋・重点講義上391頁を参照。

もう1つは、**適法性確保説**と呼ばれるものであって、決議取消訴訟は株主等の有する会社経営の適法性確保という一般的利益を守るところに目的があるとし、それ以上に個別的具体的な利益を顧慮する必要はないとする考え方である[10]。

しかし、判例も実益説に立つ学説も、どのような判断枠組み（基準）によって実益ありとするのかを明示しているわけではないから、要求する紛争解決効の高さ又は個別性ないし具体性の程度次第では、実益説の立場に立つことを前提にしても、適法性確保説のとる結論と同じ結論を導くことも不可能ではない[11]。

4 本判決の意義

(1) 場合判例であること

前掲【判旨】の判決文からは必ずしも明瞭とはいえないが、本判決は、①本件訴えが役員退職慰労金贈呈の株主総会決議取消しの訴えである、及び②その係属中に、当該決議と内容が同一であって、当該決議の取消判決が確定した場合には遡って効力を生ずるとする停止条件の付された決議がされた、という2つの要素によって識別された「場合」につき、訴えの利益の有無を判断した**場合判例である**[12]。

すなわち、最高裁は、場合判例である昭和45年判決に加えて、別の場合判例を作ったのである。そして、最高裁としては、昭和45年判決の採った実益説に基づいて結論を導いたと考えていることが前掲【判旨】1、2の表現振りから明らかである。

しかし、本判決の判断内容を少し掘り下げて検討してみると、表面的にそのように見えるだけであって、実質的には昭和45年判決の考え方を承継してはお

---

(10) 谷口安平『口述民事訴訟法』（成文堂、1987年）129頁、中島弘雅「株主総会決議訴訟の機能と訴えの利益（3・完）」民商99巻6号（1989年）785頁を参照。

(11) 適法性確保説からアプローチするとしても、訴えの利益なしとすべき例外は存する。中島弘雅「判批」商事法務1180号（1989年）7頁を参照。

(12) 判例委員会は、民集登載の判示事項を「役員退職慰労金贈呈の株主総会決議取消しの訴えの係属中に当該決議と同一の内容の決議がされた場合と訴えの利益」としており、本判決が場合判例であることを明らかにしている。

らず、似て非なる論理によって結論を導いたことが分かる。ここに本判決を読む面白さがある。

⑵　本件において実益がないとした理由──【判旨】1

本判決は、実益なしとした理由につき、「第1の決議に取消事由があるとしてこれを取り消したとしても、その判決の確定により、第2の決議が第1の決議に代わってその効力を生ずることになる」としか説示しない。

第2決議は、第1決議を追認するものではなく、第1決議が判決によって取り消されて初めて効力の生ずる停止条件付きのものであるから、第2決議によって第1決議の瑕疵が治癒されたということはできない。そして、第1決議についての取消訴訟が訴えの利益なしとして却下されれば、出訴期間の経過により、第1決議の有効性が確定するのであるから、退職慰労金の支給は第1決議に基づくものになる⒀。

そうすると、本判決は、判決で第1決議が取り消されて初めて第2決議が効力を生ずる場合（すなわち、実際には、第2決議が効力を生ずるのに由ない場合）であっても、第2決議が効力を生じたと仮定すれば、第1決議の効力の発生時点と差異がないとき（すなわち、第2決議に遡及効を付与することが許されるとき）は、取消事由の付着する第1決議を取り消す実益がないと判断したことになる。

しかし、筆者には、この論理は、循環論法であって、真正な理屈にはなっていないように思われる。【判旨】1の代わりに、「本件においては、第1の決議に取消事由があるとしてこれを取り消す旨の判決が確定して初めて、第2の決議が第1の決議に代わってその効力を生ずることになるのであるから、第2の決議がこのような停止条件付きで成立したことを前提にしても、第1の決議の取消しを求める実益が失われたということはできない。」という判決文も、十分な説得力をもって成立し得るのである。

本判決につき、担当調査官は、第1決議の取消判決には抽象的な違法宣言としての意味しかなく、そのような判決を求める実益はないとしたものと解されるとの推測を述べる⒁。しかし、決議の対象である退職慰労金の支給が違法の

⒀　以上につき、大内・前掲注⑻442〜443頁を参照。
⒁　大内・前掲注⑻443頁を参照。

瑕疵の付着するものであってもなお「抽象的な違法宣言としての意味しかない」というだけでは、循環論法の域を出ない[15]。実益説に立つこととした場合、違法の瑕疵ある第1決議につき取消判決をすることによって、適法であることの確定した第2決議に基づく退職慰労金の支給という法律状態を実現させることは正に実益に当たり、決議取消訴訟という類型の形成訴訟を規定した会社法の期待する紛争予防機能を全うする途というべきであろう。

(3)　本件において実益がないとした理由──【判旨】2

【判旨】2は、最高裁が、取締役の説明義務違反に対する過料の制裁を求める上で立証上の便宜になるという事情は決議取消訴訟における訴えの利益を根拠付けるものではないことを明らかにしたところに意味がある。決議を取り消すことによる付随的便益のうちどのようなものが訴えの利益を根拠付けることができるのかについて、明確な判断枠組みが提示されていないのであるが、【判旨】2はこの問題を考える上で参考になる。

筆者は、【判旨】2の結論に賛成するが、その理由は、決議の取消しが取締役の説明義務違反に対する過料の制裁を科するための要件事実でないことが現行会社法976条9号の規定から明らかであるところにある[16]。

(4)　決議取消判決の付随的便益と訴えの利益

それでは、瑕疵ある決議によって選任された取締役の受けた報酬について不当利得返還請求をすること、在任中の行為によって会社の被った損害について賠償請求をすること、又は在任中に締結された契約の無効を前提にして契約の相手方に対して不当利得返還や損害賠償請求をすることについては、どのように考えるべきであろうか。

筆者は、これらの請求をする上で、**選任決議が取り消されたことを要件事実とする法律構成が可能な場合には訴えの利益を根拠付ける事情**になると考える。選任決議が取り消されたことを要件事実としない別の法律構成（例えば、会社法423条1項に基づく取締役としての任務懈怠を理由とする損害賠償請求）が可

---

[15]　本間義信「形成の利益」民訴争点［第3版］128頁は、「第1の決議取消しの訴えが利益なしということになれば、退職慰労金は第1の決議に基づき支給されたことになり、問題であろう。」と指摘するが、正鵠を射た指摘であると思われる。

[16]　【判旨】2における「法律上必要でなく」との説示は、この点をいうものであろう。

能であること[17]や、選任決議が取り消されたことを要件事実として取り込んだ法律構成をしてみても、表見法理による抗弁が成立する可能性があること等は、訴えの利益を消滅させるものではないというものである。

前者は、処分権主義の問題であって、後に提起される訴訟の法律構成に取消訴訟の受訴裁判所が介入する理由はないし、後者は、弁論主義と立証の問題であって、後に提起される訴訟の主張・立証に取消訴訟の受訴裁判所が介入する理由はないからである。すなわち、非取締役であるからといって受けた報酬全額が最終的に不当利得になるとは限らないとか、契約の相手方が表見法理による抗弁を提出し得るといった事情は、取消訴訟の受訴裁判所が顧慮すべき事柄ではなく、顧慮したところで不確かな推量をするしかないのであるから、もともと法律の要件を満たしている取消訴訟の訴えの利益を事後的に消滅させるものにはならないのである[18]。

そして、前記3(1)に引用した昭和45年判決の後半の説示部分につき、最高裁判所の判例委員会は、「前項の場合であっても、右株主総会決議取消の訴が当該取締役の在任中の行為について会社の受けた損害を回復することを目的とするものである旨の特別事情が立証されるときは、訴の利益は失われない。」と整理し、これを民集の判決要旨2として掲げている。この説示部分は、実質的に以上の私見を当時の最高裁の言葉づかいで説明したものと理解することができる。なぜなら、昭和45年判決は、瑕疵ある決議によって選任された取締役の在任中の行為について会社の受けた損害を回復することを具体的に予定していることが、訴えの利益の失われない特別事情に当たることを前提としているからである。

昭和45年判決の担当調査官は、この説示部分につき、訴えの利益の存否の判断についての「慎重な現実的な配慮」を読み取るべきこと、及びそこで説示されている事実関係が特別事情のすべてを包摂して表現するものではないことを指摘する[19]が、全く同感である。このように考えると、前掲注[17]の後の下級審

---

(17) 東京高判昭和57・10・14判タ487号159頁は、そのような法律構成が不可欠な場合でなければ訴えの利益なしという。

(18) 高橋・重点講義上391〜392頁は、これらの事情が訴えの利益を消滅させるものになるという。他方、東京高判昭和60・10・30判時1173号140頁は、役員報酬を不当利得等として会社に支払わせる目的の存する場合には、訴えの利益は失われないとした。

判決や本判決は、株主総会決議取消訴訟の訴えの利益の問題につき、昭和45年判決の志向した「具体的に妥当な解決」とは異なり、画一的で硬直した結論を導いたものと評価するのが相当である[20]。

決議取消訴訟の訴えの利益につき、当事者間の攻撃防御が相当に積み上げられた段階、例えば控訴審の結審間近になっていれば訴訟経済からも当事者の期待からも本案判決をする方が却下判決をするよりもよいとの考え方が提示されている[21]。この考え方は、訴えの利益の有無を決するのに、訴訟手続の段階という手続法の観点を持ち込み、なかんずく攻撃防御の提出状況や事実審の終結に近いか遠いかといった考慮要素を持ち込むものであるところ、訴訟要件を本案判決の要件と把握し、その判断の基準時を事実審の口頭弁論終結時とする判例・通説の考え方と整合するかどうかという理論的問題がある上、本案判決をするかどうかを決する裁判所の行動規範として、使い勝手のよい考え方であるとはいえないことを指摘しておく必要があろう。

しかし、論者が「当事者の期待」という言葉で表現しようとするものを、「当事者の有する実体法上の請求権の保全」と言い換えるときは、別に法律構成（請求権）があるとか、表見法理の適用によって後に提起される訴えが棄却されるかもしれないといった事情を理由にして、決議取消訴訟の訴えの利益が事後的に失われるという考え方に潜在する問題点を指摘するものと理解することも可能である。

5　訴えの利益と当事者の主張・立証

訴訟要件が被告の指摘がなくても裁判所が自らのイニシアティブで顧慮すべき職権調査事項であることについては異論がないが、訴訟要件の判断の基礎とする資料を裁判所が職権探知により収集すべきであるか、弁論主義の適用を肯定すべきであるかについては、議論がある[22]。

昭和45年判決は、「上告人は、……何等の立証をしない以上、本件について

---

(19)　後藤静思・最判解昭和45年度民事上726〜727頁を参照。

(20)　このような考え方は、取消訴訟の受訴裁判所が当事者の有する実体法上の請求権のひとつを封殺することを容認することを意味する。

(21)　新堂・新民訴282頁を参照。

(22)　差し当たり、中野ほか・新民訴講義425〜426頁［松本博之］を参照。

特別事情を認めるに由なく」として、訴えの利益が失われない特別事情を根拠付ける事実の立証責任が原告にあることを前提とする判示をした。この判示部分からすると、最高裁は、対世効のある形成訴訟においても、その訴えの利益に係る判断の基礎とする資料につき、弁論主義の適用を肯定する立場に立つものと理解することができる[23]。これに対し、本判決は、「記録を検討しても、……特別の事情があるものとは認められない。」として、本件における訴えの利益が職権調査事項であることを前提とする判示をしたものの、特別事情を根拠付ける事実につき弁論主義の適用があるかどうかについては明らかにしていない。

　ところで、昭和45年判決が説示する（前記4(4)の私見も同旨である）ように、決議取消訴訟における訴えの利益の有無を判断するためには、個別的具体的に、瑕疵ある決議によって選任された取締役の受けた報酬について不当利得返還請求をする必要性の有無や、在任中の行為によって会社の被った損害について賠償請求をする必要性の有無を判断しなければならないと考えるのであれば、原告がこれらの必要性のあることを根拠付ける具体的事実を主張・立証する義務を負い、被告がそれと両立して、これらの必要性ありとの評価を障害するに足りる具体的事実を主張・立証する義務を負うと解するのが相当であろう[24]。要するに、**対世効のある形成訴訟のひとつである決議取消訴訟についてみると、その訴えの利益に係る判断の基礎とする資料につき、弁論主義の適用を肯定するのが正しい**ということになる。

6　本判決の意義と残された問題

　本判決は、株主総会決議取消訴訟における訴えの利益の有無を判断した場合

---

[23]　菅原菊志・昭和45年度重判82頁、鴻・前掲注(9)112頁は、訴えの利益が訴訟要件であって職権調査事項であることを理由に、昭和45年判決の上記本文の判示部分を批判するが、職権調査事項であることと弁論主義の適用を肯定することとの間に論理的な矛盾があるわけではない。

[24]　後藤・前掲注(19)730頁は同旨の考え方を提示する。なお、昭和45年判決が、抽象的にこのような必要性ありと主張・立証するのでは足りず、各事案に即して個別的具体的に必要性ありとの評価を導くに足りる事実を原告において主張・立証しなければならないという立場に立つものであることは、その説示に照らして明らかである。

判例であり、表面的には、昭和45年判決の延長線上にあるように見えるが、その論理の運びは明快なものとはいえず、むしろ問題の大きいものである。

決議取消訴訟における訴えの利益につき、取消しの「実益」の有無によって決するとの考え方は、最高裁判例として確定したものといってよいのであろうが、肝心の「実益」の有無をどのような判断枠組み（基準）を用いて識別すべきであるかについては未解決なままである。

筆者の提案するフォミュラは、後に、**決議が取り消されたことを要件事実とする訴訟の提起が可能であり、当該事案において具体的に想定される場合には、決議取消訴訟における訴えの利益を肯定すべきであるというものである**[25]。

形成の訴えを許すための法律の規定する要件が満たされている場合に、それでもなお訴えの利益なしとするのは、法律が明文をもって規定してはいない例外を解釈によって導くということであるから、厳格に真実例外というに値するものに限るという解釈態度が立法者意思に沿うものというべきであるからである。

このようなフォミュラが採用されるかどうかは、これからの最高裁の判断にゆだねられている。

---

[25]　本件は、第1決議が取り消されて初めて第2決議が効力を生ずるのであるから、そもそも第1決議の取消しを求める実益が失われたとはいえないケースであり、このフォミュラの適用以前の問題として決せられる。本文の4(2)を参照されたい。

第4章 審判の対象と処分権主義

◆ 訴訟物の異同

9 法定解除による原状回復請求権と合意解除による不当利得返還請求権の訴訟物の異同

最3小判昭和32・12・24民集11巻14号2322頁[127]

【事実】

1　Xは、Aとの間で、昭和23年3月21日、当時Aから賃借していた宅地のうち建物敷地部分（本件土地）を約60坪として代金9000円で買い受ける旨の契約（本件売買契約）を締結し、同日、内金900円を支払った。売買の目的を約60坪としたのは、地形等の関係から若干の変動があり得ることを前提としていたからである。

2　その後、Aは本件土地を分筆したが、Xに対してその移転登記手続をしないまま、昭和24年12月21日に死亡し、YがAを相続した。

3　Xは、Yに対し、その所有権移転登記義務の不履行を理由に民法541条の規定に基づき本件売買契約を解除したと主張して、民法545条の規定に基づく原状回復請求として内金900円の返還を求め、併せて本件土地の地価が急騰したとして本件売買契約の債務不履行による得べかりし利益10万8661円の損害賠償を求める訴えを提起した。

4　Xの法定解除に係る主張は、「昭和28年6月4日到達の文書によって、Yに対し、同月10日に甲地方法務局においてXが残代金を支払うのと引換えに本件土地の所有権移転登記手続をするよう求め、併せてYが同日所有権移転登記手続をしないときは本件売買契約を解除する旨の意思表示をした。Xは、同日、残代金を携帯して甲地方法務局に出向いたのに、Yは、甲地方法務局に現れず所有権移転登記手続をしなかったから、同日限り本件売買契約は解除された。」というものである。

5　Yは、本件売買契約の締結の事実を認めたが、法定解除に係るXの主張を否認した。また、Yは、XとAの代理人Bとの間で、昭和23年6月25日、本件売買契約を解除する旨の合意が成立したと主張して争った。

6　第1審、控訴審とも、本件売買契約は昭和23年6月25日に合意解除され

たとのYの主張事実を認定し、本件売買契約が合意解除された以上、売主たるA及びその相続人YはXに対して本件売買契約上の履行義務を負担しないことになるから、その不履行による契約解除を理由に原状回復と損害の賠償を求めるXの請求は失当であるとした[1]。

7　Xは、本件売買契約に基づいて内金900円がXからAに支払われた事実及び本件売買契約が合意解除された事実を確定しながら、内金900円の返還請求を排斥すべきものとした控訴審判決は、民法545条の規定に違反するか、審理不尽又は理由不備の違法を犯したものであると主張して、上告した。

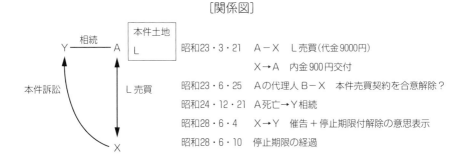

［関係図］

【判旨】

上告棄却。

1　訴訟物の異同——法定解除による原状回復請求権と合意解除による不当利得返還請求権

「原審におけるXの請求は、要するに、Xが本件売買契約につき民法541条による解除をしたことを主張し、Y等に対し、右解除に基く民法545条の原状回復義務の履行を求めるものであったところ、原審は右解除の主張を認容しなかったのであるから、これに基くXの請求が排斥されたのは当然である。尤も、原審が、右売買契約について合意解除のなされた事実を認定したことは所論の

---

[1]　第1審判決は青森地八戸支判であるが、判例集未登載。控訴審判決は、仙台高判昭和29・8・2民集11巻14号2334頁。

とおりであるけれども、本件のように、契約の一部履行があった後、合意解約がなされた場合には、民法703条以下による不当利得返還義務の発生するのは格別、当然には民法545条所定の原状回復義務が発生するものではない。」

2　Xは合意解除による不当利得返還請求をしたか

「原審においてXは前記合意解除の事実を否認しており右合意解除に基く不当利得の返還を請求しなかったこと記録上明白であるから、原判決が所論前渡代金につき不当利得の返還を命じなかったのは当然である。原判決には所論の違法なく論旨は理由がない。」

【判例の読み方】

1　本判決のポイント

本判決は、処分権主義に係る問題のひとつである民訴法246条の規定する申立事項と判決事項の一致如何を扱ったものである。

処分権主義とはどのような内容の原理をいうのかを理解した上で（後記2）、訴訟物の異同が実際の訴訟においてどのように問題になるかを、具体的に法定解除による原状回復請求権と合意解除による不当利得返還請求権との異同について検討し（後記3）、さらに、処分権主義と不利益陳述との関係（後記4）、及び処分権主義と釈明との関係（後記5）につき、検討することにしよう。

本件紛争の事案は極めて単純なものであるが、本判決は、上記のとおり、関連する様々な興味深い問題を含むものである。

2　処分権主義の意義

処分権主義とは、紛争解決のために民事訴訟を利用するかどうか（開始）、審理・判断の対象をどのように設定するか（審判対象の特定）、開始した訴訟を終了させるかどうか（終了）といった訴訟における重要事項につき、訴訟当事者に決定権限を認めるとともに責任をも負わせることとし、裁判所は訴訟当事者のした決定に拘束されるという考え方をいう。

民訴法は処分権主義そのものを宣明した規定を置いてはいないが、訴え提起の方式（民訴法133条）、判決事項（民訴法246条）、裁判によらない訴訟の完結

（民訴法261〜267条）等の諸規定から処分権主義を採用していることを推知することができる。

　我が国の民事訴訟が処分権主義によって運営される根拠は、民事訴訟の対象である私人間の権利義務関係が実体法上原則として私的自治にゆだねられているところ（私人による管理処分権）にあり、実体法の手続法への反映であると考えられている。したがって、民事訴訟手続によって解決が図られる私人間の紛争であっても、その対象が私人による自由処分の許されない例外的な場合には、そのような民事訴訟には処分権主義が妥当しないということになる[2]。

　実際の訴訟において処分権主義が問題になるのは、民訴法246条の規定する申立事項と判決事項の一致如何についてであることが多い。そして、そこでの論点を分類すると、①訴訟物の異同、②権利保護形式の種類と順序、③権利保護の量的範囲、の3つに類型化することができる。

　本判決は、①の訴訟物の異同が論点になったものであり、判例が訴訟物をどのように把握しているか（判例の採る訴訟物理論）を明確に理解することができる。さらに、本判決は、処分権主義と不利益陳述、処分権主義と釈明権限又は釈明義務等の問題を検討するのに好個の素材を提供している。

　②の権利保護形式の種類と順序についてみると、原告が請求の趣旨として特定した権利保護形式（給付・確認・形成判決の別）と異なる判決をすることは民訴法246条違反となり、また、原告が付した順序と異なる判決をすること（例えば、主位的請求について判断しないで、予備的請求の判断をすること）は民訴法246条違反となるという問題である。

　③の権利保護の量的範囲は、原告の求める救済の量的な上限を超えることが許されないという問題である。

3　訴訟物の異同：法定解除による原状回復請求権と合意解除による不当利得返還請求権──【判旨】1

　民法545条1項は、民法541条の規定に従ってした法定解除の効果として原状回復請求権が発生することを規定する。判例は、通常の売買等のいわゆる一回

---

(2)　処分権主義についての一般的な理解につき、伊藤・民訴214頁、梅本・民訴237頁を参照。

的契約が法定解除された場合、当該契約は遡及的に無効になるとし、原状回復
請求権はこれを前提にするものと解する[3]。

本判決の【判旨】1は、契約が合意解除された場合、民法703条以下による
不当利得返還請求権は発生するものの、当然に民法545条による原状回復請求
権が発生することはないとの理を明らかにしたものである。これは、学説の通
説[4]及びそれまでの判例の採るところであると理解されていた[5]が、最高裁が
正面から判断したため、民集の判決要旨として抽出されることになった。

本判決の【判旨】1は、**法理判例の典型例**といってよい。

ところで、判例及び通説は、原状回復請求権は不当利得返還請求権の特別の
場合であり、両者の本質は同一であるとの立場に立つ[6]から、本判決は、実体
法である民法の別個の条項に根拠があり、発生要件を異にし、効果を異にする
場合は、実体法上の本質が同一であっても訴訟物としては別個のものと考える
いわゆる**旧訴訟物理論**を前提にすることが明らかである。

本判決の【判旨】1の意義は、最高裁が旧訴訟物理論を採ることを極めて分
かりやすい形で示したところにも見出すことができる。

4 処分権主義と不利益陳述──【判旨】2

本判決の【判旨】2は、民法545条による原状回復請求権と民法703条以下に
よる不当利得返還請求権とは別個の訴訟物を構成するとの立場を前提にして、
原告が法定解除による原状回復請求権を訴訟物として選択し、合意解除に基づ
く不当利得返還請求権を訴訟物として提示しない以上、処分権主義の観点から
して、裁判所が原状回復請求を棄却すべき旨の判断にとどめて不当利得返還請
求の当否についての判断をしなかったのは当然であるとの立場を示したもので

---

(3) 最3小判昭和34・9・22民集13巻11号1451頁［77］を参照。

(4) 我妻榮『債権各論上巻（民法講義Ⅴ1）』（岩波書店、1954年）215頁、平井宜雄『債
権各論Ⅰ上契約総論』（弘文堂、2008年）216頁を参照。

(5) 土井王明・最判解昭和32年度民事296頁を参照。

(6) 大判大正6・10・27民録23輯1867頁。前掲最3小判昭和34・9・22は、売買契約の目
的物の引渡しを受けた買主の負う目的物の使用収益による利益の償還義務につき、「原
状回復義務に基づく一種の不当利得返還義務」と表現する。我妻・前掲注(4)194頁、平
井・前掲注(4)238頁を参照。

ある。

　そして、本判決は、Xが合意解除に基づく不当利得返還請求権を訴訟物とする旨の訴訟行為をしなかったとみるのが合理的であるとする根拠として、XがYの主張する合意解除の事実を否認するという訴訟行為をしたことを挙げている。ここまでは、【判旨】2の説示に照らして明らかである。

　そこで、いわゆる新訴訟物理論（売買契約解消の原因が法定解除であれ合意解除であれ、売買契約に基づいて交付された内金の返還を求める法的地位ないし受給権は1つであるとの立場）を前提にすると、以上の結論とその理由付けがどのように変わるのであろうか。本件に即して、具体的に検討しておこう。

　いわゆる新訴訟物理論による場合の主張・立証の構造は、以下のとおりである。

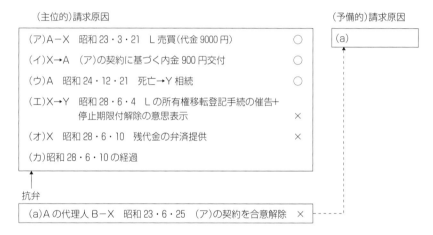

　すなわち、Yの「合意解除」の主張は、Xの「法定解除」の請求原因事実に対する抗弁事実であるが、XのYに対する不当利得返還債権の発生原因事実であるから、そのまま請求原因事実になる。Xは、内金返還請求とは別に本件売買契約の債務不履行による損害賠償請求をしていることもあって、自らの請求原因事実である「合意解除」の主張を否認している。このような主要事実についての主張を、「**不利益陳述**（相手方の援用しない他方当事者の自己に不利益な事実の陳述）」と呼ぶ[7]。

---

(7) 司法研修所・要件事実1巻18頁を参照。

結局、Xに主張責任がある主要事実をYが主張し、Xがこれを否認するという形になっているのであるが、弁論主義は当事者と裁判所との間の訴訟資料提出に係る責任分担の原理であるから、このような形になっても、当該主要事実はそのまま訴訟資料になる。したがって、受訴裁判所が「合意解除」の事実を認定した場合[8]には、内金900円の支払請求を認容すべきであるということになる。すなわち、いわゆる新訴訟物理論を前提にすると、弁論主義の適用場面となり、内金支払請求を認容することになり、Xの上告理由における主張と同じ結論が導かれる。

　このようにみてくると、本判決は、旧訴訟物理論を採ることを前提にして原状回復請求権と不当利得返還請求権とが別個の訴訟物であることを明らかにしたばかりでなく、【判旨】2のとおり判示することによって、**被告の不利益陳述のみで別の訴訟物が提示されることはない**（原告が予備的にであっても別の訴訟物を提示する必要がある）こと、すなわち、不利益陳述はあくまで同一訴訟物の範囲内における弁論主義の問題であることを明らかにしたという意義をも有することを理解することができる[9]。

　この【判旨】2の判例としての種類は、必ずしも明らかではない。原告が法定解除を主張し、合意解除を否認して争っている場合には、原告の訴訟行為の合理的解釈として、合意解除を理由とする不当利得返還請求権を訴訟物として提示したとみることはできないとの趣旨をいうものとして、場合判例に分類するのが相当であろう。

5　処分権主義と釈明権限又は釈明義務

　本判決の説示するところは、その前提とする訴訟物理論に賛同するかどうかはともかく、【判旨】1及び2のいずれも論旨明快であり論理的な破綻はない。しかし、第1審と控訴審の審理判断を全体としてみると、違和感を覚えざるを得ない。

　事実審裁判所が合意解除成立の心証を得たのであるのなら、なぜ原告（X）

---

(8)　合意解除の事実については自白が成立していないから、公知の又は顕著な事実に当たらない限り、受訴裁判所は、証拠によって認定する必要がある。

(9)　司法研修所・要件事実1巻19～20頁を参照。

側に対し、「原告が合意解除を否認していることから合意解除による不当利得返還請求をしていないものと理解しているが、その理解でよいか。」と発問するといった方法で、**釈明権**を行使しなかったのかについての違和感である。これは、別個の訴訟物にわたる釈明であり、形式的には「訴訟材料新提出の釈明」ないし「積極的釈明」に当たるようにみえるが、実質的には「不明瞭を正す釈明」ないし「消極的釈明」に当たるともいえる。なぜなら、このように釈明してみれば、原告が法定解除による損害賠償請求に固執していて、内金返還請求を付け足し程度に位置付けているのか、内金返還請求を軽視しているわけではなく、その法的構成にも固執するものではないのかどうかが判明したと思われるからである。

　このような釈明をしないことを釈明義務違反と断ずることはできないであろうが、事実審裁判所の訴訟指揮のあり方としては、この点の釈明をし、原告が不当利得返還請求をしないと応答したのであれば、その旨を口頭弁論調書と判決書上明らかにしておくのが望ましい[10]というべきであろう。

　本件のＸが内金返還請求を軽視していなかったと仮定すると、Ｘとしては訴訟物を不当利得返還請求権とする後訴を提起することを余儀なくされる結果になる。本判決の事実審裁判所は、みすみす後ろに紛争を残したのであり、「事案の真相をきわめ、当事者の真の紛争を解決する」という民事訴訟制度の目的[11]に十分に適合した審理判断をしたとはいえないことになる。

　本判決は、釈明権の行使に消極的であった昭和32年におけるものと理解しておくべきであろう。釈明権の不行使を違法とした最３小判昭和44・6・24民集23巻7号1156頁［90］、最１小判平成8・2・22判時1559号46頁、最１小判平成17・7・14判時1911号102頁（18講）、別個の訴訟物にわたる釈明権の行使を適法とした最１小判昭和45・6・11民集24巻6号516頁［33］（17講）等を背景にしてみると、近時の事実審裁判所であれば、この点について釈明権を行使するのがごく普通の訴訟指揮であろう。

　釈明権限又は釈明義務については17講及び18講で詳述するが、釈明権につい

---

　(10)　原判決の判決書に本文に指摘したような釈明をしたことを示唆する記載はない。上告理由中にも、釈明権不行使の問題に関する言及はない。

　(11)　最３小判昭和44・6・24民集23巻7号1156頁［90］を参照。

ての最高裁判例の進展を理解した上で、本件を素材として再検討してみると面白い。

6　おわりに

本判決は、最高裁によって現在も確固として維持されている訴訟物に関する考え方（旧訴訟物理論）を極めて分かりやすい形で示すものである。また、一般に理解が難しいといわれる「不利益陳述」の問題や、事実審裁判所による釈明のあり方の問題を考えるのに適した素材を提供する興味深い判例である。

◆ 訴えの選択的併合と訴訟物理論

10 遺産確認の訴えと共有持分確認の訴えとの選択的併合

最3小判平成元・9・19判時1328号38頁

【事実】

1 共同相続人間の遺産をめぐる紛争である。実際の訴訟は本訴と反訴とからなり、事実関係はやや複雑である。本稿は、本訴における訴えの選択的併合のテーマのみを取り上げる。

2 Aは、本件土地の所有者であったが、昭和43年5月31日、死亡した。その相続人は、X_1〜X_5、Y及びZの合計7名である。本件土地の現在の所有名義人は、Yである。X_1〜X_5は、Zを被告とすることなく、Yのみを被告として、本件土地が亡Aの遺産に属することの確認を求めて本訴を提起した。

Yは、本件土地の一部につき、Aからその生前に贈与を受けたと抗弁して争った。

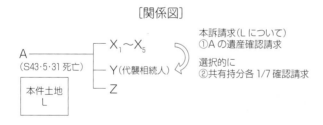

[関係図]

3 第1審は、X_1〜X_5の本訴請求を認容した。Yが控訴。X_1〜X_5は、控訴審において、上記2の請求に追加して、選択的に、本件土地につき法定相続分である共有持分各7分の1を有することの確認を求めた。控訴審は、上記2のYの本件土地の一部についての抗弁を認め、残余の土地につき、亡Aの遺産に属することの確認請求を認容すべきものとした[1]。

4 Yは、控訴審判決の反訴請求部分の事実認定に明らかな誤認があるなどと主張して、上告した。

【判旨】

一部上告棄却・一部自判。

1 共有持分確認請求の帰趨

「原審の適法に確定したところによれば、……原判決添付物件目録1及び12記載の各土地〔【事実】3にいう「残余の土地」を指す。〕につき X_1〜X_5 が共有持分各7分の1を有することの確認を求める請求は理由があり、認容されるべきである。」

2 不適法な訴えと選択的請求の処理

「右各土地が亡Aの遺産に属することの確認を求める遺産確認の訴えは、共同相続人全員が当事者として関与し、その間で合一にのみ確定することを要するいわゆる固有必要的共同訴訟と解すべきところ[2]、亡Aの相続人の1人であるZを当事者としないで提起されたものであるから、右訴えは不適法というべきであるが、これと選択的併合の関係にある右共有持分確認請求が認容されることによって、原判決及び第1審判決中右各土地につき X_1〜X_5 の遺産確認請求を認容した部分は、当然に失効する。」

3 本判決の主文

「1 原判決添付物件目録1及び12記載の各土地につき、X_1〜X_5 が共有持分各7分の1を有することを確認する。

2 原判決中前項の各土地が亡Aの遺産であることを確認した部分を除くY敗訴部分に対する本件上告を棄却する。

3 上告費用はYの負担とする。」

---

(1) 第1審判決は、那覇地沖縄支判昭和56・5・25であるが、判例集未登載。控訴審判決は、福岡高那覇支判昭和58・11・22判時1129号65頁。

(2) ここで、最3小判平成元・3・28民集43巻3号167頁［5］を引用する。

第4章　審判の対象と処分権主義　115

【判例の読み方】

1　本判決のポイント

我が国の民事訴訟の実務には、選択的併合という請求の提示の方法が強固に定着している。しかし、学説史を繙くと、訴訟物論争の過程で選択的併合という請求の提示の方法が許されるのかどうかが活発に議論されたことが分かる。

本判決は、遺産確認の訴えと共有持分確認の訴えとを検討の対象にしたのであるが、これらの訴えは新旧いずれの訴訟物理論によっても別異の訴訟物とされるから、そのような数個の請求間に選択的併合という併合形態を許容した判決として、選択的併合をめぐる判例と学説との関係を検討するには格好の素材である。

以下、請求の選択的併合の意義と訴訟物理論との関係を概観し（後記2、3）、本件で問題になった遺産確認の訴えと共有持分確認の訴えの2つの訴訟形態の存在理由を押さえた上で（後記4）、請求の選択的併合の許容範囲を検討し（後記5）、最後に、やや技術的な上告審の処理方法と主文の表現について検討する（後記6）ことにしよう。

2　請求の選択的併合の意義

数個の請求が同一の訴訟手続において審判される状態にあることを「請求の併合」といい（民訴法136条）、併合された数個の請求について原告が無条件に審判を求めているかどうかによって、単純併合、予備的併合、選択的併合の3つの態様に区別される。

単純併合は、数個の請求すべての審判を求める併合形態である。予備的併合は、数個の請求に順位をつけて、主位的請求が認容されることを解除条件として、予備的請求の審判を求める併合形態である。**選択的併合は、数個の請求のうちのいずれか1つの請求が認容されることを解除条件として、その他の請求の審判を求める併合形態である**。選択的併合として数個の請求が提示された場合、裁判所としては、原告全部勝訴の判決をするときはいずれか1つの請求を認容すればよく、その余の請求を取り上げる必要はないが、そうでないときはその余の請求すべてについて判断を示す必要がある。

このように、請求の併合は、処分権主義の発露のひとつであり、請求を併合

するかどうか、併合するとして上記の３つの態様のいずれを選択するかは、基本的に原告の審判対象の設定の仕方によることになる。したがって、予備的併合についてみると、法律上両立し得ない請求に順位をつける場合（真正予備的併合）が一般ではあるが、法律上両立し得る請求に順位をつける場合（不真正予備的併合）もあり、いずれの場合であっても、裁判所は、原告の順位指定に拘束されると考えるのが判例の立場である[3]。選択的併合についても、同じ問題がある。本判決を素材に後に検討することにする。

3　請求の選択的併合と訴訟物理論

我が国の学説史においては、請求の選択的併合という考え方は、旧訴訟物理論の下で実体法上の請求権が競合する場合において、二重に給付を命ずる事態を回避することを説明する理屈として使用されたため、請求の選択的併合という事態が旧訴訟物理論の下でのみ生ずるとか、請求の選択的併合が新訴訟物理論とは論理的に結びつくことがないかのような議論がされることがあった。しかし、近時、請求の選択的併合が論理的に旧訴訟物理論とのみ結びついていると考えるのは正確ではないとの理解が浸透してきている[4]。

ところで、競合する実体法上の請求権は攻撃方法にすぎず、裁判所が適宜選択して審理判断することが許され、しかも既判力による失権の範囲を実体法上の請求権の範囲を超えて画そうとする新訴訟物理論は、「当事者が指定できる訴訟物の最小単位を大きくすることによって、当事者の権限を弱めようとする試みであった」と総括されるものである[5]のに、旧訴訟物理論の下での請求の選択的併合という考え方に対し、「裁判所と当事者の関係から見て、裁判所に専権を与えすぎ大いに問題だということになろう（処分権主義という大原則に抵触しかねない）」という理屈をもって批判[6]するのは、論理がねじれていて素直

---

(3)　最３小判昭和39・４・７民集18巻４号520頁 [27]。

(4)　大久保邦彦「新実体法説に関する一考察」神戸学院法学24巻１号（1994年）51〜54頁を参照。新訴訟物理論が必然的に請求の選択的併合否定に導くものでないことにつき、中野貞一郎『民事訴訟法の論点Ⅰ』（判例タイムズ社、1996年）54頁、中野ほか・新民訴講義496頁 [栗田隆] を参照。

(5)　山本克己「訴訟物論争の回顧と現状」民訴争点 [第３版] 131頁を参照。

(6)　高橋・重点講義上34頁を参照。

に理解するのに困難を覚える。

その意味では、請求の併合は、上記2の3つのいずれの形態のものであれ、原告に許された処分権主義適用の一場面であり、訴訟物理論との間に論理必然的な関係があるわけではないという議論の方向は正しいものと思われる。

本判決は、後記7のとおり、この点を具体的に確認する契機にもなり得る。

4　遺産確認の訴えと共有持分確認の訴えの存在理由

(1)　遺産確認の訴えの性質とその適法性

最1小判昭和61・3・13民集40巻2号389頁［9］（昭和61年判決）は、遺産確認の訴えの性質につき、特定の財産が被相続人の遺産に属すること、すなわち、当該財産が遺産分割前の共有状態にあるという現在の法律関係の確認を求める訴えであるとする考え方[7]を採り、当該財産が遺産分割の対象となる財産であることを既判力をもって確定することによって遺産帰属性についての紛争を解決することができるから、適法であるとした。

本判決は、この点に全く触れるところがないが、この立場を当然の前提にしている。

(2)　共有持分確認の訴えとの関係

特定の財産が被相続人の遺産に属することを前提にして、相続人は、遺産帰属性を争う者を相手方として、自己の法定相続分に応じた共有持分を有することの確認を求める訴えを提起することも許される。これが現在の法律関係の確認を求めるものとして適法であることについては、異論がない。

そこで、遺産確認の訴えと共有持分確認の訴えとの関係——すなわち、各訴えの既判力の及ぶ範囲に相違があるのかどうか、ひいては各訴えの紛争解決機能にどのような相違があるのか——を確認しておく必要がある。

昭和61年判決は、この点を次のとおり明快に説示する。すなわち、共有持分確認の訴えにつき、「原告勝訴の確定判決は、原告が当該財産につき右共有持分を有することを既判力をもって確定するにとどまり、その取得原因が被相続

---

(7)　最高裁が、遺産確認の訴えの性質を、特定の財産が被相続人の死亡時にその所有に属していたという過去の法律関係の確認を求めるものであるとする考え方を採らないことを明らかにしたことを意味する。

人からの相続であることまで確定するものでない」とし、共有持分確認の訴え
によっては当該財産の遺産帰属性についての紛争を解決することができないの
に対し、遺産確認の訴えは遺産帰属性についての紛争解決機能を有すると説示
する。

5　選択的併合の許容範囲──【判旨】2

　選択的併合という併合形態は、伝統的に、同一の請求の趣旨（主文）を導く
実体法上の請求権が競合する場面で許容されてきたのであるが、いわゆる請求
権競合の場面以外に選択的併合という併合形態によることが許されるかどうか
は、ひとつの問題である。

　本判決の【判旨】2は、この問題を正面から論じてはいないが、結論的に、
請求権競合の場面以外に選択的併合という併合形態を許容したものである。な
ぜなら、前記4(1)、(2)のとおり、遺産確認の訴えと共有持分確認の訴えとは併
存し得る関係にあり、確認請求の趣旨（主文）を異にするものであって、両請
求を単純併合することが許されるものである[8]からである。

　前記2のとおり、判例は、予備的併合につき、法律上両立し得ない請求に順
位をつける真正予備的併合のみならず、法律上両立し得る請求に順位をつける
不真正予備的併合をも許容する。

　本判決の【判旨】2は、選択的併合についても、実体法上競合する数個の請
求権を選択的に提示する真正選択的併合のみならず、実体法上そのような関係
になく単純併合することの可能な数個の請求権を選択的に提示する不真正選択
的併合をも許容することを前提にするものである。

　前記4(2)のとおり、共有持分確認の訴えは、遺産帰属性についての紛争解決
機能を有せず、紛争再燃可能性をその既判力によって排除することはできない
筋合いであるが、本判決の【判旨】2は、原告が選択的併合という併合形態を
選択した場合には、処分権主義の観点から、裁判所は原告の意思に拘束される
との立場に立つものと理解することができる。

　このように、本判決の【判旨】2は、選択的併合の許容範囲を請求権競合の
場面以外にも拡張するものであることは明らかである。ただし、本件事案は遺

---

(8)　上田・民訴525〜526頁を参照。

第4章 審判の対象と処分権主義　119

産確認の訴えと共有持分確認の訴えというものであって、請求の基礎の同一性が肯定されることが明らかな場合である（現に、控訴審における訴えの追加的変更が許された）から、最高裁が、このような関係が肯定されない場合においても、選択的併合を許容するかどうかは将来の問題として残されている。

　以上のとおりの判例の立場とは異なり、選択的併合という併合形態自体を許容しない見解が存することは前記3のとおりであるが、選択的併合という併合形態自体を肯定する学説の中にも、その許容範囲につき、請求権競合の場面のみに限定する見解[9]、請求の基礎の同一性の範囲内で許容する見解[10]、原告の意思に全面的に拘束されるとする見解[11]等様々なものがある。

6　上告審としての処理方法
(1)　上告審が自判する場合──【判旨】1、3

　最高裁は、遺産確認の訴えが原告適格を欠き不適法なものであり、かつ、控訴審が確定した事実によって、もう1つの共有持分確認の訴えに係る請求を認容すべき旨の判断に導かれる[12]ため、自判して、【判旨】1、3のとおり、共有持分確認の訴えに係る請求を認容した。

　遺産確認の訴えが共同相続人全員が当事者として関与すべき**固有必要的共同訴訟**であることは、本判決に先立つ最3小判平成元・3・28民集43巻3号167頁[5]の判断するところである。

　本判決のこの判断は、控訴審が確定した事実によって共有持分確認の訴えについての結論を出すことができることのみを理由にしたものではなく、前記5のとおり、控訴審でされた追加的訴えの変更により、遺産確認の訴えと共有持分確認の訴えとが選択的に併合されたことを前提にしたものである。選択的併

---

(9)　松村和徳・百選Ⅰ［新法対応補正版］（1998年）151頁、中野・前掲注(4)『民事訴訟法の論点Ⅰ』49頁を参照。

(10)　大久保邦彦「請求の客観的予備的併合の適法要件」神戸学院法学26巻1号（1996年）166頁を参照。

(11)　榊原豊「複数請求の定立と規制」新堂幸司＝谷口安平編集代表『講座民事訴訟法②』（弘文堂、1984年）312頁以下を参照。

(12)　平田浩「上告審の審判の範囲」鈴木忠一＝三ケ月章監修『新・実務民事訴訟講座(3)判決手続通論(3)』（日本評論社、1982年）223頁を参照。

合をするという原告の意思に拘束されるがゆえに、法律審であっても、もう1つの共有持分確認の訴えに係る請求についての判断を強いられると考えたのであろう。

X_1〜X_5が、これら2つの請求を単純併合した場合には、共有持分確認の訴えに係る請求についての判断を法律審が強いられることはないから、事件を原審に差し戻すこともあり得たと思われる[13]。

Refreshments 4

● 「破棄・差戻し」と「破棄・自判」 ●

最高裁が上告に理由ありと考え、又は原判決の実体法の解釈適用に誤りありと考えて、原判決を破棄する場合、事件を原裁判所に差し戻す(破棄・差戻し)、原裁判所と同等の他の裁判所に移送する(破棄・移送)、自ら事件について裁判をする(破棄・自判)、のいずれかの措置をとることになる。

最高裁は法律審であるから、自判するのは、原判決で確定された事実に基づいて裁判をするのに熟している場合、又は事件が裁判所の権限に属しない若しくは訴訟要件が欠けている場合に限られる(民訴法326条)。

しかし、このうち、当該事件が原判決で確定された事実に基づいて裁判をするのに熟しているかどうかは、事件記録によって全く異論のないといえるほどに明らかではないこともあるから、事実上、最高裁の裁量が働く余地が存する。

そこで、最高裁の破棄後の措置につき、自判すべきではなく、事件を原裁判所に差し戻すべきではなかったかとの議論が起きることがある。21講の鶴岡灯油訴訟事件判決(最2小判平成元・12・8民集43巻11号1259頁[26])は、不法行為を理由とする損害(額)の推計方法を違法としながら、損害(額)を更に審理判断するために事件を原裁判所に差し戻すという措置を採ることなく、控訴を棄却するという形で自判した。これについては、原告の損害論についての第1審以来の一貫した主張・立証方針が考慮された、訴え提起後10年以上の年月が経過していることが考慮されたなどの観察がされている(【判例の読み方】4)。

---

[13] 高田昌宏・平成元年度重判125頁は、差戻し後の控訴審で原告適格の追完が可能であるとの趣旨をいう。

また、本講の判決（最3小判平成元・9・19）は、請求の選択的併合をした原告の意思を尊重して、最高裁自ら、その判決主文において原告の共有持分を確認する自判をした。

最高裁が原判決を破棄したのかどうか、その理由は何かを検討するのは、最高裁判決を読む基本である。そこから、破棄後の最高裁の措置如何にまで興味の対象が広がるようになれば、判例学習はもう一歩上の段階になったということである。

(2) 判決の当然失効──【判旨】2、3

本判決は、【判旨】2において、選択的併合の関係にある共有持分確認請求が認容されることによって、遺産確認請求を認容した判決部分が当然に失効する旨判断した。そして、本判決は、【判旨】3の主文の記載から明らかなように、遺産確認請求を認容した原判決を破棄することなく、X_1〜X_5の共有持分の確認請求を認容する旨の主文を掲げるに止めている。共有持分確認請求が認容されることによって、遺産確認請求についての審判申立ての解除条件が成就するとの理屈によるものである。

これは、予備的請求に係る最3小判昭和39・4・7民集18巻4号520頁［27］の判断を踏襲したものであり、理論的ではあるものの、当事者にとって間違いなく理解できる分かりやすい主文といえるかどうかには疑問がある[14]。

7 おわりに

本判決の事案は、いわゆる請求権競合場面におけるものではない。したがって、新訴訟物理論を採る学説によっても、遺産確認請求と共有持分確認請求とは別異の訴訟物ということになろう。

そうすると、本判決は、旧訴訟物理論によるときはもちろん、新訴訟物理論によっても、別異の訴訟物とされる数個の請求間に選択的併合という併合形態を許容した判例ということになる。

本判決にみられる最高裁の基本姿勢は、併合形態を含む請求の設定の仕方に

---

[14] 右田堯雄・判評172号（判時700号〔1973年〕）167頁、同・私リマ1号（1990年）226頁を参照。

ついての当事者の意思（すなわち処分権）を最大限に尊重するというところにあるように思われる。前記3のとおり、学説の一部には、選択的併合という併合形態を肯定すること自体につき処分権主義に背反するとの議論も存するところであり、**最高裁**がそれにもかかわらず、**本判決によって選択的併合という併合形態を明確に肯定する立場を明らかにした**ことは、判例と学説との関係について示唆的である。やや逆説的な意味において、判例と学説との相互作用を考察するのに参考になる。

　また、本判決は、直接的には判決主文の記載方法という技術的な問題であるかのようにみえるが、その背後に、**解除条件付訴訟行為**（請求の提示も含む。）**は、条件の性質上、当然失効するという事態がある**という理屈の問題があることを再認識させるものでもある。平易な判決のようにみえて、奥の深い判決である。

◆ 重複訴訟禁止の原則(1)

11 債権者代位訴訟における重複訴訟禁止の原則と当事者適格

最 3 小判昭和48・ 4 ・24民集27巻 3 号596頁[10]

【事実】

1 　Ｘは、Ｚから、Ｚ所有の本件土地Ｌを賃借していた。Ｘは、Ｙに対し、昭和30年 9 月、期間 5 年、賃料月額1000円の約束の下、Ｚに無断でＬを転貸した。Ｙは、Ｌ上に本件建物Ｈを建築し所有していたところ、Ｘは、Ｙを被告として、Ｚに代位してＺのＬ所有権に基づき、Ｈ収去Ｌ明渡請求訴訟（本訴）を提起した。

2 　Ｚは、昭和44年 6 月17日にＸに到達した書面によって、無断転貸を理由にＸとの間の賃貸借契約を解除したとして、①Ｘに対し、ＸがＬにつき賃借権を有しないことの確認を求めるとともに、②Ｙに対し、Ｌ所有権に基づき、Ｈ収去Ｌ明渡しを求めて民訴法71条 1 項前段（現行民訴法47条 1 項前段）の規定によって本訴に参加した。

3 　Ｙは、Ｚの参加につき、ＺのＹに対するＬ明渡請求は既にＸの行使している権利と同一の権利を行使しようとするものであるし、また、重複訴訟に該当するものであるから許されないと主張した。

4 　第 1 審判決は、Ｚの参加を適法とし、上記 2 のＺの請求をいずれも認容し、Ｘの請求を代位原因なしとして棄却した[(1)]。Ｘ及びＹが控訴。

5 　控訴審判決は、第 1 審判決と同様、Ｚの参加を適法とし、上記 2 のＺの請求をいずれも認容すべきものとし、Ｘの訴えを代位原因なしとして却下した[(2)]。

6 　Ｙのみが上告。上告理由は、ＺのＹに対する訴えの訴訟物とＸのＹに対する訴えの訴訟物とは同一であるから、Ｚの参加は重複訴訟禁止の原則に抵触

---

(1)　福島地郡山支判昭和45・11・24民集27巻 3 号602頁。

(2)　仙台高判昭和47・ 5 ・24民集27巻 3 号621頁。

し不適法であるというものである。

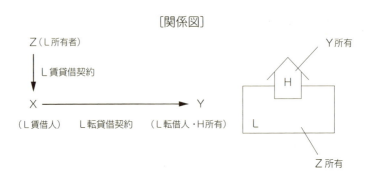

本訴（債権者代位訴訟）：X→Y　ZのL所有権に基づくH収去L明渡請求
独立当事者参加訴訟：①Z→X　L賃借権不存在確認請求
　　　　　　　　　　　②Z→Y　ZのL所有権に基づくH収去L明渡請求

【判旨】

上告棄却。

1　債権者代位訴訟に対する独立当事者参加と重複訴訟禁止の原則

「債権者が民法423条1項の規定により代位権を行使して第三債務者に対し訴を提起した場合であっても、債務者が民訴法71条〔現行民訴法47条〕により右代位訴訟に参加し第三債務者に対し右代位訴訟と訴訟物を同じくする訴を提起することは、民訴法231条〔現行民訴法142条〕の重複起訴禁止にふれるものではないと解するのが相当である。」

2　独立当事者参加を許すべき理由の存在と重複訴訟禁止の制度目的

「けだし、この場合は、同一訴訟物を目的とする訴訟の係属にかかわらず債務者の利益擁護のため訴を提起する特別の必要を認めることができるのであり、また、債務者の提起した訴と右代位訴訟とは併合審理が強制され、訴訟の目的は合一に確定されるのであるから、重複起訴禁止の理由である審判の重複による不経済、既判力抵触の可能性および被告の応訴の煩という弊害がないからである。したがって、債務者の右訴は、債権者の代位訴訟が係属していると

いうだけでただちに不適法として排斥されるべきものと解すべきではない。」

3　債権者代位訴訟と債務者の訴訟追行権

「もっとも、債権者が適法に代位権行使に着手した場合において、債務者に対しその事実を通知するかまたは債務者がこれを了知したときは、債務者は代位の目的となった権利につき債権者の代位権行使を妨げるような処分をする権能を失い、したがって、右処分行為と目される訴を提起することができなくなる[3]のであって、この理は、債務者の訴提起が前記参加による場合であっても異なるものではない。」

4　債権者代位訴訟と当事者適格

「したがって、審理の結果債権者の代位権行使が適法であること、すなわち、債権者が代位の目的となった権利につき訴訟追行権を有していることが判明したときは、債務者は右権利につき訴訟追行権を有せず、当事者適格を欠くものとして、その訴は不適法といわざるをえない反面、債権者が右訴訟追行権を有しないことが判明したときは、債務者はその訴訟追行権を失っていないものとして、その訴は適法ということができる。」

5　本件への当てはめ

「本件についてみるに、原判決（その引用する第1審判決を含む。以下同じ。）が適法に確定した事実関係によれば、Ｘの代位原因たる本件土地の賃借権は、その発生原因である賃貸借契約がＸにおいてＹに対してした無断転貸を理由としてＺにより解除されたため消滅したものということができるから、Ｘの代位訴訟はその代位原因を欠くものとして却下を免れず，したがって、Ｚが本訴に参加しＹに対して所有権にもとづいて本件建物収去本件土地明渡を求めた訴は適法というべきである。」

---

(3)　本判決は、大判昭和14・5・16民集18巻9号557頁を引用する。

【判例の読み方】

1　本判決のポイント

　実際の訴訟は、訴訟物とされる実体法上の権利義務（法律関係）を中核とし、法律論と事実論とが交錯して問題になり、法律論においても実体法上の論点と訴訟法上の論点とが交錯して問題になるのであるが、本件は正にそのような事案であり、本判決には判例を読む面白さが凝縮されている。

　本判決の中心論点は、**債権者代位訴訟における重複訴訟禁止の原則**と**当事者適格**という2つの訴訟法上の問題であるが、当然のことながら、これらを解明するには、その基礎を成す実体法の正確な理解を欠かすことができない。

　まず、債権者代位訴訟の構造と債権者が代位権行使に着手した場合における債務者の権利の処分権の帰趨という本判決を理解するための基礎を押さえた上で（後記2）、債権者代位訴訟をめぐる重複訴訟禁止の原則の問題（後記3）、当事者適格（訴訟追行権）の問題（後記4）の順に検討する。

2　債権者代位訴訟の構造

(1)　法定訴訟担当の一類型

　第三者が権利・利益の帰属主体に代わり又はこれと並んで当事者適格を有する場合を「第三者の訴訟担当」といい、民訴法115条1項2号は、この第三者が当事者として受けた判決の効力が権利・利益の帰属主体に及ぶ旨規定する。

　第三者の訴訟担当には、法定訴訟担当（法律に根拠があり、本人の意思に基づくのでない場合）と任意的訴訟担当（本人の授権に基づく場合）の2つがある。そして、法定訴訟担当には、第三者（担当者）が自らの権利の実現又は保全のために訴訟追行権が認められる場合と第三者が本人の利益を保護すべき職務上の地位にあるために訴訟追行権が認められる場合とがあり、一般に、前者を「担当者のための法定訴訟担当」と呼び、後者を「職務上の当事者」と呼ぶ[4]。

　民法423条の規定に基づく債権者代位訴訟は、担当者のための法定訴訟担当の典型例である[5]。この類型の法定訴訟担当においては、第三者（担当者）と本人（被担当者）の利益が衝突することが考えられるので、本人の利益をどの

---

(4)　長谷部・民訴151〜154頁を参照。

ようにして保護すべきであるかを検討する必要が生ずる。

本件の問題をこのようなコンテクストでとらえると、重複訴訟禁止の原則と当事者適格の問題をより立体的に理解することができる。

(2) 本訴の訴訟物と参加訴訟の訴訟物

Xの提起した本訴の訴訟物（請求権）は、Zの本件土地Lの所有権に基づく返還請求権としての土地明渡請求権である[6]。本訴は、特定債権（金銭債権でない債権。本件では賃借権）保全のために債権者代位権を転用することを容認する判例の立場[7]によっている。

Zの提起した独立当事者参加訴訟の訴訟物は、①Xに対するものがXの本件土地Lの賃借権（その不存在確認）であり、②Yに対するものがZの本件土地Lの所有権に基づく返還請求権としての土地明渡請求権である。

このように、後に提起された訴訟である独立当事者参加訴訟の訴訟物のうち上記②のYに対するものは、本訴のそれと同一であり、上記(1)のとおり、本訴の確定判決の既判力がZ（債務者）に及ぶから、重複訴訟禁止の原則との関係では、当事者双方が同一でなくても、同一の事件であると考えるべきではないかが問題になる。

(3) 代位権行使と債務者の処分権・訴訟追行権の帰趨

上記(2)の重複訴訟禁止の問題とは別に、債権者から代位権行使を通知されたとき又は債務者がこれを了知したときに、債務者は自己の権利の処分権を失い、訴訟追行権を失うとするのが判例[8]及び通説[9]の立場である。履行期未到来の債権に基づく裁判上の代位につき、非訟事件手続法88条3項が代位許可の

---

(5) 担当者のための法定訴訟担当の他の例としては、差押債権者の提起する取立訴訟（民事執行法155条・157条）、債権質権者の提起する取立訴訟（民法366条）、株主の提起する会社役員の責任追及訴訟（会社法847～853条）がある。

(6) 土地所有権に基づき建物収去土地明渡しを請求する場合の訴訟物につき、司法研修所・類型別58頁を参照。本文の説明は、現在の民事裁判実務が前提とする旧一個説による。

(7) 最1小判昭和43・3・28判時518号49頁を参照。

(8) 本判決の引用する前掲大判昭和14・5・16を参照。最3小判昭和44・9・2訟月16巻1号1頁は、代位権行使により債務者は処分権を喪失するという。

(9) 我妻榮『新訂債権総論（民法講義Ⅳ）』（岩波書店、1964年）170頁、兼子一・判例民事法第19巻昭和14年度134頁を参照。

裁判の告知を受けた債務者はその代位に係る権利の処分をすることができない旨規定しているところ、代位の目的を達するために理論上当然のこととして、裁判外の代位にもこれを類推すべきであるというのが一般的な説明である。

そうすると、ＺにはＹに対して訴訟を提起する権限（原告適格）がないのではないかが問題になる。

3 重複訴訟禁止の原則──【判旨】1、2

(1) 重複訴訟禁止の制度目的

民訴法142条は、「裁判所に係属する事件については、当事者は、更に訴えを提起することができない。」と規定して、**重複訴訟禁止の原則**を明らかにしている。

本判決は、【判旨】2において、重複訴訟禁止の制度目的が、①審判の重複による不経済、②既判力抵触の可能性、③被告の応訴の煩という3つの弊害を防止するところにあることを明らかにした[10]。

ところで、この3点のうちの既判力抵触の可能性の防止については、現実に既判力の抵触する判決が頻繁に出現することを前提としているのではなく、重複訴訟を禁止することによって、既判力の抵触する判決が出現する可能性をできる限り封殺しておこうとの趣旨をいうものである。なぜなら、重複して訴訟が提起されたとしても、先に確定した判決の既判力が係属中の訴訟に及ぶから、係属中の訴訟（たとえこれが先立って提起された訴えであったとしても）の裁判所が同判決の存在に気づきさえすれば、同判決の既判力に拘束されて判断することになる[11]し、仮に裁判所が同判決の既判力に気づくことのないままこれに反する判決をしたとしても、上訴によって取り消されるし、さらに、上訴がなく確定したときでも、後に確定した判決は再審の訴えによって取り消される

---

(10) 本判決は、「重複起訴禁止」の用語を使うが、本文①、③の制度目的を重視するときは、訴え提起の一時点を想起させる「重複起訴」よりも「重複訴訟」の方が事の実体をよく表現する用語であると考えられる。そこで、本講では用語として「重複訴訟禁止」を採用した。

(11) 既判力が及ぶかどうかは裁判所の職権調査事項であり、その判断のための資料は裁判所が職権探知すべきであると解されていることにつき、中野ほか・新民訴講義456頁［高橋宏志］を参照。

（民訴法338条1項10号）からである。

　学説も、本判決と同様の説明をするのが一般であるが、本判決の指摘する3点のうちどれを重視するかには差異がある[12]。

(2)　禁止される重複訴訟の要件

　上記(1)のとおり、民訴法142条は、禁止される重複訴訟の要件として、訴訟係属中の事件（前訴）が存在すること及びその事件と同一の訴訟（後訴）を提起することを挙げる。

　一般に、前訴と後訴とが同一の事件であるというためには、当事者が同一であり、かつ、審判対象が同一であることを要すると解されている。

　すなわち、審判対象である権利義務又は法律関係が前訴と後訴とで同一であっても、当事者が異なる場合には、同一事件ということはできない[13]。これが原則であるが、民訴法115条1項2号の規定によって、自らが当事者とならなくても判決の効力を受ける第三者の訴訟担当については、事件の同一性ありと解されている。

　本判決も、この立場に立つものであることが明らかである。なぜなら、【判旨】1は、債権者代位訴訟（前訴）の提起後に債務者が独立当事者参加によらずに単なる別訴（後訴）を提起した場合、その後訴は禁止される重複訴訟に当たるとの立場を前提にしているからである。

(3)　消極的訴訟要件としての重複訴訟

　当該訴訟が重複訴訟であることは消極的訴訟要件（訴訟障害）であり、裁判所は、職権で取り上げる責務を有するばかりか、その公益性の見地からして、

---

(12)　例えば、中野ほか・新民訴講義161頁［堤龍弥］は、既判力抵触の可能性を回避することに主な理由があると説明する。これに対し、梅本・民訴269頁は、重複訴訟には訴訟制度の濫用という性格があり、この弊害を防止する点に第1の趣旨があると説明する。

(13)　例えば、Xが、Yを相手にして、ある一筆の土地の所有権が自己に帰属する旨の確認を求める訴え（前訴）を提起し、前訴の係属中に、Zを相手にして、同一の土地の所有権が自己に帰属する旨の確認を求める訴え（後訴）を提起したとする。この場合の訴訟物は、前訴・後訴ともに「Xの当該一筆の土地の所有権」であるが、前訴はXとYを当事者とする事件であり、後訴はXとZを当事者とする事件であるから、前訴と後訴の当事者が同一ではなく、したがって、前訴と後訴との間に事件の同一性はないということになる。

その根拠となる事実についても弁論主義の適用はなく、重複訴訟であることが判明した場合には、後訴を不適法な訴訟として却下しなければならないというのが通説の立場[14]である。

本判決は、この点を明示していないが、通説の見解を前提にしているものと考えて間違いがなかろう。

(4) 債権者代位訴訟の提起と本人（債務者）の利益の保護

前記2(2)のとおり、Xの提起した本訴の訴訟物とZの提起した後訴のうちYに対する訴えの訴訟物は同一であり、現在では、債権者代位訴訟の判決の既判力が代位された債務者（Z）に及ぶという点についてもほぼ異論がないので、本訴と後訴の当事者は同一ではないものの、重複訴訟禁止の原則との関係では、当事者が同一である場合と同様に扱うのが相当であるということになる。

しかし、ZはXがZの債権者ではない（すなわち、Xに訴訟追行権がない）としてXの地位を争っているのであるから、そのようなZの利益を保護するための方策を考案する必要がある。

この点につき、本判決は、【判旨】2において、重複訴訟禁止の制度目的の原点に戻って考察し、独立当事者参加訴訟であれば、重複訴訟の弊害とされるいずれの問題も回避することができるとの理由を説示して、【判旨】1のとおり、Zの提起した独立当事者参加訴訟である後訴を重複訴訟禁止の原則に抵触することなく許されるとの結論を導いた。【判旨】1が結論命題であり、民集の判決要旨の1として抽出されている。【判旨】1は、**債権者代位訴訟に対する独立当事者参加訴訟の提起が重複訴訟禁止の原則に抵触しない**との法理を宣明した**法理判例**の性質を有する。

4 当事者適格（訴訟追行権）──【判旨】3、4

(1) 問題の所在

前記2(3)のとおり、債権者が適法に代位権行使に着手した場合において、債務者がその事実を了知したときは、債務者は代位の目的となった自己の権利につき訴訟追行権を失い、当事者適格を欠くに至るとの立場に立つ以上、重複訴訟禁止の問題とは別に、Zの後訴が独立当事者参加訴訟であっても、ZにはY

---

[14] 中野ほか・新民訴講義169頁［堤龍弥］、梅本・民訴280頁を参照。

に対して訴訟を提起する原告適格がないのではないかという問題は残る。

この問題の所在を指摘するのが、【判旨】3の説示部分である。

(2) 本判決の採用した解決方法

本判決は、前記2(3)の通説の立場に立って、Xに訴訟追行権があること（XがZの債権者であること）は本訴の当事者適格（原告適格）の問題であることを明らかにした。その上で、Xが本訴につき原告適格を有する場合には、Zは後訴の原告適格を欠くことになり、後訴は不適法なものとして却下され、逆に、Xが本訴につき原告適格を有しない場合には、本訴は不適法なものとして却下され、後訴のうちZのYに対する訴えは適法なものであることになり、本案判決がされるべきであると判断した。

このような解決方法を明らかにしたのが、【判旨】4の結論部分である。【判旨】4が結論命題であり、民集の判決要旨の2として抽出されている。【判旨】4は、**債権者代位訴訟に債務者が独立当事者参加して第三債務者に対して訴訟物同一の訴訟を提起した場合における債務者の訴訟追行権（原告適格）の有無について判断した**場合判例の性質を有する。

この判断をみると、訴訟要件（具体的に検討の対象になったのは原告適格）が本案判決の要件であって、本案審理の要件ではないという理屈を実感することができる。

Refreshments 5

● 本案審理の要件と本案判決の要件 ●

訴訟要件は、本案判決をするための要件であって、本案審理をするための要件ではない、と説明される。民事訴訟に携わっていても、この説明の意味を実感することは少ない。

本講の判決（最3小判昭和48・4・24）は、債権者代位訴訟における当事者適格（原告適格）と重複訴訟禁止という2つの訴訟要件の関係について判断したものである。このケースでは、先に提起された債権者代位訴訟における原告適格の有無及び後に提起された債務者による独立当事者参加訴訟における原告適格の有無が、本案審理の結果初めて判明するというものであるため、「訴訟要件は本案判決の要件」という説明が臨場感をもって迫ってくる。

ところで、同じく訴訟要件であるとはいっても、重複訴訟禁止の原則の場合は、後訴が提起された時点において同原則に触れるかどうかを的確に判断することができて初めて、審理の重複による不経済や被告の応訴の煩という同原則の目指す主要な目的を実現することができ、民事訴訟の実際に役に立つ道具概念になる。このようにプラクティカルな面からアプローチすると、重複訴訟禁止の原則については、「本案審理の要件」として機能するような判断枠組みによることが望ましい。

　そうすると、一般論としては、「訴訟要件は本案判決の要件」という定式が妥当するとしても、訴訟要件の中にもその判断の基礎となる事実について弁論主義が適用されるものと職権探知主義が適用されるものとが存するという認識が共有されるに至っているのに似て、訴訟要件の中にも「本案審理の要件」として考えた方がよいものが存するのではないかと思われる。

　本講の判決は、民訴法の教科書の説明をより具体的かつ鮮明に理解させる契機になるとともに、その先に考えるべき問題があることをも示唆している。

(3)　積極的訴訟要件としての原告適格

　当該訴訟の原告になった者が原告適格を有することは積極的訴訟要件であり、裁判所の職権調査事項であるが、訴えの利益と並んで公益性の強くない訴訟要件であり、その根拠となる事実については弁論主義の適用を認めるというのが通説の立場[15]である。

　なお、当事者適格（訴訟追行権）の問題は上告理由とされていないのに、最高裁は、職権で取り上げて判断を示した。訴訟要件は裁判所の職権調査事項であるという理屈を最高裁が実践していることを知ることができる。

　本件においては、重複訴訟禁止の問題と原告適格の問題とはコインの表裏の関係にあるようにみえるが、前記3(3)と対比すると、民訴法上の性質と位置付けが相当に異なることを理解することができる。

5　おわりに

　本判決は、債権者代位訴訟というやや技術的な訴訟類型において、重複訴訟

---

[15]　中野ほか・新民訴講義25頁［松本博之］を参照。

禁止の原則の制度目的の基本に立ち返り、関係当事者（債権者・債務者・第三債務者）と裁判所の利害の調整を、独立当事者参加という民訴法の用意する方法を活用することによってかなり見事に実現したものである。

　結論を導く理由付けにおいても、着実に実体法と手続法のポイントを押さえており、論理の展開にも不自然な点は見当たらない。1に述べたように、判例を読む面白さが凝縮された判例である。

◆　重複訴訟禁止の原則(2)

12　債務不存在確認の訴えと給付を求める反訴

最 1 小判平成16・3・25民集58巻 3 号753頁［10］

【事実】

　1　X社はその代表者Aが設立した株式会社であり、Y社は生命保険相互会社である。X社は、Y社との間で、平成 7 年 5 月 1 日、Aを被保険者、X社を受取人として死亡保険金額を 2 億円とする生命保険契約（本件保険契約）を締結した。この生命保険契約の保険約款には、保険者の責任開始の日から 1 年内に被保険者が自殺した場合には保険者は死亡保険金を支払わない旨の定め（ 1 年内自殺免責特約）があった。Aは、同年10月31日、集合住宅用建物の屋上防水工事現場から転落して死亡した。

　2　Y社は、X社を被告として、本件保険契約に基づく死亡保険金支払債務が存在しないことの確認を求めて訴えを提起したところ、X社は、本件保険契約に基づく死亡保険金 2 億円の支払を求める反訴を提起した。

［関係図］

X社　代表者A　平成 7・10・31自殺？

　　平成 7・5・1　本件保険契約締結（被保険者A、受取人X社）

Y生命保険相互会社

（本訴）　Y社→X社　本件保険契約に基づく死亡保険金支払債務
　　　　　　　　　の不存在確認
（反訴）　X社→Y社　本件保険契約に基づく死亡保険金 2 億円の
　　　　　　　　　支払請求

　3　第 1 審は、Aの死亡が自殺によるものであると認定し、Y社の本訴につき、 1 年内自殺免責特約によるY社の免責を認めて、「Y社とX社との間の生命保険契約に基づくY社のX社に対する死亡保険金支払債務の存在しないこと

第4章　審判の対象と処分権主義　135

を確認する。」との判決をし、X社の反訴につき、「X社の請求を棄却する。」との判決をした[1]。控訴審は、X社の控訴を棄却した[2]。

　4　X社は、上告及び上告受理の申立てをした。

【判旨】

破棄・自判。

1　債務の不存在確認請求の確認の利益

　「職権により判断するに、(……) Y社の (……) 保険金支払債務の不存在確認請求に係る訴えについては、(……) X社の平成7年契約〔本件保険契約〕に基づく保険金の支払を求める反訴が提起されている以上、もはや確認の利益を認めることはできないから、……Y社の上記訴えは、不適法として却下を免れないというべきである。」

2　本件の処理

　「したがって、原判決主文第2項のうち、上記保険金支払債務の不存在確認請求に関する部分は、破棄を免れず、同部分につき第1審判決を取り消して、同請求に係る訴えを却下することとする。」

【判例の読み方】

1　本判決のポイント

　重複訴訟として後訴が禁止されるためには、原則として、当事者が同一であり、かつ審判対象が前訴と同一であることを要すると解されている[3]。

　審判対象の同一性の基準を何に求めるかは、ひとつの問題である。 重複訴訟禁止の制度目的として挙げられる3点[4]のうち、既判力抵触の可能性封殺を重

---

[1]　東京地判平成11・3・26判時1788号144頁。
[2]　東京高判平成13・1・31判時1788号136頁。
[3]　11講の【判例の読み方】3(2)を参照。
[4]　11講の【判例の読み方】3(1)を参照。

視する立場に立てば、訴訟物である権利義務又は法律関係の同一性を基準とする考え方に導かれるし、審判の重複による不経済や被告の応訴の煩という弊害予防を重視する立場に立てば、前訴と後訴の主要な攻撃防御方法の共通性を基準とするなどより広く審判対象の同一性をとらえる考え方に導かれる。

民訴法の解釈論は、どのような問題点についてであれ、生きた訴訟の実践の場で使用に耐える使いやすい理屈であることが必要である。重複訴訟禁止における審判対象の同一性の判定基準についてみると、後訴の受訴裁判所が後訴の提起された時点でそれが禁止されるべき重複訴訟であるかどうかを的確に判定することのできる基準が望ましいことに異論はない。

そうすると、「前訴と後訴の主要な攻撃防御方法の共通性」という基準によって審判対象の同一性を判定しようとすると、そこにいう「攻撃防御方法」を要件事実（主要事実）レベルのものに限るとしても、前訴の審理上の手続段階や後訴の当事者の争点設定などの様々な要因によって、「共通性」の有無を的確に判定することができず、後訴の受訴裁判所及び当事者双方にとって納得し得る結論に到達することは難しい。結局、「前訴と後訴の主要な攻撃防御方法の共通性」といってみても、これを回顧的に過去の訴訟行為を評価する場面で使う基準とするのであればともかく、現に提起された後訴につき、禁止されるべき重複訴訟であるかどうかを展望的に判定する場面で使う基準としては、使い勝手のよいものとはいえない[5]。

しかし、審判の重複による不経済や被告の応訴の煩という弊害を合理的な方法で極力制御すべきであるという後者の考え方の方向性に間違いはないから、**訴訟物である権利義務又は法律関係の同一性を基準とする考え方を基本としつつ、これが同一でない場合には当然に別訴を許すというのではなく、これらの弊害を予防することのできる合理的な後訴の訴訟手続のあり方を探求する**というのが、民訴法の解釈論のあるべき姿であろう。

このような観点から、債務不存在確認の訴え（前訴）が提起された後に、被告から給付の訴え（後訴）が提起されるという事態が起きた場合に、審判対象を同一と考えてよいか、訴訟手続のあり方に工夫すべき点はないかといった問題が議論されることになる。

---

(5) 中野ほか・新民訴講義166頁［堤龍弥］は、同旨をいう。

重複訴訟に係る以上のような広がりのある問題の一部と位置付けて、本判決を検討することにしよう。

2　審判対象の同一性

本件におけるY社のX社に対する訴訟（前訴）の訴訟物は、本件保険契約に基づく死亡保険金支払債務（ただし、その不存在確認）である。他方、X社のY社に対する訴訟（後訴）の訴訟物は、本件保険契約に基づく死亡保険金支払請求権である。

このようにみると、訴訟物自体は、厳密には、異なるのであるが、後訴の訴訟物である請求権は前訴の訴訟物である債権の存在を前提にするものであるから、審判対象は実質的に同一のものとみることができる[6]。

3　重複訴訟禁止の原則の適用

前訴と後訴の審判対象が実質的に同一であるとすると、重複訴訟禁止の原則の適用を受け、X社のY社に対する給付請求の後訴を不適法として却下すべきではないかが問題になる。

後訴を不適法として却下すべきであるかどうかを決するためには、前訴の債務不存在確認の訴えによって当事者間の紛争のすべてを解決することができるかどうかを検討しなければならない。X社としては債務不存在確認の前訴において勝訴するだけでは足りず、執行力を有する債務名義を取得する必要があるから、X社のする給付請求の後訴を重複訴訟として完全に禁止することができないことは明らかである。

そこで、X社のこのような権利を保障しつつ、審判の重複による不経済（裁判所ないし国家の利益）とY社の応訴の煩という弊害を制御する合理的な方法を案出する必要に迫られる。

学説の多数説は、後訴が別訴として提起された場合は重複訴訟禁止の原則に

---

(6)　高橋・重点講義上133頁は、債務不存在確認請求は給付訴訟の反対形相だと把握してよいとしており、両者の訴訟物自体が同一であるとの見解のようである。これに疑問を呈するものとして、西理「民事訴訟法上のいくつかの論点について中」判時2124号（2011年）7〜8頁を参照。

触れるものとして却下すべきであり、反訴のみを認めるのが合理的であるという[7]。これに対し、有力説は、X社がY社の選択した管轄裁判所に拘束されるのは不適当であり、別訴をも認めてよいという[8]。

本判決は、この点について何らかの判断をしたものであろうか。【事実】2及び【判旨】1からすると、**本判決は、この点について何も判断をしていない**と読むのが正確である。本判決は、X社が反訴の形で後訴を提起したことを前提にして、債務不存在確認の前訴の訴えの利益の帰趨について判断したものにすぎないからである[9]。

4 債務不存在確認の前訴の確認の利益──【判旨】1、2

本訴は、債務不存在確認の訴えであるから、原告であるY社において、不存在の確認を求める債務を特定した上で、確認の利益の存在を示すため、X社がY社においてX社に対する当該債務を負担すると主張していて、Y社の法的地位をめぐる争いが存することを主張する必要がある。本訴が提起された時点で、X社はこれを認めたため、本訴に確認の利益が存していたことになる。

しかし、X社のする給付請求の後訴として反訴のみを許容するかどうかの議論はともかく、反訴が提起された場合には、翻って、Y社の提起した債務不存在確認の本訴（前訴）の確認の利益が失われることになるのではないのかが問題になる。なぜなら、本件の受訴裁判所は、反訴の実体判断の中で、必ず、Y社がX社に対して本件保険契約に基づく死亡保険金支払債務を負うのかどうかを判断することになり、その判断に既判力が生ずるからである。

本判決は、【判旨】1のとおり判示して、X社が本件保険契約に基づく死亡保険金2億円の発生原因事実を主張して**反訴を提起したことが本訴請求の確認**

---

(7) 兼子一『判例民事訴訟法』（弘文堂、1950年）105頁、西・前掲注(6)7頁、高橋・重点講義上131頁、梅本・民訴274頁を参照。

(8) 松本博之＝上野泰男『民事訴訟法［第8版］』（弘文堂、2015年）235頁を参照。坂田宏『民事訴訟における処分権主義』（有斐閣、2001年）59頁は、これがドイツの判例・通説であるという。

(9) 高橋・重点講義上130頁は、本判決を引用しつつ、「債務不存在確認訴訟の後に給付訴訟を提起するのは重複訴訟禁止により反訴としてしか提起できない」というが、これが判例の立場を説明するものであるとすると、正確とはいえない。

の利益を失わせる妨訴抗弁の機能を有することを明らかにした。

【判旨】1は、民集の判決要旨として抽出されていないが、民集に登載された判例の判決理由中でこの点を取り扱った最初のものである[10]。

なお、本件の第1審判決と控訴審判決のいずれもが、本訴の適法性如何に触れないまま、本訴と反訴の双方について実体判断をしているが、これは、事実審裁判所の実務に本判決の論理が浸透していなかったことを示している[11]。

【判旨】2は、この理屈を本件に当てはめて、本訴を不適法な訴えとして却下すべきことを判示したのであるが、これは、最高裁が、訴訟要件は実体審理のための要件ではなく、実体判断のための要件であるという考え方を前提としていることを再認識させる判断でもある（**Refreshments 5** 参照）。

5　前訴が給付請求訴訟、後訴が債務不存在確認の訴えの場合

本件と異なり、X社の死亡保険金の支払請求が先に提起され、Y社の死亡保険金支払債務の不存在確認の訴えがその後に提起された場合に、どのように考えるのが論理的であるのかもひとつの問題である。

この後訴は、当事者と審判対象のいずれもが実質的に同一なものとして、重複訴訟禁止の原則に触れ、不適法な訴えとして却下される[12]と考えるのが論理的であろう。本件におけるのと同様、確認の利益を欠くことを理由に却下されるという考え方[13]も存するが、重複訴訟禁止の原則の方が、公益性の程度において確認の利益よりも高いと考えられるし、また実体判断への接近の程度において確認の利益よりも遠いと考えられるから、重複訴訟禁止の原則に触れるこ

---

(10)　本判決に先立って、最3小判平成13・3・27判時1784号16頁は、債務不存在確認を求める訴えに対して当該債務の支払を求める反訴が提起された事案において、債務不存在確認を求める訴えにつき、「もはや確認の利益を認めることはできないから、Xの上記訴えは不適法として却下を免れない」と判示していた。この判決につき、矢尾渉「最高裁民事破棄判決等の実情平成13年度(2)」判時1784号（2002年）16～17頁を参照。

(11)　太田晃詳・最判解平成16年度民事上232頁は、「理論的には訴え却下説でほぼ固まっているものと思われるが、民事訴訟の実務においては、あえて確認の利益について判断せず、本訴、反訴双方の実体判断をするという取扱いもみられていた。」と説明する。

(12)　本文の処理をした下級審判決例として、東京地判昭和60・8・29判時1196号129頁を参照。

(13)　高橋・重点講義上132頁、中野ほか・新民訴講義164頁［堤龍弥］を参照。

とを理由に不適法な訴えとして却下されると考えるのが論理的には首尾一貫するものと思われる。

6 おわりに

本判決は、債務不存在確認請求の本訴において当該債務の給付請求の反訴が提起されるという実務上よく出くわす事態につき、受訴裁判所としてどのように手続を整序すべきであるかを明らかにしたものである。本件第1審及び控訴審判決の審理判断に明らかなように、**事実審裁判所の実務の取扱いに不統一が見られたため、上告受理申立理由に何らの指摘がなかったのに、最高裁としてあえて職権をもって判断することにしたもの**と推察することができる。

本判決の取り扱った論点自体は、民訴法の大問題というわけではないが、重複訴訟禁止の原則と確認訴訟における訴えの利益の問題が複合したものであり、法的論理の組立て（Legal Reasoning）を学ぶには適した判例ということができる。

本判決の取り扱った論点の応用問題として、手形債権の債務不存在確認の訴えが提起された後に、当該手形債権について手形訴訟が提起された場合の審理判断をどう整序すべきであるかという問題がある[14]。本判決の検討過程で使った法的論理を様々に分解し組み合わせるとともに、手形訴訟の簡略訴訟性の要素を加味して、各人の解決方法を考案してみると楽しい。

---

(14) 大阪高判昭和62・7・16判時1258号130頁をめぐって、議論がされている。差し当たり、高橋・重点講義上134〜136頁、西・前掲注(6)8〜10頁、長谷部・民訴82〜83頁を参照。

◆ 重複訴訟禁止の原則(3)

13 重複訴訟禁止の原則と相殺の抗弁の許否（別訴先行型）

最 2 小判平成18・4・14民集60巻 4 号1497頁[22]

【事実】

1 XとYとは、平成 2 年 2 月28日、XがYに対してマンション新築工事を発注し、Yがこれを請け負う旨の請負契約を締結した[(1)]。Yは、平成 3 年 3 月31日までに本件工事を完成させ、本件建物をXに引き渡した。Xは、Yに対し、平成 5 年12月 3 日、本件建物に瑕疵があるとして、瑕疵修補に代わる損害賠償請求又は不当利得返還請求として5304万円余及びこれに対する引渡日の翌日である平成 3 年 4 月 1 日以降の遅延損害金の支払を求める本訴を提起した[(2)]。

2 Yは、Xに対し、第 1 審係属中の平成 6 年 1 月21日、請負残報酬2418万円及びこれに対する引渡日の翌日である平成 3 年 4 月 1 日以降の遅延損害金の支払を求める反訴を提起した。反訴状は、平成 6 年 1 月25日にXに送達された。

3 Yは、平成14年 3 月 8 日の第 1 審口頭弁論期日において、反訴請求債権を自働債権としてXの本訴請求債権と対当額で相殺する旨の抗弁を主張した。第 1 審及び控訴審のいずれにおいても、本件相殺の抗弁の適法性如何（重複訴訟禁止の原則に触れるのではないか）は問題となることがなかった。

4 控訴審は、本件建物の瑕疵によりXが被った損害の額を2474万9798円と、Yの有する請負残報酬の額を1820万5645円と認定し、本件相殺の結果Xの

---

(1) 実際には、請負人はYの被相続人Aであり、当初Aが被告となり、第 1 審係属中にYがAを相続した。この訴訟承継の関係は本件における争点になっていないので、本文の記載はこの経緯を簡略化している。

(2) Xは、設計無断変更の債務不履行に基づく損害賠償請求を主位的請求とし、瑕疵修補に代わる損害賠償又は不当利得返還請求を予備的請求として訴えを提起したが、第 1 審判決において主位的請求が棄却され、控訴審において主位的請求を取り下げた。本文の記載は、この経緯を簡略化している。

Yに対する損害賠償債権の額は654万4153円になるとし、これに対する反訴状送達の日の翌日以降の遅延損害金の支払を求める限度で本訴を認容すべきものとした[3]。

5　Yは、遅延損害金の起算日に関する原判決の判断につき、Yが予備的に相殺の意思表示をした日の翌日である平成14年3月9日とすべきであって、最高裁判例[4]に違反し、民法634条2項後段・533条の解釈を誤ったものであると主張し、上告受理の申立てをした。

[関係図]

X（注文者）	平5・12・3　X→Y	本訴（瑕疵修補に代わる損害賠償請求・不当利得返還請求）提起
平2・2・28 請負契約	平6・1・21　Y→X	反訴（請負残報酬請求）提起
Y（請負人）	平14・3・8　Y→X	反訴請求債権による相殺の抗弁提出

【判旨】

破棄自判。

1　別訴先行型における相殺の抗弁の許否——原則論

「係属中の別訴において訴訟物となっている債権を自働債権として他の訴訟において相殺の抗弁を主張することは、重複起訴を禁じた民訴法142条の趣旨に反し、許されない[5]。」

---

(3)　大阪高判平成15・12・24民集60巻4号1522頁。
(4)　Yの依拠する最高裁判例は、最3小判平成9・2・14民集51巻2号337頁［9］、最3小判平成9・7・15民集51巻6号2581頁［39］である。本判決は、これらを引用して原判決を破棄して自判した。
(5)　本判決は、ここで後掲最3小判平成3・12・17を引用する。

2 別訴先行型であっても相殺の抗弁の提出が許される例外とすべき場合、その理由及びその手続

⑴ 例外とすべき場合

「しかし、本訴及び反訴が係属中に、反訴請求債権を自働債権とし、本訴請求債権を受働債権として相殺の抗弁を主張することは禁じられないと解するのが相当である。」

⑵ 理　由

「この場合においては、反訴原告において異なる意思表示をしない限り、反訴は、反訴請求債権につき本訴において相殺の自働債権として既判力ある判断が示された場合にはその部分については反訴請求としない趣旨の予備的反訴に変更されることになるものと解するのが相当であって、このように解すれば、重複起訴の問題は生じないことになるからである。」

⑶ 手　続

「そして、上記の訴えの変更は、本訴、反訴を通じた審判の対象に変更を生ずるものではなく、反訴被告の利益を損なうものでもないから、書面によることを要せず、反訴被告の同意も要しないというべきである。」

3 本件への当てはめ

「本件については、前記事実関係及び訴訟の経過に照らしても、Ｙが本件相殺を抗弁として主張したことについて、上記と異なる意思表示をしたことはうかがわれないので、本件反訴は、上記のような内容の予備的反訴に変更されたものと解するのが相当である。」

【判例の読み方】

1 本判決のポイント

重複訴訟禁止の原則と相殺の抗弁との関係をめぐって錯綜した議論がされているところ、別訴先行型については相殺の抗弁の提出を許さないというのが判例の立場である。本判決の扱った問題は、この判例の原則に例外はないのかというものである。

そこで、まず、別訴先行型における相殺の抗弁の許否の問題につき、先行判

例の採った上記の結論とその理由とを確認した上で（後記2）、別訴先行型であっても相殺の抗弁の提出が許される場合について検討することにする（後記3、4）。

さらに、本判決の採用した論理は抗弁先行型についての解決方法を示唆するものでもあるので、最後に、抗弁先行型への応用について検討しておくことにしよう（後記5）。

本判決の論理に対し、後述するとおり、「技巧的・擬制的」といった非難をする論者も存する。判決の採用する論理又は他の学説の説く論理に対して時に目にする非難の言葉である。本判決は、法的論理に「技巧的・擬制的」なところがあるとの指摘にどれだけの意味があるのかという法律家のする議論の作法に係る基本問題を考える契機にもなる興味深い判決である。

2　別訴先行型における相殺の抗弁の許否──【判旨】1

別訴先行型と重複訴訟禁止の原則との関係については既に最高裁判例があり、それが本判決の引用する最3小判平成3・12・17民集45巻9号1435頁[27]（平成3年判決）である。平成3年判決は、「係属中の別訴において訴訟物となっている債権を自働債権として他の訴訟において相殺の抗弁を主張することは許されない」と判断して、**別訴先行型の場合には、事案のいかんにかかわらず相殺の抗弁の提出を許さない**との立場を採ることを明らかにした[(6)]。

平成3年判決は、その理由として、相殺の抗弁が提出された自働債権の存在又は不存在の判断が相殺をもって対抗した額について既判力を有するとされている（民訴法114条2項）から、自働債権の存否について矛盾する判決が生じて法的安定性を害する事態が生じないようにする必要があるところ、別訴先行型の場合には理論上も実際上もこれを防止することが困難であるとし、重複訴訟禁止（民訴法142条）の趣旨が別訴先行型の場合に同様に妥当すると判示した。すなわち、相殺の抗弁の提出が訴訟の提起でないことは明らかなのであるが、

---

(6)　別訴先行型につき、平成3年判決に先立って相殺の抗弁の提出を許さないとしたものとして、最3小判昭和63・3・15民集42巻3号170頁[7]（昭和63年判決）がある。しかし、昭和63年判決は、事例判例と解する余地があったため、一般に、平成3年判決が別訴先行型についての法理判例とされている。

重複訴訟禁止を規定する民訴法142条の規定がここに類推適用されることを明らかにしたのである。

さらに、平成3年判決は、別訴と相殺の抗弁が提出された他の訴訟とが併合審理されているときでも結論が異ならないことを明言した。これは、最3小判昭和48・4・24民集27巻3号596頁［10］（昭和48年判決）[7]が重複訴訟の3つの弊害として挙げた(i)審判の重複による不経済、(ii)既判力抵触の可能性、(iii)被告の応訴の煩のうち、本判決としては、主に(ii)の点に着目し、重複訴訟禁止の制度趣旨として、既判力の抵触する判決が出現する可能性を可及的に封殺し、法的安定性を確保する点を最重要視していることを明らかにするという意味を有している。

本判決の【判旨】1は、平成3年判決から約15年を経て、最高裁判所が別訴先行型につき、原則として相殺の抗弁の提出を許さないとの立場を再確認したものであり、この法理が最高裁判例として強固に確立したことを意味する。

3　別訴先行型であっても相殺の抗弁の提出が許される場合——【判旨】2

(1)　本判決の判断のうち判例として意味を有する判示部分

前記2のとおり、平成3年判決は、別訴先行型につき原則として相殺の抗弁の提出を許さないとの立場に立つことを明らかにしていたのであるが、本判決の【判旨】2の(1)は、**別訴先行型であっても相殺の抗弁の提出が適法とされる例外を明らかにした**。本判決が判例として意味を有するのは、この点の判断にある。

最高裁判所は、**重複訴訟禁止の原則が職権調査事項である訴訟要件に係る問題**であることから、この点を職権で取り上げて判断した[8]。

(2)　予備的反訴と相殺の抗弁

本件は、本訴請求に対して反訴請求債権を自働債権とする相殺の抗弁を提出したというのであり、別訴先行型（反訴が先行する別訴に当たる）に分類すべき事案である。

---

(7)　昭和48年判決につき、11講【判例の読み方】3を参照。

(8)　重複訴訟が消極的訴訟要件であることにつき、11講の3(3)を参照。

反訴は、係属中の訴訟（本訴）手続を利用して被告が原告に対して提起する訴えである（民訴法146条）。反訴には、本訴の裁判内容を条件とするかどうかの観点から、条件を付さない「単純反訴」と、本訴が却下されること又は請求棄却されることを解除条件とする「予備的反訴」とがある。そして、単純反訴においては、訴訟審理の複雑化や遅延を回避するため、弁論の分離（民訴法152条）や一部判決（民訴法243条2項・3項）をすることができるが、予備的反訴においては、これらの余地がない[9]。したがって、予備的反訴の場合には、前記2の重複訴訟の3つの弊害が生ずるおそれがないということになる。

　前記2のとおり、平成3年判決は、別訴と他の訴訟とが併合審理されているときであっても、他の訴訟において別訴請求債権を自働債権とする相殺の抗弁を提出することは許されない旨明言したから、単純反訴の場合には、本訴において反訴請求債権を自働債権とする相殺の抗弁を提出することが許されるとするのは、平成3年判決の考え方と齟齬を来すことになる。

　この点を突破するために本判決が用いた手法は、**被告が本訴において反訴請求債権を自働債権とする相殺の抗弁を提出するという訴訟行為をしたときは、それまでの単純反訴を予備的反訴に変更するという訴訟行為をしたものと解釈する**[10]という「訴訟行為の合理的解釈」である。

　結局、本判決の【判旨】2の(2)は、訴訟行為の合理的解釈を媒介させることによって、自働債権の存否について矛盾する判決が生じて法的安定性を害する事態が生ずることを可及的に封殺するという平成3年判決の考え方と齟齬を来すことなく、別訴先行型であっても相殺の抗弁の提出が許される場合を案出したものと評価することができる。

　本判決の【判旨】2の(2)の説示する法律構成は、重複訴訟禁止の原則の制度趣旨を最大限に生かしつつ、重複訴訟の弊害の考えられない場合に相殺の抗弁の提出を許容するものであり、理論的破綻もなく実務の需要にも応えるものと評価することができる[11]。

---

(9)　新堂幸司＝福永有利編『注釈民事訴訟法5巻』（有斐閣、1998年）230頁［佐野裕志］、兼子原著・条解852頁［竹下守夫＝上原敏夫］を参照。

(10)　そのように解釈することによって、相殺の抗弁が提出された時点において本訴と反訴とが同一訴訟手続で審理されているというだけではなく、将来的にも弁論の分離や一部判決の余地が生ずることがないから、矛盾判決の余地がないことになる。

(3) 予備的反訴への変更手続

本判決の【判旨】2の(3)は、本件における単純反訴から予備的反訴への訴えの変更につき、本訴と反訴を全体としてみた場合に審判対象に変更を生ずるものでないこと、及び反訴請求債権の存否についての既判力ある判断を受けるという反訴被告（本訴原告）の利益に影響を及ぼすものでないことの2点から、訴えの変更につき書面によることを要求する民訴法143条2項の規定の適用はなく、訴えの取下げにつき相手方の同意を要求する民訴法261条2項の規定の適用もないことを明らかにした。

この判断は、裁判実務における取扱いを追認したという性質のものであり、異論はなかろう。

4　本件への当てはめと訴訟行為の合理的解釈──【判旨】3

本判決の【判旨】3は、同2の(2)の法律構成が訴訟行為の合理的解釈によるものであることを本件への当てはめの説示を通して明らかにしている。すなわち、「Yが……異なる意思表示をしたことはうかがわれないので、本件反訴は……予備的反訴に変更されたものと解するのが相当である」と説示しており、被告（反訴原告）が異なる意思表示をした場合には、単純反訴が予備的反訴に変更されたものとして扱われることはない。

本判決の民集の判決要旨は、「本訴及び反訴が係属中に、反訴原告が、反訴請求債権を自働債権とし、本訴請求債権を受働債権として相殺の抗弁を主張することは、異なる意思表示をしない限り、反訴を、反訴請求債権につき本訴において相殺の自働債権として既判力ある判断が示された場合にはその部分を反訴請求としない趣旨の予備的反訴に変更するものとして、許される。」というものであって、【判旨】2の(1)の結論命題のみならず、同(2)の理由説示をも取り込んだ形になっており、判決要旨としてはやや変形したものである。これは、被告（反訴原告）が予備的反訴に変更しないとの異なる意思表示をした場合には、【判旨】2の(1)の結論命題が妥当しないことを考慮してあえてこのような判決要旨にしたものと推察される[12]。

---

(11)　河野正憲「判批」判タ1311号（2010年）10頁を参照。

5 抗弁先行型への示唆

(1) 抗弁先行型についての学説の立場

抗弁先行型の場合、重複訴訟禁止の原則が類推適用されるべきであるかどうかについての最高裁判例はなく、学説は帰一していない。

相殺の抗弁が必ず判断されるとはいえないことを理由に、相殺の抗弁の自働債権をもって請求債権とする別訴を提起することは許されるべきであると考える見解[13]と、自ら相殺の抗弁を提出する方法を選択した被告の行動及び相殺の担保的機能に着目して、別訴の提起を許す必要はないと考える見解[14]とが存する。

(2) 東京高判平成 8・4・8 判タ937号262頁

そのような学説状況の中、東京高判平成 8・4・8 判タ937号262頁は、抗弁先行型についても重複訴訟禁止の原則を類推適用して、別訴の提起は不適法であると判断した[15]。

東京高裁は、重複訴訟の 3 つの弊害のうち、審判の重複による不経済と既判力抵触の可能性とを指摘し、平成 3 年判決と同様、2 つの訴訟の弁論が併合されている場合についても別異に解すべき理由はないとした。そして、抗弁先行型についての別訴を許容すべき必要性についても検討を加え、相殺の抗弁の自働債権についてはいわゆる裁判上の催告がなされているものとみることができ、その訴訟の係属中は消滅時効期間は進行しないものと解すべきであるから、別訴の提起を不適法としても自働債権の債権者に著しい不利益を及ぼすとはいえない旨説示した。

また、東京高判平成 8・4・8 の事案は、いわゆる仮定抗弁としての相殺の抗弁（請求原因事実を争いつつ、これが認定される場合を慮って相殺の抗弁を提出するもの）ではなく、既に訴訟外で意思表示をした相殺を訴訟上主張するもの

---

(12) すなわち、本判決は、予備的反訴への変更を擬制しているのではないことに注意する必要がある。

(13) 菊井維大＝村松俊夫『全訂民事訴訟法Ⅱ』（日本評論社、1989年）157頁、上田・民訴149頁を参照。

(14) 佐野裕志「相殺の抗弁と二重起訴禁止」一橋論叢117巻 1 号（1997年）47頁、高橋・重点講義上143頁を参照。

(15) 他に同旨の下級審判決例として、大阪地判平成 8・1・26判時1570号85頁がある。

であったから、東京高裁の上記の判断は、いわゆる仮定抗弁としての相殺の抗弁であるかどうかにかかわらず、抗弁先行型につき一般的に重複訴訟禁止の原則を類推適用して別訴の提起を不適法とするものであることは明らかである。

そして、相殺の抗弁は、いわゆる仮定抗弁として主張されるかどうかにかかわらず、相殺に供された自働債権の存否についての判断がされないときがある[16]から、いずれの立場が訴訟の運営として相当であるかを、相殺の担保的機能の点を含め総合的に利害を衡量することによって決すべきである。東京高裁の指摘する消滅時効に関する点は、衡量すべき利害のひとつである。

(3) 本判決の考案した予備的反訴という方法

抗弁先行型につき別訴の提起を不適法とする立場に存する主要な問題は、相殺の抗弁が必ず判断されるとはいえないという点にあるが、この点は本判決の考案した予備的反訴の方法によって解決することができる。相殺の抗弁を主張している被告に、予備的反訴以外に別訴の提起をも許容すべき合理的な理由はなかろう。

このように、本判決は、抗弁先行型についての解決方法を示唆するものでもある。

6 本判決と反訴請求に対して本訴請求債権を自働債権とする相殺の抗弁の提出

本判決によると、被告が本訴請求に対して反訴請求債権を自働債権とする相殺の抗弁を提出することは許されるのに、原告が反訴請求に対して本訴請求債権を自働債権とする相殺の抗弁を提出することは許されない[17]のは、均衡を失するとの指摘をする学説[18]も存する。

---

[16] 相殺の抗弁が主張自体失当の場合が最も分かりやすい例であり、ほかにも、相殺の有効要件のひとつが争われ、それが認定されない場合にも、自働債権の存否の判断に至らずに当該相殺の抗弁は排斥される。

[17] 本訴に解除条件を付することは許されない（予備的本訴なるものが考えられない）から、同一の請求権が重複して審判対象となることになるし、本訴と反訴の弁論が分離される余地があり、既判力抵触の可能性が残る。

[18] 和田吉弘「判批」法セミ51巻9号（2006年）117頁、杉本和士「判批」早稲田法学83巻2号（2008年）143頁、小林秀之編『判例講義民事訴訟法［第3版］』（悠々社、2016年）97頁［我妻学］を参照。

しかし、本訴原告は、請求債権について既判力を有する判決を必ず取得することができる[19]。また、本訴と反訴の弁論が分離されて別々に判決がされても、本訴原告は、本訴請求債権をもって相殺の意思表示をし、相殺による反訴請求債権の消滅を理由とする請求異議訴訟を提起し、本訴被告（反訴原告）による強制執行を阻止することができるから、実質的不公平を容認する結果にはならない[20]。分離された反訴請求に係る判決が先に確定し、本訴の訴訟手続が係属中であるといった極めて例外的な場合を想定しても、本訴を請求異議訴訟にする訴えの変更によって対処することが可能である。

　結局、別訴先行型につき他の訴訟（反訴を含む）において相殺の抗弁の提出を許さないことによって、重複訴訟の弊害を上回る不公平（不均衡）が生ずるというのは困難である。

7　請負人の注文者に対する損害賠償債務について履行遅滞に陥る時期

　本判決は、本件上告受理申立てに答えて、注文者の瑕疵修補に代わる損害賠償債権と請負人の請負代金債権とは民法634条2項の規定により同時履行の関係に立つことを理由に、請負人が請負代金債権を自働債権として瑕疵修補に代わる損害賠償債権と相殺する旨の意思表示をした場合、請負人は注文者に対する損害賠償債務について相殺の意思表示をした日の翌日に履行遅滞に陥る旨判断した。

　しかし、この点の判断は、既存の最高裁判例[21]を踏襲したにすぎないものであるため、民集の判示事項及び判決要旨として抽出されてはいない。当然の判断とはいえ、原判決が間違えたこともあり、注意を要する。

8　本判決の意義

　本判決は、重複訴訟禁止の原則に係る「別訴先行型における相殺の抗弁の許否」という一大論点につき、平成3年判決の論理を前提にした上で、例外とし

---

(19)　増森珠美・最判解平成18年度民事上535頁は、この点を指摘する。
(20)　河野信夫・最判解平成3年度民事518頁は、この点を指摘する。
(21)　前掲最3小判平成9・2・14、前掲最3小判平成9・7・15。

て相殺の抗弁の提出が許される場合を明らかにした**法理判例**である。平成3年判決の宣明した原則の及ぶ範囲、すなわち**射程の範囲を明らかにしたもの**であり、判例形成の1つの型を示すものといってよい。

前述のとおり、本判決は、別訴先行型につき、原則として相殺の抗弁の提出を許さないという平成3年判決の宣明した判例法理を強固に確立させる側面があるため、別訴先行型につき相殺の抗弁の提出を適法と解する論者[22]からは、「予備的反訴の擬制といった技巧的解釈に走った」との批判を受けている。

しかし、前述のとおり、本判決は、訴訟行為の合理的解釈の手法を用いたものであって、予備的反訴を「擬制」したというのは正確とはいえないし、論理的な破綻があるわけでも、結論が不相当なわけでもない。法律論として技巧的であるかどうか又は擬制的であるかどうかは、論者の立場によって評価を異にするのであろうが、紛争解決のための論理が技巧的であること又は擬制的であること自体は非難されるべきことではなく、紛争解決の道具として使い勝手のよいものであるかどうか（要するに、できの良い「技巧」又は「擬制」であるかどうか）を問うべきであろう。

このように考えてくると、本判決は、別訴先行型の紛争を解決するのに有用な手法を提示したものであるばかりか、抗弁先行型の紛争を解決するための方向を示唆するものとしても評価することができる。

---

[22]　三木浩一・平成18年度重判127頁、酒井一「判批」民商138巻3号（2008年）334頁等を参照。

第5章 訴訟の審理

◆ 弁論主義と主張・立証責任

14 被相続人の処分行為と所有権喪失の抗弁

最 1 小判昭和55・2・7民集34巻 2 号123頁［7］

【事実】

1　Ｘら 3 名、Ｃ及びＤはいずれもＢの子であり、ＹはＤの妻であり、Ｄの唯一の相続人である。Ｘらは、本件土地の所有名義人であるＹに対し、「Ｂは、当時の所有者Ａから、昭和28年 7 月31日、本件土地を買い受けたが、Ｄの所有名義に移転登記をしていた。Ｂの死亡により、Ｘら 3 名、Ｃ及びＤが各共有持分 5 分の 1 の割合をもって相続取得した。しかし、その後のＤの死亡に伴い、その妻であるＹが相続による所有権移転登記を経由した。」と主張して、その共有持分権に基づき各持分 5 分の 1 の移転登記手続を求める訴えを提起した。

2　Ｙは、「本件土地は、ＤがＡから買い受けて、所有権移転登記を経由し、Ｄの死亡によってＹが相続取得したから、Ｘらの請求には理由がない。」と主張して争った。

3　第 1 審は、Ｙの夫ＤがＡから本件土地を買い受けたと認定して、Ｘらの請求を棄却した。

4　これに対し、控訴審は、証拠によって、①Ｂは、所有者Ａから、昭和23年ころ、本件土地を代金 1 万6000円前後で買い受けた、②Ｂは、昭和28年 7 月に本件土地をＤ名義に登記する手続をしたものの、その当時も本件土地Ｌの所有権をＤに帰属させる意思を有していたとは認められないが、その後ＤがＢのもとに帰り家業を承継するようになったころからその意思に変化を生じ、遅くともＢの死亡時にはＤに対して死因贈与をしたため、Ｄは昭和34年 5 月26日のＢの死亡によって本件土地の所有権を取得した、③Ｙは、昭和39年 9 月 6 日のＤの死亡によって本件土地の所有権を相続取得したと認定し、結局、本件土地Ｌの所有権をＢから共同相続したことを前提とするＸらの請求には理由がないとした[(1)]。

---

(1)　名古屋高判昭和52・7・19民集34巻 2 号134頁。

5　Xらは、原判決には当事者の主張しない事実に基づいて認定判断した違法があるとして、原判決の取消しを求めて上告した。

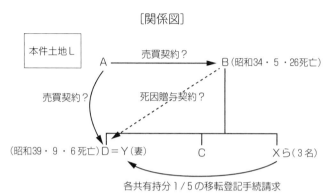

【判旨】
破棄・差戻し。

1　相続による所有権移転原因事実と被相続人の所有権喪失原因事実との関係

「相続による特定財産の取得を主張する者は、(1)被相続人の右財産所有が争われているときは同人が生前その財産の所有権を取得した事実、及び(2)自己が被相続人の死亡により同人の遺産を相続した事実の2つを主張立証すれば足り、(1)の事実が肯認される以上、その後被相続人の死亡時まで同人につき右財産の所有権喪失の原因となるような事実はなかったこと、及び被相続人の特段の処分行為により右財産が相続財産の範囲から逸出した事実もなかったことまで主張立証する責任はなく、これら後者の事実は、いずれも右相続人による財産の承継取得を争う者において抗弁としてこれを主張立証すべきものである。」

2　本件における当事者の主張の位置付け

「Xらにおいて、BがAから本件土地を買い受けてその所有権を取得し、B

の死亡によりXらがBの相続人としてこれを共同相続したと主張したのに対し、Yは、前記のとおり、Xらの所有権取得を争う理由としては、単に右土地を買い受けたのはBではなくDであると主張するにとどまっているのであるから（このような主張は、Bの所有権取得の主張事実に対する積極否認にすぎない。）、原審が証拠調の結果Aから本件土地を買い受けてその所有権を取得したのはBであってDではないと認定する以上、XらがBの相続人としてその遺産を共同相続したことに争いのない本件においては、Xらの請求は当然認容されてしかるべき筋合である。」

3　弁論主義違反の事実認定

「しかるに、原審は、前記のとおり、Yが原審の口頭弁論において抗弁として主張しないDがBから本件土地の死因贈与を受けたとの事実を認定し、したがってXらは右土地の所有権を相続によって取得することができないとしてその請求を排斥しているのであって、右は明らかに弁論主義に違反するものといわなければならない。」

【判例の読み方】

1　本判決のポイント

我が国の民事訴訟は、判決の基礎となる事実の確定のために必要な資料の提出を当事者の権能であり責任であるとする考え方（**弁論主義**）によって運営されている。本判決は、**基本判例中の基本判例**であって、弁論主義の実際を理解するのに避けて通ることのできないものである。

そこで、弁論主義の意義を整理した上で（後記2）、本件事案に即して要件事実論を用いて具体的に分析することによって（後記3）、主張・立証責任の基本を理解することにしたい。

さらに、本件の差戻後の控訴審判決を素材にして、認定事実と主張事実の同一性という弁論主義の第1の規律の基本問題を検討し（後記4）、また、差戻前の控訴審判決（原判決）を素材にして、いわゆる「a＋b」の問題をも検討しておく（後記5）ことにしよう。

2 弁論主義の意義と3つの規律

⑴ 弁論主義の意義と根拠

民事訴訟は、複数の当事者の権利・利益が衝突している民事紛争につき、正当な権利・利益を実効的に保障するとともに、紛争解決のための制度を備え置き、当事者の利用に供することによって、法秩序を維持しようとするものである。裁判所が当該紛争の問題点を解明し、その真相に合致した判決をするためには、問題点に関連する資料を収集提出して裁判所の検討に供する必要があるから、そのような資料の収集提出を誰がすることができるか、誰がするべきであるかが問題になる。

判決の基礎となる事実の確定のために必要な資料の提出を当事者の権能であり責任であるとする考え方を「**弁論主義**」と呼び[2]、これに対し、訴訟資料の提出を裁判所の権能であり責任であるとする考え方を「職権探知主義」と呼ぶ[3]。財産関係の紛争である通常民事訴訟は、弁論主義によって運営されており、身分関係の紛争である人事訴訟や行政上の紛争である行政訴訟は、法秩序の基本にかかわり、訴訟当事者のみならず広く第三者の利害に影響を及ぼすような紛争類型であるため、職権探知主義によって運営されている[4]。

民事訴訟における弁論主義という考え方の根底には、民事紛争の対象である私権自体が当事者によって自由に処分されるものであるから、その解決手続も当事者の意思を尊重することが望ましいという思想が存在する[5]のであるが、このような思想も当然のことながら歴史的な所産であるし、わが国において基本的に弁論主義という考え方によって民事訴訟の制度が設計され運用されてい

⑵ 当事者が訴訟における弁論の方法で提出することを必要とするため、弁論主義と呼ばれる。

⑶ ただし、実際に採用されている職権探知主義は、裁判所が職権によって収集した資料を加味するというものであって、当事者による資料の収集提出を禁止するというものではない。

⑷ 弁論主義及び職権探知主義の意義につき、梅本・民訴469、515頁、伊藤・民訴302頁、中野ほか・新民訴講義188頁［鈴木正裕］を参照。

⑸ 当事者の私的自治に思想的な基盤を置く点においては、処分権主義と共通する。ただし、処分権主義は審判対象の特定とその処分とにかかわる原理であるのに対し、弁論主義はそのようにして審判対象として特定された紛争につき、判断をするために必要な資料の提出にかかわる原理であって、私的自治の考え方が発動される局面を異にする。

るのは、裁判所が中立・公平を維持しつつ真相を探求することによって、私人の権利を実効的に保障し、私人間の紛争を解決するという上記の目的のために合理的で効率的な手段であるという経験からくる合意が成立しているからである。

(2) 弁論主義の3つの規律

以下の3つの規律を総称して、弁論主義と呼ぶ。

第1の規律は、裁判所は当事者の主張しない事実を判決の基礎としてはならないというものである[6]。この規律によって、主張と証拠とが区別される。また、当事者の主張を要する事実とは、当事者の欲する法律効果の発生・消滅等を直接根拠付ける「主要事実」を指しており、「間接事実」又は「補助事実」と区別される。

第2の規律は、裁判所は当事者間に争いのない事実をそのまま判決の基礎としなければならないというものである[7]。この規律は、一般に「自白の拘束力」と呼ばれており、ここでも、「主要事実」と「間接事実」又は「補助事実」とは区別される。

第3の規律は、裁判所は当事者間に争いのある事実を認定するにつき当事者の申し出た証拠によらなければならないというものである[8]。この規律は、一般に「職権証拠調べの禁止」と呼ばれる。

本判決は、弁論主義の第1の規律を取り上げたものであるが、**司法研修所における要件事実教育の定着を象徴**するものといって過言でない。現在の民事裁判実務の基礎を成すものであって、エポックメイキングな判例というべきものである。

---

(6) 民訴法中に弁論主義の第1の規律を示す明文の規定はない。

(7) 民訴法179条は、「裁判所において当事者が自白した事実……は、証明することを要しない。」と規定しており、弁論主義の第2の規律の片鱗を示している。

(8) 第2次世界大戦後、民訴法から職権証拠調べの一般規定が削除され、同法207条1項の当事者本人尋問等限定された範囲でのみ職権証拠調べが可能となったことから、弁論主義の第3の規律が採用されていることを推知することができる。

第5章　訴訟の審理　159

3　要件事実論による本件事案の分析——【判旨】1〜3
(1)　Xらの主張した請求原因事実——【判旨】1
　本判決の判示するところに従って、XらとYの主張構造を分析してみよう。
　Xらが選択した訴訟物（請求権）は、共有持分権（各1/5）に基づく妨害排除請求権としての移転登記請求権であり、請求原因事実は以下のとおりである[9]。

［請求原因事実］

(ｱ)　Aは、本件土地Lをもと（昭和28年7月31日に）所有していた。	○
(ｲ)　Bは、Aから、昭和28年7月31日、Lを買い受けた（代金1万6000円程度）。	×
(ｳ)　Bは、昭和34年5月26日に死亡した。	○
(ｴ)　Xら3名は、Bの子である。	○
(ｵ)　Yは、Lにつき昭和40年9月11日付け所有権移転登記（原因昭和39年9月6日相続）を経由している。	○

　上記(ｱ)ないし(ｴ)がXらに各1/5の共有持分権が帰属したことを根拠付ける事実であり[10]、同(ｵ)がYの妨害状態を示す事実である。同(ｱ)は、権利（所有権）の主張であって、事実の主張ではないのであるが、当事者間に争いのないところ（権利自白の成立する時点。本件では、昭和28年7月31日。）まで遡って主張し、その後の所有権の移転原因事実を主張することで足りるとする民事裁判実務に定着した便法によっている。

---

(9)　所有権に基づく妨害排除請求権としての所有権移転登記抹消登記（又は所有権移転登記）請求権を行使する場合の請求原因事実につき、司法研修所・類型別65頁以下を参照。

(10)　相続による権利承継を主張する場合に、他に相続人が存在しないことまで主張しなければならないとする「のみ説」と、自らが相続人であることを示す事実を主張すれば足り、他に相続人が存在することは被告において抗弁として主張すべきであるとする「非のみ説」とがある。この点につき、司法研修所・手引別冊『事実摘示記載例集』（法曹会、2006年）5頁を参照。本文(ｴ)は、「非のみ説」によった。このように摘示すると、請求原因事実レベルでは、Xらが各1/3の共有持分権を取得したことが現れるから、各1/5の移転登記を求めるのは一部請求をしている形になる。

(2)　請求原因事実についてのＹの対応：積極否認か抗弁か
　　──【判旨】2

　Ｙは、請求原因事実(イ)以外の事実をいずれも自白した。そして、Ｙは、(イ)を否認した上で、「本件土地Ｌを買い受けたのは、ＢではなくＤである。」との主張を付加して争った。このように相手方の主張と両立しない事実を積極的に持ち出して相手方の主張を否認することを「積極否認」という[11]。

　このように相手方が積極否認した場合であっても、立証責任の所在に変わりはない。Ｘらが(イ)の事実を立証すべきなのであって、Ｙが自ら主張した積極否認の事実を立証する責任を負うのではない。したがって、Ｙが積極否認の事実を主張しなかった場合であっても、裁判所が証拠調べの結果、積極否認に当たる事実を認定し、Ｘらの主張する(イ)の事実についての証明がないとしてこれを排斥することが弁論主義の第1の規律に反するわけではない。なぜなら、Ｘらが不利益を受けるのは、Ｘらの主張・立証責任に属する(イ)の事実を証明することができなかったからであって、積極否認に当たる事実が認定されたことによるのではないからである[12]。

　ところで、上記のＹの争い方を積極否認として理解すべきであるのは、Ｙの主張が「Ａからの本件土地Ｌの買主がＢかＤかのいずれかである」という前提に立つものであって、Ｘらの主張する請求原因事実(イ)の事実とＹの主張する「Ｌの買主はＤである」との事実が両立しない関係にあるからである。

　しかし、Ｙの争い方は、理論的にそのようなものに限られるわけではなく、「ＢがＡから本件土地Ｌを買い受けたかどうかにかかわらず、ＤがＡから本件土地Ｌを買い受けたのである」という場合もあり得る。後者は、不動産の二重譲渡を前提とする主張であるので、抗弁を構成することになる。

　裁判官であれば、当事者が上記の2つの争い方のいずれを主張しているのかを的確に把握することが必要であるし、当事者又はその訴訟代理人であれば、上記の2つの争い方のいずれを主張すべきであるのか（又は双方を選択的に主張すべきであるのか）を、事案に応じて決する必要がある。臨機応変にこのあ

---

[11]　【判旨】2のとおり、本判決は、この主張を積極否認として位置付けるべきことを明言する。
[12]　最3小判昭和46・6・29判時636号50頁は、本文のように説示する。

たりを見通すことができ、使いこなせるようになると、要件事実論が法律実務家として身に付けておくべき決まりごとの域を超えて、実体法の理屈と連動した法律実務家のための生きた道具であることを実感することができる。

(3) 控訴審判決の事実認定と弁論主義違反の成否——【判旨】3

上記(1)、(2)のとおりの当事者の主張に対し、控訴審が判決の前提にした争いのない事実又は認定した事実は以下のとおりである。

---

① Aは、Lをもと（昭和20年ころ）所有していた。

② Bは、Aから、昭和23年ころ、Lを買い受けた（代金1万6000円程度）。

③-1 Bは、Dとの間で、遅くともBの死亡前に、LをDに対して贈与する旨の契約を締結した。

③-2 ③-1の贈与契約には、Bが死亡した時に効力が生ずる旨の停止期限が付されていた。

③-3 Bは、昭和34年5月26日に死亡した。

④ Dは、昭和39年9月6日に死亡した。

⑤ Yは、④の当時、Dの妻であった。

これらの事実等のうち①及び②は、請求原因事実(ア)及び(イ)と正確に一致するものではない。弁論主義の第1の規律は、当事者の主張した事実と裁判所が証拠によって認定した事実との間に同一性が存することを要することをも包含するものである。そこで、この同一性をどのような判断枠組みによって判定すべきであるかが問題になるが、判例の立場は、「態様や日時の点で多少のくい違いがあっても、社会観念上同一性が認められる限り」、弁論主義違反とはいえないというものである[13]。そして、具体的事案において社会観念上の同一性の有無を決するに当たっての考慮要素としては、一般に、問題とされる事実の性質、訴訟の経過、相手方の防御への影響等が挙げられる[14]。本件では、A・B間における本件土地売買契約の成立時期につき、主張事実と認定事実との間に5年の開きがあるものの、他に紛らわしい事実があってYの防御に支障を来した様子も見受けられないので、社会観念上の同一性ありといってよかろう。

---

(13) 最2小判昭和32・5・10民集11巻5号715頁［42］、最3小判昭和52・5・27金判548号42頁。

(14) 司法研修所・要件事実1巻13頁を参照。

本判決が取り上げたのは、死因贈与契約の成立（すなわち、上記③-1、③-2の各事実）の主張・立証責任の構造上の位置付けの問題である。本判決は、死因贈与契約の成立が請求原因事実(ア)及び(イ)（上記①、②）によってBに帰属した本件土地Lの所有権がDに移転する原因となる事実であるから、**所有権喪失の抗弁**[15]という位置付けになることを明らかにしたものである。

　さらに、これを要件事実の観点から、死因贈与契約につき、贈与契約に贈与者の死亡時に効力が生ずるという付款（停止期限）のついたものと分析すると、③-1の事実が抗弁事実、③-2の事実が再抗弁事実、③-3の事実が再々抗弁事実又は予備的抗弁事実という構造になる[16]。

　以上の分析に従って、主張・立証の構造を整理すると、以下のとおりである。

［抗弁（③-1）］

> (a)　Bは、Dとの間で、遅くともBの死亡前に、LをDに対して贈与する旨の契約を締結した。

［再抗弁（③-2）］

> (カ)　(a)の贈与契約には、Bが死亡した時に効力が生ずる旨の停止期限が付されていた。

［再々抗弁又は予備的抗弁（③-3）］

> (b)　Bは、昭和34年5月26日に死亡した。

　このように分析してみれば、抗弁事実(a)も再抗弁事実(カ)も当事者の主張した事実ではないから、控訴審判決が弁論主義の第1の規律に違反したことは明ら

---

(15)　請求原因事実(ア)、(イ)に着目して、Bに帰属した所有権が他に流出したものと性格付けすると「所有権喪失の抗弁」と命名することになり、請求原因事実全体に着目して、XらがBから所有権を承継取得することが妨げられたものと性格付けすると「所有権不取得の抗弁」と命名することになる。抗弁の性質を直観的に理解することができるという観点からは、前者の方が分かりやすいであろう。

(16)　③-3の事実が③-1の事実によって発生する（生前）贈与の効果を復活させるものでないとみて、③-3の事実を予備的抗弁事実と位置付ける考え方もあり得る。付款の主張・立証責任については、司法研修所・要件事実1巻48頁以下を参照。

かである。

　なお、本件における再々抗弁事実又は予備的抗弁事実(b)は、請求原因事実の一部を成す事実(ウ)でありかつ争いのない事実であるから、Xらとしては再抗弁事実を主張しても意味がないので、抗弁事実が主張されたとしても、これを否認して争うだけで、あえて再抗弁事実を主張することはしないのが通常である。

(4)　本判決の性質——場合判例

　民集は、本判決の判示事項を「不動産の所有権移転経過の認定について弁論主義違反の違法があるとされた事例」としており、事例判例として扱っているようにみえる。

　しかし、本判決は、【判旨】1の結論命題から明らかなように、相続による特定財産の所有権移転の要件事実を明らかにした上、被相続人のした処分行為の事実が抗弁として位置付けられることを判断したものであるから、基本的に法理判例の性質を有する。ただし、本判決が明らかにした法理は、相続による特定財産の所有権移転を主張するという限定された1つの場合における被相続人の処分行為の事実の主張・立証責任の構造上の位置付けを明らかにしたものであるから、**場合判例**として性質付けするのが相当である。

　そして、本判決は、場合判例という性質付けを超えて、後記6にみるように、**弁論主義に違反するかどうか**が**要件事実論による分析を経ないでは決する**ことができないことを明らかにしたものとして、エポックメイキングなものである。

4　差戻後の控訴審判決と弁論主義違反の成否

(1)　差戻後の控訴審判決のした事実認定とその問題

　弁論主義違反として差し戻された控訴審において、Yは、請求原因事実(イ)を否認しつつ、仮定抗弁として、死因贈与——具体的には前記3(3)の「(a)+(カ)+(b)」の事実——を主張した。

　審理の結果、差戻後の控訴審は、「遅くとも昭和33年度に建築資材売買業の事業者名義をBからDに変更する時点において、BはDに対し、本件土地Lを贈与した」旨の認定をし、再度、Xらの請求を棄却した。

　そこで、Xらは、Yが主張したのは死因贈与であって生前贈与ではないか

ら、差戻後の控訴審の認定には弁論主義違反の違法があると主張して、再度、上告した。

しかし、前記3(3)の検討から明らかなとおり、死因贈与は生前贈与と類型を異にする契約ではなく、生前贈与契約に付款（停止期限）がついているにすぎないから、Xらの上告論旨はそれだけでは理由がないことが明らかである。

上告論旨に理由があるといえるためには、差戻後の控訴審の認定した「B・D間で遅くとも昭和33年度に本件土地Lの贈与契約が締結された」という事実が、Yの主張した「B・D間で遅くとも昭和34年5月26日までに本件土地Lの贈与契約が締結された」という事実とは社会観念上同一性がないということができる必要がある。

(2) 再度の上告審判決の判断

再度の上告審判決である最3小判昭和57・4・27判時1046号41頁は、差戻後の控訴審の認定につき、「当事者の主張しないことを認定した違法があるとはいえない」として、上告を棄却した。

主張事実と認定事実との相違の性質と程度（契約締結時期の相違にすぎず、その相違も最大で1年程度のものであること）及び事実審裁判所における当事者の争いの実状（差戻後の控訴審における主要な争点が贈与契約の締結の有無であること）に照らして当然の判断といってよいが、主張事実と認定事実の同一性に関する事例判断として参考になる。

5 控訴審判決といわゆる「a＋b」

前記3(3)のように分析してみると、控訴審が判決の前提とした④（Dの死亡）、⑤（Dの妻Yの相続）の各事実は、Xらの請求に理由があるかどうかを判断するのに必要不可欠ではなく、Bの所有権喪失後の事情にすぎないことが明らかになる。

すなわち、上記④、⑤の各事実は、実体法の観点——現在の本件土地Lの所有者はXらなのかYなのかという観点——からすると、「現在の本件土地Lの所有者はYである」という結論を導くためには必要な事実であるが、訴訟法の観点——Xらの請求に理由があるかどうかという観点——からすると、「Xらの請求を棄却する」という主文を導くためには不要な事実なのである。

すなわち、本件訴訟において抗弁として意味があるのは上記③-1の事実

（B・D間の贈与契約の成立）を要件事実とする主張（防御方法A）のみであって、これに上記④、⑤の各事実（DからYへの相続）を加えた主張（防御方法B）は**本件訴訟の帰趨に影響を及ぼすことがない**。

このような場合に、司法研修所民事裁判教官室は「防御方法Bは、防御方法Aとの間で a＋b の関係に立つ」と表現することにし、現在では人口に膾炙されるようになっている[17]。攻撃防御方法Bが攻撃防御方法Aとの間で a＋b の関係に立つかどうかは、各攻撃防御方法の要件事実をどのように理解するかによって決せられる事柄であるから、実体法の解釈に帰着する問題であり、理解するのに大した困難はない。このように、「a＋b」と「主張自体失当」[18]とは、全く別の（むしろ、全く逆の）問題であることが明らかである。時に混乱がみられるので、初めに正確に理解してしまいたいところである。

6　本判決の意義と位置付け

本判決の【判旨】1ないし3の判断は、主張・立証責任の所在につき、要件事実論による分析を正確に反映させたものである。ほぼ同一の事案において、最2小判昭和25・11・10民集4巻11号551頁（昭和25年判決）は、裁判の基本となる事実の「来歴等」については、裁判所が証拠により当事者の主張と異なる事実を認定することを妨げない[19]と判示して、所有権喪失の抗弁事実を間接事実として扱った原判決の結論を維持した。本判決は、事実の「来歴等」というだけでは主要事実と間接事実とを識別することができないことを明確に意識し、昭和25年判決から30年という時間を経て[20]、その誤りを修正した。本判決は、現在の民事裁判実務の基礎を築いた判例と評価して間違いがない。

---

(17)　「a＋b」につき、司法研修所・要件事実1巻58頁以下及び284頁以下を参照。

(18)　「主張自体失当」につき、田中・法律文書79頁以下を参照。

(19)　この判断が誤っているゆえんの詳細につき、田中・要件事実97〜104頁を参照。

(20)　昭和25年判決と本判決との間に、最3小判昭和41・4・12民集20巻4号548頁［32］がある。昭和41年判決につき、田中・要件事実104〜110頁を参照。

◆ 自白の拘束力

15 債権譲渡の原因行為は間接事実か

最 1 小判昭和41・ 9 ・22民集20巻 7 号1392頁 [67]

【事実】

1　Xは、Yに対し、「Xの父AがYに対し、昭和29年12月24日に10万円を弁済期昭和30年 1 月22日の約で、同月12日に20万円を弁済期同年 2 月10日の約で貸し付けた。Aは、昭和37年 4 月17日に死亡し、XがAの権利義務を相続により承継した。」と主張して、これらの貸金（本件貸金）30万円の返還を求めて訴えを提起した。

2　Yは、A・Y間の本件貸金契約の成立を認めた上で、「AはBから、昭和30年 3 月 5 日、本件建物Hを代金70万円で買い受け、代金の内金20万円を契約時に現金で支払い、内金20万円を 1 週間後払いとした。代金の残金30万円につき、同日、代金決済の方法としてAのYに対する本件貸金債権30万円をBに譲渡した。Yは、この債権譲渡を承認した上、Bに対して有していた債権と相殺した。」と主張して争った。

3　Xは、第 1 審において、AがBから本件建物Hを代金70万円で買い受けた事実を認めたが、AがBに対して本件貸金債権を譲渡した事実を否認した。そして、「仮に本件貸金債権を譲渡したとしても、その後本件建物Hの売買契約は合意解除されたから、本件貸金債権もAに復帰した。」と主張した。

4　第 1 審は、AがBから本件建物Hを代金70万円で買い受けた事実は当事者間に争いがないとして判決の基礎とした上で、証拠によって、AがBに対して本件貸金の借用証書を交付したことなどを根拠に本件貸金債権のBへの譲渡を認定して、Xの請求を棄却した[1]。

5　控訴審に至って、Xは、AがBから本件建物Hを代金70万円で買い受けた事実を認めたのは、真実に反しかつ錯誤に基づくものであるから撤回すると主張した。Yは、この自白の撤回に異議を留めた。なお、Xは、「真実は、A

---

(1)　盛岡地花巻支判昭和39・ 1 ・13民集20巻 7 号1399頁。

がBから40万円の借金を依頼され、その内金20万円を交付した際、本件建物H
を売渡担保としたためにその所有権移転登記を経由したのである。AがBに対
して本件貸金の借用証書を交付したのは、Bに本件貸金債権の取立てを委任し
たからであるが、この取立委任はその後合意解除された。」などと主張した。

　6　控訴審は、上記の自白が真実に反しかつ錯誤に基づくものであることを
認めるに足りないとして、Xによる自白の撤回の主張を排斥した上で、証拠に
よって本件貸金債権のAからBへの譲渡を認定し、控訴を棄却した[(2)]。

　7　Xは、Yの主張する本件建物Hの売買の事実は間接事実にすぎないか
ら、これについての自白は自由に撤回し得るのに、撤回を許さなかった原判決
には、自白に関する法令の解釈を誤り、理由不備の違法があると主張して、上
告した。

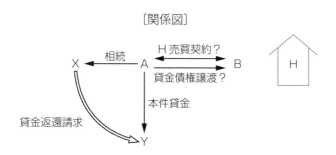

【判旨】
破棄・差戻し。

1　債権譲渡の要件事実
「Yの前記抗弁における主要事実は『債権の譲渡』であって、前記自白にか
かる『本件建物の売買』は、右主要事実認定の資料となりうべき、いわゆる間
接事実にすぎない。」

---

(2)　仙台高判昭和40・2・24民集20巻7号1405頁。

2 間接事実の自白の拘束力

「かかる間接事実についての自白は、裁判所を拘束しないのはもちろん、自白した当事者を拘束するものでもないと解するのが相当である。」

3 控訴審判決の違法

「原審は、前記自白の取消は許されないものと判断し、自白によって、AがBより本件建物を代金70万円で買い受けたという事実を確定し、右事実を資料として前記主要事実を認定したのであって、原判決には、証拠資料たりえないものを事実認定の用に供した違法があり、右違法が原判決に影響を及ぼすことは明らかであるから、論旨はこの点において理由があり、原判決は破棄を免れない。」

【判例の読み方】

1 本判決のポイント

自白とは、口頭弁論又は弁論準備手続における相手方の主張と一致する自己に不利益な事実の陳述をいうとするのが通説であり、判例の立場であるといってよい。

民訴法179条は「裁判所において当事者が自白した事実及び顕著な事実は、証明することを要しない。」として、自白の成立した事実について証明責任を負う当事者が証明の必要から解放される（証明不要効）という側面から規定している。しかし、弁論主義の第2の規律は、自白の成立した事実について裁判所がそれをそのまま判決の基礎としなければならないという裁判所に対する拘束力（裁判所から事実認定権を剥奪するという効果）[3]が発生するところに眼目がある。また、自白をした当事者に対する拘束力も発生し、その後自由に自白を撤回することはできない（不可撤回効）と解されている[4]。

そこで、裁判所に対する拘束力、当事者に対する拘束力という2つの自白の拘束力を認めるべき「事実」とは何かが問題になる。主要事実の自白に2つの

---

(3) 事実審裁判所が当事者のした自白どおりの事実を認定しなければならないという効果ではないので、誤解しないよう注意を要する。

拘束力を認めるべきことには異論がなく、争われるのは、間接事実及び補助事実の自白に拘束力を認めるべきであるかどうかである。

本判決は、【判旨】1、2から明らかなように、結論命題として、間接事実の自白には当事者に対する拘束力もないことを明らかにしたものである。

そこで、まず、間接事実の自白についてのこれまでの判例・学説の議論を整理し、その中における本判決の位置付けをみた上で（後記2）、間接事実の自白と並んで議論される補助事実の自白の問題を検討し（後記3）、最後に、本判決の結論命題自体は平易なものであるが、果たして本判決が本件事案についてした主要事実と間接事実との識別が正しいものであったかどうかを検討することにする（後記4）。

2 間接事実の自白と自白の拘束力

(1) 裁判所に対する拘束力

主要事実とは、実体法の規定する権利の発生・障害・消滅等の法律効果の発生要件に該当する具体的事実をいう。これに対し、間接事実とは、主要事実の存在を経験則を用いて認定するのに役立つ事実をいう。

本判決の10年余り前の最2小判昭和31・5・25民集10巻5号577頁［34］（昭和31年判決）は、間接事実の自白につき、裁判所に対する拘束力を否定した。この事件は、特定の土地の買主が原告であるか被告であるかという争点につき、原告が被告の父から代金の一部に相当する金員を受領したという事実を間接事実と位置付けた[5]上で、上記の判断をしたものである。

昭和31年判決は、そのように解すべき根拠を明確に述べていないが、判決理由中に「事実認定の資料となり得べき、いわゆる間接事実」と判示するところからすると、主要事実を自由心証による認定に任せる以上、公知の事実に反す

---

(4) 判例上自白の撤回が認められるのは、①相手方の同意がある場合（最1小判昭和34・9・17民集13巻11号1372頁［74］、最1小判昭和34・11・19民集13巻12号1500頁［82］）、②刑事上罰すべき他人の行為により自白した場合（最1小判昭和36・10・5民集15巻9号2271頁［105］）、③錯誤に基づく自白の場合（最3小判昭和25・7・11民集4巻7号316頁は、反真実の証明があるときは、自白が錯誤に基づくことが推定されるという。）の3つの場合である。

(5) 本文の事実を間接事実と位置付けることに異論はない。

るとか証拠調べの結果疑いを抱く間接事実につき、当事者のした自白に拘束されて、これを前提にして心証を形成することを裁判所に要求するのは相当でないとの通説の立場[6]に立つものとみて間違いなかろう。

学説には、間接事実の自白につき、限定的に拘束力を認める見解（自白された間接事実から主要事実への推認が別の間接事実の認定により妨げられる場合と自白された間接事実を打ち消すに足りる別の間接事実が認定できる場合を除き、拘束力を認めるという見解）[7]、重要な間接事実に拘束力を認める見解[8]、争点整理の実効性確保のために全面的に拘束力を認める見解[9]等様々なものがあるが、いずれも、学説における大方の賛同を得ておらず、裁判実務に影響を及ぼすに至ってもいない。

限定的肯定説は、裁判所が自白された間接事実がなかったとの心証を形成することができたときは拘束力を認めないというのであるから、そもそも裁判所から事実認定権を剥奪するという意味での拘束力を認める見解であるのかどうかに疑問がある[10]。重要な間接事実説は、重要であるかどうかについて誰もが納得する判定基準がなく、動態としての訴訟の現場で使用に耐えられる道具になり得るかどうかに疑問がある[11]。全面肯定説は、当該事案の真相（実相）を効率的に探求する手段である争点整理の実効性を議論の出発点にしており、本末が転倒した見解ではないかという疑問がある[12]。

(2) 当事者に対する拘束力

論理的には、当事者に対する拘束力は禁反言の法理に根拠があると考えられているから、裁判所に対する拘束力を否定することがストレートに当事者に対

---

(6) 兼子・新修体系248頁、伊藤・民訴349〜350頁を参照。

(7) 高橋・重点講義上493〜494頁を参照。

(8) 中野ほか・新民訴講義288頁［春日偉知郎］を参照。

(9) 山本和彦『民事訴訟法の基本問題』（判例タイムズ社、2002年）167頁を参照。

(10) 伝統的通説の「自白された間接事実を前提として主要事実についての心証形成をするのは無理な注文である」といった説明の仕方に対する批判としては正しい面を有しているものの、限定的肯定説は、単に裁判所の心証形成過程を叙述しているにすぎず、否定説そのものではないかとの疑問を払拭することができない。

(11) 例えば、昭和31年判決が取り上げた「代金の一部に相当する金額の交付」という間接事実についてみても、当該事案における他の間接事実とその証拠の存否及び充実度次第で、事件ごとに重要性の程度は異なる。

する拘束力を否定するとの結論を導くものではない[13]。

　しかし、昭和31年判決によれば、裁判所は、証拠調べの結果を踏まえて最終的に（すなわち、当事者が自白したことを弁論の全趣旨として勘案してもなお）当該間接事実存在の心証を得ることができない場合には、自白された間接事実を主要事実の認定に供することはできないから、自白をした当事者の撤回の自由を否定しても、大きな意味はないといってよい[14]。

　本判決は、【判旨】2に明らかなように、結論を導く根拠を全く説示していないのであるが、**間接事実の自白は裁判所を拘束するものではない**との昭和31年判決の立場を前提として、**間接事実の自白は当事者を拘束するものでもない**との結論を採ることを明らかにした。ここに、「間接事実の自白の拘束力」に関する最高裁判例は確立されたわけである。

3　補助事実の自白と自白の拘束力

(1)　補助事実の意義

　間接事実の自白と並んで議論されるのが、補助事実の自白である。

　補助事実とは、証拠能力又は証明力を明らかにするのに役立つ事実をいう。証拠能力に関するものとして、ある文書が違法な方法で収集されたことを示す事実を、証明力に関するものとして、ある証人が偽証罪で有罪判決を受けたことがあるという証人の属性に関する事実、ある証人と当事者との間の利害関係を示す事実等を挙げることができる。

　自白の拘束力との関係で最も重要な補助事実は、証明力の一部を成す形式的証拠力の問題としての「文書の成立の真正」に係る事実である。ある文書が挙証者の主張する者の意思に基づいて作成されたものである場合、「文書が真正に成立した」という[15]。

---

[12]　間接事実レベルまで争点整理を緻密化・実質化した場合には、そこでされた間接事実の自白は事件の帰趨を決する上で重要なものになる可能性はあるが、あくまでも裁判所の自由心証に影響を及ぼすという範囲のものであろう。全面的肯定説は、裁判所から当該間接事実に関する事実認定権を剥奪することが主要事実についての自由心証を認める基本原理とどのように整合するのかの説明に成功しているのかどうかに疑問がある。

[13]　三ケ月章『判例民事訴訟法』（弘文堂、1974年）246頁を参照。

[14]　川嵜義徳・最判解昭和41年度民事379頁を参照。

本判決を素材として後記4に検討するように、主要事実と間接事実について
は、時にその区別に困難を来すことがあるが、主要事実と補助事実について
は、上記の補助事実の定義に照らして、その区別に困難を来すことはない。し
かし、民事訴訟における最重要の証拠方法が文書であることから、文書の成立
の真正についての自白に拘束力を認めるべきであるかどうかが長く争われてき
た。

(2)　補助事実の自白に関する判例の立場

　最2小判昭和52・4・15民集31巻3号371頁［15］（昭和52年判決）は、文書
の成立の真正についての自白の裁判所に対する拘束力の有無を扱い、これを否
定した。本判決と同様、昭和52年判決は、「書証[16]の成立の真正についての自
白は裁判所を拘束するものではないと解するのが相当である」と結論を述べる
だけであって、そのような結論を採る理由を述べていない。

　最高裁は、裁判所に対する拘束力という観点からすると、間接事実について
の自白と補助事実についての自白とを区別する合理的な理由がないと考えてい
るものと思われる。

　学説には、成立の真正が法律関係の存否の判断に直結すること、証書真否確
認訴訟の対象になること等を挙げて、拘束力を認める見解[17]も存する。

　しかし、ここで検討すべき主要な問題は、主要事実（例えば、A・B間の売
買契約の締結）が争われているのに、その証拠として提出された処分証書（例
えば、A・B間の売買契約書）の成立の真正が自白された場合に、どのように裁
判手続を整序するのが合理的であるかというところにある。

　処分証書とは、意思表示ないし法律行為が記載されている文書をいうから、
その成立の真正（形式的証拠力）が確定されたときは、当該意思表示ないし法

---

(15)　証拠能力と証拠力、形式的証拠力と実質的証拠力につき、田中・事実認定56頁以下を
　　参照。

(16)　民訴法219条は、文書を閲読して、その作成者によって記載された意味内容を証拠資
　　料とするための証拠調べを指して「書証」というが、実務上、証拠調べの対象となる
　　「文書」自体を指して使われることがある。昭和52年判決も、実務上の慣用例によって
　　いる。

(17)　中野ほか・新民訴講義288～289頁［春日偉知郎］、三木浩一ほか編『民事訴訟法』（有
　　斐閣、2013年）233頁［三木浩一］を参照。

律行為がされたこと（実質的証拠力）は動かないことになる。上記の例によって説明すると、売買契約書の成立の真正（補助事実）が自白されたときは、裁判所は、売買契約の締結（主要事実）を認定するしかなく、これに反する認定は経験則違反になる[18]。

　主要事実に争いがあるという争点整理が正確であって、当該主要事実に裁判所の事実認定権が存するのであれば、訴訟手続を整序する方法としては、争いのある主要事実を証明するために提出された証拠の形式的証拠力（補助事実）についても裁判所の事実認定権を認めるというのが合理的である。主要事実と補助事実の本質的性質ないし目的の重要性を逆転させて考え、形式的証拠力についての自白を優先させ、これに裁判所が拘束されることにすると、この自白された事実を前提としてのみ経験則が適用されるということになり、主要事実の認定が裁判所の自由心証にゆだねられているとはいえない事態が生ずることになる[19]。結局、主要事実の認定を裁判所の自由心証にゆだねる以上、**補助事実の認定もまた裁判所の自由心証にゆだねるのが訴訟手続の整序として合理的**であるということになる。

⑶　争点整理手続における補助事実の自白の問題

　補助事実の自白の拘束力如何という問題よりも訴訟手続においてはるかに重要なのは、上記⑵で取り上げた例のように、売買契約の締結（主要事実）が争われているのに、売買契約書の成立の真正（補助事実）が自白されるという**争点整理のあり方の問題**である。昭和52年判決は、代理権の授与が激しく争われていたのに、その証拠である委任状の成立の真正が自白されるという経緯を辿った事案におけるものである[20]。

　争点整理に当たる事実審裁判所としては、文書が証拠として提出されるときに、提出当事者に対してその作成者についての主張を明確にさせるとともに、その相手方当事者に対してその成立につき正確な認否をさせることを心がける

---

[18]　処分証書の意義及びその形式的証拠力と実質的証拠力との関係につき、田中・事実認定55、88頁を参照。

[19]　東條敬・最判解昭和52年度民事166頁を参照。

[20]　昭和52年判決についての詳細な検討は、田中・要件事実124〜135頁を参照。なお、その3年後の最3小判昭和55・4・22判時968号53頁も、処分証書の成立についての不用意な自白が問題になったものである。

必要がある。そして、成立の認否をする当事者としては、文書の成立を争うのかどうか、争うとして文書全体の成立を争うのか、一部（例えば、押印以外の部分）を争うのか、成立については争うことをせず、錯誤や虚偽表示といった抗弁を主張して争うのかなどの点を明確に意識して、正確な認否をすることを心がける必要がある。

　事実審裁判所及び当事者又はその訴訟代理人の争点整理手続における文書（特に処分証書）提出時のおざなりな取扱いがなくなれば、補助事実の自白の拘束力如何という問題が最高裁判例における論点になる事態の大半が消滅すること必定である。

4　主要事実と間接事実との区別についての本判決の正否

(1)　要件事実論による分析

　最後に、本判決の【判旨】1——すなわち、主要事実と間接事実の区別に関する判断部分について——の正否を検討してみよう。

　本件の訴訟物（請求権）は、A・Y間の消費貸借契約に基づく貸金返還請求権であり、その請求原因事実は、以下のとおりである[21]。

　［請求原因事実］

> (ア)　Aは、Yに対し、昭和29年12月24日に10万円を弁済期昭和30年1月22日の約で、同月12日に20万円を弁済期同年2月10日の約で貸し付けた。
> (イ)　昭和30年1月22日と同年2月10日は到来した。
> (ウ)-1　Aは、昭和37年4月17日に死亡した。
> 　　-2　Xは、Aの子である。

　これに対し、【事実】2のとおり、Yは、「Aは、Bに対し、Bから買い受けた本件建物Hの代金70万円のうちの30万円についての決済の方法として、本件貸金債権30万円を譲渡した。」と主張したが、この主張中の「AがBから本件建物Hを代金70万円で買い受けた」という部分が抗弁の主要事実であるのか間接事実にすぎないのかが上告論旨において問題とされた。

　この問題は、債権譲渡とその原因行為との関係をどのように考えるか、すな

---

(21)　貸金返還請求の請求原因事実につき、司法研修所編・類型別26頁以下を参照。

わち債権の帰属の変更行為である準物権行為としての処分行為の独自性を肯定
し、債権譲渡をその原因行為である売買契約や贈与契約から抜き出して債権譲
渡の合意部分のみを主張することができるかどうか、の問題に帰着する。

　準物権行為の債権行為からの独自性を否定する立場に立つと、債権の帰属の
変更の原因となる売買契約、贈与契約等の債権行為を主張・立証する必要があ
り、またそれで足りる。第１審及び控訴審判決は、独自性否定説に立って、Ｙ
の抗弁事実（主要事実）を次のように整理した。

　［抗弁事実］

> (a)　Ａは、Ｂとの間で、昭和30年３月５日、Ｂから本件建物Ｈを代金70万円で買い受け
> る旨の契約を締結した。
> (b)　Ａは、Ｂとの間で、昭和30年３月５日、(a)の代金債務のうち30万円の支払のため又
> は支払に代えて本件貸金債権を譲渡する旨の契約を締結した[22]。

　これに対し、準物権行為の独自性肯定説に立つと、売買契約、贈与契約等の
債権行為の中から債権譲渡の合意部分のみを抜き出して主張・立証することが
できるし、またそうすべきであるということになる。本判決の【判旨】１の判
断は、準物権行為の独自性を肯定する立場に立って、Ｙの抗弁事実（主要事
実）を次のように整理したようである。

　［抗弁事実］

> (c)　Ａは、Ｂに対し、昭和30年３月５日、本件貸金債権を譲渡した。

(2)　主要事実か間接事実かの識別と実体法

　準物権行為の独自性については、これを否定するのが判例・通説の立場であ
るといってよいし、現在の裁判実務も否定説によって運営されているといって
よい[23]。そして、準物権行為の独自性を否定する判例・通説の立場によると、

---

[22]　「売買代金債務中30万円の決済方法として本件貸金債権30万円を譲渡した」とのＹの
　　主張は、必ずしも明快でない。売買代金債務の支払に代える場合（代物弁済に当たる場
　　合）と支払のためである場合（当然には売買代金債務が消滅しない場合）とがあり得る
　　が、ここではその性質如何が直接の問題ではないので、本文の摘示にとどめておく。
[23]　司法研修所・類型別125頁以下、我妻榮『新訂債権総論』（岩波書店、1964年）526頁、
　　最２小判昭和43・８・２民集22巻８号1558頁［79］を参照。

上記(1)の(a)及び(b)のいずれもが抗弁事実となる主要事実であるから、事実(a)の自白は裁判所及び当事者を拘束するという結論になる。

そうすると、本判決の結論命題としての【判旨】2は正しいとしても、その前提を成す【判旨】1は少なくとも判例・通説の立場とは整合しないということになる。

すなわち、1つの具体的事実が主要事実であるのか間接事実にすぎないのかは、実体法の議論そのものであり、これを解明しないでは容易に決することができないことが明らかになる。

5　本判決の意義

本判決は、間接事実の自白は当事者を拘束しないとの法理（結論命題）を宣明したものとして民訴法のどの教科書にも取り上げられている。しかし、この法理部分を記憶するだけでは判例を読む醍醐味を味わうことはできない。どのような事案においてこの法理を宣明したのか、最高裁が間接事実とした事実を間接事実と性質付けすることに問題はないのかといった具合に検討してみると、宣明された法理がひどく脆弱な基礎の上に築かれたものであることに思い至る。

それと同時に、本判決は、主要事実であるか間接事実であるかが自白の拘束力の有無を識別する基準になるという判例・通説の立場に立っても、実際に自白された事実が主要事実であるか間接事実であるかを識別する作業は、それ程容易なものではなく慎重な検討をして初めて決せられることを再認識させる。

また、間接事実及び補助事実の自白に拘束力を認めないとの確定判例の立場による民事訴訟の実際の場面で、間接事実又は補助事実についてであっても、いったん自白しそれを撤回したという訴訟行為は「口頭弁論の全趣旨」を構成し、事実認定の資料になるから、当事者又はその訴訟代理人として望ましいものではないし、事実審裁判所としても争点整理の段階における適切な訴訟指揮（釈明権の行使）が何よりも重要であることを反省させる。

本判決とこれに関連する判決を読むことで、静態としての法理の先に動態としての訴訟の奥深さと面白さとを実感することができる。

◆ 不利益陳述

16 積極否認事実として原告の共有持分権取得原因事実を被告が主張した場合と不利益陳述

最1小判平成9・7・17判時1614号72頁

【事実】

1　Xは、本件建物の所有権及びその敷地である本件土地の賃借権を有するとして、本件建物を占有しその登記名義人であるY_1に対して本件建物の明渡しと所有権移転登記手続を、Xの異母妹であるY_1～Y_4に対して本件建物所有権と本件土地賃借権の各確認を、本件土地の共有者であるY_5～Y_{11}に対して本件土地賃借権の各確認を求めて訴えを提起した。Xは、その請求原因として、「昭和21年ころ、Xは、Y_5～Y_{11}の先代Aから、本件土地を賃借し、本件建物をその地上に建築した。」と主張した。Yらは、これを否認し、「本件土地を賃借して本件建物を建築したのは、XではなくXの亡父Bである。」と主張した。

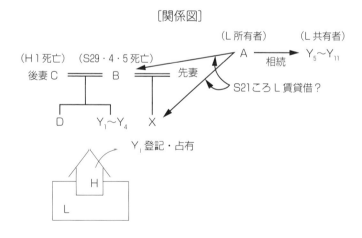

［関係図］

2　第1審はXの請求を認容したが、原審（控訴審）は、①X主張の請求原因事実は認めるに足りず、かえってYら主張の事実が認められるとして、第1

審判決を取り消し、Xの請求をすべて棄却した。他方、原審は、②Bは昭和29年4月5日に死亡したが、Bには妻C（平成元年に死亡）及びX、Y₁～Y₄を含む6人の子があったとの事実を確定[1]した。

3　Xは、原審の認定事実によれば、Xに9分の1の法定相続分があるのに、Xの請求を全部棄却した原判決には審理不尽の違法がある旨を主張して、上告した。

【判旨】

一部（Y₁に対する本件建物の所有権移転登記手続請求、Y₁～Y₄に対する本件建物所有権と本件土地賃借権の各確認請求のうち持分9分の8の限度を超えて各請求を棄却した部分）破棄・差戻し、その余の上告棄却。

1　原審確定の事実によって明らかになるXの権利

「原審の認定するとおり、本件土地を賃借し、本件建物を建築したのがBであるとすれば、本件土地の賃借権及び本件建物の所有権はBの遺産であり、これを右7人〔後妻と6人の子。〕が相続したことになる。そして、Xの法定相続分は9分の1であるから、これと異なる遺産分割がされたなどの事実がない限り、Xは、本件建物の所有権及び本件土地の賃借権の各9分の1の持分を取得したことが明らかである。」

2　不利益陳述についての取扱い

「Xが、本件建物の所有権及び本件土地の賃借権の各9分の1の持分を取得したことを前提として、予備的に右持分の確認等を請求するのであれば、Bが本件土地を賃借し、本件建物を建築したとの事実がその請求原因の一部となり、この事実についてはXが主張立証責任を負担する。本件においては、Xがこの事実を主張せず、かえってYらがこの事実を主張し、Xはこれを争ったの

---

(1)　本最高裁判決は、原審のした事実の確定につき、本文①の事実については「認められるとし」と表現し、同②の事実については「原審の確定したところ」と表現する。このように表現を使い分けるのは、原審が本文①の事実を証拠によって認定したことを、同②の事実を当事者間に争いのない事実として自白により確定したことを示すためのものと理解することができる。

であるが、原審としては、Ｙらのこの主張に基づいて右事実を確定した以上
は、Ｘがこれを自己の利益に援用しなかったとしても、適切に釈明権を行使す
るなどした上でこの事実をしんしゃくし、Ｘの請求の一部を認容すべきである
かどうかについて審理判断すべきものと解するのが相当である。」

3 審理不尽の違法による破棄・差戻し

「原審がこのような措置を執ることなく前記のように判断したことには、審
理不尽の違法があり、この違法が原判決の結論に影響を及ぼすことは明らかで
ある。……したがって、……Ｙらの抗弁等について更に審理を尽くさせるた
め、本件を原審に差し戻すことと……する。」

【判例の読み方】

1 本判決のポイント

弁論主義は、判決の基礎を成す事実の確定に要する資料（事実主張と証拠）
の提出に係る当事者と裁判所との間の役割分担につき、これを当事者の権能で
あり責任とする原理をいい、３つの規律をその内容とする[2]。本判決が取り上
げるのは、そのうちの第１の規律（裁判所は当事者の主張していない主要事実を
判決の基礎とすることが許されないとの規律）の応用問題である。

実際の訴訟では、様々な理由から、**相手方が主張責任を負う要件事実を他方
当事者が主張し、相手方がその主張を援用しないどころか、否認して争うとい
う事態**が生ずる。ところで、弁論主義は上記のとおり当事者と裁判所との間の
役割分担の原理であって、当事者間の役割分担の原理ではないから、主張責任
を負っていない他方当事者が主張した場合であっても、当該要件事実が弁論に
現れたことになり、それが訴訟資料（事実主張）として判決の基礎を構成す
る。この当事者の主張を「相手方の援用しない他方当事者の自己に不利益な事
実の陳述」といい、簡略に「**不利益陳述**」と呼ぶ[3]。また、これを「**主張共通
の原則**」という用語で説明することもある。

不利益陳述は、弁論主義の第１の規律の中身そのものに係る問題であるか

---

(2) 以上につき、14講の【判例の読み方】 2(2)を参照。

ら、原理的には難しいところはないのであるが、当事者の訴訟代理人又は事実審裁判官が自らの関与している訴訟において不利益陳述がされていることに気付かないという事態がしばしば生ずる。これは、要件事実論を用いて当該訴訟の主張・立証の構造を正確に分析することができないまま、訴訟手続が進行し、場合によっては判決にまで至ってしまったことを意味している。このような観点からすると、不利益陳述に係る問題は、理屈の問題というよりも、訴訟の実践に当たる法律実務家の誰もが身に付けておかなければならない民訴法の基礎的心得の問題であるといってよい。

そこで、不利益陳述の問題を取り上げた判例の展開を整理し（後記2）、本件の主張・立証の構造を分析することによって、一口に不利益陳述といわれるものにも2類型があることを理解し（後記3）、訴訟物と不利益陳述（後記4）、不利益陳述と釈明権の行使（後記5）、不利益陳述と証拠による認定の要否（後記6）の各問題を検討することにしよう。

2　判例の展開

ここで、本判決に約30年先立って言い渡された最1小判昭和41・9・8民集20巻7号1314頁［72］と本判決の6年後に言い渡された最3小判平成15・6・10判時1859号16頁を検討しておこう。本判決を含む3つの判決を検討することによって、「不利益陳述」の考え方が最高裁において確立していることをよく理解することができる。

(1)　最1小判昭和41・9・8民集20巻7号1314頁［72］（昭和41年判決）
──占有権原の抗弁事実の不利益陳述

兄（X）と妹（Y）との間で土地の所有権の帰属が争われた事件であり、互いに提起した訴訟の弁論が併合されたことから不利益陳述の問題が生じた。すなわち、Xは、本件土地（L）をもと所有者Bから買い受けた父Aから家督相続した又は時効取得したと主張して、その所有名義人であるYに対し、本件土地の所有権移転登記手続を求めて訴え（第1の訴え）を提起した。Yは、本件

---

(3)　司法研修所・要件事実1巻18頁を参照。不利益陳述の用語は、兼子一「相手方の援用せざる当事者の自己に不利なる陳述」『民事法研究第1巻』（酒井書店、1940年）199頁に発する。

土地をもと所有者BからB買い受けたのはAではなくYであると主張して、本件土地上に存する本件建物（H）の所有者であるXに対し、本件建物を収去しての本件土地の明渡しを求めて訴え（第2の訴え）を提起した。

Yは、第1の訴えにおいて、Xの時効取得の請求原因事実に対し、Xの本件土地の占有はY・X間の使用貸借契約に基づくものであるとの「他主占有」の抗弁[4]を主張した。この「他主占有」の抗弁事実は、第2の訴えにおける「占有権原」の抗弁事実であり、Xがこの主張を援用した場合には、Yの先行自白となるものである。しかし、Xは、この主張を援用すると、第1の訴えの「他主占有」の抗弁事実を自白し自分の首を絞めることになると考え、この主張を否認して争った。

以上の主張の構造を簡略に表示すると、以下のとおりである。

原審は、①YがBから本件土地を買い受けてその所有権を取得した、②YはXに対して本件土地の使用を許したという2つの事実を確定した上、Xの請求を棄却し、本件土地の所有権に基づいてその明渡しを求めるYの請求を認容した。

昭和41年判決は、第2の訴えにおけるYの所有権に基づく返還請求の当否を

---

(4) Yのこの陳述をXの取得時効の請求原因事実に対する積極否認であるとの説明が散見されるが、正確ではない。

(5) 第2の訴えの訴訟物としては、他に使用貸借契約の終了に基づく目的物返還請求権も選択的に提示されたが、本文の簡略ブロック・ダイヤグラムには不利益陳述に直接関係する所有権に基づく返還請求権のみを挙げておく。

判断するにつき、Ｘが占有権原の抗弁を自己の利益に援用しなかったにせよ、この事実を斟酌すべきであるとし、原審は更に使用貸借終了の再抗弁についても審理判断すべきであるとした。この最高裁判決は、上記１の弁論主義についての伝統的な理解に立つものと理解することができる[6]。

(2) 最３小判平成15・6・10判時1859号16頁（平成15年判決）
——請求原因事実である請負代金額の不利益陳述

事案を簡略化して紹介する。請負人Ｘが発注者Ｙに対し、合意した工事代金額を１億円余と主張して残代金の支払を求めた。Ｙは、Ｘの主張する請負代金額を否認した上で、請負代金額を7000万円とする合意が成立した旨主張した。

平成15年判決は、「Ｘの甲工事の請負代金の請求については、その請負代金額は、元来、Ｘの主張立証すべき事項である。しかしながら、Ｘが主張する請負代金額が認められない場合であっても、相手方当事者であるＹにおいて請負代金額について別の合意額を主張しているときは、ＸにおいてＹの同主張事実を自己の利益に援用するか否かにかかわらず、裁判所は、同主張事実の存否を確定した上、Ｘの請負代金の請求の当否を判断すべきである」との判断を示した。

そして、Ｙの主張した請負代金額を7000万円とする合意の成立の有無を判断しないままＸの請求を棄却した原審の判断に判断遺脱の違法があるとした。

3 本判決の意義と位置付け１——昭和41年判決との異同

不利益陳述についての最高裁の立場は、上記２(1)のとおり、既に昭和41年判決によって明らかにされていた。

そこで、第１に、本判決は、これを再確認したという意味を有する[7]。

次に、本判決の意味するところを正確に理解するために、本件訴訟の訴訟物及び主張構造を明確にしておくことにしよう。

本件訴訟においてＸの提示した訴訟物は、本件建物の所有権、本件土地の賃借権並びに本件建物の所有権に基づく返還請求権としての明渡請求権及び妨害

---

(6) 昭和41年判決についての詳しい検討は、田中・要件事実136〜145頁を参照。
(7) 本文のような位置付けゆえに、本判決は民集登載判例とはされず、集民登載判例とされた。

排除請求権としての所有権移転登記請求権である。

本件訴訟の主張構造は、以下のとおりである。

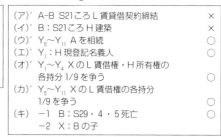

本件の主張構造を上記のように整理してみれば、Xの主張した請求原因事実(ア)、(イ)の積極否認の事実としてYらが陳述した(ア)′、(イ)′の各事実は、本来、Xの主張責任に属する予備的請求原因事実の一部を成すものであることを理解することができる。

昭和41年判決は、弁論の併合された2つの訴えがあり、そのうちの1つの訴えにおける抗弁事実が他の1つの訴えにおける抗弁事実を構成する場合についてのものであり、**不利益陳述をした当事者にとって陳述した事実はもともと主要事実**である。このような場合を「**第1類型**」と呼ぶことにする。

しかし、本判決における不利益陳述は、陳述した当事者にとって積極否認の事実にすぎず、主要事実としてしたのではない。不利益陳述された事実を他方当事者の立場で観察すると、別の請求原因事実を構成する主要事実になるという関係にある。すなわち、**一方当事者が間接事実として陳述した事実が他方当事者にとっては主要事実を構成する**という関係に立つわけである。このような場合を「**第2類型**」[8]と呼ぶことにする。

---

[8] 本文2(2)で検討した平成15年判決も、第2類型に属するものである。

このように分析してみると、本判決は、昭和41年判決の肯認した不利益陳述という考え方を基礎として、更にもう一歩踏み出したものと位置付けることができる。第2類型においては、不利益陳述として判決の基礎とすることが間接事実として陳述した一方当事者にとって不意打ちにならないように、第1類型におけるよりも一層慎重な配慮を要する。

4　本判決の意義と位置付け2──不利益陳述と訴訟物

本判決は、【判旨】2において「予備的に右持分の確認等を請求するのであれば、Bが本件土地を賃借し、本件建物を建築したとの事実がその請求原因の一部とな〔る〕」と説示していて表現がやや紛らわしいが、ここでいう「予備的に……請求する」とは訴訟物を異にする「予備的請求」のことではなく、攻撃方法としての「予備的請求原因事実」のことである。遺産分割前の共有持分が所有権の一部であって、権利の性質を異にするものではないことは、確定した最高裁判例の立場である[9]。

結局、本判決は、不利益陳述は訴訟物が同一の範囲内でのみ問題となるのであって、不利益陳述によって別個の訴訟物が提示されることはないという立場を前提にするものである[10]。

5　本判決の意義と位置付け3──不利益陳述と釈明権の行使

本判決は、【判旨】2において「Xがこれを自己の利益に援用しなかったとしても、適切に釈明権を行使するなどした上でこの事実をしんしゃくし、Xの請求の一部を認容すべきであるかどうかについて審理判断すべきもの」と説示し、裁判官の釈明権の行使のあり方に言及する。

前記3に取り上げた不利益陳述の生ずる場面についての2つの類型を念頭に置いて検討してみることにしよう。

すなわち、第1類型においては、不利益陳述をする当事者は訴訟において自

⑼　本判決の直前に言い渡されたものとして最2小判平成9・3・14判時1600号89頁（40講）がある。他に最3小判昭和30・5・31民集9巻6号793頁［51］、最1小判昭和42・3・23集民86号669頁を参照。

⑽　この点を正面から明らかにしたものとして、最3小判昭和32・12・24民集11巻14号2322頁［127］（9講）を参照。

らが主張責任を負う主要事実（の一部）として当該事実を主張したのであるから、当該訴訟で審理判断の対象となっている全事件の資料として判断の基礎となることを覚悟しているのが通常であるし、覚悟することを要求されておかしくない。現に、前記2(1)のとおり、昭和41年判決のケースにおけるYは、使用貸借契約の締結の主張とともに、使用貸借契約解除の主張をしている。

これに対し、第2類型においては、不利益陳述をする当事者は他方当事者が主張責任を負う主要事実の積極否認のための事実として（すなわち、間接事実として）主張したにすぎない[11]から、他方当事者が主張責任を負う主要事実（の一部）となることを覚悟しているのが通常であるとはいえないし、当然に覚悟すべきであるともいえない。

この点を、本判決の事案に即して具体的に検討してみよう。Yらは、Xの主張する請求原因事実(ア)、(イ)を否認し、その理由として(ア)'、(イ)'の各事実を主張したのであるが、(ア)'、(イ)'の各事実は(キ)-1、(キ)-2の各事実が主張されることによって、XがBから本件建物の所有権及び本件土地の賃借権を相続によって承継したことを根拠付ける別の請求原因事実の一部になる。Xが仮定的にでもYらのこれら積極否認の事実を援用することがあれば、Yらとしては「遺産分割成立」の抗弁を主張するなどの対応をすることになろう[12]。

すなわち、不利益陳述による主張が判決の基礎にされることによって不意打ちによる予期しない危険に曝されるのは、多くの場合、不利益陳述をした当事者であって、当該不利益陳述を援用しない他方当事者ではない。本件についてみれば、Xは、Yらの不利益陳述による主張が判決の基礎に組み込まれることにより、共有持分又は準共有持分9分の1の取得を後に主張することを既判力によって禁止される拘束から逃れることができるという利益を享受する[13]のに対し、Yらは、裁判官による適切な釈明権の行使がないときは、援用されてい

---

(11) 民訴規則79条3項は、「準備書面において相手方の主張する事実を否認する場合には、その理由を記載しなければならない。」と規定する。

(12) Yらは、実際に本件訴訟において「遺産分割成立」の抗弁等を主張して争った。【判例の読み方】3のEを参照。

(13) 原告が共有（準共有）持分が認容されるよりも所有権全部が棄却された方がよいと考える場合が世の中に全くないことはないのかもしれないが、よほど特別な理由がある場合であろう。

ない当該不利益陳述に対して十分な主張・立証をする機会を失うという危険に曝されることになりかねない[14]。

本判決は、【判旨】3において「Yらの抗弁等について更に審理を尽くさせるため、本件を原審に差し戻すことと〔する〕。」と説示するが、これは以上の理をいうものと理解することができる。

6　本判決の意義と位置付け4
──不利益陳述と証拠による認定の要否

本判決は、不利益陳述によって当事者による主張ありとされる主要事実につき、裁判所が証拠調べの結果又は口頭弁論の全趣旨によって認定しなければならないのか、認定を要せず直ちにその事実を判決の基礎にしてよいかどうかという問題に対しては、明確に答えてはいない。後者の見解は、「等価値主張の原則」と呼ばれることがある。

しかし、本判決は、不利益陳述された要件事実である(ｱ)及び(ｲ)の各事実を原審が証拠調べの結果によって認定したことを是認して、【判旨】1のとおり説示している。この点に着目すると、最高裁は、証拠調べの結果又は口頭弁論の全趣旨によって認定しなければならないとする前者の立場[15]を前提にしているものと理解して間違いはなかろう。

7　おわりに

いわゆる不利益陳述は、一般に、弁論主義をめぐる問題の中では理解しづらいとされているようである。本判決は、昭和41年判決以来30年を経ての最高裁判決である。

本判決を読むことにより、不利益陳述が実際の訴訟においてしばしば現れる問題であることを理解することができ、また、理屈の面においても、不利益陳

---

(14)　本判決の藤井正雄裁判官の補足意見も、本文と同様、不利益陳述をしたYらに予期しない不意打ちとなる危険を指摘する。これに対し、援用しない他方当事者であるXに対する不意打ちとなるというものとして、小林秀之編『判例講義民事訴訟法［第3版］』（悠々社、2016年）154頁［小林秀之］がある。

(15)　前者の立場が通説であることにつき、高橋・重点講義上468頁を参照。前者の立場が裁判実務であることにつき、司法研修所・要件事実1巻19頁を参照。

述が弁論主義の領域にとどまらず、既判力の客観的範囲、事実審裁判所の釈明権の行使等に波及する広がりと重要性をもった問題であることを実感することができる。

◆ 釈明権と釈明義務(1)

異なる訴訟物を示唆する釈明権限の有無

最1小判昭和45・6・11民集24巻6号516頁[33]

【事実】

1　Xは、A・Y₁社・その代表者Y₂の3名を被告として、42万0810円の支払を求める訴えを提起した。Xは、その請求原因として、概要、「Xは、従前、Aに農産物包装用木箱類を納入していたY₁社から、Y₁社に代わって納入してほしいとの依頼を受けて、昭和41年4月1日以降6月17日までに、Aとの間で、合計82万4810円相当の木箱類を売り渡す旨の契約を締結した。Y₁社及びその代表者Y₂は、Xに対し、XがY₁社名義でAに商品を納入するかぎり、その代金の支払を連帯して保証する旨約した。82万4810円中40万4000円の支払を受けたが、残額42万0810円が未払いである。」と主張した。

2　第1審は、XとAとの間に直接の契約関係が成立したとは認められず、Xによる木箱類の納入はAのY₁社に対する注文に基づいてY₁社の下請的立場でなされたものであると認定して、Aに対する請求を棄却した。しかし、Y₁社・Y₂に対する請求については、Y₁社・Y₂は、Xに対し、XがY₁社の名でAから代金の支払を受けられることを保証したもので、Xの請求をそのような約束の履行を求める意味に解すれば正当であると判示して、Xの請求をすべて認容した(1)。

3　第1審判決に対してXは控訴せず、Y₁社・Y₂のみが控訴した。控訴審（原審）の第2回口頭弁論調書には、Xの陳述として、「本件取引において、木箱の納入は、Y₁社名義でなし、Xに対する代金の支払義務は、Y₁社において負担する約定であり、Y₂は右債務について連帯保証をした。よって、右約定に基づいて代金の支払を請求する。」との記載がある。

4　控訴審は、Y₁社及びY₂は、Y₁社においてXを下請として使用することにより、Aに対する木箱類の納入を継続するため、代金はY₁社がXに支払い、

---

(1) 千葉地八日市場支判昭和44・3・5民集24巻6号522頁。

Y₂が個人保証をすることによって、Y₁社の名義を用いてAに木箱類を納入する旨の契約を締結し、Xは、Aから注文を受けたY₁社の指示により、木箱類をAに納入したと認定し、Xの請求を認容すべきものとし、Y₁社・Y₂の控訴を棄却した[(2)]。

5　Y₁社・Y₂は、「Xは、第1審では、XとAとの間の農産物包装用木箱の納入契約に基づく代金債務につき、Y₁社・Y₂のした連帯保証契約の存在を主張してその履行を求めていたのに、原審は、Xに、第2回口頭弁論期日において上記のような陳述内容の釈明をさせ、Xの訴訟代理人は『そのとおりである』と陳述したにとどまる。原審は、この釈明に従ってY₁社・Y₂敗訴の判決をしたのであるが、このような釈明権の行使は、著しく公正を欠き、釈明権限の範囲を逸脱したもので違法である。」旨主張して、上告した。

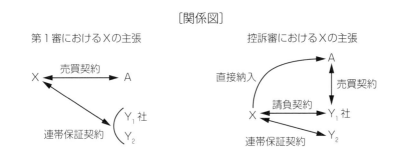

［関係図］

【判旨】

上告棄却。

1　釈明の制度趣旨

「釈明の制度は、弁論主義の形式的な適用による不合理を修正し、訴訟関係を明らかにし、できるだけ事案の真相をきわめることによって、当事者間における紛争の真の解決をはかることを目的として設けられたものである」

---

(2)　東京高判昭和44・10・15民集24巻6号524頁。

2 当事者の申立て及び主張と証拠との間に食違いがある場合の釈明権限

「原告の申立に対応する請求原因として主張された事実関係とこれに基づく法律構成が、それ自体正当ではあるが、証拠資料によって認定される事実関係との間に喰い違いがあって、その請求を認容することができないと判断される場合においても、その訴訟の経過やすでに明らかになった訴訟資料、証拠資料からみて、別個の法律構成に基づく事実関係が主張されるならば、原告の請求を認容することができ、当事者間における紛争の根本的な解決が期待できるにかかわらず、原告においてそのような主張をせず、かつ、そのような主張をしないことが明らかに原告の誤解または不注意と認められるようなときは、その釈明の内容が別個の請求原因にわたる結果となる場合でも、事実審裁判所としては、その権能として、原告に対しその主張の趣旨とするところを釈明することが許されるものと解すべきであり、場合によっては、発問の形式によって具体的な法律構成を示唆してその真意を確めることが適当である場合も存するのである。」

3 原審のした釈明権の行使方法と釈明権行使の範囲を逸脱した違法

「このような第1審以来原審第2回口頭弁論期日までの訴訟の経過に照らすと、右口頭弁論期日におけるXの陳述内容が原裁判所のした所論のような釈明の結果によるものであるとしても、その釈明権の行使は、事実審裁判所のとった態度として相当であるというべきであり、原審に所論釈明権行使の範囲を逸脱した違法はないものといわなければならない。」

【判例の読み方】

1 本判決のポイント

(1) はじめに──釈明権の意義と存在理由

釈明権とは、訴訟関係を明瞭にするため、事実上及び法律上の事項に関し、当事者に対して問いを発し又は立証を促すことのできる裁判所の権能をいう（民訴法149条1項）[3]。

釈明権は、裁判所の有する訴訟指揮権（民訴法148条）の一環を成している

が、職権進行主義の対象である手続形成にかかわる側面よりも、当事者主義（処分権主義及び弁論主義）の対象である実体形成にかかわる側面が強いため、裁判所の有する釈明権と当事者主義との関係が問題になる。

釈明権の存在理由の理解の仕方としては、一方に、当事者又はその訴訟代理人の訴訟行為の欠陥（不適切・不十分）を裁判所が後見的立場から補充・補正するものと考える立場がある[4]。これに対し、民事訴訟の審理判断を職責とする裁判所には、持ち込まれた紛争事案を解明し、当該紛争の一回的解決（真の解決）を図るという本質的責任があり、釈明権はこの責任を十全に果たすために裁判所に付与された権限であると考える立場がある[5]。

前者の立場は、釈明権を当事者主義の補完要素として位置付けるため、釈明権の行使として許容し得る範囲又は釈明義務を肯定すべき範囲につき、当事者又はその訴訟代理人の裁判所に対する「もたれかかり」を助長するかどうかといった点を重視する傾向がある[6]。これに対し、後者の立場は、釈明権を裁判所の審判権に内在する本質的要素として位置付けるため、釈明権限や釈明義務の範囲の問題において、当事者又はその訴訟代理人の訴訟行為における落度の大小といった点を重視すべき考慮要素とは考えないことになる[7]。

(2) 釈明権に係る問題全体の展望

本判決は、釈明権の範囲に係る貴重な判例であるばかりか、釈明権の行使に係る問題全般を考えるための素材を提供するものであって、現在に生きている

---

(3) 民訴法149条 3 項は、一方当事者が裁判長に相手方当事者に対する発問を求めることができるものとしており、一般にこれを「求問権」という。求問権といっても、裁判所に対して権限行使の発動を求めるものである。すなわち、民訴法は、裁判所の当事者に対する発問を「釈明権の行使」と位置付けており、一方当事者が他方当事者に対して直接釈明することを求めるものとはしていない。

(4) 磯村義利「釈明権」民事訴訟法学会編『民事訴訟法講座第 2 巻』（有斐閣、1954年）477頁、上田・民訴338頁を参照。

(5) 竹下守夫・百選［第 2 版］（1982年）169頁、梅本・民訴505頁、田中・要件事実159頁を参照。

(6) 菱田雄郷「釈明義務の範囲」NBL818号（2005年）4、5頁、園田賢治「判批」法政研究73巻 2 号（2006年）359、368頁を参照。

(7) 田中・要件事実159、196～198頁を参照。なお、この点についての詳しい議論は、18講を参照。

判例である。

そこで、本講では、以下の順に釈明権に係る問題を検討することにする。まず、釈明権の行使に係る問題として議論される論点に性質の異なるものがあることを理解した上で（後記2）、本判決の判旨に即して、釈明権の存在理由を確認し（後記3）、釈明権の範囲（釈明権の行使のしすぎが判決の違法を来すか）の問題を検討する（後記4）ことにする。

2 釈明権の行使についての問題の性質分類と釈明権行使の類型論
(1) 釈明権の行使についての問題の性質

釈明権の行使についての問題を大別すると、**民事訴訟の実践の場における当・不当（適切・不適切、賢明・不賢明又は上手・下手）の問題**と、**釈明権の行使・不行使の適法・違法の問題**とがある。これは、釈明権限の範囲と釈明義務の範囲とが異なる（釈明権限の及ぶ範囲の方が広い）と考えることを前提にしている[8]。

そして、釈明権の行使・不行使の適法・違法の問題を細分すると、第1に、釈明権の行使が裁判所の権限の範囲を逸脱した違法ありとされる場合があるか、あるとしてそれはどのような場合であるかの問題と、第2に、釈明権の不行使が裁判所の負う義務に違反するとして違法とされる場合があるか、あるとしてそれはどのような場合であるかの問題、の2つの問題がある[9]。

[参考図]

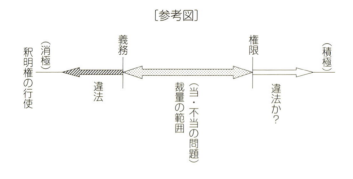

---

(8) 新堂・新民訴495頁、中野ほか・新民訴講義201〜205頁［鈴木正裕］を参照。
(9) 高橋・重点講義上443〜445頁を参照。

以上の問題をチャート化すると、前頁の図のようになる。本書で取り上げる
2つの判例は、それぞれ、大別した後者の問題のうちの第1、第2の問題につ
いてのものである。

(2)　釈明権行使の類型論とその意味

　上記(1)に挙げた諸問題を検討するに当たり、実際に釈明権が行使されるとき
の態様を分類して整理しておくことには、一定程度の有用性がある。伝統的に
は、①不明瞭を正す釈明、②不当を除去する釈明、③訴訟材料補完の釈明、④
訴訟材料新提出の釈明、の4つに分類して整理してきた[10]。この4分類を整理
統合して、消極的釈明と積極的釈明の2つに分類する考え方も有力である[11]
が、釈明権行使の経験のない者がその実際の態様をイメージするための「よす
が」としては、4分類が具体性があって適切であろう。

　このような分類学又は類型論は、それまでの判例の事例を整理することによ
って抽出されたものである。本判決及び18講の判決の検討からも明らかになる
のであるが、これらの分類又は類型のいずれに当たるかを識別することによっ
て、そこで問題にされる釈明権の行使・不行使の適法・違法又は当・不当が決
せられるわけではないことを認識しておく必要がある。そもそも、そこで問題
にされる釈明権の行使・不行使を上記の4類型又は2類型のいずれかの態様に
厳密に分類することができるわけでもない。類型論を用いて議論するに当たっ
ては、その有用性と限界をわきまえておくことが肝要である[12]。

3　本判決の意義と位置付け1──釈明権の存在理由（【判旨】1）

　本判決は、釈明の制度趣旨を【判旨】1のとおり定式化したのであるが、こ
れは、釈明権の存在理由につき、前記1(1)の前者の立場（裁判所が当事者の後
見的立場に立つことを基本に据える立場）に立つものではなく、**後者の立場（裁
判所には事案を解明し紛争の一回的解決を図るという本質的責任があることを基本
に据える立場）**に立つものと理解するのが適切であろう[13]。最高裁判所がこの

---

(10)　磯村・前掲注(4)482頁、奈良次郎「訴訟資料収集に関する裁判所の権限と責任」新堂
　　幸司編集代表『講座民事訴訟4』（弘文堂、1985年）143頁を参照。

(11)　中野貞一郎「弁論主義の動向と釈明権」ジュリ500号（1972年）384頁を参照。

(12)　伊藤・民訴315〜316頁の説明は、類型によって釈明権の行使・不行使の適法・不適法
　　又は当・不当が決せられるとの立場によらないものと理解することができる。

ような立場に立つことは、本判決に先行する最3小判昭和44・6・24民集23巻
7号1156頁［90］が不明瞭を正す釈明についての判断において既に示していた
ところである[14]。

最高裁判所の立場をこのように把握する[15]と、18講で検討する釈明義務を扱
った近年の判例の意味するところをより深く理解することができる。

4 本判決の意義と位置付け2
──釈明権限の及ぶ範囲（【判旨】2、3）
(1) 訴訟物を異にする釈明権行使の適法性

【事実】1によると、Xが訴訟提起時に選択した訴訟物（請求権）は、Aに
対するものが本件木箱類の売買契約に基づく代金支払請求権であり、Y₁社・
Y₂に対するものが同代金債務の保証契約に基づく保証債務履行請求権である。

【事実】3によると、Xは、控訴審裁判所の釈明権の行使を受けて、訴えの
交換的変更をしたが、その結果Xの提示した訴訟物は、Y₁社に対するものが
本件木箱類をAに納入することに係る請負契約に基づく報酬請求権となり、
Y₂に対するものが同報酬債務の保証契約に基づく保証債務履行請求権となっ
た[16]。

本判決の判決文は、「釈明の内容が別個の請求原因にわたる結果となる場合」

---

(13) 本判決は「弁論主義の形式的な適用による不合理を修正し」とも判示するが、これは
裁判所が当事者の後見的立場に立つことをいうのではなく、釈明権行使の客観的機能を
いうものと理解することができる。なお、本判決は「弁論主義」というが、別個の訴訟
物にわたる釈明権の行使について論じているのであるから、正確には弁論主義と処分権
主義とを包含する「当事者主義」を意味している。

(14) 前掲最3小判昭和44・6・24は、「当事者またはその訴訟代理人に対してその主張の
趣旨を釈明したうえ、これに対する当事者双方の主張・立証を尽くさせ、もって事案の
真相をきわめ、当事者の真の紛争を解決することが公正を旨とする民事訴訟制度の目的
にも合する」と判示していた。

(15) 吉井直昭・最判解昭和45年度民事上293頁は、釈明権を十分に行使することが事案に
ふさわしい裁判を適正かつ迅速に行うための前提要件であるとの松田二郎裁判官（本判
決の構成員）の発言を引用しつつ、【判旨】1につき、事実審裁判所の釈明のあり方に
ついて最高裁判所が積極的態度を示すものとして留意すべきであると指摘する。

(16) 【事実】3のとおり、第1審判決に対してXは控訴せず、Y₁社・Y₂のみが控訴したた
め、XのAに対する請求を棄却した第1審判決は確定した。

と表現するが、ここでの「請求原因」は民訴法133条2項2号又は民訴規則53条1項にいう「請求原因」——すなわち、「請求を特定するのに必要な事実」としての請求原因——を指していることが明らかである[17]。

　結局、**本判決は、別異の訴訟物を提示させる結果につながる釈明権の行使につき、事実審裁判所の権能の範囲に属するものとして許されることを明らかにしたものと位置付けることができる。**

　本判決の最大の意義は、別異の訴訟物を提示させなくても当事者は別訴の提起が妨げられるわけではないのであるから、事実審裁判所は形式的公平（形式的中立）を維持しておけばよいといった消極的な考え方を採用せず、現に係属する訴訟において当事者間に存する紛争をできる限り解決するのが事実審裁判所の職責を果たすゆえんであるから、当該訴訟においてそれが可能な状況にあるのであれば、訴訟物の異同にこだわる必要がないとの実質的公平（実質的中立）を前提とする積極的な考え方を採用することを宣明したところにある[18]。

(2)　釈明権行使の適法性と妥当性

　次に、本判決は、①別の法律構成に基づく別異の訴訟物が提示され、それに相応する要件事実の主張がされれば、処分権主義と弁論主義という民事訴訟の基本原理に背馳することなく、証拠と弁論の全趣旨を反映させた結論を導くことができ、その結果、本件紛争の根本的な解決が期待できる、②裁判所による釈明権行使の以前から、Y_1社・Y_2において新訴訟物が提示されその要件事実の主張がされることを予期した訴訟行為をしていて、裁判所による釈明権の行使とその結果としてのXの訴訟行為が不意打ちになっていないといった事情を詳細に説示した上で、**本件における「訴訟材料新提出の釈明」ないし「積極的釈明」が違法でないというにとどまらず、「その釈明権の行使は、事実審裁判所のとった態度として相当であるというべきである」**とした。

　【判旨】3及びこれに先行する判示部分は、事実審裁判所による釈明権行使の適法性（適法・違法）の問題のみならず、妥当性（適切・不適切）の問題をも

---

[17]　訴えが変更されたのであるから、攻撃方法としての請求原因事実に変更を来したことは当然である。請求原因事実がどのように変更されたかの詳細につき、田中・要件事実167〜168頁を参照。

[18]　吉井・前掲注[15]297頁を参照。

扱っている。すなわち、本判決は、本件における釈明権の行使が相当であることを明らかにすることにより、事実審裁判所の裁判官に対して釈明権行使のあり方についてのメッセージを送ったものである[19]。**最高裁判所が判決文中で事実審裁判所の裁判官の行為規範に係る見解を明らかにした一例**であり、最高裁判所における判例創造の諸相をうかがわせるものとして興味深い。

(3) 手渡し釈明の適法性と妥当性

最後に、本判決は、【判旨】3において、控訴審裁判所の具体的示唆に対してＸが「そのとおりである」と陳述したことによって、新訴訟物とその要件事実が弁論に提出されたと仮定しても、そのような釈明権の行使も事実審裁判所の権限の範囲を逸脱するものでないことを明らかにした。実務上、このような態様の釈明権行使を「**手渡し釈明**」と呼ぶが、【判旨】2では「発問の形式によって具体的な法律構成を示唆してその真意を確めること」と表現し、「場合によっては……適当である場合も存する」と述べて、実務の慣行を追認した。

釈明権をいかに円滑かつ効果的に行使するかは、事実審裁判所の裁判官が訴訟指揮の一部として習得すべき必須の技術であり、各裁判官の腕の見せ所である。一般的にいわゆる「手渡し釈明」は許されないなどとして、事実審裁判所の訴訟指揮権における裁量の範囲を制約するのは、適正迅速な訴訟手続の実現の観点から賢明であるとは思われない[20]。本判決の【判旨】3は、そのような趣旨に出るものと理解することができる。

(4) 釈明権の行使のしすぎが判決の違法を招来するか

「公正・中立な裁判官像と矛盾するような釈明権の行使は許されない」というのは、事実審裁判官の行為規範としては正しいものと思われる。しかし、そのような釈明権の行使が実際にされたことを仮定しても、そのような釈明権の行使ゆえにその後に言い渡された判決に違法を来すことがある（そのような釈明権の行使自体が判決破棄の理由になることがある）といえるかどうかは疑問である。

---

(19) 吉井・前掲注(15)295頁を参照。

(20) 当事者の訴訟代理人である弁護士が、担当裁判官による「手渡し釈明」を受けるまでもなく、訴訟資料と証拠資料とを正確に理解した上で、適切な法律構成による事実主張をすべく、日々の研鑽を怠らず実力を養うことが重要であることは、論をまたない。

我が国の民事訴訟が処分権主義と弁論主義とをその内容に含む当事者主義の原則によって運営されている以上、事実審裁判官の釈明権の行使を受けた当事者の訴訟行為がない限り、釈明権の行使が直接に訴訟資料・証拠資料になるわけではないからである。そこで、釈明権の行使を受けて当事者の一方が新たな攻撃防御方法を提出したにもかかわらず、事実審裁判官が相手方当事者にそれに対する攻撃防御方法を提出する機会を与えないといった訴訟指揮をした場合には、判決の違法を招来することもあろうが、それは、釈明権の行使自体に訴訟手続の違法があるのではなく、その後の訴訟指揮権の行使に訴訟手続の違法があるのである。

そうすると、事実審裁判官の釈明権の行使が権限の範囲を逸脱したと評価すべき場合があるとの前提に立つとしても、そのような釈明権の行使の問題がその後にされた判決の違法を構成し、それが破棄の理由になるという事態を想定することは困難であると思われる。

5　おわりに

本判決は、事実審裁判所のした釈明権の行使に権限の範囲を逸脱した違法はないとしたものであって、釈明権の行使に権限の範囲を逸脱したというべき場合があるのかどうか、そのような場合があるとしてそれが判決を破棄する理由になるのかどうかといった問題を解決したものではない。それらの問題は、将来に残されている。

しかし、別個の訴訟物の提出を示唆する釈明権の行使につき、権限の範囲を逸脱したとはいえないことを明らかにしたばかりでなく、さらに事実審裁判所の裁判官の釈明権行使に係る行為規範についても踏み込んで判断したものであって、今日に至る判例の基盤を成す重要な判例である。

本判決は、釈明権の存在理由に遡った理由説示をしており、釈明権行使に係る様々な問題を検討するに当たり、常に立ち戻るべきキーストーンの位置を占める判例といってよい。

Refreshments 6

● 釈明権の行使・手渡し釈明・判決釈明 ●

　裁判所が当事者又はその訴訟代理人に対し、法律論又は事実論について質問し主張・立証を促す訴訟指揮上の行為を「釈明権の行使」という。裁判所は、通常、釈明権の行使に当たって、「これから、原告訴訟代理人に対して釈明権を行使します。」などと一々宣言してするわけではない。法律専門家でない者は、裁判所による釈明権の行使の場面に遭遇したとき、その内容を平易であると感ずるかどうかの違いはあっても、世間で又はビジネスの場面で経験するコミュニケーションが行われていると感ずるであろう。

　円滑かつ効率的に釈明権を行使することができるようになるというのも事実審裁判官の修得すべき重要な能力のひとつである。そして、担当裁判官と当事者又は訴訟代理人の人柄やコミュニケーション能力を反映して、具体的な釈明権の行使の仕方とそれへの対応の仕方は、様々に異なるのが実際である。

　そのような釈明権の行使の仕方のひとつとして、「手渡し釈明」と呼ばれるものがある。本講の判決（最１小判昭和45・6・11）が言及したものである。裁判所において当事者が応答すべき内容を具体的に示唆してするものであり、当事者としては「そのとおりである」と答えれば足りる体のものである。裁判所としては、公平の観点から、一方当事者に対する質問はできるだけ婉曲な形でしたいのであるが、その事件にかけられる時間との兼ね合い等諸般の事情を勘案して、答えを示して質問することもある。

　口頭弁論の終結以前に釈明権の行使をしておかなかった場合、裁判所としては、当事者の必ずしも明瞭とはいえない主張を合理的に解釈し、合理的な解釈によって導かれた主張を当事者によって現に主張されたものとして扱うことになる。このように、判決書の中で当事者の主張の合理的解釈をする作業を指して、一般に「判決釈明」と呼ぶ。

　18講に登場する判決（最大判昭和45・6・24民集24巻6号712頁［28］）は、この判決釈明をした上で合理的な解釈によって導かれた主張に対する判断をしない場合には、判断遺脱の違法を犯すことになるとしたものである。

　事実審裁判官としては、判決釈明をせざるを得ない状況に陥ることのないよう、釈明権の行使をして当事者の主張を明確にした上で、結審を迎えるよう心がけたいものである。

◆ 釈明権と釈明義務(2)

18 主張の補正と証拠の提出に係る釈明義務
最１小判平成17・7・14判時1911号102頁

【事実】
1　Xは、Yに対し、いわゆる常傭の形態で土木工事のために運転手付きで建設重機を貸し出すなどしたとして、未払代金等及びこれに対する訴状送達の日の翌日から支払済みまでの遅延損害金（本件代金等債権）の支払を求めて本件訴えを提起した。

2　第１審は、平成15年11月28日、Yに対し、未払代金等123万6564円及びこれに対する訴状送達の日の翌日である平成12年10月22日から支払済みまで年6分の割合による遅延損害金の支払を命ずる一部認容判決を言い渡した[(1)]。

3　Xが控訴したところ、Yは附帯控訴した。原審（控訴審）において、Yは、「岐阜南税務署の担当職員が平成15年12月3日にXの滞納していた源泉所得税等を徴収するため、第１審判決によってYが支払を命じられたXのYに対する本件代金等債権を差し押さえた。そこで、Yは、担当職員に対し、同月16日、123万6564円及びこれに対する平成12年10月22日から平成15年12月16日まで年6分の割合による遅延損害金23万3761円の合計147万0325円を支払った。」と主張した。

4　そして、Yは、担当職員作成のY宛ての平成15年12月3日付け債権差押通知書（本件債権差押通知書、乙40の1）と同月16日付け領収証書（本件領収証書、乙40の2）とを証拠として提出し、これらの取調べがされた。しかし、本件債権差押通知書には、差押債権として「金1,236,564円に対する平成12年10月22日から支払済みまで年6分の割合による金員」と記載されていた。すなわち、本件代金等の遅延損害金債権は記載されていたものの、元本債権は記載されていなかった。他方、本件領収証書には、担当職員がXに係る差押債権受入金として147万0325円を領収した旨が記載されていた。

―――――――――――――
(1)　岐阜地判平成15・11・8金判1233号20頁。

［関係図］

X

岐阜南税務署の担当職員

平成15・12・3　差押え　＝本件債権差押通知書（乙40の１、遅延損害金債権のみ記載）

平成15・12・16　Yの支払＝本件領収証書（乙40の２、元本債権と遅延損害金債権合計147万0325円を領収の記載）

Y

第１審判決：「Yは、Xに対し、金123万6564円及びこれに対する平成12年10月22日から支払済みまで年６分の割合による金員を支払え。」

5　控訴審（原審）は、本件代金等の額を122万6745円及びこれに対する平成12年10月22日から支払済みまで商事法定利率年６分の割合による遅延損害金であると認定し、Yの上記3の主張につき、Yが担当職員に対して平成15年12月16日に本件代金等の元本である123万6564円及びこれに対する平成12年10月22日から平成15年12月16日まで年６分の割合による金員の合計額である147万0325円を支払ったことは認められるが、担当職員が差し押さえたのは本件代金等債権のうち遅延損害金債権のみであったことが明らかであるから、Yの支払額のうち遅延損害金23万3761円についてのみ弁済の効果が生じ、その余の123万6564円については弁済の効果を主張することはできないと判断した[2]。

6　Yは、本件債権差押通知書によって本件代金等の元本債権と遅延損害金債権の双方に対して差押えがされたものとYの訴訟代理人が速断して誤った主張をしたことは責められるにせよ、原審は担当職員において本件代金等の元本債権と遅延損害金債権の双方を領収したことを認定していて、同元本債権に対する差押えが先行していることは容易に知り得たのであるから、原審にはこの点についての釈明義務違反ないし審理不尽の違法があると主張して、上告受理申立てをした。

(2)　名古屋高判平成16・7・15金判1233号18頁。

第5章 訴訟の審理 201

【判旨】
破棄差戻し。

1 原審におけるYの主張・立証及び原審の差押債権の領収金額に関する認定

「原審において、Yは、第1審判決によってYが支払を命じられたXのYに対する本件代金等債権を、平成15年12月3日に担当職員が差し押さえたと主張し、同日付けの本件債権差押通知書及び同月16日付けの本件領収証書を書証として提出していたことに照らすと、本件債権差押通知書につき、本件代金等債権のすべてが差し押さえられた旨の記載があるものと誤解していたことが明らかである。」

「そして、原審は、Yが、担当職員に対し、本件代金等として123万6564円及びこれに対する平成12年10月22日から平成15年12月16日まで年6分の割合による金員の合計額147万0325円を支払ったことを認定するところ、本件領収証書によれば、担当職員は、Xに係る差押債権受入金として同金額を領収しているものである。」

2 原審の釈明権不行使の違法

「このような事情の下においては、原審は、当然に、Yに対し、本件代金等の元本債権に対する担当職員による差押えについての主張の補正及び立証をするかどうかについて釈明権を行使すべきであったといわなければならない。原審がこのような措置に出ることなく、同差押えの事実を認めることができないとし、Yの同債権に対する弁済の主張を排斥したのは、釈明権の行使を怠った違法があるといわざるを得ず、原審の判断には、判決に影響を及ぼすことが明らかな法令の違反がある。」

【判例の読み方】

1 本判決のポイント──釈明義務違反

本判決が取り扱ったのは、事実審裁判所が釈明権を行使しなかった場合に、その権限不行使が違法とされることがあるのかという問題である[3]。

本判決は、釈明義務に係る諸問題を検討するのに格好の素材を提供するものである。本判決をより深く理解するため、その背景となる釈明義務に係る最高裁判例の展開を概観し（後記2）、しかる後に、以下の順序で本判決を検討することにする。

まず、釈明権を行使すべき事項を本件の主張・立証の構造の中に位置付けること（後記3(1)）によって、本件での問題が釈明権行使の類型論でいう「訴訟材料新提出の釈明」又は「積極的釈明」に当たることを確認した[4]上で、本件において釈明権の不行使が違法とされた必然性につき、我が国における事実審裁判所の釈明権の行使の実際を知ることによって、理解する（後記3(2)）。

次に、本判決の性質と射程範囲を整理する（後記4）。

最後に、事実審裁判所の釈明権不行使に釈明義務違反の違法ありとすべきかどうかの判断要素を、本件事案に即して検討することにする（後記5）。

2　釈明義務に係る最高裁判例の展開
(1)　はじめに

第2次世界大戦後、旧民訴法が施行されてしばらくの間は、当事者主義の考え方が強調され、事実審裁判所のする釈明権の行使に消極的な考え方が支配的であった。最高裁もまた事実審裁判所の釈明権の不行使を違法として判決を破棄することに消極的であったが、17講で取り上げた最1小判昭和45・6・11民集24巻6号516頁［33］が言い渡されたころには、事実審裁判所のする釈明権の行使を積極的に評価する考え方が一般的になり、それに伴って最高裁が事実審裁判所の釈明権の不行使を違法として判決を破棄することも稀ではなくなった[5]。

(2)　主張の不明瞭をただす釈明権の不行使

最3小判昭和44・6・24民集23巻7号1156頁［90］は、民訴法が事実審裁判所に釈明権を付与した趣旨につき、「事案の真相をきわめ、当事者の真の紛争を解決することが公正を旨とする民事訴訟制度の目的にも合するもの」である

---

(3)　17講の【判例の読み方】2(1)に整理した「第2の問題」である。

(4)　釈明権行使の類型論につき、17講の【判例の読み方】2(2)を参照。

(5)　松田二郎「最高裁判所より見た民事裁判(1)」判時600号（1970年）5頁を参照。

との考え方を明らかにし、「主張事実を合理的に解釈するならば正当な主張として構成することができ、当事者の提出した訴訟資料のうちにもこれを裏付けうる資料が存するときは」事実審裁判所に釈明権を行使すべき義務があるとし、「**当事者の主張を不明確のまま直ちに排斥することは、裁判所のなすべき釈明権の行使において違法がある**」とし、原判決を破棄した[6]。

(3) 立証を促す釈明権の不行使[7]

最 2 小判昭和39・6・26民集18巻 5 号954頁［56］は、不法行為に基づく損害賠償請求訴訟において、事実審裁判所がそれまでの証拠調べ等の結果形成した責任論についての心証によって、原告のすべき損害論の立証の要否が決せられるという事案において、「従来の証拠のほかに、さらにあらたな証拠を必要とする場合には、これについて全く証拠方法のないことが明らかであるときを除き、裁判所は当該当事者にこれについての証拠方法の提出を促すことを要するものと解するのが相当であり、このような措置に出ることなく、漫然証拠がないとして請求を棄却することは、釈明権の行使を怠り、審理不尽の違法を犯すものというべきである。」と判示して、**立証についての釈明権の不行使を違法として**原判決を破棄した。

最 1 小判平成 8・2・22判時1559号46頁（平成 8 年判決）は、抵当権に基づく妨害排除請求権を行使して抵当権順位変更登記抹消登記手続が請求された事件において、被告Ｙの提出した抵当権順位変更契約証書（乙第 1 号証）の成立の真正についての立証方法の釈明権の不行使が問題になった。原告Ｘ社は抵当権順位変更契約証書のＸ社代表者名下の印影が代表者の印章によって顕出されたことは認めたものの、代表者の意思に基づいて押印されたことを争った。

第 1 審判決は、2 段の推定の手法[8]によって抵当権順位変更契約証書のＸ社作成名義部分が真正に成立したものと認定し、Ｙの登記保持権原の抗弁を認め、Ｘ社の請求を棄却した。Ｙは、第 1 審においてＸ社代表者の署名についての筆跡鑑定の申出をしたが、第 1 審で勝訴したため控訴審（原審）においてあ

---

(6) 17講の【判例の読み方】3 及び脚注(14)を参照。

(7) ここで取り上げたもの以外に、立証に関する釈明権の不行使を違法としたものとして、最 3 小判昭和31・5・15民集10巻 5 号496頁［28］、最 3 小判昭和58・6・7 判時1084号73頁、最 1 小判昭和61・4・3 判時1198号110頁等がある。

(8) 2 段の推定につき、24講、25講を参照されたい。

らためて筆跡鑑定の申出をしなかった。しかし、Ｙは、控訴審がＸ社作成名義部分の成立に疑問があるとする場合には、Ｙが第１審において筆跡鑑定の申出をした事情を考慮して釈明権の行使に配慮されたい旨を求めていた。

それにもかかわらず、控訴審は、人証等の証拠により、抵当権順位変更契約証書のＸ社作成名義部分が真正に成立したものとは認められないとし、Ｘ社代表者の署名の筆跡について特段の証拠調べをすることなく、第１審判決を取り消してＸの請求を認容する旨の判決をした。

最高裁は、以上のような事情を前提として、「Ｙに対し、改めて筆跡鑑定の申出をするかどうかについて釈明権を行使すべきであった」と判断し、原判決を破棄した。第１審判決は抵当権順位変更契約証書のＸ社作成名義部分の真正についてのＸ社の反証不成功としたから、控訴審が、Ｙに対し、この点の証明の必要性について示唆しない限り、Ｙの側から積極的に証拠方法を提出することは期待できない。**補助事実に関する「訴訟材料新提出の釈明権」の不行使を違法としたもの**であるが、民事訴訟において最重要の証拠である文書の成立についての事実審理の基本的方法論に係るものである。最高裁が事実審裁判所に対し、警鐘を鳴らした判決である[9]。

(4) いわゆる「判決釈明」と口頭弁論期日における釈明権の行使

最大判昭和45・6・24民集24巻6号712頁 [28] は、「原告が、連続した裏書の記載のある手形を所持し、その手形に基づき手形金の請求をしている場合には、当然に、手形法16条1項の適用を求める主張があるものと解すべきである。」と判断した。この最高裁大法廷判決は、約束手形のＹのＡに対する振出交付及びＡのＸに対する裏書譲渡を主張して、ＸがＹに対して約束手形金等の支払を請求した事案において、Ａの裏書を認めるに足りないとしてＸの請求を棄却した原判決を破棄したものである。

この最高裁大法廷判決の法廷意見は、手形法16条1項に規定する「裏書の資格授与的効力」の適用を主張するには、連続した裏書の記載のある手形を所持する事実を主張する必要があること[10]を当然の前提とした上で、「およそ手形上の権利を行使しようとする者は、その所持する手形の裏書の連続が欠けてい

---

(9) 平成8年判決の詳細な検討として、田中・要件事実182〜188頁を参照。

(10) 最2小判昭和41・3・4民集20巻3号406頁 [25]。

るような場合は格別、裏書が連続しているかぎり、その連続する裏書に基づき権利者となっていることを主張するのが当然であって、この場合、立証が必ずしも容易でない実質的権利移転の事実をことさらに主張するものとは、通常考えられない」との立場に立つものである。そして、「これにより、被告がその防禦方法として同法16条１項の推定を覆すに足りる事由を主張立証しなければならない立場におかれるとしても、原告の所持する手形に連続した裏書の記載があることは容易に知りうるところであるから、被告に格別の不意打ち〔を〕与え、その立場を不安定にするおそれがあるものとはいえない」と判示した。

この法廷意見は、事実審裁判所が原告に対して手形法16条１項の規定の適用を主張する趣旨であるかどうかと質問をした場合に、肯定する答えしか期待できないときは、明示にその主張をしていなくても、常に必ず黙示にその主張をしているものとして扱わなければならず、その主張に対する判断をしないと判断遺脱の違法を犯すことになるというに帰着する[11]。

しかし、事実審裁判所は争点を顕在化させた上で双方当事者に主張・立証を尽くさせる使命を負っているから、事実審裁判所の訴訟指揮としては、まず、原告に対して手形法16条１項の規定の適用を主張する趣旨であることを確認し、次に、被告に対し、同項の法律上の権利推定を覆すための主張・立証をする意思があるかどうかを釈明するという手順を経るのが望ましい。すなわち、最高裁大法廷判決の法廷意見は、訴訟行為の合理的解釈をした（実務上、これを「判決釈明」と呼ぶ。）のであるが、事実審裁判所としては、「判決釈明」に頼るよりも現実に釈明権を行使する方が確実で間違いがない。

3　本件の主要な争点と釈明事項

(1)　本件の主要な争点

本件の訴訟物は、ＸがＹに対していわゆる常備の形態で土木工事のために運転手付きで建設重機を貸し出すなどした代金等支払請求権と代金等支払債務の履行遅滞に基づく損害賠償請求権の２つである。

Ｙは、控訴審（原審）において弁済の抗弁を主張し、これが本件の主要な争点となった。ここで注意を要するのは、Ｙのした弁済の抗弁が、(a)国税の徴収

---

(11)　小倉顕・最判解昭和45年度民事上246頁以下を参照。

職員がXの滞納した源泉所得税等を徴収するため国税徴収法に基づいてXの債権を差し押さえて取立権を取得し（同法62条１項・67条１項）、(b)第三債務者であるYがこれに基づいて本件代金等の支払債務を弁済したという主張であって、YからXに対する直接の金員交付ではないことである。

　Yは、主張事実(a)の証拠として本件債権差押通知書（乙40の１）を、主張事実(b)の証拠として本件領収証書（乙40の２）をそれぞれ提出したのであるが、本件債権差押通知書が本件代金等の遅延損害金債権のみの差押通知書であって、元本債権の差押通知書ではなかったため、問題が生じた。

　すなわち、Yの提出した本件領収証書（乙40の２）によって、Yが国税の徴収職員に対して本件代金等の元本債務分の金員を交付したことは認定することができるのであるが、「その金員交付が差押えに基づくものであること」を証明する証拠がないという状況であったのである。

(2)　本件の釈明事項

　事実審裁判所が上記(1)のような主張・立証の状況に直面することは決して稀ではない。ここで、事実審裁判所としてどうすべきであるかを考えてみよう。

　通常の事実審裁判所は、口頭弁論期日において、Yの訴訟代理人に対し、婉曲に「Yに乙40の１の差押通知書とは別のものが送達されていませんか」と問いかけるか、もう少し丁寧かつ直截に「乙40の１は遅延損害金債権の差押通知書なのですが、Yにこれとは別に元本債権についての差押通知書が送達されていませんか」と問いかけることになる。

　これは、釈明権行使の類型論に当てはめてみると、元本債権の差押えに関する主要事実の主張の補正を促し、その点についての新たな証拠方法の提出を促すものであるから、「訴訟材料新提出の釈明」又は「積極的釈明」に分類されるものである。

　このような質問１つで、Yの訴訟代理人は、本件債権差押通知書が本件代金等の元本債権についての差押通知書でもあると誤解していたことに気付き、Y本人又は所轄税務署に対してその点の確認をすることによって、元本債権についての差押えに係る主張を補正し、証拠を提出することになる。**事実審裁判所と両当事者又はその訴訟代理人との間のこのようなコミュニケーションを図る場が口頭弁論期日であるし、このようなコミュニケーションが尽くされて初めて「訴訟が裁判をするのに熟した」（民訴法243条１項）という状態になるので**

ある。

「釈明権の行使」という法律用語は四角張った物々しい雰囲気を醸し出すものであるが、事実審裁判所では、日々、これが「釈明権の行使」であるとか「訴訟材料新提出の釈明」に当たるなどと一々意識することもないほど自然なコミュニケーションないしディスカッションとして行われている。最高裁が、本判決の【判旨】2において、「**原審は、当然に、Yに対し、……主張の補正及び立証をするかどうかについて釈明権を行使すべきであったといわなければならない。**」と強い調子で原審の訴訟指揮を非難するのは、我が国の事実審裁判所に定着している審理の実際と比較して、そこから著しく乖離しているとの認識を端的に示すものである[12]。

4 本判決の性質と射程──【判旨】1、2

(1) 事例判例であること

本判決は、【判旨】1に摘示した事実関係を前提として、原審には本件代金等の元本債権に対する国税の徴収担当職員による差押えについて釈明権を行使すべき義務があったとし、Yにこの点について主張を補正し、証拠を提出する機会を与えないまま弁済の抗弁を排斥した原審の審理の仕方（釈明権の不行使）を違法とした**事例判例**である。

(2) 射 程

本判決の射程は、【判旨】1摘示の事実関係によって画される。すなわち、以下の①から③までの事実によって画される[13]。

---

[12] 本件債権差押通知書が本件代金等の元本債権についての差押通知書でないことに気付いた控訴審（原審）が、Yの訴訟代理人に対して上記のような問いかけをしなかった理由を想像するのは困難である。国税の徴収職員が差押えをしていない本件代金等の元本債権について「差押債権受入金として領収した」と記載した領収証書を発行するといった事態が現実にどの程度に起き得るのかという経験則上の確率計算をしないまま、漠然とそのようなこともあり得ないことではなかろうと考えて思考を停止させたということかもしれない。

[13] 本判決は、被告が本文①の債権差押通知書に代金等債権のすべてが差し押さえられた旨の記載があるものと誤解していたことが明らかであると説示するが、これは本文①と②の事実を併せ考慮することによって当然に（明らかに）導かれる被告の内心の事実であるから、別個の事実として挙げるまでもなかろう。

① 被告の主張する弁済の抗弁は、原告の被告に対する代金等債権を構成する元本債権と遅延損害金債権のすべてが、国税の徴収担当職員によって同一の債権差押通知書によって差し押さえられ、被告はその債権差押通知に基づいて代金等債権のすべてを支払ったというものである。

② 被告は、①の弁済の抗弁を証明する証拠として、1通の債権差押通知書（遅延損害金債権の記載しかないもの）と1通の領収証書（元本債権と遅延損害金債権のすべてを「差押債権受入金として領収した」との記載のあるもの）を書証として提出した。

③ 原審は、被告が、国税の徴収担当職員に対し、①の代金等債権のすべてを支払ったことを認定している。

このように、事例判例である本判決の射程は、極めて狭いものなのである。しかし、前記3(2)に指摘したように、事実審裁判所が本件原審と同様の状況に直面することは決して稀ではない。最高裁は、民事訴訟の事実審裁判所の基本的職責にかかわるものとして深刻に受け止め、平成8年判決からほぼ10年を経て、再度、事実審裁判所の訴訟指揮のあり方に警鐘を鳴らしたものとみるべきであろう。本判決は、判例としての射程の範囲を超えて裨益するところの多い判決である。

5　釈明権の不行使を違法とする判断枠組み

(1)　5つの考慮要素

釈明権の不行使を違法として原判決を破棄すべきかどうかの考慮要素としては、一般に、①事実審裁判所の釈明権の行使によって、判決における勝敗逆転の蓋然性が高いかどうか、②事実審裁判所の法的見解を前提とした場合に、当事者の申立て又は主張が適切であるかどうか、③事実審裁判所が釈明権を行使しなくても、当事者が適切な申立て又は主張をすることが期待できるかどうか、④事実審裁判所の釈明権の行使が当事者間の公平を害しないかどうか、⑤事実審裁判所の釈明権の行使が抜本的・一回的な紛争解決に資し再訴を防止することができるかどうか等が挙げられる[14]。

---

(14)　中野貞一郎「弁論主義の動向と釈明権」『過失の推認（増補版）』（弘文堂、2004年）223〜225頁を参照。

(2) 本件への当てはめ

本件につき、この5つの考慮要素を検討してみよう。

① 原審の釈明権の行使によって、Yの訴訟代理人が本件債権差押通知書についての自らの誤解に気付き、元本債権についての差押通知書を入手する等して、抗弁事実の主張を補正し、証拠を提出した場合に、勝敗が逆転することは明らかである。

② 本件は、弁済の抗弁の要件事実が前記3(1)のとおりであることにつき、原審とYの訴訟代理人との間に見解の相違があったわけではない。この要素は、本件には無関係である。

③ 本件では、Yが弁護士に訴訟代理の委任をしており、原審とYの訴訟代理人とが同一の証拠（本件債権差押通知書と本件領収証書）を前にしているのであるから、原審が釈明権を行使しなくても適切な抗弁事実の主張と証拠の提出を期待することができなかったとはいえない。しかし、本判決が指摘するように、Yの訴訟代理人が本件債権差押通知書の記載内容を誤解していたことが明らかな事案であり、前記3(2)のとおり、原審が口頭弁論においてその誤解を解くのは一挙手一投足の事柄である。

④ ①のとおりに勝敗が逆転することになるのは、Xが国税を滞納していて差押えを受け、Yが第三債務者として弁済をしたことが明らかになった場合であるから、当事者間の実体法レベルにおける公平が害されないことに疑問の余地はない。疑問を差し挟む余地があるとすれば、手続法レベルにおける公平の観点であるが、釈明の結果補正された主張と提出された証拠について争う機会をXに保障することを前提にすれば、手続法レベルにおける公平が害されることもない。

また、この点を要件事実論によって検討すると、Yが弁済の抗弁事実を、前記3(1)のように特定するのではなく、もう少し大まかに「国税の徴収担当職員は、Yに対し、平成15年12月16日以前に、Xの滞納していた源泉所得税等を徴収するため、XのYに対する本件代金等の元本債権及びこれに対する遅延損害金債権を差し押さえる旨の通知書を送達して差し押さえた。」と主張した場合には、国税徴収法54条に基づき、差押調書の交付を受けていたXは、この事実を否認して争うことはできなかった筋合なのである。すなわち、XがYの主張した元本債権の差押えの事実を否認して

争うことができたのは、Yの訴訟代理人の（誤解に基づいて）特定した事実主張のおかげであったのである[15]。

このような相手方当事者又はその訴訟代理人のケアレスミスに基づき、事の真相とは異なって利益を得るという事態は、現実の訴訟においてないことはないのであろうが、そのような事実上の利益を手続法レベルにおける公平の要請から保護すべきものと考えることはできない。

⑤　原審は、本件領収証書を証拠として、Yが国税の徴収担当職員に対して差押えに基づく弁済として元本債務分の金額を交付した事実を認定しているから、Xの滞納した国税債務はその分消滅することになる（国税徴収法67条3項）。そうすると、Yは、弁済の抗弁とは別に、Xに対する不当利得返還債権を自働債権として相殺する旨の意思表示をして相殺の抗弁を主張することができる。Yが本件訴訟の中で相殺権の行使をしない場合には、口頭弁論終結後に相殺権の行使をして請求異議の訴えの事由とすることができるし、Xに対して元本債務を弁済した上で不当利得の返還を求める別訴を提起することもできる。要するに、Xが元本債権の回収という利益と滞納国税債務の消滅という利益の2つの利益をともに手にすることはできない筋合であるから、原審のした判断では、X・Y間の本件代金等の支払をめぐる紛争を抜本的に解決することができず、後に紛争を残すことになる。

(3)　結　論

以上のとおり、本件の事実関係に即して具体的に検討してみると、①、④、⑤の要素において釈明義務違反ありとの方向を指示していることが明らかになる。②の要素は本件では無関係であるから、残るのは、③の要素（Yの訴訟代理人のケアレスミス）をどの程度重視すべきかという問題である。

③の点を重視して、「Yの重過失ともいうべきもの」とし、「当事者の裁判所に対する『もたれかかり』を助長する」として、本判決の採った結論に疑問を

---

[15]　原審の判決文による限り、Yの主張した元本債権の差押えの事実をXが否認して争ったのかどうかすら明らかではなく、否認したと仮定してみても、民訴規則79条3項に規定するように、その理由を明らかにして争ったのかどうかは判然としない。Xが真実争うつもりがなかったのなら、この点は真正の争点ではなかったのであり、原審は独り相撲をとったということになる。

呈する見解もある[16]。

　しかし、釈明権の存在理由を、種々の原因から生ずる主張又は立証上の不明瞭な状態をそのままにして審判することは、当事者主義を基調とする訴訟システムを前提としても、事実審裁判所としての責任を果たすゆえんではないとの考え方に基づくものと把握する筆者の立場[17]からすると、③の要素は事実審裁判所の釈明権の不行使を違法というべきかどうかの判断に際して、大きな地位を占める要素とはいえない。すなわち、事実審裁判所は、①、②、④、⑤の要素に大きいものがある場合には、当事者又はその訴訟代理人の訴訟行為に誤解に基づく不十分さ（③の要素）があるときであっても、そのまま判決をすることは許されず、釈明権を行使しなければならないと考えるのである。

　このような考え方が、本判決の背景にある考え方であり、我が国の事実審裁判官の大方の考え方であるといってよい。

6　おわりに

　本判決は、現行民訴法施行後初めて、釈明権の不行使を違法として原審を破棄した判例である。

　釈明権は事実審裁判所の訴訟指揮権の一部を構成するものであり、裁判官又は法廷弁護士以外の者にはリアリティをもって考えづらい問題であるかもしれないが、本判決の検討を通じて理解できることが幾つかある。

　まず、釈明権行使の態様についての分類学は、釈明権の不行使を違法とすべきかどうか、すなわち、釈明義務違反ありとして原判決を破棄すべきかどうかの問題とは論理的な関連がないことを理解することができる。

　次に、本判決を最高裁判例の展開の中に位置付けてみると、当事者の一方による理由のない利益の二重取りが訴訟上の争点から明らかになっていく、抜本的な紛争解決に至らず、後に紛争を残すことになるのではないかという問題としてみると、前記2(2)でみた前掲最3小判昭和44・6・24の判断の大枠を踏襲するものであることを、また、当事者の一方による誤解や不注意をもって事実

---

(16)　菱田雄郷「釈明義務の範囲」NBL818号（2005年）4、5頁、園田賢治「判例研究」法政研究73巻2号（2006年）359、368頁を参照。

(17)　17講の【判例の読み方】1(1)を参照。

審裁判所の釈明権の不行使を正当化しないという観点からすると、17講で取り上げた前掲最 1 小判昭和45・6・11の判断の延長上にあるものであることを理解することができる。

前記 4 のとおり、本判決は、釈明権の不行使を違法とした事例判例にすぎず、その射程は限られたものであるが、法律実務家の誰もが同様の場面に遭遇し得る事態を扱っているという意味では、その応用範囲は広いものといってよい。

そして、本判決の背後には、事実審裁判所の有する釈明権の本質をどう把握するかの問題が存する。そこで、本判決の評価は、その把握の仕方次第で著しく異なる。論者によって特定の判決の評価が異なるのは当然であるが、その原因がどこにあるかを探索するのも、判例を読む楽しみのひとつである。

Refreshments 7

● 判決主文の「決まり文句」 ●

「型にはまる」というのは、世間一般の方式に従っていて、独創性や新鮮味がないことをいい、ほめ言葉としては使われない。

しかし、武道や芸能に型とよばれるものがあるように、専門的職業（profession）にも様々な場面に型がある。法律実務家が日常的に使用する文章表現にも型——言い換えると「決まり文句」——がある。

金銭の給付訴訟における請求認容判決の主文に使われる「被告は、原告に対し、金1000万円及びこれに対する平成28年 4 月 1 日から支払済みまで年 6 分の割合による金員を支払え。」という表現も、そのような「決まり文句」の 1 つである。

経験豊富な法律実務家は、この文章表現に接しても何の感動も覚えないかもしれない。しかし、ロー・スクールの学生にこの文章表現を教えないで、訴状の「請求の趣旨」や給付訴訟の「判決主文」を起案させると、ほとんどの者がこのような日本語表現をひねり出すことはできない。先達がいかにこのような過不足のない「決まり文句」を案出するのに努力したかがしのばれる。

本講は、被告の訴訟代理人である弁護士が、被告本人の持参した債権差押通知書に差押債権として「金1,236,564円に対する平成12年10月22日から支払済ま

で年6分の割合による金員」と記載してあるのに、「金1,236,564円及びこれに対する平成12年10月22日から支払済まで年6分の割合による金員」と記載してあるものと思い込んだため、「金1,236,564円」と記載してある別の債権差押通知書があることに気付かず、別の債権差押通知書を証拠として提出しなかったという事案におけるものである。弁護士のこのような思い込みが原因になって、釈明義務に関する最高裁判決が生まれた。

　どれだけ経験を積んだ法律実務家であっても、「型」を、「決まり文句」をおろそかにしてはならず、それを踏み外さずに仕事に向かわなければならないことを示している。新鮮であって独創性に富んだ仕事は、「型」を踏まえたその先にある。

第6章　証拠法

◆ 自由心証主義と証明度

19 訴訟上の要証事実の立証と証明度

最 3 小判平成12・7・18判時1724号29頁（長崎原爆症事件）

【事実】

1 長崎に投下された原子爆弾の被爆者であるＸは、原子爆弾被爆者の医療
等に関する法律[1]（以下「法」という。）8 条 1 項の規定に基づき、右半身不全
片麻痺及び頭部外傷が原子爆弾の傷害作用に起因する（以下「放射線起因性」
という。）旨の認定の申請をした。Ｙ（厚生大臣）が同申請を却下する処分（本
件処分）をしたため、Ｘは本件処分の取消しを求めて訴訟を提起した。

[関係図]

Ｘ（原子爆弾被爆者）

放射線起因性の認定申請→Ｙの却下処分
却下処分の取消訴訟提起

Ｙ（厚生大臣）

2 第 1 審は、治癒能力に放射線が影響した可能性は否定できないとして、
放射線起因性を肯定した[2]。また、控訴審は、放射線起因性の証明の程度につ
き、物理的、医学的観点から「高度の蓋然性」の程度にまで証明されなくて
も、被爆者の被爆時の状況、その後の病歴、現症状等を参酌し、被爆者の負傷
又は疾病が原子爆弾の傷害作用に起因することについての「相当程度の蓋然
性」の証明があれば足りると解すべきであると判示した上、Ｘの現症状には放
射線の影響があったと相当程度の蓋然性をもって推認することができるとし
て、控訴を棄却した[3]。

---

(1) 平成 6 年の原子爆弾被爆者に対する援護に関する法律の施行に伴い廃止された。

(2) 長崎地判平成 5・5・26判時1465号66頁。

(3) 福岡高判平成 9・11・7 判タ984号103頁。

第6章 証拠法　217

　3　Yは、控訴審の判断は放射線起因性の証明の程度についての法令の解釈適用を誤ったものであり、本件においては高度の蓋然性の証明がされたとはいえないから、原判決の違法は判決に影響を及ぼすものであると主張して、上告した。

【判旨】
上告棄却。

1　訴訟上の因果関係の立証と証明度
「行政処分の要件として因果関係の存在が必要とされる場合に、その拒否処分の取消訴訟において被処分者がすべき因果関係の立証の程度は、特別の定めがない限り、通常の民事訴訟における場合と異なるものではない。そして、訴訟上の因果関係の立証は、一点の疑義も許されない自然科学的証明ではないが、経験則に照らして全証拠を総合検討し、特定の事実が特定の結果発生を招来した関係を是認し得る高度の蓋然性を証明することであり、その判定は、通常人が疑いを差し挟まない程度に真実性の確信を持ち得るものであることを必要とすると解すべきであるから、法8条1項の認定の要件とされている放射線起因性についても、要証事実につき『相当程度の蓋然性』さえ立証すれば足りるとすることはできない。」
「そうすると、原審の前記判断は、訴訟法上の問題である因果関係の立証の程度につき、実体法の目的等を根拠として右の原則と異なる判断をしたものであるとするなら、法及び民訴法の解釈を誤るものといわざるを得ない。」

2　法8条1項の放射線起因性の実体要件の解釈
「もっとも、実体法が要証事実自体を因果関係の厳格な存在を必要としないものと定めていることがある。……原審の前記判断も、……法8条1項の放射線起因性の要件についても同様の解釈をすべきであるという趣旨に解されないではない。……むしろ、法7条1項は、放射線と負傷又は疾病ないしは治ゆ能力低下との間に通常の因果関係があることを要件として定めたものと解すべきである。」
「そうすると、原審の前記判断は、実体要件に係るものであるとしても、法

の解釈を誤るものといわなければならない。」

3　本件への当てはめ

「前記三1の事実関係〔原審が適法に確定した事実関係を指す。筆者注〕、なかんずく物理的打撃のみでは説明しきれないほどのXの脳損傷の拡大の事実やXに生じた脱毛の事実などを基に考えると、Xの脳損傷は、直接的には原子爆弾の爆風によって飛来したかわらの打撃により生じたものではあるが、原子爆弾の放射線を相当程度浴びたために重篤化し、又は右放射線により治ゆ能力が低下したために重篤化した結果、現に医療を要する状態にある、すなわち放射線起因性があるとの認定を導くことも可能であって、それが経験則上許されないものとまで断ずることはできない。」

「そうであるとするならば、本件において放射線起因性が認められるとする原審の認定判断は、是認し得ないものではないから、原審の訴訟上の立証の程度に関する前記法令違反は、判決の結論に影響を及ぼすことが明らかであるとはいえない。」

【判例の読み方】

1　本判決のポイント

本判決は、**証明度**という民事訴訟の証拠法における基礎的問題を扱ったものであるとともに、**要証事実の証明及び認定**という法律実務家が日々直面する実践的問題を扱ったものである。本判決は、基礎から実践へという二面性を有するものである。

そこで、本判決を正確に理解するために、まず、証明度の意義を押さえた上で（後記2(1)）、判例と学説の展開の中に本判決を位置付け（後記2(2)～(4)）、次に、訴訟法上の問題としての証明度の問題のほかに、実体法上の問題としての証明度の問題があることを検討し（後記3）、最後に、事実審裁判所に対して本判決の発する実践的メッセージを読み解く（後記4）、という順序で検討することにする。

2 証明度の意義と証明度に関する判例の立場の確立──【判旨】1

(1) 自由心証主義の原則と証明度の問題

民訴法247条は、訴訟においてある要証事実を証明されたものとして扱うかどうかが事実審裁判所の自由心証にゆだねられることを規定する。しかし、どの程度に証明されたときに要証事実が証明されたものとして扱うことが許されるかの基準に関する訴訟法上の問題については、明文の規定はなく解釈に任せられている。

一般に、「証明度」とは、この基準、すなわち**要証事実を認定するために最低限必要とされる証明の程度**をいう[4]。

(2) 最2小判昭和50・10・24民集29巻9号1417頁［47］
（ルンバール事件判決）

民事訴訟における証明度につき、最高裁の立場を明らかにしたのは、ルンバール事件判決であり、その判決文は、本判決の【判旨】1とほぼ同じものである。ルンバール事件判決は、不法行為構成の医療過誤訴訟における事実的因果関係という要証事実の証明度につき、**「高度の蓋然性」の証明を要する旨判示**したものであるが、民事裁判の実務は、これを、医療過誤訴訟に限ることなく、また要証事実の如何にかかわらず（すなわち、事実的因果関係の証明度に限ることなく）、広く民事訴訟における事実認定における証明度一般を射程に収めるものとして扱ってきた[5]。

(3) 証明度に関する学説

学説における通説も、ルンバール事件判決と同様、「高度の蓋然性」説を採るといってよい[6]が、他に、「証拠の優越」説（証拠上いずれの側の証拠が優越しているかを基準とする考え方）[7]、「優越的蓋然性」説（証拠の優越よりも高い程

---

[4]　すなわち、ここでは、特定の事件において特定の要証事実について証拠調べの結果事実審裁判所の抱く心証の程度（心証度）という意味では使用しないことにする。「証明度」の2つの意義につき、伊藤滋夫『事実認定の基礎』（有斐閣、1996年）156頁を参照。

[5]　伊藤眞＝加藤新太郎編『[判例から学ぶ] 民事事実認定』（有斐閣、2006年）12頁［伊藤眞］、伊藤・前掲注[4]の155頁を参照。

[6]　三ケ月・民訴381頁、新堂・新民訴569頁、伊藤・民訴340頁を参照。

[7]　石井良三「民事裁判における事実証明」ジュリ150号（1958年）38頁、村上博巳『民事裁判における証明責任』（判例タイムズ社、1980年）8頁を参照。

度を要するが、高度の蓋然性までは必要とせず、より真実らしいという程度で足りるとする考え方)[8]等がある。

また、原則として高度の蓋然性を要するとするものの、証拠が偏在する場合や要証事実の性質上一定程度以上の確実性をもって証明することが困難な場合には、証明度の軽減が許されるとする考え方[9]が提唱されていた。

(4) 本判決の【判旨】1の意義——「高度の蓋然性」説の再確認

ルンバール事件判決は、一般に前記(2)のように理解されていたのであるが、法8条1項の放射線起因性が争われた事件における下級審判決例は、学説における議論の影響を受け、証明度を軽減して考える傾向を示していた[10]。本件控訴審判決も、そのような流れの中に位置付けることができる。

本判決の最大の意義は、最高裁が、ルンバール事件判決から四半世紀を経て、以上のような学説及び下級審判決例の傾向を認識しながら、【判旨】1のとおり、ルンバール事件判決の宣明した証明度に関する「高度の蓋然性」説を堅持することを明らかにしたところにある。

本判決の【判旨】1の判断は、**訴訟上の因果関係に係る証明度についての法理判例**ということになる。民集登載判例とされなかったのは、先例であるルンバール事件判決の判断を確認したものであるという位置付けのものであるからである。

ただし、本件は、証拠が偏在する上、被爆と被害の関係に未解明の部分が多く、放射線起因性について一定程度以上の確実性をもって証明することが困難な場合に当たるといってよい類型の事件（上記(2)に挙げた学説の最後のものが想定する類型の事件）であった[11]のであるが、最高裁は、証明度を軽減することによってこの問題を解決するという方策を採用しないことを明らかにしたのである。ここに、本判決の有する今日的な意味がある。

---

(8) 伊藤眞「証明度をめぐる諸問題」判タ1098号（2002年）4頁を参照。

(9) 徳本鎭『企業の不法行為責任の研究』（一粒社、1974年）130頁、太田勝造『裁判における証明論の基礎』（弘文堂、1982年）214頁、兼子原著・条解508頁［竹下守夫］、加藤新太郎『手続裁量論』（弘文堂、1996年）145頁を参照。

(10) ルンバール事件判決後のものとして、広島地判昭和51・7・27判時823号17頁、広島高判昭和54・5・16判時944号40頁、京都地判平成10・12・11判時1708号71頁がある。

(11) 西田和弘・判評508号（判時1743号〔2001年〕）16頁を参照。

3 実体法の証明度に関する規律と法 8 条 1 項の放射線起因性 ——【判旨】2

ここまで議論してきた証明度の問題は、前記 2 (1)に説明したように「訴訟法上の問題としての証明度の問題」である。実体法自身が、その立法目的実現のためにその要件の厳格な意味での存在を要しない旨を規定することがある。

例えば、原子爆弾被爆者に対する特別措置に関する法律（以下「特措法」という。）[12] 5 条 1 項は、健康管理手当の支給要件として、被爆者の造血機能障害等が「原子爆弾の放射能の影響によるものでないことが明らかでないこと」と規定しているから、放射線と被爆者の造血機能障害等との間に因果関係があることを要件としてはおらず、因果関係がないことが明らかにいえる場合に当たらないことを要件としている。

そして、控訴審判決の【事実】2 の判断が法 8 条 1 項の実体要件の解釈をいうものと読めないこともなかったため、本判決は、【判旨】2 において、法 8 条 1 項の規定が特措法 5 条 1 項と同旨のものであるかどうかを検討して、法 8 条 1 項は「通常の因果関係があることを要件として定めたものと解すべきである」と判断し、控訴審判決をこのような趣旨に出るものと仮定しても、法の解釈を誤るものであることを明らかにした。

本判決の【判旨】2 判断は、**法 8 条 1 項の性質に関する法理判例**である。

実体法が、その立法目的実現という政策的な観点から、厳格な意味での存在を要しない形で要件を規定することができ、現にそのような例があるということになると、訴訟法上の問題としての証明度の問題は、本判決の【判旨】1 によって最終的な決着がつけられたというのが素直な理解というべきであろう。

4 本件への当てはめと事実審裁判所の役割——【判旨】3

前記 2 及び 3 のとおり、放射線起因性について「相当程度の蓋然性」の証明があれば足りるとした控訴審判決は、訴訟法上の証明度をいうものであれ、法 8 条 1 項の実体要件の解釈をいうものであれ、法の解釈を誤るものとされた。

しかし、これは、事実審裁判所において、「高度の蓋然性」説を前提にした場合に、本件の全証拠と弁論の全趣旨によってＸの現症状が放射線に起因する

---

(12) 昭和43年法律第53号。平成 6 年法律第117号により廃止された。

との認定をすることが不可能であるとか、そのような認定が経験則に違反するということを意味するわけではない。もともと、控訴審判決は、物理的、医学的観点からの「高度の蓋然性」がないと判断したのであって、ルンバール事件判決の前提とする「高度の蓋然性」、すなわち「経験則に照らして全証拠を総合検討し、特定の事実が特定の結果発生を招来した関係を是認しうる」という意味における「高度の蓋然性」とは別のものを想定していたと読む余地も存する[13]。

そこで、本判決は、【判旨】3において、控訴審の犯した法令違反が判決の結論に影響を及ぼすものであるかどうかについての判断を示した。本判決の結論は、「本件において放射線起因性が認められるとする原審の認定判断は、是認し得ないものではない」というものである。この判断は、「高度の蓋然性」説を本件事案に当てはめた結果を説示するものであり、**事例判例**の性質を有する[14]。

筆者は、この判断の意味するところを以下のように理解するのが正しいと考えている[15]。

第1に、証明の程度が「高度の蓋然性」に達したかどうかは、「通常人（当時の社会の合理的一般人）」を基準にして決する。すなわち、事実審裁判所の主観的確信が基準になるのではない[16]。

第2に、経験則を活用してする事実に関する心証形成は事実審裁判所の専権に属しており、法律審である最高裁が法律問題として事実認定に介入するのは、(i)経験則からすると、通常人であれば証明ありと考えるのに、証明に達していないとした場合（東京高判昭和48・2・22民集29巻9号1480頁〔ルンバール事件の控訴審判決〕）、又は(ii)経験則からすると、通常人であれば証明ありと考え

---

(13) すなわち、控訴審判決は、「自然科学的観点から、Xの現症状が放射線に起因するのでない可能性を否定することができるか」という問いを設定し、「その可能性を否定することができない」との答えを導いたため、「高度の蓋然性なし」とした可能性がある。田中・事実認定18頁を参照。

(14) 結局、本判決の判断には、法理判例2つ（【判旨】1、2）と事例判例1つが含まれているということになる。

(15) 田中・事実認定の20頁を参照。

(16) 伊藤・前掲注(4)の164頁を参照。

る最低限に達していないのに、証明ありとした場合[17]の２つの場合に限られる。すなわち、最高裁は、訴訟記録によって自ら事実認定をした上で、それと事実審のした事実認定とを比較して正否を決するのではない。

第３に、第２の観点から、放射線起因性を肯定した控訴審判決を検討すると、同判決の放射線起因性に係る事実認定が第２の(ii)に当たるとはいえない。したがって、最高裁としては、同判決のした事実認定に介入することはしない。

5　本判決の意義と位置付け

本判決は、**証拠の偏在や要証事実の性質といった要因を考慮して訴訟法上の証明度を軽減するという考え方を採用しないことを明らかにしたもの**であり、ルンバール事件判決以後四半世紀にわたる学説や下級審判決例の蓄積を前提にしたものであり、この点についての最高裁判例の立場は確立したとみてよい。

もともと「高度の蓋然性」といい「相当程度の蓋然性」といったところで、論者がイメージしている内容が区々である可能性が高く、証明度に関していずれの考え方を採用するのが相当であるかといった抽象的な議論が事実審裁判所のする事実認定の適正さに有効に影響を及ぼし得るのかどうかにつき、疑問を拭うことができない。

むしろ、本判決の最大の眼目は、【判旨】３の判断、すなわち、**控訴審の法令違反が判決の結論に影響を及ぼすことが明らかとはいえないとした点**にある。本判決は、**事実審裁判所に対して、証拠の偏在や要証事実の性質をも十分に斟酌して、不可知論に陥ることなく民事訴訟の事実認定に立ち向かうべき旨のメッセージを発している**のであり、事実審裁判所がこのメッセージを正面から受け止めることが最も重要であると思われる。ルンバール事件判決の控訴審も本件控訴審も、「高度の蓋然性」を充足するものとして設定していた証明の程度は、最高裁が「通常人が疑いを差し挟まない程度に真実性の確信を持ち得るものであることを必要とし、かつ、それで足りる」とした基準を上回ることが明らかなのであるから。

---

[17]　最３小判昭和36・8・8民集15巻7号2005頁［93］を参照。時価と隔絶した代金額による売買契約の成立を認定した控訴審判決を破棄したもの。

そして、経験則の活用やいわゆる事案解明義務[18]等によって対処することが不可能な紛争類型があるとすれば、それらについては実体法の規定として立法上対処することを要するということになる。

---

[18]　22講を参照。

◆ 当事者の証明・裁判官の事実認定(1)

事実的因果関係と概括的認定
最3小判平成9・2・25民集51巻2号502頁[14]

【事実】

1　Aは、昭和51年3月17日から4月14日まで、風邪の症状である発熱と喉の痛みにつき、医師Y₁の経営する医院に通院して治療を受け、その間に顆粒球減少症（本症）を発症させる副作用を有する、薬剤Nを含む多数の薬剤の投与を受けた。Y₁は、Aが4月14日の診察時に発疹を訴えたため薬剤投与を中止し、入院先として医師Y₂の経営する外科病院を紹介した。

2　Aは、昭和51年4月14日、医師Y₂の経営する外科病院に入院してその治療を受けることになった。Y₂は、同日、Aを診察して風疹の可能性が最も高いと考えたが、感染症をも疑い、そのための薬剤Lを筋肉注射した。また、Y₂は、血液検査のために採血したが、その検査結果が出たのはAが同月16日に同病院を強行退院した後であった。

3　Aは、昭和51年4月16日、国立病院を受診したが、本症を発症していて既に手遅れの状態にあり、同月23日に死亡した。

4　Aの相続人であるXらは、Y₁・Y₂を被告として、Aに対する診療について検査義務違反・発症診断の過誤・転送義務違反・説明義務違反等の注意義務違反があったとして、債務不履行又は不法行為に基づき合計5000万円余の損害賠償を請求した。

5　第1審は、Y₁・Y₂の投与した薬剤のみによって本症が発症又は増悪したことの証明がない、Y₁・Y₂においてAが本症に罹患したことを予見するのは困難であって過失はないとして、Xらの請求を棄却した[(1)]。

6　控訴審（原審）は、(i) Y₁・Y₂の投与した多種類の薬剤のうち、Y₁の投与した薬剤Nが本症の唯一の起因剤であると認定した上、(ii) Y₁には昭和51年4月5日の時点で血液検査義務違反があるが、本症の発症時期は同月13日ない

---
(1) 山口地下関支判平成元・2・20判タ902号173頁。

し14日であるから、同検査義務違反と本症発症との間に因果関係はなく、また、(iii)本症発症の副作用を有する多数の薬剤を継続投与していたのに、Aが同月14日に発疹を訴えるまで問診等をしなかった点に経過観察義務違反があるが、Aの本症が急性の激症型に近いものであったことを考慮すると、経過観察義務違反と本症発症との間に因果関係はないと判断して、控訴を棄却した[(2)]。

7　Xらは、薬剤Nが本症の唯一の起因剤であると認定した点、Aの本症が急性の激症型であると認定した点等に経験則違反があり、また、起因剤の特定にこだわって、一連の投薬による本症発症という観点から注意義務違反の有無を検討しなかった点に法令の解釈適用の誤りがあると主張して、上告した。

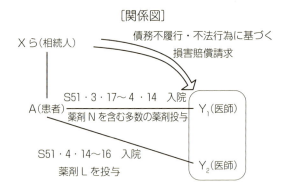

【判旨】
破棄差戻し。

1　訴訟上の証明と本件における証明の成否
(1)　訴訟上の証明と証明度
「訴訟上の立証は、一点の疑義も許されない自然科学的証明ではなく、経験則に照らして全証拠を総合検討し、特定の事実の存在を是認し得る高度の蓋然性を証明することであり、その判定は、通常人が疑いを差し挟まない程度に真実性の確信を持ち得るものであることを必要とし、かつ、それで足りるもので

[(2)]　広島高判平成7・2・22判タ902号154頁。

ある。」

(2) 複数の投与薬剤と本症発症との間の因果関係の認定

「原審の右判断〔【事実】6の(ii)、(iii)の判断を指す。筆者注〕の根拠は、Aの本症が4月10日以後に投与されたNを起因剤として過反応性の中毒性機序により同月13日ないし14日朝に発症したという認定事実にある。」

「しかしながら、本件においては、(1) Y_1が本症の副作用を有する多種の薬剤を約4週間にわたりAに投与してきたこと、(2) 遅くとも4月12日にはAに発疹が生じたこと、(3) 遅くとも同月14日にはAに本症が発症していたことを裏付ける血液検査の結果があること、(4) 本症の発症に伴い発疹を生ずることがあること、(5) Aに投与された薬剤の相互作用によっても本症が発症し得ること、などの原審認定事実によれば、『Aの本症の原因はY_1がAに投与した薬剤のうちの1つであること又はその複数の相互作用であること及びAは遅くとも発疹が生じた4月12日には本症を発症していたこと』が真実の高度の蓋然性をもって証明されたものというべきである（なお、Y_1が本症の副作用を有する多種の薬剤をAに長期間投与してきたという本件においては、右薬剤のうちの1つ又はその複数の相互作用が本症発症の原因であったという程度の事実を前提としてY_1・Y_2の注意義務違反の有無を判断することも、通常は可能であり、常に起因剤を厳密に特定する必要があるものではない）。」

2 起因剤及び発症日の認定と経験則違反の有無

「本件鑑定は、Aの病状のすべてを合理的に説明し得ているものではなく、経験科学に属する医学の分野における1つの仮説を述べたにとどまり、医学研究の見地からはともかく、訴訟上の証明の見地からみれば起因剤及び発症日を認定する際の決定的な証拠資料ということはできない。そうすると、本件鑑定のみに依拠して、Nが唯一単独の起因剤であり、Aの本症発症日を4月13日から14日朝とした原審認定は、経験則に違反したものというべきである。」

【判例の読み方】

1 本判決のポイント

本判決の民訴法の解釈適用に係る判断のうち、民集の判決要旨として取り上

げられたのは、顆粒球減少症（本症）発症の唯一の起因剤を薬剤Nとし、本症発症日を昭和51年4月13日から14日朝とした事実認定に経験則違反の違法があるとした【判旨】2の判断部分である。

　本書は、原則として、最高裁判決の判断のうち判例集の判決要旨として抽出された点を取り上げてその読み方を検討しているが、本判決については、主に、【判旨】2の判断の基礎をなしている【判旨】1（中でも、(2)の部分）を取り上げて検討することにする。それが、いわゆる「概括的認定」の問題である。

　以下、事実認定における概括的認定という問題の性質と位置付けを理解した上で（後記2）、本判決より30年以上も前に議論されていた過失という規範的要件と概括的認定の問題を検討し（後記3）、本判決の取り上げた事実的因果関係という事実的要件と概括的認定の問題を検討することにする（後記4）。

Refreshments 8

● 認定と判断 ●

　最高裁判決を読み解く基本の1つは、最高裁判決の言葉づかいのルールを身に付けることである。

　基本中の基本ともいうべきものが、「認定」と「判断」との使い分けである。最高裁は、「認定」という用語を使う場合は「事実認定」を意味するものとして、「判断」という用語を使う場合は「法律判断」（すなわち、法令の解釈又は適用についての判断）を意味するものとして用いる。

　本講で取り上げた最3小判平成9・2・25は、「本件鑑定のみに依拠して、Nが唯一単独の起因剤であり、Aの本症発症日を4月13日から14日朝とした原審**認定**は、経験則に違反したものというべきである。」と説示する。この「原審認定」の代わりに「原審判断」という言い回しはしない。

　19講で取り上げた最3小判平成12・7・18判時1724号29頁（長崎原爆症事件）は、「原審の前記**判断**は、訴訟法上の問題である因果関係の立証の程度につき、実体法の目的等を根拠として右の原則と異なる**判断**をしたものであるとするなら、法及び民訴法の解釈を誤るものといわざるを得ない。」と説示する。これらの「判断」の代わりに「認定」という用語を使用することはない。

第6章 証拠法 229

　このような言葉づかいのルールの延長線上に、例えば、「推認」という用語がある。22講で取り上げる最1小判平成4・10・29民集46巻7号1174頁〔19〕は、「被告行政庁が右主張、立証を尽くさない場合には、被告行政庁がした右判断に不合理な点があることが事実上**推認される**ものというべきである。」と説示する。「推認」とは、間接事実に経験則を適用して主要事実を認定するという事実認定のプロセスを指していう用語であるから、このことを理解していさえすれば、ここで最高裁が主題にしているのは、法律判断ではなく事実認定についてであることをごく自然に理解することができる。

　ほかにも、最高裁は、「原審の適法に**確定**したところによれば」という言い回しを多用するが、何故、「原審の適法に**認定**したところによれば」という言い回しを使わないのであろうか。このあたりの理由を正確に理解していれば、最高裁判決を読むときだけでなく、自らの法律文書の作成にも生かすことが可能になり、論理的に構成された読みやすい法律文書を無理なく起案することができるようになる。

2　概括的認定という問題の性質と位置付け

⑴　弁論主義と概括的認定

　概括的認定（又はその一部である選択的認定）という問題につき、一般に、その正確な意味・内容の理論的な検討が十分にされているとはいえない状況にある[3]。そこで、ここでは、概括的認定の問題を弁論主義との関係において把握する筆者の理解を提示した上で、本判決の検討を進めることにする。

　弁論主義の第1の規律は、裁判所は当事者の主張しない「事実」を判決の基礎としてはならないというものであるところ、当事者の主張を要する事実とは、当事者の欲する法律効果の発生・消滅等を直接根拠付ける「主要事実」を指すというのが判例・通説の一致して説くところである[4]。

　そして、主要事実とは実体法が類型的に規定する法律効果の発生・消滅等の要件に該当する具体的事実をいうところ、民事訴訟において、当事者が主要事

⑶　2000年に補訂アリ伊藤滋夫『事実認定の基礎［補訂］』（有斐閣、2000年）223頁、垣内秀介「概括的・択一的認定」伊藤眞＝加藤新太郎編『［判例から学ぶ］民事事実認定』（有斐閣、2006年）67頁を参照。

⑷　弁論主義の第1の規律につき、14講【判例の読み方】2⑵を参照。

実を主張・立証し、又は裁判所が主要事実を認定するときに、どの程度まで詳細・精密に具体化することを要するかという問題が生ずる。**概括的認定の問題は、裁判所のする主要事実の認定に関する具体化の程度の問題であり、裏からいうと、主要事実の認定をどの程度まで抽象化することが許されるかという問題である。**

これを民事訴訟の実際という観点からみてみると、主要事実に争いがある場合には、当該主要事実は、当事者にとって主張・立証をする焦点であり、裁判所にとって心証を形成し、事実を認定する焦点であるから、できる限り詳細・精密に具体化されるのが望ましいということができる。

ところが、現実の民事訴訟は、過去に生起した事実関係を前提にして現在の紛争の解決を目指してされるものであるところ、各当事者と証拠との距離（証拠を入手する困難さの程度）、その時々の状況を把握する客観的能力の格差等様々な制約の中で遂行されるものであるため、往々にして、当事者が主要事実を詳細・精密に具体化して主張・立証することができず、また、裁判所が主要事実を詳細・精密に具体化して認定することができないという事態が生ずる。

このような場合に、現実の社会における紛争を適正・迅速に解決することを制度目的とする民事訴訟として、どの程度まで抽象化された主要事実の認定をもって許容することとするか（判決の正当性を有するものとの社会的理解が得られるか）の問題が、概括的認定の問題の本質であると理解することができる。

(2) 証明度と概括的認定──【判旨】1

上記(1)のとおり、概括的認定の問題の本質は弁論主義の第1の規律を実際の民事訴訟においてどのように実現するかというところにあるのであるが、事実認定の問題の一部をなしており、要証事実を認定するために最低限必要とされる証明の程度という意味での証明度の問題[5]とも密接に関連する。

すなわち、最2小判昭和50・10・24民集29巻9号1417頁［47］（ルンバール事件判決）は、医療過誤訴訟における事実的因果関係の証明度につき、高度の蓋然性の証明を要するとの立場を採用することを明らかにしたのであるが、民事裁判の実務は、これを訴訟類型や要証事実の如何にかかわらず、広く民事訴訟における証明度一般を射程に収めるものとして扱ってきた[6]。本判決は、【判

---

(5) 証明度につき、19講を参照。

旨】1(1)において、「訴訟上の立証は、……特定の事実の存在を是認し得る高度の蓋然性を証明することであり、その判定は、通常人が疑いを差し挟まない程度に真実性の確信を持ち得るものであることを必要とし、かつ、それで足りる」と説示し、主語を「訴訟上の立証」と一般化することによって、以上のような民事裁判の実務を追認することを明らかにした。【判旨】1(1)は、**法理判例**であることが明らかであるが、ルンバール事件判決及び19講で扱った長崎原爆症事件判決の判断を再確認したものと位置付けることができるので、民集の判決要旨として抽出されていない。

　本判決が証明度についての確定判例の立場を原判決破棄理由の冒頭に再掲したのは、**主要事実についての概括的認定が許されるための要件として、「通常人が疑いを差し挟まない程度に真実性の確信を持ち得るものであること」が必要である**との立場に立っていることを明らかにする趣旨に出るものであると理解することができる。これを裏から説明すると、このような心証形成に困難を来すような事実の集合については、概括的認定が許されないということになる。

(3)　規範的要件又は事実的要件と概括的認定

　実体法が過失、正当理由といった規範的評価の成立を所定の法律効果の発生要件として規定している場合、一般に、これらの要件を「**規範的要件**」と呼ぶ[7]。これに対し、実体法が証拠によって直接に証明することのできる類型的な事実を所定の法律効果の発生要件として規定している場合、一般に、これらの要件を「**事実的要件**」と呼ぶ。規範的要件であるか事実的要件であるかの識別が常に容易であるわけではない[8]が、実体法の規定する要件に性質の異なるものが存することを理解しておくと、様々な場面で役に立つ。

　そして、**現在の民事訴訟の実務は、規範的要件の主要事実は規範的評価の成立を根拠付ける具体的事実（評価根拠事実）であるとする考え方**によって運営されている[9]ところ、最高裁判例において概括的認定の問題が最初に議論され

---

(6)　前掲最3小判平成12・7・18（長崎原爆症事件判決）は、行政訴訟におけるものであるが、要証事実は「放射線起因性」という事実的因果関係の存否であった。

(7)　規範的要件につき、司法研修所・要件事実1巻30頁以下を参照。

(8)　伊藤滋夫『要件事実の基礎［新版］』（有斐閣、2015年）285〜290頁を参照。

(9)　司法研修所・要件事実1巻32〜33頁を参照。

たのは、規範的要件の典型というべき「過失」の評価根拠事実の認定について
であった。

　概括的認定の問題の本質を上記(1)、(2)のように把握するのであれば、規範的
要件であるか事実的要件であるかを問わず問題になり得るのであるが、ここで
は、まず、本判決に先行する過失の評価根拠事実の概括的認定について検討す
ることにする。

3　規範的要件（過失）と概括的認定
(1)　最3小判昭和39・7・28民集18巻6号1241頁［72］

　最3小判昭和39・7・28（昭和39年判決）は、無痛分娩のため脊髄硬膜外麻
酔注射を受けたところ脊髄硬膜外膿瘍及び圧迫性脊髄炎に罹患し病状全治の見
込みが立たないとして、患者が医師を被告として、不法行為に基づく損害賠償
を請求した事件である。

　昭和39年判決の原判決は、脊髄硬膜外膿瘍等の罹患がブドウ状球菌の体内へ
の侵入によるものと認定し、その侵入経路として、(i)注射器具、施術者の手
指、患者の注射部位等の消毒の不完全（消毒後の汚染を含む）、(ii)注射液の不良
ないし汚染、(iii)空気中に存在するブドウ状球菌が注射の際にたまたま付着し侵
入する、(iv)患者自身が保菌していて抵抗力が弱まった際に血行によって注射部
位に運ばれるの4つが考えられるとしてこれら4つの経路を検討し、本件にお
いては、(ii)(iii)(iv)を疑わせる証拠はないとし、(i)の経路によって患者が罹患した
ものと認定した上、医師である被告の過失につき、麻酔注射に際し、注射器
具、施術者の手指又は患者の注射部位等の消毒の不完全（消毒後の汚染を含む）
のいずれかがあったと推認するのが相当であるとし、このような不完全な状態
で注射をしたのは過失であると判断した。

　昭和39年判決は、原判決には具体的にどの点に消毒不完全があり、医師とし
ての注意義務にどのように反するかを明示していない違法があるとの上告理由
に対し、「これらの消毒の不完全は、いずれも、診療行為である麻酔注射にさ
いしての過失とするに足るものであり、かつ、医師の診療行為としての特殊性
にかんがみれば、具体的にそのいずれの消毒が不完全であったかを確定しなく
ても、過失の認定事実として不完全とはいえない」[10]と判断して、上告を棄却
した。

第6章　証拠法　**233**

　昭和39年判決は、医師の過失という評価を根拠付ける主要事実として「注射器具の消毒の不完全」、「施術者の手指の消毒の不完全」、「患者の注射部位の消毒の不完全」を挙げることができるとした上、これらに共通する性質を抽象した評価根拠事実として「麻酔注射をするに際しての消毒の不完全」というものを想定することができ、麻酔注射の実施という治療行為を前提とする限り、具体的にこれらのいずれについて消毒が不完全であったかを確定しなくても、「麻酔注射をするに際しての消毒の不完全」という概括的な評価根拠事実の心証を無理なく形成することができるとの立場に立つものと理解することができる。

(2)　過失の「一応の推定」又は証明度の軽減という考え方と
昭和39年判決

　過失の「一応の推定」とは、加害者の過失という主観的要件を被害者側が立証することの困難さに着目して、立証の負担を軽減する考え方をいうところ、理論的な説明の仕方が必ずしも一致しているわけではない[11]が、差し当たり、「蓋然性の高い経験則を基礎にして、いきなり『過失』という規範的評価の成立を認めるという判断手法をいう」との説明[12]を前提にすることにする。

　そこで、昭和39年判決がこのような過失の「一応の推定」の考え方を採用したものであるかどうかが問題になるが、そのように理解するのは判決の読み方としては正確なものであるとはいえない。なぜなら、第1に、昭和39年判決は、「麻酔注射を受けた後に患者がブドウ状球菌の繁殖による膜外膿瘍等に罹患した場合には、特段の事情がない限り、注射をした医師に当然払うべき注意を怠った過失がある」という蓋然性の高い（例外の少ない）経験則があるという前提に立って判断してはいないし、そもそもそのような経験則があるかどうかを検討した形跡もない。第2に、上記(1)のとおり、昭和39年判決は、原判決が「麻酔注射をするに際しての消毒の不完全」という過失の評価根拠事実を認定していることを前提として、「具体的にそのいずれの消毒が不完全であった

---

　(10)　ここで、昭和39年判決は、最2小判昭和32・5・10民集11巻5号715頁［42］を引用する。

　(11)　長谷部・民訴236頁を参照。

　(12)　中野貞一郎『過失の推認［増補版、オンデマンド版］』（弘文堂、2004年）2頁、新堂・新民訴617頁を参照。

かを確定しなくても、**過失の認定事実として不完全とはいえない**」と明示した
上で、原判決のした過失ありとの判断を正当としたものであるからである。

　すなわち、昭和39年判決は、「過失の評価根拠事実の認定」→「過失の有無
という法律判断」という過程を辿っているのであって、「蓋然性の高い経験則
の確定」→「過失の有無という法律判断」という手法を採用したものではない
のである。結局のところ、前記２(1)のとおりの民事訴訟の制度目的の実現とい
う観点からすると、当該事件の性質と内容とに照らし、過失の評価根拠事実と
いう主要事実の概括的認定を許容するのが相当であると判断した[13]というに尽
きる。

　また、昭和39年判決は、医療過誤事件における立証責任を負う当事者と証拠
との距離等を理由にして、過失の評価根拠事実の証明度をその他の事件におけ
る証明度よりも低いもので足りるという立場に立つものでもない。

4　事実的要件（事実的因果関係）と概括的認定──【判旨】１(2)

(1)　本判決の【判旨】１(2)の意義と位置付け

　本判決の【判旨】１(2)は、本症発症の起因剤を薬剤Ｎとしたこと及び本症発
症日を昭和51年４月13日から14日朝としたことの２点における原判決の事実認
定につき、経験則違反の違法があるとの結論（本判決の【判旨】２）を導いた
理由の基礎をなすものである。そして、**本判決の【判旨】１(2)の判断の特色**
は、昭和39年判決が過失の評価根拠事実の概括的認定を許容することができる
としたのに対し、**事実的因果関係の認定につき、むしろ概括的認定をするのが
適切である**とする点にある。

　本判決は、原判決が上記２点の事実認定に経験則違反の違法を犯すことにな
った最大の原因は、本症を発症させる副作用を有する多種の薬剤を約４週間に
もわたって投与したという事件において、本症発症の直接の起因剤がそのうち
のどれであるかを特定することに事実審裁判所としての精力の全てを注いだた

---

(13)　過失の「一応の推定」という考え方に民事訴訟の制度目的の実現という共通の観点が
　　存することは間違いないであろうが、そうであるからといって、昭和39年判決がそのよ
　　うな目的を実現する手法として過失の「一応の推定」という考え方を採用したというこ
　　とはできない。

め、結果として、起因剤でない薬剤を投与していた時期の医師の注意義務違反は結果との間に因果関係がないとするような転倒した判断をすることになったとみている[14]。

そこで、本判決は、【判旨】1(2)のとおり、「原審認定事実によれば、『Aの本症の原因はY₁がAに投与した薬剤のうちの１つであること又はその複数の相互作用であること……』が真実の高度の蓋然性をもって証明されたものというべきである」とした上、医師の注意義務違反の有無を判断するという観点からすると、起因剤についてのこの程度の概括的認定をもって十分であり、それ以上厳密に特定する必要はないと説示しているのである。

昭和39年判決で問題になった規範的要件である過失の評価根拠事実にせよ、本判決で問題になった事実的要件である事実的因果関係にせよ、一定の範囲での概括的主張・立証及び概括的認定を許容することによって、適正・迅速な審理判断を可能にするのである[15]。

(2) 概括的認定を許容する条件についての示唆

上記(1)のとおり、本判決は、【判旨】1(2)の「なお書き」において、起因剤を厳密に特定しなくても、本件における医師の注意義務違反の有無を判断することが可能であることに言及している。

これは、医師が本症を発症させる副作用を有する多種の薬剤を投与する場合には、投与の開始時以降本症の発症を見逃さないように経過観察すべき注意義務を負っているのであるから、薬剤を投与する医師に同注意義務に違反する事実が存したかどうかを判断するために、本症発症の直接の起因剤がそのうちのどれであるかを特定することに意味がないとの趣旨をいうものである。当然のことながら、事実的因果関係を詳細・精密に具体化しないと、医師の一定の注意義務違反の有無を判断することができない場合[16]には、事実的因果関係についての概括的認定を許容することはできないのである。

---

(14) 野山宏・最判解平成12年度民事294頁を参照。

(15) 奈良次郎・最判解昭和39年度民事288頁は、昭和39年判決につき、「本件のようないわば選択的認定は証拠の関係上事実認定のうえで、ある程度まぬかれないものであり、このような過失の認定を絶対許されないとすると、当然救済さるべき被害者まで救済しえなくするか、または本来不要ともいうべき証拠調を必要とし制度上不適である」と説明する。本文と同趣旨をいうものであろう。

5　おわりに

本判決及びこれに先行する昭和39年判決は、**概括的認定**という必ずしも位置付けの明らかでない問題が、単に事実審裁判所のする事実認定上の問題にとどまるものではなく、**弁論主義の第1の規律及び証明度という民事訴訟の基本原理と密接な関係**に立つものであることを認識させるものである。

また、これらの判決は、概括的認定という事実認定の手法が「過失」、「正当理由」といった規範的要件の評価根拠事実の認定にのみ妥当するものではなく、「事実的因果関係」等の事実的要件の認定にも妥当すること、そして、民事訴訟における適正・迅速な審理判断の実現のためには、むしろこの手法によることが望ましい場合すらあることをも示している。

ただし、当然のことながら、**概括的認定という手法を採ろうとする場合には、許容されるべき一定の範囲があること**を意識している必要があり、本講で検討した判決を分析すると、①同一の法律効果の発生要件の主要事実である、②通常人が合理的な疑いを差し挟まない程度に真実であるとの心証に無理なく達することができるような詳細さを保った事実である、③相手方当事者の防御活動を実質的に損なうことがない、という3要件を満たすといったところが相当である[17]と思われる。

本講のテーマは、民事訴訟の実務に携わらないでは実感を伴った理解に達するのは難しいかもしれない。しかし、そのようなテーマも、「民事訴訟の基本原理と深いところでつながっている」というある意味では当然の事柄を思い起こさせるものである。判例を読む楽しさのひとつがここにある。

---

(16)　ただし、本文3にみたように、過失ないし注意義務違反の評価根拠事実についても一定の範囲内での概括的認定は許される。

(17)　本文の3要件につき、田中・事実認定45〜47頁を参照。

237

◆　当事者の証明・裁判官の事実認定(2)

21 推計による損害（額）の証明と推計条件の主張・立証責任

最 2 小判平成元・12・8 民集43巻11号1259頁[26]（鶴岡灯油訴訟事件）

【事実】

　1　山形県鶴岡市及びその周辺に居住する消費者であるＸら（原告となったのは19名。そのうちの17名は、1632名を選定者とする選定当事者。）は、石油連盟と石油元売業者Ｙら（当初12社。その後、合併により10社となった。）とを被告として、昭和47年10月から翌48年12月までの第 1 次石油危機の際、石油連盟の生産調整の決定（輸入原油処理量の割当ての決定）及びＹらの価格協定（石油製品価格の値上協定の締結。以下「本件価格協定」という。）によって、昭和48年 3 月から翌49年 4 月まで高い価格の灯油の購入を余儀なくされたため損害を被ったと主張して、民法709条に基づく損害賠償請求訴訟を提起した。本判決は、本件価格協定に関するものであるので、以下、これに焦点を当てて整理する。

　2　Ｘらは、①本件価格協定の締結と実施は、独占禁止法 3 条後段に違反する不当な取引制限行為である、②本件価格協定によってＸらの被った損害は、現実に購入を余儀なくされた価格（現実購入価格）と本件価格協定が実施される直前の価格（直前価格）との差額に相当する金額である、と主張した。

　3　これに対し、Ｙらは、①独占禁止法違反を理由とする損害賠償請求訴訟は、同法25条に基づくもののみが許され、民法709条に基づいた本件訴訟は不適法である、②本件価格協定が締結されたことはないし、本件価格協定の締結を仮定してみても、元売仕切価格の上昇分は通産省による強力な行政指導の範囲内で形成された適正なものであり、それを除いた小売段階での上昇分は様々な小売価格上昇要因によるものであるから、Ｘらには本件価格協定に起因する損害は生じていない、と主張して争った。

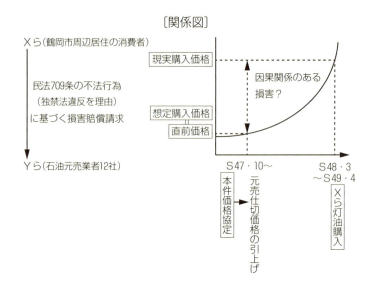

4　第1審は、石油連盟の生産調整の決定実施とYらの本件価格協定の締結実施は独占禁止法に違反するとしたものの、これらの行為とXらの損害との間の因果関係の証明がないとして、Xらの請求を棄却した[(1)]。

5　控訴審（原審）は、石油連盟に対する控訴を棄却したが、Yらに対する控訴を容れ、第1審判決を変更してXらの請求の一部を認容した。原審は、①独占禁止法25条は、同法違反の行為によって損害を被った者が民法709条に基づき損害賠償請求訴訟を提起することを排斥するものではなく、加害者の行為によって損害を被ったことを主張する者である限り、原告適格に欠けるものではない、②不法行為訴訟における加害行為と損害との間の因果関係は被害者が主張・立証すべきところ、元売仕切価格の引上げと小売価格の上昇との間の因果関係につき、Xらにおいて、(i)本件価格協定に基づいて灯油の元売仕切価格を引き上げたこと、(ii)その後本件価格協定の影響下にあると認められる時間的場所的範囲内において、Xらが購入した灯油の小売価格が上昇していること、の2点を主張・立証すれば、因果関係の存在が事実上推認され、Yらにおいて、本件価格協定に基づく元売仕切価格の引上げ以外の原因によって小売価格

---

(1)　山形地鶴岡支判昭和56・3・31判時997号18頁。

第6章 証拠法　239

が上昇したことを立証しなければならないとした上、上記2点の立証はあるから因果関係が事実上推認されるところ、この推定を覆すに足りる証拠はないと判断した[2]。

　なお、控訴審は、他方で、問題とされた時期に原油価格が顕著に上昇を続けていたこと、白灯油の需要が飛躍的に増加していたこと、狂乱物価といわれた時期において一般消費生活物資が顕著な値上がりをしていたこと、通産省が元売仕切価格について指導上限価格を設定していたこと、流通段階で仕入価格が上昇していたこと、流通段階で人件費が上昇していたこと等を認定していた。

　6　Yらは、原判決の上記5の①の判断につき不適法な訴えを見逃した法令違背があり、同②の判断につき経験則違反、立証責任に関する法令違背があると主張して、上告した。

【判旨】
破棄自判。

〈法廷意見〉

1　違法な価格協定により商品の購入者の被る損害とその主張・立証
(1)　被害者である最終消費者の主張・立証命題
　「元売業者の違法な価格協定の実施により商品の購入者が被る損害は、当該価格協定のため余儀なくされた支出分として把握されるから、本件のように、石油製品の最終消費者が石油元売業者に対し損害賠償を求めるには、当該価格協定が実施されなかったとすれば、現実の小売価格（以下「現実購入価格」という。）よりも安い小売価格が形成されていたといえることが必要であり、このこともまた、被害者である最終消費者において主張・立証すべきものと解される。」
(2)　想定購入価格の推計方法と直前価格による推計の条件
　「もっとも、この価格協定が実施されなかったとすれば形成されていたであろう小売価格（以下「想定購入価格」という。）は、現実には存在しなかった価

---

(2)　仙台高秋田支判昭和60・3・26判時1147号19頁。

格であり、これを直接に推計することに困難が伴うことは否定できないから、現実に存在した市場価格を手掛かりとしてこれを推計する方法が許されてよい。そして、一般的には、価格協定の実施当時から消費者が商品を購入する時点までの間に当該商品の小売価格形成の前提となる経済条件、市場構造その他の経済的要因等に変動がない限り、当該価格協定の実施直前の小売価格（以下「直前価格」という。）をもって想定購入価格と推認するのが相当であるということができるが、協定の実施当時から消費者が商品を購入する時点までの間に小売価格の形成に影響を及ぼす顕著な経済的要因等の変動があるときは、もはや、右のような事実上の推定を働かせる前提を欠くことになるから、直前価格のみから想定購入価格を推認することは許されず、右直前価格のほか、当該商品の価格形成上の特性及び経済的変動の内容、程度その他の価格形成要因を総合検討してこれを推計しなければならないものというべきである。」[3]

(3) 直前価格による推計の条件の主張・立証責任

「想定購入価格の立証責任が最終消費者にあること前記のとおりである以上、直前価格がこれに相当すると主張する限り、その推認が妥当する前提要件たる事実、すなわち、協定の実施当時から消費者が商品を購入する時点までの間に小売価格の形成に影響を及ぼす経済的要因等にさしたる変動がないとの事実関係は、やはり、最終消費者において立証すべきことになり、かつ、その立証ができないときは、右推認は許されないから、他に、前記総合検討による推計の基礎資料となる当該商品の価格形成上の特性及び経済的変動の内容、程度その他の価格形成要因をも消費者において主張・立証すべきことになると解するのが相当である。」

2　本件への当てはめ

「以上の各事実を合わせ考慮すれば、本件各協定の実施当時からＸらが白灯油を購入したと主張している時点までの間に、民生用灯油の元売段階における経済条件、市場構造等にかなりの変動があったものといわなければならない（原審も、元売段階に顕著な価格変動要因があったことは否めないとして、これを認めている。）。そうすると、直前価格をもって想定購入価格と推認するに足りる

---

(3) ここで、本判決は、最１小判昭和62・7・2民集41巻5号785頁［18］を参照する。

前提要件を欠くものというべきであるから、直前価格をもって想定購入価格と推認した原判決には、法令の解釈適用を誤った違法があり、右違法が判決に影響することは明らかであり、したがって、論旨は理由があり、この点について原判決は破棄を免れない。」

〈個別意見〉

（島谷裁判官の補足意見）

「独占禁止法25条に基づく訴訟について、消費者の被った損害の額につき何らかの推定規定を設けたならば、消費者が同条に基づく訴訟を提起することが容易となり、同条の規定の趣旨も実効あるものとなるであろうと考えられる。……同条による訴訟が容易になるとするならば、消費者は民法709条による訴訟を選んで困難な主張立証の責任を負うよりは、むしろ独占禁止法25条の訴訟を選択することにより、その目的を達成することができるようになるものと思料する。」

【判例の読み方】

1　本判決のポイント

本判決は、直接には、加害行為を独占禁止法3条にいう「不当な取引制限」に当たる価格協定とする不法行為に基づく損害賠償請求訴訟における「損害」の把握の仕方とその主張・立証とを扱うものであるが、そこでの議論は、これまでの最高裁の判例理論を前提にしたものであり、伝統的で堅牢なものということができる。

本判決が扱った主題が「損害（又は損害額）の証明」という実体法と訴訟法の双方にかかわるものであるので、本講においても必要に応じて実体法上の議論にも目配りすることにする。

そこで、不法行為に基づく損害賠償請求の要件事実と損害概念とを確認した上で（後記2）、損害又は損害額の主張・立証の方法についての本判決の判断内容と判例としての性質とを理解し（後記3）、最高裁のした破棄・自判という処理の仕方の意味を検討し（後記4）、最後に、現行民訴法248条の適用可能性についてみておく（後記5）ことにする。

2 不法行為に基づく損害賠償請求の要件事実と損害概念
──【判旨】1(1)

(1) 請求原因事実

不法行為に基づく損害賠償請求の要件事実は、一般に、①権利侵害（被侵害利益の存在と加害行為）、②①についての被告の故意又は過失、③損害の発生とその数額、④①と③との間の因果関係、とされる[4]。不法行為の成立を主張する被害者は、上記①ないし④のすべてを主張・立証する責任を負う。

(2) 損害とは──【判旨】1(1)

上記(1)の損害とは、加害行為がなかった場合に想定される利益状態と加害行為によって現実に発生した利益状態をそれぞれ金銭的に評価して得られた差額であるとするいわゆる「差額説」が判例[5]及び通説[6]の立場である。差額説によれば、本件のような価格協定という独占禁止法違反行為によって消費者が被った損害とは、当該違反行為がなかった場合に想定される購入価格と現実の購入価格との差額ということになる。

本判決の【判旨】1(1)は、差額説の立場を採ることを再確認し、これを加害行為が価格協定という独占禁止法違反行為である場合に即して説示したものである。

なお、差額説に対し、個々の法益について被った不利益自体を損害ととらえる「現実的損害説」という考え方が存する。この考え方によると、独占禁止法違反行為による損害とは、独占禁止法違反行為によって形成された独占価格で商品を購入せざるを得なかったこと自体であるということになるが、この不利益を金銭的に評価すると、現実購入価格と想定購入価格との差額ということになる[7]。

---

(4) 司法研修所・類型別51頁を参照。

(5) 最1小判昭和39・1・28民集18巻1号136頁〔25〕、最2小判昭和42・11・10民集21巻9号2352頁〔100〕、前掲最1小判昭和62・7・2。

(6) 加藤雅信『新民法大系Ⅴ 事務管理・不当利得・不法行為〔第2版〕』（有斐閣、2005年）258頁、窪田充見『不法行為法』（有斐閣、2007年）148頁を参照。

(7) 淡路剛久「独禁法違反損害賠償訴訟における損害論」経済法学会年報3号（1982年）56頁（同『不法行為法における権利保障と損害の評価』（有斐閣、1984年）所収）を参照。

結局のところ、独占禁止法違反行為による損害賠償請求訴訟においては、差額説と現実的損害説との間に実質的な差はないというのが大方の理解である。

3 損害（額）の主張・立証の方法──【判旨】1(2)、(3)

(1) 独占禁止法違反行為による損害（額）の主張・立証の方法

上記2(2)の差額説によると、独占禁止法違反行為による損害とは、当該違反行為がなかった場合に想定される利益状態と当該違反行為によって現実に発生した利益状態との差額をいう。ところで、交通事故による人的損害及び物的損害が発生したという場合には、これらの損害をどのように金銭的に評価するかという問題が存する（すなわち、人身損害の場合に、生命・身体に生じた不利益は本来的に金銭に置き換えることのできないものなのであるが、損害賠償請求訴訟という制度目的の観点から、金銭的に評価するという作業をしている。）のであるが、独占禁止法違反行為による損害の場合は、本来的に金銭的損害であるから、これを更に金銭的に評価するという問題が生ずることはない。そこで、独占禁止法違反行為による損害の場合は、損害額の主張・立証の問題とは別に、損害の発生の問題又は加害行為と損害との間の因果関係の問題を観念することができないという関係にある[8]。

そうすると、加害行為を独占禁止法違反行為とする不法行為に基づく損害賠償請求訴訟における損害論においては、損害額の主張・立証が最重要の論点になるのであるが、本判決の【判旨】1(2)が指摘するように、例えば、本件における「価格協定が実施されなかったとすれば形成されていたであろう小売価格（以下「想定購入価格」という。）は、現実には存在しなかった価格であり、これを直接に推計することに困難が伴うことは否定できないから、現実に存在した市場価格を手掛かりとしてこれを推計する方法が許されてよい」との考え方に導かれる。

そして、米国においては、独占禁止法違反行為に起因する損害額（逸失利益）を推計する方法として、前後理論、ヤードスティック理論、マーケットシェア理論等の様々な考え方が提唱されている。これらは、相互に排他的な理論

---

(8) 小倉顕・最判解平成元年度民事471〜472頁、伊藤眞「独占禁止法違反損害賠償訴訟──因果関係および損害額の立証上」ジュリ963号（1952年）59〜60頁を参照。

ではなく、当該違反行為の種類、市場の状況等の諸要素に応じて、そのうちの1つ又は幾つかが組み合わされて使用される[9]。

(2) 「前後理論」の適用要件とその主張・立証責任

本件で問題になり、原審がその適用を肯定した損害額の推計方法に係る理論は、「**前後理論**」である。そこで、前後理論とは何かを説明した上で、その適用要件の主張・立証責任について検討することにする。

前後理論とは、独占禁止法違反行為に起因する損害額を、違反行為直前又は違反行為終了後の利益状態（価格又は利益）と違反行為中の利益状態とを比較することによって推計する方法をいう[10]。これを本件に応用すると、本件価格協定の実施直前の市場価格をもって本件価格協定がなかったと仮定した場合の想定購入価格と推認することになる。

ただし、このような推認をすることが許されるのは、価格協定実施直前の市場価格が競争価格であって、当該価格協定が実施されなければ、当該競争価格がその後も維持されていたであろうと考えるのが経験則上合理的である場合である。

原判決は、この点につき、元売又は流通の過程で顕著な値上がり要因があり、価格協定が実施されなかったとしても価格上昇が確実に予測できるような特段の事情がない限り、直前価格をもって想定購入価格と推認することができ、特段の事情の立証責任は被告にあると判断した。原判決のこの判断は、消費者側の立証責任を軽減するために間接反証の手法を借用したものと評価することができる[11]。

これに対し、本判決は、【判旨】1(2)において、直前価格をもって想定購入価格と推認するのが合理的であるといえるのは、「価格協定の実施当時から消費者が商品を購入する時点までの間に当該商品の小売価格形成の前提となる経済条件、市場構造その他の経済的要因等に変動がない限り」であることを明ら

---

(9) 公正取引委員会「独占禁止法第25条に基づく損害賠償請求訴訟における損害額の算定方法等について」ジュリ983号（1991年）44～46頁、石田英遠「米国独禁法における損害賠償額の認定方法」ジュリ983号（1991年）33～35頁を参照。

(10) 公正取引委員会・前掲注(9)46頁、石田・前掲注(9)33頁を参照。

(11) 小倉・前掲注(8)475頁、伊藤眞「独占禁止法違反損害賠償訴訟——因果関係および損害額の立証下」ジュリ965号（1952年）55頁を参照。

かにし、同1(3)において、「経済的要因等に変動がない」という前後理論適用の前提となる要件が存在することは、原告である被害者において立証責任を負うことを明らかにした。

前後理論の適用要件と表現し、又は間接反証理論の借用と表現したところで、**損害及び損害額の主張・立証責任を被害者が負う**のであるから、損害（額）推計の手法の根拠は経験則の存在に求めるほかはない。推計の前提として、**高度な蓋然性を備えた経験則の存在が必要**になるのは当然である。

(3) 本判決の【判旨】1(2)、(3)の判例としての性質

民集は、【判旨】1(2)の判断を判決要旨として抽出しており、同(3)の判断を判決要旨として抽出してはいないが、いずれも本判決の判例部分である。

【判旨】1(2)の判断は、消費者が事業者に対して独占禁止法3条にいう「不当な取引制限」に当たる価格協定による損害の賠償を民法上の不法行為に基づき請求する訴訟において、価格協定の実施直前の小売価格をもっていわゆる想定購入価格と推認することができるのはどのような条件が満たされた場合であるのかに関する**場合判例**であり、同(3)は、その条件の立証責任の所在に関する**場合判例**である。

なお、本判決の【判旨】1(2)、(3)の基礎にある考え方の筋道は、加害行為が独占禁止法違反行為であるかどうかにかかわるものではない。判例を理解するのに具体的事案との関係を忘れてはならないということと、具体的事案における法律問題を解決するために用いられる具体的な理屈の基礎にある考え方が当該事案を超えて通用するものであることとは、別の事柄である。前者は**判例の射程の問題**であり、後者はいわゆる**判例理論の問題**である。両者の違いを明確に理解し、両者を混同することのないようにしたい。

4 最高裁における本件の処理（破棄・自判）──【判旨】2

本判決は、【判旨】2において、原判決自身が、原油価格の顕著な上昇の継続、白灯油の需要の飛躍的な増加、狂乱物価といわれた時期における一般消費生活物資の顕著な値上がり、通産省の元売仕切価格についての指導上限価格の設定、流通段階での仕入価格の上昇、流通段階での人件費の上昇等を認定していることを指摘し、【判旨】1の判断を本件に当てはめて、本件においては前後理論適用の前提要件を欠くとし[12]、結局、「直前価格をもって想定購入価格

と推認した原判決には、法令の解釈適用を誤った違法があ〔る〕」とした。

本判決の【判旨】2は、想定購入価格の前後理論を適用しての「推認」という方法による原判決の事実認定に誤りがあるというのであるから、そこにいう「法令」とは経験則のことである。

そして、本判決は、【判旨】1の判断を前提にして原審において損害の有無（及び損害額）を更に審理判断するために事件を原審に差し戻すという措置を採ることをせず、控訴を棄却するという形で自判した。これは、第1審の請求棄却判決の後も、Xらにおいて一貫して直前価格を想定購入価格とする損害算定方法以外にはないと主張し、他の方法による想定購入価格の立証を全くしなかったことによるようである[13]。本件訴えの提起以来10年以上が経過していることに加え、Xらの主張・立証についての基本方針に照らして、更なる事実審理の継続は適切でないと判断したのであり、原判決を破棄した場合に、事件を差し戻して審理を継続すべきであるか自判すべきであるかについての最高裁の裁量権行使における考慮要素を示唆するものである[14]。

5　現行民訴法248条の規定の適用

本件に現行民訴法248条の適用がないのは当然のことであるが、本判決後に新設された現行民訴法248条は、「損害が生じたことが認められる場合」であることを要件として、損害額の立証が損害の性質上極めて困難であるときは、裁判所が相当な損害額を認定することができることとしている[15]。

この文言による限り、損害の発生については立証されていなければならないから、本件のような独占禁止法違反行為を加害行為とする不法行為に基づく損害賠償請求事件において、現行民訴法248条の規定を適用し得るのは、現実購

---

[12]　白石忠志・法協106巻10号（1989年）1910頁は、損害を現実購入価格と想定購入価格との差額であるととらえると、独占禁止法違反の価格協定によって誰にも損害が生じないこともあり得ると指摘する。

[13]　小倉・前掲注(8)475頁を参照。

[14]　長谷部由起子「損害の証明——鶴岡灯油事件」伊藤眞＝加藤新太郎編『［判例から学ぶ］民事事実認定』40頁（有斐閣、2006年）は、「この点について事実審にさらに審理を続けさせることは費用対効果の面から適当とはいえない、という考慮のもとに破棄自判の結論が採られたとすれば、それも1つの判断であろう。」と評する。

[15]　現行民訴法248条の解釈適用一般については、23講を参照されたい。

入価格と想定購入価格との間に差があること（現実購入価格が想定購入価格よりも高かったこと）は証明されたが、その差額がいくらであるかを立証することが極めて困難であるという事態においてということになる。しかし、このような事態が実際に起こり得るのかどうかについては、疑問なしとしない。

　前記3(1)において検討したように（そして、本判決がそのような考え方を背景にしているように）、独占禁止法違反行為による損害の場合は、損害額の主張・立証の問題とは別に、損害の発生及び加害行為と損害との間の因果関係の問題を観念することができないと考えるのが正しいとすれば、現実購入価格が想定購入価格よりも高かったという立証（一定の幅を容認するにしても、具体的な金額を伴わないいわば抽象的な立証）がいわゆる高度の蓋然性の域に達することは、実際の訴訟では起きないということになりそうである[16]。

　島谷裁判官の補足意見は、独占禁止法違反行為による損害及び損害額の主張・立証が困難であることを直視して、独占禁止法25条に基づく損害賠償請求訴訟につき、損害額についての推定規定を設けるという立法論を述べ、消費者は本件のような一般不法行為に基づく損害賠償請求訴訟ではなくそちらを利用することが望ましいとの考えを提示するものである。

6　おわりに

　本判決は、不法行為に基づく損害賠償請求訴訟における損害の証明を扱った判例である。加害行為が独占禁止法違反行為に当たる価格協定であるという点に特殊性はあるものの、民事事件としては一般的なものである。

　本判決は、損害賠償請求訴訟における損害の把握の仕方につき、それまでの判例が採用していた差額説を前提として、価格協定という加害行為に起因する損害とは「当該価格協定のため余儀なくされた支出分」であるとした上、その具体的な主張・立証命題が「当該価格協定が実施されなかったとすれば、現実の小売価格（以下「現実購入価格」という。）よりも安い小売価格が形成されていたといえること」であることを明らかにし、この点の主張・立証責任が被害

---

(16)　伊藤・前掲注(8)60頁は、本文のように議論する。また、近藤隆司・小林秀之編『判例講義民事訴訟法［第3版］』190頁（悠々社、2016年）も同旨であり、現行民訴法248条を直接適用することは難しいという。

者である原告にあることを明言した。

　ここまでは、民法の基礎的知識の再確認とその訴訟過程における反映である主張・立証責任の基礎的知識の再確認である。

　本判決の真骨頂は、加害行為に起因する損害（額）の主張・立証がそう簡単でない場合に、米国の独占禁止法訴訟で開発された損害（額）の推計方法を適用するに当たっての前提要件とその主張・立証責任というやや細かな問題を取り上げ、正面から判断したところに見出すことができる。そして、本判決の採用した論理は、いずれも伝統的な判例理論及び学説の議論を的確に反映したものであって、冒頭に述べたとおり堅牢なものである。

　そして、損害と損害額との関係につき、損害額を離れて損害の発生及び事実的因果関係を観念することができない加害行為類型があるのではないかという損害論の根源的問題を考えさせるとともに、当事者のする立証又は事実審裁判所のする認定の問題として、損害額を離れて損害の発生及び事実的因果関係についての心証を高度の蓋然性をもって形成することが可能であるのかという事実認定のこれまた根源的問題を考えさせるものである。そこで、本判決後に新設された民訴法248条の規定を適用することが可能であるかという問題（すなわち、民訴法248条の規定に依拠することができない訴訟類型があるのではないかという問題）をも考えさせる契機を有している。

　また、本判決は、法律実務家に対し、安易に結論の先取りをし、立証責任の転換といった論理に飛びつくことは当事者の裁判を受ける権利を損なうことにつながるという反省を迫るものでもある[17]。本判決は、その結論に賛成するか反対するかという立場の違いを超えて、十分に咀嚼されるべき判例である。

　⒄　小倉・前掲注⑻475頁を参照。

◆　当事者の証明・裁判官の事実認定(3)

22　主張・立証責任を負わない当事者の事案解明義務

最1小判平成4・10・29民集46巻7号1174頁[19]（伊方原発事件）

【事実】

1　愛媛県西宇和郡伊方町及び近隣の町の住民（予定された原子炉建設地から二十数キロメートルの範囲内に居住する住民。Xら）は、内閣総理大臣（Y）を被告として、Yが電力会社（A社）の原子炉設置許可申請[1]に対して昭和47年11月28日にした原子炉設置許可処分（本件処分）には安全審査に瑕疵があり違法であると主張して、本件処分の取消訴訟を提起した[2]。

2　第1審がXらの請求を棄却し、Xらが控訴したところ、控訴審は控訴を棄却した[3]。

3　Xらが上告。上告理由は多岐にわたるが、訴訟法の観点から関連するのは、①原子炉設置許可処分を行政庁の裁量処分であるとし、行政庁の判断に原子炉の安全性に本質的にかかわるような不合理があるか否かの限度で司法審査をするのが相当であるとした原審の判断は、憲法13条・25条・31条・32条に違背する、②行政庁の判断に不合理性が存することの立証責任をXらに負わせたことは、核原料物質、核燃料物質及び原子炉の規制に関する法律（昭和52年法律第80号による改正前のもの。以下「規制法」という。）24条1項の解釈適用を誤ったものであり、理由齟齬の違法がある、の2点に整理することができる。

---

(1)　核原料物質、核燃料物質及び原子炉の規制に関する法律（昭和52年法律第80号による改正前のもの）23条1項に基づく申請。

(2)　なお、控訴審係属中に、原子力基本法等の一部を改正する法律附則3条1項の規定により、本件処分は通産大臣がした処分とみなされ、通産大臣が訴訟承継した。

(3)　第1審判決は松山地判昭和53・4・25判時891号38頁、控訴審判決は高松高判昭和59・12・14判時1136号3頁。

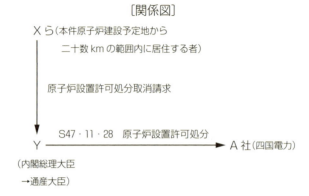

【判旨】
上告棄却。

1 原子炉設置許可処分の取消訴訟における審理・判断の方法
「原子炉施設の安全性に関する判断の適否が争われる原子炉設置許可処分の取消訴訟における裁判所の審理、判断は、原子力委員会若しくは原子炉安全専門審査会の専門技術的な調査審議及び判断を基にしてされた被告行政庁の判断に不合理な点があるか否かという観点から行われるべきであって、現在の科学技術水準に照らし、右調査審議において用いられた具体的審査基準に不合理な点があり、あるいは当該原子炉施設が右の具体的審査基準に適合するとした原子力員会若しくは原子炉安全専門審査会の調査審議及び判断の過程に看過し難い過誤、欠落があり、被告行政庁の判断がこれに依拠してされたと認められる場合には、被告行政庁の右判断に不合理な点があるものとして、右判断に基づく原子炉設置許可処分は違法と解すべきである。」

2 原子炉設置許可処分の取消訴訟における主張・立証
「原子炉設置許可処分についての右取消訴訟においては、右処分が前記のような性質を有することにかんがみると、被告行政庁がした右判断に不合理な点があることの主張、立証責任は、本来、原告が負うべきものと解されるが、当該原子炉施設の安全審査に関する資料をすべて被告行政庁の側が保持している

ことなどの点を考慮すると、被告行政庁の側において、まず、その依拠した前記の具体的審査基準並びに調査審議及び判断の過程等、被告行政庁の判断に不合理な点のないことを相当の根拠、資料に基づき主張、立証する必要があり、被告行政庁が右主張、立証を尽くさない場合には、被告行政庁がした右判断に不合理な点があることが事実上推認されるものというべきである。」

【判例の読み方】

1　本判決のポイント

　民事紛争の中には、対立する当事者の一方に情報（証拠）が偏在するものがある。本件訴訟は、原子炉建設予定地の周囲約20kmの範囲に居住する者が原告となり、原子炉施設の安全性を争って原子炉設置許可処分の取消しを求めるものであるが、これも**情報（証拠）偏在型訴訟の典型例**といってよい。

　民事裁判の実務は、情報（証拠）偏在型訴訟において、権利の実効的保障という実体法上の観点及び適正かつ効率的な訴訟運営という手続法上の観点から、柔軟な審理の方法を編み出してきた。他方、学説は、ドイツの学説を我が国に取り入れ、主張・立証責任を負わない当事者に「事案解明義務」を課するという考え方を提唱してきた。

　本判決の【判旨】2は、そのような民事裁判実務と学説状況とを背景にして生まれたものである。最高裁が説示するところは常識的なものであり、理解するのに大きな困難を感じさせるものではないが、理論的にはなお不分明な部分も残されている。後に詳しく検討することにしよう。

　また、本件訴訟は、いわゆる裁量処分である原子炉設置許可処分の取消しを求めるものであるところ、【判旨】2の扱った主張・立証の問題を検討する前提として、**専門技術的裁量を伴う行政処分の取消訴訟における司法審査の方法**の問題を明らかにしておく必要がある。行政訴訟における基本問題であり、本判決の【判旨】1はこれを扱ったものである。

　そこで、検討の順番としては、まず、専門技術的裁量を伴う行政処分の取消訴訟における司法審査の方法に係る問題を整理して説明した上で（後記2）、【判旨】2前段の裁量処分の違法性の主張・立証責任という一般的問題を検討し（後記3）、次に、本講の主要テーマである【判旨】2後段の主張・立証責

任を負わない当事者の事案解明義務の問題を検討し（後記4）、最後に、本判決における【判旨】2の位置付けに触れることにする（後記5）。

2 専門技術的裁量を伴う行政処分の取消訴訟における司法審査の方法——【判旨】1

(1) 裁量処分の種類と原子炉設置許可処分の性質

行政庁に一定の裁量を許容する行政処分を「裁量処分」と呼ぶが、裁量処分を2つの指標によって分類するのが一般である。1つは、行政処分をするかしないか、するとしてどの処分を選択するかという判断に行政庁の裁量を許容するものを「効果裁量」とし、行政処分の根拠となる要件が充足されているかどうかという判断に行政庁の裁量を許容するものを「要件裁量」とする分類である。もう1つは、裁量を許容すべき行政処分の性質によって、「政治的・政策的裁量」と「専門技術的裁量」との2類型に分ける分類である。最高裁判例及び行政法学の通説は、これらいずれの裁量をも肯定する[4]。

本判決は、規制法24条2項の趣旨につき、「原子炉施設の安全性に関する審査の特質を考慮し、右各号〔筆者注：同条1項3号、4号〕所定の基準の適合性については、各専門分野の学識経験者等を擁する原子力委員会の科学的、専門技術的知見に基づく意見を尊重して行う内閣総理大臣の合理的な判断にゆだねる趣旨と解するのが相当である」と判示することによって、行政実体法である規制法24条2項の解釈として、原子炉設置許可処分につき、上記の**専門技術的裁量処分**であることを明らかにした。

(2) 原子炉施設の安全性についての**司法審査の方式**

まず、本判決の【判旨】1は、原子炉施設の安全性につき、裁判所の審理・判断としては、実体的判断代置方式（裁判所が、被告行政庁と同一の立場に立って原子炉施設の安全性について審理した上で、その結果と当該処分とを比較して決するという方式）によるのでなく、**被告行政庁の判断に不合理な点があるかどうかを限定的に審査するにとどめる**[5]という考え方を採ることを宣言した。

次に、本判決の【判旨】1は、被告行政庁の判断につき、①原子炉施設の安全性の審議に使用された具体的審査基準に不合理な点があるかどうか、②この

---

(4) 以上につき、高橋利文・最判解平成4年度民事412〜413頁を参照。

具体的審査基準に適合するとの審議・判断の過程に看過し難い過誤・欠落があるかどうか、の2つの観点から検討し、①又は②のいずれかがあり、被告行政庁の判断がこれに依拠してされたと認められる場合には、被告行政庁の右判断に不合理な点があるものとして、右判断に基づく原子炉設置許可処分は違法と解すべきであることを明らかにした。本判決が、上記①、②を特に摘記したのは、具体的審査基準の策定及びこれへの当てはめの審議・判断に専門技術的裁量を許容するのが相当であるからである。

本判決の【判旨】1の判断は、民集の判決要旨1として抽出されている。その性質を分類するとすれば、原子炉設置許可処分の取消訴訟における審理・判断の方法についての**法理判例**ということになる。

3　裁量処分の違法性（評価根拠事実）の主張・立証責任
──【判旨】2前段

⑴　裁量処分の取消事由の主張・立証責任

行訴法30条は、「行政庁の裁量処分については、裁量権の範囲をこえ又はその濫用があった場合に限り、裁判所は、その処分を取り消すことができる。」と規定する。通説は、裁量処分の取消事由である被告行政庁の裁量権の範囲の逸脱又は濫用につき、原告が主張・立証責任を負うと解している[6]。最2小判昭和42・4・7民集21巻3号572頁［29］（昭和42年判決）は、裁量処分の無効確認訴訟についてではあるが、同じ立場を採ることを宣明した。

本判決は、その【判旨】2前段において、「原子炉設置許可処分についての右取消訴訟においては、……被告行政庁がした右判断に不合理な点があることの主張、立証責任は、本来、原告が負うべきものと解される」と判示した。この判示部分にいう「被告行政庁がした右判断に不合理な点があること」は、後記⑵のとおり被告行政庁がその裁量権の範囲を逸脱したことを示す具体的事実又は濫用したとの評価を根拠付ける具体的事実を指しているから、本判決は、

⑸　高橋・前掲注⑷422頁は、本判決は、政治的・政策的裁量処分の場合における「**著しく不合理**」の基準を採用せず、専門技術的裁量処分について「**不合理**」の基準を採用することを明示したものであり、この点にも意味があると解説する。

⑹　山村恒年「主張責任・立証責任」雄川一郎ほか編『現代行政法大系⑸』（有斐閣、1984年）204頁を参照。

結局のところ、**裁量処分の取消訴訟につき、その違法性評価根拠事実の主張・立証責任が原告にあるとの立場を採用する**ことを明らかにしたものと理解することができる。昭和42年判決の存在を前提にすると、最高裁としては、当然の判断といってよい。

(2) **規範的要件の主張・立証責任**

規範的評価の成立が所定の法律効果の発生要件となっている場合、そのような要件を「**規範的要件**」と総称する。規範的評価を成立させるためには、その評価をするための根拠となる具体的事実の存在が必要である。このような具体的事実を「**評価根拠事実**」と呼ぶ。

法の規定する規範的評価自体を規範的要件の主要事実と考えるべきであるか、そうではなく評価根拠事実を規範的要件の主要事実と考えるべきであるかにつき、かつては論争があったが、現在では、規範的評価自体を証拠によって直接立証することができないという理論的な理由、及び主要事実が民事訴訟において果たすべき争点明確化と相手方の防御の機会の適正な保障という実際的な理由から、**評価根拠事実を規範的要件の主要事実とする**後者の立場によって、民事訴訟の実務は運営されている[7]。最3小判昭和34・9・22民集13巻11号1426頁 [76] (昭和34年判決) もまた、このような立場に立つものである。

ところで、裁量処分の違法性を主張するためには、上記(1)のとおり、被告行政庁がその裁量権を逸脱したこと又はその裁量権を濫用したことの双方又はそのいずれかを主張する必要がある。前者の裁量権の逸脱は規範的要件ではなく事実的要件であるが、後者の裁量権の濫用は規範的要件である[8]。

そして、本件では、内閣総理大臣の原子炉設置許可処分に至る過程において、①原子力委員会 (又は原子炉安全専門審査会) の策定した審査基準に不合理な点があるかどうか、②同審査基準に適合するかどうかの当てはめの判断に不合理な点 (看過し難い過誤・欠落) があるかどうかが争点になるところ、これらの争点は、いずれも被告行政庁の裁量権の範囲の逸脱を問題とするものでは

---

(7) 以上につき、司法研修所・要件事実1巻30～37頁を参照。

(8) 裁量権の逸脱と裁量権の濫用とは、観念的には、1つの行為が裁量権の範囲外であるか範囲内ではあるものの裁量権を濫用したかの異なる問題なのであるが、実際上は、その区別が明らかとはいえない場合もある。

なく、裁量権の濫用（規範的要件）を問題とするものである。

以上のように、昭和34年判決の説示内容及び民事裁判実務に定着した規範的要件の主張・立証責任についての考え方に照らしてみると、本判決の【判旨】2前段の「右判断に不合理な点があることの主張、立証責任は、……原告が負う」との判断は、結局のところ、上記①又は②の2項目に不合理と評価すべき**根拠となる具体的事実が存すること**についての**客観的主張・立証責任を原告が負う**との趣旨を宣明するものと理解することができる[9]。

4　主張・立証責任を負わない当事者の事案解明義務
——【判旨】2後段

(1)　事案解明義務という考え方

前記1のとおり、情報（証拠）偏在型訴訟につき、ドイツの学説を我が国に取り入れ、主張・立証責任を負わない当事者に「**事案解明義務**」を課するという考え方が提唱されている。

この考え方は、以下の4つの要件を満たす場合には、㋐訴訟法上の一般的義務として、ある主要事実についての客観的主張・立証責任を負わない相手方当事者が、当該主要事実につき、具体的事実主張をし証拠を提出する義務を負い、㋑相手方当事者がこの義務に違反し、かつ、当該主要事実が真偽不明のときは、客観的主張・立証責任を負う当事者の主張が真実であると擬制される、というものである。

その要件とは、①客観的主張・立証責任を負う当事者が事件の事実関係から隔絶されていたこと、②同当事者が事実関係を知り得なかったこと又は事実関係から隔絶されたことにつき、非難されるべき事情がないこと、③同当事者が自らの主張について具体的手掛かりを提示していること、④客観的主張・立証責任を負わない相手方当事者に、具体的事実主張をし証拠を提出するよう（事案を解明するよう）期待することが可能であること、の4つである。このように、事案解明義務という考え方は、客観的主張・立証責任を負う当事者に非難

---

(9)　本判決の「右判断に不合理な点があること」という表現は、行訴法30条にいう「裁量権の濫用」という法的評価自体を指しているのではなく、不合理との評価を根拠付ける点（具体的事実）を指していると読むのが適切である。

可能性のないこと及び相手方当事者に期待可能性のあることを要件とすること
によって、両当事者の利益のバランスないし公平を考慮した上での理屈であ
り、訴訟上の信義則（民訴法2条）を背景にする理屈と位置付けることもでき
る[10]。

(2)　我が国の民事裁判実務の工夫と事案解明義務

本判決の【判旨】2後段は、情報（証拠）偏在型訴訟の典型ともいうべき原
子炉設置許可処分の取消訴訟につき、客観的主張・立証責任を負わない相手方
当事者（被告行政庁）がその判断に不合理な点のないことを相当の根拠・資料
に基づいて主張・立証する義務を負うとした上、被告行政庁がその義務を果た
さない場合の効果をも説示している。このように、本判決の議論の構造は、事
案解明義務という考え方のそれと類似している[11]。

我が国の民事裁判の実務は、上記(1)のドイツから輸入された事案解明義務と
いう考え方とは直接の関係なしに、情報（証拠）偏在型訴訟において、権利の
実効的保障という実体法上の観点及び適正かつ効率的な訴訟運営という手続法
上の観点から、柔軟な審理の方法を編み出してきた。

その典型例は、医療過誤訴訟である。医療過誤訴訟においては、債務不履行
又は不法行為のいずれに基づくものであっても、実際の審理は、①原告が訴状
作成時点で把握している事実に基づき、被告の不完全履行又は過失の評価根拠
事実を主張する、②被告が診療記録等の客観的資料に基づき、一連の診療行為
の過程を主張・立証するとともに、被告の診療行為が適切な（合理的な）もの
であって落度がないことを具体的に主張・立証する、③原告は、②を受けて、
被告の不完全履行又は過失の評価根拠事実、原告の損害と被告の診療行為との
間に因果関係があること等を整理して（再構成して）主張・立証する、④被告
は、③の原告の主張・立証に対する反論・反証を提出する、といった段階を踏
んで進行する。そして、原告は、③の点につき、客観的主張・立証責任を負
う[12]。

---

(10)　以上につき、春日偉知郎『民事証拠法研究』（有斐閣、1991年）233頁以下、畑瑞穂
「模索的証明・事案解明義務論」福永有利ほか編『鈴木正裕先生古稀祝賀　民事訴訟法
の史的展開』（有斐閣、2002年）607頁以下を参照。

(11)　竹下守夫「伊方原発訴訟最高裁判決と事案解明義務」論集刊行委員会編『木川統一郎
博士古稀祝賀　民事裁判の充実と促進』（判例タイムズ社、1994年）10～13頁を参照。

原判決は、あるべき審理の手順として、①安全性を争う側において行政庁の判断に不合理があるとする点を指摘し、②行政庁においてその指摘をも踏まえ自己の判断が不合理でないことを主張・立証すべきであるとしている。本件における原審までの実際の審理が、医療過誤訴訟において発展をみた上記の審理方式を参考にしたものであることは明らかである。

本判決は、【判旨】2後段において、①の段階に明示には触れることなく、②の段階から説き起こしているが、その直前に客観的主張・立証責任を原告が負うことを明示していることを考慮に入れれば、原判決と異なる立場に立つものとみるのは相当でなかろう[13]。そうすると、本判決がここで説示するところは、情報（証拠）偏在型訴訟に直面して裁判実務が編み出してきた審理方式につき、最高裁が合理的なものとして肯認したという意義がある。

(3) 事案解明義務に違反したときの効果

本判決は、【判旨】2後段において、被告行政庁が上記(2)の主張・立証義務に違反したときの効果に言及し、「被告行政庁がした右判断に不合理な点があることが事実上推認される」と判断した。

この説示部分をどのように理解するかにつき、学説の理解は帰一するところがない[14]。筆者は、次のように読むのが最も合理的であると考えている。

第1に、「不合理な点」というのは、前記3(2)のとおり、不合理と評価すべき根拠となる具体的事実を指している。本判決は、【判旨】2前段において、「不合理な点」があることの客観的主張・立証責任は原告が負うと宣明しており、原告は不合理と評価すべき根拠となる具体的事実を主張していることが前提になっているから（不合理と評価すべき根拠となる具体的事実を原告が主張しない場合には、主張自体失当として請求が棄却される。）、結局、原告の主張した不

---

(12) 鈴木俊光「医療過誤訴訟の問題点」民訴争点［初版］37頁を参照。

(13) 竹下・前掲注(11)21頁は、「最高裁も、いわば当推量の主張によっても相手方に事案解明義務を負わせる趣旨とは思われないから、一般的に、このような手掛かりの提供は、当然に要求する趣旨と見てよいであろう。本件で、とくにこの要件を明示していないのは、……原告側は、合理的疑いを基礎付ける程度の手掛かりは十分提出していたからであると思われる。」というが、本文と同旨の見方と思われる。また、高橋・前掲注(4)426頁は、本判決が原判決を含む下級審裁判例の見解と基本的に同様の見地に立っていると解説する。

(14) 山本克己「事案解明義務」法教311号（2007年）91〜92頁を参照。

合理の評価根拠事実を指すと読むのが最も合理的である。

第2に、「事実上推認される」は、事実審裁判所が原告の主張した不合理の評価根拠事実の存在を「認定」することが相当（合理的）であるとの趣旨をいうものである。これを、「不合理である（違法性あり）と判断される」との趣旨をいうものと読むのは合理的でない。なぜなら、最高裁が、わざわざ、①「事実上」という用語を選択して、法律問題ではなく事実問題を議論していることを示し、②「推認される」という用語を選択して、法律判断ではなく事実認定の問題を議論していることを示しているのに、判決の文言を全く無視して、「法律判断（法的評価）として不合理である（違法性あり）との結論を導くのが相当である」と読むことになるからである。

そうすると、被告行政庁が上記(2)の主張・立証義務に違反したときの効果として、本判決は、**事実審裁判所として原告の主張した不合理の評価根拠事実を認定するのが相当であることを明らかにした**と解することになる。

ところで、「推認」とは、間接事実（通常は複数の間接事実）に経験則を適用して主要事実を認定するという事実認定のプロセスをいう[15]ところ、「主張・立証義務を負う当事者がその義務を果たさない場合には、そこで問題になっている事項につき、相手方当事者の主張する事実が存するのが通常である」との経験則があるということができるかどうかには疑問がある[16]。この疑問が正しいとすると、本判決は「推認される」と表現しているが、その実質は「擬制される」に帰着するというべきである[17]。

(4) 本判決と事案解明義務

以上(1)ないし(3)のように検討してくると、本判決は、**情報（証拠）偏在型訴訟の審理の実践の中での下級審裁判実務の成果を肯認したものであり、ドイツの事案解明義務の議論を直接継受したものではないのであるが、【判旨】2後段の説示は、要件・効果ともに事案解明義務の議論の内容とほぼ同じところに**

---

[15]　司法研修所・手引82頁を参照。

[16]　松本博之「民事訴訟における証明責任を負わない当事者の具体的事実陳述＝証拠提出義務について」曹時49巻7号（1997年）1635頁を参照。

[17]　竹下・前掲注[11]22頁は、本判決の認める効果につき、当事者が文書提出命令に従わないときに「相手方の主張を真実と認める」という効果（いわゆる真実擬制）を規定する民訴法224条と同じものであると説明するが、正鵠を射た指摘である。

第6章　証拠法　259

行き着いているといって間違いないように思われる。

5　【判旨】2の判決理由中の位置付け──傍論であること

　本判決の【判旨】2は、裁量処分の取消訴訟における主張・立証責任及び主張・立証責任を負わない当事者の行為規範とその効果につき、最高裁が取り上げその考え方を披瀝した初めてのものであり、民事裁判の実務に大きな影響を及ぼすばかりか、理論的にも興味深いものである。

　しかし、本件原判決は、被告行政庁の主張・立証が十分にされた結果、Xらの主張する「不合理な点あり」の立証が不成功に終わったため、Xらの請求を棄却すべきであるとしたものである[18]。

　そうすると、本判決が【判旨】2において説示した裁量処分の取消訴訟における主張・立証責任の問題も、主張・立証責任を負わない当事者の行為規範とその効果の問題も、上告棄却の主文を導くために必要不可欠な判断ではないことが明らかである。結局、本講で主要な論点として取り上げた【判旨】2は、**全くの傍論である**[19]。本判決の【判旨】2は、民集が傍論を判決要旨として抽出し掲載した一例ということになる。最高裁は、事実審裁判所に対するメッセージとして抽出し掲載することにしたのであろう。

6　おわりに

　本講で取り上げた本判決の【判旨】1と2についてみると、【判旨】1は、原子炉設置許可処分の取消訴訟における司法審査の方法について説示した法理判例である。次に、【判旨】2は、その内容からすれば、原子炉設置許可処分の取消訴訟における主張・立証について説示した法理判例の性質を有するものであるが、その法理が主文を導くために必要不可欠なものではないから、傍論として位置付けられるものである。

　しかし、【判旨】2は、本文中に説明したように、情報（証拠）偏在型訴訟の審理の実践の中で下級審裁判所が長年月かけて重ねた工夫が背景に存するの

---

(18)　前掲高松高判昭和59・12・14（判時1136号42〜52頁）を参照。

(19)　上原敏夫・百選［第3版］（2003年）155頁は、「この点の判示はあくまで理論的なものにとどまる」との表現によって傍論であることを指摘する。

であり、最高裁があえて傍論において説示することによってそれを肯認したという意味がある。そして、それがドイツにおける議論とも接合するものであった。

【判旨】2は、傍論ではあるものの、ここに判例形成の1つの「かたち」を見ることができる。

Refreshments 9

●「判例」と民集の「判決要旨」●

「判例」という用語は、文脈によって、次の3つの意味で使われる。第1に、「裁判（判決・決定）の理由説示の中で示された先例として拘束力のある法的判断」の意味で、第2に、「個別の裁判そのもの」の意味で、第3に、「特定の法律問題についての裁判所の基本的な考え方」の意味で使われる。

本書で「判例」という場合は、第1の意味で使っている。一般の法律実務書が「判例」というのは第2の使用方法であり、本来であれば、「東京地裁の平成○年○月○日言渡しの判決」などとして、判決・決定を特定引用すべき場合である。物権法の教科書が「判例は背信的悪意者排除説に立つ」と説明するのは、第3の使用方法である。これを、「判例」といわずに、「判例理論」という用語を使うこともある。

ところで、民集登載判決は、最高裁判所の判例委員会の議を経て決せられており、そこに掲載される「判決要旨」又は「決定要旨」は、一応、上記第1の意味での判例部分を同委員会が抽出し整理したものであると理解することができる。

しかし、7講の判決（最3小判平成19・5・29判時1978号7頁）が判決理由中に説示するように、例えば、大阪国際空港訴訟事件判決（最大判昭和56・12・16民集35巻10号1369頁〔43〕）についてみると、民集は、場合判例部分を「判決要旨」として抽出・掲記しているが、事例判例部分を「判決要旨」として抽出・掲記してはいない。

また、本講で検討したように、伊方原発事件判決につき、民集は、学説が「事案解明義務」として議論する問題についての説示部分を「判決要旨」として抽出・掲記しているのであるが、この説示部分は傍論にすぎない。最高裁判所の判例委員会は、下級審裁判官を含む法律実務家に対するメッセージとして

（実務の参考として）、判決要旨としたのであろう。

　以上のとおり、最高裁判決の「判例」を知るために、民集の「判決要旨」の記載は一応の参考にはなるが、それ以上のものではない。法律実務家としては、判決文に直接当たり、当該事件の事実との関係で法律論を正しく位置付ける努力を怠ってはならない。

◆ 当事者の証明・裁判官の事実認定(4)

23 採石権侵害の不法行為による損害賠償請求事件と 民訴法248条の適用

最3小判平成20・6・10判時2042号5頁

【事実】

1　採石業を営むX社は、平成7年7月20日当時、本件土地1（L₁）及び2（L₂）（本件土地1及び2を併せて「本件各土地」という。）についての採石権を有していた。X社と同じく採石業を営むY₁社は、同日から同月27日ころまでの間、本件各土地の岩石を採取した。

2　X社は、Y₁社を債務者として、平成7年7月27日、本件各土地における採石禁止等を求める仮処分を申し立てたが、同仮処分命令申立事件において、同年8月8日、和解（本件和解）が成立した。その内容は、概ね、①係争土地396m²のうち、本件土地2を含む北側の土地（甲地）についてはX社に採石権があり、本件土地1を含む南側の土地（乙地）についてはY₁社に採石権があることを確認する、②①の合意は、本件和解成立時までに発生した採石権侵害等による互いの損害についての賠償請求を妨げるものではないことを確認する、というものであった。

3　しかし、Y₁社は、本件和解の後である平成8年4月2日、X社に採石権があることを確認した本件土地2において岩石を採取した。

4　X社は、Y₁社がその代表者であるY₂の指示により、本件和解前の平成7年7月20日ころ本件各土地において採石し、本件和解後の同年9月ころから平成8年4月ころまでの間本件土地2を含む北側の土地（甲地）において採石したと主張し、不法行為を理由とし、Y₁社及びY₂に対し、連帯して損害賠償金を支払うよう求める訴訟を提起した。

5　第1審は、X社の主張を概ね認め、2342万円余の限度でXの請求を認容した[1]。

---

(1)　長崎地壱岐支判平成12・3・9判例集未登載。

第6章 証拠法　263

　6　控訴審（原審）は、①X社のY1社に対する損害賠償請求のうち、本件土地2の採石権侵害に基づく請求につき、本件和解前及び本件和解後の採石行為による損害として547万0320円及びこれに対する遅延損害金の支払を求める限度で認容すべきものとしたが、本件土地1の採石権侵害に基づく請求につき、「Y1社が本件土地1において本件和解前の平成7年7月20日から同月27日ころまでの間に採石した量については、本件和解後、Y1社が本件土地1を含む乙地につき採石権を取得し、実際に採石を行っており、Y1社が本件和解前に採石した量と、本件和解後に採石した量とを区別し得る明確な基準を見出すことができない。したがって、本件和解前の本件土地1についてのY1社による採石権侵害に基づくX社の損害の額はこれを算定することができない。」と述べて、これを棄却した。また、控訴審は、②X社のY2に対する損害賠償請求につき、「仮に、X社主張の上記請求原因事実が認められるとしても、Y2が、Y1社と独立して、上記採石行為によりX社に生じた損害を賠償すべき不法行為責任を負う根拠にはならない。」と述べて、これを棄却した[(2)]。

　7　X社は、原判決の上記6の①の判断につき釈明権不行使の違法があり、同②の判断につき判例に違反し、不法行為に関する法令違背があると主張して、上告受理の申立てをした。

［関係図］

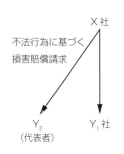

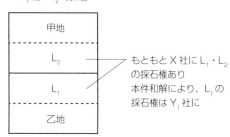

H7・7・20〜27　Y1社：L1L2で採石
H7・7・27　X社→Y1社　採石禁止等の仮処分申立て
H8・8・8　X社−Y1社　本件和解
　　　　　　（L2を含む甲地の採石権はX社に、
　　　　　　L1を含む乙地の採石権はY1社に）
H8・4・2　Y1社：L2で採石

【判旨】

破棄差戻し。

1 損害額の立証が極めて困難な場合と民訴法248条の適用

「前記事実関係によれば、X社は本件和解前には本件土地1についても採石権を有していたところ、Y₁社は、本件和解前の平成7年7月20日から同月27日ころまでの間に、本件土地1の岩石を採石したというのであるから、上記採石行為によりX社に損害が発生したことは明らかである。そして、Y₁社が上記採石行為により本件土地1において採石した量と、本件和解後にY₁社が採石権に基づき同土地において採石した量とを明確に区別することができず、損害額の立証が極めて困難であったとしても、民訴法248条により、口頭弁論の全趣旨及び証拠調べの結果に基づいて、相当な損害額が認定されなければならない。そうすると、Y₁社の上記採石行為によってX社に損害が発生したことを前提としながら、それにより生じた損害の額を算定することができないとして、X社の本件土地1の採石権侵害に基づく損害賠償請求を棄却した原審の上記判断には、判決に影響を及ぼすことが明らかな法令の違反がある。」

2 Y₁社が不法行為責任を負う場合におけるその代表者Y₂の責任の有無

「X社のY₂に対する前記請求原因事実は、Y₂が、本件各土地(本件和解後は本件土地2のみ)における採石行為はX社の採石権を侵害するものであることを知りながら、Y₁社の代表者として同会社の従業員らに対して上記採石行為を指示してこれを行わせたというものであるから、この事実が認められれば、Y₂について不法行為が成立することは明らかであり、上記採石行為についてY₁社が不法行為責任を負うとしても、Y₂が不法行為に基づく損害賠償責任を免れる理由はない。」

---

(2) 福岡高判平成17・10・14判例集未登載。

【判例の読み方】

1　本判決のポイント

　民訴法248条は、「損害が生じたことが認められる場合において、損害の性質上その額を立証することが極めて困難であるときは、裁判所は、口頭弁論の全趣旨及び証拠調べの結果に基づき、相当な損害額を認定することができる。」と規定する。この規定は平成10年1月1日に施行された現行民訴法に新設されたものであるが、その規定の性質及び適用範囲につき、議論が帰一しない状況が続いている。

　本判決は、民訴法248条の規定が本件事案に適用されることを前提とし、損害額の証明がないとして不法行為を理由とする損害賠償請求を棄却した原審の判断に同条違反の違法があるとした事例判例である。

　本判決は、民訴法248条の規定の性質ないし趣旨をどのように把握するかといった議論に立ち入ることをしないで、事例判断をしたにすぎない。しかし、本講では、同条の規定の性質（後記2）と同条の適用範囲（後記3）をめぐってされている議論の概要を整理した上で、【判旨】1に即して、同条の本件への適用の可否（後記4）及び同条の適用義務と損害額の証明責任（後記5）について検討することにする。

　なお、【判旨】2は、民法の解釈適用問題であるところ、既に最1小判昭和49・2・28判時735号97頁が同旨を判示しており、裁判実務にもほぼ定着している立場を確認するものにすぎないから、本稿では取り上げない。

2　民訴法248条の規定の性質をめぐる議論とその意義

　民訴法248条の規定の性質につき、一般に、証明度軽減説（損害額という事実の認定につき証明度の軽減を許容したものとする考え方）、裁量説（損害額の認定につき裁判所の裁量を許容したものとする考え方）、折衷説（損害額の認定につき証明度の軽減と裁判所の裁量との双方を許容したものとする考え方）と名付けられる3つの考え方が存する[3]。

　立法担当者の説明[4]及び学説の通説は、証明度軽減説を採る。本条が自由心証主義を規定する民訴法247条の直後に置かれており、前記1のとおり、条文の表現も「口頭弁論の全趣旨及び証拠調べの結果に基づき、相当な損害額を認

定することができる。」というものであって、通常の事実認定と同じ資料のみが「損害額の認定」の根拠となし得る旨を規定していて、「損害額の認定」が通常の事実認定と性質の異なる裁判所の「裁量」によるものとして規定していると読むことはできないから、民訴法248条の規定の性質についての解釈論としては証明度軽減説に説得力がある[5]。

そして、論者によって「裁量」という用語の使い方と内容の理解の仕方に相違があることもあり、「証明度を下げた認定を許容した」と説明するか「裁量的判断を許容した」と説明するかによって、訴訟の実際においてどのような差異をもたらすのかは明らかでない。むしろ、民訴法248条を適用してする損害額の認定の実質的基準をどのように設定するかが重要であるというところに議論が収束しつつある[6]。

3　民訴法248条の適用範囲

(1)　「損害の性質上その額を立証することが極めて困難であるとき」の意義

民訴法248条は、その適用要件として「損害の性質上その額を立証することが極めて困難であるとき」を掲げる。

まず、「損害の性質上」の要件につき、当該事案に特有の事情ではなく、損害の有する客観的な性質をいうと解する考え方（客観説）[7]と、具体的事案における立証の困難性をも含むと解する考え方（個別事案説）[8]との対立がある。客観説からは、損害の有する客観的な性質とはいえない例として、「他人によっ

---

(3)　民訴法248条をめぐる議論の状況全般につき、伊藤眞「損害賠償額の認定——民事訴訟法248条の意義」論文集刊行委員会編『原井龍一郎先生古稀祝賀　改革期の民事手続法』（法律文化社、2000年）52頁を参照。

(4)　法務省民事局参事官室編『一問一答新民事訴訟法』（商事法務研究会、1996年）287頁を参照。

(5)　伊藤滋夫「民事訴訟法248条の定める『相当な損害額の認定』上」判時1792号（2002年）4〜5頁を参照。

(6)　伊藤滋夫「民事訴訟法248条の定める『相当な損害額の認定』中」判時1793号（2002年）6頁、高橋・重点講義下60頁を参照。

(7)　伊藤・前掲注(5)4頁、門口正人ほか編『民事証拠法大系第1巻　総論(1)』（青林書院、2007年）312頁［新谷晋司＝吉岡大地］を参照。

て自動車を毀損されたが、その後たまたまその自動車が第三者に盗まれたために、毀損の程度を修理業者に鑑定を依頼するなどして証明することができないとき」が挙げられる[9]が、実際の紛争における損害額の立証が極めて困難である理由が損害の有する客観的な性質によるのか個別事案の性質によるのかを、識別することが可能であるか、識別することに意味があるかについては疑問なしとしない。

次に、「その額を立証することが極めて困難」の要件が何を意味するのかは、「極めて」と「困難」という二重に規範的な用語をもって定められているため、条文自体が分かりよいとはいえず、学説も明快な解釈論を提示しているとは言い難い。ただ、当事者によるできる限りの「立証」を前提としてもなお通常の証明度に達することが「極めて困難」と評価することができることを要件としていることは、読み取ることができる。そうすると、**事案ごとに可能と考えられる立証努力を果たしたことを前提として、通常の立証が「極めて困難」といえるかどうかを判断すべきことをいう**との考え方[10]が的確なものと思われる。この考え方の基礎には、損害額の立証又は認定に当たって、民訴法248条の規定に安易によりかかるべきではないという発想が存する。

これらの点については、本件事案に即して後記4で検討することにしよう。

⑵ 「その額を立証することが極めて困難」の要件を充足する事案の範囲についての見解の相違

立法担当者は、民訴法248条の適用を予定するものとして死亡した幼児の逸失利益と慰謝料とを挙げるのである[11]が、皮肉なことに、同条の適用範囲をめ

---

(8)　賀集唱=松本博之=加藤新太郎編『基本法コンメンタール民事訴訟法2［第3版］［追補版］』（日本評論社、2012年）279頁「奈良次郎」を参照。

(9)　伊藤・前掲注(5)4頁を参照。

(10)　畑郁夫「新民事訴訟法248条について——知的財産事件に適用される場合を念頭において」論文集刊行委員会編・前掲注(3)509頁を参照。奈良・前掲注(8)278〜279頁も同旨をいうものと思われる。もともと裁判所による損害額の認定は、数学的な厳密さを要求されるものではなく、経験則と良識とに合致したできる限り蓋然性のある金額を認定するものであるから、損害の発生を認定することができるのに、通常の証明度を下げなければ損害額の立証と認定をすることが「極めて困難」と評価することができる事態が頻繁に起きるとは考え難い。

(11)　法務省民事局参事官室編・前掲注(4)288頁を参照。

ぐる見解の相違はこの２つの項目についても決着をみていない。

　前者の死亡した幼児の逸失利益につき、最３小判昭和39・6・24民集18巻5号874頁 [66] は、「あらゆる証拠資料に基づき、経験則とその良識を十分に活用して、できうるかぎり蓋然性のある額を算出するよう努め、ことに右蓋然性に疑がもたれるときは、被害者側にとって控え目な算定方法(12)……を採用することにすれば、慰謝料制度に依存する場合に比較してより客観性のある額を算出することができ、被害者の救済に資する反面、不法行為者に過当な責任を負わせることともならず、損失の公平な分担を窮極の目的とする損害賠償制度の理念にも副う」と判示する。

　民訴法248条を創設的規定ではなくそれまでの判例の立場を明文化したものと位置付けるのであれば、死亡した幼児の逸失利益を本条の適用対象とする立法担当者の見解を支持する多数説の立場(13)が本条の解釈論として適切であろう。

　後者の慰謝料についてみると、最１小判昭和56・10・8判時1023号47頁は、「慰藉料の額は、裁判所の裁量により公平の観念に従い諸般の事情を総合的に斟酌して定めるべきものであることは当裁判所の判例とするところ」と説示している。この説示からすると、立法担当者の見解とは異なり、損害額の「算定」を事実の「認定」の性質を有するものであることを前提として規定する本条の適用対象ではないとする多数説の立場(14)が本条の解釈論として適切であろう。

　これら２つの項目以外にしばしば民訴法248条の適用例として挙げられるのは、火災によって焼失した家財の損害額である。これは、性質上証拠による証明になじまない慰謝料とは異なり、証拠による認定が本来的に可能であるもの

---

(12)　本文の昭和39年判決は、控え目な算定方法につき、「たとえば、収入額につき疑があるときはその額を少な目に、支出額につき疑があるときはその額を多めに計算し、また遠い将来の収支の額に懸念があるときは算出の基礎たる期間を短縮する等の方法」と説明する。

(13)　伊藤眞・前掲注(3)64〜65頁、伊藤滋夫・前掲注(6)3頁を参照。

(14)　伊藤眞・前掲注(3)57〜61頁、伊藤滋夫・前掲注(6)3頁を参照。なお、伊藤眞・同59頁は、慰謝料につき、「大審院以来の判例は、……判決理由の中で自由な裁量に言及したものはあるが、自由心証に言及したものは見あたらない」と指摘する。

の、通常人に万一の場合に備えて所有する家財の種類、購入時期、購入価格等の記録を保存しておくよう求めることは合理的とは考えられないし、それを理由に請求の全てを棄却するのも実体法秩序と整合するとは考えられない。これを同条の適用対象とする下級審判決例[15]も現れたが、当然のことと受け止められており異論はない。

なお、上記の例からも分かるように、損害額の認定には、現実損害を対象とする「回顧型損害額認定」と将来損害を対象とする「予測型損害額認定」との2つの類型が存するが、民訴法248条はそのいずれにも適用される。焼失家財の損害額の認定は回顧型損害額認定の一例であるし、幼児の逸失利益の認定は予測型損害額認定の一例である[16]。

4　民訴法248条の規定の本件への適用の可否──【判旨】1

(1)　「損害の性質上」の要件の解釈適用

本件事案は、本件和解前（平成7年7月20日から同月27日ころまで）に本件土地1においてY₁社のした採石行為によって採石権者X社に発生した損害額の認定に係るものであるから、回顧型損害額認定の典型例といってよい。

そして、本件における採石権侵害に基づく損害額は、「採取された岩石の単価×その量」という算式によって認定することができるところ、「採取された岩石の単価」も「その量」も客観的な性質から認定困難ということはできず、単に、本件和解前に本件土地1において採取した岩石と本件和解後に本件土地1及び2において採取した岩石とが明確に区別して管理されていたわけではない等の事情によって、本件和解前に本件土地1において採取した岩石の量を特定するのに困難を来しているというにすぎない。すなわち、本件は、損害の有する客観的性質において損害額の立証が困難であるのではなく、具体的状況のゆえに損害額の立証が困難になったというべき事案である。

したがって、**本判決が、本件に民訴法248条の規定の適用をしたものと解するとすれば、前記3(1)の個別事案説に立ったもの**ということになる。

---

[15]　東京地判平成11・8・31判時1687号39頁。

[16]　加藤新太郎「相当な損害額の認定」ジュリ1166号（1999年）107頁を参照。

⑵ 「その額を立証することが極めて困難」の要件の解釈適用

次に、本判決が、本件につき、「その額を立証することが極めて困難であるとき」に当たると判断したのかどうかが問題になる。

【判旨】1の「Y₁社が上記採石行為により本件土地1において採石した量と、本件和解後にY₁社が採石権に基づき同土地において採石した量とを明確に区別することができず、**損害額の立証が極めて困難**であったとしても、民訴法248条により、口頭弁論の全趣旨及び証拠調べの結果に基づいて、相当な損害額が認定されなければならない。」という説示に照らしてみると、この点は不明であるというほかない。むしろ、通常の日本語の用法からすると、「本件が民訴法248条の規定にいう『極めて困難』に当たるかどうかはともかく、原判決がいうように『極めて困難』に当たると仮定してみても」と述べているように読むのが正しいように思われる[17]。

筆者は、「極めて困難」の解釈論として前記3⑴のとおり解することを前提とすると、本件が民訴法248条の適用を予定する事案であるとするのは疑問であると考えている。

本件の事実審における主張・立証の詳細についての情報のない者として本件事案に即して確かなことを述べるのは困難であるが、Y₁社による本件和解前の本件土地1における採石量は、採石行為の方法、本件土地1及び2における各単位時間当たりの採石可能量、本件土地1及び2における各単位面積当たりの採石可能量、本件和解前後の本件土地1における各採石日数、本件和解前後の本件土地2における各採石日数、本件土地1及び2における実際の採石量等の事実が立証されれば、通常の裁判官が通常の損害賠償請求訴訟においてしている程度に蓋然性のある損害額を認定することは十分可能であるからである。現に、第1審は、民訴法248条の規定によらずに損害額の認定をしている[18]。

---

⑰ 本判決の判例批評は、いずれも、本件が民訴法248条の規定する要件を満たしているとの判断を本判決がしているものと読むようである。加藤新太郎・平成20年度重判152頁、三木浩一・私リマ39号（2009年下）117頁を参照。

⑱ もちろん、筆者は、第1審の損害額の認定の正否を論じているのではない。本件和解前後の採石量を区別する明確な基準を見出すことができないという理由で損害額の認定を諦め、これに係る損害賠償請求を簡単に棄却した原審の判断に、我が国の事実審裁判所で日常的にされている審理判断と比較して、大きな違和感を感ずるのである。

5　民訴法248条の規定の適用義務及び損害額の証明責任
——【判旨】1

(1)　事実審裁判所の民訴法248条の規定の適用義務

　民訴法248条は「裁判所は、口頭弁論の全趣旨及び証拠調べの結果に基づき、相当な損害額を認定することができる。」と規定しており、規定の文言上は裁判所の権限規定の体裁をとっている。

　ところが、【判旨】1は、「民訴法248条により、口頭弁論の全趣旨及び証拠調べの結果に基づいて、相当な損害額が認定されなければならない。」と説示しているため、損害額の立証が極めて困難であるときは、事実審裁判所は常に必ず民訴法248条の規定の適用義務を負う旨を述べているようにも読むことができる。

　そして、本判決に先立つ最3小判平成18・1・24判時1926号65頁（平成18年判決）は、特許庁職員の過失により特許権を目的とする質権を取得することができなかったことを理由とする国家賠償請求事件において、「仮に損害額の立証が極めて困難であったとしても、民訴法248条により、口頭弁論の全趣旨及び証拠調べの結果に基づいて、相当な損害額が認定されなければならない。」と判断した。本判決は、平成18年判決の説示をほぼそのままなぞったものである[19]。

　しかし、平成18年判決も本判決も、民訴法248条の規定の解釈を示した上で各事件に対する適用をした判決ではない。

　まず、平成18年判決は、損害の発生を否定した原判決に法令違反ありとして破棄したものであるから、厳密にいえば、上記引用説示部分は差戻し後控訴審における審理の指針を示すという意味を有する傍論にすぎない。したがって、その説示は明確に「仮に損害額の立証が極めて困難であったとしても」として、差戻し後控訴審における損害額についての将来の立証状況を仮定してのものになっている。その上で、平成18年判決は、同事件において既に確定された

---

[19]　担当調査官は、平成18年判決につき、「本判決が、損害の発生が認められるべきである以上損害額の立証が極めて困難であるとしても民事訴訟法248条により相当な損害額を認定しなければならないとした点は、最高裁として初めての説示であって、……本判決は重要な意義を有する」と解説する。松並重雄「判批」Law & Technology32号（2006年）105頁を参照。

事実関係を前提とすると、相当な損害額が認定されなければならないものであると説示しているのである。

次に、本判決は、損害の発生を認めながら、損害額の認定ができないとした原判決に法令違反ありとして破棄したのであるから、民訴法248条の規定の存在に言及した説示部分を傍論とはいえない。しかし、**本判決は、本件において既に確定された事実関係を前提とすると、相当な損害額が認定されなければならないとした事例判例であって、民訴法248条の規定の解釈を示した法理判例ではない。**

以上のとおり、平成18年判決はもちろん、本判決もまた、民訴法248条の規定の解釈を示した法理判例ではないし、損害額の立証が極めて困難であるときは、事実審裁判所は常に必ず民訴法248条の規定の適用義務を負うとの判断を示しているわけでもない。

(2) 被害者の損害額の証明責任の有無

本判決を以上のように理解するのが正しいとすれば、本判決は、民訴法248条の規定する「損害の性質上その額を立証することが極めて困難であるとき」の要件を充足させる事件において、被害者である原告は損害の発生さえ証明すればよく、損害額の証明責任を負わないといった考え方[20]を提示しているわけではない。

民訴法248条は、被害者である原告を損害額の証明から一切解放することを規定しているわけではなく、損害の発生についての通常の証明をしたことを前提として、損害額について軽減されたレベルの証明をしたときに、事実審裁判所に、口頭弁論の全趣旨及び証拠調べの結果を総合して、相当な（合理的な）損害額を認定する権限を付与したもの[21]と解すべきである。このように理解しても、当該事案における具体的事実関係によっては、相当な（合理的な）損害額の認定が事実審裁判所の権限というにとどまらず義務とされることがあることとは、何ら矛盾するものではない。

---

(20) 三木・前掲注(17)117頁は、証明度軽減説を前提として本判決の立場によると、「原告は……立証困難性の要件を満たすときは、損害の発生さえ立証すれば、損害額については証明責任を負わない」と説明する。

(21) 梅本・民訴798頁は同旨をいうものと思われる。

民訴法248条の規定をこのように解釈する立場から本判決を理解することは十分に合理的であって、本判決が裁量説に立つことを前提としている[22]とか、被害者である原告が損害額について立証責任を負うとした最2小判昭和28・11・20民集7巻11号1229頁を実質的に変更した[23]などとみるのは、正確な判例の読み方とはいえない。

本判決は、1つの判決の内容と位置付けを正確に把握するために、事案との関係で判決の説示を理解する、主論と傍論とを区別する、判決の背後にある法律論（一般命題）を一定の学説の立場から離れてできる限り客観的に理解する、といった判例を読む上での基本姿勢の重要さを再認識させる判決でもある。

6　おわりに

本判決は、不法行為に基づく損害賠償請求訴訟において、損害の発生を認めながら損害額を認定することができないとした原判決を、民訴法248条の適用を考慮しなかった点に法令違反の違法があるとして破棄した事例判例である。

本文中に詳述したように、**本判決は民訴法248条の規定の解釈を示した法理判例でないことは明らかであるが、同条の適用をしたものといってよいかどうかすら疑問**である。

本判決は、民事訴訟において実際に損害と損害額の主張・立証に当たった経験を有しない者にとっては分かりづらいものと思われる。損害と損害額の主張・立証を扱った21講を併せて検討することによって、この点についての最高裁の現在の立場を客観的に理解することが望まれる。

---

[22]　加藤・前掲注(16)152頁。

[23]　三木・前掲注(17)117頁。

◆ 　2段の推定(1)

24 印影の顕出に使用された印章をその所有者が保管していないのが常態である場合と第1段の推定

最3小判平成5・7・20判時1508号18頁[1]（出稼ぎ印鑑保管事件）

【事実】

1　X銀行は、Yに対し、Aを主債務者とする金銭消費貸借契約の連帯保証人になったと主張して、保証債務の履行としてAに対する貸金相当額の支払を求めた。Yは、Aの従兄弟である。

2　Yが連帯保証契約の締結を否認したため、X銀行は、金銭消費貸借契約書（本件契約書）を証拠として提出した。Yは、本件契約書中の連帯保証人欄の成立を否認したが、Y名下の印影がYの印章によるものであることは認めた。

3　第1審及び控訴審における審理によって確定された事実関係は、以下のとおりである。

① 　Yは、本件契約書の作成当時、1年を通じて関東方面に出稼ぎに出ており、秋田の自宅を離れているのが常態であった。Yの印章は、Yの妻が留守を預かる秋田の自宅に保管されていた。

② 　①のとおりのYの生活状況に比して、本件契約に基づく保証金額は、相当の高額である。

③ 　Yは、従前からX銀行との取引にかかわったことがなく、X銀行から保証意思の確認を求められたことがなかった。

④ 　Aの訴外B銀行からの融資に関して、B銀行に対し、連帯保証人欄にYの署名と実印による押印のある金銭消費貸借契約証書等が提出され、その後、YからYの署名と実印による押印のある連帯保証に関する確認書が返送されたことがある。

---

(1)　本判決の事実及び判旨は、瀧澤泉「最高裁民事破棄判決の実情(2)——平成5年度」判時1508号（1994年）18頁によるものである。

第6章 証拠法　275

4　原審（控訴審）[(2)]は、本件契約書の連帯保証人欄のY名下の印影がYの印章によるものであることは争いがないから、同欄の真正が事実上推定され、民訴法326条（現行民訴法228条4項）により文書の成立の真正が認められるとして、連帯保証契約の成立を認め、X銀行の請求を認容した。Yが上告。

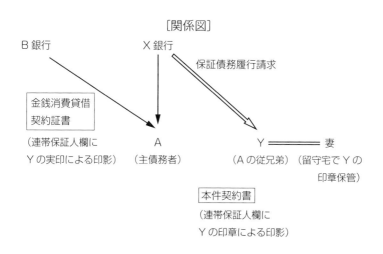

【判旨】
破棄差戻し。

1　2段の推定についての判例の立場

「民訴法326条〔現行民訴法228条4項〕は、『私文書ハ本人又ハ其ノ代理人ノ署名又ハ捺印アルトキハ之ヲ真正ナルモノト推定ス』と規定するが、同条の規定が適用されるためには、作成者の署名又は捺印が真正に成立したことを要するところ、文書中の印影が作成者の印章によって顕出された事実が確定された場合には、反証のない限り、印影は作成者の意思に基づいて顕出された真正なものと事実上推定され、その結果、同条の規定により文書の全体が真正なものと推定されるとすること判例である。」[(3)]

---

(2)　仙台高秋田支判平成元・9・11判例集未登載。

2 事実上の推定が破られる1つの場合

「原審の認定するところによれば、Yは、X銀行C支店を通じて本件各契約書等が作成されたころは、原則として1年を通じて関東方面に出稼ぎをしており、秋田の自宅を離れているのが常態であったというのであるから、Y名下の印影が同人の意思に基づいて顕出された真正なものとすべき事実上の推定が破られると考えるのが自然である。」

3 事実上の推定が破られることのない例外事情

(1)「もしこれを否定して、その印影の顕出がYの意思に基づくものとするには、第一次的には、右契約書等作成の時点（直前の時点をも含むというべきであろう）において、同人が現に在宅していたとの事実を確定する必要がある。」

(2)「もとよりYとしては、自ら捺印しなくとも、留守を預かる妻○○に指示して捺印させることも可能であろうが、1年を通じて出稼ぎをしているYの生活状況に比して本件貸借（保証）の金額が相当の高額に上ることのほか、Yは従前からX銀行との取引にかかわったことがなく、またX銀行から保証意思の確認を求められたことがないこと……等からすれば、Yが留守宅の妻に指示して捺印させるというのは、本件の事実関係の下においては、極めて例外的な事情の存する場合に限られるものといわなければならない。」

(3)「しかるに、……原判決の認定説示には、本件各契約書の作成当時、Yが秋田の自宅に在宅中であったか否か、また何らかの事情があってYが留守宅の妻に捺印を指示したものであるのか否かの点については、何ら言及するところがない。」

(4)「なお、……〔【事実】3④の事実は〕、当該時点におけるYの在宅又は留守宅の妻への指示が認められない以上、特段の意味をもち得ないばかりでなく、そもそも訴外銀行宛の書面であって、本件の結論を左右し得るものではない」。

---

(3) 本判決は、ここで最3小判昭和39・5・12民集18巻4号597頁［33］を引用する。

第6章　証拠法　277

【判例の読み方】

1　本判決のポイント

　書面でされた契約の締結の有無が争点になった場合に、当該契約の契約書が証拠として提出され、その成立の真正が争われるという事態は法律実務家が日常的に経験することである。

　主張・立証の構造の観点からこれを説明すると、契約の締結の有無という主要事実レベルの争点の成否が契約書の成立の真否という補助事実レベルの争点の成否に移行するという形になっている。

　このように、文書（特に、契約書等の処分証書）の成立の真否に係る事実認定は事件の帰趨を決する重要問題であり、本講及び次講で取り上げる「2段の推定」という事実認定の手法は、法律実務家が身に付けておくべき基本中の基本である。

　以下、「2段の推定」という事実認定の手法についての考え方の基本を押さえた上で（後記2）、本判決が取り上げた第1段の推定に係る問題につき、第1段の推定が働くための前提事実と第1段の推定が覆る場合の基礎理論を整理し（後記3）、本件の事案に即して、自らの印章を保有者が常時保管していない場合に第1段の推定が覆るかどうか（後記4）、自らの印章を保有者が常時保管していなくても第1段の推定が働くのはどのようなときか（後記5）、を順次検討することにしよう。

2　「2段の推定」という事実認定の手法──【判旨】1
⑴　第1段の推定とは

　本判決が【判旨】1において引用する前掲最3小判昭和39・5　12（昭和39年判決）は、作成名義人の印影の顕出された私文書につき、その印影が当該作成名義人の印章によって顕出されたものである事実が確定された場合には、反証がない限り、その印影は当該作成名義人の意思に基づいて顕出されたものと推定するのが相当であると判断した。

　この判断は、我が国における印章尊重の慣行（すなわち、ある人の印章を他人が勝手に使用するという事態は通常なく、文書にある人の印章の印影が顕出されている場合には、その人が自ら押印したかその人の意思に基づいて第三者が押印した

かのいずれかであるという経験則）を基礎にして、事実上の推定を認めたものであり、一般に「第1段の推定」と呼ばれる。

(2) 第1段（押印の真正）の主張・立証のプロセス

昭和39年判決の宣明した第1段の推定を認める立場に立つと、印影の存する私文書が証拠として提出された場合には、裁判所としては、①相手方当事者（本事案ではY）に対して、当該私文書中の印影が作成名義人として主張されている者（本事案ではY）の印章によって顕出されたものであるかどうかについての認否を求め、②相手方当事者が作成名義人として主張されている者の印章によって顕出されたものであることを否認するときは、当該文書を証拠として提出した当事者（本事案ではX）にこの点の立証を促し、③相手方当事者がこれを認めるとき又は証拠によってこれを認定することができるときは、相手方当事者が第1段の推定を覆す反証を提出するのかどうかを確認する、というプロセスを踏むことになる。

そこで、当事者又はその訴訟代理人としては、①→②→③のプロセスを念頭に置いて口頭弁論に臨む必要がある。

(3) 第2段の推定とは

第2段の推定とは、民訴法228条4項の規定する推定を指す。

同項の趣旨は、本人又はその代理人の署名又は押印の存する私文書につき、**その署名又は押印が本人又はその代理人の意思に基づいてされたこと（署名・押印の成立の真正）**が確定したときは、**当該私文書の記載全体が真正に成立したという推定が働くという一種の法定証拠法則**を定めたものであると解されている[4]。

(4) 印影の存する私文書の成立の真正についての認定の過程

民訴法228条4項の規定に昭和39年判決の判断を組み合わせることにより、「2段の推定」と呼ばれる事実認定の枠組みができあがった。

すなわち、挙証者が印影の存する私文書を証拠として提出した場合、当該印影が本人又はその代理人の印章によって顕出されたことが確定したとき（すなわち、当事者間に争いがないか、証拠によって証明されたとき）は、第1段として「本人又はその代理人の意思に基づく押印であること（押印の真正）」が推定さ

---

(4) 民訴法228条4項の意義と性質につき、詳細は25講を参照されたい。

れ、第2段として「当該私文書全体が本人又はその代理人の意思に基づく記載であること」が推定され、結局、当該私文書全体が真正に成立したものとして扱われることになる。

「2段の推定」を利用した私文書の真正についての認定プロセスを図示すると、以下のとおりである。

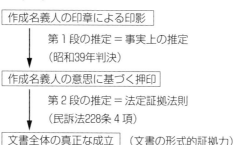

3 第1段の推定の前提事実及び第1段の推定が覆る場合
(1) 第1段の推定の前提事実

前記2(1)のとおり、昭和39年判決は、我が国における印章尊重の慣行を事実上の推定の根拠としているから、印鑑登録のされている実印の場合にこの事実上の推定が働くことに異論はない。昭和39年判決は、実印といわゆる三文判とを類型的に区別して論じていないので、一般に、推定の前提としていわゆる三文判を排除するものではないと解されている[5]。しかし、昭和39年判決の射程は実印に限られ、いわゆる三文判には事実上の推定は働かないとする異説も存する[6]。

作成名義人の意思に基づく押印であることについて事実上の推定を働かすのであるから、その前提として、当該作成名義人が**単独で所有し使用している印章**であることを要し、他の者と共有又は共用している印章は含まれないと解すべきである[7]。したがって、この点は、真正を証明すべき当事者において事実

---

(5) 蕪山巌・最判解説昭和39年度民事113頁を参照。ただし、反証としてどの程度のものを要するかについては、実印であるかどうかが影響を及ぼすことになる。
(6) 町村泰貴・小林秀之編『判例講義民事訴訟法［第3版］』（悠々社、2016年）227頁を参照。

上の推定の前提事実として証明する必要がある[8]。

(2) 第1段の推定が覆る場合

第1段の推定は、前記2(1)のとおりの経験則に基礎を置くものであるから、反証の内容となる事実は、抽象的に叙述すれば、このような**経験則の働かない可能性のある場合**であることということになる。

そして、第1段の推定が覆ったこれまでの裁判例を整理すると、①盗用型（印章を紛失し又は盗まれて、勝手に使用された可能性のある場合）、②委任違背型（目的を特定して印章を預けていたところ、当該目的外に使用された可能性のある場合）、③保管者冒用型（印章の保管を託していたところ、保管の趣旨に背いて使用された可能性のある場合）等に分類することができる[9]。

4 保有者が自らの印章を常時保管していない場合——【判旨】2

本判決の【判旨】2の説示は、第1段の推定が事実上の推定にすぎず、私文書の作成名義人の印影が当該作成名義人の印章によって顕出されたものであることが確定された場合であっても、その作成の真正を争う当事者に証明責任が転換されるわけではない（すなわち、当該印影が作成名義人の意思に基づいて顕出されたのではないことを証明する責任を負うわけではない）との立場に立つことを明確に理解することができる文章構成になっている。

すなわち、私文書の作成の真正を争う当事者は、**事実上の推定を動揺させるに足りる反証を提出すれば十分**なのであって、例えば印章が盗用され、又は保管者によって冒用されて印影が顕出されたことを証明しなければならないわけではないのである。

本判決の【判旨】2は、①印章の保有者であるＹが、本件契約書の作成当

---

(7) 最1小判昭和50・6・12判時783号106頁は、「原審の適法に確定した事実によれば、『本件各修正申告書の上告人名下の印影を顕出した印章は、上告人ら親子の家庭で用いられている通常のいわゆる三文判であり、上告人のものと限ったものでない』というのであるから、右印章を本件各申告書の名義人である上告人の印章ということはできないのであって、その印影が上告人の意思に基づいて顕出されたものとたやすく推定することは許されないといわなければならない。」と判示する。

(8) ただし、町村・前掲注(6)は、第1段の推定を覆す反証の問題として扱う。

(9) 信濃孝一「印影と私文書の真正の推定」判時1242号（1987年）12頁、森宏司「私文書の真正の推定とその動揺」判タ563号（1985年）26頁を参照。

時、1年を通じて秋田の自宅を離れて関東方面に出稼ぎに出ているという生活状況にあった、②Yの印章は、妻が留守を預かる秋田の自宅に保管されていた、という2つの事実（すなわち、印章の保管者であるYの妻が**冒用した可能性があること**を示す事実）が証明されたときは、「Yの印章による印影→Yの意思に基づく押印」という事実上の推定を動揺させるに足りる反証として十分であると判断しているのである。

　本判決は、「推定が破られる」と表現しているが、上記のとおり、事実上の推定を動揺させるという意味である。「推定が覆る」とか「推定が破られる」という語感に引きずられて誤解しないように、注意を要する。

5　保有者が自らの印章を常時保管していない場合に、事実上の推定が働く状態に戻るとき──【判旨】3

　本判決の【判旨】3は、印章の保有者であるYが1年を通じて出稼ぎのため印章の保管場所である自宅を留守にしているのが常態であったという事実が証明されたときは、本件契約書の提出者であるXにおいて、①本件契約書の作成時点においてYが在宅していたこと（【判旨】3(1)）、又は②印章の保管者である妻にYが押印を指示したこと（【判旨】3(2)）、のいずれかを証明することによって初めて、事実上の推定が働く状態に戻るとの趣旨を説示するものである。

　また、本判決が【判旨】3(4)において、本件契約書の作成の真正という争点の判断においては、主債務者AとYとが従兄弟の関係にあって、他の銀行からのAの借入れについてYが連帯保証人になったことがあるという事実は、特段の意味をもち得ないとしている点も、訴訟代理人としての主張・立証又は事実審裁判所としての事実認定に当たって、参考になる。

　以上に説明した心証の形成過程をチャート化したのが **Refreshments 10** の「心証の形成過程参考図」である。

Refreshments 10

●「本証」と「反証」及び「心証の形成過程」●

　ある事実(a)の証明責任を負う当事者は、要証事実(a)につき事実審裁判所の心証が証明度に達するように立証活動をする必要がある。この立証活動を「本証」という。19講でみたように、この証明度は「高度の蓋然性（通常人が疑いを差し挟まない程度に真実性の確信を持ち得るものであること）」を必要とするというのが我が国の判例・通説の立場である。

　これに対し、証明責任を負わない当事者は、要証事実(a)につき事実審裁判所の心証が証明度に達するのを妨げればよく、要証事実の不存在(-a)につき証明度に達する心証を抱かせる必要はない。

　証拠である文書の成立の真正は、補助事実であって主要事実ではないのであるが、民訴法228条1項は、その提出当事者において文書の成立の真正を証明しなければならないこととしている。そこで、これを例にして、本証と反証及び心証形成過程の実際をみてみよう。

　我が国においては印章が尊重されているとの慣行の存在を前提として、本講で検討した昭和39年判決は、私文書中の印影が作成名義人の印章によって顕出されたものであることが確定された場合には、その印影は作成名義人の意思に基づいて顕出されたものと事実上推定するのが相当であるとした。「事実上推定するのが相当」というのは、「経験則に合致する」との趣旨をいうものである。

　このように経験則に基づく事実上の推定が働く場合、当該私文書の成立の真正を争う相手方当事者としては、事実審裁判所に対し、その経験則の働かない可能性があることを示す特段の事情があるとの心証を抱かせるような立証活動をする必要がある。いわゆる保管者冒用型の事件においては、例えば、作成名義人である当該印章の保有者が1年を通じて保管場所である自宅を留守にしていた等の事情を立証することになる。相手方当事者において当該私文書中の印影が作成名義人の意思に基づかずに顕出されたことを立証しなければならないわけではないから、文書の成立の真正という要証事実との関係では、あくまでも反証で足りるのである。

　このような反証がされた場合には、当該私文書の提出当事者において、その作成時点で作成名義人が在宅していた、又は作成名義人が印章の保管者に対し

て押印を指示したといった事情を立証することによって、当初の経験則（事実上の推定）の働く状態に戻るのである。

　本講で取り上げた最3小判平成5・7・20は、以上のような本証と反証との関係ないし心証形成過程を前提にした判断をしているのである。

　このような心証形成過程を、「証明の必要が当事者の一方から他方へ移動する」と説明してもよい。

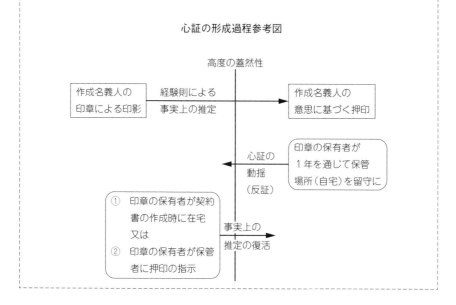

6　おわりに

　本判決は、昭和39年判決の宣明した第1段の推定を認める立場を採ることを再確認した上で、いわゆる保管者冒用型に分類される事案において、第1段の推定を動揺させる反証として十分である事実が何であるのか、この反証がされたときに、私文書を提出した当事者において第1段の推定が働く状態に戻すためにどのような事実を証明する必要があるか、というすぐれて実践的なテーマを扱った判例である。

　民事訴訟の実践の場に立っていない者が実感をもって理解するには困難な面があろうが、事実上の推定に対する反証と証明責任が転換されたときの本証との違いを理解するのに格好の素材を提供している。

◆　2段の推定(2)

25　第2段の推定を妨げる反証

最3小判昭和38・7・30集民67号141頁（賃貸借契約合意解約事件）

【事実】

1　Xは、映画館とその敷地（本件土地建物）の所有者であるところ、同映画館の経営者であるYに対し、本件土地建物を賃貸していた。Xは、Yに対し、昭和29年10月ころ、本件土地建物を賃貸して引き渡したが、昭和32年1月、本件賃貸借契約につき同年6月30日をもって解約する旨の合意が成立したと主張して、本件土地建物の明渡しを求めた。

2　Xは、賃貸借期間を昭和30年1月1日から昭和31年12月31日まで、賃料を月額3万円とする賃貸借契約公正証書を甲第1号証として提出し、また、甲第1号証による本件賃貸借契約を期限付きで合意解約した文書として、昭和32年1月1日付け「賃貸借契約延長証書」と題する甲第2号証（本件証書）を提出した。

3　本件証書は、賃貸人X及び賃借人Yが署名・押印したものであるところ、そこには、本文として、本件賃貸借契約の期間は昭和31年12月31日限り満了したが、Yの申請により、昭和32年6月30日まで期間の延長を契約したことが、ただし書として、契約期間が満了した場合は、借主側にどのような事情が発生しても何らの異議なく直ちに貸主側に対して返還明渡しの上、双方立ち会って引き渡すべきことが、それぞれ記載されている。

4　Yは、事実審において、午後4時発の汽車に乗るべく急いでいたため、本件証書の「賃貸借契約延長証書」という表題部分及び上記3の本文によって、単に賃貸借期間を昭和32年6月30日まで延長するものと理解し、上記3のただし書部分の記載を十分了解する暇なく署名・押印したと主張し、かつ同趣旨の供述をして争った。

5　原審[1]は、本件証書のうちのY作成部分の成立につき、上記4のYの言

---

(1)　大阪高判昭和35・7・22判例集未登載。

い分をそのまま採用して、本件文書の表題部分と上記3の本文部分及び署名・押印部分の成立の真正を認めたが、上記3のただし書部分の成立の真正を否定した。Xが上告。

[関係図]

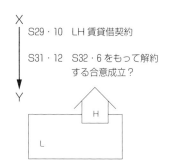
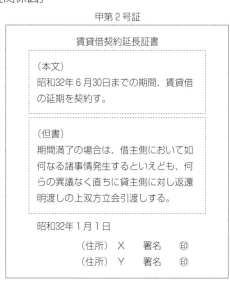

【判旨】

破棄差戻し。

1 本件証書のただし書部分がYの意思に基づくものかどうか

「原判決認定の昭和32年1月1日付賃貸借契約延長証書（甲2号証）の記載内容は、比較的簡単なものである。そしてこれに署名捺印したYは、映画館を経営している者であること原判決の判示するところであるから、たとい原判決の認定するように汽車の時間に迫られて急いでいたという事情があったとしても、Yがこれを一読してその記載内容全部を了解できなかったとは到底考えられない。原判決がYにおいて右書面の但書記載部分を十分了解しないでこれに署名捺印したものと判示したが、右判断は経験法則に違背するものといわなけ

ればならない。」

「原判決の本件賃貸借契約合意解約がなされたとは認められない旨の判断は、前記事実判断を基礎とするものであること判文上明らかであるから、前記の違法は判決に影響を及ぼすこと明らかなものとして原判決は破棄を免れない。」

2　本件の処理

「前記賃貸借契約延長証書の但書記載部分が果してＸ主張のように本件賃貸借契約合意解約の趣旨で記載されたものであるか否かは、なお審理判断を要するから、本件を原審に差し戻すべきである。」

【判例の読み方】

1　本判決のポイント

私文書の真正（形式的証拠力）が争われた場合における「２段の推定」という事実認定の手法に係る基礎理論及び第１段の推定の民事裁判実務での機能については、24講で詳しく解説した。

本判決は、**第２段の推定に対する反証として十分であるかどうかを扱った貴重な最高裁判例である。**

以下、第２段の推定を規定する民訴法228条４項の意義と性質に係る一般理論を整理した上で（後記２）、第２段の推定を妨げる反証とはどういうものであるかを理解し（後記３）、本件の事案に即して、賃貸借契約延長証書のただし書部分の成立の真正に係る争点の位置付けと反証の成否とを検討し（後記４）、最後に、形式的証拠力の問題と実質的証拠力の問題とを峻別する本判決の意義を総括しておく（後記５）ことにしよう。

2　民訴法228条４項の意義と性質
(1)　形式的証拠力と実質的証拠力

文書を閲読して、その作成者によって記載された意味内容を証拠資料とする証拠調べを「**書証**」という。文書の証拠力を評価するプロセスには、挙証者が当該文書の作成者であると主張する者の意思に基づいて作成されたかどうかを検討する第１段階（これが肯定される場合を「文書が真正に成立した」という）

と、当該文書の記載内容が要証事実の証明にどの程度役立つかを検討する第2段階とが存する。第1段階が**形式的証拠力**の、第2段階が**実質的証拠力**の検討プロセスである。

そして、民訴法は、挙証者の形式的証拠力の証明の負担を軽減するために、文書の成立の真正についての推定規定を置いている。公文書に係る推定規定が民訴法228条2項であり、私文書に係るそれが同条4項である。

⑵　民訴法228条4項の規定する推定

民訴法228条4項は、「私文書は、本人又はその代理人の署名又は押印があるときは、真正に成立したものと推定する。」と規定する。一般に、同項の規定する推定を「第2段の推定」と呼ぶことにつき、24講の【判例の読み方】2⑶を参照。

この規定の趣旨は、その文言上必ずしも明確ではないが、本人又はその代理人の署名又は押印の存する私文書につき、その署名又は押印が本人又はその代理人の意思に基づいてされたこと（署名・押印の成立の真正）が確定したとき（すなわち、当事者間に争いがないか、証拠によって証明されたとき）には、当該私文書の記載全体が真正に成立したという推定が働くという一種の**法定証拠法則**を定めたものであると解されている。

すなわち、民訴法228条4項にいう「推定」は、**法律上の事実推定**ではなく、**一応の心証を得ることができるという経験則**を表現したものであって、裁判所が私文書全体の成立の真正を認定する際の1つの基準にすぎないというのが通説[2]であり、民事裁判実務[3]である。したがって、当該私文書の署名・押印部分が作成名義人の意思に基づいてされたことが証明された場合であっても、相手方当事者は、それ以外の記載部分の内容を認識して署名・押印したことについて疑いを生じさせることによって（すなわち、反証によって）、同項の推定を覆すことができる。

本判決が扱ったのは、**民訴法228条4項の推定を妨げる反証としてどのよう**

⑵　兼子一「推定の本質及び効果について」『民事法研究第1巻』（酒井書店、1950年）295頁、長谷部・民訴226頁を参照。なお、法律上の事実推定の規定であると解するものとして、松本博之『証明責任の分配［新版］』（信山社、1996年）163頁を参照。

⑶　司法研修所・手引72頁、同編『事例で考える民事事実認定』（法曹会、2014年）26頁を参照。

な内容と程度の立証を要するかという問題である。

Refreshments 11

● 「私文書は、本人の押印があるときは、
真正に成立したものと推定する」とは？ ●

　民訴法228条4項は、「私文書は、本人又はその代理人の署名又は押印があるときは、真正に成立したものと推定する。」と規定するが、読みづらい条文のひとつといってよい。

　ロー・スクールの学生がよくする初歩的な誤りの代表例は、第1に、民訴法228条4項はいわゆる2段の推定を定める規定であるというもの、第2に、文書上に作成者の氏名が記載され又は作成者名義の押印がありさえすれば、当該文書の真正な成立が推定されることを定める規定であるというものである。

　2段の推定という事実認定の手法は、署名とは関係がなく、押印のある（印影の検出された）文書に関するものである上、第1段の推定は判例の肯認した経験則によるものであって、民訴法228条4項の外側にある問題である。また、同項が適用されるためには、作成者の署名又は押印が真正である必要があり、文書上に作成者の氏名の記載又は作成者名義の押印があるというのでは適用要件を充足してはいない。その詳細については、24講および本講に当たって確認されたい。

　民訴法228条4項は、作成者の署名又は押印が真正にされたことが確定した場合に、文書のその余の記載部分の真正な成立が推定されることを定める規定であると正しい解釈をする者であっても、作成名義人が複数名の文書（契約書がその典型例）につき、真正な成立が推定される記載部分を正確に特定することのできる者は少ない。

　複数名の作成名義人の意思表示の記載が個別にされているといった特段の事情のない限り、契約書のタイトルから日付までの記載部分の全体が各作成名義人によるものとして真正な成立が推定されることになる。このあたりは、意思表示に関する実体法の理解が正確にできていると、訴訟法の理解も無理なくできるものと思われる。

3 民訴法228条4項の推定を妨げる反証

(1) 法定証拠法則の前提となる経験則

民訴法228条4項の規定する推定を妨げる反証となり得る内容と程度とを検討するのに先立って、同項の規定する法定証拠法則の前提とする経験則がどのようなものであるかを押さえておく必要がある。それは、**私文書に署名・押印するのは、その記載を通読し又は説明を受けるなどして、その内容を認識した上でするのが通常であるという経験則**に求められる。

そうすると、その経験則の例外となるのは、作成名義人がその意思に基づいて署名・押印をしていても、署名・押印時点で当該私文書の記載内容（その一部を含む）を認識し又は認容しないでした可能性のある場合ということになる。

(2) 反証になり得る事情の具体例

上記(1)の例外事情の典型例としては、当該私文書の記載内容（その一部を含む）が署名・押印後に変更された可能性（変造又は改ざんの可能性）がある場合を挙げることができる[4]。

署名・押印後の「変造・改ざん事案」はそう多くはなく、実際にしばしば紛争になるのは、「白地補充事案」とでも呼ぶべきものである。例えば、表題として「委任状」と記載されていた文書に署名・押印したが、その時点では「委任事項」欄は白紙のままであったという場合に、その後当該文書を交付された者によって補充された内容が作成名義人の予定したものと異なるとして紛争になることがある。このような場合、署名・押印した時点で「委任事項」欄が白紙であったというだけでは、反証として十分でない。なぜなら、白紙のまま委任状を交付する場合には、それを交付された者に一定範囲の事項を補充する権限を授与するのが通常であるからである。しかし、どのような事項を補充してもよいとの権限を授与することは、現実の世界ではほとんどない。そうすると、反証のポイントは、白紙を交付した時点で授与された補充権限の範囲ということになる。

このように検討してくると、本件のYが主張するように、**契約書に署名・押**

---

(4) 岩松三郎＝兼子一編『法律実務講座［民事訴訟編］第5巻 第1審手続(4)』（有斐閣、1958年）267頁、梅本・民訴836頁を参照。

印した時点で既に記載されていた条項（の一部）につき、作成名義人において
その内容を認識又は認容しないでした可能性があるといい得るのは、極めて例
外的な場合であるということになる。例えば、不動産販売業者が高額の違約金
条項のある売買契約書をあらかじめ用意しておき、買主に対し、どこにでもあ
る契約書と同じですといった説明をして、違約金についての説明をしないばか
りか、当該違約金条項部分を隠すようにして売買契約書に署名・押印をさせた
というような事実関係が立証された場合は、反証に成功したということがで
き、当該違約金条項部分について成立の真正は認められないとされる[5]。この
場合は、物理的には事後に文書の内容を変造又は改ざんしたのではないが、買
主の了解していない違約金条項を事後に書き加えたのと同視することができ
る。

4 本件賃貸借契約延長証書（本件証書）の成立に係る争点の位置付け と反証の成否

(1) Xの請求権（訴訟物）と請求原因事実

Xは、賃貸借契約の終了に基づく本件土地建物の明渡請求権を訴訟物として
選択した[6]。そして、Xは、賃貸借契約の終了原因事実として、昭和31年12月
末ころに本件証書によってした合意解約を主張し、Yは、この合意解約の事実
を否認した。

そこで、Xは、本件証書を甲第2号証として提出し、Yは、その反証として
Y自身の本人尋問の申請をし、裁判所がこれらを採用して証拠調べを実施し
た。

(2) 本件証書のただし書部分の成立に係る争点の位置付け

Xは、本件証書のただし書部分に本件賃貸借契約を解約する旨のXの申込み
とYの承諾とが記載されていると主張しているので、Xの主張によると、本件

---

(5) 賀集唱「盲判を押した契約は有効か」宮川種一郎＝中野貞一郎編著『民事法の諸問題
第5巻』（判例タイムズ社、1996年）1頁を参照。

(6) 本判決によると、Xの請求は本文のとおりのものであるが、本件賃貸借契約の目的が
土地と建物の双方であったのかどうか、本件建物の明渡しのみならず本件土地の明渡し
まで請求しなければ、Xがその目的を達することができないのかどうかは明らかでな
い。

証書のただし書部分は本件合意解約の**処分証書**ということになる。

　Ｙは、本件証書の署名・押印部分が真正に成立したことを認めているので、民訴法228条４項の推定が働き、本件証書のただし書部分もまた真正に成立したものと推定されることになる。そこで、Ｙとしては、この推定を揺るがせて、裁判官に「（本件証書への署名・押印はＹの意思に基づいてされたが、）ただし書部分はＹの意思に基づいて記載されたのではない可能性がある。」という心証を抱かせる必要が生じた[7]。

　そこで、Ｙは、当事者（被告）本人として尋問を受け、「午後４時発の汽車に乗るべく急いでいたため、本件証書のただし書部分の記載を十分了解する暇なく、本件文書に署名・押印した。」と供述したのであり、この供述が反証として十分であるかどうかが本件における具体的な問題である。

　このように、民事裁判手続における主張・立証行為の展開に伴って、立証の必要が一方当事者から他方当事者に移るという現象は日常的に起きるのであるが、法律実務家としては、客観的主張・立証責任の構造の中で、その時々に必要とされる主張・立証事項がどのような位置付けにあるのかを正確に把握している必要がある。

5　本判決の意義

⑴　【判旨】１の意義

　本判決の【判旨】１は、民訴法228条４項の規定する推定を妨げる反証の成否につき、本件事案に即して以下のような考え方を示した。

　すなわち、①【事実】３の程度の内容的複雑さと分量の文書であって、自らの権利義務にかかわることが明らかな文書である場合において、②そのような文書を取り交わすことがその職業や地位に照らして格別不自然でない者が、③当該文書の記載内容を一読する機会があってこれに署名・押印したときは、④何らかの理由でその記載内容を精査することまではしなかったというだけでは、当該文書の記載内容を理解することができなかった可能性があるとの反証

---

(7)　本文の説明は、民事裁判実務で採られている民訴法228条４項の規定の性質を法定証拠法則と解する立場によるものである。法律上の事実推定説による場合に本文の説明をどのように変容させる必要があるのかについては、各自で検討されたい。

として十分ではない、というものである。

　本判決の【判旨】１の基礎には、**原則としての経験則の内容を前記３(1)のとおりに把握しているばかりでなく、さらに、この経験則の例外がそう大きくはないとの理解がある。**すなわち、【判旨】１は、記載内容に各別不自然な点のない文書につき、その記載内容を確認する機会があったのに、実際には十分に確認しなかったというだけでは、民訴法228条４項の規定する推定を妨げる反証としては十分でないことを明らかにしたものである[8]。

　このような本判決の考え方によると、他方、記載内容に一方当事者の予測を超えるような過酷な条項が含まれている文書については、その条項を理解する十分な機会が与えられない限り、当該文書の記載内容を理解することができなかった可能性があるとの反証が成立するということになる[9]。

(2)　【判旨】２の意義

　本判決は、【判旨】１において、本件証書のただし書記載部分中のＹ作成部分につき、その成立の真正を認めなかった原判決の認定を経験則に違背するとの理由で原判決を破棄したが、進んで自ら結論を出すことをせずに、事件を原審である大阪高裁に差し戻した。本判決は、【判旨】２において、その理由として、本件証書のただし書記載部分が本件賃貸借契約を合意解約する趣旨のものであるかどうかについてなお審理判断を要することを指摘する。

　これは、最高裁が、本件文書のただし書部分に**形式的証拠力が認められるかどうかの問題**と、同ただし書部分に本件賃貸借契約を合意解約するというＸとＹとの意思表示が記載されているかどうかという**実質的証拠力の問題とは、別の問題である**という民事訴訟の基本に忠実であることを示している。

6　おわりに

　本判決は、民事訴訟において最重要の証拠である文書の形式的証拠力を扱っ

---

(8)　最３小判昭和42・10・24集民88号741頁は、保険契約者が普通保険約款を承認の上保険契約を申し込む旨の文言が記載された申込書を作成して保険契約を締結した事案において、「たとい保険契約者が盲目であって、右約款の内容を告げられず、これを知らなかったとしても、なお右約款による意思があったものと推定すべきものである」と判断した。

(9)　賀集・前掲注(5)10〜13頁は、同旨をいう。

たものである。その上、民訴法228条4項の規定する推定の反証として十分であるかどうか、すなわち、**文書の作成名義人による真正な署名・押印があるにもかかわらず、当該文書の記載内容の一部が真正なものであるかどうかが争わ**れたものであり、最高裁判例としては貴重なものである。

24講で扱ったテーマ（いわゆる第1段の推定の反証として十分であるかどうか）と同様、証拠調べの実際を経験していない者にとっては、実感を伴った理解をするのが難しいかもしれない。実際の民事訴訟においても、当該訴訟において問題になっている契約の性質からして、格別不自然とはいえない条項につき、相手方当事者から詳細な説明がなかったとか、検討しようと思えばできたが問題になるとは思わなかったのでよく読まなかったといった理由で、契約書中の条項の一部の成立が否認されることがある。

本判決は、そのような主張や陳述が簡単には通らないことを明らかにしたものである。法律実務家として理解しておくべき基本であり、実践の中で、折に触れて立ち戻るべき判例である。

◆ 証拠提出義務等(1)

26 金融機関の顧客情報と職業の秘密

最3小決平成19・12・11民集61巻9号3364頁[36]

【事実】

1　本件は、本案事件の原告Xらが被告Bの取引金融機関である訴訟外のY
を相手方として文書提出命令の申立てをしたものである。

2　Aの相続人Xらは、共同相続人Bに対し、遺留分減殺請求権を行使した
として、Aの遺産に属する不動産につき共有持分権の確認と共有持分移転登記
手続を求め、預貯金につき金員の支払等を求めて、本案訴訟を提起した。Xら
は、BがA名義の預金口座から預金の払戻しを受けて取得したとし、この預金
の払戻しにつき、AからBに対する贈与による特別受益に当たる、又はBがA
に対する不当利得返還債務若しくは不法行為に基づく損害賠償債務を負った、
と主張した。

3　Xらは、Bが取引金融機関であるY信用金庫（C支店）に開設した預金
口座に上記の払戻金を入金した事実を立証するために必要であるとして、Yに
対し、BとYのC支店との間の平成5年からの取引履歴が記載された取引明細
表（以下「本件明細表」という。）を提出するよう求める文書提出命令の申立て
（以下「本件申立て」という。）をした。これに対し、Yは、本件明細表の記載内
容が民訴法220条4号ハ、197条1項3号に規定する「職業の秘密」に当たるの
で、提出義務を負わないと主張して争った。

4　原々審（第1審）は、本件明細表が職業の秘密に関する事項が記載され
ている文書に当たるとはいえないとして、Yに対してその提出を命じた[(1)]。

5　これに対し、原審（抗告審）は、①金融機関は、顧客情報を秘密として
管理することによって顧客との間の信頼関係を維持し、業務を円滑に遂行して
いるのであって、これを公開すれば、顧客が当該金融機関との取引を避けるな
ど業務の維持遂行に困難を来す、②金融機関は、取引履歴を記載した取引明細

---

(1)　名古屋地決平成18・12・19金法1828号53頁。

表を顧客との取引内容を明確にする目的で作成するのであって、取引当事者以外の者に開示することを予定しておらず、顧客の秘密を保持すべき義務に反したときは、顧客一般の信頼を損ない、将来の業務の維持遂行が困難になる可能性がある、③Bとの取引の全容が明らかになる本件明細表が職業の秘密を記載した文書に当たることは明らかである、④本件申立ては、探索的なものであって、本件明細表が真実発見及び裁判の公正を実現するために不可欠のものであるとはいえないとして、原々決定を取り消し、本件申立てを却下した[(2)]。Xらが許可抗告を申立て。

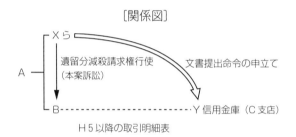

【決定要旨】
破棄・自判（抗告棄却）。

〈法廷意見〉
1　金融機関の保有する顧客情報と民訴法197条1項3号にいう「職業の秘密」

「金融機関は、顧客との取引内容に関する情報や顧客との取引に関して得た顧客の信用にかかわる情報などの顧客情報につき、商慣習上又は契約上、当該顧客との関係において守秘義務を負い、その顧客情報をみだりに外部に漏らすことは許されない。しかしながら、金融機関が有する上記守秘義務は、上記の根拠に基づき個々の顧客との関係において認められるにすぎないものであるから、金融機関が民事訴訟において訴訟外の第三者として開示を求められた顧客

---
(2)　名古屋高決平成19・3・14金法1828号51頁。

情報について、当該顧客自身が当該民事訴訟の当事者として開示義務を負う場合には、当該顧客は上記顧客情報につき金融機関の守秘義務により保護されるべき正当な利益を有さず、金融機関は、訴訟手続において上記顧客情報を開示しても守秘義務には違反しないというべきである。そうすると、金融機関は、訴訟手続上、顧客に対し守秘義務を負うことを理由として上記顧客情報の開示を拒否することはできず、同情報は、金融機関がこれにつき職業の秘密として保護に値する独自の利益を有する場合は別として、民訴法197条1項3号にいう職業の秘密として保護されないものというべきである。」

2　取引履歴が記載された明細表の民訴法220条4号ハ該当性

「これを本件についてみるに、本件明細表は、Yとその顧客であるBとの取引履歴が記載されたものであり、Yは、同取引履歴を秘匿する独自の利益を有するものとはいえず、これについてBとの関係において守秘義務を負っているにすぎない。そして、本件明細表は、本案の訴訟当事者であるBがこれを所持しているとすれば、民訴法220条4号所定の事由のいずれにも該当せず、提出義務の認められる文書であるから、Bは本件明細表に記載された取引履歴についてYの守秘義務によって保護されるべき正当な利益を有さず、Yが本案訴訟において本件明細表を提出しても、守秘義務に違反するものではないというべきである。そうすると、本件明細表は、職業の秘密として保護されるべき情報が記載された文書とはいえないから、Yは、本件申立てに対して本件明細表の提出を拒否することはできない。」

〈個別意見〉

（田原裁判官の補足意見）

「これらの顧客情報は、おおむね次のように分類される。①取引情報（預金取引や貸付取引の明細、銀行取引約定書、金銭消費貸借契約書等）、②取引に付随して金融機関が取引先より得た取引先の情報（決算書、附属明細書、担保権設定状況一覧表、事業計画書等）、③取引過程で金融機関が得た取引先の関連情報（顧客の取引先の信用に関する情報、取引先役員の個人情報等）、④顧客に対する金融機関内部での信用状況解析資料、第三者から入手した顧客の信用情報等。このうち、①、②は、顧客自身も保持する情報であるが、③、④は金融機関独自

の情報と言えるものである。」

「金融機関に対して文書提出命令が申し立てられた対象文書が、上記①、②に分類される文書であっても、当該顧客が訴訟当事者として提出義務を負う文書以外の文書や、対象文書の顧客情報が訴訟当事者以外の第三者に係るものである場合には、金融機関が顧客に対して負っている上記一般的な守秘義務との関係で、その提出命令に応じることが前記の正当な理由に当たるか否かが問題となる。また、上記の③、④に分類される文書は、金融機関が独自に集積した情報として金融機関自体に独自の秘密保持の利益が認められるものであるが、その点は別として、当該顧客情報に係る個々の顧客との間でも、前記の一般的な守秘義務となる情報に該当するものである。」

【判例の読み方】

1　本決定のポイント

現行民訴法220条4号は、同号に限定列挙した例外を除き、同条1号から3号までに当たる文書以外のものについても提出義務を認めることとし、文書所持者に対し、一般義務としての文書提出義務を負わせた[3]。

このような民訴法220条4号の構造からして、同号の例外として提出義務が否定される文書が何なのかが争われることになるのはごく自然な成り行きである。そして、この点に関する素材を多く提供してきたのは金融機関が所持する文書である。中でも、貸出稟議書が同号ニにいう「専ら文書の所持者の利用に供するための文書」（自己利用文書）に当たるかどうかが激しく争われた[4]。

本決定が扱ったのは、①金融機関の保有する顧客情報が民訴法197条1項3号にいう「職業の秘密」に当たるかどうか、②そのような情報のひとつである金融機関と特定の顧客との間の取引履歴が記載された明細表（以下「本件明細表」という。）が民訴法220条4号ハ所定の文書に当たるかどうかという問題であり、自己利用文書該当性をめぐる判例の展開とは別の系列のものである。

---

(3)　文書提出義務の一般義務化につき、28講の【判例の読み方】1を参照。
(4)　自己利用文書該当性の判断枠組みにつき、28講の【判例の読み方】2を参照。

そこで、まず、本決定の背景をなす「職業の秘密」に係る最高裁判例の展開を概観し（後記2）、しかる後に、本決定の扱った金融機関の保有する顧客情報の「職業の秘密」該当性の判断枠組みを検討し（後記3）、最後に、この判断枠組みを前提にしての本件明細表への具体的な当てはめを検討する（後記4）。

また、本決定には、田原裁判官の補足意見が付されている。折角の機会であるので、これを素材にして、補足意見と法廷意見との関係、補足意見がその後の判例形成に果たす役割といった点を検討することにする（後記5）。

2 「職業の秘密」に係る最高裁判例の展開

(1) 平成12年決定——実質秘説の採用

最1小決平成12・3・10民集54巻3号1073頁［12］（平成12年決定）は、民訴法197条1項3号にいう「技術又は職業の秘密」とは、「その事項が公開されると、当該技術の有する社会的価値が下落しこれによる活動が困難になるもの又は当該職業に深刻な影響を与え以後その遂行が困難になるものをいう」と判断した。

旧民訴法281条1項3号にいう「技術又ハ職業ノ秘密」につき、通説及び下級審裁判例[5]が、公開されてしまうと当該技術に依存する活動や当該職業の維持遂行が困難になるような秘密をいい、単なる主観的秘密では足りないと解してきた（実質秘説）が、**平成12年決定は、最高裁が現行民訴法の下でこの実質秘説を採用することを宣明した法理判例である**[6]。

(2) 平成18年決定——文書提出義務につき比較衡量説の採用

次に、上記(1)の定義を充足する「職業の秘密」であれば、当然に証言を拒絶することができ、又はその記載文書の提出義務が否定されるのかどうかが問題となる。

最3小決平成18・10・3民集60巻8号2647頁［40］（平成18年決定）は、報道

---

(5) 旧民訴法下での通説及び下級審裁判例につき、長沢幸男・最判解平成12年度民事上296～300頁を参照。

(6) 現行民訴法が許可抗告制度を導入したことにより、決定についても最高裁判例の形成が可能になったことにつき、28講の【判例の読み方】1(1)を参照。

関係者が民訴法197条1項3号の規定に基づいて取材源に係る証言を拒絶することができるかどうかにつき、当該報道の内容、性質、その持つ社会的な意義・価値、当該取材の態様、将来における同種の取材活動が妨げられることによって生ずる不利益の内容、程度等と、当該民事事件において当該証言を必要とする程度、代替証拠の有無等の諸事情を比較衡量して決すべきであるとの判断枠組みを明らかにした。**平成18年決定は、平成12年決定にいう「職業の秘密」に当たる事項についても、それだけで証言拒絶権ありとするのではなく、上記のような対立する利益を比較衡量して初めて決せられるとする比較衡量説を採用することを宣明した法理判例である**[7]。

その上で、本決定直前の最2小決平成19・8・23判時1985号63頁（平成19年決定）は、介護サービス事業に関する「サービス種類別利用チェックリスト」と呼ばれる文書に民訴法197条1項3号にいう「職業の秘密」に関する事項が記載されており、同法220条4号ハに当たるから、文書提出義務を免れるとの文書所持者（相手方）のした主張につき、「本件対象文書は本案訴訟において取調べの必要性の高い証拠であると解される一方、本件対象文書に係る上記96名の顧客はいずれも抗告人において介護サービスの利用者として現に認識されている者であり、本件対象文書を提出させた場合に相手方の業務に与える影響はさほど大きなものとはいえないと解されること等を考えると、相手方の上記主張を採用することはできない。」と判示し、**文書提出義務を免れるかどうかの判断に際しても、比較衡量説によることを明らかにした。**

ここに、証言義務であるか文書提出義務であるかにかかわらず、比較衡量説によるとの判例の立場が確立したということができる[8]。

3　金融機関の保有する顧客情報とその開示義務——【決定要旨】1

⑴　金融機関の保有する情報の種別と守秘義務——本決定の基本論理

本決定は、金融機関の保有する情報につき、その情報を守秘（秘密保持）することが直接的に金融機関の利益に結びついている場合と、直接的には金融機

---

(7)　平成18年決定につき、27講を参照。
(8)　比較衡量説に反対する学説として、伊藤・民訴、392頁、松本博之＝上野泰男『民事訴訟法［第8版］』（弘文堂、2015年）486、528頁を参照。

関の利益にではなくそれ以外の者（顧客はその一例）の利益に結びついている場合とを区別するという発想に立っている。

そこで、本決定は、まず、顧客情報（顧客との取引内容に関する情報、顧客との取引に関して得た顧客の信用にかかわる情報等）について金融機関が守秘義務を負うかどうかを検討する。そして、本決定は、金融機関が顧客情報について守秘義務を負うことを肯定し、その根拠が商慣習又は契約に求められる[9]とした上で、**その守秘義務は個々の顧客との関係において認められるにすぎないと**の立場[10]を採った。この点の判断は、【決定要旨】1の結論を導く前提をなす理屈（一般論）として位置付けられる。

このように、金融機関の負う顧客情報についての守秘義務の保護法益を個々の顧客の利益として把握することによって、本決定の【決定要旨】1は、①顧客が民事訴訟の当事者として自らの顧客情報について守秘する正当な利益はなく開示義務を負う場合には、②金融機関が当該顧客情報を保有しているときに、これを開示しても顧客に対して負う守秘義務違反に当たらない、③当該顧客情報は、原則として（金融機関自身に守秘する独自の利益があるという例外を除き）、民訴法197条1項3号にいう金融機関の職業の秘密には当たらない、という論理を採用したものである。

しかし、①→②→③の論理展開は、以下に検討するように、それぞれが自明というわけではない。

まず、本決定は、①の**民事訴訟の当事者として**顧客が自らの顧客情報の開示義務を負う根拠又は開示義務を負うかどうかの判断枠組みについては何ら説示をしておらず、顧客が自らの顧客情報の開示義務を負う場合であることを前提にしている。ところで、本決定は、本件についての当てはめの判断をした【決

---

(9) 田原裁判官の補足意見では、これらに加えて、信義則が守秘義務の根拠とされている。法廷意見との間に何らかの相違があるのかどうかは、明らかでない。

(10) 田原裁判官は、補足意見において、金融機関が顧客情報について負う守秘義務と民訴法197条1項2号の医師や弁護士等の専門職の守秘義務とは異なる旨を指摘する。確かに、民訴法197条1項2号に定める証言拒絶権の根拠は弁護士法23条等の法令上の守秘義務にあり、同項3号に定める証言拒絶権の根拠は技術又は職業の社会的価値を保護するところにあり、法令上の守秘義務にあるわけではない。しかし、この相違のゆえに顧客情報の同項3号該当性の判断にどのような相違をもたらすのかについては、明らかとはいえない。

定要旨】2において、情報が文書化されている場合につき、現行民訴法220条
4号が文書所持者に対して一般義務としての文書提出義務を負わせたことを根
拠としている。しかし、文書提出義務は、**文書の所持者としての義務**であって
民事訴訟の当事者としての義務ではないから、結局のところ、民事訴訟の当事
者としての情報開示義務の根拠又はその判断枠組みは将来の判断を待つことに
なった。

　本件に即して検討してみると、被相続人Aの預金口座からの払戻金がY信用
金庫C支店のB名義の口座に入金されているとの主張がされ争点になっている
以上、「Aの預金の払戻金をBが取得した」との事実の主張・立証責任がXら
にあるとしても、「信義に従い誠実に民事訴訟を追行しなければならない」（民
訴法2条）Bとしては、単に否認して争うというのでは足りず、民訴規則79条
3項の規定[11]の趣旨に照らし、被相続人Aの預金口座からの払戻金がY信用金
庫C支店のB名義の口座に入金されているかどうかの情報を開示するという方
法で否認の理由を明らかにする訴訟上の義務を負うと考えているのかもしれな
い。

　次に、②の論理も、自明のものとはいえない。金融機関の負う守秘義務が個
別の顧客に対して負う商慣習上又は契約上の義務であるというのであれば、当
該顧客が自らの情報を開示していないのに金融機関が保有する顧客情報を開示
するのは、むしろ当該顧客との関係では義務違反であるという論理展開の方が
自然であるとも考えられる。しかし、本決定は、顧客が民事訴訟の当事者とし
て自らの顧客情報の開示義務を負う場合において、金融機関が訴訟手続におい
てそのような顧客情報を開示するときは、金融機関には違法性阻却事由が存す
る（当該顧客に正当な利益がないことを理由とする）ものと解している[12]と思われ
る。

⑾　民訴規則79条3項は、「準備書面において相手方の主張する事実を否認する場合には、
　その理由を記載しなければならない。」と規定する。

⑿　本文の理解によれば、商慣習上又は契約上の義務違反には当たるが、本決定の2要件
　（顧客が民事訴訟の当事者になっている、当該顧客が開示を求められた情報の開示義務
　を負うとの2要件）を満たす場合には違法性が阻却されると説明するのが正確である。
　本決定は、2要件を満たす場合であることを前提にしているので、守秘義務違反に基づ
　く法的責任を負うことがないという結論部分を説示したものと思われる。

最後に、③の論理も、そう分かりよいとはいえない。分かりづらさの理由は、本決定の論理のスタートが、金融機関の負う守秘義務により保護される正当な利益は当該金融機関に存するのか他の第三者（顧客はその一部）に存するのかという点にあったのに、③に至って、正当な利益が他の第三者に存する場合であっても、併せて当該金融機関に存するときもあることを容認せざるを得ないことになっているところにある。本決定は、顧客としては自らの顧客情報を開示すべき義務を負う場合であっても、金融機関としては当該顧客情報を開示すべき義務を負わない独自の利益を有するときがあることを容認しているのである。一口に顧客情報といっても、実際には様々なものがあるから、当然の結末ではある。

　そうすると、将来の問題は、金融機関として独自の利益を有する顧客情報とはどのようなものであるかという点にある。田原裁判官の補足意見は、主に、この点を検討する際に参考になる。

(2) 【決定要旨】１の射程——場合判例

　【決定要旨】１は、幾つかの前提条件を満たした場面においてのみ通用する法理を宣明したものであり、いわゆる場合判例である。

　その前提条件は、上記(1)の①でみたとおり、㋐金融機関の顧客が民事訴訟の当事者になっていること、及び㋑当該顧客が開示を求められた顧客情報について開示義務を負うこと、の２つである。

　したがって、【決定要旨】１の射程は、㋐及び㋑の前提条件の存する場合にのみ及び、金融機関の顧客が民事訴訟の当事者になっていない場合には及ばない。しかし、民事訴訟の当事者でない者が一般義務として自らの顧客情報の開示義務を負う場合にも、【決定要旨】１の②→③の論理が通用することもあるから、当該情報は金融機関の職業の秘密として保護に値しないという本決定と同じ結論を採ることも十分に想定されると指摘されていた[13]。

　この想定どおり、最３小決平成20・11・25民集62巻10号2507頁 [26]（平成20年決定）は、金融機関が民事訴訟の当事者であり、顧客が訴訟当事者でない事案において、当該顧客が同民事訴訟の受訴裁判所から顧客情報の開示を求められればこれを開示すべき義務を負う場合につき、本決定の【判旨】１と同様

---

[13]　髙橋譲・最判解平成19年度民事915頁を参照。

の判断をした[14]。

4 金融機関の所持する取引明細表と文書提出義務
——【決定要旨】2

(1) 金融機関の所持する文書の記載内容と提出義務

本決定は、【決定要旨】2において、【決定要旨】1の場合判例の本件明細表への当てはめの判断をし、Yは本件明細表の提出を拒否することができないとした。

その理由は、【決定要旨】1の論理①ないし③をほぼそのままなぞったものである。ただし、前記3(1)のとおり、【決定要旨】1の①の顧客の情報開示義務の根拠等が判然としないのに対し、【決定要旨】2が取り扱ったのは具体的な文書の提出義務であるため、民訴法220条4号の規定する文書所持者の負う一般義務としての文書提出義務を根拠としている。

そして、【決定要旨】2は、文書提出命令申立ての対象となった本件明細表がYの顧客Bとの取引履歴が記載されたものであることを指摘して、【決定要旨】1の②、③につき、簡単に、Yには「同取引履歴を秘匿する独自の利益を有するものとはいえ〔ない〕」と判断した。

地方の信用金庫であるYの企業規模からして、Bとの取引が多額に上る場合には、Yの本件明細表の提出が引き金になって、BがYとの取引を中止したときは、Yの経営上深刻な影響を及ぼすことがないともいえない[15]。しかし、上記のとおり、【決定要旨】2が簡単に金融機関の独自の利益を否定したところからすると、本決定は、このような不利益は「事実上の不利益」として考慮に入れないこととするとの割り切りをした[16]とみるべきであろう。

(2) 【決定要旨】2の射程——事例判例

【決定要旨】2は、【決定要旨】1の場合判例の本件明細表への当てはめの判断をした事例判例である。【決定要旨】2の射程を画する事実は、以下のとお

---

[14] 中村心・最判解平成20年度民事572頁を参照。なお、平成20年決定も、顧客が開示すべき義務を負う根拠又はその判断枠組みを説示してはいない。

[15] このような指摘をするものとして、平野哲郎・平成20年度重判146頁を参照。

[16] 山本和彦「金融機関の取引明細表の文書提出命令——最3小決平19・12・11について」金法1828号（2008年）9頁は、同旨をいうものと思われる。

りである。

　すなわち、㋐甲と乙を当事者とする民事訴訟が係属していること、㋑同訴訟手続において、甲が乙の取引金融機関丙を相手方として乙と丙との間の取引履歴が記載された明細表を対象とする文書提出命令の申立てをしたこと、㋒乙が同明細表を所持しているとすれば、文書提出義務を負うこと、㋓丙が同取引履歴を秘匿する独自の利益を有しないこと、の4つの事実である。

　【決定要旨】2は、本件明細表につき、その適用要件である4つの事実の全てが存することを理由として、民訴法197条1項3号にいう職業の秘密として保護されるべき情報が記載された文書（同法220条4号ハ所定の文書）に当たらないとし、結局、丙は本件明細表の提出を拒否することはできないとの事例判断をしたのである。

5　田原裁判官の補足意見から平成20年決定へ

⑴　金融機関の保有する顧客情報の4類型と金融機関の独自の利益

　田原裁判官は、【決定要旨】の田原裁判官の補足意見のとおり、金融機関の保有する顧客情報を情報の性質と内容とによって、①取引情報、②取引先から取得した取引先の情報、③取引先の関連情報、④金融機関内部の分析資料等の4類型（①②は顧客も保有する情報、③④は金融機関のみが保有する情報）に整理した上で、これらの情報が文書化されている場合に、金融機関が提出義務を負う文書に当たるかどうかを検討することを提案する。

　平成20年決定は、金融機関を当事者とする民事訴訟手続の中で文書提出命令が申し立てられた事案において、以下のとおり、顧客情報の記載された文書が民訴法220条4号ハ所定の文書に当たるかどうかの事例判断をした。

　第1に、金融機関が守秘義務を負うことを前提に顧客から提供された非公開の当該顧客の財務情報（本件非公開財務情報）が記載された文書につき、当該金融機関には保護に値する独自の利益なしとした上、当該顧客が民事再生手続開始決定を受けていて、本件非公開財務情報が開示されても、その受ける不利益は軽微なものと考えられること、及び当該文書がもともと金融機関に提出することを想定して作成されたものであって、専ら内部の者の利用に供する目的で作成されたものとはいえないことなどを理由にして、**本件非公開財務情報は当該金融機関の職業の秘密に当たらず**、結局、同文書は民訴法220条4号ハ所

定の文書に当たらないと判断した。

　第2に、金融機関のした顧客の財務状況・事業状況についての分析・評価の過程と結果及び今後の業績見通し・融資方針等に関する情報（本件分析評価情報）が記載された文書につき、**本件分析評価情報は当該金融機関の職業の秘密には当たる**ものの、当該顧客が民事再生手続開始決定を受けていて、本件非公開財務情報が開示されても、その受ける不利益は小さく、当該金融機関の業務に対する影響も軽微なものと考えられ、上記民事訴訟の争点を立証する書証として同文書の証拠価値が高く、代替し得る証拠の存在がうかがわれない等の事情の下では、**本件分析評価情報は保護に値する秘密に当たらず**、結局、同文書は民訴法220条4号ハ所定の文書に当たらないと判断した。

　まず、平成20年決定は、田原裁判官の分類による類型②の情報である本件非公開財務情報につき、訴訟外の第三者である顧客についての情報であるから本決定の射程範囲外の事案であったのであるが、本決定の基本的な判断枠組みに従って、金融機関の「職業の秘密」に当たらないと判断した。

　次に、平成20年決定は、田原裁判官の分類による類型④の情報である本件分析評価情報につき、**平成18年決定及び平成19年決定の判断枠組み（比較衡量説）に従って**、金融機関の職業の秘密に当たるものの、その内容の証拠価値の高さ等の要素をも考慮の上、「保護に値する秘密」に当たらないと判断したものと理解することができる。

　ただし、平成20年決定は、本件非公開財務情報が記載された文書が民訴法220条4号ハ所定の文書に当たるかどうかを判断するに際し、顧客が民訴法220条4号ハ、ニ等の規定に基づいて文書提出を拒絶することができるかどうかの検討の中で、当該顧客が民事再生手続開始決定を受けていて、それ以前の信用状態に関する情報が開示されても、当該顧客の受ける不利益が軽微であること等の事実を考慮しているから、金融機関の「職業の秘密」該当性の判断に当たって、開示を認める場合とそうでない場合との利益の比較衡量を全くしていないわけではないことは注意しておく必要がある。すなわち、「職業の秘密」に当たるかどうかの判断においては比較衡量を排除し、「保護に値する秘密」に当たるかどうかの判断において初めて比較衡量を許容するのが最高裁の判断枠組みであると定式化するわけにはいかないことを理解しておく必要がある。

　ともあれ、平成20年決定をみると、本決定における田原裁判官の補足意見が

後の最高裁判例の判断の筋道を用意していたことを理解することができる。また、顧客情報を性質と内容に着目して分類した類型論も、当該情報の記載された文書の提出義務の存否の結論に直結するものでないことを理解することができる。

(2) 金融機関が顧客情報の記載された文書につき文書提出命令に応じることと顧客に対する債務不履行責任の成否——残された問題

田原裁判官は、その補足意見の中で、金融機関が第三者から文書提出命令の申立てがされたのに対し、顧客との守秘義務契約上文書提出には応じられないとの主張をすることなく[17]対象文書を提出した場合に、顧客に対して債務不履行責任を負うことがあり得るとし、それはどのようなときであるかといった点についての議論をしている。

本決定は、金融機関が顧客情報を開示しても顧客との間の守秘義務に違反しない場合を前提とした判断であるから、金融機関が文書提出命令に応じて対象文書を提出した場合に顧客に対して債務不履行責任を負うことがあるかどうか、あるとしてそれはどのようなときであるかといった点は、本決定の結論を導く上で何らの影響も及ぼさない。したがって、これらの点についての田原裁判官の意見は、「補足意見」ではない[18]。前記1のとおり、実務上、金融機関の所持する文書を対象とする文書提出命令の申立てが多いことを考慮して、その場合における金融機関の行為規範を明確化するための議論に一石を投じたのであろう[19]。

これらの点は、本決定又は平成20年決定によって取り上げられておらず、将来に残された問題である。

6　おわりに

本決定は、現行民訴法によって導入された許可抗告の制度によって可能にな

---

[17]　民訴法223条2項の規定する「審尋」の際に主張することを想定しているのであろう。

[18]　民集61巻9号3373頁において、田原裁判官自身が「補足意見としての枠を超えるものである」ことを自認している。

[19]　山本・前掲注[16]の11頁を参照。なお、田原裁判官の意見に対して疑問を呈するものとして、長谷川卓「金融機関の自己査定文書の文書提出命令」金法1838号（2008年）33頁を参照。

った決定形式の裁判についての最高裁判例である。そして、その大半を占める文書提出命令に関するものである。

　本決定は、「職業の秘密」が記載された文書として所持者である金融機関の文書提出義務が否定されるかどうかが争点になったものである。本決定を検討することによって、裁判実務において議論の帰一しない問題がまだまだ多くあることを実感することができるとともに、判例を理解するには過去から将来に向かう時系列に位置付けて把握することの重要性を再認識することができる。

　また、本決定の【決定要旨】1と平成20年決定の前記5の第1の判断部分を対照することによって、新たな事件が1つの判例の射程の範囲外のものであることは当該判例と別の結論を採らなければならないことを意味するのでないこと[20]を具体的に理解することができる。

　そして、本決定は、少数意見（本決定の場合は補足意見）がその後の判例の展開の下敷きになることがあるといった判例形成のダイナミズムを感じ取ることもできる。

　本決定自体の論理構成が精緻で説得的なものと評価することができるかどうかはともかく、判例を読むという観点からすると、上記のように様々に興味深い面を持つものといってよい。

---

[20]　**Refreshments 1** を参照。

◆ 証拠提出義務等(2)

27 報道関係者の取材源と職業の秘密

最3小決平成18・10・3民集60巻8号2647頁[40]（NHK記者証言拒絶事件）

【事実】

1 Xら（健康製品を製造販売するアメリカ合衆国法人、その販売をする日本法人A社の持分権者等）は、アメリカ合衆国（米国）を被告とし、米国のアリゾナ地区連邦地方裁判所に損害賠償請求訴訟を提起した（以下、この訴訟事件を「本件基本事件」という。）。本件基本事件の請求原因は、概要、「米国の国税当局の職員が日本の国税庁の税務官に対し、平成8年の税務調査の過程で、無権限で虚偽の内容の情報を含むA社及びXらの納税情報を伝達したことにより、日本放送協会（NHK）が平成9年10月9日午後7時のニュースにおいて、A社が所得隠しをしたため日本の国税当局から追徴課税を受け、米国法人も米国の国税当局から追徴課税を受けた旨の報道をし、翌日、他の主要新聞も同旨の報道（以下、これらの報道を「本件報道」という。）をしたため、Xらが株価下落、配当減少等による損害を被った。」というものである。

2 Xらは、本件基本事件の開示手続（ディスカバリー）の一環として、本件報道の取材活動に従事したNHKの記者Yの証人尋問を申請した。上記連邦地裁は、日本の裁判所に対し、平成17年3月3日付けで、2国間共助取決めに基づく国際司法共助として、同連邦地裁の送付する項目についてYへの尋問を実施するよう嘱託した。

3 Yの住所地を管轄する新潟地裁は、平成17年7月8日、Yに対して嘱託に基づく証人尋問を実施した。Yは、取材源の特定に繋がる質問項目につき、民訴法197条1項3号にいう「職業の秘密」に当たることを理由に証言を拒絶した。

4 第1審（原々審）は、Yの証言拒絶に理由ありとした[1]。抗告審（原審）は、民主主義社会における取材活動の価値の重要性に鑑みて、原則として取材

---

(1) 新潟地決平成17・10・11判夕1205号118頁。

源秘匿のための証言拒絶は許されるところ、本件基本事件の内容及び本件共助事件がディスカバリー段階における証拠収集であること等に照らし、本件証言拒絶が取材活動の価値に勝るとも劣らないような社会的公共的な利益の侵害を生じさせるものということは困難であるとして、抗告を棄却した[(2)]。

5 Xらが抗告許可の申立てをし、許可された。抗告理由は、札幌高決昭和54・8・31判時937号16頁に相反し、民訴法197条1項3号の「職業の秘密」の解釈に誤りがある、というものである。

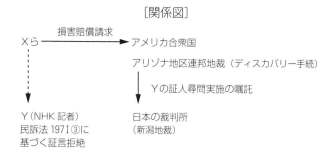

【決定要旨】
抗告棄却。

1 取材源の証言拒絶の可否に係る判断枠組み
(1) 民訴法197条1項3号にいう「職業の秘密」の意義

「ここ〔民訴法197条1項3号の規定を指す。筆者注〕にいう『職業の秘密』とは、その事項が公開されると、当該職業に深刻な影響を与え以後その遂行が困難になるものをいうと解される。」[(3)]

(2) 証言拒絶が許される「職業の秘密」の判断枠組み

「ある秘密が上記の意味での職業の秘密に当たる場合においても、そのことから直ちに証言拒絶が認められるものではなく、そのうち保護に値する秘密に

---

(2) 東京高決平成18・3・17判時1939号23頁。
(3) 本決定は、ここで最1小決平成12・3・10民集54巻3号1073頁[12]を引用する。

ついてのみ証言拒絶が認められると解すべきである。そして、保護に値する秘密であるかどうかは、秘密の公表によって生ずる不利益と証言の拒絶によって犠牲になる真実発見及び裁判の公正との比較衡量により決せられるというべきである。」

(3) 取材源の秘密の「職業の秘密」該当性

「報道関係者の取材源は、一般に、それがみだりに開示されると、報道関係者と取材源となる者との間の信頼関係が損なわれ、将来にわたる自由で円滑な取材活動が妨げられることとなり、報道機関の業務に深刻な影響を与え以後その遂行が困難になると解されるので、取材源の秘密は職業の秘密に当たるというべきである。」

(4) 比較衡量の考慮要素

「当該取材源の秘密が保護に値する秘密であるかどうかは、①当該報道の内容、性質、その持つ社会的な意義・価値、②当該取材の態様、将来における同種の取材活動が妨げられることによって生ずる不利益の内容、程度等と、③当該民事事件の内容、性質、その持つ社会的な意義・価値、④当該民事事件において当該証言を必要とする程度、代替証拠の有無等の諸事情を比較衡量して決すべきことになる。」（①、②等の付番は、筆者による。）

2 取材源の証言を拒絶することができる場合

(1) 取材源の秘密と憲法21条との関係

「この比較衡量にあたっては、次のような点が考慮されなければならない。すなわち、報道機関の報道は、民主主義社会において、国民が国政に関与するにつき、重要な判断の資料を提供し、国民の知る権利に奉仕するものである。したがって、思想の表明の自由と並んで、事実報道の自由は、表現の自由を規定した憲法21条の保障の下にあることはいうまでもない。また、このような報道機関の報道が正しい内容を持つためには、報道の自由とともに、報道のための取材の自由も、憲法21条の精神に照らし、十分尊重に値するものといわなければならない[4]。取材の自由の持つ上記のような意義に照らして考えれば、取材源の秘密は、取材の自由を確保するために必要なものとして、重要な社会的

---

(4) 本決定は、ここで後掲最大決昭和44・11・26を引用する。

第6章　証拠法　311

価値を有するというべきである。」

(2)　証言拒絶が許される場合

「そうすると、①当該報道が公共の利益に関するものであって、②その手段、方法が一般の刑罰法令に触れるとか、取材源となった者が取材源の秘密の開示を承諾しているなどの事情がなく、しかも、③当該民事事件が社会的意義や影響のある重大な民事事件であるため、当該取材源の秘密の社会的価値を考慮してもなお公正な裁判を実現すべき必要性が高く、④そのために当該証言を得ることが必要不可欠であるといった事情が認められない場合には、当該取材源の秘密は保護に値すると解すべきであり、証人は、原則として、当該取材源に係る証言を拒絶することができると解するのが相当である。」(①、②等の付番は、筆者による。)

(3)　本件への当てはめ

「これを本件についてみるに、①本件 NHK 報道は、公共の利害に関する報道であることは明らかであり、②その取材の手段、方法が一般の刑罰法令に触れるようなものであるとか、取材源となった者が取材源の秘密の開示を承諾しているなどの事情はうかがわれず、一方、③本件基本事件は、株価の下落、配当の減少等による損害の賠償を求めているものであり、社会的意義や影響のある重大な民事事件であるかどうかは明らかでなく、また、④本件基本事件はその手続がいまだ開示（ディスカバリー）の段階にあり、公正な裁判を実現するために当該取材源に係る証言を得ることが必要不可欠であるといった事情も認めることはできない。」(①、②等の付番は、筆者による。)

「したがって、Ｙは、民訴法197条１項３号に基づき、本件の取材源に係る事項についての証言を拒むことができるというべきであり、本件証言拒絶には正当な理由がある。」

【判例の読み方】

1　本決定のポイント

本決定は、【決定要旨】２(1)において、最大決昭和44・11・26刑集23巻11号1490頁（博多駅事件決定）を引用しつつ、報道の自由が憲法21条の保障の下にあるとし、憲法21条の精神に照らして報道の内容的正確さを担保するために取

材の自由が十分尊重に値するものであることを再確認した上、取材源の秘密につき、取材の自由を確保するために必要なものとして、重要な社会的価値を有するとした。

この判示部分は、民事訴訟における取材源の証言拒絶の可否を検討する前提として、最高裁が、取材源の秘密の憲法上の位置付けを明らかにしたものと理解することができる。そして、取材の自由につき「十分尊重に値する」とし、取材源の秘密につき「取材の自由を確保するために必要なものとして、重要な社会的価値を有する」と段階的な表現をすることによって、他の社会的価値との間で衡量した上で保障されるものであることを示唆している。

我が国の裁判権に服する者は、証人となる一般的な公法上の義務を負っており、これを証人義務と呼ぶ（民訴法190条）。この証人義務は、出頭義務、宣誓義務及び陳述義務の3つからなる。したがって、証人が証言を拒むことができるのは、民訴法196条・197条の規定する一定の事由が存する例外的場合に限られ、報道機関の取材源の秘密については、民訴法197条1項3号にいう「職業の秘密」に当たるかどうかという形で問題になる[5]。

以下、【決定要旨】1との関係において取材源の証言拒絶の許否についての判断枠組みとしての比較衡量説を分析した上で（後記2）、【決定要旨】2との関係において取材源の証言拒絶が許される場合を検討し（後記3）、最後に本決定の意義と位置付けを押さえておくことにしよう（後記4）。

2　取材源の証言拒絶の許否についての判断枠組み
——【決定要旨】1

(1)　民訴法197条1項3号にいう「職業の秘密」と取材源の秘密

本決定は、【決定要旨】1(1)において、民訴法197条1項3号所定の「職業の秘密」とは、その事項が公開されると、当該職業に深刻な影響を与え以後その遂行が困難になるものをいうとして、最1小決平成12・3・10民集54巻3号1073頁［12］の立場を再確認した[6]。

---

(5)　他方、最大判昭和27・8・6刑集6巻8号974頁（石井記者事件判決）は、刑事訴訟における証言拒絶権につき、刑訴法149条が証言拒絶権を有する主体を限定列挙していることを理由に、新聞記者に取材源の証言拒絶権を認めない旨判断した。

(2) 保護に値する秘密とその判断枠組み──比較衡量説

民訴法197条1項3号は、「技術又は職業の秘密」を保護するため、証人にこれについての証言拒絶を許すのであるが、その語義が広範にわたるところ、前記1のとおり、他方で、民訴法190条は、証人に原則的に陳述義務を負わせることによって「公正な裁判」の実現を目指している。そこで、証言拒絶を許してまでも保護すべき秘密を「技術又は職業の秘密」の中から抽出する作業が必要になる。

本決定は、【決定要旨】1(2)において、これを「保護に値する秘密」と呼んだ上で、「秘密の公表によって生ずる不利益と証言の拒絶によって犠牲になる真実発見及び裁判の公正との比較衡量により決せられる」という判断枠組みを採用することを明らかにした[7]。

本決定の採用した判断枠組みは、比較衡量説と呼ばれるものであるが、これは、札幌高決昭和54・8・31判時937号16頁をきっかけにして、活発な議論が展開され、学説の通説の地位を占めるに至ったものである[8]。ただし、学説には、比較衡量の必要を否定し、「秘密の重大性」を基準にして「保護に値する秘密」を抽出すべきであるとする立場がある[9]。

本決定は、【決定要旨】1(3)のとおり、報道関係者の取材源につき、将来にわたる自由で円滑な取材活動の遂行を可能にするという観点から、その秘密が職業の秘密に当たることを明確に肯定した。最高裁判所として初めての判断である。

(3) 比較衡量する上での考慮要素──【決定要旨】1(4)

本決定は、【決定要旨】1(4)において、比較衡量する上での考慮要素の重要項目を以下の4つに分けて摘示した。この点が、民集における決定要旨の1と

---

(6) 本文の平成12年決定が実質秘説を採用したことにつき、26講の【判例の読み方】2(1)を参照。

(7) 本決定は、証言拒絶を許さない（秘密の公表を強制する）場合の不利益と証言拒絶を許す（秘密として保護する）場合の不利益とを比較衡量するという形の判断枠組みを説示しているが、証言拒絶を許さない場合の利益と証言拒絶を許す場合の利益とを比較衡量するという形の判断枠組みであっても、同じことになるのであろう。

(8) 注釈(6)324頁［坂田宏］、遠藤功「証言拒絶権の要件」民訴争点［新版］266頁を参照。

(9) 秘密の重大性基準説につき、伊藤・民訴392頁以下を参照。

されている。

第1は、当該報道の内容、性質、その持つ社会的な意義・価値であり[10]、第2は、当該取材の態様、将来における同種の取材活動が妨げられることによって生ずる不利益の内容、程度等である[11]。この第1及び第2は、【決定要旨】1(2)にいう「秘密の公表によって生ずる不利益」を分説したものである。

第3は、当該民事事件の内容、性質、その持つ社会的な意義・価値であり[12]、第4は、当該民事事件において当該証言を必要とする程度、代替証拠の有無等である[13]。この第3及び第4は、【決定要旨】1(2)にいう「証言の拒絶によって犠牲になる真実発見及び裁判の公正」を分説したものである。

これら4つの考慮要素は、個別具体的な事件において問題となっている取材源の秘密が民訴法上「保護に値する」との法的評価に影響を及ぼす評価根拠事実又は評価障害事実の代表的項目をリスト化したものである。これを要件事実論によって説明すると、本決定の【決定要旨】1(4)は、証言拒絶の許される取材源の秘密を規範的要件[14]として把握し、その規範的評価の成立に積極又は消極の影響を及ぼす考慮要素を明らかにした法理判例と位置付けることができる[15]。

本決定は、これらの考慮要素の軽重や序列を明確には説示していないが、この点は、証言拒絶の許される場合についての【決定要旨】2を検討することによって、そのおおよそが明らかになる。

---

(10) 【決定要旨】1(4)の①に当たる。
(11) 【決定要旨】1(4)の②に当たる。
(12) 【決定要旨】1(4)の③に当たる。
(13) 【決定要旨】1(4)の④に当たる。
(14) 規範的要件とその評価根拠事実及び評価障害事実につき、司法研修所・要件事実1巻30頁以下を参照。
(15) この判示部分につき、民集の判示事項は、「民事事件において証人となった報道関係者が民訴法197条1項3号に基づいて取材源に係る証言を拒絶することができるかどうかを判断する基準」と整理しているが、「……判断するための考慮要素」とした方が正確である。判断基準ないし判断枠組みを判示しているのは、本文の【決定要旨】1(2)の部分である。

第6章　証拠法　315

3　取材源についての証言拒絶が許される場合──【決定要旨】2

(1)　比較衡量方法の原則と例外──【決定要旨】2(2)

本決定の【決定要旨】2(2)は、その決定文が読みやすい日本語になっているとは言いづらいので、読み方を整理しておこう。

前記1のとおりの取材源の秘密の憲法上の位置付けを念頭に置いて、本決定は、結論として、「証人は、原則として、当該取材源に係る証言を拒絶することができる」と述べ、**取材源の証言拒絶が許されるのが原則であること**を明らかにする。

その上で、本決定は、**取材源の証言拒絶が許されない方向に働く要素を4つ**に分けて摘示する[16]。

第1は、当該報道の公共の利益性である[17]。本決定は、公共の利益に関しない報道の取材源については証言拒絶を許す合理性に欠けると考えている。例えば、私人のプライバシーについての報道の場合には、取材源の証言拒絶は許されない[18]。公共の利益に関する報道であることは、証言拒絶をする当事者において主張・立証（疎明）する必要がある[19]。

第2は、取材の手段・方法の刑罰法令違反如何である[20]。ここで、注意すべきは、取材源である者にとって当該情報が刑罰法令によって守秘義務を課せられているかどうかが問題になるのではないということである。これを問題にするのであれば、国家公務員法等の法令によって守秘義務を負っている公務員等に対して取材する報道関係者は、当該公務員等が守秘義務を負っていない情報であることを確認して取材し、報道しなければならないという民主主義社会では想定し難い事態に直面することになる。本決定が問題にしているのは、あくまでも、取材の手段・方法の刑罰法令違反である。混同してはならない[21]。また、将来の取材活動に重大な支障を与えることのない例として、取材源がその

---

(16)　その4要素は、本文2(3)の比較衡量に際しての4要素に対応する。

(17)　【決定要旨】2(2)の①に当たる。

(18)　東京高決平成18・6・14判時1939号28頁（読売新聞記者事件）は、「私人の全くの私事に関する報道等について、取材源の秘密を認めることは相当ではない」という。

(19)　坂田宏「取材源秘匿と職業の秘密に基づく証言拒否権について──いわゆる比較衡量論について」1329号（2007年）16頁を参照。

(20)　【決定要旨】2(2)の②に当たる。

開示を承諾しているときを挙げる。

　第3は、当該民事事件の重大性如何である[22]。いかに当該取材源を秘密にする社会的価値が高くても、公正な裁判を実現すべき必要性がその価値を上回ることがあることを是認する立場に立つことを示している。この点において、秘密の重大性基準説と一線を画することになる。

　第4は、当該民事事件における代替証拠の有無である[23]。この点についても、秘密の重大性基準説からは、代替証拠の有無は民事訴訟になった後の事情であるところ、取材源の秘密性が後の事情に左右されるというのでは秘密性に対する期待が損なわれるとして批判が強い[24]。

　こうして検討してくると、比較衡量説は、取材源の証言拒絶が許されるのが原則であるとしつつ、大別すると上記の4つの要素を取材源の証言拒絶が許されない方向に働く要素として勘案するのであるが、秘密の重大性基準説は、上記の4つの要素のうち第3と第4の要素を勘案しないというのであるから、それだけ取材源の証言拒絶が許される場合が広がることになろう。

　【決定要旨】2(2)の判示部分につき、民集の判示事項は、「民事事件において証人となった報道関係者が民訴法197条1項3号に基づいて取材源に係る証言を拒絶することができる場合」としており、証言拒絶が許される場合を明らかにした場合判例として位置付けている。しかし、本決定は、取材源の証言拒絶許容を原則としているから、むしろ、証言拒絶が許されない場合を明らかにするものというのが事の実態には近い。

---

(21)　戸田久・最判解平成18年度民事下1030頁は、「ある情報が、取材源たる公務員にとっては『刑罰法令により開示が禁止された情報』であっても、国民の知る権利の保障の観点からは、これを入手した報道機関が報道することが当然には禁じられるものではない」と的確に指摘する。これに対し、東京地決平成18・3・14判時1926号42頁（読売新聞記者事件）は、取材源による新聞記者に対する秘密の漏えいが刑罰法令に違反する場合、取材源の開示により生ずるその後の悪影響は法的保護に値しないなどとした。ともすれば陥りやすい誤った単線論理の典型例であるが、本決定がこのような考え方に立つものでないことを確認しておきたい。

(22)　【決定要旨】2(2)の③に当たる。

(23)　【決定要旨】2(2)の④に当たる。

(24)　伊藤・民訴392頁を参照。

第6章　証拠法　317

(2)　本件への当てはめ──【決定要旨】2(3)

本決定の【決定要旨】2(3)の本件への当てはめに関する判示部分（いわゆる事例判例部分）で参考になるのは、証言拒絶が許されない例外となる場合の**第3の当該民事事件の重大性**についての判断部分である。

本決定は、公務員の違法行為を理由とする国家賠償請求事件という本件基本事件の性質を前提としても[25]、「本件基本事件は、株価の下落、配当の減少等による損害の賠償を求めているものであり、社会的意義や影響のある重大な民事事件であるかどうかは明らかでな〔い〕」としている。

本決定は、民事事件の重大性についての判断枠組みや考慮要素を示すものではなく、この説示部分は事例判断にすぎないものではあるが、本件基本事件のような性質と内容を有する民事事件は「重大な民事事件」の範疇に入るとはいえないことを明らかにしており、**当該事件の社会的意義や影響という観点から、相当に高いレベルの重大性を要求していることを示唆**するものと理解することができる。

4　本決定の意義と位置付け

本決定は、民事訴訟における報道関係者の取材源に係る証言拒絶権の許否につき、比較衡量説に立った判断枠組みを示した上で、比較衡量に際しての考慮要素を例示し、その具体的適用を示した最初の最高裁判例である[26]。

本決定は、前掲札幌高決昭和54・8・31以降の下級審決定例及び学説の展開を踏まえてされたものであり、現時点における判例の到達点を示すものとして重要なものである。民事訴訟の実務における取材源の証言拒絶の許否についての予測可能性を高めた判例であると評価してよかろう。

取材源の証言を拒絶することの許されない程度に「重大な民事事件」とはどのようなものであるか等残された問題もなお多い。本決定を起点とした議論の発展が望まれる。

---

[25]　戸田・前掲注(21)1032頁を参照。

[26]　読売新聞記者事件についての最3小決平成18・10・3民集60巻8号2647頁［40］は、本決定を前提として、記者の証言拒絶を許した前掲東京高決平成18・6・14を是認した。

◆　証拠提出義務等(3)

28 銀行作成の自己査定資料と自己利用文書

最2小決平成19・11・30民集61巻8号3186頁[32]（八十二銀行事件）

【事実】

1　Xらは、A社のメインバンクであったY銀行が、平成16年3月以降、A社の経営破綻の可能性の大きいことを認識し、A社を全面的に支援する意思を有していなかったのに、全面的に支援すると説明してXらを欺罔したため、あるいは、A社の経営状態についてできる限り正確な情報を提供すべき注意義務を負っていたのにこれを怠ったため、XらはA社との取引を継続し、その結果、A社に対する売掛金が回収不能になり損害を被ったとして、Y銀行に対し、不法行為に基づく損害賠償請求訴訟を提起した。

なお、A社については、実質的に経営が破綻し、民事再生手続開始決定がされ、過去の財務状況等の大要が公表されている。

2　Xらは、Y銀行の欺罔行為及び注意義務違反行為の立証のために必要があるとして、Y銀行に対し、文書提出命令を申し立てた（本件申立て）。Xらは、その対象とする文書（本件文書）を、「Y銀行が、平成16年3月、同年7月及び同年11月時点において、A社の経営状況の把握、A社に対する貸出金の管理及びA社の債務者区分の決定等を行う目的で作成・保管していた自己査定資料一式」として特定した。これに対し、Y銀行は、本件文書は民訴法220条4号ハ所定の文書（職業秘密文書）又は同号ニ所定の文書（自己利用文書）に当たると主張して争った。

3　第1審（原々審）は、Y銀行の主張を排斥して、Y銀行に対して本件文書の提出を命じた[(1)]。Y銀行が抗告。

4　抗告審（原審）は、大要、①自己査定資料の作成は法令によって義務付けられているわけではないし、金融検査に際して自己査定資料を使用することがあっても、検査官は法律上守秘義務を負っており第三者に公表することは予

---

(1)　東京地決平成18・8・18金判1282号65頁。

定されていない、②本件文書は、融資先に対する評価及び対応に関する金融機関の意思形成のために作成されるものであるとの２点を理由に、本件文書は自己利用文書に当たるとして、本件申立てを却下した(2)。

　5　Xらが抗告許可の申立てをし、許可された。抗告理由は、自己利用文書に当たるというためには、内部文書性と不利益性の２つの要件を満たす必要があるというのが最２小決平成11・11・12民集53巻８号1787頁［33］及び最２小決平成18・２・17民集60巻２号496頁［11］の立場であるところ、本件文書はいずれの要件も満たさないから、最高裁判例に反し、また、自己査定資料が自己利用文書に当たらないとした東京高決平成18・３・29金判1241号２頁にも反する、というものである。

[関係図]

継続的売買契約→売掛金回収不能による損害
Xら ←――――――――――――――――――→ A社

不法行為に基づく損害賠償請求訴訟→自己査定資料の文書提出命令申立て
第１審：文書提出命令→抗告
抗告審：文書提出命令申立てを却下→許可抗告

Y銀行

【決定要旨】
原決定破棄・原審差戻し。

1　自己利用文書該当性の判断枠組み

　「ある文書が、その作成目的、記載内容、これを現存の所持者が所持するに至るまでの経緯、その他の事情から判断して、①専ら内部の者の利用に供する目的で作成され、外部の者に開示することが予定されていない文書であって、②開示されると個人のプライバシーが侵害されたり個人ないし団体の自由な意思形成が阻害されたりするなど、開示によって所持者の側に看過し難い不利益が生ずるおそれがあると認められる場合には、特段の事情がない限り、当該文

_____

(2)　東京高決平成19・１・10金判1282号63頁。

書は民訴法220条4号ニ所定の『専ら文書の所持者の利用に供するための文書』
に当たると解するのが相当である。」（①、②の付番は、筆者による。）

2　本件への当てはめ——内部文書性の否定

「Ｙ銀行は、法令により資産査定が義務付けられているところ、本件文書は、
Ｙ銀行が、融資先であるＡ社について、前記検査マニュアルに沿って、同社に
対して有する債権の資産査定を行う前提となる債務者区分を行うために作成
し、事後的検証に備える目的もあって保存した資料であり、このことからする
と、本件文書は、前記資産査定のために必要な資料であり、監督官庁による資
産査定に関する前記検査において、資産査定の正確性を裏付ける資料として必
要とされているものであるから、Ｙ銀行自身による利用にとどまらず、Ｙ銀行
以外の者による利用が予定されているものということができる。そうすると、
本件文書は、専ら内部の者の利用に供する目的で作成され、外部の者に開示す
ることが予定されていない文書であるということはできず、民訴法220条4号
ニ所定の『専ら文書の所持者の利用に供するための文書』に当たらないという
べきである。」

【判例の読み方】

1　本決定のポイント

(1)　本決定を読むための前提問題——文書提出義務の一般義務化と最高裁への許可抗告制度の創設

旧民訴法は、文書提出義務につき、証人義務や検証義務のような一般義務で
はなく、文書が3類型——①引用文書、②引渡・閲覧請求権のある文書、③利
益文書・法律関係文書——のいずれかの要件を満たした場合にのみその提出を
命じられる限定的義務であると位置付けていた。現行民訴法220条1号から3
号までの規定によって、このような旧民訴法の考え方を推知することができる。

現行民訴法220条4号は、同号に限定列挙した例外を除き、同条1号から3
号までに当たる文書以外のものについても提出義務を認めることとし、この平
成8年の民訴法改正により、行政文書を除く文書の所持者の負う義務は一般義
務とされた。さらに、平成13年の民訴法の改正によって、行政文書の文書提出

命令に係る手続規定が整備された（民訴法220条4号ロ・223条3項から5項まで）。

　また、現行民訴法337条は、高等裁判所の決定・命令のうち法令解釈に関する重要な事項を含むと認められるものにつき、原高等裁判所の許可を得て、最高裁判所に特に抗告をすることができることとする許可抗告の制度を創設した。旧民訴法下では、重要な法律問題が含まれていても、決定によって判断されるものについては、最高裁判所による法令解釈統一の機会がなかったのであるが、これが改められた。

　文書提出命令に関する最高裁判例を検討するに当たっては、以上のような法改正の経緯が背景にあることを理解しておく必要がある。

(2)　本決定のテーマ——自己査定資料と自己利用文書

　本決定は、銀行の作成・保管する融資先についての自己査定資料が民訴法220条4号ニの自己利用文書に当たるかどうかの判断をしたものである。

　本講では、まず、自己利用文書該当性についての判例法理を整理した上で（後記2）、本決定の扱った自己査定資料に焦点を当てて、その自己利用文書該当性如何を検討し（後記3）、最後に、本決定の意義と位置付けとを明らかにしておきたい（後記4）。

2　自己利用文書該当性についての判例法理——【決定要旨】1

(1)　平成11年決定の示した判断枠組み

　現行民訴法施行後、学説において、自己利用文書に当たるかどうかをどのような枠組みで判断するのが適切であるかについて活発に議論され、併せて、下級審において、銀行の貸出稟議書の提出義務の有無について激しく争われた[3]。

　この論争に決着をつけたのが最2小決平成11・11・12民集53巻8号1787頁[33]（平成11年決定）である。本決定の【決定要旨】1は、平成11年決定が示した自己利用文書該当性についての判断枠組み（法理）を再録したものである。すなわち、平成11年決定は、自己利用文書に当たるためには、①文書の客観的性質が「専ら内部利用目的」であること（内部文書性）、及び②所持者側に類型的に「看過し難い不利益」が生ずるおそれがあること（不利益性）、の双方を要件（必要条件）とする旨を宣明した。

---

(3)　小野憲一・最判解平成11年度民事下780〜791頁を参照。

また、平成11年決定は、上記①、②の要件の存否を判断する際の考慮要素として、文書の「作成目的、記載内容、これを現在の所持者が所持するに至るまでの経緯、その他の事情」を挙げ、基本的に文書所持者の主観的事情ではなく客観的事情から判断すべきことを明らかにした。

　平成11年決定の立場は、民訴法220条4号ニの文言から当然には導かれない②（所持者側の類型的不利益）をも要件としているところから、学説の「限定解釈説（文書の性質からして作成者固有の使用目的によって作成されたものであって、かつ、その内容が後に公表されることになると、所持者側に文書作成活動に不当な制限が課せられるなどの不利益が存する文書に限定すべきであるとの考え方）」に親和性を有するものであり、「比較衡量説（所持者側の不利益に加えて、対象文書の訴訟における証拠としての重要性、当事者間の公平、真実発見の重要性等の諸要素を比較衡量することが許されるとの考え方）」とは一線を画するものと理解されている[4]。

(2)　自己利用文書該当性判断の具体例

　平成11年決定は、上記(1)の判断枠組みを銀行の貸出稟議書に当てはめて、「融資案件についての意思決定を円滑、適切に行うために作成される文書であって、……文書の性質上、忌たんのない評価や意見も記載されることが予定されているものである」という文書の作成目的と記載内容に着目し、①「貸出稟議書は、専ら銀行内部の利用に供する目的で作成され、外部に開示することが予定されていない文書」であり、かつ、②「開示されると銀行内部における自由な意見の表明に支障を来し銀行の自由な意思形成が阻害されるおそれがある」とし、**特段の事情**がない限り、**自己利用文書に当たる**とした。

　そこで、金融機関の貸出稟議書については、その後、平成11年決定にいう自己利用文書に当たらない「特段の事情」があるかどうかが争われることになった。最高裁は、信用金庫の会員が代表訴訟において文書提出命令の申立てをした事案では特段の事情該当性を否定し[5]、破綻清算中の信用組合の貸出稟議書が同信用組合から営業譲渡を受けた株式会社整理回収機構が所持している事案では特段の事情該当性を肯定した[6]。

---

(4)　小野・前掲注(3)784頁を参照。

(5)　最1小決平成12・12・14民集54巻9号2709頁［35］。

第6章 証拠法 323

　貸出稟議書以外の文書につき、最高裁は、保険管理人によって設置された調査委員会作成に係る調査報告書につき自己利用文書に当たらないとし[7]、地方議会の議員が作成して所属会派に提出した調査研究報告書につき自己利用文書に当たるとし[8]、銀行本部から営業店長に宛てて出された業務遂行上の指針が記載された社内通達文書につき自己利用文書に当たらないとした[9]。

3　自己査定資料と自己利用文書該当性──【決定要旨】2

(1)　はじめに

　本決定は、【決定要旨】2から明らかなように、要件①（内部文書性）と要件②（不利益性）の2つの要件のうち、**要件①の欠如を理由として自己利用文書に当たらないとの結論を導いたものである**。

　そこで、まず、要件①につき、本決定の判断に即して、原決定と結論を分けた理由を明らかにし、次に、本決定が取り扱わなかった要件②に係る問題を検討することにする。

(2)　内部文書性の有無に係る判断

ア　法令上の文書作成義務と自己利用文書該当性

　本決定は、第1に、Y銀行が資産査定をすること自体については、法令（金融機能の再生のための緊急措置に関する法律6条）により義務付けられていることを指摘する。第2に、Y銀行が自己査定資料を作成・保存する目的を検討する。そして、作成目的につき、通達に根拠を有する金融検査マニュアルに沿って、融資先であるA社に対して有する債権の資産査定を行う前提となる債務者区分を行う必要から作成したことを指摘し、保存目的につき、監督官庁による資産査定に関する立入検査において資産査定の正確性を裏付ける資料として必要とされていて、事後的検証に備える目的があって保存したことを指摘する。

　本決定は、これらを勘案すると、本件文書は、法令上の作成義務が明定されたものではないが、**Y銀行のみならず第三者による利用**（本件では、公益目的

---

(6)　最2小決平成13・12・7民集55巻7号1411頁［30］。

(7)　最2小決平成16・11・26民集58巻8号2393頁［36］。

(8)　最1小決平成17・11・10民集59巻9号2503頁［36］。

(9)　前掲最2小決平成18・2・17。

による監督官庁による利用）が予定されているから、専ら内部の者の利用に供する目的で作成され、外部の者に開示することが予定されていない文書であるということはできないとし、内部文書性を否定した。

　平成11年決定は、銀行の貸出稟議書につき、「法令によってその作成が義務付けられたものでもなく」と述べて、法令上の作成義務のないことが自己利用文書に当たるとする積極的理由になると読まれかねない説示をしていたこともあり、本件原決定は正にそのような理屈を採用した。

　本決定は、上記のとおり、法令上の作成義務のないことを自己利用文書に当たるとする積極的理由にすることができないことを明らかにすることによって、平成11年決定のややミスリーディングな説示を修正する役割を果たしており、判例形成の1つのあり方として興味深い。

　イ　**検査官の負う守秘義務と自己利用文書該当性**

　本決定は、上記アのとおり、Ｙ銀行のみならず第三者による利用が予定されていることを理由にして自己査定資料の内部文書性を否定しており、第三者である監督官庁ないし検査官が法令上の守秘義務を負うかどうかが結論に何らかの影響を及ぼすかどうかには言及していない。

　この点につき、平成11年決定の担当調査官の解説には、「担当官には守秘義務があり稟議書が公に開示されることはないのであるから、検査の対象となることが自己利用文書性を否定する理由にはならない。」との説明[10]が見受けられるところ、本件原決定は、検査官が守秘義務を負うことを自己利用文書に当たるとする積極的理由にした。

　しかし、平成11年決定は、貸出稟議書が「外部に開示することが予定されていない文書」であるという文書の客観的性質に着目して、自己利用文書に当たるとしたのであって、そもそも「広く公に開示することが予定されていない文書」をもって自己利用文書であるとしていたわけではない。そうすると、自己査定資料は、監督官庁による検査の際に、法令上義務付けられた資産査定の正確性を裏付ける資料として金融機関が提出することを予定して作成し保存する文書なのであるから、融資に際して、金融機関において作成され、監督官庁による検査の際に保存されていれば、提出されることもあるという貸出稟議書と

---

　(10)　小野・前掲注(3)794頁を参照。

は、文書の客観的性質において異なるというべきであろう[11]。

　要するに、**検査官が守秘義務を負うことと自己利用文書該当性との間には関連性がない。本決定は、自己査定資料の開示を受ける第三者（監督官庁ないし検査官）が法令上の守秘義務を負うかどうかに何らの言及をしないことによって、以上の理を間接的に示したもの**と理解することができる。

⑶　不利益性の要件の有無

　平成11年決定は、自己利用文書に当たるための要件として、「所持者の側に看過し難い不利益が生ずるおそれがある」ことを要求する。本件文書の開示によって不利益が生ずるおそれがある所持者側の者として想定されるのは、差し当たりＹ銀行とＡ社であるから、ここでは、Ｙ銀行又はＡ社に看過し難い不利益が生ずるおそれがあるかどうかを検討しておこう。

　ア　Ｙ銀行に生ずるおそれがある不利益

　自己査定資料には、金融機関による貸出先会社の信用状況の評価、債務者区分、貸出先会社に対する今後の対応等が記載されるから、本件文書にＹ銀行の意思形成の過程が記載されていることは否定することができない。

　しかし、Ａ社の信用状況の評価と債務者区分は、正確な資産査定のために必要であり、資産査定自体は法令上義務付けられたものである。

　そうすると、本件文書に本来記載されるべきＡ社の信用状況の評価と債務者区分については、その決定過程が明らかにされたからといって、Ｙ銀行に看過し難い不利益が生ずるおそれがあるとはいえないものと思われる[12]。

　イ　Ａ社に生ずるおそれがある不利益

　Ａ社の財務状況等についての情報がその債権者であるＸに開示されることは、一般的にはＡ社にとっての不利益であるが、Ａ社については、既に民事再生手続開始決定がされ、その財務状況等の大要が公表されているから、本件文書が開示されることによってＡ社に看過し難い不利益が生ずるおそれがあるとはいえないものと思われる。

⑾　中村さとみ・最判解平成19年度民事下815頁を参照。

⑿　中村・前掲注⑾816頁は、本決定につき、「自己査定資料の内部文書性が否定される以上、これが開示されても金融機関の自由な意思形成が阻害されるおそれはないとの判断が前提になっている」と指摘する。

本件におけるＡ社についてこのようにいうことができるとしても、貸出先会社の置かれた状況は様々であるから、貸出先会社に看過し難い不利益が生ずるおそれがある場合がないとは限らない。

　平成11年決定の判断枠組みに従うことを前提にすると、内部文書性と不利益性の２つの要件を満たさない限り、自己利用文書に当たるとして文書提出を拒絶することは許されない（現に、本決定はそう判断した。）のであるから、内部文書性を欠くものの、貸出先会社に看過し難い不利益が生ずるおそれがあるとして自己査定資料の提出を拒絶すべきであると考える所持者は、自己利用文書とは別の理由によることが必要になる。

　Ｙ銀行がそのような理由としたのは、本件文書が民訴法220条４号ハ所定の文書（職業秘密文書）に当たるという主張である。

4　本決定の意義と位置付け

　本決定は、前記２(2)に挙げた多くの最高裁決定と同様、平成11年決定の自己利用文書についての判断枠組み（法理）を前提にして、その具体的適用例を１つ加えた事例判例である。

　そして、本決定は、金融機関の作成・保存する融資先に関する自己査定資料につき、文書としての客観的性質（作成・保存目的）に着目して、一般的に自己利用文書に当たらないとした。本決定もまた、文書の訴訟における証拠としての重要性、当事者間の公平、真実発見の重要性等の要素を比較衡量することはしておらず、最高裁がいわゆる限定解釈説の立場に立つことがより一層明確になった。

　そして、本決定は、前記３(2)に指摘したとおり、平成11年決定中のミスリーディングな説示を修正し、また必ずしも明快でなかった点を明らかにしており、自己利用文書についての判断枠組みの具体的適用につき、かなりの程度に予測可能性を高めることに成功したと評価してよい。

　本決定は、原決定が自己査定資料の職業秘密文書該当性の判断をしなかったため、この点の判断は残された問題とされた。本件第２次許可抗告審決定である最３小決平成20・11・25民集62巻10号2507頁［26］（平成20年決定）は、この点についての最高裁の判断を示したものである。平成20年決定については、26講の【判例の読み方】３ないし５を参照されたい。

◆　証拠調べ

29　反対尋問の機会のなかった供述の証拠能力

最2小判昭和32・2・8民集11巻2号258頁[16]

【事実】

1　Xは、Y₁に対し、昭和11年12月10日に所有する建物を賃貸したが、昭和22年12月25日、その1部屋の返還を受けて自ら居住するようになったため、Y₁に対する賃貸部分は同建物の一部である3部屋（以下「本件建物」という。）になった。その後、Y₁がY₂（内縁の妻）を本件建物に同居させたことから紛争が生じた。

2　Xは、Y₁・Y₂を被告として、本件建物の明渡しを求める訴訟を提起した。Y₁に対する請求は賃貸借契約の合意解除を理由とするものであり、Xは、昭和25年10月21日、Y₁との間に本件建物の賃貸借契約を解除するとの合意（以下「本件合意」という。）が成立し、Y₁は昭和26年3月31日限り本件建物を明け渡すと約束した旨主張した。Y₂に対しては、不法占拠であるとして所有権に基づく返還請求権を行使するものである。

3　Y₁はXの主張する合意の成立を否認し、Y₂はXが本件建物を所有することを不知として争った。その上で、Y₁・Y₂は、Xの本訴請求は信義則に反し、権利の濫用に当たるとの抗弁を主張した。

4　第1審において、Xに同行し本件合意に立ち会ったという証人A、X及びY₁本人の各尋問が実施された。Y₁については臨床尋問によってされた[(1)]が、主尋問の終了後、立会医師の勧告により打ち切られ、Xには反対尋問の機会が与えられなかった。第1審は、Y₁本人の供述を信用せず、Y₁・Y₂に対して本件建物の明渡しを命ずるX勝訴の判決[(2)]をした。Y₁・Y₂が控訴。

---

(1)　第1審判決（東京地判言渡し年月日不詳。民集11巻2号264頁に主文及び当事者主張の事実のみ掲載）のYらの主張によると、Y₁は昭和27年11月18日に脳溢血に罹患し、以来右半身麻痺になり、医師から絶対安静を命じられる状態になったとのことである。

(2)　第1審判決の主文につき、民集11巻2号264頁を参照。Y₁本人の供述を信用しなかった理由につき、土井王明・最判解説昭和32年度民事37頁を参照。

5　控訴審（原審）は、証人A及びXの各供述は措信し難いとして排斥し、Y₁本人の供述及び控訴審での証人Bの証言を信用し、「〔Xの〕明渡の請求に対する承諾があったものとは到底認められない。」として、合意解除を理由とするY₁に対する請求を棄却した。また、Y₂はY₁の内縁の妻としてY₁の賃借権の範囲内で本件建物に居住し得ると判断し、所有権に基づくY₂に対する請求も棄却した[3]。

6　Xは、反対尋問権の保障を欠いたY₁本人尋問の結果を採用してXの請求を棄却した原判決には、事実確定の基礎になった証拠調手続に民訴法294条1項（現行民訴法202条1項）違反の違法があると主張して上告した。

[関係図]

X
｜　S11・12・10　本件建物賃貸借契約
｜　S25・10・21　X—Y₁ 本件建物賃貸借契約合意解除？
｜　対Y₁：賃貸借契約終了（合意解除）に基づく本件建物明渡請求
↓　対Y₂：所有権に基づく本件建物明渡請求
Y₁
Y₂（内縁の妻）

【判旨】

上告棄却。

反対尋問の機会がなかった本人尋問の結果の証拠能力

〈法廷意見〉

「裁判所が本人訊問を打ち切った措置を違法と解し得ないことは、民訴法260条〔現行民訴法181条2項〕の趣旨からして当然であり、その後、再訊問の措置を採らなかったのも、右本人の病状の経緯に照らし、これを不相当と認めたためであることが、記録上窺い得られるところである。従ってこのように、やむ

────────────

(3)　東京高判昭和29・12・22民集11巻2号267頁。

を得ない事由によって反対訊問ができなかった場合には、単に反対訊問の機会がなかったというだけの理由で、右本人訊問の結果を事実認定の資料とすることができないと解すべきではなく、結局、合理的な自由心証によりその証拠力を決し得ると解するのが相当である（なお、Xが第1、2審において異議を述べ、またはY₁本人の再訊問を申請したような事実は記録上認められない）。しからば、原判決には所論の違法はなく、論旨は採用し難い。」

〈個別意見〉

（小谷裁判官の反対意見）

「民訴294条1項〔現行民訴法202条1項〕（同342条〔現行民訴法210条〕により当事者訊問に準用）の反対訊問権は、主訊問による供述とは異なった、或はそれとは全く正反対な供述、偽証の露呈並びに供述の信憑性を明らかにせんこと等を目的とするものであるから、反対訊問の機会を与えない供述は、その後の再訊問と相俟つか、または反対訊問権者において積極的にその訊問権を抛棄したものと認められる場合でない限り、主訊問による供述だけでは、一方的な訊問でいまだ完結しない、供述としては未完成なものと解すべきであり、したがって該供述はいまだ裁判の資料となし得ないものと解するを正当と考える。……右供述を証拠に採った原判決はこの点において破棄を免れないものと思料する。」

【判例の読み方】

1　本判決のポイント

　本判決は、反対尋問の機会がなかった供述の証拠能力の問題を扱ったものである。まず、第2次世界大戦後に我が国の民訴法が採用した交互尋問制との関係において反対尋問権の保障の考え方の基礎を押さえ（後記2）、次に、反対尋問の機会がなかった供述の証拠能力の問題につき、【判旨】1の判断と反対意見の立場との相違を明らかにし（後記3）、最後に、反対尋問権をめぐる近時の問題を展望する（後記4）という順序で検討することにしたい。

2 交互尋問制の採用と反対尋問権の保障

(1) 交互尋問の意義と背景

交互尋問制は、尋問の主体を当事者とする方式であって、英米の陪審制を基盤とするものである。交互尋問とは、人証（証人、本人、鑑定人）の申出をした当事者がまず尋問（主尋問）し、次いで相手方当事者が尋問（反対尋問）し、これに続いて人証の申出をした当事者が再度尋問（再主尋問）し、更に相手方が裁判長の許可を得て尋問（再反対尋問）するという形で、当事者が交互に人証を尋問し、最後に裁判長が尋問（補充尋問）するという尋問方式をいう。

これに対し、大陸法は、尋問の主体を裁判官とし、細切れではなく物語式に供述させる方式をとる。

我が国では、第2次世界大戦後の昭和23年改正民訴法において、それまでの大陸法方式から英米法方式の交互尋問制への抜本的な変更をみた（旧民訴法294条）。最2小判昭和27・12・5民集6巻11号1117頁（昭和27年判決）は、旧民訴法294条につき、「一種の交互尋問制[4]を採用したものである」と判示した。そして、平成8年改正の現行民訴法202条においても、交互尋問制が基本的に維持されている[5]。

英米の陪審制の下では、素人である陪審員が不当な情報に影響されて誤った事実認定をすることを防ぐため、提出することのできる証拠の範囲や提出方法につき、技術的で複雑なルールを発達させてきた。そして、我が国におけるのとは異なり、民事訴訟と刑事訴訟とで概ね共通の証拠法になっている[6]。

英米におけるそのような証拠法のひとつが、**伝聞証拠排除原則**である。伝聞証拠が排除される理由は、伝聞供述を反対尋問にさらしたところで、伝聞内容の真偽を確かめようがないというところにある。すなわち、**伝聞証拠排除原則は、反対尋問の機会のない供述に原則として証拠能力を認めないというルール**

---

(4) 最高裁が「一種の交互尋問制」と表現するのは、裁判長は必要があるときはいつでも尋問することができることになっていた（旧民訴法294条3項）し、本文に説明するとおり、英米の証拠法を継受したわけではないからであろう。

(5) 明治23年の旧々民訴法から平成8年の現行民訴法に至る変遷の要領よい整理として、畑瑞穂「反対尋問を経ない証言」伊藤眞＝加藤新太郎編『［判例から学ぶ］民事事実認定』（有斐閣、2006年）87頁を参照。

(6) 浅香吉幹『アメリカ民事手続法［第3版］』（弘文堂、2016年）133頁を参照。

の上に成立している。自ら見聞したことの供述であって、法廷において反対尋問にさらされた上での供述にこそ、至高の価値（信用性）があるとする経験的知恵にその根源がある[7]。

(2) 民訴法における反対尋問権の保障

旧民訴法294条1項（現行民訴法202条1項）は直接的には「尋問の順序」についての規定であるが、学説は、一般に、同項が相手方当事者の反対尋問権を保障した規定であると解している[8]。

また、昭和27年判決は、上記(1)のとおり、同項が一種の交互尋問制を採用したものであることを述べた上で、「交互尋問制の長所は挙証者の相手方に与えられたいわゆる反対尋問権の行使により、証言の信憑性が十分吟味される点にある」と説示しているから、同じ立場に立つものと理解することができる。

本判決の法廷意見は、「反対訊問の機会」と表現するだけであって、相手方当事者の手続保障としての反対尋問権に言及しないから、この点は明らかではない。これに対し、小谷裁判官は、反対意見において、【判旨】摘録のとおり、旧民訴法294条1項が反対尋問権を保障する規定であることを明言する。

3 反対尋問の機会のない供述の証拠能力――【判旨】1

(1) 伝聞証拠の証拠能力

前記2(1)のとおり、伝聞証拠排除原則は反対尋問権の保障の上に成立する原則であるから、まず、我が国の民事訴訟において伝聞証拠の証拠能力をどのように考えているかをみておくことにしよう。

昭和27年判決は、伝聞証拠の証拠能力を制限するかどうかにつき、「**反対尋問権の行使につきどの程度まで実質的な保障を与えるかという立法政策の問題**であ〔る〕」とし、第2次世界大戦後、刑事被告人の反対尋問権が憲法37条2項によって保障され、刑事訴訟法では伝聞証拠の証拠能力が原則として否定されることになった（刑事訴訟法320条1項）のに、民訴法に証拠能力制限の規定

---

(7) 浅香・前掲注(6)140～141頁を参照。

(8) 石川明・続民訴百選（1972年）160頁、内田武吉・百選［第2版］（1982年）205頁、近藤隆司・小林秀之編『判例講義民事訴訟法［第3版］』（悠々社、2016年）217頁を参照。

がないことにつき、「私人間の紛争解決を目的とする民事訴訟法においては伝聞証言その他の伝聞証拠の採否は、裁判官の自由な心証による判断に委せて差支えないという見解」によったものであると判断した。これが確定した判例の立場である[9]。

学説も、昭和27年判決とほぼ同様に考え、伝聞証拠の証拠能力を肯定することで一致している[10]。民訴規則115条2項6号（旧民訴規則35条6号）は、当事者が「証人が直接経験しなかった事実についての陳述を求める質問」をしてはならないとしているところ、この陳述に伝聞供述が含まれるとしても、同条3項（旧民訴規則35条柱書）は、裁判長にそのような質問を制限することができる権限を付与しているにすぎないから、伝聞供述につき、例外的に「信用性の情況的保障」の存する場合を除き、原則としてこれを排除しなければならないとの立場を採っているというのは困難であるし、供述代用書面[11]の提出を制限する規定が法及び規則上見当たらないから、同号をもって伝聞証拠の証拠能力を否定するものと断ずることはできない、と説明する[12]。

(2) 本判決の判例としての性質（事例判例）とその射程

本判決は、【判旨】1のとおり、結論として、反対尋問の機会がなかった本人尋問の結果を証拠資料としても違法ではないとしたものであるが、民集の判示事項は、「反対訊問の機会がなかった本人訊問の結果を証拠資料となし得る一事例」と表現して、本判決が法理判例ではなく**事例判例**にすぎないことを明らかにしている。

その射程は、【判旨】1の説示によると、①当事者本人に対する臨床尋問がこれに立ち会った医師の勧告によって途中で打ち切られ、相手方当事者に反対尋問の機会がなかった、②当該本人の病状の経過に照らし、再尋問の措置を採るのが不相当であった、の2事実によって画される。そして、本判決は、これら①、②の事実が存する場合は、相手方当事者に反対尋問の機会が与えられな

---

(9) その後、最3小判昭和32・3・26民集11巻3号543頁及び最3小判昭和32・7・9民集11巻7号1203頁が同旨を判示している。

(10) 注釈(6)244頁［藤原弘道］を参照。

(11) 後述4の「陳述書」についての議論を参照。

(12) 中務俊昌=鈴木正裕「反対訊問の機会がなかった本人訊問の結果を証拠資料となし得る一事例」民商36巻2号（1957年）52頁を参照。

かったことについて「やむを得ない事由」があると評価してよい場合に当たると考えている。

すなわち、**本判決は、反対尋問の機会のない供述に証拠能力を認めてよいとする一事例を明らかにしたにすぎず、反対尋問の機会のない供述に証拠能力を認めるかどうかの判断枠組み（法理）を示したものではない。**

これを裏から説明すると、本判決は、「やむを得ない事由がない場合には、反対尋問の機会がなかった主尋問に対する供述に証拠能力を認めない」という判断枠組を示した法理判例ではないから、本判決の後に、「やむを得ない事由」があるとはいえない事案において、「反対尋問の機会がなかった主尋問に対する供述に証拠能力を認める」という結論をとる判決が出たとしても、当該判決が最高裁判例に違反する判決であるとはいえないのである。これまでも繰り返し説明してきた事柄であって、判例の読み方の基本であるが、時に誤った議論に接することがあるので、念を押しておくことにする。

東京高判昭和51・9・13判時837号44頁は、一般論として、反対尋問の機会がなかった人証の供述に証拠能力を認めることを前提として、「証人若しくは当事者本人につき反対尋問が行われたかどうかはこれらの者の供述に信用を置くことができるかどうかを判断する際の事情として考慮されるにとどまる」と判示した。この東京高裁判決は、反対尋問の機会の有無、反対尋問が行われなかった理由如何にかかわらず、証拠能力を認めるというものであり、反対尋問が行われなかった理由を検討した上で証拠能力を認めた本判決とは、この問題に対する姿勢を大きく異にするものであるが、最高裁判例に違反する判決であるとはいえないのである。

小谷裁判官の反対意見は、前記2(1)の英米法における「反対尋問の機会のなかった供述には、証拠能力を認めない」という原則に忠実な見解である。しかし、我が国の民訴法の解釈論としては、大方の賛同を得るに至っていない。

(3) 証拠能力を否定すべき場合

そうすると、次の問題は、本判決の射程の問題を離れて、反対尋問の機会がなかった供述の全てに証拠能力を肯定してよいかどうか（否定すべき場合がないかどうか）にある。

学説の多数の賛同を得ているのは、**反対尋問が行われなかった理由が主尋問当事者又は当該人証の妨害（主尋問の意識的延引、当該人証の反対尋問期日への**

不出頭等）による場合又は反対尋問権が違法に剥奪された場合には、責問権の放棄又は喪失のない限り、当事者の対等・公平な裁判の観点から証拠能力を否定するという考え方[13]である。

民訴法が交互尋問制を採用し、反対尋問権を保障していると解釈する以上、反対尋問を経ない供述の証拠能力を否定すべき場合を想定するのは当然の帰結であり、上記の学説の提案は、反対尋問権を実効的なものにするために最低限の要請というべきであろう。

4　反対尋問権をめぐる近時の問題

近時、証人尋問又は当事者尋問に先立って、第三者又は当事者の供述を記載した文書が号証番号を付して証拠として提出することが日常的に行われている[14]。一般にこのような文書を「陳述書」と呼ぶ。陳述者が事件の争点に関して見聞した事実、見聞した事実からの推論、自分なりの判断等を、項目に分けて、又は時系列に沿って陳述する形で記載される[15]のが通常である。

最2小判昭和24・2・1民集3巻2号21頁は、「訴訟提起後に、当事者自身が、係争事実に関して作成した文書であっても、それがために、当然に、証拠能力をもたぬものではない。裁判所は自由の心証をもって、かかる書類の形式的、実質的証拠力を判断して、これを事実認定の資料とすることができる」と判示した。この最高裁判決が判断の対象としたのは当事者の一方が他方に宛てて差し出した内容証明郵便であるが、陳述書も射程に収めるものであり、これが確定判例の立場になっている[16]。

⒀　土井・前掲注(2)38頁、中務＝鈴木・前掲注⑿213頁、石川・前掲注(8)161頁、内田・前掲注(8)205頁、藤原・前掲注⑽245頁、近藤・前掲注(8)194頁を参照。そして、これらの学説は、本判決の説示する「やむを得ない事由」を、反対尋問が行われなかった理由が主尋問当事者又は当該人証の妨害によるものでない場合を指すものと解釈して、証拠能力を認めるという結論に賛成するという。

⒁　争点整理のために争点整理手続段階で提出されるものもあるが、ここで取り上げるのは、集中証拠調べの効果的・効率的な実施（主尋問代用又は反対尋問準備）を目的として、証拠調べの実施に先立って提出されるものである。

⒂　本文で説明したように、陳述者が自ら陳述する形で記載されているが、一般的には、訴訟代理人である弁護士が原案を作成し、陳述者はそれを点検し、加除修正するなどして、最終的には陳述者作成名義の文書として完成され、裁判所に提出される。

しかし、陳述書の記載をもって主尋問に代える扱いは、口頭主義及び直接主義の観点から問題があるとの指摘を、また、（責問権を放棄・喪失した場合は別論として）反対尋問にさらされることのないまま陳述書が証拠として採用されることについては、相手方の反対尋問権の保障の観点から問題があるとの指摘を受けている[17]。

さらに、ネット時代の到来とともに、様々な情報の入手が容易になった結果、作成者すら特定されることなく、信用性も著しく低い文書が民事訴訟の証拠として提出される場面に出くわすことが稀でなくなった。このような文書は、そもそも反対尋問を実施することが性質上不可能なものである。我が国の民事訴訟において証拠能力のない証拠はないという理屈が浸透しすぎた結果であるのか、書証（文書の証拠調べ）の実務が一般的に弛緩している結果であるのか、その原因を特定するのは難しいが、裁判所における証拠調べと呼べるのかどうかさえ危うい状況が出現するに至っている。

5　おわりに

本判決も本講で取り上げた昭和27年判決を含むその他の判決も、判決理由を理解するのに困難を覚えるようなものではなく、むしろ平易な判決である。

問題は、その先にある。すなわち、上記4にみたとおり、反対尋問にさらされることのない供述証拠をどのように取り扱うべきであるか（証拠能力のレベルの問題、証拠能力ありとして、形式的及び実質的証拠力のレベルの問題等）につき、様々な問題が生じている現状に鑑み、まずは、反対尋問を経ない供述の証拠能力を否定すべきであるかどうかの判断枠組みを明確化することが望ましい。前記3(3)の学説の議論は、その1つの提案である。

本判決は、この点を考える起点になる判例というべきである。

---

[16]　最3小判昭和32・7・9民集11巻7号1203頁。
[17]　長谷部・民訴222～223頁を参照。

第7章 複雑な訴訟形態

◆ 共同所有関係と訴訟形態(1)

30 共有権確認訴訟・共有権に基づく所有権移転登記手続請求訴訟と固有必要的共同訴訟

最 1 小判昭和46・10・7 民集25巻 7 号885頁[60]

【事実】

1　X₁・X₂は、Yの父母である。X₁・X₂は、昭和23年11月20日に本件土地をAから共同して買い受けたが、都合によりY名義に所有権移転登記を経由したところ、Yは登記簿上の所有名義人であることに乗じて真実の所有者のように振る舞おうとしていると主張して、Yに対し、本件土地の共有権の確認及び同登記の抹消に代わる所有権移転登記手続を求めて、本件訴訟を提起した。

2　Yは、①X₁・X₂は、Yの代理人としてAから本件土地を買い受けたのであり、②そうでないとしても、X₁・X₂は、Yに対し、Aから買い受けた本件土地を即日贈与した、と主張して争った。

3　X₁は、第 1 審係属中に本訴を取り下げる旨の昭和37年 9 月10日付け書面を提出した。Yは、本訴の取下げに同意する旨の同月11日付け書面を提出した。

4　第 1 審は、X₁のした上記 3 の本訴取下げの効力につき判断することなく、X₁・X₂の主張を採用して、前記 1 の請求を全て認容した[1]。控訴審は、X₁は本件土地がX₁・X₂の所有に属するものとしてX₂と共同原告となり本件土地の所有権確認並びにその所有権移転登記手続を求めるものであるところ、共有物の所有権は共有者全員に属するをもってその所有権（持分でなく）確認並びにその所有権登記手続を求める給付の訴えは各共有者単独で取下げをすることができないというべきであるから、X₁のした訴えの取下げは無効である旨判示し、本案についての第 1 審判決を正当とし、Yの控訴を棄却した[2]。

5　Yが上告。上告理由は、本件訴訟は通常共同訴訟であるから、X₁のし

---

(1)　浦和地川越支判昭和40・10・5 民集25巻 7 号893頁。

(2)　東京高判昭和42・2・17民集25巻 7 号897頁。

た訴えの取下げによってX₁とYとの間の訴訟は終了したのであり、原判決には民訴法62条（現行民訴法40条）の解釈適用を誤った違法がある、というにある。

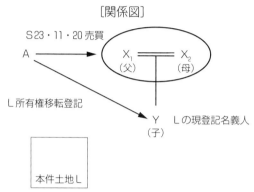

X₁・X₂→Y 「Lの共有権確認＋所有権移転登記請求」の訴え
X₁—Y 訴えの取下げと同意

【判旨】

上告棄却。

1 共有権確認訴訟は固有必要的共同訴訟か

「1個の物を共有する数名の者全員が、共同原告となり、いわゆる共有権（数人が共同して有する1個の所有権）に基づき、その共有権を争う第三者を相手方として、共有権の確認を求めているときは、その訴訟の形態はいわゆる固有必要的共同訴訟と解するのが相当である[3]。」

「けだし、この場合には、共有者全員の有する1個の所有権そのものが紛争の対象となっているのであって、共有者全員が共同して訴訟追行権を有し、その紛争の解決いかんについては共有者全員が法律上利害関係を有するから、その判決による解決は全員に矛盾なくなされることが要請され、かつ、紛争の合理的解決をはかるべき訴訟制度のたてまえからするも、共有者全員につき合一

---

(3) ここで、参照判例として大判大正13・5・19民集3巻211頁を引用する。

に確定する必要があるというべきだからである。」

2 共有権に基づく所有権移転登記請求訴訟は固有必要的共同訴訟か

「これと同様に、1個の不動産を共有する数名の者全員が、共同原告となって、共有権に基づき所有権移転登記手続を求めているときは、その訴訟の形態も固有必要的共同訴訟と解するのが相当であり[4]、その移転登記請求が真正な所有名義の回復の目的に出たものであったとしても、その理は異ならない。」

3 固有必要的共同訴訟の共同原告の一部の者のする訴えの取下げの効果

「それゆえ、このような訴訟の係属中に共同原告の1人が訴の取下げをしても、その取下げは効力を生じないものというべきである。これと同趣旨の原判決に所論の違法はなく、所論引用の判例は、いずれも本件と事案を異にして適切ではない。したがって、論旨は採用することができない。」

【判例の読み方】

1 本判決のポイント

(1) 共同訴訟の類型

当事者の一方又は双方に複数の者がいる訴訟を「共同訴訟」という。共同訴訟において同一の側（原告又は被告）に立つ複数の者を「共同訴訟人」という。

共同訴訟のうち、複数の共同訴訟人について判決が区々になることが許容されるものを「通常共同訴訟」と呼び、区々になることが許容されず合一確定が要請されるものを「必要的共同訴訟」と呼ぶ。さらに、必要的共同訴訟は、関係者の全員が共同で訴え又は訴えられなければならない「**固有必要的共同訴訟**」と、関係者の全員が共同で訴え又は訴えられなければならないわけではないが、共同で訴え又は訴えられた場合には、判決が区々になることが許容されず合一確定が要請される「**類似必要的共同訴訟**」とに分類される。

---

(4) ここで、参照判例として大判大正11・7・10民集1巻386頁を引用する。

(2) 共同所有に係る紛争とその類型

一般に、固有必要的共同訴訟には、①他人間の法律関係（権利義務）の変動を生じさせる場合[5]と②訴訟物である法律関係につき実体法上複数人が共同してのみ処分することができることとされている場合[6]とがあるとされている[7]。

共同所有に係る紛争については、このうちの②に当たるかどうかという形で問題になる。ただし、共同所有者間において共有関係に基づきその法律関係についての請求をする場合の、例えば、共有物分割の訴え（民法258条１項）は、共有関係自体の解消を求めるものであり、固有必要的共同訴訟に当たることに異論がない[8]。また、共同相続人の遺産分割前の共有関係にあることの確認を求める遺産確認訴訟も、固有必要的共同訴訟に当たるとされている[9]。

共同所有者と第三者との間の訴訟については、その類型を、共同所有者が原告として提訴する能働訴訟と共同所有者が被告とされる受働訴訟とに分類することができる。本判決は**能働訴訟**の一例であり、31講の最２小判昭和43・３・15民集22巻３号607頁［37］は受働訴訟の一例である。

本判決の判断の順序に従って、以下、共有権確認訴訟と共同訴訟の類型（後記２）、共有権に基づく登記請求訴訟と共同訴訟の類型（後記３）、固有必要的共同訴訟と訴えの取下げの効果（後記４）の各点を検討することにしよう。

2 共有権確認訴訟と共同訴訟の類型──【判旨】1

(1) 共有権と共有持分権との峻別

判例は、大審院以来、共有物について数名の者が共同して有する全体として１個の所有権である「共有権」と、共有物について数名の者が個々に有する「共有持分権」とを明確に区別して取り扱ってきた。すなわち、**前者の確認を**

---

(5) 例えば、人事訴訟法12条２項は、第三者の提起する婚姻無効又は婚姻取消しの訴えは夫婦を共同被告としなければならない旨を規定する。

(6) 例えば、破産法76条１項は、破産管財人が数人あるときは共同してその職務を行うと規定する。

(7) 和田吉弘「通常共同訴訟と必要的共同訴訟との境界」民訴争点［第３版］90頁を参照。

(8) 大判大正13・11・20民集３巻516頁。

(9) 最３小判平成元・３・28民集43巻３号167頁［５］。32講を参照。

求める訴えを、判決の抵触を避ける必要があるとの理由によって**固有必要的共同訴訟とし**[10]、後者の確認を求める訴えを、共有者が個々に提起し得る**通常共同訴訟**として取り扱ってきた[11]。

(2) **大審院判例の立場を承継した法理判例——【判旨】1**

本判決の【判旨】1の第1文は、最高裁判所がこのような大審院判例の立場を承継することを明らかにするという意義を有するものであって、法理判例である。

【判旨】1の第2文は、その理由を説示しているが、前記1(2)の②の理屈——すなわち、共有者全員の有する1個の所有権という実体法上の権利の性質を理由にして、共有者全員に合一に確定する必要という訴訟法上の結論を導いている。

学説もまた、**共有権確認の訴え**という訴訟類型の必要性を肯定し、それを**固有必要的共同訴訟**と解するのが大勢である[12]。

3 共有権に基づく登記請求訴訟と共同訴訟の類型——【判旨】2

(1) 共有権に基づく返還請求及び抹消登記請求の訴訟形態

共有権に基づく返還請求権を行使する場合（例えば、不動産の明渡請求又は動産の引渡請求をする場合）は、複数人の有する債権が不可分債権である場合に各債権者が単独で債務の履行請求訴訟を提起することができるように、又は民法252条ただし書の規定する保存行為に当たるとして、各共有者は単独で訴訟を提起することができるというのが、大審院以来の判例の立場である[13]といってよい。

共有権に基づく妨害排除請求権としての登録・登記抹消請求権を行使する場

---

(10) 大判大正5・6・13民録22輯1200頁、大判昭和5・11・20裁判例4巻民113頁。

(11) 本判決の引用する前記注(3)の大判大正13・5・19。

(12) 林屋礼二・昭和47年度重判104頁を参照。なお、共有の個人的性質を強調し、共有持分権確認の訴えのみを認めれば足り、共有権確認の訴えを認める必要はないとする学説（兼子・新修体系384頁、川井健＝川島武宜『新版注釈民法(7)』（有斐閣、2007年）445頁［川井健］等）も存するが、大方の賛同を得るに至っていない。

(13) 不可分債権の理屈によるものとして大判大正10・3・18民録27輯547頁が、保存行為の理屈によるものとして大判大正10・6・13民録27輯1155頁がある。

合についても、同様の大審院判例がある[14]。

これらの場合における訴訟物は数人が共同して有する1個の所有権としての**共有権に基づく返還請求権又は妨害排除請求権**であるから、共有者のうちの複数人が訴訟を提起したときの訴訟形態は、合一確定を要する**類似必要的共同訴訟**と解するのが相当であろう[15]。

これに対し、学説の多数説は、返還請求及び抹消登記請求につき、共有持分権は共有物の全体に及ぶのであるから目的物全体の返還又は妨害排除を求めることができると解し、持分権に基づく請求として処理すれば足りるとする[16]。

最1小判昭和31・5・10民集10巻5号487頁［27］は、共同相続人の1人がその持分権に基づいてした相続不動産の所有名義人に対する抹消登記請求を適法としたものであり、最3小判昭和33・7・22民集12巻12号1805頁［86］は、組合員の1人がその持分権に基づいてした組合財産である不動産の所有名義人に対する抹消登記請求を適法としたものであるが、このような学説の多数説と軌を一にするものと理解することができる。

そして、これらの場合における訴訟物は各原告の**共有持分権に基づく返還請求権又は妨害排除請求権**であるから、共有者のうちの複数人が訴訟を提起したときであっても、その訴訟形態は合一確定を要しない**通常共同訴訟**ということになる。

ところで、一口に共同所有関係といっても、共有以外に総有、合有といわれるものがある。入会権は、総有の典型例である。最1小判昭和57・7・1民集36巻6号891頁［28］は、入会村落の各構成員は、入会地の使用収益権を有しており各構成員に使用収益に対する妨害排除請求の訴えについての原告適格があるとしたが、この使用収益権に基づいて入会地についての地上権設定仮登記

---

(14) 鉱業権の抹消登録請求につき共同鉱業権者の単独請求を認めたものとして大判大正12・4・16民集2巻243頁が、第1順位抵当権設定登記の抹消登記請求につき第2順位抵当権の準共有者の単独請求を認めたものとして大判大正15・5・14民集19巻840頁がある。

(15) もちろん原告となった者の各人が共有者であるかどうかの認定・判断は個別にされるのであるが、共有者である複数の原告の各人が共有権に基づく返還請求権又は妨害排除請求権を行使することができるかどうかの判断は合一にされることになる。

(16) 我妻榮『物権法』（岩波書店、1952年）218頁、川井・前掲注(12)446頁、我妻榮編『判例コンメンタール物権法』（日本評論社、1964年）287頁を参照。

の抹消登記を請求することはできず、入会権自体に基づく訴えとして固有必要的共同訴訟になるとした。また、大判昭和17・7・7民集21巻740頁は、数人の受託者が信託財産を合有する場合につき、信託財産の保存行為といえども総員共同してこれをなすことを要するとし、受託者の1人のした不実登記の抹消請求を許容しなかった。判例は、共同所有関係のうちの総有及び合有については、妨害排除請求である抹消登記請求についても固有必要的共同訴訟の規律に服するとの立場に立つものと理解することができる。

(2) 共有権に基づく移転登記請求の訴訟形態

本件で問題になったのは、共有権に基づく抹消登記請求ではなく移転登記請求である。すなわち、X_1・X_2の選択した訴訟物は、**共有権に基づく妨害排除請求権としての所有権移転登記請求権**である。

本判決は、【判旨】2において、この訴えを固有必要的共同訴訟とした大審院判例[17]を踏襲することを明らかにした。この説示部分は、法理判例の性質を有する。

本判決が固有必要的共同訴訟と解する理由は必ずしも明らかでないが、実体的法律関係を忠実に反映した登記を実現することができるかどうかの考慮によるものと考えて間違いはなかろう。すなわち、共有者の1人であるX_2が所有権移転登記請求訴訟を提起する場合の請求の趣旨及び認容判決の主文は、「Yは、X_2に対し、本件土地につき、真正な登記名義の回復を原因とする所有権移転登記手続をせよ。」ということになり、X_1・X_2の共有物という実体的法律関係を反映しない登記を実現する結果を招来することになり、登記制度の趣旨からするとこれを容認するのは困難である。そうすると、**共有持分権の移転登記請求ではなく、共有権（数人が共同して有する1個の所有権）の移転登記請求をする以上は、訴訟物の性質としては抹消登記請求をする場合と同じ妨害排除請求権であるとはいっても、共同訴訟の形態としては、固有必要的共同訴訟の手続規整によるのが相当と考えられる**[18]。

学説も同様に解するものが多数である[19]が、各共有者が単独で共有物の返還請求をすることができるのと同様、各共有者が単独で共有名義への移転登記請

---

(17) 本判決の引用する前記注(4)の大判大正11・7・10。

(18) 小倉顕・最判解昭和46年度民事594頁を参照。

求をすることができると解する少数説[20]も存する。

4　固有必要的共同訴訟と訴えの取下げの効果——【判旨】3

本判決の【判旨】3は、固有必要的共同訴訟の係属中に共同原告の1人が訴えの取下げをした場合に、その取下げが効力を生じないことを明らかにした法理判例であり、最初の判例である[21]。この判断部分は民集の判決要旨として抽出されていないが、結論のみであって理由が付されていないためであろう。

共同原告の一部の者のする訴えの取下げの効力を認めるという立場に立つと、固有必要的共同訴訟である当該訴訟は、残された原告だけでは原告適格を欠くということになり、訴えを却下するという結論になる[22]。これでは、訴訟追行権があるものとして有効に訴訟を追行してきた他の原告の利益を失わせることになるばかりか、それまで形成してきた訴訟手続を無駄にすることになるから、国家が紛争解決のために設営する訴訟制度の趣旨にも合致しないことになる[23]。このように考えるのが学説の通説でもある[24]。

また、最3小判平成6・1・25民集48巻1号41頁［3］は、固有必要的共同訴訟における共同被告の一部に対する訴えの取下げが効力を生じない旨判断した。同判決は、その理由として、固有必要的共同訴訟の本質と相いれないとのみ判示した。

5　本判決の意義

本判決は、【判旨】1ないし3において、「共有権確認訴訟及び共有権に基づく所有権移転登記請求訴訟がいずれも固有必要的共同訴訟」であること、並び

---

(19)　新堂幸司「判批」法協85巻8号（1968年）67頁、小山昇・判評（判時664号〔1972年〕）134頁、五十部豊久「必要的共同訴訟と2つの紛争類型」民訴雑誌12号（1966年）174頁を参照。

(20)　山木戸克己「必要的共同訴訟にあたらない事例」法時34巻9号（1962年）97頁、岩村弘雄「共有関係訴訟と当事者適格」本井巽＝中村修三編『民事実務ノート第2巻』（判例タイムズ社、1968年）93頁を参照。

(21)　小倉・前掲注(18)の595頁を参照。

(22)　三ヶ月・民訴217頁を参照。

(23)　小倉・前掲注(18)の595、598頁を参照。

(24)　中野ほか・新民訴法講義389頁［河野正憲］、伊藤・民訴650頁を参照。

に「固有必要的共同訴訟における共同原告の一部の者のする訴えの取下げが効力を生じないことを明らかにした判例」である。いずれの説示部分も、**法理判例**である。

　前述したとおり、【判旨】1及び2は大審院判例の立場を最高裁が踏襲することとしたもの、【判旨】3は初めてのものであるが、いずれも学説の多数説の考え方と同一のものとして大方の支持を受けている。その意味では、結論自体は、平易なものといってよい。

　しかし、本判決には、共有権と共有持分権との異同、物権的妨害排除請求権という法的性質が同一であっても、抹消登記を求める場合と移転登記を求める場合とで別異に解すべき理由があるかどうか、いったん有効に開始された訴訟手続と訴えの取下げという当事者の処分権主義との関係如何といった、実体法と手続法との境界を行き来しつつ考えるべき平易とはいえない問題が満載である。

　また、本判決は、共同所有関係についての紛争を個別的に解決することを指向する最高裁判例（31講を参照されたい。）との関係を考えるきっかけを提供するものでもある。

　本判決を正確に理解することが、これらの実体法と手続法とにまたがる問題を検討するための大前提になる。

347

◆　共同所有関係と訴訟形態(2)

31 土地所有権に基づく建物共有者に対する建物収去土地明渡請求と通常共同訴訟

最2小判昭和43・3・15民集22巻3号607頁[37]

【事実】

1　X（東京都）は、その所有する本件土地上に本件建物を建築して居住するAを被告として、本件建物を収去して本件土地を明け渡すことを求める訴えを提起した。X勝訴の第1審判決の言渡し後、Aが第1審の口頭弁論終結前に死亡していたことが判明したので、Xは、Aの子であるY₁・Y₂・Y₃の3名を相手にして受継の申立てをした。

2　Y₁・Y₂・Y₃は、控訴し、控訴審においてAの一切の権利義務を承継した旨陳述した。控訴審（原審）は、改めて、Y₁・Y₂・Y₃に対し、本件建物収去本件土地明渡しを命ずる判決を言い渡した[(1)]。

3　Y₁・Y₂・Y₃が上告。上告理由は、本件訴訟は必要的共同訴訟に当たるところ、AにはY₁・Y₂・Y₃以外にその共同相続人として二女Bがおり、Bは原審の口頭弁論終結後にその旨の届出をしたのであるから、原審としては、弁論を再開してBを訴訟に関与させる措置をとるべきであり、弁論を再開しないのなら、訴訟要件の欠缺として訴えを却下すべきであったのに、そうしなかったから、重大な訴訟手続違反として原判決は破棄を免れない、というにある。

［関係図］

---

(1)　東京高判昭和40・11・17民集22巻3号623頁。

【判旨】
上告棄却。

1　土地所有権に基づく建物共有者に対する建物収去土地明渡請求訴訟は固有必要的共同訴訟か

「土地の所有者がその所有権に基づいて地上の建物の所有者である共同相続人を相手方とし、建物収去土地明渡を請求する訴訟は、いわゆる固有必要的共同訴訟ではないと解すべきである。」

「けだし、右の場合、共同相続人らの義務はいわゆる不可分債務であるから、その請求において理由があるときは、同人らは土地所有者に対する関係では、各自係争物件の全部についてその侵害行為の全部を除去すべき義務を負うのであって、土地所有者は共同相続人ら各自に対し、順次その義務の履行を訴求することができ、必ずしも全員に対して同時に訴を提起し、同時に判決を得ることを要しないからである。」

2　固有必要的共同訴訟とする得失についての手続法的考察

「もし論旨のいうごとくこれを固有必要的共同訴訟であると解するならば、共同相続人の全部を共同の被告としなければ被告たる当事者適格を有しないことになるのであるが、そうだとすると、①原告は、建物収去土地明渡の義務あることについて争う意思を全く有しない共同相続人をも被告としなければならないわけであり、また被告たる共同相続人のうちで訴訟進行中に原告の主張を認めるにいたった者がある場合でも、当該被告がこれを認諾し、または原告がこれに対する訴を取り下げる等の手段に出ることができず、いたずらに無用の手続を重ねなければならないことになるのである。②のみならず、相続登記のない家屋を数人の共同相続人が所有してその敷地を不法に占拠しているような場合には、その所有者が果して何びとであるかを明らかにしえないことが稀ではない。そのような場合は、その一部の者を手続に加えなかったために、既になされた訴訟手続ないし判決が無効に帰するおそれもあるのである。以上のように、これを必要的共同訴訟と解するならば、手続上の不経済と不安定を招来するおそれなしとしないのであって、これらの障碍を避けるためにも、これを必要的共同訴訟と解しないのが相当である。」（①、②の付番は、筆者による。）

3　通常共同訴訟であるとして被告の権利保護に欠けるかどうかの検討

「また、他面、これを通常の共同訴訟であると解したとしても、一般に、土地所有者は、共同相続人各自に対して債務名義を取得するか、あるいはその同意をえたうえでなければ、その強制執行をすることが許されないのであるから、かく解することが、直ちに、被告の権利保護に欠けるものとはいえないのである。」

4　結　論

「そうであれば、本件において、所論の如く、他に同被告の承継人が存在する場合であっても、受継手続を了した者のみについて手続を進行し、その者との関係においてのみ審理判決することを妨げる理由はないから、原審の手続には、ひっきょう、所論の違法はないことに帰する。」

【判例の読み方】

1　本判決のポイント

　本判決は、土地所有権に基づき当該土地上に存する建物の共有者に対して建物収去土地明渡しを求める訴訟（共有者が被告になり、物権的返還請求権を行使されたいわゆる受働訴訟）が通常共同訴訟であるのか（固有）必要的共同訴訟であるのかを扱ったものである。

　本判決は、後述するように、その理由説示が丁寧であるため、その結論と理由とを理解するのに大きな困難はない。そこで、本判決を読む意味は、一口に共有者が被告となる受働訴訟といっても、そこには様々なものがあるので、判例はそれらをどのように規律しているのか、その規律が整合的なものになっているかどうかを展望するきっかけにするところに見出すことができる。

　このような観点から、まず、共同所有者と第三者との間の紛争類型を整理した上で（後記 2 ）、債権的登記請求権及び物権的登記請求権についての判例の立場を検討し（後記 3 、 4 ）、物権的返還請求権に係る本判決の論理を検討し（後記 5 ）、最後に、将来に残された問題を確認しておきたい（後記 6 ）。

2 紛争類型の整理

(1) 能働訴訟と受働訴訟

30講【判例の読み方】1(2)において、共同所有者と第三者との間の訴訟につき、共同所有者が原告として提訴する能働訴訟と共同所有者が被告とされる受働訴訟とに分類することができることを説明した。本判決の取り扱った事案は、受働訴訟の類型に属する。

(2) 訴訟物（請求権）の性質による分類

本講のテーマである受働訴訟につき、訴訟物（請求権）の性質によって分類し、本講で検討する判例を一覧すると、以下のとおりである。

債権的請求権（最２小判昭和36・12・15民集15巻11号2865頁）
物権的請求権 ┬ 妨害排除請求権（最３小判昭和38・3・12民集17巻２号310頁）
          └ 返還請求権（最２小判昭和43・3・15民集22巻３号607頁）

まず債権的請求権に係る判例を、次に物権的妨害排除請求権に係る判例を検討し、最後に、物権的返還請求権に係る本判決を検討することにしよう。

3 債権的（登記）請求権についての判例の立場——昭和36年判決

最２小判昭和36・12・15民集15巻11号2865頁［138］（昭和36年判決）は、土地の買主（X）が売主（A）の共同相続人のうちの１人（Y）に対し、売買契約に基づき、所有権移転登記手続を請求した事案における判決である。第１審で敗訴したXが控訴したところ、Yは、YのほかにAの相続人としてB又はCがいるから、Yのみを被告として提起された本訴は不適法であると主張した。控訴審は、B・CのいずれもAの相続人でないとして、Yの本案前の主張を排斥し、Xの主張事実を認めて請求を認容した。

Xの選択した訴訟物（請求権）は、Yが相続によってAから承継した売買契約に基づいて負担する所有権移転登記義務に対応する**債権的登記請求権**であるところ、昭和36年判決は、Yのこの債務はいわゆる不可分債務であるから、Yのほかに共同相続人がいるとしても、Yのみに対して登記義務の履行を請求することができるのであって、必要的共同訴訟ではないと判断し、Yの上告を棄

却した。

　昭和36年判決のこの判断は、共同所有に関する訴訟が必要的共同訴訟である
か通常共同訴訟であるかを、訴訟物である実体法上の権利を確定し、その権利
が共同してのみ処分できるものであるか、個々に処分できるものであるかによ
って決するという「管理処分権説」[2]に立つことを前提にして、受働訴訟につ
いては、原告の権利に対応する被告（共同相続人の1人）の負担する所有権移
転登記義務が民法430条・428条の不可分債務であることを根拠に通常共同訴訟
としたものである[3]。

4　物権的登記請求権についての判例の立場――昭和38年判決

(1)　所有権に基づく抹消登記請求と固有必要的共同訴訟

　最3小判昭和38・3・12民集17巻2号310頁［26］（昭和38年判決）は、代物
弁済によってAからその所有建物の所有権を取得したと主張するXが、競落に
よって同建物についての所有権移転登記を経由したY₁・Y₂に対して抹消登記
手続請求訴訟を提起した事案におけるものである。具体的な争点は、控訴期間
内にしたY₂の控訴の効果がY₁にも及び、Y₁が控訴人の地位に就くかどうかに
ある。

　昭和38年判決は、この訴訟につき固有必要的共同訴訟と解すべきであるとの
結論のみを示し、Y₁が控訴人の地位に就くとした控訴審判決を維持した。こ
の類型の訴訟の形態につき、既に最1小判昭和34・3・26民集13巻4号1頁
［23］があり、その立場を踏襲したものと考えることができる[4]。

(2)　固有必要的共同訴訟に当たるとする理由の検討

　物権的登記請求権が訴訟物として選択された場合における受働訴訟につき、
最高裁が固有必要的共同訴訟に当たるとする理由は明らかでないが、積極説を

---

(2)　兼子・新修体系384頁を参照。

(3)　しかし、大審院時代の判例の立場は、必ずしも明確とはいえない。大判昭和7・3・
　　7裁判例6巻民59頁は、売主の共同相続人に対する所有権移転登記請求訴訟を必要的共
　　同訴訟とする一方、大判昭和10・11・22裁判例9巻民288頁は、不可分債務の理屈によ
　　って共同相続人に対する和解契約に基づく所有権移転登記請求訴訟を通常共同訴訟とし
　　た。

(4)　宮田信夫・最判解昭和38年度民事96頁を参照。

採る学説の理由付けは、以下の３つに分類することができる[5]。

① １つの不動産が甲の単独所有であるか、乙・丙の共有であるかの争いは、乙・丙の持分権の争いではない。

② 各共有者に対する判決の結論が矛盾すると、判決の実効性を損なう。

③ 共有者の１人は他の共有者の同意がなければ、単独で共有物を処分することができない。

しかし、①の理由は、訴訟物が共有権であるか共有持分権であるかという観点を受働訴訟にも持ち込むものであるが、そもそも適合的な理由になっているかどうかに疑問がある。

また、②及び③の理由は、訴訟物（請求権）が債権的登記請求権であるか物権的登記請求権であるか、また請求が抹消登記手続を求めるものであるか所有権移転登記手続を求めるものであるかどうかにかかわりがない。すなわち、共有名義人の１人に対する勝訴判決が確定したところで、共有名義の所有権移転登記を抹消する又はそこからの所有権移転登記を実現することはできず、他の共有名義人に対する勝訴の確定判決を取得するか、他の共有名義人の任意の登記申請行為が必要である。

結局、現在の最高裁判例としては、受働訴訟につき、訴訟物が債権的登記請求権である場合の昭和36年判決と訴訟物が物権的登記請求権である場合の昭和38年判決とが併存していて、前者を通常共同訴訟の規律に、後者を固有必要的共同訴訟の規律に、それぞれ服せしめるということになっているのである。しかし、このような判例の立場に合理性があるかどうかについては、重大な疑問がある。

このような状況の下に生まれたのが本判決である。

5 物権的返還請求権についての本判決の結論と理由

(1) 所有権に基づく返還請求と固有必要的共同訴訟──【判旨】 1

本判決は、土地所有権に基づき当該土地上に存する建物の共有者に対して建物収去土地明渡しを求める訴訟が固有必要的共同訴訟ではなく、通常共同訴訟であることを宣明した法理判例である[6]。

---

(5) 宮田・前掲注(4)の95頁を参照。

本判決の【判旨】1は、その結論命題を明らかにした上で、その理由の基本部分を説示している。この説示から、最高裁は、原告の物権的返還請求権に対応する被告ら（共同相続人の一部の者）の返還義務を不可分債務と性質付けすることができるところに根拠を見出していることが明らかである。この理由付けは、前記3の債権的登記請求権に係る昭和36年判決と全く同じであるから、最高裁が、訴訟形態が必要的共同訴訟であるか通常共同訴訟であるかにつき、当該訴訟において問題とされている権利義務の実体法上の性質付け（**管理処分権**）を基本にすえて決するという立場を維持していることを示している。

(2) 手続法的ないし訴訟政策的考察──【判旨】2、3

本判決の特徴をなしているのは、上記の実体法的説明に終わらず、手続法的ないし訴訟政策的考察を加えているところにある。【判旨】2、3の説示部分がそれである。

本判決は、まず、【判旨】2において、訴訟形態を固有必要的共同訴訟とした場合の「手続上の不経済と不安定を招来するおそれ」を指摘する。すなわち、①建物収去土地明渡義務について当初から争う意思のない者をも被告とし、その意思を訴訟中に失った者をも被告の地位に置き続けることの不経済、及び②部外者である原告が建物を共同相続したのが誰であるかを把握しきれないこともあるが、訴訟の進行後に一部の者を漏らしていたことが明らかになったときに、既になされた訴訟手続ないし判決が無効に帰するおそれがあるという不安定、を指摘する。

本判決は、さらに、【判旨】3において、訴訟形態を通常共同訴訟とする立場によっても、建物の共同相続人の権利保護に欠けるといった弊害が生じないことを指摘する。すなわち、土地所有者としては、建物の共同相続人全員に対する債務名義を取得するかその同意を得た上でなければ、強制執行をすることが許されないと指摘する。

このような手続法的ないし訴訟政策的考察は、学説における議論を取り入れ

---

(6) 本判決は、固有必要的共同訴訟でないというだけでなく、合一確定を要する類似必要的共同訴訟でもないとの立場に立っている。【判旨】1における不可分債務であることを理由にするのは通常共同訴訟とした昭和36年判決と同じであるし、【判旨】2及び3の説示からも明らかである。

たものである[7]。

しかし、固有必要的共同訴訟とした場合の不経済・不安定の指摘に対しては、固有必要的共同訴訟説の立場から、通常共同訴訟は紛争を完全に解決する機能を持たず、国家の裁判制度としては不経済であるとか、原告の被告選択による紛争分断の自由を無制限に容認するのは処分権主義の過大評価であるとの反論が存するし、共同相続人の権利保護に欠けることがないとの指摘に対しては、被告とされなかった共同相続人に対する不当執行の危険があり、権利保護が十分とはいえないとの批判が存する[8]。

本判決の【判旨】2、3の説示は、手続法的ないし訴訟政策的側面についての学説の対立を踏まえつつも、必要的共同訴訟説を採ることによって生ずる問題の重大性の方が通常共同訴訟説を採ることによって生ずる問題よりも現実的かつ深刻であるとの法律実務家としての認識を明らかにしたものと理解することができる[9]。

6 本判決の意義と将来に残された問題

本判決は、5(1)のとおり、建物を共有することによってその敷地である土地の所有権を侵害している事案において、土地の所有権に基づいて建物の共有者に対し建物収去土地明渡しを求める訴えが通常共同訴訟であって必要的共同訴訟ではないことを明らかにした法理判例である。

このように、本判決は、**所有権に基づく返還請求権を訴訟物とする受働訴訟については通常共同訴訟**としたのであるが、他方で、前記4のとおり、最高裁は、所有権に基づく妨害排除請求権（物権的登記請求権）を訴訟物とする受働訴訟については固有必要的共同訴訟としている。本判決は、事案を異にすると

---

(7) 三ヶ月・民訴218頁、福永有利「特定物引渡請求訴訟の被告適格」関西大学法学論集14巻2号（1964年）43頁を参照。

(8) 五十部豊久「必要的共同訴訟と2つの紛争類型」民訴雑誌12号（1966年）165、188頁を参照。

(9) すなわち、紛争解決としての不完全性又は不当執行の危険性の指摘については、共有者の一部の者が手続に参加していない場合であっても、言い渡された判決によって紛争が収束に向かうことになり、他方、不当執行が発生したとの申立てに接することがないとの法律実務家の経験に基づく洞察が基礎になっているものと思われる。千種秀夫・最判解昭和43年度民事332～333頁を参照。

の立場から、前者の判例との関係について言及していない[10]。

しかし、同じ物権的請求権に基づく受働訴訟につき、当該訴訟が妨害排除請求権による場合と返還請求権による場合とで別異の結論を採ることに論理的整合性があるのかどうかについては、重大な疑問が残る。

本判決の採用した論理に従って通常共同訴訟と解する方向で収斂させるのか、それとも固有必要的共同訴訟との結論を維持した上で、その手続上の規律を緩めるといった工夫をするのか等の問題点につき、将来の判例の展開に注意が必要である。

---

[10]　千種・前掲注(9)の333頁を参照。

◆　共同所有関係と訴訟形態(3)

32　遺産確認の訴えと固有必要的共同訴訟

最 3 小判平成元・ 3 ・28民集43巻 3 号167頁［ 5 ］

【事実】

　1　被相続人甲（昭和34年 6 月27日死亡）の相続人は、妻Y、二男A、長女
B、二女C、養女Dの 5 名であった。A（昭和42年11月17日死亡）の相続人X
ら（ 8 名）は、Yのみを被告として、Y名義の所有権保存登記がされている本
件土地L（畑・976㎡）につき、①甲の遺産に属することの確認及び②Xらの各
共有持分の移転登記手続を求めて訴えを提起した。

　2　Xらは、「本件土地Lは、誤って国に買収された甲所有土地の代替地と
して、昭和38年 1 月、自作農創設特別措置法16条の規定に基づき、甲に売り渡
されたが、甲が既に死亡していたため、便宜上Y名義で所有権保存登記がされ
たものであって、甲の遺産に属する。」旨を主張した[1]。Yは、本件土地Lの
売渡しを受けたのはYであり、甲ではないとして争った。

　3　第 1 審は、Xらの請求をいずれも棄却した[2]。控訴審は、①の遺産確認
の訴えにつき、「かかる確認の訴はその財産についての共同所有関係を審判の
対象とするものであるから、共同相続人の全員につき合一に確定すべき固有必
要的共同訴訟と解すべきである。」と判示し、第 1 審判決を取り消して同訴え
を却下し、同②の移転登記手続請求の訴えについて控訴を棄却した[3]。

　4　Xらが上告。上告理由は、遺産確認の訴えを固有必要的共同訴訟と解し
てXらの訴えを不適法とした原判決に法令解釈の誤りありというにある。

---

(1)　Xらの主張は、死者の甲が国から本件土地Lの売渡しを受けたというものであって、
　　主張自体失当というべきものである。本件訴訟は、もともと、訴え提起時における訴訟
　　物の選択及び法律構成を誤っており、事実審裁判所の釈明権不行使を違法とした最 3 小
　　判昭和44・ 6 ・24民集23巻 7 号1156頁［90］の事案を想起させるものである。同最高裁
　　判決につき、田中・要件事実176〜182頁を参照。

(2)　山口地岩国支判昭和58・ 7 ・11民集43巻 3 号170頁。

(3)　広島高判昭和60・ 3 ・19民集43巻 3 号177頁。

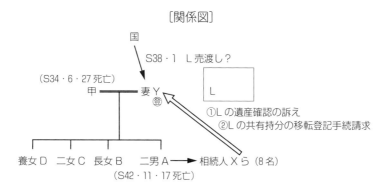

【判旨】
上告棄却。

1 遺産確認の訴えの意義
「遺産確認の訴えは、当該財産が現に共同相続人による遺産分割前の共有関係にあることの確認を求める訴えであ〔る〕」

2 遺産確認の訴えは固有必要的共同訴訟であること
「その〔筆者注：遺産確認の訴えの〕原告勝訴の判決は、当該財産が遺産分割の対象である財産であることを既判力をもって確定し、これに続く遺産分割審判の手続及び右審判の確定後において、当該財産の遺産帰属性を争うことを許さないとすることによって共同相続人間の紛争の解決に資することができるのであって、この点に右訴えの適法性を肯定する実質的根拠があるのであるから[4]、右訴えは、共同相続人全員が当事者として関与し、その間で合一にのみ確定することを要するいわゆる固有必要的共同訴訟と解するのが相当である。」

---

(4) 本判決は、ここで後掲最1小判昭和61・3・13を引用する。

【判例の読み方】

1　本判決のポイント

　本判決は、直接には、共同相続人間における遺産確認の訴えの訴訟形態如何の問題（通常共同訴訟か固有必要的共同訴訟かの問題）を扱ったものであるが、その前提として、遺産確認の訴えの意義、遺産確認の訴えの適法性如何の問題が存する。

　すなわち、遺産確認の訴えについては、確認の利益をめぐる問題と共同所有関係紛争における訴訟形態をめぐる問題とが交錯していることを理解する必要がある。

　そこで、遺産確認の訴えに係る問題の全体像を理解するため、まず、本判決前の遺産確認の訴えの性質をめぐる議論を整理し（後記2）、遺産確認の訴えの訴訟形態に係る本判決の考え方を検討した上で（後記3）、遺産確認の訴えの係属中に、共同相続人の一部の者が自己の相続分の全部を他の共同相続人に譲渡した場合における当事者適格の問題を扱った最高裁判例（後記4(2)）を検討しておくことにしよう。

2　遺産確認の訴えの性質をめぐる議論──【判旨】1

(1)　はじめに

　遺産確認の訴えの性質につき、被相続人がその死亡時に一定の財産を所有していたという過去の一時点における法律関係の確認を求める訴えであるとする考え方と、一定の財産が遺産分割前の共有状態にあるという現在の法律関係の確認を求める訴えであるとする考え方とが対立していた。

　前者の考え方によると、過去の法律関係の確認を求める訴えは適法かという問題に直面する。また、下級審判決例では、遺産確認の訴えを適法とするものが大勢を占めてはいたものの、これを事実の確認を求める訴えとみて、不適法とするものもあった[5]。

(2)　昭和61年判決の登場──遺産確認の訴えの意義とその適法性の明確化

　このような下級審判決例及び学説の状況を背景として、最1小判昭和61・

---

[5]　以上につき、水野武・最判解昭和61年度民事148頁を参照。

３・13民集40巻２号389頁［９］（昭和61年判決）が登場した。昭和61年判決は、議論の前提として、特定の相続財産につき、相続人が自己の共有持分の確認を求める訴えを提起して勝訴しても、その共有持分の取得原因が相続であるとの判断は判決理由中の判断にとどまり、既判力をもって確定するものではないことを指摘する[6]。

　昭和61年判決は、その上で、遺産確認の訴えの意義につき、「端的に、当該財産が現に被相続人の遺産に属すること、換言すれば、**当該財産が現に共同相続人による遺産分割前の共有関係にあることの確認を求める訴え**」として把握するという立場を明らかにした。これは、上記(1)第１段落の前者の考え方を排斥し、後者の考え方を採用することを明らかにしたものである。

　本判決の【判旨】１は、昭和61年判決のこの判断を再確認するものである。

　次に、昭和61年判決は、遺産確認の訴えの適法性につき、「その原告勝訴の確定判決は、**当該財産が遺産分割の対象たる財産であることを既判力をもって確定し**、したがって、これに続く遺産分割審判の手続において及びその審判の確定後に**当該財産の遺産帰属性を争う**ことを許さず、もって、原告の前記意思によりかなった紛争の解決を図ることができるところであるから、かかる訴えは適法というべきである。」と判示し、その適法性を肯定することを明らかにした。

　本判決の【判旨】２は、昭和61年判決のこの判示部分を本判決の結論を導くための主要な理由としている。

(3)　遺産共有と通常の共有の性質の異同との関係

　遺産の共有も通常の共有と性質を異にするものではないというのが最高裁の確定判例の立場である[7]。そうすると、一般に、通常の共有の場合には共同所有者間の紛争につき共有持分権確認の訴えしか認められないと考えられているのに、遺産共有の場合に限って遺産確認の訴えという形の訴訟を認めるのは、整合性を欠くのではないかという疑問に逢着する。

　昭和61年判決は、この点につき、「共同所有の関係を解消するためにとるべ

---

(6)　この点を要件事実論によって検討するものとして、田中・要件事実357〜360頁を参照。

(7)　最３小判昭和30・５・31民集９巻６号793頁［51］。

き裁判手続は、前者〔分割前の遺産の共有〕では遺産分割審判であり、後者〔通常の共有〕では共有物分割訴訟であって[8]、それによる所有権取得の効力も相違するというように制度上の差異があることは否定しえず、その差異から生じる必要性のために遺産確認の訴えを認めることは、分割前の遺産の共有が民法249条以下に規定する共有と基本的に共同所有の性質を同じくすることと矛盾するものではない。」と説示する。

結局、昭和61年判決は、遺産分割審判の場合は審判の前提とした遺産帰属性の判断に既判力がないのに対し、共有物分割訴訟の場合はその判決確定後に所有権取得の効果を覆滅させることができないという制度上の相違があることを指摘し、その点に遺産確認の訴えを認める合理性を見出している。周到な理由説示というべきであろう。

3 遺産確認の訴えの訴訟形態——【判旨】2

(1) はじめに

共同所有財産に関する訴訟を固有必要的共同訴訟の規律に服せしめるかどうかを判別するに際し、判例は、**まず訴訟物の実体法上の性質に着目し**、その権利行使ないし処分を単独ですることができるかどうかを検討し、**次に訴訟政策的考慮を加味して**、共同所有者全員の訴訟手続への関与を要求することが紛争の実効的解決のために必要不可欠であるかどうかを検討し、無理の少ない結論を導くという態度をとっている[9]。

そこで、遺産確認訴訟を扱った本判決において、これら2つの観点が結論を導くのにどのように機能しているかを検討してみよう。

(2) 遺産確認の訴えの訴訟物の性質

判例は、ある財産が数人の共有関係にあることの確認を求める訴訟につき、その訴訟物の実体法上の性質から、固有必要的共同訴訟と解してきた[10]。

本判決は、【判旨】1のとおり、遺産確認の訴えの訴訟物につき、当該財産が現に共同相続人による遺産分割前の共有関係にあることと把握すべきことを

---

(8) 昭和61年判決は、ここで最2小判昭和50・11・7民集29巻10号1525頁〔50〕を引用する。

(9) この点につき、31講の【判例の読み方】5を参照。

明言するから、伝統的な判例と同様、まず訴訟物の実体法上の性質についての検討をしたものと理解することができる[11]。

(3) 遺産確認の訴えの紛争解決機能

本判決は、【判旨】2のとおり、遺産確認の訴えの紛争解決機能につき、当該財産の遺産帰属性を既判力をもって確定し、その後にされた遺産分割の結果を覆滅することを許さないとするところに求める。当事者にならなかった相続人に対して遺産確認判決の既判力を及ぼすことはできないから、本判決の想定する紛争解決機能を十全に果たすためには、**遺産確認の訴えを固有必要的共同訴訟と解する**しか方法はないように思われる。

遺産確認の訴えについて相続人全員が当事者として関与することを要しないとすることによって遺産確認の訴えを機動的にしてみても、共同相続人の一部を除外してされた遺産分割協議が無効であることに異論はないから、遺産確認の訴えが遺産分割協議の前提事項の地固めをするという役割を果たすべきものである以上、その紛争解決機能の向上に繋がるわけでもない。

(4) 小 括

本判決は、遺産確認の訴えの訴訟形態という昭和61年判決が残した問題につき、同判決の論理を前提にして、いわば当然のものとして想定されていた結論を明示したものである。【判旨】2からは、遺産確認の訴えの紛争解決機能という訴訟手続的側面からのみ理由付けがされているように見えるが、【判旨】1を併せてみると、訴訟物の実体法上の性質についての検討がその前提としてされていることを理解することができる。

4 固有必要的共同訴訟と訴えの取下げ

(1) 昭和46年判決及び平成6年判決の立場

最1小判昭和46・10・7民集25巻7号885頁（昭和46年判決）は、いわゆる共

---

[10] 大判大正2・7・11民録19輯662頁。また、最1小判昭和46・10・7民集25巻7号885頁 [60] は、共有者がいわゆる共有権（数人が共同して有する1個の所有権）を訴訟物として、その共有権を争う第三者を被告として提起する共有権確認の訴えの訴訟形態を固有必要的共同訴訟とする。30講を参照。

[11] 本件控訴審判決は、【事実】3のとおり、訴訟物の実体法上の性質のみを理由にして固有必要的共同訴訟の結論を導いた。

有権確認の訴えを固有必要的共同訴訟とした上、訴訟係属中に共同原告の１人がした訴えの取下げは効力を生じないと判断した[12]。

また、最３小判平成６・１・25民集48巻１号41頁［３］（平成６年判決）は、遺産確認の訴えの共同被告の一部の者に対する訴えの取下げがされた事案において、共同被告の一部に対する訴えの取下げは効力を生じないと判断した。

昭和46年判決はその理由を明らかにしておらず、平成６年判決は固有必要的訴訟の本質と相いれないとしか判示していない。しかし、これらの訴えの取下げを有効とする立場に立つと、その結果として固有必要的共同訴訟の当事者適格を欠くことになり、訴えを却下するという結論に導かれる[13]ところ、これでは訴訟追行権があるものとして有効に訴訟を追行してきた他の当事者の利益を覆滅させることになるばかりか、実効的な紛争解決を目指して国家の設営する訴訟制度の趣旨にも合致しないとの考慮によるものと考えられる[14]。

(2) 平成26年判決の出現

昭和46年判決及び平成６年判決の事案は、共同所有者の１人が自らの権利を処分したのではないのに訴えの取下げという訴訟行為をしたというものであった。

これに対し、最２小判平成26・２・14民集68巻２号113頁［３］（平成26年判決）は、被告である共同相続人の一部の者が自己の相続分の全部を被告である他の共同相続人に対して譲渡した場合に、原告である共同相続人が自己の相続分の全部を譲渡した被告に対する遺産確認の訴えを取り下げたという事案におけるものである。

原判決は、「固有必要的共同訴訟→当事者の一部の者の又は一部の者に対する訴えの取下げ不可」という形式論理によって、訴えの取下げを無効として自己の相続分の全部を譲渡した共同相続人も当事者適格を失わないとした[15]。これに対し、平成26年判決は、相続分の全部譲渡の実体法上の効果につき、「共同相続人のうち自己の相続分の全部を譲渡した者は、積極財産と消極財産とを

---

(12) 30講を参照。

(13) このような立場に立つ学説として、三ヶ月・民訴217頁を参照。

(14) この点につき、30講の【判例の読み方】４を参照。

(15) 名古屋高判平成22・12・10民集68巻２号166頁に収録。なお、原判決は、相続放棄とは異なって、相続分の譲渡に遡及効がないことを指摘するが、遡及効のないことがなぜ遺産確認の訴えの当事者適格を喪失しない理由になるのかは不明である。

包括した遺産全体に対する割合的な持分を全て失うことにな〔る〕」ことを指摘し、遺産分割を求める地位を喪失することを理由として、「共同相続人のうち自己の相続分の全部を譲渡した者は、遺産確認の訴えの当事者適格を有しない」と判断し、当該訴えの取下げを無効とした原判決を破棄した。

　遺産確認の訴えを手続法上固有必要的共同訴訟として処理するのが適切であるとしても、そのような訴訟形態が実体法上の権利の処分を制約する法的根拠になるわけではないから、平成26年判決は当然のものと思われるが、時に原判決のような本末を転倒させた論理に出くわすことがある[16]。民訴法の論理を操ることに熱中していると、民事訴訟がどこまでも実体法に源を有する権利義務の実効的実現に奉仕する制度であることを忘れがちになる。自戒を要する。

5　本判決の意義

　本判決は、**遺産確認の訴えの意義と適法性**とをかなり詳細に解明した昭和61年判決の論理を前提に、その訴訟形態が**固有必要的共同訴訟であることを宣言**したものである。共同相続人間での遺産の範囲をめぐる紛争が頻発している今日、実務的に重要な判例である。

　また、本判決から四半世紀を経て出現した平成26年判決に接すると、固有必要的共同訴訟における手続規整について残された問題があることを認識することができる。

Refreshments 12

● 共同所有関係と訴訟形態についての判例の立場の整理 ●

　本書第7章の1（30講から本講まで）は、共同所有関係と訴訟形態を扱っているが、判例の立場は必ずしも分かりよいとはいえない。そこで、その全体像を概観しておくことにしよう。

---

(16)　35講の原判決である大阪高判平成3・4・25金判962号23頁は、独立当事者参加訴訟の形態及び目的から所有権に基づく請求権の行使に制約を受ける旨判断したが、これもそのような誤った論理に陥った一例ということができる。

1 対外的訴訟

(1) 能働訴訟

	権利（請求権）の性質	共同訴訟の形態
確認訴訟	入会権	固有必要的共同訴訟（一部の者を被告にするのでも可）（30講・33講）
	共有権	
	共有持分権	通常共同訴訟
給付訴訟	共有権に基づく返還（明渡し・引渡し）請求権	単独提起可（ただし、複数人で提起した場合は、類似必要的共同訴訟だろう。）（30講）
	共有権に基づく抹消登記請求権	
	共有権に基づく移転登記請求権	固有必要的共同訴訟（30講）
	共有持分権に基づく返還請求権・妨害排除（抹消登記・移転登記）請求権	通常共同訴訟

(2) 受働訴訟

	権利（請求権）の性質	共同訴訟の形態
確認訴訟	賃借権	通常共同訴訟（不可分債務の理屈）（31講）
給付訴訟	債権的登記請求権	
	所有権に基づく返還（明渡し・引渡し）請求権	
	所有権に基づく妨害排除（抹消登記・移転登記）請求権	固有必要的共同訴訟

2 対内的訴訟

	権利（請求権）の性質	共同訴訟の形態
確認訴訟	共有持分権確認	通常共同訴訟（共有者間での共有権確認の訴えは不適法）
	遺産確認	固有必要的共同訴訟（32講）
形式的形成訴訟	共有物分割	

このように整理してみると、判例の立場が整合しているといえるかどうかに

疑問が生ずるのは、上記1(2)の受働訴訟のうちの所有権に基づく返還請求訴訟を通常共同訴訟とするのに対し、所有権に基づく妨害排除請求訴訟を固有必要的共同訴訟とする点である。

　上記1(1)の能働訴訟のうちの共有権に基づく抹消登記請求訴訟を単独提起可としながら（ただし、複数人が提起した場合の訴訟形態としては、類似必要的共同訴訟と解するものと思われる。）、共有権に基づく移転登記請求訴訟を固有必要的共同訴訟とする点もやや分かりづらいところではある。しかし、これに関しては、実体的法律関係を反映した登記を実現させるという不動産登記法の制度目的から了解することが可能である。詳細は、30講を復習していただきたい。

◆ 必要的共同訴訟の審理手続(1)

33 入会権確認の訴えと訴え提起に同調しない入会権者の扱い

最 1 小判平成20・7・17民集62巻 7 号1994頁 [20]

【事実】

1 鹿児島県西之表市に存する本件土地 1 ないし 4 （L₁~L₄）が A 集落の住民を構成員とする入会団体の入会地であるかどうかが争われた。平成13年 5 月29日、本件土地 1 （L₁）につき A 集落の住民である共有名義人 Y₂・Y₃から、本件土地 2 ないし 4 （L₂~L₄）につき同様に Y₄・Y₅から、いずれも Y₁社に対して所有権（共有持分）移転登記が経由されている。Y₁社は、本件土地 1 ないし 4 を買い受け、自らが所有者であると主張している。

2 X ら（合計26名）は、Y₁社及び Y₂~Y₅を含む入会団体の構成員であって訴えの提起に同調しない者（合計35名。以下「Y₂ら入会権者」という。）を被告として、「X らと Y₁社及び Y₂ら入会権者との間において、本件土地 1 ないし 4 につき、A 集落を構成する X ら及び Y₂ら入会権者が共有の性質を有する入会権を有することを確認する。」との請求の趣旨を掲げて、本件訴訟を提起した。

3 Y₁社及び Y₂ら入会権者は、最 2 小判昭和41・11・25民集20巻 9 号1921頁 [95]（昭和41年判決）を引用し、対外的に入会権の確認を求める訴えは権利者全員が共同してのみ提起することのできる固有必要的共同訴訟であるから、一部の権利者によって提起された本件訴訟は原告適格を欠く不適法なものであり、却下されるべきであると主張した。

4 第 1 審は、Y₁社及び Y₂ら入会権者の上記 3 の主張を採用して、本件訴えを却下した[1]。控訴審は、第 1 審判決の判決理由を引用し、控訴を棄却した[2]。X らが上告。

---

(1) 鹿児島地判平成17・4・12民集62巻 7 号2002頁。

(2) 福岡高宮崎支判平成18・6・30民集62巻 7 号2008頁。

第7章 複雑な訴訟形態 367

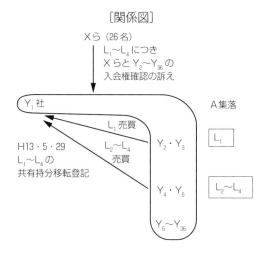

【判旨】

破棄・自判（原判決破棄・第1審判決取消し、本件を第1審に差戻し）。

1 入会権確認の訴えと非同調者の扱い

「入会集団の構成員のうちに入会権の確認を求める訴えを提起することに同調しない者がいる場合であっても、入会権の存否について争いのあるときは、民事訴訟を通じてこれを確定する必要があることは否定することができず、入会権の存在を主張する構成員の訴権は保護されなければならない。そこで、入会集団の構成員のうちに入会権確認の訴えを提起することに同調しない者がいる場合には、入会権の存在を主張する構成員が原告となり、同訴えを提起することに同調しない者を被告に加えて、同訴えを提起することも許されるものと解するのが相当である。このような訴えの提起を認めて、判決の効力を入会集団の構成員全員に及ぼしても、構成員全員が訴訟の当事者として関与するのであるから、構成員の利益が害されることはないというべきである。」

2 昭和41年判決の射程（同判決とのディスティンクション）

「最高裁昭和34年(オ)第650号同41年11月25日第2小法廷判決・民集20巻9号1921頁は、入会権の確認を求める訴えは権利者全員が共同してのみ提起し得る

固有必要的共同訴訟というべきであると判示しているが、上記判示は、土地の登記名義人である村を被告として、入会集団の一部の構成員が当該土地につき入会権を有することの確認を求めて提起した訴えに関するものであり、入会集団の一部の構成員が、前記のような形式で、当該土地につき入会集団の構成員全員が入会権を有することの確認を求める訴えを提起することを許さないとするものではないと解するのが相当である。」

3 結 論

「特定の土地が入会地であるのか第三者の所有地であるのかについて争いがあり、入会集団の一部の構成員が、当該第三者を被告として、訴訟によって当該土地が入会地であることの確認を求めたいと考えた場合において、訴えの提起に同調しない構成員がいるために構成員全員で訴えを提起することができないときは、上記一部の構成員は、訴えの提起に同調しない構成員も被告に加え、構成員全員が訴訟当事者となる形式で当該土地が入会地であること、すなわち、入会集団の構成員全員が当該土地について入会権を有することの確認を求める訴えを提起することが許され、構成員全員による訴えの提起ではないことを理由に当事者適格を否定されることはないというべきである。」

【判例の読み方】

1 本判決のポイント

本判決が取り扱った民訴法上の問題を理解するには、入会権の実体法上の性質、共有の性質を有する入会権と共有の性質を有しない入会権との区別等の基本を押さえておく必要があるが、それらについては、4講を参照されたい。

昭和41年判決は、入会権が権利者である一定の集落住民に総有的に帰属するものであるという入会権の実体法上の性質を理由にして、**入会権の権利者が第三者に対して入会権確認を求める訴え（以下「対外的訴訟」という。）につき、権利者全員が共同してのみ提起することのできる固有必要的共同訴訟である**とした。

入会集団の構成員個人は、使用収益権を有するものの、入会権（総有権）そのものについて処分権を有することがないことを前提とする限り、対外的訴訟

を固有必要的共同訴訟の手続規制の下に置くことは、紛争を矛盾なく一回的に解決するために有効な方法である。

しかし、他方で、多数の集落住民によって構成される入会集団において、入会権の権利者全員が一致して訴えを提起することができない事情がある場合に、権利救済の道を閉ざすという不合理な結果を回避するために、どのような方策によるべきであるかが問題として残された。

本判決は、昭和41年判決後活発に議論されてきた論点につき、1つの解決方法を提示するものである。まず、本判決前の議論の状況を概観した上で（後記2）、本判決の採った結論と理由付けとを検討することによって（後記3）、本判決が昭和41年判決とのディスティンクションに成功しているかどうかを検討し（後記4）、最後に判例形成のあり方について触れておきたい（後記5）。

2　本判決前の議論の状況

(1)　学説の状況、民訴法改正時の議論

かねて、入会権確認の訴えの提起に同調しない者を被告とし、入会集団の構成員全員を当事者として関与させる形式を採ることによって、当該訴えを適法なものとして扱うという便法を提唱する学説[3]は多かった。他方で、このような便法に疑問を呈する学説[4]もあった。

また、平成8年の民訴法改正の際、裁判所から非同調者に対する「参加命令」を得て、それに従わなかった者がいても、その余の者だけで訴えを適法に提起することができるという案が検討されたが、結局、実体法上の処分権を獲得する理屈及び訴訟上の関連事項を煮詰めるに至らず、立法化されなかった[5]。

---

(3)　小島武司「共同所有をめぐる紛争とその集団的処理」ジュリ500号（1972年）331頁、高橋宏志「必要的共同訴訟について」民訴雑誌23号（1977年）46頁、新堂幸司『新民事訴訟法［第3版］』（弘文堂、2004年）711頁を参照。

(4)　福永有利「共同所有関係と固有必要的共同訴訟」民訴雑誌21号（1975年）39頁を参照。

(5)　奈良次郎「共同所有関係と必要的共同訴訟」民訴争点［第3版］94、97頁を参照。この改正案は、非同調者に対して訴訟告知をして手続関与の機会を保障することによって判決効を及ぼすといった一部の学説の考え方に近い。

(2) 入会権に関する判例の展開

判例は、以下のように、紛争の実情に応じて柔軟に通常共同訴訟によることを認める傾向にある。

入会権をめぐる紛争に関し、最1小判昭和57・7・1民集36巻6号891頁 [28] は、入会集落の構成員が有する使用収益権の確認請求又はこれに基づく妨害排除請求につき、構成員が個別に訴えを提起することを認める。また、最3小判昭和58・2・8判時1092号62頁は、入会団体に個別に加入を認められたと主張する者が他の入会権者に対して入会権を有することの確認を求める場合に、そう主張する者が個別に訴えを提起することを認める。しかし、前者は入会権（総有権）そのものに関する訴訟ではないし、後者は対外的訴訟ではないから、これらは本件のような入会権そのものに関する対外的訴訟についての解決策にはならない。

そして、最3小判平成6・5・31民集48巻4号1065頁 [20]（平成6年判決）は、4講で詳細に検討したように、権利能力のない社団である入会団体に当事者適格を認めたのであるが、当該入会団体の代表者が訴えを提起するには規約等に定められた特別の授権を必要とする。

【事実】2によると、本件においては、訴えの提起に同調しない構成員の数の方が原告の数よりも多いから、平成6年判決のいう入会団体における特別の授権を得ることはできないものと思料される[6]。

(3) 平成11年判決の出現

以上のような学説及び判例の展開を背景として、最3小判平成11・11・9民集53巻8号1421頁 [29]（平成11年判決）は、境界確定の訴えにつき、土地の境界が土地の所有権と密接な関係を有すること及び隣接する土地の所有者全員について合一に確定すべきものであることの2点を理由に、隣接する土地の一方又は双方が共有に属する場合の境界確定の訴えは固有必要的共同訴訟と解すべきものとした[7]上、土地の共有者のうちに訴えの提起に同調しない者がいる場合には、その余の共有者は、隣接する土地の所有者と訴えの提起に同調しない者とを被告として境界確定の訴えを提起することができるとして、便法を認め

---

(6) 本件第1審判決は、判決理由中にこの点を指摘する。民集62巻7号2007頁を参照。

(7) 最1小判昭和46・12・9民集25巻9号1457頁 [43]。

た[8]。

　しかし、平成11年判決は、境界確定の訴えが処分権主義及び弁論主義の適用のない訴えであって、本質的には非訟事件の性質を有するという特質に着目して、「共有者全員が必ず共同歩調をとることを要するとまで解する必要はなく、共有者の全員が原告又は被告いずれかの立場で当事者として訴訟に関与していれば足りると解すべきであ〔る〕」との理由を説示していた。さらに、千種秀夫裁判官は、その補足意見において、あくまで境界確定の訴えの特殊性に由来する便法であって、他の必要的共同訴訟に直ちに類推適用することのできるものではないと付言していた。

3　本判決の採った結論と理由付け──【判旨】1、3

(1)　平成11年判決の一般化

　本判決は、【判旨】1の説示に明らかなように、入会権の存在を主張する入会集団の構成員の一部の者の権利救済の必要性を強調することによって、結論として平成11年判決の採用した便法を固有必要的共同訴訟に一般化したものと理解することができる。

　平成11年判決は、境界確定の訴えの本質が非訟事件であって、その判決が権利関係の存否そのものを確定するものでないという特殊性を指摘し、共有者全員が訴訟手続に関与すれば、原告として関与するか被告として関与するかの区別に意味があるわけではないこと[9]を説示しており、それとして説得的な理由付けになっている。

　平成11年判決が、上記のとおり、境界確定の訴えの特質を勘案して慎重に結論を導いたのに対比してみると、本判決がどのような理由付けによって平成11年判決が意識していた理論的障害を乗り越えたのかを、判決文から読み取るのは困難である。

(2)　既判力の及ぶ範囲についての問題

　本判決は、【判旨】1において、「判決の効力を入会集団の構成員全員に及ぼしても、構成員全員が訴訟の当事者として関与するのであるから、構成員の利

---

(8)　田中・要件事実148頁を参照。
(9)　佐久間邦夫・最判解平成11年度民事下710頁を参照。

益が害されることはない」と判示するのであるが、この判示部分の意味するところ及びその基盤としている理屈は必ずしも明らかでない。

対外的訴訟としての入会権確認の訴えは、境界確定の訴えとは異なり、権利者と第三者との間で入会権（総有権）という権利の存否そのものを確定する訴訟なのであるが、本判決は、被告とされた入会集団の構成員と第三者との間に既判力をもって入会権の存否が確定されると解しているのであろうか。

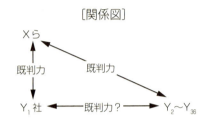

[関係図]

【判旨】1の上記の説示部分は、対外的訴訟における入会権の存否確認に関する部分であることからすると、入会集団の構成員全員（原告となった者と被告とされた者の全員）と第三者との間に既判力が及ぶとの趣旨をいうようにもみえる。しかし、担当調査官の判例解説によると、本判決はこの点について何ら言及しておらず、残された問題であるという[10]。この判例解説の判決文の読み方が正しいとすると、「判決の効力を入会集団の構成員全員に及ぼしても」というのは、対外的訴訟であるXらとY$_1$社との間及び対内的訴訟[11]であるXらとY$_2$～Y$_{36}$との間に既判力が及ぶことを述べているにすぎず、結局のところ、Y$_1$社とY$_2$～Y$_{36}$との間に既判力が及ぶことを積極的には述べていない（すなわち、理論的な前提とはしていない）ということになる。

そうすると、Y$_1$社とY$_2$～Y$_{36}$との間で入会権の存否をめぐる紛争が起きた場合には、これを既判力によって遮断することはできないから、昭和41年判決の志向した紛争の合一的・一回的解決は実現できないことになる。Y$_1$社又はY$_2$～Y$_{36}$による再訴を「訴権の濫用」として却下することは可能であろうが、

---

(10) 髙橋譲・最判解平成20年度民事415頁を参照。
(11) 対内的訴訟としては、共同相続人間の遺産確認の訴え、共同相続人間の相続人の地位不存在確認の訴え等を挙げることができる。

そのような再訴を常に必ず訴権の濫用と評価することができるとは限らない。そもそも、既判力の及ぶ範囲をそのように解すると、入会権（総有権）の実体法の性質と矛盾することになっているのではないかとの疑念を拭い難い。

本判決は、入会集団の構成員の一部の者の権利救済の必要性を重視して、固有必要的共同訴訟という手続規制に便法を認めるという本質を有するのであるから、この点を直視するときは、既判力の及ぶ範囲についての問題を先送りするのではなく、被告ら間にも既判力が及ぶことを肯定するのが論理的な順序であったと思われる[12]。そうでないと、昭和41年判決と平成11年判決の提起した問題に答えないまま、結論のみを一人歩きさせた判決ということになりかねない。

なお、【判旨】3は、同1に説示したところの一部を判決要旨用に繰り返したにすぎず、同1の説示に付加するものはない。

4 昭和41年判決の射程（昭和41年判決とのディスティンクション）──【判旨】2

本判決は、【判旨】2において、本件と昭和41年判決の事案とは、①非同調者を被告としているかどうか、②請求の趣旨を入会集団の構成員全員が入会権を有することの確認を求めるという形にしているかどうか、の2点で相違があるとして、本件は昭和41年判決の射程範囲外にあるとした。

2点に相違があること自体は外形的に比較することによって明らかになることであって異論はなかろうが、上記3のとおり、理論的な観点からして、この外形的相違2点を指摘することによって昭和41年判決とのディスティンクションに成功しているかどうかは疑問である。

5 本判決の意義

本判決は、前記3(1)に説明したとおり、平成11年判決の採用した手法を固有必要的共同訴訟に一般化したものであり、結論として1つの解決策を提示した

---

[12] 非同調者を被告にすることを提唱する学説の多くが原告、本来の被告及び被告とされた非同調者との間の三面訴訟になるとして、被告らの間に既判力が及ぶことを前提にする。佐久間・前掲注(9)704頁、髙橋・前掲注(10)422頁を参照。

ものとして実務的にはそれなりの意義がある。

　しかし、判決理由が十分説得的に構成されておらず、本判決の採った結論を支える論理——特に、既判力の及ぶ人的範囲という民訴法の基本問題について——は不分明である。

　その上、本判決には、上記の既判力の及ぶ人的範囲の問題に連なる問題として、昭和41年判決とのディスティンクションに成功しているかどうかという判例形成そのものに係る問題がある。本判決の指摘する2点によっては昭和41年判決と有意に識別（ディスティングイッシュ）することができていないということであれば、大法廷に回付した上で判決すべきであったということになる。本判決は、この観点からしても興味深い検討素材を提供している。

◆ 必要的共同訴訟の審理手続(2)

34 住民訴訟と共同訴訟人である住民の一部の者がした上訴又は上訴の取下げ

最大判平成 9・4・2 民集51巻 4 号1673頁[23]（愛媛玉串料事件）

【事実】

1 愛媛県は、昭和56年から61年まで、宗教法人靖國神社（靖國神社）の挙行した春秋の例大祭に際して玉串料として 9 回合計 4 万5000円を、夏のみたま祭に際して献灯料として 4 回合計 3 万1000円を、宗教法人愛媛県護國神社（護國神社）の挙行した春秋の慰霊大祭に際して供物料として 9 回合計 9 万円を、それぞれ県の公金から支出して奉納した。

2 同県の住民であるXらは、これらの公金支出が憲法20条 3 項、89条等に違反する違法な財務会計上の行為であると主張し、当時の県知事 Y_1 及びその補助職員 Y_2 らに対し、地方自治法242条の 2 第 1 項 4 号の規定に基づき、愛媛県に代位して上記支出相当額の損害賠償を求めて、本件訴訟を提起した。

[関係図]

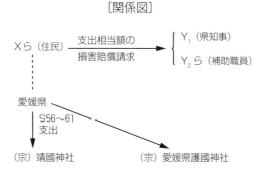

3 第 1 審は、Y_1 に対する請求を認容し、Y_2 らに対する請求を棄却した[(1)]。控訴審は、Y_1 に対する請求認容部分を取り消して請求を棄却し、Y_2 らに対す

---

(1) 松山地判平成元・3・17判時1305号26頁。

る請求につきＸら[2]の控訴を棄却した[3]。Ｘらが上告。

　4　上告した住民の1人が上告を取り下げる旨の書面を提出した。そこで、最高裁は、職権により、この上告取下げの効力について判断した。

　〔本稿は、紙幅の都合上、上告取下げの効力についての判断部分のみを取り上げる。〕

【判旨】

一部破棄・自判（原判決のうちＹ₁に対する請求棄却部分を破棄・Ｙ₁の控訴棄却）、その余の上告棄却。

1　複数の住民の提起する住民訴訟の性質

　「本件は、地方自治法242条の2に規定する住民訴訟である。同条は、普通地方公共団体の財務行政の適正な運営を確保して住民全体の利益を守るために、当該普通地方公共団体の構成員である住民に対し、いわば公益の代表者として同条1項各号所定の訴えを提起する権能を与えたものであり、同条4項が、同条1項の規定による訴訟が係属しているときは、当該普通地方公共団体の他の住民は、別訴をもって同一の請求をすることができないと規定しているのは、住民訴訟のこのような性質にかんがみて、複数の住民による同一の請求については、必ず共同訴訟として提訴することを義務付け、これを一体として審判し、一回的に解決しようとする趣旨に出たものと解される。そうであれば、住民訴訟の判決の効力は、当事者となった住民のみならず、当該地方公共団体の全住民に及ぶものというべきであり、複数の住民の提起した住民訴訟は、民訴法62条1項〔現行民訴法40条1項〕にいう『訴訟ノ目的カ共同訴訟人ノ全員ニ付合一ニノミ確定スヘキ場合』に該当し、いわゆる類似必要的共同訴訟と解するのが相当である。」

---

　(2)　厳密には、県外転出により原告適格を失った者の訴えを却下し、その余のＸらのＹ₂らに対する請求部分に対する控訴を棄却した。

　(3)　高松高判平成4・5・12判時1419号38頁。

2 住民訴訟において共同訴訟人である住民の一部の者がした上訴又は上訴の取下げの効力

「類似必要的共同訴訟については、共同訴訟人の一部の者がした訴訟行為は、全員の利益においてのみ効力を生ずるとされている（民訴法62条1項〔現行民訴法40条1項〕）。上訴は、上訴審に対して原判決の敗訴部分の是正を求める行為であるから、類似必要的共同訴訟において共同訴訟人の一部の者が上訴すれば、それによって原判決の確定が妨げられ、当該訴訟は全体として上訴審に移審し、上訴審の判決の効力は上訴をしなかった共同訴訟人にも及ぶものと解される。しかしながら、合一確定のためには右の限度で上訴が効力を生ずれば足りるものである上、住民訴訟の前記のような性質にかんがみると、公益の代表者となる意思を失った者に対し、その意思に反してまで上訴人の地位に就き続けることを求めることは、相当でないだけでなく、住民訴訟においては、複数の住民によって提訴された場合であっても、公益の代表者としての共同訴訟人らにより同一の違法な財務会計上の行為又は怠る事実の予防又は是正を求める公益上の請求がされているのであり、元来提訴者各人が自己の個別的な利益を有しているものではないから、提訴後に共同訴訟人の数が減少しても、その審判の範囲、審理の態様、判決の効力等には何ら影響がない。そうであれば、住民訴訟については、自ら上訴をしなかった共同訴訟人をその意に反して上訴人の地位に就かせる効力までが行政事件訴訟法7条、民訴法62条1項〔現行民訴法40条1項〕によって生ずると解するのは相当でなく、自ら上訴をしなかった共同訴訟人は、上訴人にはならないものと解すべきである。この理は、いったん上訴をしたがこれを取り下げた共同訴訟人についても当てはまるから、上訴をした共同訴訟人のうちの一部の者が上訴を取り下げても、その者に対する関係において原判決が確定することにはならないが、その者は上訴人ではなくなるものと解される。最高裁昭和57年（行ツ）第11号同58年4月1日第2小法廷判決・民集37巻3号201頁は、右と抵触する限度において、変更すべきものである。」

【判例の読み方】

1　本判決のポイント

　本判決は、主に、①複数の住民が提起する住民訴訟は共同訴訟のいずれの類型に属するのか、②共同訴訟人である住民の一部の者のした上訴の取下げは有効であるかどうか、の2点を扱ったものである。また、本判決は、判例変更をする必要から、大法廷による判決である。

　そこで、まず、共同訴訟の類型と審理判断の規律についての概要を整理した上で（後記2）、次に、本件事案に即して、複数の住民の提起する住民訴訟の性質についての判例の展開と本判決の立場を検討し（後記3）、住民訴訟において住民の一部の者がした上訴又は上訴の取下げの効力についての問題点と本判決による判例変更を検討し（後記4）、最後に、残された問題点を確認することにしよう（後記5）。

2　共同訴訟の類型と審理判断の規律

(1)　共同訴訟の類型

　当事者の一方又は双方に複数の者がいる訴訟形態を「共同訴訟」という。そして、共同訴訟において、同一の側に立つ複数の当事者を「共同訴訟人」という。

　共同訴訟のうち、複数の共同訴訟人について判決が区々になってもかまわないものを「通常共同訴訟」といい、区々になることが許されず合一に確定することが要請されるものを「必要的共同訴訟」という。さらに、必要的共同訴訟は、関係者の全員が共同で訴え又は訴えられなければならない（共同でなければ当事者適格がない）とされる「固有必要的共同訴訟」と、共同で訴え又は訴えられなければならないわけではないが、共同で訴え又は訴えられた場合には、合一に確定するよう扱われなければならないとされる「類似必要的共同訴訟」とに分類される。

　本判決の判決文は、このような用語の定義と分類学とを前提にしてできあがっている。

　固有必要的共同訴訟には、次の2つの場合があると考えられている。第1が、他人間の権利関係の変動を生じさせる場合（例えば、人事訴訟法12条2項の

規定により、第三者の提起する婚姻無効又は取消しの訴えは夫婦を共同被告としなければならない。）であり、第2が、訴訟物とされている権利が共同してのみ処分できる性質を有する場合（4講、33講の入会権の対象財産に関する訴えは、その典型例である。他に、信託法79条の規定により、数人の受託者のいる信託財産はその合有とされているため、そのような信託財産に関する訴えは受託者全員が当事者としなければならないとされている。）である。

　また、**類似必要的共同訴訟**における合一確定の必要とは、共同訴訟人の1人に対する判決の効力が他の共同訴訟人に及ぶところに求めるのが通説の考え方である。そして、**判決の効力が他に及ぶ場合**として、次の2つの場合があると考えられている。**第1が、既判力又は形成力が第三者に及ぶこととされている場合**（例えば、会社法828条1項1号に基づく会社設立無効の訴え、会社法830条・831条に基づく株主総会決議不存在・無効確認又は取消しの訴え[4]）であり、**第2が、既判力が被代位者に及ぶ結果、他の者もその効力を争えないこととされている**[5]**場合**（民法423条に基づく数人の債権者による債権者代位訴訟、民事執行法157条1項に基づく数人の差押債権者による取立訴訟、会社法847条に基づく株主代表訴訟）である。

(2)　共同訴訟における審理判断の規律

　通常共同訴訟では、共同訴訟人は他の共同訴訟人の行為によって制約を受けることなく独立して相手方に対する訴訟を追行する。これを「**共同訴訟人独立の原則**」という。

　これに対し、必要的共同訴訟では、合一確定の必要から、共同訴訟人独立の原則を修正し、訴訟進行と訴訟資料を統一するための規律が導入されている。すなわち、共同訴訟人の1人のした訴訟行為は有利なもののみが全員のために効力を生じることとし（民訴法40条1項）、相手方の訴訟行為は共同訴訟人の1

---

(4)　ただし、請求認容判決にのみ対世効の認められる訴訟（会社法838条）は類似必要的共同訴訟に当たらないという見解も存する。高橋利文「片面的対世効ある判決と共同訴訟人の一部の者の上訴」貞家克己『貞家最高裁判事退官記念論文集　民事法と裁判下』（きんざい、1995年）178頁を参照。

(5)　これを「反射効」という用語によって説明されることがあるが、保証人が主債務者の獲得した請求棄却の確定判決を自己の有利に援用することができるかどうかという議論がされる場合の反射効とは別物であるので、混同しないよう注意を要する。

人に対してされたものであっても全員に対して効力を生じることとしている（民訴法40条2項）。また、共同訴訟人の1人について訴訟手続の中断・中止の事由があるときは、全員について訴訟の進行が停止されることとしている（民訴法40条3項）。

3 複数の住民の提起する住民訴訟の性質──【判旨】1

(1) 判例の展開

複数の住民の提起する住民訴訟が類似必要的共同訴訟の性質を有することについては、異論がない。ただし、前記2(1)のとおり、類似必要的共同訴訟には2つの類型が存するところ、住民訴訟がそのいずれの類型に属するのかについては考え方が分かれる。

最1小判昭和53・3・30民集32巻2号485頁［13］（昭和53年判決）は、地方自治法242条の2第1項4号の規定に基づく住民訴訟につき、傍論としてではあるが、「実質的にみれば、権利の帰属主体たる地方公共団体と同じ立場においてではなく、住民としての固有の立場において、財務会計上の違法な行為又は怠る事実に係る職員等に対し損害の補填を要求することが訴訟の中心的目的となっているのであり、この目的を実現するための手段として、訴訟技術的配慮から代位請求の形式によることとしたものであると解される。この点において、**右訴訟は民法423条に基づく訴訟等とは異質のものである**といわなければならない。」と判示した。すなわち、昭和53年判決は、地方自治法242条の2第1項4号の住民訴訟につき、第2の類型ではなく、第1の類型（すなわち、判決に対世的効力があるという類型）に属するとしたのである。この考え方が多数説[6]のようである。

---

(6) この当時の地方自治法242条の2第1項4号の規定に基づく住民訴訟は、普通地方公共団体の有する財産権上の請求権を原告となった住民が代理行使するという仕組みのものであった。しかし、現行地方自治法は、4号請求について代理行使という構成を採用しておらず、原告は是正請求権という非財産権上の請求権を行使するものである。以上につき、大橋洋一『行政法II［第2版］』（有斐閣、2015年）326頁を参照。旧法時の4号請求につき、大和勇美「住民訴訟の諸問題」『実務民事訴訟講座9巻』（日本評論社、1970年）43頁、成田頼明「住民訴訟（納税者訴訟）」田中二郎ほか編『行政法講座第3巻』（有斐閣、1965年）201頁を参照。

これに対し、最2小判昭和58・4・1民集37巻3号201頁［8］（昭和58年判決）は、同じ地方自治法242条の2第1項4号の住民訴訟が類似必要的共同訴訟に当たるとの結論を導く理由として、「その1人〔原告となった数人の住民の1人を指す。筆者注〕に対する判決が確定すると、右判決の効力は当該地方公共団体に及び（民訴法201条2項〔現行民訴法115条1項2号〕）、他の者もこれに反する主張をすることができなくなるという関係にある」と判示した。すなわち、昭和58年判決は、第1の類型ではなく、第2の類型（すなわち、判決の既判力を受けるわけではないが、権利帰属者に及ぶ既判力を否定することができない立場にあるという類型）に属するとしたのである。

(2)　本判決の立場

このように、複数の住民の提起する住民訴訟が類似必要的共同訴訟の性質を有するという結論については異論がなかったものの、その理由付け（説明の仕方）に異なる考え方が存したのであるが、**本判決**は、【判旨】1のとおり、「住民訴訟の判決の効力は、当事者となった住民のみならず、当該地方公共団体の全住民に及ぶ」と判示することによって、住民訴訟一般につき、**第1の類型に属するとする昭和53年判決及び多数説の立場を採る**ことを明らかにした。この【判旨】1は、法理判例である。

4　住民訴訟において住民の一部の者がした上訴又は上訴の取下げの効力──【判旨】2

(1)　昭和58年判決の立場とその実務上の問題点

前記3(1)のとおり、昭和58年判決の法廷意見（多数意見）は、複数の住民が提起する4号訴訟が類似必要的共同訴訟に当たるとした上、共同原告となった住民の一部の者のみが上訴をした場合には、民訴法62条1項（現行民訴法40条1項）の規定により、上訴をしなかったその余の共同原告にも上訴の効力が及び、全員が上訴人になると判断した。

これに対し、木下裁判官は、複数の住民が公益の代表者としての立場において地方公共団体が有する請求権を行使する訴訟の性質に鑑み、「共同訴訟人の一部の者が上訴すれば、それによって判決は全体として確定を遮断され、請求は上訴審に移審して、それが上訴審における審判の対象とはなるが、上訴審における訴訟追行は専ら上訴した共同訴訟人によってのみ行われるべく、自ら上

訴しなかった共同訴訟人はいわば脱退して、ただ上訴審判決の効力を受ける地位にあるにとどまるものと解するのが相当である」との少数意見（反対意見）を述べた。

昭和58年判決の多数意見は当時の学説の圧倒的通説[7]によるものであり、反対意見は学説の異説[8]によるものであったが、皮肉なことに、昭和58年判決後、反対意見を支持する学説[9]が増えることになった。

その一因は、昭和58年判決に従って訴訟手続を進行させようとすると、必然的に手続が重くなるのであるが、それに大きな合理性を見出すことができないところにある。すなわち、上訴審は、上訴人として名を連ねなかった者も上訴人として遇しなければならないから、そのような者に準備書面を送達し、期日の呼出しをして、訴訟手続に関与させ、全員を当事者として表示して判決し、判決を送達しなければならない[10]。すなわち、訴訟追行の意思を失った者を無理に当事者として扱うという逆説的な状況が生まれるわけである。そこで、昭和58年判決の後は、上訴人として名を連ねなかった者を訴訟関係から完全に離脱させるため、それらの者に訴えの取下げを勧告するというのが実務の取扱いになっていた。

(2) 大法廷判決による判例変更

最高裁は、上記(1)のような実務上の問題点を解決し、下級審の取扱いを統一すべく、上告した住民の1人が上告の取下書を提出したという本件において、職権でこの問題を取り上げ、【判旨】2のとおり、大法廷判決によって判例変更をした。

本判決は、上訴審の審判対象の問題と上訴審の当事者の地位の問題とを分離

---

(7) 大橋寛明・最判解平成9年度民事中584頁は、昭和58年当時のほとんどの民訴法の概説書、教科書、注釈書等が昭和58年判決の多数意見と同一の説によっていたと解説する。

(8) 井上治典『多数当事者訴訟の法理』（弘文堂、1981年）201頁を参照。

(9) 佐藤鉄男「判批」法協102巻6号（1985年）158頁（昭和58年判決の評釈）、兼子一＝松浦馨＝新堂幸司＝竹下守夫編『条解民事訴訟法』（弘文堂、1986年）170頁［新堂幸司］を参照。

(10) 昭和58年判決は、控訴の申立てをした住民以外の住民に対して期日の呼出し等控訴審の審理に関与させず、原判決に控訴人として表示しなかったという事案につき、原判決を破棄して事件を控訴審に差し戻したのである。

不可のものとみるべき必然性はないとの考え方によるものであり、基本的に昭和58年判決における木下裁判官の少数意見が14年を経て多数を制したと理解することができる[11]。

(3) 本判決の射程と複数の株主が提起する株主代表訴訟

本判決は、住民訴訟を提起する複数の住民が公益の代表者として公益上の請求をするものであって、元来住民個人は個別的な利益を有しているものではなく、提訴後に共同訴訟人の数が減少しても、その審判の範囲、審理の態様、判決の効力等には何ら影響がないことを理由としているから、その射程が住民訴訟に限られることは判決文上明らかというべきである[12]。

本判決の3年後、最高裁は、最2小判平成12・7・7民集54巻6号1767頁[24]（平成12年判決）において、複数の株主が提起する株主代表訴訟につき、その訴訟形態を類似必要的共同訴訟とした上、「株主各人の個別的な利益が直接問題となっているものではないから、提訴後に共同訴訟人たる株主の数が減少しても、その審判の範囲、審理の態様、判決の効力等には影響がない。」との理由を述べて、共同訴訟人である株主の一部の者が上訴をした場合、上訴をしなかった者は上訴人にはならないとの結論を採った。

平成12年判決は、本判決の採用した論理をほぼそのままなぞったものであるが、その事案が本判決の射程内にあるというのではなく、住民訴訟と株主の共益権に基づく株主代表訴訟の訴訟類型が類似しているため、同じ論理によったということである[13]。上記のとおりの理由構成からすると、平成12年判決の射程は株主代表訴訟に限られることになる[14]。

最1小決平成23・2・17判時2120号6頁（平成23年決定）は、この問題を考える素材を提供している。Ａ・Ｙ間の養子縁組無効の訴えをＡの推定相続人2人が提起した（正確には、1人が訴えを提起し、その後にもう1人が共同訴訟参加した）事件において、平成23年決定は、これを類似必要的共同訴訟と解すべき

---

(11) かつての少数意見が時を経て多数意見になるという判例形成の過程は、我が国にそう多くはない。他の例につき、田中・法律文書25～26頁、61～62頁を参照。

(12) 大橋・前掲注(7)579頁を参照。

(13) 判例の射程の問題と当該判例と同一の法的効果の発生を認めるべきであるかどうかの問題とが別問題であることにつき、**Refreshments 1** を参照。

(14) 豊澤佳弘・最判解平成12年度民事下620頁を参照。

であるとした上で、2人が各別に上告提起及び上告受理申立てをした場合、遅れてされた上告は二重上告であり、遅れてされた上告受理申立ては二重上告受理申立てであって、いずれも不適法であるとし、上告を却下し、上告受理申立てを不受理とする決定をした。そして、最高裁は、最初にされた上告提起及び上告受理申立てにつき、平成23年決定と同日、上告を棄却し、上告受理申立てを不受理とする決定をしたのであるが、両決定中に上記の推定相続人2人を当事者として表示した。

この処理の仕方を見る限り、最高裁は、複数の原告につき固有の原告適格が認められるべき養子縁組無効の訴えについては、共同訴訟人の一部の者が上訴をした場合、上訴をしなかった者も当然に上訴人になるとの立場に立つものと考えられる[15]。大法廷判決である本判決とは異なる扱いをしたのであるから、その理由を明示することが期待されたが、理由説示はない。

そうすると、今後の課題は、類似必要的共同訴訟として分類される様々な訴訟につき、それらの性質、訴訟構造等を検討した上で、上訴審の審判対象の問題と上訴審の当事者の地位の問題とを分離することが相当であるかどうかを個別に決するところにある。

5　本判決の残した問題——上訴人にならなかった者の訴訟上の地位

本判決は、【判旨】2のとおりの結論を示したものの、上訴しなかった共同訴訟人の法的地位については何も説示していない。将来に残された問題である。

この点につき、大別して2つの考え方が提示されている。

第1は、上訴した共同訴訟人と上訴しなかった者との間に当該審級限りでの任意的訴訟担当の関係が成立すると理解し、上訴しなかった者もいつでも上訴審の手続に関与することができ、相手方の附帯上訴については例外的に附帯被上訴人となるという見解[16]である。この見解については、基本的に、このよう

---

(15)　上田竹志「判批」法セミ684号（2012年）130頁、岡田幸宏・平成23年度重判130頁も同旨をいう。

(16)　井上・前掲注(8)204頁以下を参照。なお、昭和58年判決における木下裁判官の少数意見は、上訴しなかった共同訴訟人は「いわば脱退」して、上訴審判決の効力を受ける地位にあるにとどまるというが、本文の井上説と同旨をいうものであろう。

に解する実定法上の根拠がどこにあるのかという問題がある。

　第2は、上訴しなかった共同訴訟人は訴えを取り下げたのと同様に扱えばよく、同人の請求部分は上訴審に移審することなく消滅するという見解である。上訴を取り下げた場合も、訴えを取り下げたのと同様の効果が生ずるという[17]。この見解に対しては、原判決が一部認容判決であった場合に、上訴をしなかった共同訴訟人の意向を無視して、上訴した共同訴訟人が訴えの取下げ、請求の放棄、訴訟上の和解をすることを許すのは妥当でなく、上訴をしなかった共同訴訟人も当事者として扱うのが妥当ではないかとの疑問が呈されている[18]。

　上訴しなかった又は上訴した後に上訴を取り下げた共同訴訟人は、上訴審における訴訟追行意思のないことを表明したのであるから、上訴審における訴訟追行を自らの負担でしている共同訴訟人の訴訟行為を制約する権限を認める必要はないものと考えられる。すなわち、当事者としての負担を逃れながら、他方で当事者としての地位を認めてもらうという「いいとこ取り」は許されないであろう。動態としての民事訴訟の実際において使いやすい理屈という観点をも考慮に入れると、結局、将来の判例の落ち着きどころは、第2の見解ということになるものと思われる[19]。

6　本判決の意義

　本判決は、圧倒的通説に従った昭和58年判決を、職権をもって変更したものである。昭和58年判決の少数意見が14年を経て多数を制するに至ったものであり、民訴法分野の判例形成としては極めて珍しい。長期間をかけて共有されるに至った裁判実務における問題意識が、最高裁に判例変更を決断させた大きな要因であると考えて間違いないであろう。

　なお、本件において実際に問題になったのは、複数の住民が共同訴訟人として提起した住民訴訟において共同訴訟人の一部の者がした上訴の取下げの効力

---

[17]　徳田和幸「複数住民の提起した住民訴訟と上訴」『原井龍一郎先生古稀祝賀　改革期の民事手続法』（法律文化社、2000年）405頁を参照。

[18]　高橋・重点講義下322〜323頁を参照。

[19]　和田吉弘「類似必要的共同訴訟」『基礎演習民事訴訟法［第2版］』（弘文堂、2013年）243頁は、同趣旨を指摘する。

についてであるが、民集の判示事項及び判決要旨は、共同訴訟人の一部の者が
した上訴の効力をも取り上げている。共同訴訟人の一部の者がした上訴の効力
の問題は、傍論にすぎないのであるが、実務的にはこの問題の方が頻繁に生ず
ることを考慮して、あえて民集の判示事項及び判決要旨に盛り込んだのであろ
う。主論のみならず傍論をも判決要旨として抽出するのは例外的扱いである。
このあたりにまで気付くようになれば、判例の読み方も相当に身に付いてきた
といってよい。

　本文に指摘したように、本判決の射程は広いものではないし、本判決は上訴
人にならないということの訴訟法上の効果についても説示してはいない。結
局、本判決の理由付けに用いられている理屈がどの範囲の類似必要的共同訴訟
に応用することが可能であるのか、上訴人にならなかった者の地位をどのよう
に考えるのかは残された検討課題ということになる。

◆　独立当事者参加訴訟(1)

35　不動産の二重譲渡と独立当事者参加

最3小判平成6・9・27判時1513号111頁

【事実】

1　Xは、Yに対し、昭和50年5月、本件土地につき、昭和42年12月9日の売買契約（本件売買契約）に基づき所有権移転登記手続を求める訴訟（本訴）を提起した。第1審は、昭和60年12月13日、Xの請求を認容する旨の判決を言い渡した[1]。Yは、この判決に対して控訴した。

2　Zは、控訴提起から4年余が経過した平成2年3月1日、Yに対して本件土地の所有権移転請求権仮登記に基づく本登記手続を求め、Xに対して同本登記手続の承諾を求めて独立当事者参加の申出（本件参加の申出）をした。Zの主張の骨子は、次のとおりである。

①　Aは、Yに対し、昭和41年4月5日、500万円を貸し付け、本件土地につき代物弁済予約契約を締結し、同月13日、所有権移転請求権仮登記を経由した。

②　Zは、Aに対し、昭和50年6月25日、Yの負っていた残債務相当額を支払って、①の貸金債権と仮登記担保権の譲渡を受け、同年8月14日、①の仮登記の移転付記登記を経由した。

③　Xは、昭和51年3月23日、本件土地につき処分禁止の仮処分登記を経由した。

④　Zは、Yに対し、昭和56年6月24日、本件土地につき代物弁済予約完結の意思表示をした。

⑤　Zは、X・Yに対し、平成2年3月2日、本件参加申立書によって本件土地について清算金がない旨の通知をした。

3　Yは、本件参加の申出及びZの上記2の主張を全く争わなかった。他方、Xは、本件参加の申立ては民訴法71条（現行民訴法47条1項）の要件を欠

---

(1)　京都地判昭和60・12・13金判962号28頁。

く旨主張した上、上記2②のZのAに対する残債務相当額の支払等の事実を否認した。

4　控訴審は、本件参加の申出は本件土地の所有権をめぐる紛争をXとYとの間及びZとX・Yとの間で同時に矛盾なく解決するためのものであり、民訴法71条後段（現行民訴法47条1項後段）の要件を満たすものであるとし、上記2のZの主張事実が認められるから、ZのX・Yに対する請求を認容すべきであるとした上、XのYに対する本訴請求は同条に基づく参加訴訟の形態及び目的からの制約を受け、Zに対して所有権を主張できない立場にあるXは、Yに対しても所有権を前提とする請求をすることができないとして、Xの主張事実について判断するまでもなく、その請求を棄却すべきであると判断した[(2)]。

5　Xが上告。上告理由は、Xの請求原因事実について判断しないでXの所有権移転登記手続請求を棄却すべきであるとした原判決の判断には、仮登記担保法5条・12条、民訴法71条（現行民訴法47条1項）・186条（同法246条）の解釈適用を誤った違法がある、というにある。

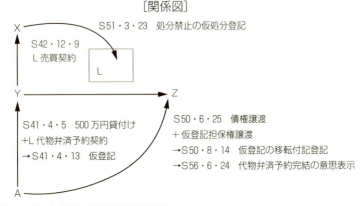

[関係図]

---

(2)　大阪高判平成3・4・25金判962号23頁。

【判旨】

破棄。本訴請求部分差戻し、参加請求部分移送。

1　本件参加の申出は独立当事者参加の要件を満たすか

⑴　結論命題

「XのYに対する売買契約に基づく所有権移転登記手続を求める本訴につき、Zが、Yに対し代物弁済の予約又は売買の一方の予約による各予約完結の意思表示をしたことを理由とする所有権移転請求権保全の仮登記に基づく本登記手続を求め、かつ、右仮登記後にされた処分禁止の仮処分登記の名義人であるXに対し右本登記手続の承諾を求めてした本件参加の申出は、民訴法71条〔現行民訴法47条1項〕の要件を満たすものと解することはできない。」

⑵　理　由

「けだし、同条の参加の制度は、同一の権利関係について、原告、被告及び参加人の三者が互いに相争う紛争を一の訴訟手続によって、一挙に矛盾なく解決しようとする訴訟形態であって、一の判決により訴訟の目的となった権利関係を全員につき合一に確定することを目的とするものであるところ[3]、Zの本件参加の申出は、本件土地〔L〕の所有権の所在の確定を求める申立てを含むものではないので、X、Y及びZの間において右各所有権の帰属が一の判決によって合一に確定されることはなく、また、他に合一に確定されるべき権利関係が訴訟の目的とはなっていないからである。」

2　本件参加の申出の性質とその処理方法

「本件参加の申出は、民訴法71条〔現行民訴法47条1項〕の参加の申出ではなく、その実質は新訴の提起と解すべきであるから、原審としては、Zの参加請求に係る部分を管轄を有することが明らかな京都地方裁判所に移送し、Yの控訴に基づき第1審判決の当否について審理判断すべきであったのである。……したがって、原判決を破棄した上、原判決中、Xの本訴請求に係る部分につき本件を大阪高等裁判所に差し戻すこととし、Zの参加請求に係る部分につき本件を京都地方裁判所に移送することとする。」

---

(3)　本判決は、ここで最大判昭和42・9・27民集21巻7号1925頁［82］を引用する。

【判例の読み方】

1 本判決のポイント

本判決は、不動産の二重譲渡に係る紛争において、**第1買主と主張する者のする参加の申立てが独立当事者参加の要件を満たすかどうか**を扱ったものである。以前から、モデルケースとして、不動産の買主Oが売主Pに対し売買契約に基づき所有権移転登記手続を求める本訴に、他の買主Qが原告Oに対しては所有権の確認を、被告Pに対しては所有権移転登記手続を求めて独立当事者参加の申立てをした場合に、この申立てを許容すべきであるかどうかが議論されていた。本判決は、そのような典型事例を扱ったものではないが、典型事例を検討するためにも大いに参考になる。

本判決を誤りなく理解するには、XのYに対する請求及びZのX・Yに対する請求についての主張・立証の構造の正確な理解（すなわち、実体法の正確な理解）が必須である。本件の検討を通じて、実体法と手続法の交錯を実感されることを期待している。

そこで、まず、独立当事者参加訴訟という制度を用意している目的とその訴訟構造を整理した上で（後記2）、二重譲渡紛争と権利主張参加の要件に係る議論と本判決の立場を検討し（後記3）、本判決後の学説の展開を概観し（後記4）、最後に、要件を欠いた参加の申出の処理方法を検討することにする（後記5）。

2 民訴法47条の規定と独立当事者参加訴訟の構造

(1) 現行民訴法における参加の理由及び参加の相手方

現行民訴法47条は、**独立当事者参加**という訴訟制度を創設しており、同条1項は、①他人間に訴訟が係属していること、②係属する訴訟の当事者双方又は一方に対して当事者として請求を立てること、③訴訟の結果によって権利が害されること又は訴訟の目的の全部若しくは一部が自己の権利であることを主張することの3要件を充足する場合に、第三者が当事者として当該訴訟に参加することができることを規定している。

上記③は参加の理由に関する規定であり、旧民訴法71条の規定するところと異なるものではない。現行民訴法47条1項の前段による参加を「**詐害防止参**

加」と呼び、後段による参加を「権利主張参加」と呼ぶ。

旧民訴法71条と現行民訴法47条1項との相違点は、上記②の参加の相手方の点にある。すなわち、旧民訴法71条の規定する独立当事者参加訴訟につき、判例（最大判昭和42・9・27民集21巻7号1925頁［82］〔昭和42年大法廷判決〕）及び当時の通説は「三面訴訟説」を採り、本判決の【判旨】1(2)のとおり、同一の権利関係について、原告、被告及び参加人の三者が互いに相争う紛争を一の訴訟手続によって、一挙に矛盾なく解決しようとする訴訟形態であって、右三者を互いに鼎立、牽制し合う関係に置き、一の判決により訴訟の目的となった権利関係を全員につき合一に確定することを目的とするものであると解した上、参加の申出は常に原告と被告の双方を相手方としなければならず（両面的参加）、当事者の一方のみを相手方とする参加（片面的参加）は許されないと解していた。**現行民訴法47条の上記②の要件は、昭和42年大法廷判決による判例の立場を立法によって変更し、片面的参加をも独立当事者参加として許容することにしたこと**(4)を意味する。

(2)　必要的共同訴訟の審判原則の準用とその根拠

現行民訴法47条4項は、両面的参加であるか片面的参加であるかを問わず、民訴法40条1項から3項までの規定を準用する。すなわち、**必要的共同訴訟の審判原則——すなわち、統一審理及び合一確定——を片面的参加をも含めて適用するという割切りを立法においてした**ことを意味する。

具体的には、独立当事者参加がされた後に原告が被告に対する本訴を取り下げることは許されるが、取下げの効力が発生するためには、被告と参加人双方の同意が必要である(5)。また、3当事者のうちの1人が上訴すれば、事件は全体として移審し、上訴審は3当事者に対して一個の判決をする(6)。そして、独

---

(4)　参加人と当事者の一方との間に実質的な争いがないにもかかわらず、その者に対する請求の定立を強制することは紛争の実情にそぐわないこと、独立当事者参加の形式によってされる参加承継において、被承継人と参加人との間で承継について争いがない場合であっても、被承継人に対して請求を定立しなければならないとすると、両者が同一の訴訟代理人を選任することに双方代理の問題を生じて不都合であること等が指摘されている。法務省民事局参事官室編『一問一答新民事訴訟法』（商事法務、1996年）62頁を参照。

(5)　最2小判昭和60・3・15判時1168号66頁。

立当事者参加訴訟の形態が維持されている（２当事者訴訟に還元されていない）
状態のまま、２当事者間で訴訟上の和解を成立させることは許されないという
のが実務上の扱いである[(7)]。

　独立当事者参加訴訟全体に必要的共同訴訟の審判原則が適用される根拠は、
旧民訴法下における三面訴訟という訴訟構造に求められるのではなく、本訴請
求と参加請求とが矛盾する関係にあるところから、原告、被告及び参加人の三
者が相互に牽制し合って三者間で矛盾のない判決を求めるという立法政策的配
慮に求められることになる[(8)]。

3　二重譲渡紛争と権利主張参加の要件──【判旨】１

(1)　権利主張参加の意義と要件

　現行民訴法47条１項後段の規定による**権利主張参加**は、訴訟の目的である権
利義務（法律関係）の全部又は一部が自らに帰属することを主張する第三者に
許される参加である。その要件は、一般に、参加人の請求と本訴の請求とが請
求の趣旨において両立しない関係にあることが必要である[(9)]、**又は参加人の請
求及びそれを理由付ける権利主張が本訴の請求又はそれを理由付ける権利主張
と論理的に両立しない関係にあることが必要である**と解されている[(10)]。

　本判決は、権利主張参加につき、【判旨】１(2)において「一の判決により訴
訟の目的となった権利関係を全員につき合一に確定することを目的とする」と
判示することによって、上記の昭和42年大法廷判決及び通説の立場に立つこと
を確認している。

---

(6)　当事者が１当事者のみを相手として上訴した場合は、民訴法40条２項の準用により、
　　残る１当事者にも効力を生じ、この者は被上訴人の地位に立つ。最１小判昭和50・３・
　　13民集29巻３号233頁［13］。

(7)　仙台高判昭和55・５・30判タ419号112頁、東京高判平成３・12・17判時1413号62頁。

(8)　竹下守夫ほか編『研究会新民事訴訟法』（有斐閣、1999年）78頁、法務省民事局参事
　　官室・前掲注(4)の62～63頁を参照。

(9)　兼子・新修体系413頁、斎藤秀夫ほか編『注解民事訴訟法(2)［第２版］』（第一法規出
　　版、1991年）257頁［小室直人＝東孝行］を参照。

(10)　新堂・新民訴829頁、中野ほか・新民訴講義573頁［井上治典／補訂松浦馨］、梅本・
　　民訴683頁を参照。

(2) 二重譲渡に係る紛争と権利主張参加の許否——モデルケースの検討

まず、本判決前の学説及び下級審裁判例の状況を確認しておくことにしよう。

不動産の買主Oが売主Pに対し売買契約に基づき所有権移転登記手続を求める本訴に、他の買主Qが原告Oに対しては所有権の確認を、被告Pに対しては所有権移転登記手続を求めて権利主張参加の申立てをするというモデルケースにつき、この権利主張参加の申立てが許されるかどうかが議論されていた。

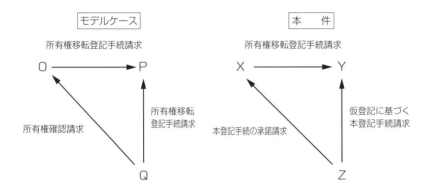

多数説は、原告の請求と参加人の請求とが論理的に両立しないことを要するという参加の要件は、参加申出の時点で参加請求の趣旨と原因とによって判断すべきであり、本案審理の結果両立することになっても遡って権利主張参加が不適法になることはないから、参加を許すべきであるというものであった[11]。

しかし、OのPに対する本訴請求についてみると、所有権の帰属が訴訟物になっていないことはもちろん、その請求原因においても問題になっていない（OのPに対する本訴請求の請求権が売買契約に基づく債権的登記請求権である）から、Qの参加請求における2つの訴訟物[12]又はその各請求原因は、本訴請求の訴訟物及び請求原因と論理的に両立しない関係にあるということはできない。

---

[11] 菊井維大＝村松俊夫『全訂民事訴訟法Ⅰ［追補版］』（日本評論社、1984年）392頁、上田徹一郎＝井上治典編『注釈民事訴訟法(2)』（有斐閣、1992年）196頁［河野正憲］、小室＝東・前掲注(9)の257頁を参照。

したがって、多数説の採る上記(1)の権利主張参加の要件論とこの結論とは、厳密には整合していない。それにもかかわらず、多数説がこの結論を採るところからすると、Ｏ及びＱの３つの請求の訴訟物又は請求原因自体において論理的に両立しないことまで要求してはおらず、ＱがＯとの間で所有権の確認を求める場合には、Ｏ・Ｐ・Ｑの３者間に当該土地所有権の帰属についての紛争があるものとみることができ、これをもって足りるとする立場に立つものと理解するしかなかろう。

　この立場に立って、権利主張参加を認めた下級審裁判例として、福岡高判昭和30・10・10下民集６巻10号2102頁、大阪高判昭和43・5・16判時554号47頁、新潟地判昭和38・7・9下民集14巻７号1354頁がある[13]。

　以上の多数説に対し、少数説の立場は、買主であるＯ・Ｑのいずれもが売主Ｐに対する所有権移転登記請求権を取得するから、２個の請求権は論理的に両立するものであるし、ＱのＯに対する所有権確認請求は、Ｑが未登記権利者であることを前提としており主張自体失当であるから、権利主張参加は原則として許されないが、ＱがＯ・Ｐ間の所有権移転が実体上無効であると主張する場合にのみ例外として許されるというものであった[14]。

　しかし、この少数説も、ＱがＯ・Ｐ間の売買契約の締結の事実それ自体を争う、その無効原因等を主張して争うといった場合には権利主張参加が許されるというのであるから、多数説と少数説との間には本質的な相違があるとはいえないと理解するのが正しい。

　なぜなら、ＱがＯ・Ｐ間の売買契約の締結の事実それ自体を争うのは、参加訴訟におけるＰの抗弁事実を否認する主張であるし、Ｏ・Ｐ間の売買契約の無

---

(12)　ＱのＯに対する請求の訴訟物は、Ｑの当該土地所有権である。ＱのＰに対する請求の訴訟物としては、当該土地所有権に基づく物権的登記請求権、ＰからＱへの当該土地所有権移転の過程を登記簿上に反映させるための物権変動的登記請求権、Ｐ・Ｑ間の売買契約に基づく債権的登記請求権の３つが考えられる。

(13)　ただし、前掲福岡高判昭30・10・10は、ＸがＹに対して所有権確認・所有権移転登記・物権引渡しを請求し、ＺがＸに対して所有権確認、Ｙに対して所有権確認・物件引渡しを請求したものである。すなわち、モデルケースと異なり、ＸのＹに対する所有権確認請求があるが、この事案においても、Ｘ・Ｙ間での相対的な所有権確認である。

(14)　吉野衛「不動産の二重譲渡と独立当事者参加の許否」近藤完爾＝浅沼武編『民事法の諸問題第Ⅱ巻』（判例タイムズ社、1996年）332〜333頁を参照。

効原因等を主張して争うのは、参加訴訟におけるＱの再抗弁事実の主張であるからである[15]。Ｑの参加申出の時点において、これらの主張が明確に提出されていない場合であっても、ＱがＯに対して所有権の確認を求める場合には、これら２つのうちのいずれかの争い方をするものとみるのが、当事者の訴訟行為の解釈として合理的であると考えられる。二重譲渡事例で争点になることの多い「背信的悪意者」の主張は、Ｑの再抗弁の１つである。

　以上のとおり、**モデルケースについては、Ｑの参加申出によって目的不動産の所有権の帰属如何という合一的に確定すべき紛争が存するとみることができるから、権利主張参加の一類型として参加申出を許容する多数説の立場が相当であると考えられる**[16]。

(3)　本件事案とモデルケースとの異同

　上記(2)のモデルケースについての考察を前提にして、本件事案をみてみよう。

　本件における参加人（Ｚ）は、本訴の被告（Ｙ）に対して本件土地の所有権移転請求権仮登記に基づく本登記手続を求め、本訴の原告（Ｘ）に対して同本登記手続の承諾を求めて権利主張参加の申出をしたから、形式上、両面的参加になっている。

　ＸのＹに対する請求の訴訟物は、売買契約に基づく債権的登記請求権である。ＺのＹに対する請求の訴訟物は、必ずしも明らかではなく、代物弁済予約の完結に基づく債権的登記請求権、同予約の完結によってＹからＺに移転した所有権に基づく物権的登記請求権、その物権変動の過程を登記簿上に反映させるための物権変動的登記請求権のいずれと構成することも可能であるが、いずれであっても、ＸのＹに対する請求と両立する[17]。最後に、ＺのＸに対する請求の訴訟物は、不動産登記法105条（現行不動産登記法109条）が仮登記権利者に付与した登記上の利害関係人に対する承諾請求権である[18]から、これもＸの

---

　(15)　モデルケースの本訴及び参加訴訟の主張構造を要件事実論によって分析したものとして、田中・要件事実334～336頁を参照。なお、対抗関係についての主張・立証責任につき、司法研修所・類型別56～57頁を参照。

　(16)　同旨をいうものとして、上野泰男「いわゆる二重譲渡事例と権利主張参加について」河野正憲＝伊藤眞＝髙橋宏志編『井上治典先生追悼論文集　民事紛争と手続理論の現在』（法律文化社、2008年）202～203頁、長谷部・民訴357頁を参照。

Yに対する請求と両立する。

すなわち、Zの本件参加申出は、Yに対する請求が仮登記に基づく本登記手続請求であることから、登記上の利害関係人であるXに対する承諾請求を立てざるを得なかったため、形式上、両面的参加になっているものの、モデルケースにおけるQのOに対する所有権確認請求の欠けた片面的参加と本質的には変わりがない[19]。

このような事案であるため、**本判決は**、【判旨】1(2)において、Zの本件参加申出が、X・Y・Zの間において合一に確定されるべき法律関係（権利義務）を訴訟の目的としていないことを理由として明示した上で、【判旨】1(1)のとおり、Zの本件参加申出につき、旧民訴法71条後段（現行民訴法47条1項後段）の規定による**権利主張参加に当たらないとの結論命題**を示した。

なお、本判決は、Zの本件参加申出に所有権の所在の確定を求める申立てが含まれていないことを指摘する。これは、モデルケースについて権利主張参加を許容する多数説の立場に立っても、権利主張参加が許されないとの趣旨をいうものである。

(4) 本判決の判例としての性質

本判決の集民の判示事項は、「民訴法71条による参加の申出に当たらないとされた事例」というものであり、事例判例として性質付けされているようにみえる。

---

(17) Zは、不動産登記法2条2号（現行不動産登記法105条2号）の仮登記を経由し、同法7条2項（現行法106条）によるその順位保全の効果を受けるために同法105条（現行法109条）の仮登記に基づく本登記手続請求をしている。したがって、請求原因事実として、Yが本件土地のもと所有者であり、予約の完結によって所有権が移転したことを主張しなければならないので、訴訟物を本文のいずれのものと構成しても請求原因事実に差は生じない。そして、ここでの所有権の移転とは、YからZへの所有権の移転にすぎず、二重譲受人であるZとXとの間の所有権の帰属の問題とはかかわりがないことを理解しておくことが重要である。

(18) 吉野衛「仮登記の一考察(1)」判評79号（判時404号〔1965年〕）70頁を参照。

(19) 宇野聡「判批」民商114巻3号（1996年）545頁は、ZのXに対する承諾請求をもってXのYに対する移転登記手続請求と両立しない関係にあると解することも不可能ではないというが、両請求が論理的に両立しない関係にあると解することを可能とする理屈は明らかでない。

しかし、本判決は、前記(3)のとおり、モデルケースと対比された本件類型に属する参加の申出を独立当事者参加の申出に当たらないとしたものであるから、判例の性質としては場合判例に位置付けるのが相当であろう。

要するに、本判決の射程は、①XのYに対する甲不動産について債権的登記請求権に基づく所有権移転登記を求める本訴につき、②ZがYに対して甲不動産について所有権移転請求権保全の仮登記に基づく本登記手続を求め、かつ、同仮登記後にされた処分禁止の仮処分登記の名義人であるXに対して本登記手続の承諾を求めてした参加の申出である場合に及ぶものである。

4　本判決後の学説の展開

本判決の出現を受けて、二重譲渡に係るモデルケースにつき、権利主張参加を否定すべきであるという見解が増加したが、他方で、本判決よりも広く権利主張参加を肯定すべきであるという見解も有力に主張されるに至っている。

前者の見解は、実体法的にみて、Oの所有権とQの所有権の優劣は登記の先後によって決まるから、QがOに対して所有権確認請求をする場合であっても、相互に両立しない関係を創出することはできないとの基本的理解を前提にする[20]。

しかし、前記3(2)のとおり、Qとしては、①Oの所有権移転原因事実の証明を不成功に終わらせる、②Oの所有権移転原因事実に無効・取消しの瑕疵が存することを主張・立証する、③有効な二重譲渡事例であっても、Oが背信的悪意者であることを主張・立証する等、Oの所有権取得がQの所有権取得と実体法的に両立しないことを主張・立証する余地があるし、実際にもこれら①ないし③が争点になる事件も多く存在するから、この否定説には疑問がある[21]。

これに対し、後者の見解は、Qの参加申立ての中にOに対する所有権確認請求があるかどうかによって権利主張参加の許否を決するという考え方は、請求

---

[20]　三木浩一「独立当事者参加における統一審判と合一確定」青山善充ほか編『新堂幸司先生古稀祝賀　民事訴訟法理論の新たな構築上』（有斐閣、2001年）832～833頁を参照。
[21]　上野・前掲注[16]の202頁は、「実は二重譲渡事例ではなく、それ故にこそ、両立不能という『併合要件』を具備して権利主張参加が適法とされ〔る〕」と説明しており、本文①の場合のみを想定するようであるが、本文3(2)で指摘したように、二重譲渡事例に当たる場合であっても、両立不能の主張をすることができるときがある。

という形式にとらわれすぎており、紛争の実相に変わりがないことを理解しないものであると批判し、モデルケースのみならず、本判決の事案においても権利主張参加を許すべきであるとする見解である[22]。

しかし、この批判は本末転倒のもののように思われる。なぜなら、QがOに対して所有権確認の請求を立てないのは、この請求を立てたところで裁判所によって認容される見込みがないと考えるか、この請求を立てる意味がないと考える場合であるからである。すなわち、所有権確認請求のある参加の申出とこれのない参加の申出とでは、紛争の実相に変わりがあると考えるのが合理的であるからである。民事訴訟における最重要の起点である請求がどうであるかにかかわらず、参加申出の時点において、受訴裁判所が「紛争の実相」なるものを見通すことができることを前提として、請求が形式にすぎないものとする考え方は、訴訟手続に無用の混乱をもたらし、受訴裁判所及び当事者の当該訴訟手続の進行についての合理的な期待を損なうことにつながるから、この拡大説にも疑問がある。

他人間の訴訟に第三者が当事者として参加することを許すと、当該訴訟手続はその分重たいものになり訴訟遅延の原因になるから、それなりの合理的理由が必要であり、それが判例・多数説のいう合一確定の必要であると理解すべきであろう。

このように考えると、本判決の採る権利主張参加の要件論及び本件事案に対する当てはめは、実体法の内容に従って統一的かつ効率的な紛争解決を図るという観点から、バランスのとれたものと評価することができる。

5 参加の要件を欠いた申出の処理方法——【判旨】2

本件参加の申出は民訴法71条（現行民訴法47条1項）の参加の要件を欠くものであったのであるが、そのような場合に、受訴裁判所としてどのように処理すべきであるかは問題である。

参加の申出は、それが一般の訴訟要件を欠く場合には、訴え却下の訴訟判決をすることになるが、参加の要件を欠く場合には、別個の訴えとして扱うのが相当であると解されている[23]。昭和42年大法廷判決は、「参加申出は、その実

---

[22] 井上治典・判評438号（判時1531号〔1995年〕）198頁を参照。

質は新訴の提起と解すべきである（民訴法71条の参加である旨の当事者の申立に裁判所は拘束されるものではない。）。」と判示した。

　Ｚの本件参加申出を独立の訴えとみると、専属管轄である職分管轄を誤った訴えの提起であることになる[24]から、管轄第１審裁判所に移送すべきことになる。

　次に、原判決は、Ｘの本訴請求につき、独立当事者参加訴訟の形態・目的からの制約を受けるとの理由で、棄却すべきものとした[25]。しかし、この判断は、手続法の用意した道具によって実体法の内容が変容されることを認めるものであって、初歩的ないし基本的な誤りというべきである[26]。本来は、Ｙの控訴に基づきＸの本訴請求に係る部分についての第１審判決の当否について審理判断すべきであったのである。そこで、上告審としては、原判決中のＸの本訴請求に係る部分は、原審である大阪高等裁判所に差し戻すことになる。

　本判決の【判旨】２は、以上の理を明らかにしている。

6　おわりに

　本判決は、不動産の二重譲渡に係る紛争における権利主張参加の許否について判断を示した初めての最高裁判例である。

　本判決は、結局、モデルケースにおいて、ＱのＯに対する所有権確認請求が含まれていない、ＱのＰに対する所有権移転登記手続請求のみの片面的参加の申出につき、権利主張参加の要件を欠くことを明らかにしたものと理解することができる。

　他方、本判決は、モデルケースにつき、権利主張参加の要件を満たすものであることまでは判断しておらず[27]、この点は将来に残されている。

---

[23]　鈴木重信・最判解昭和42年度民事452頁を参照。

[24]　専属管轄は、裁判の適正・迅速という公益の要請から、当事者の意思によって法律の定めとは別の管轄を生じさせることを許さないものであるから、その違背の有無は職権調査事項であり、その判断の基礎となる資料の収集については職権探知主義が妥当する。

[25]　前掲新潟地判昭和38・7・9も、同様の判断をしている。

[26]　実体法に従った判断をすべきであるとの当然の事理を説くものとして、菊井＝村松・前掲注(11)392頁、井上治典「独立当事者参加」『新・実務民事訴訟講座３』（日本評論社、1982年）57〜58頁を参照。

本判決は、民集登載判例ではないが、その出現をきっかけとして、学説による権利主張参加の要件についての議論が活発化したことからも明らかなように、この論点を検討するのに好個の判例である[28]。

　原判決は、ZがXとYの両当事者に対して請求を立てて権利主張参加の申出をしたことに幻惑されて、実体法の枠を超えた判断をした。本判決は、民事訴訟に携わる者が実体法と手続法との関係を考える素材をも提供している。

---

[27]　本文中に述べたとおり、筆者は、モデルケースについては権利主張参加の要件を満たすものと考えている。

[28]　また、本訴提起から14年以上、Yの控訴から数えても4年以上経過後にされたZの本件参加申出に即して、民訴法47条1項前段（詐害防止参加）の要件充足性如何を検討してみても面白い。

401

◆ 独立当事者参加訴訟⑵

36 敗訴者の１人による上訴と利益変更禁止の原則

最２小判昭和48・7・20民集27巻7号863頁[20]

【事実】

1 Ｘは、Ａから、昭和38年3月26日にＡのＹに対する請負代金債権のうち150万円分を譲り受けたと主張し、Ｙに対し、150万円と遅延損害金の支払を求めて訴訟を提起した。Ｙは、ＡからＸへの債権譲渡の事実を否認した上、Ａに対する請負代金債務は458万円であったが、工事の引渡期限である同年4月10日に未完成分の請負契約を解除したため、Ａに対する請負代金債務は363万3800円になり、同年2月27日までにそのうち280万4000円を支払い、残債務が82万9800円になったところ、同年7月29日に債権者不確知を理由として82万4600円を供託したから、請負代金残債務82万9800円のうち供託金額分は消滅した、と主張して争った。

2 Ｚは、Ａから、昭和38年3月23日にＡのＹに対する請負代金債権610万円を譲り受け、同年4月7日に確定日付のある内容証明郵便をもって同債権譲渡の通知をしたと主張し、ＸとＹを相手方として独立当事者参加の申出をした。Ｚの請求は、①対Ｘ：ＸのＹに対する150万円の請負代金債権と遅延損害金債権の不存在確認、②対Ｘ・Ｙ：ＺがＹのした供託金及びその利息の還付請求権を有することの確認、③対Ｙ：67万5400円（150万円から供託金額を控除した残額）と遅延損害金の支払である。

3 第１審は、昭和38年2月27日時点でのＡのＹに対する請負代金債権残額につき、上記１のＹの主張を採用して82万9800円であると認定し、ＸとＺがＡから同債権を譲り受けたものと認められるが、対抗関係においてＺが優先すると判断し、また、Ｙのした供託は不足額が僅少であるから有効であると判断した。その結果、ＸのＹに対する請求を棄却し、Ｚの請求①についてＺが債権者であることの積極的確認を求めるべきであるとして棄却し、同請求②を認容し、同請求③について5200円（請負代金残債務と供託金額との差額）の限度で認容し、その余を棄却する旨の判決を言い渡した[(1)]。Ｘは、ＹとＺを被控訴人

として控訴した。その内容は、第1審判決につき、X敗訴部分の取消し、Xの
Yに対する請求の認容、ZのXに対する請求認容部分の取消しと請求の棄却を
求めるというものである。

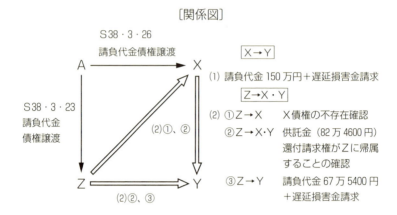

4　控訴審は、昭和38年3月26日当時、AのYに対する請負代金債権が150
万円以上あったこと、そのうち150万円分をAはXに譲渡し、Yはこれにつき
異議を留めずに承諾したことを認定し、仮にAのZに対する債権譲渡が適法に
されたとしても、対抗関係においてXが優先すると判断し、また、Yのした供
託はその金額が少なすぎて無効であると判断した。

そして、控訴審は、「本件の如く、当事者の一が他の二者を相手に控訴した
時も、他の二者は常に被控訴人に止まるのではなく、ある点においては控訴人
と利害を同じくして他の一に対し対立する関係にあるものは、これに対しては
控訴人の地位に立つ。そして、実際に控訴した者、利害を同じくすることによ
って控訴人の地位に立った者の不服の範囲が控訴審における審判の対象とな
る。後者の不服の範囲は『三者間に矛盾のない解決を導き出す。』という観点

---

(1) 広島地判昭和41・10・21民集27巻7号871頁。なお、第1審は、Zの請求①について
本文記載のとおり「請求棄却」としたが、積極的確認を求めるべきであって消極的確認
を求めることは許されないという理由によるのであるから、「訴え却下」の主文とする
のが正しい。

第 7 章 複雑な訴訟形態　403

から、前者の不服の範囲により、論理的に自から定まることになる。」との判断を示した。

　その結果、第 1 審判決を一部取り消し、XのYに対する請求を認容し、Zの請求②を棄却し、同請求③について第 1 審判決の認容部分を棄却した[2]。

　5　ZがX及びYを被上告人として上告。上告理由は、ZとYとの間の訴訟（Zの請求②のうちYを相手方とする部分及び同請求③）は第 1 審判決どおり確定しており、Xの控訴によって控訴審における審判の対象になることはない、というにある。

【判旨】

上告棄却。

独立当事者参加訴訟の敗訴者のうちの一部の者の控訴と控訴審の審判

「本件は、訴訟の目的が原告、被告および参加人の三者間において合一にのみ確定すべき場合（民訴法71条〔現行民訴法47条 1 項・ 4 項〕、62条〔現行民訴法40条 1 項～ 3 項〕）に当たることが明らかであるから、 1 審判決中参加人の被告に対する請求を認容した部分は、原告のみの控訴によっても確定を遮断され、かつ、控訴審においては、被告の控訴または附帯控訴の有無にかかわらず、合一確定のため必要な限度で 1 審判決中前記部分を参加人に不利に変更することができると解するのが相当である。」[3]

【判例の読み方】

1　本判決のポイント

　35講でみたように、民訴法47条の規定する独立当事者参加訴訟は、原告、被告及び参加人の三当事者間の紛争を統一的に解決することを目的とする制度で

⑵　広島高判昭和43・12・24判時576号59頁。
⑶　本判決は、ここで、最大判昭和42・ 9 ・27民集21巻 7 号1925頁［82］、最 1 小判昭和36・ 3 ・16民集15巻 3 号524頁［25］、最 2 小判昭和43・ 4 ・12民集22巻 4 号877頁［27］の 3 判決を引用する。

あり、三者間の対立牽制し合う関係を訴訟手続に反映させる手段として、必要的共同訴訟の特則である民訴法40条１項から３項までが準用されている。

独立当事者参加訴訟における紛争の合一確定の要請と上訴審の手続上の諸原則（上訴の利益、上訴審の審判の対象、不利益変更禁止の原則等）とをどのように調整すべきであるか、そのための理屈をどこに求めるかが、「**独立当事者参加訴訟における一当事者の上訴**」の問題として議論されてきた[4]。

この問題を具体的に分解すると、敗訴者の１人のみが上訴した場合に、①全請求の確定が遮断されて移審するのか、②上訴しない他の敗訴者は上訴審においてどのような地位につくのか、③**上訴審の審判（審理・判断）の対象は何か**、の３点が主要な争点として議論されてきた。

本判決は、上記③の問題について判断したものであるが、上記①、②についても、どのように考えているかを推し量ることができる。

以下、上記①の移審する請求の範囲（後記２）、同②の上訴しない敗訴者の上訴審における地位（後記３）、同③の上訴審の審判の対象（後記４）の順に検討することにする。

2 移審する請求の範囲

本判決の引用する最１小判昭和36・３・16民集15巻３号524頁［25］及び最２小判昭和43・４・12民集22巻４号877頁［27］は、独立当事者参加訴訟において、終局判決に対して敗訴者の１人のみが上訴した場合であっても、当該判決全体の確定が遮断され、全請求が上級審に移審するとした。

本判決は、【判旨】のとおり、「１審判決中参加人の被告に対する請求を認容した部分は、原告のみの控訴によっても確定を遮断され」と説示するが、これは、それまでの最高裁の立場を確認するものにほかならない。

学説の多数説もまた、この最高裁の立場に賛成する[5]。しかし、例えば、本件の事案において、原告Ｘの請求を認容し、参加人Ｚの各請求を棄却した第１

---

(4) 田中豊「独立当事者参加訴訟における一当事者の上訴」民訴争点［新版］148頁を参照。

(5) 三ヶ月・民訴法228頁、新堂・新民訴838頁、伊藤・民訴680頁、長谷部・民訴361頁を参照。

第7章　複雑な訴訟形態　405

審判決に対し、被告Yのみが控訴した場合に、Zの各請求も移審したものとして扱う必要があるかどうかには疑問がある。この場合には、2当事者訴訟に還元されると解する少数説も存する[6]。

3　上訴しない敗訴者の上訴審における地位

上記2のとおり、敗訴者の1人のみが上訴した場合であっても全請求が上級審に移審すると解することを前提として、それでは、上訴しない敗訴者は上訴人の地位につくのか被上訴人の地位につくのかが議論されてきた。

そして、敗訴者の1人のする上訴を民訴法40条1項の他の敗訴者にとって利益な行為とみて、上訴しない敗訴者は上訴人の地位につくとする上訴人説、敗訴者の1人のする上訴を同条2項の共同訴訟人の1人に対する相手方の行為とみて、上訴しない敗訴者は被上訴人の地位につくとする被上訴人説、2当事者対立構造を前提にする上訴人か被上訴人かという議論ではうまくいかない場面があり、上訴人の地位と被上訴人の地位とを兼有した二重の特殊な地位につくとする両地位兼有説等の諸説が唱えられている[7]。

本件控訴審判決は、【事実】4に紹介したように、両地位兼有説を採り、本件のYにつき、Xとの関係では被控訴人となり、Zとの関係では控訴人となるとし、判決書の当事者欄における表示も「控訴人兼被控訴人」としている。

しかし、本判決前において、最高裁の立場は被上訴人説に立つものと理解されていたところ[8]、本判決は、Zの上告に係る本件において、Yを単純に「被上告人」と表示しているが、これは被上訴人説に立つとの趣旨に出るものと解説されている[9]。そして、本判決後の最1小判昭和50・3・13民集29巻3号233頁[13]は、旧民訴法62条2項（現行民訴法40条2項）の準用により、上訴の相手方とされず自ら上訴もしなかった敗訴者は被上告人の地位につくとし

---

(6)　鈴木正裕「判批」民商63巻3号（1971年）487頁、井上治典「判批」民商70巻6号（1974年）1054頁を参照。

(7)　川口冨男・最判解昭和48年度民事138〜140頁を参照。

(8)　最2小判昭和32・11・1民集11巻12号1842頁[103]、前掲最1小判昭和36・3・16及び最2小判昭和43・4・12のいずれもが、上訴せずかつ上訴の相手方ともされなかった他の敗訴者を被上訴人になるとしている。

(9)　川口・前掲注(7)の143頁を参照。

た。

4　上訴審の審判の対象──【判旨】

(1)　本判決の立場

前記2、3のとおり、前記1に整理した3つの論点のうち①と②については、本判決前に最高裁の立場はほぼ明らかにされていた。**本判決は、同③の論点につき、最高裁の立場を示した法理判例である。**

本判決は、【判旨】のとおり、敗訴者のうちの一部の者であるXの控訴によって、ZのYに対する請求を認容した部分につき、確定が遮断されて控訴審に移審するだけでなく、合一確定という独立当事者参加訴訟の制度目的を優先させ、敗訴者であるYの控訴又は附帯控訴の有無にかかわらず審判の対象とし、敗訴者であるYの利益に第1審判決を変更することができるとの結論命題を明らかにした。

本判決の立場は、上訴審における当事者の地位の問題（上訴しない当事者を上訴人とするか被上訴人とするかの問題）と審判の対象の問題との関連性を切断するという方法によって[10]、上訴理論（自ら上訴しない敗訴者の利益変更禁止の原則）を修正し、結論の妥当性を追求したものである。

(2)　「合一確定のため必要な限度で」の意義

本判決は、上訴審における審判の対象につき、「合一確定のため必要な限度で」としか説明しないので、これをどのように理解するかが問題である。これをもう少し具体化してみると、**現に上訴した者の不服の範囲内において、原判決を変更する結論との間に実質的な矛盾を生じさせないために必要不可欠な範囲で**[11]、ということになろう。

XのYに対する所有権確認請求訴訟にZがXとYとを相手方として所有権確認を求めて当事者参加の申出をしたという事例に、この考え方を適用してみると、(i)X敗訴・Z敗訴（Yの全面勝訴）の場合において、Xのみが上訴したと

---

(10)　これに対し、本件控訴審判決は、Zとの関係においてYは控訴人の地位を取得するとの理屈によって、すなわち、上訴審における当事者の地位の問題と審判の対象の問題との関連性を肯定する立場に立って、本判決と同一の結論を導いたものである。

(11)　川口・前掲注(7)の144頁、小山昇「独立当事者参加訴訟の控訴審の構造」北大法学論集26巻1＝2号（1975年）24頁以下、山本和彦・百選223頁を参照。

きはＺの各請求が、Ｚのみが上訴したときはＸの請求が、上訴審における審判の対象にならない、(ⅱ)Ｘ勝訴・Ｚ敗訴の場合において、Ｙのみが上訴したときは、Ｚの各請求が上訴審における審判の対象にならない、(ⅲ)Ｘ敗訴・Ｚ勝訴の場合において、Ｙのみが上訴したときは、Ｘの請求が上訴審における審判の対象にならない、ということになる。

しかし、本判決前の最１小判昭和45・12・24判時618号34頁は、Ｘが土地所有権に基づきＹらに対して所有権移転登記及び抵当権設定登記の各抹消登記手続を請求したところ、Ｚが土地の所有者であるとして、Ｘに対して土地所有権の確認を、Ｙらに対して土地所有権の確認及び上記登記の各抹消登記手続を求めて当事者参加の申出をしたという事案において、第１審がＸとＺの各請求を棄却する（Ｙらの全面勝訴）判決をしたところ、Ｚのみが控訴した（Ｘは控訴したものの、後に取り下げた。）場合（上記事例の(ⅰ)の場合）につき、ＸのＹらに対する請求も審判の対象になるとの判断をしている。この判断が本判決の示した「合一確定のため必要な限度で」というフォミュラに合致するのかどうかは、将来の問題として残されている。

(3) 本判決の示した法理の片面的参加への適用

現行民訴法47条１項は、いわゆる片面的参加を独立当事者参加として許容したのであるが、ここにも同法40条が準用されており、前記１の①ないし③の論点についての考え方は、合一確定の目的を実現するために必要な範囲で全て妥当する[12]。

5 おわりに

本判決は、独立当事者参加訴訟において敗訴者の１人のみが上訴した場合の審判の範囲という学説及び下級審裁判例上活発に議論されていた論点につき、合一確定に必要な限度において、他の敗訴者の上訴（附帯上訴を含む。）の有無にかかわらず審判の対象とし、上訴しなかった敗訴者の利益に原判決を変更することができるとの結論命題を明らかにした法理判例である。

前記４(2)に指摘したように、本判決のいう「合一確定に必要な限度で」の内実がどのようなものであるかは、今後の判例及び学説の進展にかかっている。

---

[12] 山本・前掲注[11]の223頁を参照。

本判決は、詳細に判決理由を述べることによって1つの法律問題を明快かつ明確に解決するというのではなく、ややあいまいな判断枠組みを提示するところで留めておき、その後の学説及び下級審裁判例の進展にゆだねるという行き方を選択したものであり、判例形成の1つの方法を示している。本判決は、判例形成のあり方の観点からも興味深いものである。

409

◆　補助参加(1)

37 株主代表訴訟と取締役のためにする会社の補助参加の許否

最1小決平成13・1・30民集55巻1号30頁[3]

【事実】

1　Xは、衣料品の製造販売を目的とする非上場株式会社であるＺ社の株主であるが、その平成7年1月1日から同8年12月31日までの2期分の決算において粉飾決算を指示し又はこれを見逃すという忠実義務違反の行為によりＺ社に損害を被らせたと主張して、Ｚ社の取締役であるＹら（代表取締役を含む。）を被告として、商法267条（現行会社法847条）の規定に基づき、合計2億3000万円余の損害賠償を求める株主代表訴訟（本案訴訟）を提起した。

2　Ｚ社が本案訴訟においてＹらのために補助参加の申出（民訴法43条1項）をしたところ、Ｘはこれに対して異議（同法44条1項）を述べた。

3　受訴裁判所は、概要、本案訴訟の訴訟物はＹらのＺ社に対する忠実義務違反に基づく損害賠償請求権であるところ、本案訴訟の訴訟物についての判断との関係では、Ｚ社はＹらと実体法上の利害が相反し対立することが明らかであるから、法律上の利害を共通にするとはいえないとして、Ｚ社の補助参加の申出を却下する旨の決定（原々決定）をした[(1)]。

4　抗告審は、Ｚ社の抗告を棄却する旨の決定（原決定）をした。その理由は、概要、補助参加の制度は被参加人が勝訴判決を受けることにより補助参加人も利益を受ける関係にある場合に参加を認めるものであるから、被参加人が勝訴判決を受けることにより補助参加人が不利益を受ける関係にある場合に参加を認めることは、民事訴訟の構造に反するとした上、本案訴訟の訴訟物はＺ社のＹらに対する損害賠償請求権であり、判決主文における判断についてＺ社はＹらとは実体法上の利害が相反し対立することは明らかであり、上記の民事訴訟の構造に反する結果となるから、Ｚ社は民訴法42条にいう「訴訟の結果に

---

(1)　名古屋地決平成12・2・18金判1100号39頁。

ついて利害関係を有する第三者」ということはできないというものである[2]。Ｚ社が抗告許可の申立て（民訴法337条1項）をし、抗告が許可された（同条2項）。

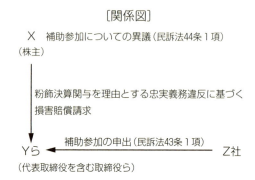

[関係図]

X　補助参加についての異議（民訴法44条1項）
（株主）

粉飾決算関与を理由とする忠実義務違反に基づく損害賠償請求

Yら　←　補助参加の申出（民訴法43条1項）　Ｚ社
（代表取締役を含む取締役ら）

【決定要旨】

原決定破棄・自判（原々決定取り消し、Ｚ社参加の許可決定）。

〈法廷意見〉

1　民訴法42条にいう「利害関係を有する」の意義

「民訴法42条所定の補助参加が認められるのは、専ら訴訟の結果につき法律上の利害関係を有する場合に限られ、単に事実上の利害関係を有するにとどまる場合は補助参加は許されない[3]。そして、法律上の利害関係を有する場合とは、当該訴訟の判決が参加人の私法上又は公法上の法的地位又は法的利益に影響を及ぼすおそれがある場合をいうものと解される。」

2　株主代表訴訟において会社が取締役を補助するために参加することの許否

「取締役会の意思決定が違法であるとして取締役に対し提起された株主代表

---

[2]　名古屋高決平成12・4・4金判1100号34頁。
[3]　本決定は、ここで最1小判昭和39・1・23集民71号271頁を引用する。

訴訟において、株式会社は、特段の事情がない限り、取締役を補助するため訴訟に参加することが許されると解するのが相当である。」

「けだし、取締役の個人的な権限逸脱行為ではなく、取締役会の意思決定の違法を原因とする、株式会社の取締役に対する損害賠償請求が認められれば、その取締役会の意思決定を前提として形成された株式会社の私法上又は公法上の法的地位又は法的利益に影響を及ぼすおそれがあるというべきであり、株式会社は、取締役の敗訴を防ぐことに法律上の利害関係を有するということができるからである。そして、株式会社が株主代表訴訟につき中立的立場を採るか補助参加をするかはそれ自体が取締役の責任にかかわる経営判断の１つであることからすると、補助参加を認めたからといって、株主の利益を害するような補助参加がされ、公正妥当な訴訟運営が損なわれるとまではいえず、それによる著しい訴訟の遅延や複雑化を招くおそれはなく、また、会社側からの訴訟資料、証拠資料の提出が期待され、その結果として審理の充実が図られる利点も認められる。」

3　本件への当てはめ

「本件は、Ｚ社の第48期及び第49期の各決算においてＹらが忠実義務に違反して粉飾決算を指示し又は粉飾の存在を見逃したことを原因とするＺ社の取締役らに対する損害賠償請求権を訴訟物とするものであるところ、決算に関する計算書類は取締役会の承認を受ける必要があるから（商法281条〔現行会社法436条３項〕）、本件請求は、取締役会の意思決定が違法であるとして提起された株主代表訴訟である。そして、上記損害賠償請求権が認められてＹらが敗訴した場合には、Ｚ社の第48期以降の各期の計算関係に影響を及ぼし、現在又は将来の取引関係にも影響を及ぼすおそれがあることが推認されるのであって、Ｚ社の補助参加を否定すべき特段の事情はうかがわれない。」

〈個別意見〉
（町田顯裁判官の反対意見）
1　株主代表訴訟の訴訟構造
「本件の本案訴訟は、Ｚ社の株主であるＸがＺ社の〔取締役〕Ｙらに対し、Ｙらがｚ社に対する忠実義務に違反し、その結果Ｚ社に損害を与えたと主張す

る株主代表訴訟である。したがって、XはZ社のため（商法267条2項〔現行会社法847条〕）訴訟を遂行するものであり、本案訴訟の訴訟物はZ社のYらに対する損害賠償請求権であるから、Z社は、訴訟の構造上も、実体法の権利上もYらと対立する関係にあるのであって、Z社がYらのため補助参加することが許されないことは、原決定の述べるとおりである。」

2　取締役会の意思決定と取締役の忠実義務との関係

「多数意見は、本件請求は取締役会の意思決定が違法であるとして提起された株主代表訴訟であるからZ社のYらに対する補助参加が許されるとするが、本件本案訴訟において審判の対象となるのは、上記のとおり、Yらの行動が取締役の負う忠実義務に違反するかどうかであって、その行動が取締役会の意思決定の際のものであっても、その意思決定そのものの適否や効力が審判の対象となるものではない。確かに、本件請求のように粉飾決算を指示し、又は粉飾の事実を見逃したことを忠実義務違反の理由とする場合には、粉飾決算の有無が判断されることとなるが、それは取締役個人の忠実義務違反の存否を確定するために判断されるものであって、Z社がその判断に利害関係を有するとしても、それは事実上のものにとどまり、補助参加の要件としての法律上の利害関係に当たるものと解することはできない。したがって、この意味からも本件補助参加は、許されない。」

3　訴訟資料等の提出期待と補助参加の許否との関係

「多数意見は、また、本件補助参加を認めることによりZ社からの訴訟資料等の提出が期待できるともいうが、本案訴訟の被告であるYらのうちには、Z社の代表者も含まれていることよりすれば、補助参加を認めなければ適切な訴訟資料等の提出が期待できないとも考えられない。」

【判例の読み方】

1　本決定のポイント

本決定は、取締役会の意思決定が違法であるとして取締役に対して提起された株主代表訴訟において、株式会社が取締役を補助するため当該訴訟に参加す

ることが許されるかどうかを扱ったものである。

　本講のメインテーマである補助参加の利益の有無の識別基準の問題を検討するに当たっては、補助参加の要件全般を理解しておく必要がある。

　そこで、まず、民訴法42条が補助参加の要件とする「利害関係」についての判例の立場を確認し（後記２）、次に、同条が補助参加の要件とする「訴訟の結果」の意義についての議論（訴訟物限定説と訴訟物非限定説との論争）を概観した上で（後記３）、本決定の判例としての性質とその理由付け（訴訟物限定説又は訴訟物非限定説のいずれの立場によるものであるか）を検討し（後記４）、本決定の説示する補助参加の利益の有無の識別基準を検討し（後記５）、最後に、本決定後の立法の展開を見ておくことにする（後記６）。

2　補助参加の要件としての「利害関係」についての判例の立場──【決定要旨】１

　民訴法42条は「訴訟の結果について利害関係を有する第三者は、当事者の一方を補助するため、その訴訟に参加することができる。」と規定する。したがって、第三者が他人間の訴訟に補助参加することが許されるかどうかは、第三者が①当該訴訟の結果につき、②利害関係を有する立場にあるかどうかによって決せられるのであるが、本決定の【決定要旨】１は、これらの要件のうちの②についてのこれまでの判例の立場を確認するものである。

　すなわち、【決定要旨】１は、補助参加の要件としての「利害関係を有する」とは、訴訟の結果について事実上の利害関係を有するというのでは足りず、法律上の利害関係を有する場合に限られるとの従来の判例の立場を再確認したものである。事実上の利害関係にすぎないとされる例としては、友人や親戚として当事者の一方を支援したい、当事者の一方が敗訴すると，当該当事者から扶養が受けられなくなるとか当該当事者の相続人として不利益を受けるといったものが挙げられる[4]。これは、大審院以来の判例の立場であり、既に本決定の引用する最１小判昭和39・１・23集民71号271頁[5]がこの点を明らかにしていた。学説の多数説の立場でもある[6]。

　その上で、【決定要旨】１は、「法律上の利害関係を有する場合」の意義につ

---

(4)　井上治典「補助参加の利益・半世紀の軌跡」判タ1047号（2001年）７頁を参照。

き、当該訴訟の判決が第三者（参加人）の私法上（すなわち、財産法上又は身分法上）の法的地位又は法的利益に影響を及ぼすおそれがある場合に限らず、公法上の法的地位又は法的利益に影響を及ぼすおそれがある場合をも含むことを明らかにした。この点もまた、ほぼ異論のないところである。

　そして、「影響を及ぼすおそれ」というのは、判決の効力（既判力、執行力又は形成力）が補助参加人に及ぶことを要するというのではなく、訴訟の結果が補助参加人の法的地位又は法的利益を決するについて参考にされるおそれがあれば足りると解されている。すなわち、ここでは、法律上の影響を要するのではなく、事実上の影響をもって足りるとされている[7]。

　結局、上記②の要件である「法律上の利害関係を有する場合」に当たるかどうかを決するには、(i)参加人の私法上又は公法上の法的地位又は法的利益につき、(ii)訴訟の結果が事実上の影響を及ぼすかどうか、の2項目を検討する必要がある。そして、このように整理してみると、(i)の「法的地位又は法的利益」といい、(ii)の「事実上の影響」といい、一義的に明らかではないことがよく分かる。

　その上、上記①の「訴訟の結果」が何を意味するのかについては、深刻な見解の対立がある。そこで、この点の議論を概観し、本決定がどのような位置を占めるのかについて検討することにしよう。

3　補助参加の要件としての「訴訟の結果」の意義に関する議論の概観――訴訟物限定説と訴訟物非限定説

　判決中のどの部分の判断が前記2の補助参加人の法的地位又は法的利益に影響を及ぼすことを要するのかについては、学説上、長く**訴訟物限定説と訴訟物非限定説との論争**があり、現在でも決着がついたとはいえない状況にある[8]。

　訴訟物限定説とは、終局判決の主文において判断される訴訟物についての判

---

　(5)　離婚した夫が前妻死亡後に検察官を相手に提起した離婚無効確認の訴えにおいて、前妻の生前事実上の夫婦関係にあった男性が検察官を被参加人とする補助参加の申立てをした事件につき、参加人は、離婚無効確認訴訟の結果により身分法上の地位に影響を受けることがないことを理由に、事実上の利害関係を有するにとどまるとした。

　(6)　髙部眞規子・最判解平成13年度民事上65〜69頁を参照。

　(7)　髙部・前掲注(6)の66頁を参照。

断が補助参加人を当事者とする後訴の判断の前提になるという関係にあること
を要し、判決理由中の判断では足りないとする説[9]をいう。かつての通説であ
る。

　訴訟物非限定説とは、訴訟物についての判断のみならず、判決理由中の判断
が後訴の判断の前提になるという関係にあれば足りるとする説[10]をいう。近時
の多数説である。

　なお、これらの見解は、いずれも後訴を想定して議論するものであるが、後
訴ではなく他人間の訴訟（前訴）自体に着目し、第三者の弁論要求を認めるこ
とが紛争主体間のかかわり方からみて公正・公平かという観点から補助参加の
申出の許否を決すべきであるとする見解[11]が登場するに至っている。

　判例については、この点を取り上げて明示に判断したものがなく、必ずしも
その立場は明らかでないというのが一般的な理解である[12]。

　筆者は、この点につき、物上保証人が抵当権設定登記を経由している者に対
し、担保物の所有権に基づく妨害排除請求権を訴訟物として抵当権設定登記抹
消登記請求をした訴訟に、主債務者が物上保証人を被参加人として補助参加の
申出をしたという事案を例にして、補助参加の要件としての「訴訟の結果」に
ついては訴訟物非限定説を採るのが相当であり、訴訟物限定説によっては妥当
な結論に到達することができないことを論証した[13]。

---

(8)　山本和彦「補助参加の利益」民訴争点［第 3 版］102頁、井上・前掲注(4)の7〜8頁、
　　勅使川原和彦・百選215頁を参照。
(9)　兼子一・新修体系399頁、三ケ月・民訴235頁を参照。
(10)　井上治典『多数当事者の訴訟』（信山社出版、1992年）175頁、伊藤・民訴657〜658
　　頁、高橋・重点講義下438〜439頁を参照。
(11)　上田徹一郎＝井上治典編『注釈民事訴訟法(2)』（有斐閣、1992年）120頁［井上治典］
　　を参照。
(12)　山本・前掲注(8)の102頁を参照。大決昭和 8 ・ 9 ・ 9 民集12巻2294頁は、訴訟物非限
　　定説を前提にするものと理解するのが素直であろう。住民大会での寄付決議に基づいて
　　出納員が住民に対して提起した割当金支払請求訴訟に、他の住民がした補助参加の申出
　　を許可した。前訴の訴訟物自体についての判断が他の住民に対する割当金支払請求権の
　　有無の前提になることはないであろうから、判決理由中でされる住民大会での寄付決議
　　の存否ないしその内容についての認定が他の住民に対して提起され得る後訴の判断の参
　　考にされるおそれに着目したものと考えられる。なお、最 3 小判昭和51・ 3 ・30判時
　　814号112頁は、訴訟物限定説によっても説明することができる。

ただし、訴訟物限定説又は訴訟物非限定説のいずれによるにしても、具体的紛争において一義的に明快に補助参加の要件を満たしているかどうかを判定できるわけではない。本件訴訟は、そのような紛争のひとつであるといってよい。そこで、この点を本決定に即して検討することにしよう。

4　本決定の判例としての性質とその理由付け──【決定要旨】2

(1)　本決定の判例としての性質及びその射程

本決定の判例部分は、その結論命題を示している【決定要旨】2の第1段落である。同第2段落は、その理由を説示している。

この判例部分に示された判断は、民訴法42条の規定する前記2の①、②の補助参加の要件のいずれかについての解釈法理を示したものではなく、様々な民事訴訟における様々な補助参加の申出のうち、「取締役会の意思決定が違法であるとして取締役に対し提起された株主代表訴訟において、株式会社が取締役を補助するため補助参加の申出をした」という限定された場合を設定して、当該補助参加の申出の許否についての解釈を示したものである。このような判例を、実務上、**場合判例**と呼ぶ[14]。

本決定の射程は、本決定自身が上記のように限定した場合──すなわち、取締役会の意思決定が違法であるとして取締役に対し提起された株主代表訴訟において、株式会社が取締役を補助するため補助参加の申出をしたという場合──のみに及び、それ以外の場合には及ばない。

例えば、被告が取締役であっても、株主の請求の理由が取締役会の意思決定の違法をいうのでない場合は、本決定の射程外にあり、今後の判例形成にかかっている[15]。取締役会の意思決定以外の方法による会社としてした意思決定の違法を理由に、それに従ってした取締役の行為の違法を主張して株主代表訴訟

---

(13)　田中・要件事実304〜307頁を参照。

(14)　法理判例、場合判例、事例判例の区別の基準及びその各意義につき、**Refreshments 3**を参照。

(15)　東京地決平成14・6・21判時1790号156頁は、取締役会の意思決定の違法ではなく、会社としての法令遵守態勢の不備を理由として提起された株主代表訴訟において、会社の被告取締役側への補助参加の申出を許可した。この決定は、理由中で本決定を引用しておらず、本決定の射程外の事件と位置付けているものと思われる。

が提起された場合、その受訴裁判所である下級審裁判所が補助参加の申出を許可しないとの決定をしたとしても、民訴法318条1項にいう「最高裁判所の判例（……）と相反する判断」には当たらない。被告が取締役以外の役員（発起人、監査役、清算人等）である場合には、もちろん本決定の射程が及ぶことはない[16]。

(2) **本決定は訴訟物限定説又は訴訟物非限定説のいずれの立場によるものか**

【事実】1によれば、Xの行使する訴訟物は、「Z社の取締役であるYらの平成7年1月1日から同8年12月31日までの2期分の決算において粉飾決算を指示し又はこれを見逃すという忠実義務違反の行為によりZ社に被らせた損害賠償請求権」として特定される。

既判力の範囲を識別するという観点からの訴訟物（請求権）は、いわゆる旧訴訟物理論又は新訴訟物理論のいずれによっても、上記のとおり叙述することによって特定される。すなわち、本決定の【決定要旨】2の第1段落にいう「取締役会の意思決定が違法である」の修飾部分は、訴訟物（請求権）を特定するのに必要不可欠な要素ではない。その上、Xの行使する訴訟物はZ社のYらに対する損害賠償請求権であるから、訴訟物の観点から考えれば、Z社とYらとが協力する関係に立つ訴訟構造でないことは明らかである。

本決定は、本件申出が民訴法42条の規定する補助参加の要件のひとつである「訴訟の結果について」（前記2の①）を満たしていることの根拠を、Xが「取締役会の意思決定が違法である」と主張する事件であるところに求めているのであるから、結局、本決定の立場を訴訟物限定説によって説明することはできないと考えるのが正しい[17]。

---

[16] 山本克己・平成13年度重判128頁、寶金敏明・平成13年度主要判例解説（判タ1096号）133頁は、本文と同旨。これに対し、髙部・前掲注(6)の88〜89頁は、本決定の射程が取締役会の意思決定以外の会社の意思決定の場合にも及ぶと説明するが、正確な説明とはいえない。会社の意思決定が問題とされる事件にも本決定と同様の考え方によるのが妥当であろうとの見解を述べるものであって、民訴法318条1項の規定を念頭に置いての説明ではないのであろう。「判例の射程」という用語の使い方の問題であるが、このように同じ用語を論者によって異なる意味で使用するという場面に接することがしばしばあるので、それぞれの論者がどのような意味で使用しているのかを立ち止まって吟味する必要がある。

町田裁判官の反対意見 2 は、前者の訴訟物の特定の点を指摘するものであり、同反対意見 1 は、後者の訴訟構造の点を指摘するものである[18]。法廷意見の側から、反対意見の指摘する 2 点についての的確な反論はない[19]。

　この点につき、Ｚ社のＹらに対する損害賠償請求権を発生原因事実等によって特定する必要があることを理由にして、「取締役会の意思決定が違法である」ことを特定要素と扱うことによって、本決定を訴訟物限定説の立場から説明することも可能であるとの見解も存する[20]が、訴訟物特定のために必要不可欠な請求原因事実（民訴法133条 2 項 2 号にいう「請求の原因」）と攻撃方法としての請求原因事実（民訴規則53条 1 項にいう「請求を理由づける事実」）とを混同した議論というべきであろう[21]。

　その上、法廷意見は、町田裁判官の反対意見の指摘する株主代表訴訟の訴訟構造に全く触れるところがない。上記のとおり、訴訟物限定説によって補助参加の利益を根拠付けようとするのであれば、この点を避けて通ることはできな

---

(17)　笠井正俊「判批」ジュリ1201号（2001年）91頁は、訴訟物の特定要素が「取締役らの忠実義務違反」であって「会社の意思決定の違法」ではないこと、及び訴訟物である損害賠償請求権との関係では会社と取締役の利害は相反するから、訴訟物限定説による補助参加の利益論によって本決定の立場を説明するのは困難であるというが、正鵠を射た指摘である。

(18)　町田裁判官の反対意見 1 の訴訟構造論は、同 2 の訴訟物限定説を訴訟構造に反映させたものであって、コインの裏表の関係に立つものである。

(19)　我が国の最高裁判例では、本決定におけるように、法廷意見の側が反対意見の指摘に対して直接反論することなく、言いっぱなし言われっぱなしに終わっていることが多い。これに対し、判決書上で議論がされていると感じられる民訴法判例として、最 3 小判平成19・5・29判時1978号 7 頁（7 講）、最 2 小判平成 9・3・14判時1600号89頁（40講）を挙げることができる。アメリカ連邦最高裁における法廷意見（多数意見）と反対意見（少数意見）の判決書上での議論の実際につき、藤倉皓一郎＝小杉丈夫編『衆議のかたち──アメリカ連邦最高裁判所判例研究（1993〜2005）』（東京大学出版会、2007年）を参照。

(20)　髙部・前掲注(6)の87頁を参照。

(21)　債権的請求権を特定するためには発生原因事実の一部を使用する必要があることは間違いがないが、攻撃方法としての発生原因事実の全てを取り込む必要があるわけではない。「取締役会が違法な意思決定をしたこと」が訴訟物を特定するために必要不可欠な要素であるとの議論は、売買契約に基づく代金支払請求権を特定するために「代金支払期日の合意」や「目的物引渡期日の合意」が必要不可欠な要素であるというのに似ている。

いと考えられるのにである[22]。

　結局、本決定は、客観的には訴訟物非限定説によって初めて正確な理屈の説明が可能になるというべきである[23]。しかし、本決定がこの点を明確に意識しないままされたものと仮定すると、本決定は、反対意見の的確な指摘を受けていたのに、結果として訴訟物限定説による理屈からはみ出してしまったものであり、その後に訴訟物限定説に親和性の高い最高裁決定がされてもそれほど不思議はないということになる[24]。

5　補助参加の利益の有無の識別基準──【決定要旨】２、３
(1)　訴訟物非限定説による本決定の理解

　次に、訴訟物非限定説に立つとして、本決定の【決定要旨】２の第２段落が説得的な理由になっているかどうかを検討することにしよう。

　本件の訴訟物を特定するために「取締役会の意思決定が違法である」ことが必要不可欠な要素でないことは、前記４(2)のとおりである。しかし、これは、「取締役会の意思決定が違法である」こと──すなわち、「Ｚ社の取締役会において営業利益を粉飾した決算書類が２期にわたって承認されたこと」──が請求原因事実（主要事実）にならないことを意味するわけではない[25]。

　これを本件についてみると、Ｘは、２期にわたって粉飾決算がされ、それに起因して株主に対する利益配当金等の形で金員がＺ社から流出したことをもっ

---

[22]　髙部・前掲注(6)の85頁は、法廷意見につき、「補助参加の利益は、訴訟構造にかかわらず、その法律上の利害関係の有無によって定まるものと解したのであろう。」と推測する。この推測が当たっているとすれば、後掲注[23]の説明と相まって、法廷意見を訴訟物限定説に立って説明することは困難になる。

[23]　髙部・前掲注(6)の88頁は、「本決定は、……補助参加の利益に関する法律上の利害関係の有無こそが重要であり、いかなる法的地位に影響があるか如何によって、補助参加が肯定される場合、否定される場合があり得ることを前提にしている」と説明するが、この説明によると、本決定は法律上の利害関係有無の検討の起点が訴訟物に限られるかどうかを重視する必要なしとの前提に立つというのであるから、結局のところ、訴訟物非限定説に帰着することになる。

[24]　現に、本決定の直後の最１小決平成13・２・22判時1745号144頁は、訴訟物限定説に立つと読まれかねない不明瞭な表現振りである。この点につき、笠井・前掲注[17]の91頁、阿部和光・平成13年度重判235頁を参照。本稿では、この決定の説明を省略するが、訴訟物非限定説に立つことを前提にしても説明可能な決定書にはなっている。

てZ社の被った損害として構成しその賠償を請求しているのであるから、「Z社の取締役会において営業利益を粉飾した決算書類が2期にわたって承認されたこと」は、請求原因事実（主要事実）の一部を構成するものと考えるのが相当である。そうすると、この点についての事実認定とそれに基づく法律判断につき、本決定の【決定要旨】3が指摘するとおり、Z社の第48期以降の各期の計算関係等の法的地位に影響を及ぼすおそれがあると考えるのが合理的である。

筆者としては、本決定の【決定要旨】2の第1段落にいう「取締役会の意思決定が違法であるとして取締役に対し提起された株主代表訴訟」とは、「取締役会において違法な意思決定をしたことが請求原因事実（主要事実）として主張されている株主代表訴訟」をいうものと理解するのが正しいと考えている。すなわち、本決定は、「取締役会において違法な意思決定をしたこと」が単に間接事実又は背景事情として主張され、そのようなレベルでの争点になっているというのでは足りないとの立場に立つものと解すべきである[26]。

このように解するのが、参加的効力の客観的範囲につき、「判決の主文を導き出すために必要な主要事実に係る認定及び法律判断などをいう」とした最3小判平成14・1・22判時1776号67頁（39講）の立場とも整合する。

参加的効力の客観的範囲の問題は、既に完結した訴訟の終局判決の判断のうちどの部分に参加的効力が及ぶと解すべきであるかという回顧的判断の問題で

---

[25]　笠井・前掲注[17]の92頁は、「取締役会の意思決定の違法性は、取締役の違法行為を判断するための一要素にすぎないので、……訴訟上の重要な争点である等として補助参加の利益を一般的に基礎付けるわけでない」という。この「一要素にすぎない」との説明の趣旨が必ずしも判然としないが、「取締役会において違法な意思決定をしたこと」が請求原因事実（主要事実）になることはなく、せいぜい間接事実として考慮されるにとどまるとの趣旨をいうものであるとすれば、正確な説明とはいえないと思われる。町田裁判官は、その反対意見2において「確かに、……粉飾決算の有無が判断されることとなるが、それは取締役個人の忠実義務違反の存否を確定するために判断されるもの」と述べるが、これは、請求原因事実（主要事実）の一部として粉飾決算の有無が判断されることがある旨をいうものであろうか。

[26]　したがって、前記4(1)で検討したように、「取締役会以外による会社のした意思決定」の事案は本決定の射程外のものであるが、本決定と同様に補助参加の利益ありと考えることができるのは、「会社が違法な意思決定をしたこと」が請求原因事実（主要事実）として主張される事件に限られる。

あり、本決定が取り扱った問題は、進行中の訴訟に補助参加することをどのような判断枠組みによって許否の判定をすべきであるかどうかという展望的判断の問題であり、性質の異なる問題である。しかし、後者の展望的判断の問題についても、受訴裁判所が補助参加の申出のされた時点における訴訟資料によって客観的に判定することを可能にする判断枠組みであることが望ましい。このような観点からすると、**受訴裁判所が補助参加の申出のされた時点における訴訟資料によって、主要事実**（請求原因であるか抗弁以降の事実であるかは問わない。）**として主張されていて争点になっている事実であるかどうかによって補助参加の利益の有無を判定するのが最も客観性の高いものと考えられる。**

　訴訟における主張・立証及び争点の所在は訴訟の進展に伴って変転を余儀なくされるから、このような判定基準によって補助参加を許可したものの、終局判決の判決理由中では補助参加許可の理由とした点についての判断に立ち入らずに主文が導かれるという事態もあり得ないではなく、そのような場合には結果として参加的効力の及ぶ判断部分がないということになる[27]。このような事態は、補助参加の制度を採用した民訴法が既に織り込み済みのものと考えることができる。

　訴訟物非限定説に立つことを前提にした上で、このように解する限り、本決定の【決定要旨】2の第2段落は、一定程度の合理性のあるものと評価してよい。

　ただし、本決定の【決定要旨】2の結論は、訴訟物非限定説から論理必然的に導かれるわけではない。なぜなら、前述のとおり、訴訟物（ないし訴訟構造）に着目してみると、被告取締役と会社の利害とは相反するものであるから、この点をどのように考えるべきであるかの問題がある。さらに、被告取締役側への会社の補助参加を許容するとしても、株主代表訴訟において会社の意思・利益を適切に代表することのできる立場にある者は誰かの問題がある[28]。

---

(27)　このような事態は、訴訟物非限定説のうちの主要な争点を基準とする見解や当該訴訟における公正・公平な弁論機会の保証を基準とする見解によった場合に起き得る事態であることは見やすいところであるが、訴訟物限定説によっても起き得る事態である。

(28)　中島弘雅「株主代表訴訟における会社の補助参加」ジュリ1097号（1996年）93頁を参照。

(2) 補助参加の利益がないとされる「特段の事情」とは——【決定要旨】3

　本決定の【決定要旨】2の第1段落は、取締役会の意思決定が違法であるとして取締役に対し提起された株主代表訴訟であっても、特段の事情が存するときは、株式会社が取締役を補助するためにする補助参加は許されないとする。そこで、「特段の事情」とはどのような事情であるのかが問題になる。

　この点については、【決定要旨】3の説示が参考になる。本決定は、粉飾決算に係る事案に即して検討し、「Ｚ社の第48期以降の各期の計算関係に影響を及ぼし、現在又は将来の取引関係にも影響を及ぼすおそれがあることが推認される」とした上で、「Ｚ社の補助参加を否定すべき特段の事情はうかがわれない」との結論を導いている。結局、**本決定にいう「特段の事情」は、会社の現在又は将来の私法上又は公法上の法的地位又は法的利益に影響を及ぼすおそれがないことを示す例外的事情を指している。**取締役会の違法な意思決定の具体的内容が粉飾決算である場合を前提にすると、そのような特段の事情が存するときに当たるのは、その後当該会社が破綻して清算中であるといった極めて限定された事態しか想定しづらいが、取締役会の違法な意思決定の具体的内容がそれ以外の場合には、特段の事情がより広く存在するのかもしれない。

6　本決定後の立法の展開

　本決定を受けて、国会は、平成13年の商法改正法（平成14年4月1日施行）を成立させ、監査役の同意を要件として会社の被告取締役側への補助参加を明文の規定によって認めた（商法268条8項）。しかし、その後も、民訴法42条の要件を満たすことが必要であるとされたため、会社が訴訟の結果に法律上の利害関係を有するかどうかが争われ、それが訴訟遅延の原因になっていると意識されるに至った。

　そこで、会社法（平成18年5月1日施行）は、法律上の利害関係を有するかどうかを要件とせず、会社が被告取締役側に補助参加することができることにした[29]（会社法849条1項）[30]。ただし、そのような会社の意思決定の公正さや慎重さを担保するため、上記のような商法の考え方を承継し、監査役設置会社においては監査役の同意を要することとする等の手続的要件を設けている（会社

---

[29]　江頭憲治郎『株式会社法［第6版］』（有斐閣、2015年）492〜493頁を参照。

法849条3項)[31]。結局、現在では、会社法中に民訴法42条の特別法が存在しており、本決定のテーマとなった事項が実際の訴訟において争われることはなくなった。すなわち、**立法的な割切りによる一応の解決がされている現状にある**が、立法論として、会社の取締役側への補助参加を許容するのが賢明な方策であるのか[32]、独立当事者参加といった会社の中立性を維持する形での訴訟関与とすべきではないか等の議論がされている[33]。

7　おわりに

本決定は、民訴法42条の規定を解釈して、株主代表訴訟において株式会社が取締役を補助するために訴訟に参加することが許される一場合を明らかにしたものである。町田裁判官の反対意見が付せられているところ、反対意見の結論に賛成するかどうかはともかく、その理由は明快であるのに対し、前記4及び5に詳細に検討したように、法廷意見の理由説示（理屈の運び）は必ずしも明快とはいえない[34]。

本決定によっても、いわゆる訴訟物限定説を採るか訴訟物非限定説を採るかは明確には決着をみず、本決定の直後に本決定の理由説示と整合しないのでは

---

(30)　会社法849条1項は、「株主又は株式会社は、共同訴訟人として、又は当事者の一方を補助するため、責任追及等の訴え（……）に係る訴訟に参加することができる。ただし、不当に訴訟手続を遅延させることとなるとき、又は裁判所に対し過大な事務負担を及ぼすこととなるときは、この限りでない。」と規定する。

(31)　会社法849条3項は、「株式会社等……が、……取締役……を補助するため、責任追及等の訴えに係る訴訟に参加するには、次の各号に掲げる株式会社の区分に応じ、当該各号に定める者の同意を得なければならない。一　監査役設置会社　監査役（監査役が2人以上ある場合にあっては、各監査役）　二　監査等委員会設置会社　各監査等委員　三　指名委員会等設置会社　各監査委員」と規定する。

(32)　例えば、本決定は、【決定要旨】2の第2段落において、会社の補助参加許容の利点として「会社側からの訴訟資料、証拠資料の提出が期待され、その結果として審理の充実が図られる利点も認められる。」と述べるが、被告取締役側に有利な資料のみが充実することを承認することになり、公正の観点からの疑念を表明する見解は多い。岩原紳作「株主代表訴訟の構造と会社の被告側への訴訟参加」竹内昭夫編『特別講義商法Ⅰ』（有斐閣、1995年）236頁、大内義三・金判1116号（2001年）66頁、笠井・前掲注(17)の93頁を参照。

(33)　大杉謙一「株主代表訴訟の濫用への対処」判タ1066号（2001年）50頁、山田泰弘「時の判例」法教251号122頁（2001年）を参照。

ないかと指摘される決定が出されるに至っている。結局、民訴法42条の規定の解釈問題の結着は将来に持ち越された。

本決定がそのようなものであることもあり、前記6のとおり、株主代表訴訟に関しても法律上の利害関係の有無に係る紛争は収束をみなかったため、国会が立法によって一応の結着を図った。アメリカ合衆国においては、連邦最高裁と連邦議会との間のこのような応接は決して珍しいものではないが、我が国の民事司法についてみると、国会の迅速といってもよいこのような対応はかなり珍しい部類に属する。

以上の次第で、本決定は、Legal Reasoning の重要さを再認識させるとともに、司法と立法との役割分担を考えるきっかけをも提供している。すなわち、民訴法42条の規定の解釈に係る本決定の Legal Reasoning が上記の反対意見や学説の批判（例えば、前掲注(32)に挙げたもの）にも耐え得るものになっていた場合には、立法による結着というのではなく、司法の役割分担の中でなし得ることがあったようにも思われる。本決定は、様々な意味で興味深い判例ということができる。

---

(34) 本決定の理由付けは、Ｚ社の抗告理由をほぼそのまま採用したものである。笠井・前掲注(17)の93頁は、【決定要旨】3の本件への当てはめの判断につき、「十分な理由が示されておらず、粗いあてはめといわざるを得ない。また、……そこで影響を受けるとされている会社の利益が法的なものといえるのか、いかなる意味でこれに影響が生ずるかについても説明があるとはいえず、『結論先にありき』という感が拭い去れない。」と、法廷意見の理由説示の不十分さを厳しく批判する。

425

◆ **補助参加⑵**

38 **参加的効力と既判力との異同**

最１小判昭和45・10・22民集24巻11号1583頁[46]

【事実】

1　Aは、本件建物を昭和33年４月に建築して所有しているとして、本件建物に居住しているY₁に対し、その明渡しと同年８月１日以降の賃料相当損害金の支払を求める訴訟（前訴）を提起した。Y₁は、本件建物の所有者であったXから同年５月31日に本件建物を賃借したと主張し、Xに対して訴訟告知したところ、Xは、前訴第１審係属中の昭和35年７月７日、Y₁のために補助参加し、本件建物はXが建築したものであり、終始Xの所有に属していると主張して、Y₁の訴訟追行に協力した。

2　しかし、前訴第１審は、本件建物はAが昭和33年４月に建築したものであって、Xの所有に属してはいなかったと判断し、Aの請求をすべて認容するとの判決を言い渡した。この判決は、Y₁の控訴、上告を経て、昭和40年５月25日に確定した。

3　前訴の係属中に、Xは、Y₁との間で昭和33年５月31日に本件建物を賃貸する旨の契約を締結して引き渡したが、昭和34年４月１日以降賃料を支払わなかったので、昭和35年５月５日、本件賃貸借契約を解除したと主張して、Y₁とその連帯保証人Y₂とを被告として、昭和34年４月１日から昭和35年５月５日までの未払賃料及び翌６日からY₁が本件建物を明け渡した昭和37年12月25日までの約定損害金の支払を求める訴訟（後訴）を提起した。

4　Y₁・Y₂は、後訴において、「Xは、Y₁に対し、本件賃貸借契約締結時に本件建物の所有権がXに属することを明言していたし、そうであるからこそ、本件賃貸借契約は建設協力金300万円をXに預託することを内容とするものであったのであり、Xが本件建物を所有すること又は適法に賃貸する権限を有することが本件賃貸借契約の要素であったところ、Xには本件建物の所有権も適法に賃貸する権限も存在しなかった。Y₁は、本件賃貸借契約締結時にそれを知らなかったのであるから、本件賃貸借契約には要素の錯誤があり、無効であ

る。本件賃貸借契約が有効であることを前提とするXの各請求は理由がない。」と主張した。そして、Y_1・Y_2は、「前訴確定判決の効力により、Xが後訴において、本件建物の所有権が本件賃貸借契約締結当時Xに属していたと主張することは許されない。」と主張した。

　5　Xは、本件建物の所有権が本件賃貸借契約締結当時Xに属することは同契約の要素ではなかったし、仮に要素であったとしても、本件賃貸借契約締結当時本件建物の所有権はXに属していたとして、Y_1・Y_2の上記4の主張を争った。

　6　後訴第1審は、民訴法70条（現行民訴法46条）所定の判決の補助参加人に対する効力は既判力の主観的範囲の拡張にすぎないから、その効力は判決理由中の判断には及ばないとして、上記4の前訴確定判決の参加的効力についてのY_1・Y_2の主張を排斥したが、Y_1・Y_2のその余の実体に関する主張はすべて採用して、Xの請求をいずれも棄却した[1]。

　7　後訴控訴審は、参加的効力は既判力とは異なる効力であって、判決の理由中の判断にも及ぶとして、上記4のY_1・Y_2の主張をすべて採用した上、結論において第1審判決は相当であるとし、Xの控訴を棄却した[2]。Xが上告。

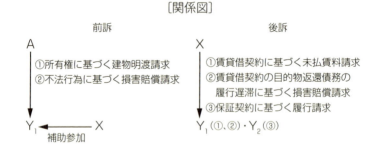

〔関係図〕

【判旨】

上告棄却。

---

(1)　大阪地判昭和42・3・24民集24巻11号1588頁。
(2)　大阪高判昭和44・10・30高民集22巻5号729頁。

1 参加的効力と既判力との異同及び参加的効力の及ぶ客観的範囲 ──結論命題

「民訴法70条の定める判決の補助参加人に対する効力の性質およびその効力の及ぶ客観的範囲について考えるに、この効力は、いわゆる既判力ではなく、それとは異なる特殊な効力、すなわち、判決の確定後補助参加人が被参加人に対してその判決が不当であると主張することを禁ずる効力であって、判決の主文に包含された訴訟物たる権利関係の存否についての判断だけではなく、その前提として判決の理由中でなされた事実の認定や先決的権利関係の存否についての判断などにも及ぶものと解するのが相当である。」

2 補助参加の制度趣旨等──理由

「けだし、補助参加の制度は、他人間に係属する訴訟の結果について利害関係を有する第三者、すなわち、補助参加人がその訴訟の当事者の一方、すなわち、被参加人を勝訴させることにより自己の利益を守るため、被参加人に協力して訴訟を追行することを認めた制度であるから、補助参加人が被参加人の訴訟の追行に現実に協力し、または、これに協力しえたにもかかわらず、被参加人が敗訴の確定判決を受けるに至ったときには、その敗訴の責任はあらゆる点で補助参加人にも分担させるのが衡平にかなうというべきであるし、また、民訴法70条〔現行民訴法46条〕が判決の補助参加人に対する効力につき種々の制約を付しており、同法78条〔現行民訴法53条4項〕が単に訴訟告知を受けたにすぎない者についても右と同一の効力の発生を認めていることからすれば、民訴法70条は補助参加人につき既判力とは異なる特殊な効力の生じることを定めたものと解するのが合理的であるからである。」

3 本件への当てはめ

「右別件訴訟〔A・Y_1間の前訴を指す。筆者注〕の確定判決の効力は、その訴訟の被参加人たるY_1と補助参加人たるXとの間においては、その判決の理由中でなされた判断である本件建物の所有権が右賃貸当時Xには属していなかったとの判断にも及ぶものというべきであり、したがって、Xは、右判決の効力により、本訴においても、Y_1に対し、本件建物の所有権が右賃貸当時Xに属していたと主張することは許されないものと解すべきである。」

【判例の読み方】

1　本判決のポイント

本判決は、旧民訴法70条（現行民訴法46条）の規定する参加的効力の性質及び参加的効力の及ぶ客観的範囲を明らかにした法理判例であり（【判旨】1、2）、かつ、その法理を本件に当てはめた事例判例である（【判旨】3）。

本判決の正確な理解は、39講の理解を容易にすることにつながる。そこで、まず、参加的効力の性質を既判力との異同との観点から押さえた上で（後記2）、参加的効力の客観的範囲についての本判決の立場を確認し（後記3）、その本件事案への適用に係る本判決の判断を要件事実論を用いて検証することにしよう（後記4）。さらに、本判決後の学説の展開を概観し（後記5）、最後に、参加的効力の援用権者という付随的問題を検討しておく（後記6）。

2　参加的効力の性質（既判力との異同）──【判旨】1、2

(1)　参加的効力説の採用と大審院判例の変更──【判旨】1

現行民訴法46条は、「補助参加に係る訴訟の裁判は、次に掲げる場合を除き、補助参加人に対してもその効力を有する。（以下略）」と規定している[3]だけであって、条文上、補助参加に係る訴訟（前訴）の判決の補助参加人に対する効力の性質を明らかにしていない。

大判昭和15・7・26民集19巻1395頁は、参加的効力とは、既判力そのものを意味し、旧民訴法70条は既判力の主観的範囲の拡張を定めたものであると判断した。これは、既判力拡張説と呼ばれる考え方であり、【事実】6の後訴第1審判決は、この大審院判例の採った既判力拡張説に従うものである。

本判決の【判旨】1は、最高裁が、大審院判例を変更し[4]、旧民訴法70条の

---

(3)　本判決が解釈適用を論じた旧民訴法70条の規定は、「前条ノ規定ニ因リテ参加人カ訴訟行為ヲ為スコトヲ得ス又ハ其ノ訴訟行為カ効力ヲ有セサリシ場合、被参加人カ参加人ノ訴訟行為ヲ妨ケタル場合及被参加人カ参加人ノ為スコト能ハサル訴訟行為ヲ故意又ハ過失ニ因リテ為ササリシ場合ヲ除クノ外裁判ハ参加人ニ対シテモ其ノ効力ヲ有ス」というものであり、現行民訴法46条の規定と同一のものといってよい。

(4)　本判決は、【判旨】3の後ろに記した結論部分で、本文掲記の大審院判例を変更する旨明示している。

規定につき、補助参加人が被参加人に対して判決に反する主張をすることを禁ずる特殊な効力である参加的効力を定めたものであるとする参加的効力説を採用することを明らかにしたものである。

(2) 参加的効力説を採用する理由——【判旨】2

本判決の【判旨】2は、参加的効力説を採用する理由を説示する部分である。

最高裁は、まず、補助参加の制度につき、他人間の訴訟の結果について利害関係を有する補助参加人が当該訴訟の当事者の一方である被参加人を勝訴させることによって自らの利益を守るため、被参加人に協力して訴訟を追行することを認めたものであることを確認した上、補助参加人に生ずる効力につき、第1に、被参加人が敗訴した場合に限って問題にすべきこと、第2に、補助参加人と被参加人との間で敗訴の責任分担をさせるのが衡平の理念にかなうこと、第3に、民訴法70条（現行民訴法46条）に補助参加人がその効力を受けないこととなる種々の除外事由が定められており、画一的に生ずる効力ではないこと、第4に、民訴法78条（現行民訴法53条4項）が単に訴訟告知を受けたにすぎない者に対しても同一の効力が発生することとしていること、といった様々な特質を指摘した上で、既判力とは異なる効力であるとの結論を導いた。

本判決の【判旨】2の参加的効力の特質についての説明は、当時の通説の立場を反映させたものである[5]。

3 参加的効力の客観的範囲——【判旨】1

本判決の【判旨】1の後半部分は、参加的効力の客観的範囲についての判断である。すなわち、最高裁は、参加的効力は、訴訟物である権利関係の存否について判断した判決主文に包含された判断について生ずる既判力とは異なり、訴訟物である権利関係の存否の判断についてのみならず、判決理由中の事実認定や先決的権利関係の存否についての判断にも及ぶことを明らかにした。

ただし、最高裁は、参加的効力が及ぶ判決理由中の事実認定と法律判断の範囲をどのような基準で識別するのかについては明言しておらず、【判旨】3において、本件事案に対する適用判断を説示するにとどまった。

---

(5) 奥村長生・最判解昭和45年度民事上418頁を参照。

しかし、本件の前訴及び後訴における主張・立証の構造を明らかにすることによって、最高裁の考え方の筋道を理解することは可能である。項を改めて、この点を検討することにする。

4　前訴判決理由中の判断のうちＸが争うことの許されない部分 ——【判旨】3

(1)　後訴の主張・立証の構造

ＸのＹ$_1$に対する請求権は、主請求のそれが賃貸借契約に基づく賃料請求権であり、附帯請求のそれが賃貸借契約上の目的物返還債務の履行遅滞に基づく約定損害賠償請求権である。ＸのＹ$_2$に対する請求権は、保証契約に基づく履行請求権である。

Ｘの主張した請求原因事実の項目を簡略に摘示すると、(ア)Ｙ$_1$との本件建物の賃貸借契約の締結、(イ)Ｙ$_1$に対する同賃貸借契約に基づく本件建物の引渡し、(ウ)Ｙ$_1$の13か月にわたる賃料の不払（解除原因）、(エ)Ｙ$_1$に対する即時解除の意思表示、(オ)Ｙ$_2$との保証契約の締結、の5項目ということになる[6]。

これに対し、Ｙ$_1$・Ｙ$_2$は、本件建物の所有権がＸに帰属することが賃貸借契約の要素を成していたところ、同契約締結当時、本件建物の所有権はＸに帰属していなかったから、Ｙ$_1$の同契約締結の意思表示には錯誤があったとの抗弁を主張した。

Ｘが、抗弁事実のうち、「賃貸借契約締結当時、本件建物の所有権がＸに帰属していなかった」との主張部分[7]を否認したため、Ｙ$_1$は、前訴確定判決の参加的効力によって許されないと主張したのである。

すなわち、Ａは、前訴において、その主請求である所有権に基づく返還請求権及び附帯請求である所有権侵害の不法行為に基づく損害賠償請求権の各発生原因事実の一部として、「Ａは、昭和33年4月に本件建物を建築した。」と主張した。Ａのこの主張に対し、Ｙ$_1$の補助参加人であったＸは、【事実】1のとおり、「本件建物を建築したのは、ＸであってＡではない。したがって、本件建

---

(6)　本文の(ア)～(エ)はＹ$_1$に対する請求原因事実であり、同(ア)～(オ)はＹ$_2$に対する請求原因事実である。

(7)　厳密には、これは事実の主張ではなく、権利（法律関係）の主張である。

物の所有者はXである。」として、積極否認事実を主張して争った。前訴確定判決は、【事実】2のとおり、Xの主張を排斥してAの主張を肯認したものであった。そこで、Y₁は、上記抗弁事実を否認するというXの後訴における訴訟行為が前訴確定判決の参加的効力によって許されないと主張するに至るのである[8]。

　Y₁の提出した「参加的効力の主張」は、前記2のとおり、補助参加人Xと被参加人Y₁との間に生ずる敗訴責任の分担という衡平の理念に根拠を置くものであり、訴訟法上の効力であるから、被告Y₁の上記の抗弁事実に代替する実体法上の主張ではない。すなわち、参加的効力の主張は、抗弁事実を否認するというXの訴訟行為が許されない法的根拠を提供する訴訟法上の理屈なのである。

　そうすると、これを「参加的効力の抗弁」と呼ぶのは、請求権との関係における実体法上の抗弁と混同されかねない表現であるので、避けるのが賢明である[9]。ただし、参加的効力は、既判力と性質を異にするとの観点から、職権調査事項ではなく、当事者の指摘をまって初めて顧慮すれば足りると解されており[10]、その判断の前提となる事実関係については弁論主義が適用されると解すべきであるから、「参加的効力の抗弁」と呼ぶことにも全く理由がないわけではない。

(2)　前訴判決の理由中の認定・判断のうち参加的効力が及ぶ部分

　このように後訴の主張・立証の構造を理解し、これと前訴のそれとを対照させてみれば、【判旨】1のいう補助参加人と被参加人との間で不可争力が発生する「判決理由中の事実認定」とは、前訴の請求原因事実である「Aが昭和33年4月に本件建物を建築した」という事実に係る証拠に基づく認定部分を指し、「先決的権利関係の存否についての判断」とは、この認定事実を前提とする「Aが昭和33年4月以降本件建物の所有者である」との法的判断（厳密には、この判断と民法上の一物一権主義とを組み合わせることによって導かれる「X

---

(8)　前訴と後訴の主張・立証の構造についての要件事実論による詳しい分析については、田中・要件事実316〜320頁を参照。

(9)　奥村・前掲注(5)の426頁及び福本知行・百選217頁は、「参加的効力の抗弁」という用語を使用する。

(10)　奥村・前掲注(5)の425頁、梅本・民訴666頁、長谷部・民訴346頁を参照。

とY$_1$との間における本件建物賃貸借契約の締結時である昭和33年5月31日当時、X
が本件建物を所有していなかった」との法律関係）を指すものであることを理解
することができる。

　以上の分析は、要件事実論を道具として、前訴判決の結論を導くために必要
不可欠な判決理由中の主要事実の認定部分を識別し、それを前提とした法律判
断部分を析出するという作業をするものである。しかし、本判決は、参加的効
力の客観的範囲をこのような分析方法によって識別すればよいとの判断枠組み
を示したものではなく（要するに、参加的効力の客観的範囲の識別に係る判断枠組
みを示した法理判例ではない）、【判旨】3において、その結論のみを判示したに
すぎなかったため、この点は残された問題とされた。

5　本判決後の学説（新既判力説）の展開

　本判決は、参加的効力の及ぶ主観的範囲及び客観的範囲の問題につき、昭和
45年当時の通説を採用することによって、一応の決着をつけた。

　しかし、その後、特に主観的範囲につき、補助参加人と被参加人との間のみ
ならず、補助参加人と相手方との間にも、前訴判決の拘束力を肯定しようとす
る学説（新既判力説）が有力に唱えられるに至った[11]。その根拠としては、補
助参加人が被参加人及び相手方とともに判決の基礎を形成した責任があること
又は補助参加人に相手方との間で主張・立証を尽くすための手続保障がされた
ことが挙げられる。

　新既判力説は、(ア)被参加人が敗訴した場合、補助参加人は相手方に対して敗
訴理由になった認定・判断を争うことができないという結論を採り、(イ)被参加
人が勝訴した場合、相手方は補助参加人に対して敗訴理由になった認定・判断
を争うことができないという結論を採る[12]。

　しかし、上記(ア)の被参加人が敗訴した場合については、判決基礎の形成責任
といい手続保障といったところで、あくまで被参加人に従属してのものである

---

(11)　鈴木重勝「参加的効力の主観的範囲限定の根拠」記念論文集刊行会編『中村宗雄先生
　　古稀祝賀記念論集　民事訴訟の法理』（敬文堂、1965年）409頁、高橋・重点講義下463
　　頁、井上治典『多数当事者訴訟の法理』（弘文堂、1981年）92頁を参照。
(12)　本文の(ア)、(イ)の場合を合計4つの場合に分けて、通説・判例と新既判力説との違いを
　　整理したものとして、長谷部・民訴の347頁を参照。

から、そのような前訴判決の拘束力を補助参加人に対して及ぼすことを肯定することには深刻な問題が存する。すなわち、判決基礎の形成責任又は手続保障の概念が相当程度希釈されてとらえられているのではないかという疑念を払拭することができない。

これに対し、上記(イ)の被参加人が勝訴した場合、相手方は、他に従属することのない当事者として手続保障がされ判決基礎の形成にかかわったのであるから、上記(ア)の場合に比して問題は少ない。しかし、被参加人との間の前訴における相手方の敗訴理由には様々な理由があり得るところであり、一律に前訴判決の拘束力を相手方に対して及ぼすことを肯定してよいかどうかにはなお疑問が残る。

そして、このような新既判力説は「補助参加訴訟の機能拡大という実践的志向に裏打ちされた見解」として性質付けされている[13]。しかし、既判力の及ぶことのない第三者に対し、訴訟物に係る判決主文における判断を超えて、「判決理由中の事実認定及び先決的権利関係の存否についての判断」につき、前訴判決の効力を一律に及ぼそうという発想自体に対し、違和感を禁じ得ない。違和感の根源は、現在の我が国において、前訴判決の拘束力を拡大することが関連する紛争の適正迅速な解決につながるというものの見方が正鵠を射ているかどうかに係る基本的な疑問が存するところにある。

6　付随的問題──参加的効力の援用権者

本判決は、【判旨】1ないし3のとおり、補助参加人Xと被参加人Y_1との間における参加的効力についてのみ判断したものであり、Y_1の保証人であるY_2が参加的効力の主張を援用することができるかどうかについては何らの判断もしていない[14]。

本件における後訴のように、前訴の被参加人Y_1とその保証人であるY_2が共

---

[13]　長谷部由紀子＝山本弘＝笠井正俊編著『基礎演習民事訴訟法［第2版］』（弘文堂、2013年）274頁［髙田昌宏］を参照。

[14]　奥村・前掲注(5)の426頁は、本判決がこの点を肯定したものと解することができると説明するが、疑問である。この訴訟法上の論点は、上告理由とされていないばかりか、原判決の理由中にも全く触れられていないから、最高裁が黙示に肯定の判断をしたと読むのは困難というべきである。

同訴訟人である場合に、Xが受ける参加的効力によって、Y_1の主張する錯誤の抗弁事実の一部を争うことができない結果、Xと主債務者Y_1との間において錯誤の抗弁が成立するとの判断がされるときは、Y_1の保証人であるY_2との関係においても錯誤の抗弁が成立するとの判断をすることは、弁論の全趣旨を考慮した事実認定としてあり得ないではなかろう。

しかし、本件とは異なり、例えばY_1が無資力であるとの理由から、Xが保証人Y_2のみを被告として後訴を提起した場合に、前訴に関与していないY_2が参加的効力の主張を援用することができるとする理由は希薄であろう[15]。Y_2としては、後訴において自らの主張事実が争われた場合に、その証明のための証拠としてY_1の関与した前訴判決を使用することができるにとどまると考えるべきであろう。

7　おわりに

本判決は、現行民訴法46条（旧民訴法70条）の規定する判決の補助参加人に対する効力の性質及びその客観的範囲につき、大審院判例を変更して参加的効力説を採用することを宣明した判例である。その理由説示は、当時の通説を反映させて丁寧なものであり、その後の裁判実務に明確な筋道をつけ、現在も生き続けている。

本判決は、その後の学説の発展に大きな影響を及ぼした。特に、参加的効力の客観的範囲及び主観的範囲に関する議論の精緻化を促し、39講の最3小判平成14・1・22判時1776号67頁の出現につながった。

参加的効力に関する判例の展開を時系列上に並べて観察してみれば、本判決がエポックメイキングなものであることを実感することができる。

---

(15)　既判力の反射効を肯定する最高裁判例がないことからすれば、参加的効力の反射効を肯定するのはより困難というべきであろう。

◆ 補助参加(3)

39 参加的効力の客観的範囲と主観的範囲

最3小判平成14・1・22判時1776号67頁

【事実】

1　Xは、建築業者Aに対し、平成7年9月18日、家具等を販売したとして、その残代金550万円余の支払を求める訴え（前訴）を提起した。Aが、売買目的物の一部であるテーブル及び椅子等（本件商品）を買ったのはAではなくYであると主張したため、Xは、Yに対し、平成8年1月27日送達の訴訟告知書によって訴訟告知をした。しかし、Yは、前訴に補助参加しなかった。なお、Yは、Aとの間で、Yを施主、Aを請負人として、平成6年10月、建物（カラオケボックス）の新築工事請負契約を締結しており、本件商品は同建物に納入された家具であったため、このような紛争になった。

2　前訴裁判所は、Xの請求のうち本件商品の代金請求部分を棄却したが、その判決理由中で、本件商品を購入したのではAではなくYであると認定した。前訴判決は、その後確定した。

3　そこで、Xは、Yを被告として、本件商品の売買代金100万円余の支払を求める訴え（後訴）を提起した。後訴の第1審は、Yの欠席により、Xの請求が認容された。控訴審（大阪高判平成9・10・30判例集未登載）は、最1小判昭和45・10・22民集24巻11号1583頁［46］（38講）を引用して、旧民訴法78条・70条（現行民訴法53条4項・46条）所定の訴訟告知による前訴判決の参加的効力が被告知人であるYに及ぶから、Yは、後訴において、Xに対し、前訴の判決理由中の判断と異なり、本件商品を買い受けていないと主張することは許されないとし、本件商品の買主がYであるかどうかを証拠によって認定することなく、Xの請求を認容した。

4　Yは、前訴確定判決の参加的効力の客観的範囲と主観的範囲に関する原判決の判断に法令解釈の誤りがあるとして、上告した。

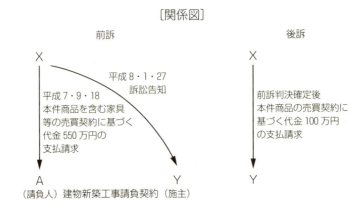

【判旨】
破棄差戻し。

1 補助参加の利益と訴訟告知の効力の及ぶ主観的範囲

「旧民訴法78条、70条〔現行民訴法53条4項・46条。筆者注〕の規定により裁判が訴訟告知を受けたが参加しなかった者に対しても効力を有するのは、訴訟告知を受けた者が同法64条〔現行民訴法42条。筆者注〕にいう訴訟の結果につき法律上の利害関係を有する場合に限られるところ、ここにいう法律上の利害関係を有する場合とは、当該訴訟の判決が参加人の私法上又は公法上の法的地位又は法的利益に影響を及ぼすおそれがある場合をいうものと解される。」[1]

2 参加的効力の客観的範囲——結論命題

「旧民訴法70条所定の効力は、①判決の主文に包含された訴訟物たる権利関係の存否についての判断だけではなく、②その前提として判決の理由中でされた事実の認定や先決的権利関係の存否についての判断などにも及ぶものであるが[2]、この判決の理由中でされた事実の認定や先決的権利関係の存否についての判断とは、判決の主文を導き出すために必要な主要事実に係る認定及び法律

---

(1) 本判決は、ここで後掲最1小決平成13・1・30を引用する。
(2) 本判決は、ここで前掲最1小判昭和45・10・22（昭和45年判決）を引用する。

判断などをいうものであって、これに当たらない事実又は論点について示された認定や法律判断を含むものではないと解される。」〔①、②の付番は筆者による。〕

3　参加的効力の客観的範囲──理由

「けだし、ここでいう判決の理由とは、判決の主文に掲げる結論を導き出した判断過程を明らかにする部分をいい、これは主要事実に係る認定と法律判断などをもって必要にして十分なものと解されるからである。そして、その他、旧民訴法70条所定の効力が、判決の結論に影響のない傍論において示された事実の認定や法律判断に及ぶものと解すべき理由はない。」

4　参加的効力の主観的範囲に係る判断の本件への当てはめ

「これを本件についてみるに、前訴におけるXのAに対する本件商品売買代金請求訴訟の結果によって、YのXに対する本件商品の売買代金支払義務の有無が決せられる関係にあるものではなく、前訴の判決はYの法的地位又は法的利益に影響を及ぼすものではないから、Yは、前訴の訴訟の結果につき法律上の利害関係を有していたとはいえない。したがって、Yが前訴の訴訟告知を受けたからといってYに前訴の判決の効力が及ぶものではない。」

5　参加的効力の客観的範囲に係る判断の本件への当てはめ

「前訴の判決理由中、Aが本件商品を買い受けたものとは認められない旨の記載は主要事実に係る認定に当たるが、Yが本件商品を買い受けたことが認められる旨の記載は、前訴判決の主文を導き出すために必要な判断ではない傍論において示された事実の認定にすぎないものであるから、同記載をもって、本訴において、Yは、Xに対し、本件商品の買主がYではないと主張することが許されないと解すべき理由もない。」

【判例の読み方】

1　本判決のポイント

本判決は、訴訟告知の効力の及ぶ主観的範囲についての問題と参加的効力の

客観的範囲についての問題という、2つの問題を扱ったものである。そして、後者につき、本判決は、38講で扱った昭和45年判決の残した問題を解決したものと位置付けられる。

訴訟告知は、民事裁判実務において活用されている制度であり、これら2つの問題は民事訴訟法学の理屈の面のみならず実務的にも重要なものである。

そこで、まず、補助参加の利益と訴訟告知の効力の及ぶ主観的範囲との関係という前者の問題を（後記2）、次に、参加的効力の客観的範囲に係る後者の問題を検討した上で（後記3）、最後に、本判決のように原判決を破棄する理由として2つの判断がされた場合に、いずれの判断が主論であっていずれの判断が傍論であるのかという問題を検討してみよう（後記4）。

本判決の扱った事案が極めて単純なものであるため、上記のいずれの問題についても理念形としての検討をするのに適している。

2　補助参加の利益と訴訟告知の効力の及ぶ主観的範囲との関係 ——【判旨】1、4

本判決の【判旨】1は、補助参加の利益につき、最1小決平成13・1・30民集55巻1号30頁［3］（37講）を引用して、**訴訟の判決が参加人の私法上又は公法上の法的地位又は法的利益に影響を及ぼすおそれがある場合をいうとの立場を確認した法理判例**である。この点については、37講を参照されたい。

本判決の【判旨】4は、【判旨】1の判断を本件に当てはめて、X・A間の前訴の訴訟の結果がYのXに対する本件商品の売買代金支払義務の有無の認定・判断に影響を及ぼすものでないとして、被告知者Yが補助参加の利益を有していたとはいえないことを理由に、前訴判決の効力が及ばないとの適用判断をした。すなわち、【判旨】4は、**補助参加の利益の有無に係る事例判例**である。

この点につき、2つの点から疑問が呈されているので、簡単に検討しておくことにしよう。

第1は、補助参加の利益と訴訟告知の効力の主観的範囲との関係についての疑問である。すなわち、補助参加の利益があるかどうかは、訴訟告知の効力の及ぶ主観的範囲を決するための基準にならないのではないかという疑問である。現在の多数説は、訴訟告知によって参加的効力が生ずるのは、補助参加の

利益があるというのでは十分でなく、告知者と被告知者との間に告知者敗訴を直接の原因として求償又は賠償関係が成立する実体法上の関係がある場合に限られると考えている[3]。典型例として、被告である主債務者から訴訟告知された保証人が挙げられる。すなわち、保証人は、主債務者に補助参加する利益はあるものの、訴訟告知によって主債務の存在につき参加的効力が及ぶことはないというのである。

しかし、この第1の疑問は、的外れなものと思われる。なぜなら、本判決の【判旨】1は、この論点について何らかの立場を示したものではないからである。【判旨】1は、判決文から明らかなように、補助参加の利益のない者に訴訟告知をしたところで参加的効力が発生することがないとの判断をしているだけであって、補助参加の利益のある者に訴訟告知をしさえすれば、当然に参加的効力が発生するとの判断をしているわけではないからである[4]。要するに、【判旨】1は参加的効力が発生するための必要条件を判断したにとどまっており、十分条件を判断したものではない。参加的効力が発生するとした原判決を破棄するには必要条件を満たしていないことを示すことで足りるから、その点のみを判断したとみるのが適切である。十分条件についての判断は、その点が争点になった事件において示されることになる。

第2は、X・A間の前訴の訴訟の結果がYの法的地位に影響を及ぼすのではないかという疑問である。この疑問は、第1の疑問よりも実質的なものである。この疑問は、次の参加的効力の客観的範囲の問題と密接な関係を有するので、詳細は後述するが、事実に関する争点が二者択一の形で形成されている場合(本件事案に即して説明すると、事実に関する争点が「Xとの間で本件商品の売買契約を締結したのはAかYか」という形で設定される場合)には、当該二者(AとY)は相互に法的地位に影響を及ぼす立場にあると解すべきであるかどうかに帰着する問題である。XからYへの後訴提起の可能性や、XからYへの後訴が提起された場合における後訴判決の事実認定に対する影響の可能性を強調し

---

(3) 佐野裕志「補助参加と訴訟告知の効力」新シリーズ民訴争点85頁、高橋・重点講義下478頁を参照。

(4) 間渕清史・私リマ26号(2003年)125頁は、本判決が補助参加の利益の有無のみを訴訟告知の効力発生の有無を決する基準であると判断しているとして批判するが、判例の読み方として的確とはいえないであろう。

て、Ｙに補助参加の利益を認め、参加的効力を肯定しようとする見解も存する[5]。

【判旨】4は、これらの見解の指摘する後訴提起の可能性、後訴判決の事実認定に対する影響の可能性等は、いずれも事実上の利害関係にすぎず法律上の利害関係に当たらないとする立場を明らかにしたものである[6]。

3　参加的効力の客観的範囲──【判旨】2、3、5

(1)　本判決の位置付け──昭和45年判決の残した問題

昭和45年判決は、38講のとおり、参加的効力の客観的範囲につき、「判決の理由中でなされた事実の認定や先決的権利関係の存否についての判断などにも及ぶ」と判示した上で、当該事案における当てはめを示したものの、参加的効力の及ぶ「事実の認定」及び「先決的権利関係の存否についての判断」を識別する判断枠組みを明示しなかったため、その点は残された問題になっていた。

本判決は、【判旨】2において、参加的効力の客観的範囲（参加的効力が及ぶ判決理由中の認定・判断の範囲）を判断するための枠組みに係る結論命題を、【判旨】3においてその理由を、【判旨】5において本件事案への当てはめをそれぞれ説示した。

参加的効力の客観的範囲についての最高裁の立場は、このように周到な構成を採った本判決によって、かなりの程度明確になった。最高裁判所裁判集（民事）（一般に、「集民」と略称される。）の判決要旨としては、【判旨】2の参加的効力の客観的範囲についての判断部分が抽出されている。

---

(5)　坂原正夫「判批」法学研究75巻10号（2002年）130頁、上野泰男・判評532号（判時1815号〔2003年〕）187頁、松本博之「判批」民商127巻1号（2002年）138頁を参照。

(6)　間渕・前掲注(4)の125頁は、ＸのＡに対する請求が棄却された場合には、ＸのＹに対する請求の帰趨に影響を及ぼすことはないが、ＸのＡに対する請求が認容された場合には、それを論理的前提として考えると、ＸのＹに対する請求は棄却される筋合いであるから、本判決に疑問があるという。しかし、ＸのＡに対する請求が認容された場合であっても、Ｘが「本件商品の買主は、ＡとＹ両名である。」と主張して、Ｙに対して請求することも十分にあり得る事態であるから、ＸのＡに対する請求が認容されたからといって、ＸのＹに対する請求は棄却されるとの結論が論理的に導かれるわけではない。前訴におけるＹの立場を法的地位と性質付けるべきであるかどうかは、前訴判決が棄却又は認容のいずれであるかによって左右されることはない。

⑵　参加的効力の客観的範囲の判断枠組み──【判旨】2、3

　本判決の【判旨】2は、参加的効力の客観的範囲につき、①判決の主文に包含された訴訟物たる権利関係の存否についての判断、及び②判決の理由中の認定・判断のうち、判決の主文を導き出すために必要な主要事実に係る認定及び法律判断に限られ、これに当たらない事実（間接事実又は補助事実）についての認定や法律判断に及ばないことを明らかにした法理判例である。上記②は、昭和45年判決が参加的効力の及ぶ範囲とした「判決の理由中でなされた事実の認定や先決的権利関係の存否についての判断」の中身を明らかにしたという意味を有する。

　本判決の【判旨】3は、昭和45年判決にいう「判決の理由」を、判決書の必要的記載事項を規定する民訴法253条1項3号（旧民訴法191条1項3号）にいう「理由」と同義に解するという立場に立つものであり、判例形成としては極めて当然のものである。38講の【判例の読み方】4において、昭和45年判決の事案に即して検討したように、当時から十分に予測可能な論理である。

　敗訴責任の分担の衡平という理念に根拠を有する**参加的効力の及ぶ範囲としては、判決の主文を導くために必要不可欠な攻撃防御方法に係る事実認定（すなわち、主要事実に係る事実認定）とその結果として導かれる法律判断とを限度**とするのが相当であり、これを超えていわゆる傍論にまで参加的効力を肯定するのは相当ではないというのが、【判旨】3の説示する理由付けである。

　【判旨】2、3とは逆に、判決の主文を導くために必要不可欠でない攻撃防御方法に係る事実認定（すなわち、間接事実や補助事実又は単なる事情に係る事実認定）と法律判断にまで参加的効力としての不可争力を肯定するという立場に立つと、前訴裁判所がその判決理由中に間接事実等に係る認定又は傍論としての法律判断について判示した場合にはその事実について争えなくなり、判示しなかった場合には争うことができるという結果になる。これは、前訴裁判所の判決書の記載に係る裁量権の行使の仕方に左右される結果を容認するという議論であり、補助参加人又は被告知人において覚悟すべき合理的負担の範囲を超えるものというべきであろう。

　学説の圧倒的多数は、本判決の【判旨】2、3のフォミュラに賛成する[7]。これに対し、主要事実と間接事実の区別の基準が必ずしも明確でないことなどを理由にして、重要な間接事実にも参加的効力が及ぶことを肯定しようとする

異説も存する[8]。しかし、主要事実と間接事実の区別の基準が必ずしも明確でないとの議論がどのような場面を念頭に置いているのかが疑問である[9]が、その点をひとまず前提にしてみても、主要事実と間接事実の区別の基準よりも更に明確とは言い難い「重要な間接事実」に当たるかどうかという基準によって、参加的効力が及ぶかどうかを判定するというのは、後訴の入口の手続段階において参加的効力が及ぶかどうかをできる限り安定的に決するという観点からすると、使い勝手のよいものとはいえない。

(3) 本件への当てはめ——【判旨】5

本判決の【判旨】5は、【判旨】3のフォミュラを本件事案に適用したものであり、事例判例の性質を有する判断部分である。

前訴の訴訟物（請求権）は、Ｘ・Ａ間の本件商品の売買契約に基づく代金支払請求権である。その請求原因事実は、「Ｘを売主、Ａを買主とするＸ・Ａ間の本件商品等の売買契約（代金合計550万円余）の締結」である。

この請求原因事実につき、Ａは、本件商品（100万円分）の売買契約につき、「買主はＡではなくＹである」と主張した。Ａのこの主張は、請求原因事実の一部を否認し、併せて、積極否認の事実を主張するものである。

後訴の訴訟物（請求権）は、Ｘ・Ｙ間の本件商品の売買契約に基づく代金支払請求権である。前訴と後訴では、このように売買契約の当事者が異なるので、訴訟物が異なることは明らかであり、本判決の【判旨】2の①の訴訟物たる権利関係の存否についての判断に参加的効力が発生する余地がないことは明らかである。

そこで、検討すべきは、【判旨】2の②の判決理由中の認定・判断のうち、判決の主文を導き出すために必要な主要事実に係る認定及び法律判断に参加的効力が発生するかどうかである。

---

(7) 坂原・前掲注(5)の124〜126頁、上野・前掲注(5)の188頁、中島弘雅・平成13年度重判130頁、和田吉弘・百選218頁、上田徹一郎＝井上治典編著『注釈民事訴訟法(2)』（有斐閣、1992年）297頁［上原敏夫］、梅本・民訴666頁を参照。

(8) 井上治典『多数当事者の訴訟』（信山社、1992年）150頁、松本・前掲注(5)140〜141頁を参照。

(9) 主要事実と間接事実との区別を誤った最高裁判決があることにつき、田中・要件事実97〜104頁、118〜124頁を参照。

第7章　複雑な訴訟形態　443

　後訴の請求原因事実は、「Ｘを売主、Ｙを買主とするＸ・Ｙ間の本件商品の売買契約（代金100万円）の締結」である。Ｙがこの請求原因事実を否認して争ったところ、Ｘは、Ｙにおいて後訴の請求原因事実を否認して争うことが許されないとする法的根拠として、前訴係属時にした訴訟告知に基づく参加的効力を援用した。

　この参加的効力の主張につき、後訴の原判決は、前訴裁判所が「本件商品の買主はＡかＹか」という二者択一の形で事実に関する争点を設定し、判決理由中で「本件商品の買主はＡではなくＹである」と認定したことを理由として、被告知人Ｙは前訴判決理由中のこの事実認定全体に拘束されるとしたのである。

　しかし、上記のとおり、前訴の請求原因事実（主要事実）は、「本件商品の買主がＡである」との事実である。「本件商品の買主がＹである」との事実は、積極否認の事実（主要事実を否認する理由となる間接事実）にすぎない。更に念を入れて説明すると、前訴においてＸの請求が棄却されたのは、提出された全証拠及び弁論の全趣旨によっても「本件商品の買主がＡである」との事実を認定するに足りないとされたからであって、「本件商品の買主がＹである」と認定されたことによるのではない[10]。分かりきった理屈のように思われるかもしれないが、後訴の原判決が誤った判断をしたことでもあり、基本を確認しておくことにする。

　以上の理屈を前提にして、「本件商品の買主がＡであるとの事実を認定するに足りないとされた事実認定上の判断に参加的効力を認める必要があり、また、それで足りる」という見解がある[11]ので、この点を検討しておくことにする。

───────────────

[10]　上野・前掲注(5)の188頁は、前訴の判決理由中の「本件商品の買主はＹである」との事実認定の証明度が低いとの理由を挙げて、この点に参加的効力が生じないとの議論をする。しかし、「本件商品の買主は、ＡではなくＹである」との事実認定は、実務上「かえって認定」と呼ばれる手法であるところ、判決理由中にこのような判示をする場合の裁判官は、「本件商品の買主はＹである」との事実認定の証明度が低いとは考えていない（すなわち、確信を抱いたと考えるからこそ、かえって認定をするのである。）。ただし、このような認定は誤る危険があるので、初心者には推奨できないというのが、司法研修所民事裁判教官室の伝統的な立場である。司法研修所・手引68頁を参照。

[11]　中野ほか・新民訴講義570頁［井上治典／補訂・松浦馨］を参照。

上記のとおり、後訴の請求原因事実（主要事実）は「本件商品の買主がYである」との事実であるから、この見解の意味するところは、Yが後訴の請求原因事実を否認して争うことは許されるが、その否認の理由として「本件商品の買主がAである」と主張することは許されないというに帰着する。しかし、このように積極否認の仕方についてまで参加的効力が規制するという理屈は、後訴の運営を不自然なものにすることになる。先ほど検討した「重要な間接事実に参加的効力が及ぶ」という考え方と同様、民事裁判の実務での使用に耐えるものとはいい難い。

4　本判決の主論と傍論

　本判決は、**訴訟告知の効力が発生するための要件**（訴訟告知の効力の及ぶ主観的範囲）**に係る判断と参加的効力の客観的範囲に係る判断**とがされており、これら2つの判断がいずれも原判決を破棄する理由とされている。このような場合、いずれの判断が主論であって、いずれの判断が傍論なのであろうか[12]。

　本判決の多くの評釈は、前者が主論であって後者が傍論であると考えているようであるが、その理由は判然としない。前者の訴訟告知の効力が発生するための要件を否定した以上、後者の参加的効力の客観的範囲に係る判断は不要のはずであるという理屈のようである[13]。しかし、参加的効力という訴訟法に係る問題を扱う裁判所としては必ず「前者→後者」の順に判断しなければならないという理屈——換言すると、前者を肯定しない限り、後者のみを判断するのは誤りであるという理屈——が正しいことを論証しない限り、前者が主論であって後者が傍論であると結論付けることはできない筋合いである。本件においては、後者の判断のみによって原判決破棄の結論を導くことができることに異論はないのであろうから、後者を傍論と断ずる理由に乏しいということになる。

　その上、補助参加の利益（すなわち、法律上の利害関係）の有無は、結局のところ、訴訟物たる権利関係の存否の判断及び判決理由中の主文を導き出すため

---

(12)　主論と傍論につき、**Refreshments 2** を参照。

(13)　坂原・前掲注(5)の126頁、上野・前掲注(5)の184頁、松本・前掲注(5)の142頁、須藤典明・平成14年度主要民事判例解説（判タ1125号）181頁を参照。

に必要な主要事実の認定とそれによる法律判断が補助参加人（被告知人）の私法上又は公法上の法的地位に影響を及ぼすおそれがあるかどうかによって識別することになることを考慮すると、本判決における最も重要な判断部分は、【判旨】2の結論命題部分である[14]。

前記3(1)のとおり、最高裁判所裁判集（民事）は【判旨】2の結論命題部分（参加的効力の客観的範囲）のみを判決要旨として抽出しているのであるが、その理由は上記のとおりの考慮によるのであろう。最高裁判例であることを考慮すると、【判旨】1（訴訟告知の効力が発生するための要件に係る判断）と【判旨】2のいずれもが主論であるとして扱うのが適切なのではないかと思われる。

5　おわりに

本判決は、訴訟告知の効力が発生するための要件及び参加的効力の客観的範囲につきその判断枠組みを示す判断をしたばかりか、事案に応じての適用（当てはめ）の判断をしており、民事裁判実務における重要性という観点からすると、38講の昭和45年判決に勝るとも劣らないものである[15]。

前述のとおり、本判決の最も重要な判断は【判旨】2、3、5（参加的効力の客観的範囲）の判断部分であるところ、この判断部分を実際の事案に正しく適用するには要件事実論による分析手法の基礎を身につけておくことが必須である。様々な事案への応用を試みてみると面白い。

また、本判決は、判決の主論と傍論の区別という日本の法律家にはなじみの薄いやや高度な問題を考えるのにも好個の素材を提供している。様々な角度から検討することによって、判例を学ぶ楽しさを実感してほしい。

---

(14)　和田・前掲注(7)の219頁は、実質的には参加的効力の客観的範囲の議論が判旨の結論の決め手であったように思われると指摘するが、同旨をいうものであろう。

(15)　最高裁判所民事判例集（一般に、「民集」と略称される。）に登載されなかった理由は、必ずしも明らかでない。昭和45年判決の判断から当然に導かれる論理的帰結にすぎないと考えられたのかもしれない。

第8章 判　決

◆ 既判力の客観的範囲(1)

 所有権確認請求を棄却する判決の既判力と既判力の制限　共有持分権を主張できない相続人と遺産確認の訴えの原告適格

最2小判平成9・3・14判時1600号89頁、97頁

【事実】

1　昭和37年4月23日に死亡したAの相続人は、妻X、長女Z、二女Yの3名である。

2　本件土地はもともとAが所有者のBから賃借していた土地であるが、本件土地につき、昭和30年10月5日にYに対して同日付け売買を原因とする所有権移転登記がされている。

3　Xは、昭和46年、Yに対し、Xが本件土地の所有権を有することの確認及びXへの所有権移転登記手続を求める訴訟を提起し、その所有権取得原因事実として、「XがBから昭和30年6月30日に本件土地を買い受けた、そうでないとしても本件土地を時効取得した」と主張した。これに対し、Yは、「本件土地を買い受けたのはAであり、その後、同年10月5日までにYはAから本件土地の贈与を受けた」と主張した。

4　Yは、昭和51年、本件土地上の建物の所有者に対し、所有権に基づき建物収去・本件土地明渡しを求める訴えを提起した。この訴えは、Xの提起した上記3の訴えと併合して審理された（以下、併合後の訴訟を「前訴」という。）。

5　前訴の控訴審判決（口頭弁論終結日は昭和60年5月8日。以下「前訴判決」という。）は、①本件土地をBから買い受けたのは、XでなくAであると認められる、②YがAから本件土地の贈与を受けた事実は認められないと説示して、Xの所有権確認等の請求及びYの地上建物所有者に対する請求のいずれについても棄却すべきであるとした。前訴判決に対してXのみが上告したが、昭和61年9月11日の上告棄却判決により前訴判決が確定した。

6　前訴判決の確定後、Aの遺産分割調停においてYが本件土地の所有権を主張し、Aの遺産であることを争ったため、XとZは、Yに対し、本件土地がAの遺産であることの確認と相続により取得した本件土地の共有持分各3分の

1に基づく所有権一部移転登記手続を求めて、本件訴訟（後訴）を提起した。

7　これに対し、Yは、前訴と同様、本件土地はAから贈与を受けたと主張し、また、Xは前訴判決の既判力により本件土地の共有持分の取得を主張し得ないから、遺産確認の訴えの原告適格を欠くと主張した。そして、Yは、Xが本件土地の3分の1の共有持分を有しないことの確認を求める反訴を提起した。

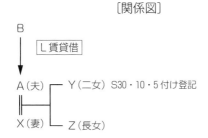

8　第1審は、XとZの各請求を認容した[1]。控訴審は、XとZの遺産確認請求及びZの所有権一部移転登記請求を認容し、Xの所有権一部移転登記請求を棄却し、Yの反訴請求を認容した[2]。

9　控訴審判決の理由は、以下のとおりである。
(1)　AがBから昭和30年6月30日に本件土地を買い受けてその所有に帰したものであるところ、Yに贈与されたとは認められないから、本件土地はAの遺産に属する。Xは、Aの死亡により本件土地の3分の1の共有持分を取得した。しかし、Xは、前訴において、本件土地の所有権取得原因として相続の事実を主張しないまま敗訴の確定判決を受けたから、Yとの関係ではXが本件土

---

(1)　東京地判平成3・9・27金判1020号31頁。
(2)　東京高判平成4・12・17判時1453号132頁。

地の所有権を有しないことが確定している。したがって、Xが本件訴訟（後訴）において前訴の口頭弁論終結前に生じた相続による共有持分の取得の事実を主張することは、前訴判決の既判力に抵触して許されない。

　(2)　しかし、前訴判決は、本件土地がAの遺産であるかどうかを相続人全員の間で確定する効力を有するものではなく、前訴判決の既判力を理由として遺産帰属性の合一確定の途を閉ざしたり、Xを遺産確認の訴えの当事者から排除するのは相当でないから、XとZの遺産確認の訴えは適法である。

　10　控訴審判決に対し、Xは上記9(1)の既判力についての判断の誤りを理由にして上告し（①事件）、Yは上記9(2)の原告適格についての判断の誤りを理由にして上告した（②事件）。

【判旨】
　上告棄却。

〈法廷意見〉
　①事件

1　共有持分権の取得原因事実の主張と所有権確認請求訴訟における請求棄却判決の既判力
「所有権確認請求訴訟において請求棄却の判決が確定したときは、原告が同訴訟の事実審口頭弁論終結の時点において目的物の所有権を有していない旨の判断につき既判力が生じるから、原告が右時点以前に生じた所有権の一部たる共有持分の取得原因事実を後の訴訟において主張することは、右確定判決の既判力に抵触するものと解される。」

2　共有持分権の主張と前訴確定判決の既判力
「Xは、前訴において、本件土地につき売買及び取得時効による所有権の取得のみを主張し、事実審口頭弁論終結時以前に生じていたAの死亡による相続の事実を主張しないまま、Xの所有権確認請求を棄却する旨の前訴判決が確定したというのであるから、Xが本訴において相続による共有持分の取得を主張することは、前訴判決の既判力に抵触するものであり、前訴においてAの共同相続人であるX、Yの双方が本件土地の所有権の取得を主張して争っていたこ

と、前訴判決が、双方の所有権取得の主張をいずれも排斥し、本件土地がAの所有である旨判断したこと、前訴判決の確定後にYが本件土地の所有権を主張したため本訴の提起に至ったことなどの事情があるとしても、Xの右主張は許されないものといわざるを得ない。」

〈個別意見〉

（根岸重治裁判官の補足意見）

「Xの売買又は取得時効による所有権の取得を主張する前訴請求と相続による共有持分の取得を主張する本訴請求との間に訴訟物の同一性があることを前提として、前訴判決の既判力が本訴におけるXの主張に及ぶことも認めながら、既判力に抵触する主張も例外的に許容されることがあるとする反対意見の見解は、民事訴訟制度の根幹にかかわる既判力の本質と相容れないものであって、到底容認することができないのである。」

「もしXが真に紛争の解決を念願しているのであれば、安易にXの期待するようなYの判決後の対応に頼ることなく、前訴において予備的に相続による共有持分の主張をすべきであったのに、最も有利な単独の所有権の主張に固執してそれを怠ったこと、前訴においては、Aが死亡した事実及びXらがその相続人である事実については当事者間に争いがなく、また、前訴判決は、本件土地はAが買い受けたものであるとの事実認定の下にXの請求を棄却している点にかんがみると、Xが予備的に共有持分の主張をしても、その立証に特段の負担を負うことにはならないことなどを勘案すると、前訴の段階において、Xに相続による共有持分の取得の主張をすることを要求するのが酷に過ぎるものとはいい得ない。」

（福田博裁判官の反対意見）

「後の訴訟における当事者の主張が前の訴訟の判決との関係で許されるか否かを判断するに当たっては、既判力との抵触の有無だけでなく、当事者が一般的に期待する判決の紛争解決機能に照らし、当該主張が前の訴訟の判決によって解決されたはずの紛争を蒸し返すものか否かという観点からの検討も必要であり、前の訴訟における紛争の態様、当事者の主張及び判決の内容、判決後の当事者の対応及び後の訴訟が提起されるに至った経緯等の具体的事情によっては、既判力に抵触しない主張であっても信義則等に照らしてこれを制限すべき

場合があり、また、その反面、既判力に抵触する主張であっても例外的にこれを許容すべき場合があり得ると考えられる。」

「Yが、遺産分割調停及び本訴において、前訴で排斥された所有権取得の主張を繰り返し、本件土地の遺産帰属性を争うことは、前訴判決によって決着したはずの紛争を蒸し返すものであり、信義則に反すると言わざるを得ない。他方、Xは、……紛争の解決に対する合理的な期待を裏切られ、予期していなかった本件土地の遺産帰属性の争いを解決するために、本訴を提起することを余儀なくされたものということができる。」

「右のような諸事情が認められるにもかかわらず、本訴においてXに相続による共有持分の取得の主張を許さないのは、条理に反するというべきであり、前訴判決の既判力に抵触するものであっても、Xの右主張は許容されるべきものと解するのが相当である。」

②事件

3　共同相続人の一部の間における所有権確認請求を棄却する確定判決と敗訴原告の遺産確認の訴えの原告適格

以下は、最2小判平成9・3・14判時1600号97頁からの引用である。

(1)　結論命題

「共同相続人甲、乙、丙のうち甲と乙との間において、ある土地につき甲の所有権確認請求を棄却する旨の判決が確定し、右確定判決の既判力により、甲が乙に対して相続による右土地の共有持分の取得を主張し得なくなった場合であっても、甲は右土地につき遺産確認の訴えを提起することができると解するのが相当である。」

(2)　理由付け

「遺産確認の訴えは、特定の財産が被相続人の遺産に属することを共同相続人全員の間で合一に確定するための訴えであるところ[3]、右確定判決〔甲の所有権確認請求を棄却する旨の判決を指す。筆者注〕は、甲乙間において右土地につき甲の所有権の不存在を既判力をもって確定するにとどまり、甲が相続人の

---

(3)　②事件判決は、ここで、最1小判昭和61・3・13民集40巻2号389頁［9］及び最3小判平成元・3・28民集43巻3号167頁［5］を参照する。

第8章　判　決　453

地位を有することや右土地が被相続人の遺産に属することを否定するものでは
ないから、甲は、遺産確認の訴えの原告適格を失わず、共同相続人全員の間で
右土地の遺産帰属性につき合一確定を求める利益を有するというべきである。」

【判例の読み方】

1　本判決のポイント

　本判決は、前訴の所有権確認請求を棄却する判決を受けた原告が後訴におい
て前訴の基準時前の共有持分権の取得原因事実を主張することが前訴確定判決
の既判力に抵触して許されないとし（①事件）、共同相続人の一部の者の間に
不動産の所有権確認請求を棄却する判決が確定した場合であっても、請求棄却
判決を受けた者が同不動産の遺産確認の訴えを提起する原告適格を失うことは
ないとした（②事件）ものである。

　そこで、まず、①事件判決につき、所有権と共有持分権の訴訟物としての同
一性についての判例の立場と同判決との関係を見た上で（後記 2）、所有権と
共有持分権の訴訟物としての同一性を前提としても、前訴確定判決の既判力が
及ばないと解すべき例外を肯定すべきであるかどうかを、本件事案に即して検
討し（後記 3）、次に、②事件判決につき、共有持分権を主張できない相続人
は遺産確認の訴えの原告適格を失うのかどうかを検討する（後記 4）。

　①事件につき、根岸裁判官の補足意見と福田裁判官の反対意見が付せられて
おり、興味深い議論がされている。

2　訴訟物の同一性：所有権と共有持分権──【判旨】 1

(1)　前訴と本件訴訟（後訴）の各訴訟物

　【事実】 3 によれば、前訴の訴訟物は、X の本件土地所有権及び本件土地所
有権に基づく妨害排除請求権としての所有権移転登記請求権[4]である。したが
って、前訴確定判決の既判力は、昭和60年 5 月 8 日の基準時において、X が本
件土地所有権を有していないこと及び本件土地所有権に基づく所有権移転登記

---

(4)　判例及び登記実務は、実質的に中間省略登記となる「真正な登記名義の回復を登記原
　因とする所有権移転登記」を容認している。司法研修所・類型別63、67、82頁を参照。

請求権を有していないことの2点に生ずる。

他方、【事実】6によれば、本件訴訟（後訴）の本訴のXの登記請求の訴訟物は、Xの本件土地の1/3の共有持分権に基づく妨害排除請求権としての所有権一部移転登記請求権であり、同7によれば、本件訴訟（後訴）の反訴の訴訟物は、Xの本件土地の1/3の共有持分権（不存在の確認）である。

そして、本件訴訟（後訴）においてXの主張する本件土地の1/3の共有持分権の取得原因事実は、前訴確定判決の基準時昭和60年5月8日以前の「昭和37年4月23日のAの死亡による相続」である。したがって、遺産分割前の共有持分権と所有権とが同一の性質の権利（すなわち、遺産分割前の共有持分権が所有権の一部として包含される権利）であるのなら、本件訴訟（後訴）の本訴のXの登記請求は前訴確定判決の既判力に抵触して棄却され、本件訴訟（後訴）の反訴は前訴確定判決の既判力に従って認容（不存在の確認）されることになる。

(2) 【判旨】1の意味

【判旨】1は、実体法上、所有権と共有持分権とが同一の性質の権利であるとの従前の最高裁判例の立場を前提として、Xが本件訴訟（後訴）の本訴の登記請求権の発生原因事実の一部として、所有権の一部である共有持分の取得原因事実を主張することが、所有権確認請求を棄却した前訴確定判決の既判力に抵触することを明らかにしたものである。

すなわち、最3小判昭和30・5・31民集9巻6号793頁［51］は、分割前の相続財産の共有は民法249条以下に規定する共有とその性質を異にするものではないと判断し[5]、最1小判昭和42・3・23集民86号669頁は、共有持分権は所有権の一部であるから、所有権確認請求訴訟において共有持分権につきその取得を認めることができる場合には、共有持分権確認の一部認容判決をすべきであると判断している。

このような立場に対し、いわゆる遺産共有と民法249条以下に規定する共有とはその性質が異なるとする立場[6]を前提とすると、本件訴訟（後訴）の本訴

---

(5) ただし、分割前の遺産共有の性質と物権法上の共有の性質との間に相違がないということが、これら2つの共有をどのような場面でも同一の扱いをすべきであるということを意味するわけではない。前掲最1小判昭和61・3・13を参照。

(6) 川島武宜＝川井健編『新版注釈民法(7)』（有斐閣、2007年）431頁［川井健］を参照。

においてＸの主張する遺産分割前の1/3の共有持分権は、前訴確定判決の訴訟物であるＸの所有権とは別の権利であるということになり、本件訴訟（後訴）の本訴におけるＸの請求は前訴確定判決の既判力に抵触するものではないということになる。

3　既判力が及ばないと考えるべき例外はあるか──【判旨】２
(1)　問題の所在──前訴における紛争の実態と既判力の及ぶ範囲

本判決で検討すべきメインテーマは、所有権と遺産分割前の共有持分権とが同一の性質の権利であるとの前提に立って、本件訴訟（後訴）におけるＸの請求が前訴確定判決の既判力に抵触するという**原則的立場を前提**としても、**Ｘの請求は前訴確定判決の既判力によって遮断されないと解すべき例外的事情が本件にあると考えるべきであるかどうか**にある。

このような問題が生ずるのは、前訴においてＸ・Ｙの当事者双方が本件土地の単独所有を主張して争ったところ、前訴確定判決は、【事実】５のとおり、Ｘ・Ｙのいずれの主張をも排斥して、「本件土地をＢから買い受けたのはＸでなくＡであり、ＹがＡから本件土地の贈与を受けたとは認められない」と判断することによって、被相続人であるＡによる本件土地の所有権取得を認めた上、実質的には、本件土地がＡの遺産に属するとの判断をしたものとみることができるからである。

すなわち、前訴において当事者が解決を求め、それを受けて、裁判所が解決すべきものとして判断を示したのは、本件土地がＡの遺産であるか、そうではなくてＡの妻Ｘ又はＡの二女Ｙのいずれかの単独所有財産であるかの点に限られるのではないかと考えられるからである。

これを当事者の行動に即して検討すると、Ｘは前訴確定判決の判断に従ってその後の遺産分割調停手続に臨んでいるのに、Ｙは前訴確定判決が明確に排斥した「ＹがＡから本件土地の贈与を受けた」との主張に固執しており、遺産分割調停手続が前進しないというのであるから、前訴確定判決によって決着のついた紛争を蒸し返しているのはＹというべきであって、むしろ既判力の制度趣旨と抵触する行動をしているのはＹではないかとの疑問も生ずるからである。

(2)　多数意見の立場──【判旨】２

【判旨】２は、前記２の実体法上の権利の性質論を前提に、実体法上の権利

の同一性と既判力の及ぶ範囲とが合致するものとして把握するという原則的立場を採用したものと理解することができる。

これに対し、福田裁判官の反対意見は、上記(1)のようなYの行動が信義則に反するものであるから、本件訴訟（後訴）において相続による共有持分権取得の主張をXに許さないのは条理に反するというものである。

根岸裁判官は、この反対意見に対し、前訴において相続による共有持分権取得の主張をするようXに要求するのが酷に過ぎるとはいえないから、Xが本件訴訟（後訴）を提起せざるを得なくなったことについてYに非が全くなかったとはいえないとしても、実質的にみてもXに本件訴訟（後訴）の提起を許容しなければならない程の事情があるとはいえないとの意見を述べ、法廷意見を補足する。

根岸裁判官の補足意見をも勘案して法廷意見をみると、民事訴訟制度の根幹をなす**既判力につき、信義則又は条理を根拠にしてその効力を制限する（縮小して考える）という発想に対する強い拒絶感の存在**を看取することができる。

(3)　前訴と本件訴訟（後訴）の主張・立証の構造の検討

福田裁判官と根岸裁判官との間の論争は、既判力の及ぶ客観的範囲につき、検討を促す契機になったという点で興味深いものがある。

しかし、両裁判官とも、相続によってXが共有持分権を取得したとの主張が前訴の口頭弁論に提出されなかったとの前提に立って議論をしているように見受けられるので、この点――すなわち、前訴におけるXとYの主張事実と本件訴訟（後訴）におけるXの請求原因事実との関係――から、検討を始めよう。

まず、前訴におけるXの請求原因事実（本件土地の承継取得による所有権確認及び所有権移転登記請求に係る部分）は、以下のとおりである。

```
(あ)　B：本件土地もと所有                                          ○
(い)　B―X　昭和30・6・30本件土地売買契約締結                      ×
(う)　Y：本件土地につき現登記                                      ○
```

上記（い）に対し、Yの認否反論した事実は、以下のとおりである。

```
(い)'　B―A　昭和30・6・30本件土地売買契約締結
(え)　A―Y　昭和30・10・5までに本件土地贈与契約締結
```

Yは、「B→X　本件土地売買」という所有権の移転と「B→A　本件土地

売買＋Ａ→Ｙ　本件土地贈与」という所有権の移転とが二重に存するとの趣旨の主張をしているわけではなく、あくまでも、Ｂを起点とする本件土地売買は「Ｂ→Ａ　本件土地売買」のみが存するとの趣旨の主張をしているのであるから、上記のＹの主張事実「(い)' ＋(え)」は、Ｘの主張（い）に対する積極否認としてのものである。

　次に、後訴におけるＸの請求原因事実（所有権一部移転登記請求に係る部分）は、以下のとおりである。

（あ）	Ｂ：本件土地もと所有	○
（い）'	Ｂ－Ａ　昭和30・6・30本件土地売買契約締結	○
（お）	Ａ：昭和37・4・23死亡	○
（か）	Ｘ：（お）の時点でＡの妻、ＹとＺ：いずれもＡの子	○
（う）	Ｙ：本件土地につき現登記	○

　このように対照してみると、前訴においていずれの当事者からも主張されなかったのは、（お）の「Ａ死亡」及び（か）の「ＡとＸ・Ｙ・Ｚの人的関係」の各事実ということが明らかになる。しかし、（お）、（か）の各事実は、Ｘ・Ｙ間の紛争発生の原因ないし背景を理解するために基本となる事実である上、Ｘ・Ｙ間に全く争いのない事実であるから、前訴の口頭弁論においていずれの当事者からも主張されなかったというのはあり得ない事態である。この点は、本件訴訟記録に接している根岸裁判官が、①事件判決の補足意見において、「前訴においては、Ａが死亡した事実及びＸらがその相続人である事実については当事者間に争いがな〔い〕」と述べていることから明らかである。

　すなわち、（お）、（か）の各事実は、Ｘ・Ｙのいずれかから（可能性が最も高いのは、Ｘ・Ｙの双方から）主張され、しかも当事者間に争いのない事実として扱われていたが、「間接事実ないし事情」であって、「主要事実」として位置付けられていなかったというにすぎない。

　前訴の受訴裁判所が、前掲最3小判昭和30・5・31、最1小判昭和42・3・23及び本判決のように、遺産分割前の共有持分権が所有権と同一の性質の権利であって、所有権確認請求訴訟において共有持分権の取得を認めることができる場合には、共有持分権確認の一部認容判決をすべきであり、そうしないと後日共有持分権を主張することも既判力によって遮断されるという理解をしていたのであれば、少なくとも、Ｘに対し、（お）、（か）の各事実は主要事実とし

ては主張されていないが、主要事実として主張する意思があるかどうか（すなわち、共有持分権1/3の取得を主張する意思があるかどうか）を確認する釈明（不明瞭をただす釈明）をすべきであり、それをしないまま単にＸの請求を棄却する判決をしたのは、釈明義務の行使を怠った違法があるものと考えることができる[7]。

これを裏からみて、前訴の受訴裁判所が当事者に対して釈明権を行使しないまま、（お）、（か）の各事実を主要事実として主張されているものとして扱い、Ｘの共有持分権確認及び所有権一部移転登記手続を命ずる一部認容判決をしたとしても、この判決に弁論主義違反の違法があるということもできないと思われる。なぜなら、格別Ｙに対する不意打ちになることもなく、Ｙの立場を不安定にするともいえないからである[8]。

(4) 前訴確定判決が解決した紛争の範囲というものの見方と本判決後の判例の展開

このように検討してくると、前訴の訴訟手続及びその後の遺産分割調停手続における行動につき、当事者のいずれがより多く非難に値するかという観点からではなく、むしろ、**前訴確定判決が解決した紛争の範囲又は前訴の受訴裁判所が紛争解決に果たした役割という客観的な観点から、訴訟物は同一であっても、前訴確定判決の既判力が例外的に及ばない場合を肯定するのが既判力の制度趣旨に照らして相当であると考えられる。**

本判決後に言い渡された最２小判平成12・4・7判時1713号50頁（平成12年判決）は、請求の一部についての請求原因になり得る相続による共有持分権取得の主張を原告がしていなかった事案において、**裁判所としては、適切に釈明権を行使するなどした上でこれらの事実を斟酌し、原告の請求の一部を認容すべきであるかどうかについて審理判断すべきである**と判示した。この平成12年判決は、本判決の【判旨】2の判断を前提にしたものであるが、本判決の【判

---

(7) 釈明の制度趣旨につき17講を、釈明義務につき18講をそれぞれ参照。

(8) 最大判昭和45・6・24民集24巻6号712頁［28］は、原告が連続した裏書のある手形を所持して、その手形に基づいて手形金の請求をしている場合、明示の主張がないときであっても、当然に手形法16条1項の規定の適用の主張があるものと解するのが相当であるとした。その理由は、これによって、被告に格別の不意打ちを与え、被告の立場を不安定にするとはいえないことにある。

旨】2の判断を通用させるためには、受訴裁判所が紛争解決においてそれだけの役割を果たす必要があることを明確に認めたものである。

ところで、本判決で問題とされた前訴確定判決及び平成12年判決の原判決は、いずれも本判決の【判旨】2の判断が前提とするような審理判断をしていなかったのである。ここからは、むしろ、これらの判決が、当事者の設定した解決すべき紛争の範囲（当事者が解決してほしいと考えた紛争の範囲）が、後訴判決である本判決の前提とする訴訟物の範囲と一致しておらず、本判決の前提とする訴訟物の範囲よりも小さかったことを示しているように考えられる。すなわち、本件の前訴についてみると、本判決の前提とする訴訟物の範囲が「Xが前訴の基準時において本件土地の単独所有権又は何らかの共有持分権を有していたかどうか」であるのに対し、当事者の設定した解決すべき紛争の範囲は、「Xが前訴の基準時において本件土地の単独所有権を有していたかどうか」であったことを示していると考えられるのである。

そうすると、**通常1つの訴訟物と考えられる場合に、処分権主義の発露として、それよりも小さい範囲の紛争解決を求める当事者権を肯定してよいかどうかの問題に帰着する**と思われる。所有権の確認を求めるのに、その一部と性質付けられる共有持分権の確認までは求めないというのは、一見すると、数量的一部の確認を求めるいわゆる一部請求とは逆の請求のようにみえるが、短期間に本判決と平成12年判決とが相次いだという事実は、上記のような処分権主義を肯定すべき合理性の存在を裏付けているように思われる。ただし、そのような合理性の存在をどのような判断枠組みをもって識別するかは難問である。

4 共有持分権を主張できない相続人と遺産確認の訴えの原告適格 ——【判旨】3

最後に、前訴確定判決の既判力により、**一部の相続人との関係で相続による共有持分権の取得を主張することができない**という立場に立った相続人は、遺産共有関係から離脱したことになり、遺産確認の訴えの原告適格と確認の利益を喪失したものとして扱われるのかどうかが問題になる。

【判旨】3は、遺産確認の訴えが遺産分割の前提問題である特定の財産の遺産帰属性を共同相続人全員の間で合一に確定することを目的とする訴えであるとの確定判例の立場（前掲注(3)を参照）を前提にして、前訴確定判決が相続人

の地位や遺産帰属性についての判断をしたものでないことを理由に、**Xの遺産確認の訴えにおける原告適格と確認の利益とを肯認**した。

【判旨】3の判断についてはほぼ異論のないところであろうが、この後の遺産分割手続において本件土地の権利関係をどのようなものとして扱うべきかについて本判決は言及していない。X・Y・Zの三者を当事者とする遺産分割手続においては、X・Y間の本件土地の所有権の帰属に関する前訴確定判決は何らの拘束力を有しないという立場[9]を採るのであれば、【判旨】2の既判力に関する判断部分は、本件の当事者に大きな影響を及ぼすものではないということになる。このような立場に対し、本件土地以外に遺産がないものと仮定した場合には、Xは、Yに対しては持分を有することを主張することができないが、Zに対しては持分を有することを主張することができるという法律状態にあるから、Xの本来の持分1/3の1/2に当たる1/6がYに加算され、結局、X 1/6、Y1/2、Z1/3の割合で分割されるという見解[10]も存する。

5　おわりに

本判決（①事件）は、所有権と遺産分割前の共有持分権との実体法上の性質という論点につき従来の判例の立場を再確認した上で、前訴確定判決の既判力が訴訟物を同一とする範囲に常に及ぶのかどうかという新奇の問題につき判断を示したものである。

我が国の最高裁判決には珍しく、判決理由中で、反対意見と法廷意見に属する補足意見との間で活発な議論が繰り広げられている。また、本判決の判断を前提として、平成12年判決が現れることによって、前記3(4)に指摘したように、本判決の判断の問題点も浮き彫りになっており、今後の判例と学説の進展を期待したい。

本判決もまた、判例を読む楽しさを認識させるものである。

---

(9)　田中壮太ほか『遺産分割事件の処理をめぐる諸問題』（法曹会、1994年）23頁、野崎薫子「遺産分割における前提問題の確定」岡垣学＝野田愛子編『講座・実務家事審判法(3)』（日本評論社、1989年）99頁を参照。

(10)　髙地茂世・小林秀之編『判例講義民事訴訟法［第3版］』（悠々社、2016年）268頁を参照。

◆ 既判力の客観的範囲(2)

41 前訴判決の既判力に実質的に矛盾する後訴の許否

最1小判平成10・9・10判時1661号81頁(オリエントコーポレーション事件)

【事実】

1　Y社（信販会社）は、Xに対し、昭和61年3月、Xの妻がX名義のクレジットカードを利用したことによる貸金及び立替金残元金34万円余の支払を求める訴訟（前訴）を札幌簡裁に提起した。

2　X不在の理由で訴状等の送達ができなかったため、受訴裁判所の担当裁判所書記官がY社に対してXの就業場所等についての調査回答を求める照会書を送付したところ、Y社の担当者は、就業場所とはXの現実の就労場所をいうものと考えていたため、昭和61年4月、Xの就業場所は不明であるが、家族が訴状記載の住所に居住しており、Xは出張中であるものの同月20日ころ同所に帰ってくる予定である旨回答した。

3　当時、Xは、釧路市内に存するA社に勤務していたが、東京都内に長期出張をしており、昭和60年秋にY社の担当者に対し、X宛ての郵便物は自宅ではなく勤務先であるA社に送付してほしい旨要望していた。

4　担当裁判所書記官は、Y社の回答から、Xの就業場所が不明であると判断し、旧民訴法172条（現行民訴法107条1項）に基づき、訴状等をXの住所宛てに付郵便送達をしたが、X不在のため配達できず、訴状等は留置期間経過により裁判所に還付された。

5　前訴の第1回口頭弁論期日は、X欠席のまま弁論が終結され、昭和61年5月下旬、Xにおいて請求原因事実を自白したものとして、Y社の請求を認容する旨の判決が言い渡され、その後、Xの住所に送達され、Xの妻が受領したが、これをXに手渡さなかったため、Xによる控訴はなく、前訴判決が確定した。

6　Xは、Y社に対し、前訴判決に基づく債務の弁済として、昭和61年7月から昭和62年4月までの間に合計28万円を支払った。

7　Xは、昭和62年11月2日、札幌簡裁に前訴判決について再審の訴えを提

起し、同年10月5日に前訴判決の存在とその訴訟経過を知ったと主張したところ、同簡裁は、前訴における訴状等の付郵便送達が無効であり、旧民訴法420条1項3号（現行民訴法338条1項3号）所定の事由があるとしたものの、上訴の追完が可能であったから、同項ただし書により再審の訴えは許されないとして、再審の訴えを却下する旨の判決を言い渡した。この判決は、Xの控訴、上告を経て、その後、確定した。

8　そこで、Xは、「Y社には、前訴の受訴裁判所からの照会に対してXの就業場所不明という誤った回答をしたことに故意又は重過失があり、前訴における訴状等の付郵便送達が違法無効であったため、訴訟に関与する機会が与えられないままX敗訴の判決が確定し、損害を被った。」と主張して、Y社を被告として、不法行為（民法709条）に基づき、損害賠償を求める訴え（後訴）を提起した。Xは、その損害として、XがYに対して支払った上記28万円及びXが前訴の訴訟手続に関与する機会を奪われたことによる精神的苦痛に対する慰謝料100万円等の支払を求めた。

9　第1審は、上記2のY社の担当者のXの就業場所に関する調査確認には過失があり、Y社はその使用者としての責任を負うとしたが、前訴の担当裁判所書記官に過失があるとはいえず、前訴判決はXの妻が送達を受けた日から2週間の経過により確定したとした上、XがY社に対して支払った上記28万円につき損害賠償を求める部分は前訴確定判決の既判力ある判断と実質的に矛盾するものであり、また前訴の第1審手続を受けられなかったということ自体によって賠償を求め得る程の精神的損害を被ったとは認め難いとして、Xの請求をすべて棄却した[1]。Xが控訴。

10　控訴審（原審）は、Y社には、裁判所からの照会に対してXの就業場所不明と回答したことに重大な過失があり、前訴における訴状等の付郵便送達は違法無効であったとし、有効に訴状の送達がされず、そのゆえに被告とされた者が訴訟に関与する機会を与えられないまま判決がされた場合には、旧民訴法420条1項3号の事由があるものと解すべきであるとした上、XがYに対して支払った上記28万円はY社の不法行為と因果関係のある損害であるとして、これを損害賠償として認容し、Xの慰謝料請求については、Xが精神的苦痛を受

---

(1)　東京地判平成3・5・22判時1400号84頁。

けたとしても、28万円を損害賠償として請求し得るとすれば十分であって、それ以上に精神的損害の点まで賠償請求を認める必要はないとして、これを棄却すべきものとした(2)。XとY社の双方が上告。

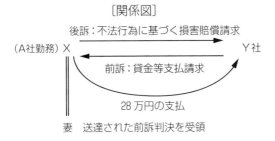

【判旨】
原判決一部（Y敗訴部分）破棄・自判（控訴棄却）、一部（慰謝料請求部分）破棄・原審差戻し。

1 付郵便送達の適法性の判断枠組みと本件への当てはめ

「民事訴訟関係書類の送達事務は、受訴裁判所の裁判所書記官の固有の職務権限に属し、裁判所書記官は、原則として、その担当事件における送達事務を民訴法の規定に従い独立して行う権限を有するものである。受送達者の就業場所の認定に必要な資料の収集については、担当裁判所書記官の裁量にゆだねられているのであって、担当裁判所書記官としては、相当と認められる方法により収集した認定資料に基づいて、就業場所の存否につき判断すれば足りる。担当裁判所書記官が、受送達者の就業場所が不明であると判断して付郵便送達を実施した場合には、受送達者の就業場所の存在が事後に判明したときであっても、その認定資料の収集につき裁量権の範囲を逸脱し、あるいはこれに基づく判断が合理性を欠くなどの事情がない限り、右付郵便送達は適法であると解するのが相当である。」

「これを本件についてみるに、……Y社からの回答書の記載内容等にも格別

---

(2) 東京高判平成5・3・3判時1456号101頁。

疑念を抱かせるものは認められないから、認定資料の収集につき裁量権の範囲を逸脱し、あるいはこれに基づく判断が合理性を欠くものとはいえず、右付郵便送達は適法というべきである。したがって、前訴の訴訟手続及び前訴判決には何ら瑕疵はないといわなければならない。」

2　前訴判決の既判力に矛盾する後訴の提起とそれが許されるかどうかの判断枠組み

「当事者間に確定判決が存在する場合に、その判決の成立過程における相手方の不法行為を理由として、確定判決の既判力ある判断と実質的に矛盾する損害賠償請求をすることは、確定判決の既判力による法的安定を著しく害する結果となるから、原則として許されるべきではなく、①当事者の一方が、相手方の権利を害する意図の下に、②作為又は不作為によって相手方が訴訟手続に関与することを妨げ、あるいは虚偽の事実を主張して裁判所を欺罔するなどの不正な行為を行い、③その結果本来あり得べからざる内容の確定判決を取得し、かつ、これを執行したなど、その行為が著しく正義に反し、確定判決の既判力による法的安定の要請を考慮してもなお容認し得ないような特別の事情がある場合に限って、許されるものと解するのが相当である。」[3]（①～③の付番は筆者による。）

3　本件への当てはめ——前訴判決に基づいてした債務の弁済を損害と構成してする賠償請求の許否

「Xが前訴判決に基づく債務の弁済としてY社に対して支払った28万円につき、Y社の不法行為により被った損害であるとして、その賠償を求めるXの請求は、確定した前訴判決の既判力ある判断と実質的に矛盾する損害賠償請求であるところ、前記事実関係によれば、前訴において、Y社の担当者が、受訴裁判所からの照会に対して回答するに際し、前訴提起前に把握していたXの勤務先会社を通じてXに対する連絡先や連絡方法等について更に調査確認をすべきであったのに、これを怠り、安易にXの就業場所を不明と回答したというのであって、原判決の判示するところからみれば、原審は、Y社が受訴裁判所から

---

[3]　本判決は、ここで後掲最３小判昭和44・7・8を参照判例として挙げる。

第8章 判 決 465

の照会に対して必要な調査を尽くすことなく安易に誤って回答した点におい
て、Y社に重大な過失があるとするにとどまり、それがXの権利を害する意図
の下にされたものとは認められないとする趣旨であることが明らかである。そ
うすると、本件においては、前示特別の事情があるということはできない。」
　「したがって、Xの前記請求を認容した原審の判断には、法令の解釈適用を
誤った違法があり、右違法は原判決の結論に影響を及ぼすことが明らかであ
る。」

4　慰謝料請求と実質的矛盾関係の有無
　「右請求は、確定した前訴判決の既判力ある判断と実質的に矛盾する損害賠
償請求には当たらず、……これを直ちに是認することはできない。」
　「原判決中、Xの右請求に関する部分は破棄を免れず、損害発生の有無を含
め、右請求の当否について更に審理を尽くさせる必要があるから、これを原審
に差し戻すこととする。」

【判例の読み方】

1　本判決のポイント
(1)　前訴の既判力が後訴に及ぶ場合
　前訴と後訴の各訴訟物を比較して、各訴訟物が同一である場合又は前訴の訴
訟物が後訴のそれの先決関係にある場合は、前訴の既判力が後訴に及ぶことを
比較的容易に識別することができる。
　これらに加えて、前訴判決の既判力に実質的に矛盾する後訴に対して既判力
が及ぶと説明される場合（既判力の矛盾関係）がある。しかし、これは、訴訟
物が同一である場合又は先決関係にある場合に比して、前訴の既判力が後訴に
及ぶかどうかの識別が難しい。
(2)　「既判力の矛盾関係」の2類型
　一般に、既判力の矛盾関係に当たるものとして、以下の2類型が挙げられる。
　第1は、民法（実体法）の一物一権主義の原則──1つの物の所有権の主体
は1人でなければならないという原則[4]──によって、「既判力の矛盾関係」
を導く場合である。すなわち、1筆の土地には1人の所有権しか成立しないの

で、A・B間の訴訟で当該土地の所有権がAに帰属するものと判断された判決（前訴判決）が確定したときは、Bは以後前訴判決の判断と矛盾する主張をすることは許されないものと解されている。したがって、BがAを被告として当該土地の所有権がBに帰属することの確認を求める訴え（後訴）を提起した場合、前訴の訴訟物はAの当該土地所有権であり、後訴の訴訟物はBの当該土地所有権であって、前訴と後訴の各訴訟物は同一ではないが、民法の一物一権主義の原則から、Bは、前訴判決の基準時において当該土地の所有権がAに帰属することを前提として主張を構成することが要求され、それ以外の主張をすることは許されない。後訴の裁判所もまた、前訴判決の基準時において当該土地の所有権がAに帰属することを前提とした判断をすることが要求され、それ以外の判断をすることは許されない[5]。

第2は、第1の場合と異なり、**実体法の原則を媒介にするのではなく、法的安定性を尊重し紛争の蒸し返しを許さないという訴訟の制度的観点から「既判力の矛盾関係」を導く場合**である。典型例は、確定した前訴判決に基づいてした給付（弁済）につき、不当利得に基づく返還請求又は不法行為に基づく損害賠償請求という形に仕立て直すことによって、その取戻しを実現しようとするものである。

(3) 本判決の検討順序

本判決は、既判力の矛盾関係として説明される2つのうちの第2類型に関する判例である。

そこで、第2類型につき、後訴の許容性についての判例及び学説の展開を概観した上で（後記2）、本判決の意義と位置付けを検討し（後記3）、最後に、本件紛争のきっかけになった送達の適法性に係る判断枠組みを見ておくことにしよう（後記4）。

---

(4) 我妻榮＝有泉亨『新訂物権法（民法講義Ⅱ）』（岩波書店、1983年）15頁、加藤雅信『新民法大系Ⅱ物権法』（有斐閣、2003年）270頁を参照。

(5) 本文の第1の場合につき、詳しくは田中・要件事実35～37頁を参照。

2 前訴判決に基づく給付の取戻しを求める後訴の許容性についての判例法理

(1) 既判力の矛盾関係についての学説の対立及び判例の展開前史

本件における前訴の訴訟物は消費貸借契約に基づく貸金返還請求権及び立替契約に基づく立替金返還請求権であり、後訴の訴訟物は不法行為に基づく損害賠償請求権であるから、前訴と後訴の訴訟物が同一であるとか前訴の訴訟物が後訴のそれと先決関係に立つといえないことは明らかである。

このように前訴判決の確定又はそれに基づく執行に至る過程における問題を主張して、前訴判決に基づく給付を損害と構成して不法行為に基づく損害賠償請求の後訴を提起すること又は不当利得と構成して不当利得返還請求の後訴を提起することを許容するかどうかについては、消極説と積極説とに大別される見解の対立がある[6]。

消極説は、再審の訴えによって前訴判決が取り消された後でなければ不法行為又は不当利得を認める余地がないという。その根拠として、法的安定を害する、紛争の蒸し返しを認めることに帰する、再審に関する規定に矛盾するなどが挙げられる[7]。これらは、法的安定性を重視すべしという立場を異なった表現で説明するものと理解することができる。

これに対し、積極説は、不法行為又は不当利得の判断において再審事由に当たる事由の存否を厳格に判断すれば、既判力制度を動揺させることにはならない[8]とか、再審を提起し前訴を復活させて再審理し、例えば請求棄却判決を得させても、既に前訴確定判決に基づいて金銭を支払っている者にとっては、救済として迂遠なものである[9]という。

他方、判例についてみると、大審院の判決には両様のものがあり、事案に応じて勝たせるべき者を勝たせていたのであって、理論的に統一的に理解するに

---

(6) 学説（ドイツ学説を含む。）と判例の展開につき、千種秀夫・最判解昭和44年度民事下740～748頁に詳しい。

(7) 兼子・新修体系333頁、加藤一郎『不法行為法［増補版］』（有斐閣、1974年）99頁を参照。

(8) 新堂・新民訴677頁を参照。

(9) 河野正憲「詐取判決の既判力」『当事者行為の法的構造』（弘文堂、1988年）349～355頁を参照。

は困難を覚えるなどと評されていた。ところで、最3小判昭和40・12・21民集19巻9号2270頁［99］は、当事者が通謀して得た判決が確定した場合であっても、請求異議の訴えによって執行力を排除することはできないことを明らかにした判例であるが、その傍論において、「当事者の右行為が民法709条の不法行為を構成するかどうかは別論として、確定判決が既判力・執行力を生じないと解すべきものではない。」と判示したため、最高裁は積極説に立つのではないかと推察されていた[10]。

(2) 昭和44年判決の示した判断枠組み

このような学説及び大審院判例の対立に一応の決着をつけたのが、本判決を遡ること29年前の最3小判昭和44・7・8民集23巻8号1407頁［73］（昭和44年判決）である。

これは、貸金返還を求める前訴係属中に、AがBに対して請求債権の一部を支払い、Bがその余を免除した上で前訴を取り下げる旨の訴訟外の和解をし、BはAからこの約定に従った支払を受けたのに、前訴を取り下げなかったため、A不出頭のまま弁論が終結され、B勝訴の判決がされ、その後確定したという事案における判決である。

昭和44年判決は、【判旨】2の①ないし③を満たす場合につき、「判決が確定したからといって、そのような当事者の不正が直ちに問責しえなくなるいわれなく、これによって損害を被った相手方は、かりにそれが右確定判決に対する再審事由を構成し、別に再審の訴を提起しうる場合であっても、なお独立の訴によって、右不法行為による損害の賠償を請求することを妨げられないものと解すべきである。」と判示した[11]。

すなわち、昭和44年判決は、消極説の理由とする法的安定性の重要性に配慮

---

(10) 以上の判例の展開につき、千種・前掲注(6)741〜743頁を参照。

(11) 昭和44年判決は、前訴確定判決の既判力の効果として、前訴の弁論終結前の事由を主張して債務の不存在を主張することはできないから、前訴確定判決に基づく強制執行を違法とはいえないとした原判決につき、「Bとしては、右確定判決の取得およびその執行にあたり、前示の如き正義に反する行為をした疑いがあるものというべきである。したがって、この点について十分な説示をすることなく、単に確定判決の既判力のみからAの本訴請求を排斥した原判決は、この点に関する法令の解釈を誤り、ひいて審理不尽の違法を犯した」と断じて、原判決を破棄した。

し、前訴判決の成立過程における相手方当事者の行為を不法行為と構成することによって前訴判決に基づいてした給付を取り戻すことを企図する後訴につき、原則として前訴の既判力に抵触して許されないとする立場を明らかにした上で、上記①ないし③の事情の存する場合は例外として、再審の訴えを経由するまでもなく、不法行為に基づく損害賠償を請求することが妨げられないことを宣明したのである。理論的には、**積極説を採用した**ことが明らかである。

3　本判決の意義と位置付け

(1)　既判力の実質的矛盾関係という考え方の承認——【判旨】2の前段

本判決は、前訴判決の成立過程における相手方当事者の行為を不法行為と構成することによって前訴判決に基づいてした給付を取り戻すことを企図する後訴を原則として許さないこととする根拠として、「確定判決の既判力ある判断と実質的に矛盾する」とし、「確定判決の既判力による法的安定を著しく害する結果となる」ことを挙げた。

昭和44年判決は**既判力の実質的矛盾関係という考え方を承認する**のかどうかを必ずしも明らかにしていなかったのであるが、本判決の意義の第1は、この考え方を採用することを**正面から明らかにした**ところにある。本判決の【判旨】2の前段は、法理判例である。

(2)　「特別の事情」の構成要素3項目の再確認——【判旨】2の後段

本判決は、上記(1)の原則に対する例外を「確定判決の既判力による法的安定の要請を考慮してもなお容認し得ないような特別の事情がある場合」と定式化した。

その上で、本判決は、「特別の事情」の構成要素を、①当事者一方の権利侵害の意図（害意という主観的要素）、②手続的正義から懸隔した当事者一方の行為、③実体的正義から懸隔した内容の確定判決の取得という3項目をもって説示した。

本判決のこの説示部分は、昭和44年判決の判決要旨部分をほぼそのまま踏襲したものであるが、本判決の意義の第2は、29年の歳月を経て、最高裁が前記の積極説を採ることを明らかにし、しかも後訴の許される例外を定式化し、その例外に当たる「特別の事情」の構成要素3項目を再確認したところにある。上記(1)と同様、本判決の【判旨】2の後段は、法理判例である。

(3)　本件への当てはめ：既判力の実質的矛盾関係の肯定及び「特別の事情」の否定——【判旨】3

　本判決は、前訴判決に基づく債務の弁済としてＹ社に対して支払った28万円をＹ社の不法行為によって被った損害であると構成してその賠償を求めるＸの請求につき、「確定した前訴判決の既判力ある判断と実質的に矛盾する損害賠償請求」であることを明確に肯定した上で、後訴の許される例外としての「特別の事情」が存するかどうかの判断に進み、その構成要素①につき、原判決の判示するところが「Ｘの権利を害する意図の下にされたものとは認められないとする趣旨であることが明らかである」として、「特別の事情があるということはできない」との結論を示した。

　本判決のこの説示部分は、後訴の許される「特別の事情」の存否についての具体的事案への当てはめを示した事例判例である。本判決の意義の第3は、**最高裁として初めて「特別の事情なし」との適用判断を示したところにある**。今後の参考になる判断であり、本判決の最大の意義はここにあるといってよい。

　本判決は、「特別の事情」の構成要素②、③の存否に触れるところがない[12]が、これは、構成要素①ないし③の全てが「特別の事情」の存在に不可欠のものであること（アンド要件であること）を示している。

(4)　慰謝料等の請求：既判力の実質的矛盾関係の否定——【判旨】4

　本判決は、前訴での訴訟手続に関与する機会を奪われたことにより被った精神的苦痛に対する慰謝料及びその遅延損害金の支払を求めるＸの請求につき、「確定した前訴判決の既判力ある判断と実質的に矛盾する損害賠償請求には当たら〔ない〕」との結論をとった。

　本判決は、この結論が導かれる理由を明示してはいない。しかし、上記(3)でみた【判旨】3に係る説示部分と比較することにより、**最高裁が前訴判決の既判力と実質的矛盾関係に立つ後訴の範囲を厳格に考えるべきこと**（すなわち、前訴判決に基づく給付自体を取り戻す請求に係る後訴に限られること）を明らかにするものと理解することができる。

　本判決の意義の第4は、既判力の実質的矛盾関係を肯定すべき場合と否定す

---

(12)　藤井正雄裁判官の反対意見は、本件には構成要素②、③が存在するとはいえないとの立場に立っているようである。

べき場合とを具体的に示すことにより、その外延のありかの予測可能性をかなりの程度に高めたところにある。

　もともと、前訴と後訴の各訴訟物が同一であるとも、前訴の訴訟物が後訴のそれの先決関係にあるともいえないにもかかわらず、紛争解決のために訴訟という制度を設営しているという制度的・手続的観点に着目して、既判力の実質的矛盾関係という範疇を肯定しようというのであるから、その外延は厳格に線引きされるべきものと思われる。本判決の説示するところが合理的であり、これに賛成したい。

4　送達の適法性に係る判断枠組み──【判旨】1

　本判決は、【判旨】1において、①民事訴訟関係書類の送達事務が受訴裁判所の裁判所書記官の固有の職務権限に属すること、②受送達者の就業場所の認定に必要な資料の収集が担当裁判所書記官の裁量にゆだねられていること、③担当裁判所書記官としては、相当と認められる方法で収集した資料に基づき就業場所の存否について判断すれば足りること、④したがって、資料の収集につき裁量権の範囲を逸脱するか、収集した資料に基づく判断が合理性を欠くといった事由がない限り、受送達者の就業場所が不明であると判断してした付郵便送達は適法であること、といった送達事務に関する基本的考え方を説示した上で、⑤本件の前訴における付郵便送達を適法とする事例判断をしたものである。

　当然の判断というべきであろうが、実務上参考になる。

5　おわりに

　本判決は、近時必ずしも活発に議論されていたとはいえない「既判力の実質的矛盾関係」という論点につき、昭和44年判決から四半世紀を経て言い渡されたものである。

　基本的判断枠組みを示した昭和44年判決の存在のゆえに民集登載判例とはされなかったが、既判力の実質的矛盾関係についての考え方の根拠をより理論的に説示するとともに、その具体的適用を示しており、理論的にも実務的にも重要な判例である。

◆ 既判力の基準時

42 建物買取請求権の行使と既判力の時的限界

最 2 小判平成 7・12・15民集49巻10号3051頁[42]

【事実】

1　本件土地の所有者 Y は、(i)本件土地の賃借人である A に対し、A との間の建物所有目的の本件土地の賃貸借契約（本件賃貸借契約）が昭和55年 3 月31日に期間満了により終了したとして、本件建物を収去して本件土地を明け渡すよう求め、(ii)本件土地の転借人であり本件建物の所有者である X2 に対し、本件土地の所有権に基づき、本件建物を収去して本件土地を明け渡すよう求めて、訴訟（前訴）を提起した。

2　昭和60年 9 月27日、前訴の上記 1 (i)、(ii)の各請求を認容する判決（口頭弁論終結日は同年 2 月 6 日）が言い渡され、同判決はその後確定した。

3　A は昭和61年11月13日に死亡し、X1 が A の相続人である。

4　X1 と X2 は、Y を被告として請求異議の訴え（後訴）を提起し、(i) X2 は Y に対して平成元年12月 1 日に借地法 4 条 2 項の規定に基づく建物買取請求権を行使した、(ii) X2 は Y に対して本件土地及び本件建物を明け渡したと主張し、前訴確定判決に基づく強制執行の不許を求めた。

5　第 1 審[(1)]及び控訴審（原審）[(2)]とも、X1・X2 による請求異議の訴えを認容すべきものとした。原審は、その理由として、①建物買取請求権は、借地人保護の見地からその投下資本の回収方法として特別に認められたものである、②前訴の第 1 審判決では本件賃貸借契約の更新を認められたから、X2 が前訴の口頭弁論終結前に建物買取請求権を行使しなかったことを非難することはできない、③建物買取請求権の行使は、建物の所有権の変動を生じさせるが、本来の土地明渡義務自体の変動を生じさせるものではない、の 3 点を指摘した。Y が上告。

---

(1)　大阪地判平成 3・7・26民集49巻10号3059頁。
(2)　大阪高判平成 4・2・26民集49巻10号3079頁。

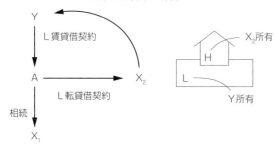

(前訴) Y→A・X₂　　H収去L明渡請求
(後訴) X₁・X₂→Y　前訴確定判決に基づく強制執行の不許

【判旨】

上告棄却。

1　建物収去土地明渡請求訴訟の事実審口頭弁論終結後における建物買取請求権の行使と請求異議の訴え──結論命題

「借地上に建物を所有する土地の賃借人が、賃貸人から提起された建物収去土地明渡請求訴訟の事実審口頭弁論終結時までに借地法4条2項所定の建物買取請求権を行使しないまま、賃貸人の右請求を認容する判決がされ、同判決が確定した場合であっても、賃借人は、その後に建物買取請求権を行使した上、賃貸人に対して右確定判決による強制執行の不許を求める請求異議の訴えを提起し、建物買取請求権行使の効果を異議の事由として主張することができるものと解するのが相当である。」

2　1の理由付け

「(1)建物買取請求権は、前訴確定判決によって確定された賃貸人の建物収去土地明渡請求権の発生原因に内在する瑕疵に基づく権利とは異なり、これとは別個の制度目的及び原因に基づいて発生する権利であって、賃借人がこれを行使することにより建物の所有権が法律上当然に賃貸人に移転し、その結果とし

て賃借人の建物収去義務が消滅するに至るのである、(2)したがって、賃借人が前訴の事実審口頭弁論終結時までに建物買取請求権を行使しなかったとしても、実体法上、その事実は同権利の消滅事由に当たるものではなく[3]、訴訟法上も、前訴確定判決の既判力によって同権利の主張が遮断されることはないと解すべきものである、(3)そうすると、賃借人が前訴の事実審口頭弁論終結時以後に建物買取請求権を行使したときは、それによって前訴確定判決により確定された賃借人の建物収去義務が消滅し、前訴確定判決はその限度で執行力を失うから、建物買取請求権行使の効果は、民事執行法35条2項所定の口頭弁論の終結後に生じた異議の事由に該当するものというべきであるからである。」

【判例の読み方】

1　本判決のポイント

　本判決は、「既判力の時的限界」の問題を扱った判例である。直接的に問題になったのは、**前訴確定判決の基準時以前に発生していた建物買取請求権を基準時後に行使した場合、これが請求異議事由になるかどうか**についてであるが、本講では、「既判力の時的限界」の問題一般を検討することにする。

　まず、前訴判決の確定と建物買取請求権の実体法上の帰趨について押さえた上で（後記2）、前訴判決の基準時後における形成権の行使と既判力との関係についての訴訟法上の問題についての判例の展開を概観し（後記3）、メインテーマである前訴判決の基準時後における建物買取請求権の行使と前訴確定判決の既判力（遮断効）の問題を検討し（後記4）、最後に、建物買取請求権の行使が前訴確定判決の既判力によって遮断されないことの意味を考えることにしよう（後記5）。

2　建物収去土地明渡請求を認容する判決の確定と建物買取請求権の実体法上の帰趨──【判旨】2(2)

　借地借家法13条（借地法4条2項）、14条（借地法10条）は、借地権が期間満了等により消滅する場合に、借地権者又は第三者は借地権設定者に対し、時価

---

(3)　ここで、本判決は、後掲最2小判昭和52・6・20を引用する。

による建物の買取りを請求することができることとしている。

建物買取請求権については、次の2点が問題になる。まず、借地権者等において形成権である建物買取請求権を行使しないまま借地権設定者の建物収去土地明渡請求を認容する前訴判決が確定した場合、この建物買取請求権は実体法上消滅するのかどうかである。

この点については、本判決の【判旨】2(2)に引用の最2小判昭和52・6・20金判535号48頁（昭和52年判決）が、「借地上の建物の譲受人が、地主から提起された右建物の収去及び敷地の明渡を請求する訴訟の事実審口頭弁論終結時までに、借地法10条の建物買取請求権があることを知りながらその行使をしなかったとしても、右事実は実体法上建物買取請求権の消滅事由にあたるものではなく、したがって、建物譲受人はその後においても建物買取請求権を行使して地主に対し建物の代金を請求することができるものと解するのが相当である」と判示し、既に解決していた[4]。

そこで、次に検討すべきは、前訴の事実審口頭弁論終結後に建物買取請求権を行使したことを民事執行法35条2項の異議事由として主張し、前訴確定判決の強制執行の不許を求めることができるかどうかという訴訟法（執行法）上の問題である。

3 基準時後における形成権の行使と既判力に関する判例の展開

(1) はじめに

民訴法は、既判力の基準時に関する直接の規定を置いていないが、民事執行法35条2項が「確定判決についての異議の事由は、口頭弁論の終結後に生じたものに限る。」と規定して、これを裏から表現している。

そして、前訴確定判決の基準時以前に発生していた形成権を基準時後に行使することによって、確定している権利義務（法律関係）の消滅又は変更を主張することが許されるかどうかが、「既判力の時的限界」の問題として議論されてきた。

---

(4) 厳密には、昭和52年判決は、借地法10条の建物買取請求権について判断を示したものであるが、借地法4条2項の建物買取請求権を別異に取り扱う理由はないであろう。

(2) 大審院判例の立場

まず、大審院判例の立場を確認しておくことにしよう。大審院は、(i)行為無能力又は意思表示の瑕疵に基づく取消しにつき、取消しの意思表示がされるまでは法律行為の効力を有するから、事実審の口頭弁論終結後に初めて取消しの意思表示をし当該法律行為が無効に帰した場合には、旧民訴法545条2項（当時。現行民事執行法35条2項）にいう口頭弁論終結後に異議の原因を生じたものに当たるという立場を採り[5]、また、(ii)相殺権の行使については、当事者の一方が相手方に対して相殺の意思表示をすることによってその効力を生ずるのであるから、事実審の口頭弁論終結後に相殺の意思表示がされたことによる債務消滅を請求異議の訴えの異議事由とすることが許されるという立場を採っていた[6]。

(3) 最高裁判例の展開

このような大審院判例を背景にしつつ、本判決前の最高裁判例は、以下のとおりの展開をみせていた。

① 最3小判昭和36・12・12民集15巻11号2778頁［135］

書面によらない贈与の撤回につき、当事者が民法550条による取消権を行使することなく事実審の口頭弁論が終結し、贈与による権利の移転を認める判決が確定したときは、既判力の効果として、取消権（撤回権）を行使して贈与による権利の存否を争うことは許されない、と判断した。

② 最2小判昭和40・4・2民集19巻3号539頁［35］

相殺権の行使につき、相殺は当事者双方の債務が相殺適状に達した時において当然その効力を生ずるものではなく、その一方が相手方に対して相殺の意思表示をすることによってその効力を生ずるのであるから、当該債務名義たる判決の口頭弁論終結前には相殺適状にあるにすぎない場合、**口頭弁論の終結後にされた相殺の意思表示による債務消滅を異議事由として請求異議の訴えを提起することは許される**、と判断した[7]。

---

(5) 大判明治42・5・28民録15輯528頁、大判大正14・3・20民集4巻141頁、大判昭和8・9・29民集12巻2408頁等。

(6) 大判（連）明治43・11・26民録16輯764頁、大判大正11・7・15新聞2033号20頁、大判昭和5・11・5新聞3204号16頁等。

第8章 判 決 477

③ 最1小判昭和55・10・23民集34巻5号747頁［25］

意思表示の瑕疵（詐欺）に基づく取消しにつき、売買契約による所有権の移転を原因とする所有権確認訴訟が係属した場合に、当事者が同売買契約の詐欺による取消権を行使することができたのにこれを行使しないで事実審の口頭弁論が終結され、同売買契約による所有権の移転を認める請求認容の判決があり同判決が確定したときは、もはやその後の訴訟において取消権を行使して同売買契約により移転した所有権の存否を争うことは許されない、と判断した[8]。

④ 最3小判昭和57・3・30民集36巻3号501頁［19］

手形補充権の行使につき、白地手形の所持人において、手形金請求の前訴の事実審の口頭弁論終結時以前に白地補充権を行使することができたにもかかわらず、これを行使せずに手形要件を欠くとして請求棄却の判決を受け、これが確定した場合には、その後に白地部分を補充しこれに基づき後訴を提起して手形上の権利の存在を主張することは、特段の事情のない限り、前訴判決の既判力によって遮断され、許されない、と判断した。

4 基準時後における建物買取請求権の行使と前訴確定判決の既判力
（遮断効）──【判旨】1、2

建物買取請求権は、実体法上の性質としては、上記3⑶の最高裁判例が扱った意思表示の取消権又は撤回権、白地補充権、相殺権等と同じ形成権である。本判決が直面した問題は、以上の判例の展開を背景にして、建物買取請求権の行使をそのうちのどの形成権の行使と同一に扱うのが適切であるのかにある。

本判決は、これらのうち相殺権の行使と同一に扱うのが適切であるとの結論を採り、【判旨】2においてその理由をかなり詳細に説示している[9]。本判決の指摘するところ、又はそれを敷衍して理解することができるところを整理すると、以下のとおりである。

第1に、本判決は、建物買取請求権が前訴確定判決によって認容された賃貸

---

(7) 前掲最2小判昭和40・4・2は、本文のとおりの説示をした上で、相殺に関する前掲注(6)の大判明治43・11・26を変更する必要を認めないと明言した。

(8) 前掲最1小判昭和55・10・23は、本文のとおりの説示をした上で、相殺に関する前掲②の最2小判昭和40・4・2は、事案を異にしており本件に適切でない旨付言した。

(9) 井上繁規・最判解平成7年度民事下1031〜1034頁を参照。

人の建物収去土地明渡請求権の発生原因に内在する瑕疵に基づく権利ではないことを指摘する。これは、上記の取消権、撤回権又は白地補充権が訴訟物である請求権自体に内在する又は付着する権利であるのに対し、建物買取請求権はそうではなく、相殺権に類似するとの趣旨に出るものである。上記3(3)の①、③、④の各判決は、訴訟物である請求権自体に内在する又は付着する権利であることを判決理由として明言することはしなかったのであるが、**本判決は、学説の多くが採用していた「請求権自体に内在する又は付着する権利であるかどうか」という理屈**[10]**を初めて採用することを明らかにした。**

第2に、本判決は、賃借人がこれを行使することにより**建物の所有権が法律上当然に賃貸人に移転するという賃借人側の負担を伴うものであることを指摘する。**この点も、債権者に対する自働債権を消滅させるという債務者側の負担を伴う相殺権の行使に類似するとの趣旨に出るものである。

第3に、本判決は、**前訴の基準時までに建物買取請求権を行使しなかったとしても同権利が消滅するわけではないとの実体法上の性質を指摘する。**この点は、前記2のとおり、昭和52年判決が既に解決していたのであるが、これを前提にして、基準時後の建物買取請求権の行使を請求異議事由として認めないとの考え方を採ると、賃貸人の所有に帰した建物を賃借人側がその費用負担で収去する義務を負うという不合理な結果を招来することになる。結局、本判決の採る結論は、昭和52年判決の論理的帰結であるといってよい[11]。

第4に、本判決は明言していないが、賃借人側に建物買取請求権を付与することとした立法目的が考慮されたであろうことも見やすいところである。直接的には、昭和52年判決の結論を導くための背景をなすものであるが、**建物の社会的効用の維持という社会経済上の利益と投下資本回収方法の付与という賃借人側の利益の増進とを図るとの立法政策的観点**をからすれば、**建物買取請求権の行使が前訴確定判決の既判力によって遮断されることはないとの結論が導かれる。**

第5に、第2・第3点の系として、**賃借人側に前訴において建物買取請求権**

---

(10) 伊藤・民訴532頁を参照。

(11) ただし、建物買取請求権の不消滅という実体法上の効果を肯定しながら、請求異議事由とすることを認めない異説も存する。新堂・新民訴693頁を参照。

を行使することを要求する又は期待することが相当であるかという訴訟政策上の観点を検討する必要がある。建物買取請求権の行使は、賃借人側の借地明渡義務の存在を前提にするものであるから、これを争っている賃借人側に事実審口頭弁論終結時までにその行使を要求する又は期待するのは相当ではなかろう。

本判決は、明示又は黙示に以上のような諸点を勘案した上、【判旨】1の結論命題を明らかにしたものであるが、結局、学説の通説を採用したものである[12]。

本判決は、前訴確定判決の基準時後に建物買取請求権が行使された場合につき、その行使の効果を請求異議事由とすることができるとの法的結論を示したものであり、場合判例として性質分類されるものである。

5　建物買取請求権の行使が前訴確定判決の既判力によって遮断されないことの意味

⑴　建物収去土地明渡請求訴訟において建物買取請求権が行使された場合における判決主文

土地の所有者が、建物を所有するという形態で当該土地を占有する者に対し、建物収去土地明渡しを求める場合の訴訟物をどのように構成するかについては争いがあり、大別して一個説と二個説とが対立しているところ、この点を直接に取り上げた最高裁判例はないものの、一般に、民事裁判実務は一個説によって運営されているものと理解されている[13]。

一個説は、土地所有者に発生する物権的請求権は土地の返還請求権のみであるとの立場であり、判決主文に「建物を収去して」の文言を記載するのは、建物を土地とは別の不動産とする我が国において、「土地を明け渡せ」との債務名義によって土地上に存する建物を収去する強制執行ができないという執行法上の制約があるために執行方法を明示しているにすぎず、土地の返還請求権と別個の請求権が発生するためではないと説明する。

これに対し、二個説は、土地所有権に基づく返還請求権とは別に、土地所有

⑿　学説の分布状況につき、井上・前掲注⑼1029～1031頁を参照。
⒀　司法研修所・類型別58～59頁を参照。

権に基づく妨害排除請求権としての建物収去請求権が発生するとの立場である。

そして、最3小判昭和36・2・28民集15巻2号324頁［17］は、建物収去土地明渡請求訴訟において建物買取請求権が行使された場合には、賃借人側が建物の売買代金債権を被担保債権として土地につき留置権を行使するか、同時履行の抗弁権を行使するものと善解すべきものとした。

このような判例の立場に従うと、賃借人側が留置権又は同時履行の抗弁権を行使した場合の判決主文は、①被告に対し、原告から建物買取代金の支払を受けるのと引換えに建物を退去して土地を明け渡すべき旨の引換給付を命じ、②その余の請求を棄却する、との一部認容判決となる(14)。

(2) 前訴の基準時後に建物買取請求権が行使された場合における請求異議の訴えにおける請求

本件事案では、前訴の被告であるX₂が基準時後に建物買取請求権を行使したために建物の所有権が移転したばかりか、建物から退去して土地の明渡しをも済ませたため、前訴確定判決の執行力全体の排除を求め、第1審と控訴審（原審）のいずれもがこの請求を認容した。

しかし、通常の事案では、建物買取請求権を行使した場合に、時価相当の買取代金額に争いがあるため、借地権設定者から建物代金が支払われず、賃借人側が建物から退去しないという事態が生ずることがある。

上記(1)のとおり、建物収去土地明渡請求の前訴において賃借人側が留置権又は同時履行の抗弁権を行使することができるとの判例の立場を前提とし、本判決の採る基準時後に建物買取請求権を行使することが前訴確定判決の既判力によって遮断されないとの立場による以上は、建物収去の強制執行不許を求めるだけでなく、買取代金の支払との引換給付を求めて請求異議の訴えを提起することが許されるものと解すべきであろう。

---

(14)　建物買取請求権の行使の結果、同時履行の関係に立つのは、本来は、売買の目的物である建物の代金支払債務と建物の引渡し及び移転登記債務であるが、その反射的効力として敷地である土地の明渡しをも拒絶することができるというのが大判昭和7・1・26民集11巻169頁以来の判例の立場である。

6　おわりに

　本判決によって、基準時後における形成権の行使と既判力（遮断効）に関する判例の立場は、ほぼ明らかになったといってよい。本判決の理由付けは、前記4のとおりかなりの程度に周到なものであり、その大筋に学説からの異論も少ない。

　上記のテーマについての判例の立場は確立し、変更可能性は著しく少なくなったとみることができる。民事裁判に携わる法律実務家にとっては、予測可能性が高まり、訴訟戦略が立てやすくなったものと思われる。

　前記3のとおり、基準時後における形成権の行使と既判力というテーマは、大審院時代からの判例の展開を一望することができるものである。判例形成過程の実際を知るという点からも、格好の素材であると思われる。

　ただし、本判決の取り扱った建物買取請求権に即してみても、前記5で触れたように、それが行使され、留置権又は同時履行の抗弁権が行使されたことによって、引換給付の判決主文が言い渡された場合に、既判力の及ぶ判断はどの部分であるのか（既判力の客観的範囲）など、必ずしも解明されていない問題も存する。

　本判決は、既判力の基準時という問題についての基本的判例であるとともに、その先に未解明の問題もあり、興味深い判決である。

◆　一部請求と既判力(1)

43　一部請求敗訴後の残部請求の許否

最2小判平成10・6・12民集52巻4号1147頁[25]

【事実】

1　X（不動産売買等を目的とする会社）は、Y（地域開発事業等を目的とする会社）から、福岡県宗像市に存する約10万坪の土地（本件土地）の用地買収及び行政当局に対して本件土地の市街化区域編入の働きかけをする業務の委託を受け（本件業務委託契約）、昭和57年10月28日、その報酬に関する契約を締結した。同契約において、YはXに対し、9000万円の支払を約するとともに、本件土地を宅地造成して販売するときにはXに造成宅地の1割を販売又は斡旋させる旨の合意（本件合意）をした。

2　本件土地は、昭和61年3月31日までに市街化区域に編入された。しかし、宗像市がY単独での宅地開発を認めなかったため、Yは、開発計画を断念し、平成3年3月5日、同市開発公社に本件土地を売却した。そこで、XとYとの間で、報酬の支払等をめぐる紛争が生じた。

3　Xは、①主位的請求として、商法512条に基づき、商人であるXがYの委託を受けて用地買収等の業務を行うことによって取得した12億円の報酬請求権のうちの1億円の支払を求め、②予備的請求として、本件合意に基づき、本件土地の宅地造成がされることを条件として造成宅地の販売による利益を報酬として受け取ることができたところ、Yは本件土地を転売することによって故意にその条件成就を妨げたとして、民法130条により取得した宅地販売による利益相当額12億円の報酬請求権のうちの1億円の支払を求めて、前訴（反訴）を提起した。なお、Yは、前訴第1審係属中の平成3年12月5日、Xの債務不履行を理由として本件業務委託契約を解除する旨の意思表示をした。

4　前訴第1審判決はXの各請求を棄却し、平成7年10月13日に同第1審判決が確定した。

5　前訴判決確定後の平成8年1月11日、Xは、Yに対し、後訴を提起した。ただし、後訴の主位的請求は、前訴の予備的請求の残部のうちの2億円余

の支払を求めるものであり、後訴の予備的請求は、前訴の主位的請求の残部のうちの2億円余の支払を求めるものである[1]。

[関係図]

X
｜ 昭57・10・28　委託業務についての報酬合意（本件合意）
Y

（前訴）X→Y
　主位的請求：商法512条に基づく12億円の報酬債権中の1億円の支払請求
　予備的請求：本件合意に基づく12億円の報酬債権中の1億円の支払請求
（後訴）X→Y
　主位的請求：本件合意に基づく12億円の報酬債権の残部中の2億円余の
　　　　　　　支払請求
　予備的請求：商法512条に基づく12億円の報酬債権の残部中の2億円余の
　　　　　　　支払請求

6　後訴第1審は、金銭債権の数量的一部請求を全部棄却する判決は、請求権全体について審理を尽くした上でその全部が不存在であるとの判断の下にされるものであり、被告としてはそのような理由中の判断によって紛争が解決するものと期待するし、他方、原告に対しては請求権全体について審理が尽くされたという意味においてその権利を実現するのに十分な手続が与えられているから、訴訟手続上の信義則ないし公平の見地からすれば、一部請求の全部棄却判決を受けた原告は、改めて残部を請求することができないと解するのが相当であると判示して、Xの主位的請求及び予備的請求のいずれをも不適法として却下した[2]。

7　後訴控訴審（原審）は、第1審判決を取り消し、事件を第1審に差し戻すとの判決をした。その理由は、金銭債権の数量的一部請求訴訟の確定判決の

---

[1] Xは、予備的請求の2として、Yによる本件業務委託契約の解除によってXが報酬請求権を失う一方、Yは本件土地の交換価値の増加によって利益を得ているとして、報酬相当額2億円余につき不当利得の返還請求をしたが、本稿ではこの請求には触れない。
[2] 東京地判平成8・9・5民集52巻4号1178頁。

既判力は当該一部についてのみ生じ残部には及ばず、本件前訴判決の既判力は本件後訴の各請求には及ばない、また、本件後訴が前訴の蒸し返しであり、信義則に反するとの特段の事情を認めるに足りる的確な証拠はない、というにある[3]。

8　Yが上告。上告理由は、一部請求を棄却する判決が確定したときは、確定判決の既判力又は訴訟上の信義則により残部請求をすることは許されないものと解すべきであるというものである。

【判旨】
原判決破棄、控訴棄却（自判）。

1　金銭債権の数量的一部請求訴訟における審理・判断の原則的あり方

「1個の金銭債権の数量的一部請求は、当該債権が存在しその額は一定額を下回らないことを主張して右額の限度でこれを請求するものであり、債権の特定の一部を請求するものではないから、このような請求の当否を判断するためには、おのずから債権の全部について審理判断することが必要になる。すなわち、裁判所は、当該債権の全部について当事者の主張する発生、消滅の原因事実の存否を判断し、債権の一部の消滅が認められるときは債権の総額からこれを控除して口頭弁論終結時における債権の現存額を確定し[4]、現存額が一部請求の額以上であるときは右請求を認容し、現存額が請求額に満たないときは現存額の限度でこれを認容し、債権が全く現存しないときは右請求を棄却するのであって、当事者双方の主張立証の範囲、程度も、通常は債権の全部が請求されている場合と変わるところはない。数量的一部請求を全部又は一部棄却する旨の判決は、このように債権の全部について行われた審理の結果に基づいて、当該債権が全く現存しないか又は一部として請求された額に満たない額しか現存しないとの判断を示すものであって、言い換えれば、後に残部として請求し

---

(3)　東京高判平成9・1・23民集52巻4号1187頁。
(4)　本判決は、ここで、44講の最3小判平成6・11・22民集48巻7号1355頁［29］を参照判例として挙げる。

得る部分が存在しないとの判断を示すものにほかならない。」

2 残部請求の意味──前訴の蒸し返し

「したがって、右判決が確定した後に原告が残部請求の訴えを提起すること
は、実質的には前訴で認められなかった請求及び主張を蒸し返すものであり、
前訴の確定判決によって当該債権の全部について紛争が解決されたとの被告の
合理的期待に反し、被告に二重の応訴の負担を強いるものというべきである。」

3 金銭債権の数量的一部請求訴訟で敗訴した原告が残部請求の訴え
を提起することの許否──結論命題

「以上の点に照らすと、金銭債権の数量的一部請求訴訟で敗訴した原告が残
部請求の訴えを提起することは、特段の事情がない限り、信義則に反して許さ
れないと解するのが相当である。」

4 本件への当てはめ

「Xの主位的請求及び予備的請求の一は、前訴で数量的一部を請求して棄却
判決を受けた各報酬請求権につき、その残部を請求するものであり、特段の事
情の認められない本件においては、右各請求に係る訴えの提起は、訴訟上の信
義則に反して許されず、したがって、右各訴えを不適法として却下すべきであ
る。」

【判例の読み方】

1 本判決のポイント

金銭その他の数量的に可分な給付を目的とする1個の債権につき、そのうち
の数量的一部の給付を求める訴えを「一部請求訴訟」と呼ぶ。

訴えの提起時に必要とされる訴訟費用金額（貼用印紙額）が訴額の増大に比
例して高額化する程度の高い我が国の制度を前提として、訴訟提起に当たっ
て、勝訴可能性と執行可能性の2つの側面から検討をした上で訴額を決める
（全部請求と一部請求のいずれを選択するか、一部請求するとして、請求金額をどう
するか）というやり方が強固に定着している[5]。また、1つの権利を分割行使

する自由が実体法上認められていることを理由に、理論的にも一部請求を訴訟
形態として受容すべきものと考えられるに至っている。

そこで、まず、一部請求訴訟を適法とする立場を前提として、判例によって
解決され、現在の民事裁判実務に定着している点を確認した上で（後記2）、
本判決の取り上げた残部請求の許否の論点を検討することにしよう（後記3）。

2　最高裁判例によって解決済みと考えられている問題

(1)　訴訟物（既判力）の範囲

原告が一部請求である旨を明示した場合は、訴訟物は当該一部であって、判
決の既判力は残部に及ばない[6]が、明示しなかった場合は、訴訟物は債権全体
であって、判決の既判力は債権全体に及び、後になって、前訴が一部請求であ
ったと主張して、残部請求をすることは許されない[7]、とした。

(2)　時効中断の範囲

上記(1)と同様、訴え提起による時効中断の効力の及ぶ範囲につき、明示の一
部請求の場合には、当該一部についてのみ生じる[8]が、そうでない場合には、
債権の同一性の範囲内でその全部に及ぶ[9]、とした。

なお、明示の一部請求の訴えの提起は、原則として、残部について裁判上の
催告として時効中断の効力を生じ、債権者は、当該訴えに係る訴訟の終了後6
か月以内に民法153条所定の措置を講ずることにより、残部について消滅時効
を確定的に中断することができる[10]、とした。

最高裁は、以上のとおり、明示の一部請求訴訟の訴訟物が請求された債権の
一部であり、既判力の及ぶ範囲もその一部のみであって、残部には及ばないと
の立場に立つことを明らかにした。

---

(5)　原告は、まず、請求原因事実である損害額がそのまま認定されない可能性、弁済・相
　　殺等の抗弁が提出される可能性を考慮し、請求金額を最終的に認容され得る金額を大き
　　く上回ることのないようにし、次に、被告に資力がない等回収可能性に疑問がある場合
　　には、判決での認容予想金額の更に内金とするのも珍しくない。

(6)　最2小判昭和37・8・10民集16巻8号1720頁。

(7)　最2小判昭和32・6・7民集11巻6号948頁 [51]。

(8)　最2小判昭和34・2・20民集13巻2号209頁 [15]。

(9)　最2小判昭和45・7・24民集24巻7号1177頁 [80]。

(10)　最1小判平成25・6・6民集67巻5号1208頁 [12]。

第8章　判　決　487

(3)　審理・判断の方法

不法行為による損害賠償を求める一部請求訴訟において、過失相殺をするには、損害の全額から過失割合による減額をし、その残額が請求額を超えないときは当該残額を認容し、その残額が請求額を超えるときは請求額の全てを認容すべきである[11]、とした。

また、金銭債権の一部請求訴訟において相殺の抗弁が主張された場合、過失相殺と同様に審理・判断すべきである[12]、とした。

一部請求訴訟における過失相殺又は相殺の抗弁の扱いにつき、外側説、内側説、按分説の3つの見解が対立していたところ、最高裁は、以上のとおり、原則として外側説によるべきことを明らかにした。外側説による場合の主張・立証の構造については、44講で検討することにする。

3　残された問題──残部請求の許否

このようにして、一部請求をめぐる種々の問題が一応の解決をみた結果、残された問題は敗訴原告による残部請求の許否に集約されることになった。本判決は、この点につき、最高裁がその判断を明示したものである。

(1)　【判旨】3──結論命題とその法的根拠

本判決の【判旨】3は、明示の一部請求の前訴において敗訴（一部敗訴を含む。）した原告による残部請求が原則として許されないとの結論命題を明らかにする説示部分である。また、この結論を導く法的根拠を信義則に求めることをも明らかにした。

ここで明確に理解しておくべきは、本判決は、一部請求の訴訟物が債権全部であり、その既判力が債権全部の存否に及ぶという理論構成（既判力を根拠とする理論構成）を採用したのではないことである。既判力を根拠とする理論構成を採用するのは、前記2に整理した最高裁判例の立場と抵触するから、判例変更の手続を要するのであり、判例形成としては手堅い道を選んだということができる。

本判決は、このような一部請求訴訟の訴訟物及び既判力に関する判例の立場

---

(11)　最1小判昭和48・4・5民集27巻3号419頁［51］。

(12)　前掲最3小判平成6・11・22。

を前提にして、下記(2)のとおり、後訴が実質的に前訴の蒸し返しに当たる[13]として、その法的根拠を信義則に求めたのであるが、学説の展開に沿うものでもある[14]。

(2) 【判旨】1、2——信義則違反の評価を導くに足りる理由

本判決の【判旨】1、2は、敗訴原告の残部請求が信義則違反の評価を導くに足りる理由を説示する部分である。

本判決は、その理由として、以下の3点を列挙する。

① 裁判所が1個の金銭債権の数量的一部請求の当否を判断するためには、おのずから債権の全部について審理判断することが必要になり、当事者双方の主張・立証の範囲と程度も、通常は債権の全部が請求されている場合と変わるところがない（【判旨】1の前半）。

② 一部請求を全部又は一部棄却する判決は、結局のところ、後に残部として請求し得る部分が存在しないとの判断を示すものにほかならない（【判旨】1の後半）。

③ 棄却判決の確定後に原告が残部請求の訴えを提起することは、実質的には前訴での請求と主張の蒸し返しであり、前訴確定判決によって紛争が解決されたとの被告の合理的期待に反し、被告に二重の応訴の負担を強いるものである（【判旨】2）。

上記①、②は、前記2(3)の一部請求訴訟における審理・判断の実際を説明するものであり、同③は、同①、②から導かれる残部請求の後訴が必然的に帯有する性質を説明することによって、信義則違反の評価を導くに足りるとの判断を説示するものである。

(3) 残部請求が許される「特段の事情」

上記(2)のとおり、残部請求の後訴提起が前訴の蒸し返しであって、訴訟上の信義則違反との評価を受けるのは、当事者双方の主張・立証が債権の全部に及び、その結果、前訴判決の判断も債権の全部に及ぶという通常の場合であるか

---

[13] 前訴と訴訟物を異にする後訴の提起が信義則に違反し許されないとした先行判例として、最1小判昭和51・9・30民集30巻8号799頁［28］がある。

[14] 中野貞一郎「一部請求論について」同『民事手続の現在問題』（判例タイムズ社、1989年）85頁、兼子原著・条解531頁［竹下守夫］を参照。

ら、本判決にいう「特段の事情」があるといえるのは、前訴の審理・判断が債権の全部に及ばなかった場合であるということになる。

　その例として、損害賠償請求事件の前訴において予想し難い後遺症等による損害が後に生じた場合や、損害賠償請求事件の前訴において原告が費目を限定して主張・立証した場合が挙げられる[15]。

　最1小判平成20・7・10判時2020号71頁は、一部請求であることが明示されていたかどうかについての事例判断をしたものであるが、前訴が上記の費目限定型の損害賠償請求である場合には、残部請求を許してよい「特段の事情」があるとの立場を前提にするものと考えることができる[16]。

(4)　残部請求の許否の争点についての主張・立証責任

　残部請求の後訴の提起が訴訟上の信義則に反するという主張は訴訟要件についてのものであり、後訴を不適法とする「本案前の主張」である。後訴が訴訟要件を満たすものであるかどうかは裁判所の職権調査事項であるが、後訴の提起が訴訟上の信義則に違反するかどうかの判断のための資料は、事柄の性質からして、また訴訟の実体との密着性からしても、弁論主義の適用があり、後訴の提起が訴訟上の信義則に反するとの規範的評価を導くに足りる評価根拠事実又はその評価障害事実の主張・立証の責任は両当事者が負うべきものと解すべきであろう。したがって、この信義則違反の主張は「本案前の抗弁」という性質を有するものであるといってよい。

　結局、被告において「本案前の抗弁」として、①前訴が明示の一部請求であったこと、②請求の全部又は一部を棄却する前訴判決が確定していること、③後訴が残部請求であることを主張・立証することを要する。

　これに対し、原告において「本案前の抗弁に対する再抗弁」として、前訴の審理判断が当該債権の全部に及ばなかったことを示す具体的事実（例えば、前訴が費目限定型の損害賠償請求事件であったこと）を主張・立証することになる[17]。

---

[15]　山下郁夫・最判解平成10年度民事下617頁を参照。

[16]　前掲最1小判平成20・7・10の詳細な検討として、田中・要件事実245～250頁を参照。

[17]　残部請求許否の本案前の抗弁の主張・立証責任につき、田中・要件事実242～245頁を参照。

このように検討してくると、ここでの信義則は、明示の一部請求棄却判決後の残部請求を許さないとする結論を導くための法的理由として援用されているものであるため、その**評価根拠事実と評価障害事実**は、いずれも極めて定型化されたものである[18]。

4 おわりに

本判決は、我が国の民事裁判実務に定着した一部請求訴訟につき、これを受容すべき制度的必要性があるとの認識を前提にして積み重ねられてきた数多くの判例との理論的整合性を維持した上で、学説の進展をも受け止め、訴訟上の信義則を法的根拠として、明示の一部請求棄却判決後の残部請求を原則として許さない旨を宣明したものである。理論構成、結論とも穏当なものであり、手堅い判例形成の典型例といってよい。

本判決は、残部請求を許してよい「特段の事情」の具体例の積み重ねはもとより、明示の一部請求認容判決後の残部請求を含む一部請求に係る諸問題の議論の進化を促す判決として位置付けることができよう。

---

[18] 渡部美由紀「明示の一部訴求後の残部訴求」法政論集219号（2007年）1頁を参照。

◆ 一部請求と既判力(2)

44 一部請求訴訟における相殺と既判力の生ずる範囲

最3小判平成6・11・22民集48巻7号1355頁[29]

【事実】

1　X（注文者）は、Y（請負人）との間で、昭和55年1月23日、X所有の既存建物に増改築を施す工事及び同一地上に店舗用建物を新築する工事の請負契約（本件請負契約）を締結した。しかし、同工事の完成前である同年6月19日、Xは、Yに対し、本件請負契約を履行不能又は履行遅滞を理由に解除する旨の意思表示をした。その理由は、新築建物が安全性の最低要件をも満たさない危険な構造物であり、その補修が社会通念上不可能であるというものであった。

2　Xは、Yに対し、本件請負契約解除による損害賠償として総額957万5100円（新築建物の解体費用109万0100円、新築建物が完成すれば得られたはずの賃料57か月分598万5000円、支払済み請負代金の内金250万円）のうち376万3000円の支払を請求した。

3　Yは、第1審において、Xの主張を争い、予備的に既存建物の増改築工事の既施行部分の報酬相当額194万6850円の支払請求権を自働債権とする相殺の抗弁（相殺の抗弁1）を主張した。

4　第1審は、履行不能を理由とする本件請負契約の解除を有効とし、Xの有する損害賠償金額を401万0100円（解体費用109万0100円、得べかりし賃料42万円、支払済み請負代金250万円）と認定し、他方、相殺の抗弁1の自働債権額を96万5000円と認定し、結局、Xの請求のうち304万5100円を認容した[(1)]。第1審判決に対し、Yのみが控訴し、Xは控訴も附帯控訴もしなかった。

5　Yは、控訴審において、相殺の抗弁1に追加して、別の請負契約の債務不履行に基づく486万円の損害賠償債権を自働債権とする相殺の抗弁（相殺の抗弁2）を主張した。

---

(1)　福岡地小倉支判昭和63・10・12民集48巻7号1359頁。

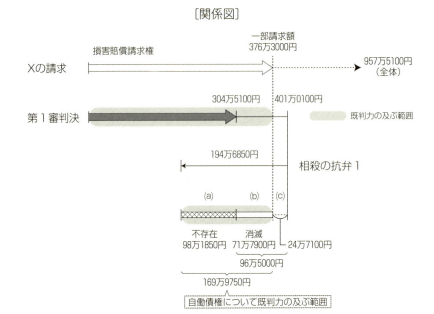

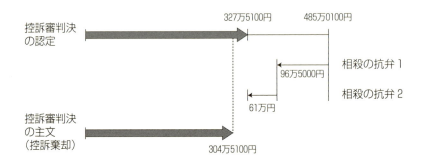

6 控訴審（原審）は、Xの有する損害賠償金額を485万0100円（新築建物の解体費用109万0100円、得べかりし賃料126万円、支払済み請負代金250万円）と認定し、他方、相殺の抗弁1の自働債権額を96万5000円と、相殺の抗弁2の自働債権額を61万円とそれぞれ認定し、結局、XはYに対して327万5100円を請求し得るところ、Yに対して第1審判決の認容金額を上回る金額の支払を命ずることは民訴法385条（現行民訴法304条）の不利益変更禁止の原則に触れるとして、Yの控訴を棄却した[2]。

第8章　判　決　493

7　Yが上告。その理由は、Xが控訴も附帯控訴もしていないのに、Xの損害賠償債権額を増額認定し、Yの相殺の抗弁2の一部を認めて控訴を棄却したため、Yの相殺の抗弁2の自働債権の不存在が既判力をもって確定された結果となったから、原判決はYにとって第1審判決よりも不利益なものである。原判決は、民訴法199条2項・385条（現行民訴法114条2項・304条）に違反するというものである。

【判旨】
上告棄却。

1　金銭債権の一部請求と相殺──外側説を採用するとの結論命題

「特定の金銭債権のうちの一部が訴訟上請求されているいわゆる一部請求の事件において、被告から相殺の抗弁が提出されてそれが理由がある場合には、まず、当該債権の総額を確定し、その額から自働債権の額を控除した残存額を算定した上、原告の請求に係る一部請求の額が残存額の範囲内であるときはそのまま認容し、残存額を超えるときはその残存額の限度でこれを認容すべきである。」

2　外側説を採用し、内側説又は案分説を採用しない理由

「けだし、一部請求は、特定の金銭債権について、その数量的な一部を少なくともその範囲においては請求権が現存するとして請求するものであるので、右債権の総額が何らかの理由で減少している場合に、債権の総額からではなく、一部請求の額から減少額の全額又は債権総額に対する一部請求の額の割合で案分した額を控除して認容額を決することは、一部請求を認める趣旨に反するからである。」

3　一部請求訴訟における相殺と自働債権の存否についての既判力

「一部請求において、確定判決の既判力は、当該債権の訴訟上請求されなかった残部の存否には及ばないとすること判例であり(3)、相殺の抗弁により自働

---

(2)　福岡高判平成2・5・14民集48巻7号1373頁。

債権の存否について既判力が生ずるのは、請求の範囲に対して『相殺ヲ以テ対抗シタル額』に限られるから、当該債権の総額から自働債権の額を控除した結果残存額が一部請求の額を超えるときは、一部請求の額を超える範囲の自働債権の存否については既判力を生じない。」

4　一部請求訴訟と不利益変更禁止の原則

「したがって、一部請求を認容した第1審判決に対し、被告のみが控訴し、控訴審において新たに主張された相殺の抗弁が理由がある場合に、控訴審において、まず当該債権の総額を確定し、その額から自働債権の額を控除した残存額が第1審で認容された一部請求の額を超えるとして控訴を棄却しても、不利益変更禁止の原則に反するものではない。」

5　本件への当てはめ

「そうすると、原審の適法に確定した事実関係の下において、Xの請求債権の総額を第1審の認定額を超えて確定し、その上でYが原審において新たに主張した相殺の自働債権の額を請求債権の総額から控除し、その残存額が第1審判決の認容額を超えるとしてYの控訴を棄却した原審の判断は、正当として是認することができる。」

【判例の読み方】

1　本判決のポイント

(1)　一部請求訴訟における審理判断の方法——外側説、内側説、案分説

一部請求訴訟（数量的に可分な給付を目的とする特定の債権の任意の一部を請求する訴訟）において、当該債権の一部を消滅させる抗弁（相殺・弁済・免除の抗弁等）が主張され、その抗弁に理由がある場合、どのような計算方法によって認容額を決すべきであるかという点が問題になる。この点につき、以下の3つの考え方がある。

「外側説」は、請求債権の全体から認められる消滅額（自働債権額・弁済額・

---

(3)　本判決は、この点の判例として、後掲最2小判昭和37・8・10を摘示する。

免除額等）を控除し、残存額が一部請求額以上である場合には請求の全部認容判決をし、残存額が一部請求額を下回る場合にはその残存額を認容する一部認容判決をする、という考え方である。

「内側説」は、当該訴訟の請求部分から認められる消滅額を控除し、残存額がある場合にはその残存額を認容する一部認容判決をし、残存額がない場合には請求棄却判決をする、という考え方である。

「案分説」は、認められる消滅額を当該訴訟の請求部分と請求されていない部分とに比例案分し、当該訴訟の請求部分から消滅額のうちの案分額を控除し、残存額がある場合にはその残存額を認容する一部認容判決をし、残存額がない場合には請求棄却判決をする、という考え方である。

本判決前における判例の立場は必ずしも明らかでなく、学説においても活発な議論がされているとはいえない状況であった[4]。

ただし、最1小判昭和48・4・5民集27巻3号419頁［51］（昭和48年判決）は、不法行為に基づく損害賠償を求める一部請求訴訟における過失相殺の方法につき、当事者（原告）の通常の意思に沿うとの理由により、外側説を採用することを明らかにしていた。

(2) 検討すべき問題

本判決は、一部請求訴訟において相殺の抗弁が提出された場合につき、認容額を決するための計算方法（外側説、内側説、案分説のいずれによるべきか）（後記2）、外側説による場合における既判力の及ぶ判断の範囲（後記3）、控訴審における不利益変更禁止の原則がどのように適用されるか（後記4）、という問題についての最高裁の立場を明らかにしたものである。いずれの問題についても学説の議論は帰一しておらず、重要な判断である。

2 外側説の採用──【判旨】1、2

本判決は、一部請求訴訟において相殺の抗弁が提出された場合につき、**最高裁が外側説を採用することを宣明した法理判例**である。【判旨】1は、その結論命題を示す判断部分であり、同2は外側説を採用する理由を説示し、内側説及び案分説を排斥することを明らかにしている。

---

(4) 水上敏・最判解平成6年度民事578〜579頁を参照。

43講で検討したように、我が国の民事訴訟において一部請求という訴訟形態を受容すべき制度的必要性があることを肯定する以上（すなわち、訴訟の口頭弁論終結時において少なくともこれだけは存在するものと認められるであろうとの期待に基づく請求の仕方を合理的なものとして許容する以上）、外側説によるのでなければ、このような制度的必要性を充足させることはできない。内側説や案分説によるときは、一部請求訴訟において請求棄却判決（請求の一部を棄却するものも含む）を受けても、原告による残部請求の訴えを肯定せざるを得ず、一部請求を訴訟形態として受容することが全体としての合理的な紛争解決に結びつかないということになる。

【判旨】1、2は、以上の理を説くものであり、そこでの発想は、過失相殺の方法に関する昭和48年判決と同じものである。したがって、本判決の結論は十分に想定されたものではあるが、最高裁がこの点を明確にしたことによって下級審における審理判断の混乱を回避することができた。

本判決の採用した外側説は、本件で問題になった相殺のみならず、弁済・免除等の債権の消滅事由の抗弁一般に妥当するものである。また、弁済や相殺の意思表示がされた時期が訴訟提起前であるかどうかといった事情によって左右されることもない[5]。

3 一部請求訴訟における相殺と既判力の及ぶ判断の範囲 ──【判旨】3

民訴法114条2項は、「相殺のために主張した請求の成立又は不成立の判断は、相殺をもって対抗した額について既判力を有する。」と規定する。

外側説を採用する場合に、相殺の抗弁についての判断につき、どの範囲で既判力が生ずるのかが問題になる。

本判決の【判旨】3は、この点を解決した法理判例である。本判決は、明示の一部請求訴訟の確定判決の既判力が残部に及ばないとする最2小判昭和37・8・10民集16巻8号1720頁（昭和37年判決）の立場を前提として、明示の一部

---

(5) 奥山興悦「債権の残額請求と弁済の抗弁」本井巽ほか編『民事実務ノート第3巻』（判例タイムズ社、1969年）225頁は、本判決前の論考であるが、訴訟係属前の場合は案分説に、訴訟係属後の場合は内側説によるべきであるとしていた。

請求訴訟における相殺の抗弁について生ずる既判力の範囲につき、自働債権のうちの一部請求の額を減ずるのに供された部分についてのみ既判力を生じ、その外側部分については既判力を生じないことを明らかにした。

原告の請求、被告による相殺の主張及び裁判所の認定判断が[説明図]のような場合であることを前提にして、検討してみよう[6]。

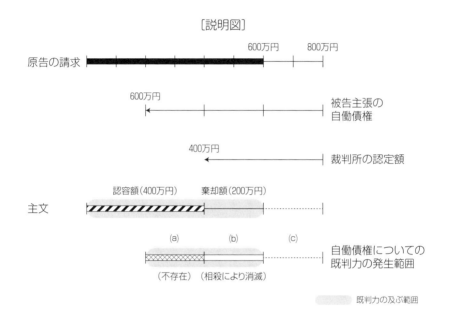

まず、原告の請求権についてみると、既判力は、主文において認容された400万円の存在と棄却された200万円の不存在とに生ずる。一部請求の外側にある200万円部分に既判力が生ずることはない。

次に、自働債権に係る被告の請求権についてみると、既判力は、一部請求の内側にある(a)の部分と(b)の部分の各請求権の不存在について生ずる。(a)の部分はもともと自働債権に係る請求権が不存在であったということであり、(b)の部分は自働債権に係る請求権が存在していたが相殺によって消滅したということである。(c)の部分は、一部請求の外側なので、この部分に既判力が生ずること

---

[6] 本文の事例は、水上・前掲注(4)の584頁によっている。

はない。

この点は、民集の判示事項・判決要旨として抽出されていない。昭和37年判決の論理的帰結にすぎないと考えられたようである[7]が、民事裁判実務上非常に重要な論点であるばかりか、学説の議論が収束しているわけでもない[8]から、判示事項・判決要旨として抽出されるのがふさわしいと思われる。いずれにしても、この点についての判例の論理を明確に理解しておく必要がある。

4 一部請求訴訟と不利益変更禁止の原則──【判旨】4

【事実】7のとおり、Yは、上告理由として、Xの控訴・附帯控訴なしにXの損害賠償債権額を増額認定し、Yの相殺の抗弁2の一部を認めて控訴を棄却したため、Yの相殺の抗弁2の自働債権の不存在が既判力をもって確定された結果となったから、原判決は不利益変更禁止の原則に違背する[9]と主張した。

しかし、Xの控訴・附帯控訴がなかったため、原判決は控訴を棄却したのであり、本判決が上告を棄却することにより確定するのは第1審判決である。原判決は、判決理由中でXの有する損害賠償債権の総額を485万0100円と確定し、その額から相殺の抗弁1及び2の自働債権の合計額157万5000円（相殺の抗弁1につき96万5000円、相殺の抗弁2につき61万円）を控除した残存額を327万5100円と計算しているが、これらの金額の全てが既判力をもって確定されるわけではない。本判決の【判旨】3のフォミュラによって既判力をもって確定される権利を整理すると、以下のとおりである。

① 本件請負契約の債務不履行に基づくXのYに対する損害賠償請求権が304万5100円存在し、71万7900円存在しないこと。

② 相殺の抗弁1に供したYのXに対する本件請負契約に基づく報酬請求権169万9750円が存在しないこと。このうち、71万7900円は相殺の結果消滅したものであり、98万1850円はもともと存在しないものである。すなわ

---

(7) 水上・前掲注(4)の581頁を参照。

(8) 梅本吉彦・平成6年度重判解説121頁、木川統一郎＝北川友子「判批」判タ890号（1995年）22頁、戸根住夫・私リマ12号（1996年）120頁、中野貞一郎「判批」民商113巻6号（1996年）117頁、原啓章「判批」法政研究63巻1号（1996年）307頁を参照。

(9) 梅本・前掲注(8)の123頁及び木川＝北川・前掲注(8)の27頁は、本文の上告理由と同旨を指摘する。

ち、Ｘの請求した損害賠償請求権376万3000円の外側部分に存するＹの報
酬請求権24万7100円には既判力は生じない。

すなわち、控訴審においてＹが提出した相殺の抗弁２については、原判決の
判決理由中で認定判断されているのであるが、既判力を生ずるに由無いのであ
る[10]。

結局、相殺の抗弁２の自働債権の不存在が既判力をもって確定されたという
Ｙの上告理由は、本判決の【判旨】３のフォミュラによる限りは、主張自体失
当ということになる。

5 おわりに

本判決は、明示の一部請求訴訟において、債権の一部消滅の抗弁（相殺・弁
済・免除等）が提出された場合の審理判断の方法につき、いわゆる外側説を採
用することを宣明した法理判例である。

本判決は、さらに、明示の一部請求訴訟において、相殺の抗弁が提出された
場合に、民訴法114条２項の規定によって自働債権の存否に既判力の生ずる範
囲につき、最高裁として初めての判断をした。また、本判決は、この自働債権
の存否についての既判力の判断を前提として、明示の一部請求訴訟の原告が控
訴又は附帯控訴をしなかった場合であっても、判決理由中で第１審判決の認定
した金額を超える債権の存在を認定し、かつ、第１審が対象としなかった相殺
の抗弁を審理判断の対象として自働債権の発生とその消滅とを判決理由中で判
断したとしても、そのこと自体では不利益変更禁止の原則に反するものではな
いことを明らかにした。

本判決の説示するように、一部請求訴訟という訴訟形態を適法なものとして
受容する以上、法律実務家の発想からすると、外側説によるべきは当然のこと
と考えられていた。そうすると、民事裁判実務に対する影響という観点から
は、本判決の意義は、判示事項・判決要旨として抽出された外側説によること
を明らかにしたことよりも、むしろ、外側説を前提にした上で、相殺の抗弁の
自働債権の存否に既判力の生ずる範囲を最高裁として明らかにしたところに見
出すべきであろう。

---

(10) 本件確定判決の既判力の及ぶ範囲については、【事実】の関係図を参照されたい。

本判決は、我が国の民事裁判の実務に強固に根付いた明示の一部請求訴訟につき、訴訟当事者の主張・立証及び事実審裁判官の審理判断に直接的な影響を及ぼす重要判例であり、特に法律実務家として見落とすことの許されない判例というべきである。

501

◆ 　既判力の主観的範囲(1)

45 「口頭弁論終結後の承継人」の判断枠組み

最 1 小判昭和48・ 6 ・21民集27巻 6 号712頁[65]

【事実】

　1 　本件土地は、登記簿上A所有名義のものであった。Yは、Aに対し、本
件土地はYの所有に属しており、A名義の所有権移転登記は通謀虚偽表示によ
るもので無効であると主張して、本件土地につき、真正な登記名義回復のため
の所有権移転登記手続請求訴訟（前訴）を提起した[1]。A欠席のまま、昭和43
年 4 月17日に口頭弁論が終結し、同月26日にYの請求を認容する判決が言い渡
され、そのころ前訴判決は確定した。

　2 　Xは、これらの事情を知らずに（善意で）、昭和43年 6 月27日にAに対
する強制競売手続において本件土地を買い受け（競落し）、同年 7 月22日にそ
の旨の所有権移転登記を経由した。そこで、Yは、Aに対する前訴確定判決に
基づき、Xに対する承継執行文の付与を受け、XからYへの所有権移転登記を
経由した。

　3 　これに対し、Xは、Yを被告として、本件土地の所有権確認と真正な登
記名義回復のための所有権移転登記手続とを求める訴訟（後訴）を提起した。

　4 　第 1 審は、XはAから本件土地を前訴の口頭弁論終結後に買い受けた者
である以上、承継人として前訴判決の既判力を受ける者であるが、口頭弁論終
結後の承継人は、口頭弁論終結時における前主と相手方の権利関係について確
定判決の内容に抵触するような主張ができないだけであって、その時以後に生
じた新たな事実に基づく主張はできるとし、したがって、Yが本件土地につい
て登記を経由する前に第三者であるXが前訴の口頭弁論終結後に権利を取得し
その登記を経由した場合には、YはXに対抗できなくなると解するのが相当で
あると判断し、Xの各請求を認容した[2]。Yの控訴につき、控訴審（原審）は

---

　(1) 　前訴は、実際には、Yの破産管財人が法定訴訟担当として追行したものである。本文
　　　は、その点を簡略にした。

控訴棄却[3]。Yが上告。

5　Yの上告理由は、原判決は、本件を民法177条の対抗要件の問題として扱っているが、XとYとの関係は対抗関係に立たず、Xの競落による所有権移転登記は無効であり、原判決には同条の解釈適用を誤った違法がある、というものである。

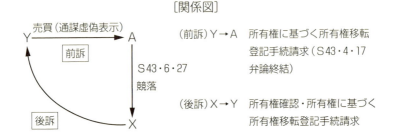

【判旨】

上告棄却。

「以上の事実関係のもとにおいては、(1)Yは、本件土地につきA名義でなされた前記所有権取得登記が、通謀虚偽表示によるもので無効であることを、善意の第三者であるXに対抗することはできないものであるから、Xは本件土地の所有権を取得するに至ったものであるというべきである。このことはYとAとの間の前記確定判決の存在によって左右されない。(2)そして、XはAのYに対する本件土地所有権移転登記義務を承継するものではないから、Yが、右確定判決につき、Aの承継人としてXに対する承継執行文の付与を受けて執行することは許されないといわなければならない。」((1)、(2)の付番は、筆者による。)

「Yの右行為[4]は違法であって、右登記の無効であることは前説示に照らし明らかである。結論において右と同趣旨に帰する原審の判断は正当であって、原判決に所論の違法はなく、論旨は理由がない。」

---

(2)　名古屋地判昭和46・5・11民集27巻6号715頁。
(3)　名古屋高判昭和46・11・25民集27巻6号723頁。
(4)　前訴確定判決に基づいてXに対する承継執行文の付与を受けて所有権移転登記を経由したことを指す。

第8章 判 決 503

【判例の読み方】

1 本判決のポイント

(1) 既判力についての当事者相対効の原則

民事訴訟制度は私人間の紛争解決のために国家が税金によって創設し運営するものであるところ、既判力は、その制度目的達成のために不可欠なものとして、確定した終局判決中の訴訟物についての判断に認められる拘束力である（訴訟法説、制度的効力説）。そして、このような制度的効力が認められる正当化根拠は、終局判決に至る過程で当事者に対して訴訟手続上の諸権能が付与されていることに求められる（手続保障説）。そこで、既判力はそのような当事者のみに及び第三者には及ばないというのが論理的帰結になる（当事者相対効の原則）。

(2) 当事者相対効の原則に対する例外についての立法的割切り

しかし、当事者相対効の原則を金科玉条にすると、所有権に基づいて土地の明渡しを請求された被告が事実審の口頭弁論終結後に当該土地の占有を第三者に移転するといった事態（その典型例は、当該土地上の被告所有建物を第三者に譲渡するという事態）が発生すると、原告は、再度、当該土地を占有する第三者を相手方として訴えを提起しなければならないということになる。これでは、確定判決に至るまでの当事者と裁判所の努力の大部分が水泡に帰する。そこで、訴訟制度の実効性を確保するという観点から、立法者は、1926（大正15）年、民訴法を改正して現行法115条1項3号に相当する規定を創設し、確定判決の既判力を「口頭弁論終結後の承継人」に及ぼすこととした。

すなわち、当事者でない**口頭弁論終結後の承継人に既判力を及ぼす**ことにしたのは、手続保障に由来する既判力の当事者相対効の原則と訴訟制度の実効性確保との間のバランスをとるための立法的割切りとして理解することができる[5]。

(3) 前訴の口頭弁論終結後の承継人に当たるかどうかの判断枠組み

上記(2)に挙げた典型例のようなものであれば、前訴の口頭弁論終結後の承継人に当たるかどうかの判断に困難を感ずることはないのであるが、当然のこと

---

[5] 立法者がそのように割り切ることを合理化するだけの手続保障ありと考えたのはもちろんである。

504

ながら、実際に起きる紛争には様々なものがあるため、その判断枠組みとしてどのようなものが有用であるかが問題になる。

以下、本判決が扱った紛争はありふれたものであるので、まず、本件事案に即して、前訴と後訴の訴訟物と主張・立証の構造を押さえた上で（後記2）、本判決の採用した前訴の口頭弁論終結後の承継人に当たるかどうかの判断枠組みがどのようなものであるかを理解し（後記3）、本判決の論理との関係において、いわゆる適格承継説の判断枠組みとしての存在意義を検討し（後記4）、翻って、民訴法115条1項3号の規定の意義を考えることにしよう（後記5）。

2　前訴と後訴の訴訟物と主張・立証の構造

(1)　YのAに対する前訴

YとAとの間の前訴の訴訟物は、旧訴訟物理論を前提にし、かつ登記請求権についての判例・通説である多元説[6]を前提にすると、YのAに対する**本件土地所有権に基づく妨害排除請求権としての所有権移転登記請求権**である[7]。

前訴の主張・立証の構造は、以下のとおりである。

［請求原因］

> (ア)　Yは、本件土地をもと[8]所有していた。
> (イ)　Aは、本件土地につき現在[9]所有権移転登記を経由している。

［抗弁（所有権喪失）］

> (a)　YとAは、YがAに対して本件土地を売る旨の売買契約を締結した。

---

(6)　登記請求権についての多元説につき、差し当たり、司法研修所・類型別63〜64頁を参照。

(7)　高橋・重点講義上694頁は、「通謀虚偽表示という属性を持った請求を訴訟物とする」と説明する。しかし、第1審判決の理由説示（民集27巻6号720頁）による限り、前訴の訴訟物は本文記載のとおりである。

(8)　「もと」とは、抗弁事実である「YとAが本件土地の売買契約を締結した」時を指す。

(9)　「現在」とは、前訴の事実審口頭弁論終結時を指す。

［再抗弁（通謀虚偽表示）］

> ㋒　ＹとＡは、⒜の契約締結に際していずれも売買の合意をする意思がないのに、その
> 意思があるもののように仮装することを合意した[10]。

　前訴の訴訟物を上記のように把握すると、前訴確定判決の既判力は、主観的
にはＹとＡとの間に及び、客観的には基準時である昭和43年4月17日において
ＡがＹに対して本件土地所有権に基づく所有権移転登記義務を負うことに及ぶ
ということになる。

　そして、前訴の主張・立証の構造を上記のように理解すると、前訴確定判決
の基準時である昭和43年4月17日において本件土地所有権がＹに帰属するこ
と、ＹとＡとの間で本件土地の売買契約が締結されたこと、同売買契約が通謀
虚偽表示であったことは、いずれも**判決理由中の判断であって、これらの判断
部分に既判力が及ばないことは明らかである**[11]。すなわち、旧訴訟物理論を採
ろうと新訴訟物理論を採ろうと、これらの判断部分に既判力が及ぶことがない
ことに違いはない[12]。

(2)　ＸのＹに対する後訴

　後訴において、Ｘは、本件土地についての所有権確認と所有権に基づく所有
権移転登記を求めた。したがって、**訴訟物は、Ｘの本件土地所有権及びＸのＹ
に対する本件土地所有権に基づく妨害排除請求権としての所有権移転登記請求
権である。**

　後訴の主張・立証の構造は、以下のとおりである。

---

[10]　通謀虚偽表示の要件事実をどのように考えるかについては問題があるが、本書はその
　　点を議論することを目的とするものでないので、ここでは、一応、司法研修所・手引中
　　の事実摘示記載例集36頁によっておく。なお、本件は通謀虚偽表示の類推適用が主張
　　されたもののようであるが、主張事実の詳細が明らかでないので、本文では類推適用では
　　なく純正適用の主張として整理しておく。

[11]　最1小判昭和30・12・1民集9巻13号1903頁は、所有権に基づく登記請求認容判決に
　　つき、所有権の帰属に既判力が及ばないことを明らかにした判例である。

[12]　高橋・重点講義上694頁は、旧訴訟物理論による場合には通謀虚偽表示に係る判断部
　　分に既判力が及ぶというが、疑問である。

[請求原因]

> (ア) Yは、本件土地をもと所有していた。
> (a) YとAは、YがAに対して本件土地を売る旨の売買契約を締結した。
> (b) Xは、昭和43年6月27日、Aに対する不動産強制競売手続において本件土地を競落し、その代金を支払った。
> (c) Yは、本件土地につき現在[13]所有権移転登記を経由し、Xが本件土地を所有することを争っている。

[抗弁（通謀虚偽表示）]

> (ウ) YとAは、(a)の契約締結に際していずれも売買の合意をする意思がないのに、その意思があるもののように仮装することを合意した。

[再抗弁（善意）]

> (d) Xは、(b)の競落に際して(ウ)を知らなかった。

(3) 前訴と後訴との関係についての整理

後訴の各訴訟物が前訴の訴訟物と同一でないことは、一見して明らかである。そして、後訴の主張・立証の構造に照らして、前訴の訴訟物についての判断（AがYに対し、昭和43年4月17日の時点で、Yの本件土地所有権に基づく所有権移転登記義務を負うとの判断）が、後訴の訴訟物についての判断の先決関係に立つといえないこともまた明らかである。

なお、本件における後訴は、Yが前訴の既判力の拡張を主張して（すなわち、XはAの前訴口頭弁論終結後の承継人であると主張して）Xを被告としたものではない。しかし、本件における後訴をそのような分かりやすい形態によるものに置き換えてみても（YがXを被告としてYの本件土地所有権に基づく妨害排除請求権としての所有権移転登記抹消登記請求をしたと仮定してみても）、所有権に基づく妨害排除請求権は妨害状態が存する限り当該所有権から不断に発生するものであるとの実体法の理解を前提とする限り、Xが前訴の基準時後に本件土

---

(13) 「現在」とは、後訴の事実審口頭弁論終結時を指す。

第8章 判 決 507

地を競落し、その所有権移転登記を経由したという事実を前提とすると、Xが前訴の訴訟物（YのAに対する本件土地所有権に基づく妨害排除請求権としての所有権移転登記請求権）である権利義務の主体になった者ということはできないし、Xが前訴の訴訟物を先決関係とする権利義務の主体になった者ということもできない[14]。

　また、本件における後訴では、前訴におけるのと同様にYとAと間の売買契約が通謀虚偽表示であったかどうかが争点（攻守所を替えたために、前訴では再抗弁、後訴では抗弁である。）になっているが、この点の前訴確定判決の判断に既判力が及ばないのは前記のとおりである。

3　「口頭弁論終結後の承継人」に当たるかどうかの判断枠組み ──【判旨】

　前訴と後訴の各訴訟物及び各主張・立証の構造につき、以上のように把握すべきことを理解することができれば、本判決がどのような理屈で成り立っているのかを理解するのに、大きな困難はない。

(1)　はじめに──前訴確定判決に拘束される判断

　本判決は、まず、もとY所有の本件土地につきされていたA名義の登記がYとAとの間の通謀虚偽表示による無効のものであること、その結果前訴確定判決の基準時である昭和43年4月17日において本件土地所有権がYに帰属していたこと、Xがこれらの事情を知らずに前訴の基準時後に本件土地を競落して所有権移転登記を経由したことつき、後訴の原審が確定した（審理判断した）ものとして摘示する。

　これは、これらの点についての前訴確定判決の事実認定と法律判断とに後訴裁判所が拘束されることがないとの立場に立つことを、最高裁自らが明らかにしたものである。

　既判力の客観的範囲及び主観的範囲についての判例の立場を前提とする限り、当然の帰結というべきであるが、最高裁が当該事案に即して再確認したところに意味がある。すなわち、本判決は、YとAとの間の前訴確定判決の既判力のゆえに、XとYとの間の後訴において、後訴裁判所が職権調査し職権探知

---

(14)　山本克己・百選185頁は、同趣旨をいう。

すべき権利義務関係があるとか、Yが主張・立証責任を負わないでよい事実がある[15]とか、前訴確定判決の判断内容に抵触するためにXが後訴において主張することができない主張があるとは考えていないのである。

(2) Xの所有権確認請求——【判旨】(1)

本判決は、【判旨】(1)のとおり、Yが善意の第三者であるXに対して通謀虚偽表示による無効を主張することができない結果、Xが本件土地の所有権を取得したと判断した。

これは、前記2(2)のとおりの後訴の主張・立証の構造を前提にして、証拠によってXの主張する再抗弁事実を認定することができるという理屈によって、Xの本件土地の所有権確認請求を認容すべきものとした原判決の結論を肯認したものである。

その際、本判決は、Xの所有権帰属は前訴確定判決の存在によって左右されない旨付言しているが、これは、前記2(1)、(2)のように前訴と後訴の各訴訟物を把握すべきことからすれば、ごく当然の判断である。

(3) Xの所有権移転登記請求——【判旨】(2)

その上で、本判決は、【判旨】(2)のとおり、Xが前訴確定判決におけるAのYに対する所有権移転登記義務を承継するものではないから、YがXに対する承継執行文の付与を受けて執行することは許されないと判断した。そして、事実上承継執行文の付与を受けて所有権移転登記を実現したところでそのような登記は無効であるとした。

この論理展開からすると、本判決は、Xが確定判決の既判力の及ぶ「口頭弁論終結後の承継人」(現行民訴法115条1項3号)に当たらないことを理由にして、Xが執行力の及ぶ「口頭弁論終結後の承継人」(現行民事執行法23条1項3号)にも当たらないとの結論を導いていると理解するのが素直な読み方であろう[16]。すなわち、本判決は、**既判力が及ぶことのない者に執行力が及ぶことはない**との立場に立っているものと理解することができる。

---

(15) Yは、XがAの口頭弁論終結後の承継人であるから、Aの経由していた登記が通謀虚偽表示であることを主張・立証する必要はないと主張したが、原判決がこの主張を容れず、本最高裁判決も原判決を是認していることは本文のとおりである。

(16) 新堂幸司・伊藤眞=上原敏夫=長谷部由起子編『民事執行・保全判例百選』(有斐閣、2005年)22頁も同旨。

第8章 判 決 509

(4) 本判決の論理——実質説（実体法説）の採用

本判決は、所有権に基づく真正な登記名義の回復のための不動産の所有権移転登記請求の前訴において通謀による虚偽の登記名義であることを理由とする被告敗訴判決の確定判決は、前訴の口頭弁論終結後に被告から当該不動産を善意で譲り受けた第三者に対してその効力を有しないことを明らかにしたものである。

そして、本件事案におけるＸがＡの口頭弁論終結後の承継人に当たるかどうかは、Ｘが実体法に従って固有の攻撃防御方法を有しているかどうか、それを主張・立証することができるかどうかによって決せられるという論理によって支えられていると理解することができる。

このような考え方を指して、「実質説」と呼ぶのが一般であるが、実体法を適用した結果初めて既判力の及ぶ口頭弁論終結後の承継人に当たるかどうかが判明するというのであるから、むしろ「実体法説」と呼ぶのが適切であろう。

理由付けの論理は実体法説にあるが、本判決は、「口頭弁論終結後の承継人」に当たるかどうかの判断枠組みとして「実体法説」によることを一般的に宣明したものではなく、虚偽表示の善意の第三者という１つの類型を取り上げて判断したにすぎないものであるから、場合判例として位置付けるのが正確であろう。

(5) 二重譲渡と口頭弁論終結後の承継人についての先行最高裁判例

本判決に先立って、最１小判昭和41・6・2判時464号25頁（昭和41年判決）は、判決要旨において、「不動産買受人甲が売渡人乙に対し所有権移転登記手続履践の請求訴訟を起こし、甲勝訴の判決が確定した場合において、乙から同一不動産の二重譲渡を受けた丙が、右訴の事実審の口頭弁論終結後にその所有権移転登記を経たとしても、丙は、前示確定判決について、民訴法第201条第1項〔現行民訴法115条1項〕の承継人にあたらない。」とした。

この事件につき、前訴と後訴の各訴訟物、各主張・立証の構造を一々摘示することはしないが、丙が前訴の訴訟物（甲の乙に対する売買契約に基づく所有権移転登記請求権）である権利義務の主体になった者ということができるわけでも、丙が前訴の訴訟物を先決関係とする権利義務の主体になった者ということができるわけでもないこと、及び前訴の争点であった甲・乙間の売買契約の成立についての事実認定に係る判断部分に既判力が及ばないのも、本判決の事案

におけると同様である。

ただし、この最高裁判決の判決文の方が実体法説によるものであることをその表現上感得しやすいものになっている。

4　適格承継説（形式説・訴訟法説）の存在意義

(1)　いわゆる適格承継説（形式説・訴訟法説）とは

第三者が口頭弁論終結後の承継人に当たるかどうか（既判力の拡張を受けるかどうか）は、前訴の当事者適格を承継した者[17]ないし紛争の主体たる地位を承継した者[18]であるかどうかによって形式的に判断する（**適格承継説**）が、当該第三者の有する固有の攻撃防御方法は遮断されず、当該第三者はこれを主張・立証して争うことは妨げられないとする考え方があり、一般に「**形式説**」と呼ばれる。

形式説は、論者の掲げる形式的基準を満たす場合には、第三者をいったんは口頭弁論終結後の承継人に当たるとして扱う（すなわち、既判力の及ぶ承継人であると観念する）が、前訴の基準時後の事由を主張・立証することができるかどうかによって、当該第三者が最終的に保護されるかどうかを決するというもののようである[19]。

上記の説明から明らかなように、形式説は、既判力が拡張される承継人を専ら訴訟法の概念を使って定義しようとする試みであるから、むしろ「訴訟法説」と呼ぶのが適切であると思われる。

(2)　いわゆる適格承継説——形式説の検証

この試みが成功しているかどうかは、次の2点の判断にかかることになる。第1に、形式的に判断するための上記の基準が明確であって誤りなく適用することができるようなものであるかどうか、第2に、上記のような2段階による論理操作をするのが既判力についての一般的説明と整合するかどうか、であ

---

[17]　山木戸克己「訴訟物たる実体法上の関係の承継」法セミ30号（1958年）44頁、小山昇『判決効の研究』（信山社、1990年）168頁を参照。

[18]　新堂・新民訴702頁を参照。なお、「紛争の主体たる地位を承継した者」という表現は、旧民訴法74条1項（現行民訴法50条1項）の義務承継人に当たるかどうかを判断した最3小判昭和41・3・22民集20巻3号484頁にも見られる。

[19]　山本・前掲注[14]189頁を参照。

る。

第1に、適格承継説は、一般に、「移転登記手続請求の被告適格は、現に登記名義を有する者であるから、本件不動産の登記がYからZに移転することによって、Zに被告適格が承継されたことになる。」などと説明される[20]。しかし、被告が現に登記名義を有するかどうかは、被告適格の問題ではなく、請求が認容されるかどうかの本案の問題である[21]。したがって、既判力が拡張される承継人の意義を「当事者適格」という訴訟法の概念を借用して説明しようという試みは、その出発点において疑問なしとしない。これを、紛争の主体たる地位の承継と言い換えてみても、問題が解結されたわけでも基準がより明確になったわけでもない。

第2に、前訴確定判決の既判力が前訴の基準時における訴訟物のみに及ぶことは、口頭弁論終結後の承継人が現れるかどうかにかかわりのないことである。口頭弁論終結後の承継人に当たるかどうかを議論するときには、基準時の問題を考慮に入れないで既判力が及ぶ承継人の範囲を確定したものとして扱うというのが既判力についての整合的な説明であるのかどうかについても疑問が残る。

そして、形式説（訴訟法説）は、もともと、基準時後に登場した第三者のうち、前訴の既判力の及ぶ者の外延を決するための基準を提供する目的のものであったのに、本判決の分析から明らかなとおり、前訴の訴訟物である権利義務そのもの又はそれと先決関係にある権利義務の主体になったのでないXをも前訴の既判力の及ぶ者の範疇に含めるという結果を導いており、当初の目的を実現するための道具概念になっているかどうかについて疑問がぬぐえない。

5　民訴法115条1項3号の規定の意義

本最高裁判例を読むことによって明らかになったのは、前訴の口頭弁論終結後に係争物の所有名義又は占有を承継する第三者が現れた場合であっても、当

---

[20]　長谷部由起子＝山本弘＝笠井正俊『基礎演習民事訴訟法［第2版］』（弘文堂、2013年）178頁［本間靖規］を参照。

[21]　本文に整理したとおり、被告名義の登記が経由されていることは、前訴・後訴における請求原因事実である。

該第三者が前訴確定判決の訴訟物についての判断と訴訟法的な観点における関係を有する者であるとはいえないときがあるという現実である。

本最高裁判例の事案においては、後訴の主張中に、前訴確定判決の訴訟物についての判断と矛盾するものはないし、前訴確定判決の訴訟物についての判断を先決問題とするものもない。

そこで、例えば、前記 2 (2)の後訴の請求原因に対し、Yが通謀虚偽表示の抗弁を主張・立証したのに、Xにおいて善意の再抗弁を主張しなかった場合又はその立証に失敗した場合には、Xの後訴請求はいずれも棄却されることになるのであるが、そのようなXを「Aの口頭弁論終結後の承継人」と呼ぶのかどうかが問題になる。この場合のXをAの口頭弁論終結後の承継人と呼ぶことにしても[22]、後訴の訴訟手続において前訴確定判決の訴訟物についての判断に拘束される何物もないから、既判力の拡張とは何らの論理的関係もないということになる。単に、Yが承継執行文の付与を受けて、Yを所有名義人とする登記を事実上実現させた場合に、その登記手続を当初から適法であったと評価することができるというに尽きる。

そうすると、民訴法115条 1 項 3 号は、(i)前訴確定判決の訴訟物である**権利義務自体を承継した者**、(ii)**訴訟物である権利義務を先決関係とする権利義務を承継した者**のみならず、(iii)上記(i)又は(ii)のいずれにも当たらなくても、前訴の口頭弁論終結後に係争物の所有名義又は占有を承継するなどした第三者が現れたときに、**実体法を適用した結果、前訴の当事者の地位に依存する関係に立つ者と判断された者を「口頭弁論終結後の承継人」**と呼ぶことにするという規定であるということになる。

このうち、(i)と(ii)の場合は既判力の拡張として説明するのが既判力論と整合的であるが、(iii)の場合は既判力の拡張として説明するのはふさわしくないということになる。そして、実際に紛争になる場合としては、(i)は極少、(ii)もそう多くはなく、(iii)が多数である[23]。

そうすると、現行民訴法115条 1 項 3 号の規定は、既判力の拡張として説明

---

[22] 形式説（訴訟法説）に立つ論者は当然にそう考えているのであろうし、実質説（実体法説）に立つ判例もおそらくそう考えているのであろう。

[23] 現に、本判決のみならず、昭和41年判決も、(iii)の場合に当たる事案である。

することのできる(i)と(ii)の場合だけでなく、論理的には既判力の拡張として説明することのできない(iii)の場合を含めて、「口頭弁論終結後の承継人」と呼んで前訴確定判決の既判力が及ぶこととするという立法的割切りをしたものと説明するしかないということになりそうである。

6 おわりに

実体法説（実質説）を採ろうが訴訟法説（形式説、適格承継説）を採ろうが、本判決の事案についての結論は同じところに帰着するものと思われる。訴訟法の理屈が実体法上の権利義務を変容させることになるという結論を容認することはできないからである。

そうすると、実体法上の権利義務を実効あらしめる（適正迅速に実現する）ための手続法上の判断枠組みをどのように構成するのが、手続法上のその他の理屈とよりよく整合し使い勝手がよいかが問題になる。

そのような検証には、前記2で試みたように、具体的に、そこで問題になっている訴訟物を確認し、主張・立証の構造を確認することによって、「既判力によって拘束される判断」なるものが存在するのかしないのかを検討することが必須である。抽象的に、「相手方と被承継人との間でされた既判力ある判断」というだけでは足りない。

本講で取り上げた「前訴の口頭弁論終結後の承継人」の判断枠組みに係る議論も、そのようなもののひとつである。本判決は40年以上前のものであるが、訴訟法上の議論をする原点を考えるのにふさわしい判例である。

◆ 既判力の主観的範囲(2)

46 法人格否認の法理と既判力・執行力の拡張

最１小判昭和53・9・14判時906号88頁

【事実】

1　Ｘは、養豚業者であるＺ社に対し、交通事故を原因とする損害賠償請求訴訟を提起し、昭和46年２月16日に533万5170円の支払を命ずる勝訴判決を得た。昭和48年７月18日に控訴審判決が言い渡され、その後、ＸのＺ社に対する損害賠償請求につき、請求認容判決が確定した（以下、この判決を「本件確定判決」という。）。

2　昭和46年２月ころにはＺ社が経営困難に陥っていたため、Ｚ社の代表取締役Ａは、当時Ｚ社が負っていた債務の支払を事実上免れる意図の下、義兄Ｂの資金援助を受け、同年３月１日、Ｙ社を設立した。Ｙ社は、Ｚ社の営業設備一切と飼育中の豚を無償で譲り受け、従業員をそのまま引き継ぎ、Ｚ社の従前の事業場で養豚業を営み、これによって、Ｚ社は、有名無実の存在になった。経営陣についてみると、Ｙ社の設立当時の代表取締役Ｃには養豚業の経験がなく、Ｙ社の経営はＺ社の役員であった者の手にゆだねられることになった。また、Ｚ社の有していた取引上の信用等を利用するため、商号も酷似していた。

3　Ｘは、Ｚ社とＹ社は実質的に同一の会社であるから、本件確定判決はＹ社に対しても効力を有すべきものであるところ、債務名義上の債務者の表示からこれが明らかでないので、民訴法521条（現行民事執行法33条）により、Ｙ社に対する執行文付与の訴えを提起した。

4　第１審判決は、Ｘの請求を棄却した。これに対し、控訴審判決（原判決）は、Ｚ社とＹ社とは全く同一の法人格であり、Ｙ社の設立登記は同一会社についてされた二重の登記とみるべきであるから、ＸはＺ社に対して金銭の支払を命じた本件確定判決を債務名義としてＹ社に対して強制執行をすることができるものと解すべきであり、両社の人格の同一性については債権者の提起する執行文付与の訴えによって裁判所の審理を受けるべきものであるとして、Ｘの請求を認容した[(1)]。

5　Y社は、既判力の主観的範囲に係る民訴法199条（現行民訴法115条）・519条（現行民事執行法27条2項）・521条（現行民事執行法33条）の解釈適用を誤った違法があると主張して上告した。

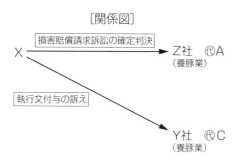

```
S46・2ころ     Z社：経営困難
S46・2・16    X→Z社　第1審判決（533万5170円の支払を命ずる）
S46・3・1     Y社：設立
S48・7・18    X→Z社　控訴審判決→確定
              X→Y社　執行文付与の訴え
```

【判旨】
破棄差戻し。

1　法人格の同一性
「Y社がZ社とは別個の法人として設立手続、設立登記を経ているものである以上、上記のような事実関係から直ちに両会社が全く同一の法人格であると解することは、商法が、株式会社の設立の無効は一定の要件の下に認められる設立無効の訴のみによって主張されるべきことを定めていること（同法428条）〔現行会社法828条1項1号〕及び法的安定の見地からいって是認し難い。」

2　法人格否認の法理と既判力・執行力
「Y社の設立がZ社の債務の支払を免れる意図の下にされたものであり、法

---
(1)　大阪高判昭和50・3・28判時781号101頁。

人格の濫用と認められる場合には、いわゆる法人格否認の法理によりXは自己とZ社間の前記確定判決の内容である損害賠償請求をY社に対しすることができるものと解するのが相当である。しかし、この場合においても、権利関係の公権的な確定及びその迅速確実な実現をはかるために手続の明確、安定を重んずる訴訟手続ないし強制執行手続においては、その手続の性格上Z社に対する判決の既判力及び執行力の範囲をY社にまで拡張することは許されないものというべきである[2]。」

【判例の読み方】

1　本判決のポイント

　本判決が扱ったのは、実体法の世界で受け入れられている**法人格否認の法理**を手続法（訴訟法）の世界でも**通用させること**の適否の問題である。

　そこで、本講では、まず、実体法上の考え方としての法人格否認の法理についての判例の立場を確認した上で（後記２）、法人格否認の法理を既判力・執行力を拡張するための手続法（訴訟法）上の理屈として採用するのが適切であるかどうかの問題を検討し（後記３）、最後に、手続法（訴訟法）上の問題という意味では共通するものとして、法人格否認の法理を自白の撤回を許すかどうかという問題に適用することの適否を検討することにする（後記４）。

2　法人格否認の法理についての判例の立場

(1)　最高裁による法人格否認の法理の採用

　最1小判昭和44・2・27民集23巻2号511頁［43］（昭和44年判決）は、法人格の付与が社会的に存在する団体の価値を評価してする法的技術に基づいてされる立法政策によるものであることを理由にして、「法人格が全くの形骸にすぎない場合、またはそれが法律の適用を回避するために濫用されるが如き場合においては、法人格を認めることは、法人格なるものの本来の目的に照らして許すべからざるものというべきであり、法人格を否認すべきことが要請される場合を生じるのである。」と判示して、学説の提唱していた**法人格否認の法**

---

(2)　本判決は、ここで参照判例として後掲最1小判昭和44・2・27を挙げる。

理[3]を採用することを宣明した。

(2) 昭和44年判決の傍論

昭和44年判決は、会社Ｃの実体が背後に存するＢ個人にほかならないという事案（形骸化事案）において、建物の明渡し及び賃料相当損害金の支払等を合意した訴訟上の和解の効果が当該訴訟の当事者であるＡとＢとの間のみならず、Ｂを代表者とする会社Ｃにも及ぶことを肯定したものであり、**実体法の法理としての法人格否認の法理を採用したものである。**

そして、昭和44年判決は、判決理由中の括弧書きにおいて「もっとも、**訴訟法上の既判力については別個の考察を要し、Ｂが店舗を明渡すべき旨の判決を受けたとしても、その判決の効力はＣ会社には及ばない**」と説示した。この説示部分は、昭和44年判決の結論に何ら影響を及ぼすものではないから、**全くの傍論**である。それ以降の下級審裁判所の判断の参考に供するために説示したものであろう[4]。

3　法人格否認の法理と既判力・執行力の拡張

(1) 問題の所在

確定判決の効力（既判力・執行力）を受ける主体は、原則として訴訟において争う機会を与えられた当事者に限られる。その例外として確定判決の既判力が第三者に拡張されるのは、口頭弁論終結後の承継人等の民訴法115条１項２号ないし４号が規定する類型の者に限られる[5]。すなわち、これらの規定は、当事者に付与された手続保障によってその者の利益が代替されたものと評価してよい第三者の範囲につき、立法的な割切り（決断）をしたという性質を有する。このように考えると、確定判決の効力を受ける主体を法律の規定のない者にまで拡張するのは、抑制的であるべきであるということになる。

本判決が扱ったのは、実体法の世界で受け入れられている法人格否認の法理

---

(3)　アメリカの判例上発展した法理であり、"doctrine of piercing the veil of corporate entity"との名称はその法理の実体を簡明に表現するものである。

(4)　東京高決昭和49・7・29判時755号103頁は、この傍論に従い、執行力の拡張を否定した。

(5)　執行力の拡張につき、民事執行法23条が民訴法115条２号ないし４号と同様の類型を定める。

を手続法（訴訟法）の世界でも通用させることの適否の問題である。

(2) 「全く同一の法人」という考え方に存する問題——【判旨】1

　既判力・執行力の拡張が問題になるのは、当然のことながら、別の法人格が存在する場合である。法人格否認の法理は、前記2(2)のとおり、別の法人格が存在することを前提として、一の法人格に帰属する権利義務を別の法人格に帰属させることを肯定する理屈である。これに対し、Z社とY社とが全く同一の法人格である場合には、Z社の受けた判決の効力がY社に及ぶのは当然のことであり、既判力・執行力の拡張という問題は生じない。

　【事実】4のとおり、原判決は、Y社の設立登記は二重登記であって、Z社とY社とは全く同一の法人格であると判断したのであるが、これは、昭和44年判決の傍論を意識して、法人格否認の法理に依拠することなく、本件確定判決の既判力と執行力とをY社に帰属させるための苦肉の策と思われる。

　本判決は、【判旨】1のとおり、原判決の認定したような法人格を濫用したことを示す事実関係があるとしても、別個の法人として設立手続を経ている以上、Z社とY社とを全く同一の法人格であると解するのには無理があると判断したものである。本判決の指摘するように、会社法が、会社の設立の無効につき、株主等が会社成立の日から2年以内に訴えをもってのみ主張することができるとしていること（同法828条1項1号・2項1号）等からして、当然の判断といってよかろう。

(3) 法人格否認の法理と手続法（訴訟法）上の効果——【判旨】2

　本判決は、【判旨】2のとおり、執行免脱目的による法人格濫用の事案において、法人格否認の法理を援用することによって既判力・執行力を拡張することが許されないことを宣明した法理判例である。本判決は、昭和44年判決の傍論を原判決を破棄する直接の理由（主論）にしたのであり、ここに判例が1つ誕生した。

　本判決は、既判力の拡張が許されない根拠として、「権利関係の公権的な確定をはかるために手続の明確、安定を重んずる訴訟手続の性格」を挙げ、執行力の拡張が許されない根拠として、「権利関係の迅速確実な実現をはかるために手続の明確、安定を重んずる強制執行手続の性格」を挙げる。いずれについても、本判決は「手続の明確、安定」を根拠の中心に据えるのであるが、既判力と執行力とではその内実に異なるものがある。

すなわち、既判力の拡張の許否を決するのに最も重要な考慮要素は、既判力拡張の効果の及ぶ当事者に対する訴訟上の手続保障ありと評価してよいかどうかという点にある。これに対し、執行力の拡張の許否を決するのに最も重要な考慮要素は、確定した権利の簡易迅速な実現に資するかどうかという点にある。本判決は、法人格否認というだけでは、既判力につき訴訟上の手続保障ありと評価することもできないし、執行力につき権利の簡易迅速な実現に資するともいえないと判断したものである。

前記2のとおり、法人格否認の法理が実体法上適用される場合につき、大別して**法人格形骸化類型**と**法人格濫用類型**とがあるとされているように、法人格否認の法理は、信義誠実の原則や権利濫用の禁止原則に類似する一般条項というべきものである。本判決は、そのような法理に依拠して確定判決の効力の拡張を肯定することの論理的脆弱さを指摘するものと理解することができる。

現在の学説の通説は、本判決の立場を支持する否定説に帰着しつつあるものと思われる[6]。しかし、肯定説も、有力である。ただし、肯定する論拠は、実質的当事者説（法人格が無視される結果、実質的に同一の当事者とみなされると説明する）、依存関係説（2つの法人格の間に依存関係が認められることによって、口頭弁論終結後の承継人に準じて既判力が拡張されると説明する）、信義則説（濫用又は形骸化の責任を負う者は信義則によって既判力・執行力が拡張されることを争うことができなくなると説明する）など様々である。また、形骸化類型は肯定するが、濫用型類型は否定するという見解、既判力の拡張は肯定するが、執行力の拡張は否定するという見解もある[7]。

(4) 肯定説と否定説との効果における相違

本判決の立場に立つと、Xは、Y社を被告として訴訟を提起し、Z社に対してしたのと同じく、(i)損害賠償債権の発生原因事実を主張・立証した上、(ii)Y社とZ社との間に法人格否認の法理の適用を受けるべき関係があることを示す評価根拠事実を主張・立証すべきことになる。XとZ社との間の前訴確定判決

---

(6) 江頭憲治郎『会社法人格否認の法理』（東大出版会、1980年）436頁、高橋宏志『民事訴訟法概論』（有斐閣、2016年）287頁を参照。

(7) 肯定説の分類につき、伊藤眞・百選Ⅱ［新法対応補正版］（1998年）347頁、坂田宏・小林秀之編『判例講義民事訴訟法［第3版］』（悠々社、2016年）279頁を参照。

は、前者の争点の証拠のひとつとして機能する。そして、Ｘは、Ｙ社を被告とする請求認容の確定判決を取得した上で、それを債務名義として執行することになる。

これに対し、既判力の拡張を肯定する見解によると、ＸがＹ社を被告として訴訟を提起した場合、Ｘは、(ii)を既判力拡張を許すべき根拠として主張・立証することができ、この点の主張・立証に成功すると、前訴確定判決の(i)の判断について既判力が生じ、Ｙ社においてこの点を否認して争うことが許されないと解することになる[8]。そして、執行力の拡張を肯定する見解によると、Ｘは、Ｙ社に対する請求認容の確定判決を債務名義とする執行文の付与を受けることができ（民事執行法27条2項）、これによることができないときは執行文付与の訴えによることができる（民事執行法33条1項）と解することになる[9]。

4 法人格否認の法理と自白の撤回

法人格否認の法理と手続法（訴訟法）とが交錯する領域につき、最高裁が扱ったものとしては、自白を撤回するという訴訟行為が許されるかどうかの問題がある。

最2小判昭和48・10・26民集27巻9号1240頁［7］（昭和48年判決）は、Ａが賃借人であるＢ社との間の賃貸借契約の解除を理由とする建物の明渡し及び延滞賃料等の支払を求める訴訟（本件訴訟）を提起したという事案におけるものである。Ｂ社の代表者甲は、ＡのＢ社（旧会社）に対する建物の明渡し等の履行請求の手続を誤らせ、時間と費用とを浪費させる手段として、Ａから本件訴訟が提起されるのに先立って、旧会社の商号をＣ社に変更した上、旧会社の商号と同一商号の新会社「Ｂ社」を設立した。新会社の本店所在地、営業所、什器備品、代表取締役、監査役、従業員は旧会社と同一であり、営業目的もほとんど同一であった。Ａは、旧会社の商号変更等の事情を知らずに、被告を「Ｂ社」と表示して本件訴訟を提起したのであった。

---

(8) 竹下守夫「判批」判タ390号（1979年）248頁、高橋・重点講義上712〜713頁を参照。なお、本文(ii)の要件がいつの時期に具備されていることを要するか等の問題につき、福永有利「法人格否認の法理に関する訴訟法上の諸問題」関西大学法学論集25巻4〜6合併号（1975年）1097頁を参照。

(9) 鈴木正裕・昭和53年度重判155頁を参照。

第8章　判　決　521

　第1審では、甲（B社及びC社の代表取締役）が口頭弁論に出頭しなかったため、A主張の請求原因事実を自白したものと擬制され、Aの請求全てを認容する判決が言い渡された。控訴審の1年余にわたる審理において、甲は、商号変更、新会社設立等の事実を全く主張することなく、A主張の請求原因事実を自白した。しかし、甲は、弁論再開の申立てをし、再開後の弁論において、初めて商号変更、新会社設立等の事実を明らかにし、新会社「B社」の代表者として、自白を撤回すると述べた上、旧会社と法人格を異にするからB社が旧会社の債務について責任を負う理由はないと主張するに至った。

　昭和48年判決は、「新旧両会社の実質は前後同一であり、新会社の設立は旧会社の債務の免脱を目的としてなされた会社制度の濫用であって、このような場合、会社は右取引の相手方に対し、信義則上、新旧両会社が別人格であることを主張できず、相手方は新旧両会社のいずれに対しても右債務についてその責任を追求（ママ）することができる」と判断した。これは、最高裁が、濫用型類型の事案についても法人格否認の法理の適用を肯定したことを意味する[10]。ここまでは実体法レベルの法人格否認の法理の適用である。

　昭和48年判決は、「B社は、取引の相手方であるAに対し、信義則上、B社が旧会社と別異の法人格であることを主張しえない筋合にあ〔る〕」ことを理由として、既にした自白の撤回を主張することが許されないとした。昭和48年最高裁判決の新しさは、信義則を媒介項にして、法人格否認の法理を手続法（訴訟法）の問題に適用したところに見出すことができる。

　そこで、昭和48年判決を背景にして本判決に立ち戻ってみると、本判決は、**法人格否認の法理の基礎にある信義則を援用することによって、自白の撤回を禁止するという制限的な効果を肯定することはよいが、既判力・執行力を他の法人格に及ぼすといった重大な権利拡張的な効果を肯定することは憚られる**という実務的バランス感覚を発揮したものと評価するのが相当である[11]。

---

(10)　東條敬・最判解昭和48年度民事51頁を参照。
(11)　本文のような見方に対し、鈴木・前掲注(9)155頁は、本判決につき、「なぜ判決の効力の拡張の場合だけ別異に解されるのか、いささか諒解に苦しむ」と評価する。

5　おわりに

　本判決は、昭和44年判決の傍論が約10年を経て主論へと昇格したものであり、ここに判例形成の1つの形をみることができる。特に法律実務家に対して最高裁判決の傍論を軽視してはならないことを教えている。

　本判決は、法人格否認の法理によって既判力・執行力を拡張することを否定した判決であるが、その理由は「手続の明確、安定を重んずる訴訟手続ないし強制執行手続の性格」というのみであって、委曲を尽くしたものとは言い難い。

　筆者は、ぶっきらぼうといってもよい本判決の背後には、法律実務の世界からみると、この解決方法が訴訟手続と強制執行手続とを適正迅速に運用するために相当であると考えているが、学理の世界からはどうみえるのかと問い、学説による更なる研究の深化への期待が隠されているのではないかと憶測している[12]。

　あまり多くを語らない判決に接したときは、そこに籠められているかもしれない意味を探るのも楽しい。

---

[12]　高橋・重点講義上714頁は、「法人格否認に代わる、より実質的な既判力拡張の理論を考えると、どうなるか。率直に言えば、手続法学の分野では見るべき成果はまだないと言わざるを得ない。」と辛口の評価をする。このような認識に基づくキャッチボールこそが手続法（訴訟法）を進化させるものであろう。

523

◆ 既判力の主観的範囲(3)

47 反射的効力——主債務者勝訴の確定判決の保証人による援用の許否

最1小判昭和51・10・21民集30巻9号903頁[32]

【事実】

1 Aは、Yから、昭和38年1月6日に150万円を借り受け、Xはその連帯保証をした。Yは、Aの相続人BとXを共同被告として同金員の支払を求める訴訟を提起したところ、Bは請求原因事実を否認して争ったが、Xは口頭弁論期日において請求原因事実を全て認めた[(1)]ので、Xに関する弁論が分離され、昭和41年10月26日に請求認容の判決がされ、同判決は同年11月12日に確定した。

2 Bとの関係では、証拠調べの結果、YのAに対する貸付けの事実が否定され、昭和44年12月3日に請求棄却の判決がされ、Yの控訴がされたものの、口頭弁論期日に当事者双方が欠席したため、昭和45年8月26日に控訴の取下げが擬制され、同日、同判決は確定した。

3 そこで、Xは、Yを被告として請求異議訴訟を提起し、前記1の確定判決は連帯保証債務の履行を命ずるものであるところ、B・Y間の前記2の確定判決により、その主債務が不存在であると確定したから、保証債務の附従性に基づき、Xに対する前記1の確定判決の執行力の排除を求めると主張した。

4 第1審は、「主たる債務者と債権者との間において判決の既判力により主たる債務の不存在が確定し、もはや主たる債務者が債権者に対して右債務を履行する必要がなくなった場合においては、保証人は、保証債務の附従性から、債権者に対し、主たる債務者が獲得した右勝訴判決を援用して、その保証債務の履行を拒絶しうべきものであり、そして、本件のように保証人が敗訴の

---

(1) 山本弘・百選191頁は、Xの自白につき、「出席の上での自白の陳述か答弁書不提出で欠席したことによる擬制自白かは、判然としない」というが、後掲注(2)の第1審判決によると、本文記載のとおり、口頭弁論に出席した上での自白である。

確定判決を受けた場合においては、右履行拒絶の事由が右判決の基礎となった事実審の口頭弁論終結後に生じたものであるときは、右事由を原因とする請求異議の訴により、自己に対する右確定判決の執行力の排除を求めうるものと解するのが相当である。」として、Xの請求を認容した[2]。Yが控訴。

5　控訴審（原審）は、「債権者と主たる債務者との間において、主たる債務が存在しない旨の確定判決がなされても、これによって、債権者と主たる債務者との間において主たる債務の存在しないことが確定されるに止まり、債権者と保証人との間においてまで、主たる債務の存在しないことが確定されるわけのものではないから、右の如き主たる債務者に対する確定判決がこれより先に保証人に対してなされた確定判決に影響を及ぼすものではない。」と判断し、第1審判決を取り消し、Xの請求を棄却した[3]。

6　Xは、保証債務には附従性があるから、既判力の拡張又は反射的効力により、主債務者の勝訴確定判決の効力が保証人に及ぶものと解すべきであり、原判決には法令の解釈を誤った違法があると主張し、上告した。

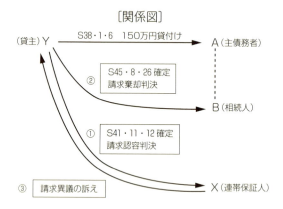

[関係図]

【判旨】

上告棄却。

---

(2)　松山地大洲支判昭和49・2・27高民集27巻3号326頁。
(3)　高松高判昭和49・7・29高民集27巻3号319頁。

第8章 判 決 525

1 主債務者勝訴の確定判決と保証人敗訴の確定判決に対する請求異議事由——結論命題

「一般に保証人が、債権者からの保証債務履行請求訴訟において、主債務者勝訴の確定判決を援用することにより保証人勝訴の判決を導きうると解せられるにしても、保証人がすでに保証人敗訴の確定判決を受けているときは、保証人敗訴の判決確定後に主債務者勝訴の判決が確定しても、同判決が保証人敗訴の確定判決の基礎となった事実審口頭弁論終結の時までに生じた事実を理由としてされている以上、保証人は右主債務者勝訴の確定判決を保証人敗訴の確定判決に対する請求異議の事由にする余地はないものと解すべきである。」

2 請求異議事由にすることが許されない理由

「けだし、①保証人が主債務者勝訴の確定判決を援用することが許されるにしても、これは、右確定判決の既判力が保証人に拡張されることに基づくものではないと解すべきであり、また、②保証人は、保証人敗訴の確定判決の効力として、その判決の基礎となった事実審口頭弁論終結の時までに提出できたにもかかわらず提出しなかった事実に基づいてはもはや債権者の権利を争うことは許されないと解すべきところ、保証人敗訴判決の確定後において主債務者勝訴の確定判決があっても、その勝訴の理由が保証人敗訴判決の基礎となった事実審口頭弁論の終結後に生じた事由に基づくものでない限り、この主債務者勝訴判決を援用して、保証人敗訴の確定判決に対する請求異議事由とするのを認めることは、実質的には前記保証人敗訴の確定判決の効力により保証人が主張することのできない事実に基づいて再び債権者の権利を争うことを容認するのとなんら異なるところがないといえるからである。」(①、②の付番は、筆者による。)

【判例の読み方】

1 本判決のポイント

本判決は、後に詳しく検討するように、学説で議論される「確定判決の反射的効力」という理屈をひとまず仮定した上で、当該事案において直接の問題となった法律問題（主債務者勝訴確定判決をもって、保証人敗訴の確定判決に対する

請求異議事由とすることができるかという問題）に答えるといういわば離れ業を演じた興味深い判例である。本判決を正確に理解するには、かなりの努力を要する。

そこで、まず、「確定判決の反射的効力」として議論される問題につき、民事訴訟法学上の位置付けを確認し（後記２）、次に、本判決が反射的効力という議論をどのように理解し、それにどのように対応したのかを具体的に検討する（後記３）。その上で、反射的効力に関するその他の最高裁判例を概観し（後記４）、反射的効力という議論を支える「紛争の統一的解決」という常識がよく考えられた賢明なものであるのかどうかを検討する（後記５）。

2　確定判決の反射的効力

(1)　反射的効力の意義

民訴法115条１項２号ないし４号が当事者以外に確定判決の効力が及ぶ主観的範囲を規定しているのであるが、これら以外に、当事者の一方と実体法上従属又は依存関係にある第三者に対して有利又は不利に確定判決の効力が及ぶことを肯定する学説が存し、そのような効力を**反射的効力**と呼ぶ。

実体法上の従属関係があるとされる典型例として、主債務者に対する保証人の地位が挙げられる。そして、主債務者が主債務の不存在を理由として債権者との間の訴訟で勝訴した場合には、保証債務の附従性（民法448条）により、保証人は主債務者勝訴の確定判決を援用することによって、債権者は保証人に対する訴訟において主債務の存在を主張することができないことになる、といった説明がされる[4]。

(2)　反射的効力という理屈と既判力の本質論との関係

反射的効力という理屈が登場するに至ったのは、既判力の本質をどのように考えるかと深いかかわりがある。

すなわち、既判力につき、**判決が確定することによって訴訟物として争われた権利が実体法上変動すると考える実体法説**によるのであれば、本件で問題になった主債務と保証債務の関係を反射的効力という理屈を用いて説明する必要

---

(4)　高田裕成「判決の反射的効力」民訴争点［新版］300頁、高橋・重点講義上748頁を参照。

はない。

　例えば、主債務者と保証人との関係についてみると、主債務者が債権者との間の主債務の履行請求訴訟に勝訴し、勝訴判決が確定したときは、実体法上、当該主債務は自然債務の性質を有する（訴求不可能な態様の債務に性質が変化する）ことになり、保証債務の附従性によって、債権者は保証人に対しても保証債務の履行請求をすることができない（提起した場合には、請求が棄却される。）と説明すればよい[5]。

　これに対し、現在の学説の圧倒的多数説は、既判力を実体法から切り離し、後訴裁判所に対する訴訟法上の拘束力と考えるから、実体法説のような説明の仕方をすることはできない。そこで、実体法説の採る上記のような結論が常識に合致すると考える一部の学説[6]は、既判力とは異なる反射的効力という理屈を考案し、**実体法上の道具立て（例えば、保証債務の附従性）を媒介にして、当事者の一方と実体法上従属又は依存関係にある第三者に対して有利又は不利に確定判決の効力が及ぶとの結論を導こうとしてきた。これが反射的効力を肯定する伝統的見解である。**

　そのような学説は、既判力とは異なる反射的効力の特性として、①既判力は職権調査事項であるが、反射的効力はこれにより利益を受ける者が訴訟において援用（主張）して初めて顧慮すれば足りる、②既判力は再審によって取り消されない限り不可抗争性を有するが、反射的効力は馴合訴訟等の信義則違反が

---

(5)　山本和彦『民事訴訟法の基本問題』（判例タイムズ社、2002年）183頁、伊藤眞＝加藤新太郎＝山本和彦『民事訴訟法の論争』（有斐閣、2007年）93～95頁を参照。同・95頁［山本和彦発言］は、債権者の敗訴判決が確定した場合の債務は自然債務（不完全債務）になると解するのが実体法学説の多数説であると述べる。しかし、ここでの問題は、「債務者が獲得した勝訴判決の確定によって、当該債務が対世的に自然債務（不完全債務）に変性する」と解することに正当な根拠があるかどうかにあるのであるが、そもそもこの問題が実体法の領域に専属するのかどうかに疑問がある。

(6)　川口冨男・最判解昭和51年度民事387頁は、反射的効力を肯定する見解につき、「確定判決によって主債務者に支払義務がないとされているのに保証人に支払義務を課するのは『常識的にもおかしい』との感覚に導かれているといえよう」と指摘する。また、新堂・新民訴740頁は、反射的効力を肯定する第1の根拠として、「関連紛争の解決方法として常識的であり妥当であるとの考慮が働いている」というが、これも同旨をいうものと理解することができる。

ある場合には効力が否定される、③既判力を受ける者は共同訴訟的補助参加することができるが、反射的効力を受ける者は補助参加することができるにとどまる、④既判力は判決主文中の判断のみに生ずるが、反射的効力は判決理由中の判断についても生ずるといった点を挙げる[7]。

ところが、訴訟法説に立つ学説の間にも分岐が生じ、現在では、上記の訴訟法説に立った上で、既判力の主観的範囲の拡張の一場合にすぎず、反射的効力という理屈を持ち出す実益はないとする見解[8]と、そもそも反射的効力を肯定することが常識に合致すると考えるのが誤りであるとする否定説[9]が有力に唱えられるに至っている。その結果、上記の**反射的効力を肯定する伝統的見解**は、現在では「**少数説に転落した感すらある**」といわれている[10]。

3 本判決と反射的効力

(1) 本判決の性質——場合判例

本判決は、【判旨】1から明らかなように、債権者の保証債務履行請求訴訟において保証人が敗訴の確定判決を受けており、その後に債権者の主債務履行請求訴訟において主債務者勝訴の判決が確定したという1つの場合を設定し、その場合につき、主債務者勝訴の確定判決を保証人敗訴の確定判決に対する請求異議事由にすることができるかどうかという法律問題に答えたものである。

すなわち、本判決は、民訴法545条2項（現行民事執行法35条2項）の規定する「口頭弁論の終結後に生じたもの」の解釈を扱ったものであるが、同規定の意義といった一般的な解釈を示したもの（法理判例）ではなく、上記のとおりに設定した1つの場合についての解釈を示したものであって、**場合判例**として分類されるものである[11]。

---

(7) 鈴木正裕「判決の反射的効果」判タ261号（1971年）4頁、高田・前掲注(4)の300頁、川口・前掲注(6)の382頁を参照。

(8) 鈴木・前掲注(7)の17頁、竹下守夫「判決の反射的効果についての覚え書」一橋論叢95巻1号（1986年）37頁を参照。

(9) 上村明広「確定判決の反射効と既判力拡張」記念論文集刊行会編『中村宗雄先生古稀祝賀記念論集 民事訴訟の法理』（敬文堂、1965年）381頁、後藤勇「確定判決の反射的効力」判タ347号（1977年）11頁、上野泰男「既判力の主観的範囲に関する一考察」関西大学法学論集41巻3号（1991年）429頁、伊藤・民訴582頁以下を参照。

(10) 山本和彦・前掲注(5)の基本問題173頁を参照。

したがって、本講で取り上げる反射的効力の問題についても、一般的に触れるものではなく、上記の１つの場合に限って触れるにすぎない。

(2)　反射的効力に対する本判決の対応の仕方

本判決の論理構成の特徴は、「一般に保証人が、債権者からの保証債務履行請求訴訟において、主債務者勝訴の確定判決を援用することにより保証人勝訴の判決を導きうると解せられるにしても」として、前記１の反射的効力の理屈によるものと仮定した上での論理的帰結を示すという手法を採用しているところにある。すなわち、**本判決は、【判旨】１の結論の説示部分においても同２の理由付けの説示部分においても、反射的効力の理屈を採用するかどうかの態度表明をしていないのである**。最高裁がこのような仮定的判断手法を採用するのは珍しいことではあるが、この判断手法のゆえに最高裁が反射的効力の理屈に親和的であると評価する[12]のは危険である。

(3)　本判決の論理――【判旨】１、２

本判決は、我が国の民事訴訟制度が紛争の相対的個別的解決を原則としており、実体法である民法が主債務と保証債務とを別個の債務と構成していることから、主債務者と保証人を共同被告とする訴訟を通常共同訴訟とする確定した判例の立場[13]を前提として、本件を既判力の基準時（時的限界）の問題として解決した。

本判決は、当事者が手続保障を受けたがゆえに拘束される既判力の効力を尊重し、既判力の基準時以前の事実をもって自らの受けた確定判決に対する請求異議事由とすることは、反射的効力を肯定する立場に立ったとしても許されないとの判断をしたのである。

すなわち、本判決の理由付けは、【判旨】２②の説示から明らかなように、**既判力の基準時後に生じた事実（主債務の弁済、主債務の相殺による消滅等）をもって請求異議事由とすることは許されるが、既判力の基準時以前に存在した事実（主債務の不成立、主債務の無効・取消し等）をもって請求異議事由とする**

---

(11)　法理判例、場合判例、事例判例の意義と区別につき、**Refreshments 3** を参照。

(12)　山本弘・前掲注(1)の190頁は、「反射効……につき肯定的な態度を示している」と理解する。これに対し、川口・前掲注(6)の385頁は、「本判決が仮定論で終始したのは、……反射効に対する最高裁の慎重な態度を看取することができないでもない」と理解する。

(13)　最１小判昭和27・12・25民集６巻12号1255頁。

ことは許されないという極めて基本的なところにある。

　ところで、前記2(2)の既判力についての実体法説によれば、基準時後に主債務履行請求訴訟において主債務の不成立を理由とする請求棄却判決が確定した場合には、基準時後に主債務の態様が変化したものとみて、この請求棄却判決をもって請求異議事由にすることができると考える[14]。本判決は、反射的効力の採否という問題全体についての態度決定をしたものではないのであるが、【判旨】1及び2②の説示は、既判力についてのこのような実体法説を採用するものでないことを明らかにしたという限度では意味がある。

　また、本判決は、【判旨】2の①のとおり、「保証人が主債務者勝訴の確定判決を援用することが許されるにしても、これは、右確定判決の既判力が保証人に拡張されることに基づくものではないと解すべきであ〔る〕」と説示し、仮定論の中ではあるものの、保証人が主債務者勝訴の確定判決を援用することができるという理屈を肯定するとしても、既判力の主観的範囲の拡張の一場合とする見解によることができないことを明らかにした。

　その上で、本判決は、【判旨】1及び2②のとおり、反射的効力を肯定する立場（以上のとおり、既判力の実体法説と既判力の主観的範囲の拡張と解する見解を排除しているから、結局、既判力の訴訟法説に立って反射的効力を肯定する伝統的見解ということになろう。）を前提にしても、主債務者勝訴の確定判決の理由が既判力の基準時以前に存在した事実（本件では、主債務の不成立）にある場合には、そのような主債務者勝訴の確定判決を援用して請求異議事由とすることは許されないと判断した[15]のである。

　本判決は、「主債務者勝訴の確定判決の理由が保証人敗訴の確定判決の基準時後に生じたものであれば、主債務者勝訴の確定判決自体を請求異議事由とすることが許される」との判断をしたわけではない。あくまでも、反射的効力を肯定する立場に立つことを仮定しての説示であることを正確に理解する必要がある。判例の読み方の基本というべき事柄であるが、間違えやすいので、注意

---

　(14)　山本和彦・前掲注(5)の基本問題184頁、川口・前掲注(6)の383～384頁を参照。

　(15)　本判決は、主債務者勝訴の確定判決の理由を検討しなければ同確定判決を援用し得るかどうかを決することができないとしているから、反射的効力を肯定するというのであれば、既判力とは異なった効力として把握するしかないと考えていることがうかがえる。

を要する。

⑷ 本判決の主論は何か

以上のように検討してくると、場合判例である本判決の主論は、一応、民集の判決要旨[16]にあるといってよいと思われる。すなわち、本判決は、【事実】5のとおりの原判決の結論を維持するのに必要最小限の判断をしたということになる。本判決の読み方が難しいのは、上記⑶に指摘したように、この判決要旨を裏返して、「主債務者勝訴の確定判決の理由が保証人敗訴の確定判決の基準時後に生じたものであれば、主債務者勝訴の確定判決自体を請求異議事由とすることが許される」との判断をしたと理解するのが正しくないところにある。

そして、より難しいのは、上記⑶に整理した本判決の判断のうち、上記の判決要旨に摘記されないものは全て傍論であると性質付けしてよいのかどうかの点である。

まず、既判力の実体法説不採用の点であるが、既判力の実体法説を採用すれば、常に必ず「主債務者勝訴の確定判決を保証人敗訴の確定判決に対する請求異議事由とすることが許される」との結論が導かれるというのであれば、この点の判断も主論（ないしは主論と同視することができる判断）ということになる。

次に、反射的効力を既判力拡張として説明する見解不採用の点であるが、本判決は、反射的効力という理屈を採用するかどうかという問題に対する態度決定をしていないのであるから、既判力拡張論不採用の説示部分は傍論というほかない。しかし、主債務者勝訴の確定判決の理由中の判断に着目した説示が本判決の判決理由の核心になっていて、伝統的な理解の下での既判力拡張論とは整合しないこと、及び反射的効力という理屈については仮定論に終始したのに、既判力拡張論不採用を明言する説示をしていることを考慮すると、この説示部分は重いものとして受け止める必要があろう。

---

[16] 民集の判決要旨は、「債権者から保証人に対する保証債務履行請求訴訟における保証人敗訴の判決が確定した後に債権者から主債務者に対する主債務履行請求訴訟における主債務者勝訴の判決が確定しても、主債務者勝訴の判決が保証債務履行請求訴訟の事実審口頭弁論終結の時までに生じた事由に基づいてされているときは、保証人は、右の主債務者勝訴の確定判決を保証人敗訴の確定判決に対する請求異議の事由にすることはできない。」としている。

4 反射的効力に関するその他の最高裁判例

(1) 昭和31年判決

最2小判昭和31・7・20民集10巻8号965頁［58］（昭和31年判決）は、土地賃借人の賃貸人に対する土地明渡義務が判決で確定した場合において、土地の転借人及び土地の転借人所有の地上建物の賃借人に対して同確定判決の効力が及ぶことはなく、土地賃貸人に対して土地賃借権の存在を主張することができるとしたものである。昭和31年最高裁判決は、適法な土地転借人等に対し、土地賃借人の受けた「確定判決によって当然に原判示の如き法律上の拘束を受けると解すべき法理上の根拠に乏し〔い〕」と判断し、賃借人の受けた判決の反射的効力が転借人等に及ぶことを明確に否定した。

学説は、このような賃貸借関係については、実体法上の依存関係が欠けるという理由で、昭和31年判決の結論に賛成する[17]。

(2) 昭和37年判決

最1小判昭和37・4・12集民60号167頁（昭和37年判決）は、債権者と主債務者との間で主債務の存在を認める判決が確定しても、その判決の効力が保証人に及ぶものではないと判断した。

反射的効力否定説はもちろん、反射的効力肯定説も、第三者の手続保障を損なうおそれがあることを理由に、第三者に不利に反射的効力を及ぼすことを原則として否定するのが多数説である[18]から、大方の学説は昭和37年判決の結論に異論がないものと思われる。

(3) 昭和53年判決

最1小判昭和53・3・23判時886号35頁（昭和53年判決）は、交通事故の被害者Xが衝突車の運行供用者Y_1と道路管理者Y_2とを共同被告とする損害賠償請求訴訟において、第1審でY_1が同一の交通事故によって被った損害についての賠償債権を自働債権として相殺の抗弁を主張したところ、相殺の抗弁を容れた第1審判決[19]が確定したという事案におけるものである。Y_2は、控訴審に至って、Y_1とY_2とはXに対して不真正連帯債務を負う関係にあるから、Y_2のX

---

(17) 山本和彦・前掲注(5)の基本問題187頁、高橋・重点講義上752頁を参照。

(18) 竹下・前掲注(8)の44頁、山本和彦・前掲注(5)の基本問題191頁、高橋・重点講義上の752頁を参照。

に対する賠償義務も相殺額の範囲で消滅したと主張した。控訴審は、Y_2のこの主張を容れて第1審判決を変更し、Y_1と同額の損害賠償を命じた。

昭和53年判決は、「不真正連帯債務者中の1人と債権者との間の確定判決は、他の債務者にその効力を及ぼすものではなく、このことは、民訴法199条2項〔現行法114条2項〕により確定判決の既判力が相殺のために主張された反対債権の存否について生ずる場合においても同様であると解すべきである。……**他の債務者と債権者との間の訴訟においてこの債務消滅を認めて判決の基礎とするためには、右相殺が実体法上有効であることを認定判断することを要し、相殺の当事者たる債務者と債権者との間にその相殺の効力を肯定した確定判決が存在する場合であっても、この判決の効力は他の債務者と債権者との間の訴訟に及ぶものではないと解すべきであるから、右認定判断はこれを省略することはできない。**」と判断した。

上記の判決文から明らかなように、昭和53年判決は、反射的効力という理屈そのものを肯定することができるかどうかについての判断は示さなかったものの、不真正連帯債務者中の1人と債権者との間の訴訟において相殺を認めた確定判決が他の債務者に対して反射的効力が及ぶことを明確に否定した。

大方の学説は、既判力の実体法説に立てば、連帯債務又は不真正連帯債務につき、一定の債務消滅原因に絶対効が認められている範囲で反射的効力を認める余地はあるとするものの、昭和53年判決の結論に賛成する[20]。

5　紛争の統一的解決という常識と反射的効力

(1)　紛争の統一的解決と相対的解決との優劣

我が国の民訴法の解釈論として反射的効力を肯定するのが相当であるかどうかを決する分岐点は、現実の紛争の実態をわきまえた上で、本判決が検討対象としたような紛争を「統一的に」解決するのと「相対的に」解決するのと、紛争の解決方法としていずれがより賢明であるかについての価値判断にある。

---

(19)　最3小判昭和49・6・28民集28巻5号666頁〔4〕は、同一事故の損害賠償債権相互間での相殺が許されないことを再確認したが、本文の第1審判決はその前に言い渡されたものである。

(20)　山本和彦・前掲注(5)の基本問題187頁、高橋・重点講義上の767頁を参照。

本件で問題になった債権者、主債務者及び保証人の 3 者間の紛争についてみると、前記 2 (2)でみたとおり、主債務が不成立とされているのに保証債務ありとするのは常識に合致しないとか、債権者との間で勝訴判決を獲得した主債務者が保証人から求償されることによってその地位が不安定になるのは落着きが悪いと感ずる者は、そのような自らの感覚を頼りに、民法の定める保証債務の附従性の規定[21]を持ち出し、紛争を統一的に解決するのが望ましいとして、そのような結論を導くための道具立てとして反射的効力という理屈を肯定しようとする。

これに対し、我が国の民訴法が紛争の相対的解決を原則とする以上、債権者、主債務者及び保証人の 3 者間の紛争において、主債務の発生・存続について訴訟上の判断が区々になることは様々な要因から起こり得ることであり、やむを得ないし、むしろそのような解決こそが望ましいものとして、立法的な割切りをしたと考える者は、反射的効力という理屈の基礎にある常識とか落着きといったものに確かな根拠がないという。また、債権者と保証人との間の訴訟で、債権者と主債務者との間の債権者敗訴の確定判決における主債務についての判断に債権者が拘束されることを肯定するのは、様々な事情を勘案して訴訟への対処方法を決する当事者の自由を否定するものであって、訴訟における当事者の権限に対する侵害が合理的な範囲に収まっているとはいえないと考える。

(2) 紛争の実態の多様性と反射的効力という理屈

上記(1)のように、反射的効力という理屈を肯定するかどうかは、結局のところ、本件事案のような紛争につき、ある 1 つの確定判決のした事実認定及び法律判断を当事者を異にする訴訟にまで押し及ぼすことが現実の世界で生起する紛争の解決方法として賢明であるかどうかの判断にかかっている[22]。

---

(21) しかし、保証債務の附従性とは、債権者が保証人に対して保証債務の履行請求をするためには、主債務の発生を主張・立証しなければならず、債権者において主債務の発生原因事実の主張・立証に成功しなかった場合、又は保証人において主債務の発生障害事由、消滅事由若しくは阻止事由の主張・立証に成功した場合には、保証債務の履行請求が棄却されることを意味するにすぎず、債権者と主債務者との間の主債務履行請求訴訟における判決が何らかの効力を及ぼすことを意味するものではない。伊藤・前掲注(9)の582頁、山本弘・前掲注(1)の191頁を参照。

(22) 野村秀敏「判決の反射的効力」『実務民事訴訟講座［第 3 期］3 巻』（日本評論社、2013年）377頁以下は、同旨をいうものと思われる。

第 8 章 判 決 535

　結論から述べると、反射的効力という理屈が、「債権者と主債務者との間の主債務履行請求訴訟の確定判決の理由中の主債務の存否に関する判断は、債権者と保証人との間の保証債務履行請求訴訟において、保証人の有利に影響を及ぼす。同保証債務履行請求訴訟に係る判決が主債務履行請求訴訟に係る判決に先立って確定した場合も同様である（すなわち、主債務履行請求訴訟の確定判決の理由中の主債務の不成立又は消滅の判断は当然に請求異議事由になる。）。」というものであるとすると、ものの見方が一面的にすぎて現実の世界で生起する紛争の実態を掬い取ることができていないのではないかとの疑問を感ずる。

　例えば、本件第 1 審判決が Y の主張として摘示するように、X と並ぶもう 1 人の連帯保証人 C が主債務者 A の代理人として Y・A 間の消費貸借契約を締結している事案であって、X と C は、C・A 間の従前の関係からして少なくとも表見代理が成立する場合であることは争うことができないと考え、連帯保証人の責任を認め、請求原因事実を全て自白した上、「現在手許不如意で全額を一時に支払うことができない。」と陳述したことが契機になって、受訴裁判所が、A の弁論から X と C の弁論を分離して、Y 勝訴の判決をし、同判決が確定したものとしよう。

　この場合の X は、共同被告である B（A の相続人）が主債務の成立を争っていることを知悉しながら、表見代理による主債務の成立認定が確実なものであるとの自らの判断に基づき、請求原因事実を自白するという訴訟行為をすることを選択したわけである。その後、Y・B 間の訴訟における判決が、訴訟追行への熱心さ、巧拙、証人になることにつき関係者の協力が得られたかどうかといった様々な理由により、Y の請求棄却という結論で終わったからといって、X が手続保障を受け、自らの責任でした訴訟行為の結果として受けた Y・X 間の確定判決を覆すことを容認するのは、手続的正義の観念と整合しないというべきであろう[23]。これを容認するというのは、当事者の機会主義的行動を訴訟手続において容認するものであり、結局のところ、紛争解決における各当事者の権限（行動の自由）を軽視するという態度のように思われる。上記(1)の脚注(21)のとおり、民法の規定する保証債務の附従性の原則は、ここでは論理的な関

---

[23]　川口・前掲注(6)の384頁は、主債務者勝訴の確定判決を請求異議事由として認める考え方につき、「われわれの感覚にはにわかになじまない」と述べる。

連がない。

　自らの得た確定判決に従って債権者Ｙに対して保証債務の履行をしたＸが主債務者Ｂに対して求償するという場面を想定してみても、Ｘは主債務の成立を主張・立証しなければならないから、保証債務の附従性の観点からＢに不都合が生ずるということはない。Ｘ・Ｂ間の訴訟において、Ｂは、Ｙ・Ｂ間の訴訟においてＢの勝訴した確定判決を証拠として提出して争うことができるから、Ｙ・Ｂ間の訴訟におけるＢの努力を無にするものではない。また、Ｂは、それ以前にＸを被告として求償債権の有無の確認を求める訴訟を提起し、判決を得ることができたのであるから、保証債務の履行をしたＸから求償に係る訴訟を提起されても文句を言う筋合いはない。Ｂは、主債務の成立を否認する又は主債務の発生障害・消滅の抗弁を主張するなどして争うことになる。Ｙ・Ｂ間の確定判決が十分な主張・立証を経たものであって説得力のあるものであれば、Ｘ・Ｂ間の訴訟の判決をする裁判所も同じ判断をすることになろう。Ｂにめぼしい資産がないなど様々な理由からＹが十分な主張・立証をすることを怠ったといった場合には、Ｘ・Ｂ間の訴訟の判決をする裁判所は同じ認定判断をしないことになるかもしれないが、ＸはＹ・Ｂ間の訴訟において手続保障を受けていないのであるから、ＸがＹによる訴訟行為の結果によるＹ・Ｂ間の確定判決に拘束されるいわれはない。

　このようにして、債権者Ｙが保証人Ｘから債権を回収し、Ｘが主債務者Ｂに対する勝訴判決を得たとしても、ＸがＢから求償債権を現実に回収することができるかどうかは、Ｂの資産に対する執行可能性次第ということになる。仮にＸがＢから求償債権を現実に回収することができたとしても、ＹがＸから回収した金員をＢに対して返還しなければならない理由はない[24]から、Ｙ・Ｂ・Ｘ間の紛争はこれで収束する。

　そして、以上の検討は、本件事案と異なり、主債務者Ｂが債権者Ｙとの間の

---

[24]　高橋宏志・昭和51年度重判143頁は、「２つの後続訴訟を経由して最終的にはＹは得た金を吐き出さなければならないことが実体法的に高い蓋然性をもって予想されるときには、理由付けはともかく、本件でＸの請求異議を容れておく方が訴訟制度の運営としては効率的というべきであろう。」というが、主債務者ＢがＹに対してどのような請求権を行使するというのか不明である。本判決は、「最終的にはＹは得た金を吐き出さなければならない」と考えていないものと思われる。

訴訟で勝訴した判決が、Yの保証人Xに対する訴訟提起に先立って確定していた場合でも大きな相違はない。ただし、ここでは、Yが自らの訴訟行為の結果主債務者Bに敗訴したのであれば、保証人Xとの間においても、そのような訴訟行為の結果受けた敗訴確定判決に拘束されても仕方がないという理屈はあり得ないではない。

しかし、**この理屈は、手続保障というものを極めて抽象的なレベルでとらえるものである。**すなわち、この理屈は、債権者Yが資産の乏しい主債務者との間の訴訟に金と時間を注がず、資産があって回収可能性の高い保証人との間の訴訟に金と時間を注ぐといった訴訟上の裁量を認めないという立場に立っているし、また、主債務者との間の訴訟では協力の得られなかった証人の協力が保証人との間の訴訟では得られることになったというような実際の訴訟で日常的に直面する証拠収集の問題を無視又は軽視するという立場に立っているとの疑念を拭うことができない。

このような訴訟の実態ないし動態をも考慮するために、Y・B間の訴訟が真摯かつ真剣に追行され、証拠収集上の問題もないような場合であることを条件にして反射的効力を肯定するとの立場に立つとするなら、Xに、Bの勝訴したY・B間の確定判決を証拠として提出して争うことを認めるのが、このような条件を最も正確に反映させる実際的な方法というべきである。

結局、**反射的効力という理屈は、**抽象的な観点からする「紛争の統一的解決」に資するようにみえるが、**紛争の実態又は当事者の訴訟における争い方の多様性を軽視したものであって、現実に生起する紛争を総体として適正に解決する方策というには疑問の残る考え方であると思われる。**

6 おわりに

本判決は、昭和53年判決とともに、判決の反射的効力という理屈を理解するのに避けて通ることのできない判決である。

前記4にみたとおり、最高裁判例には、判決の反射的効力を認めたものはなく、将来的にこの理屈が肯定されてもおかしくない事案を想定するのも困難な状況にある。

しかし、本判決の判断手法は、前記3(1)、(2)のとおり、判決の反射的効力という理屈をひとまず前提にした上で、一定の場合を設定し、その場合について

の判断を示すというものであって、最高裁判決としては手の込んだもので、珍しいものといってよい。それだけに、本判決の結論に至る論理を正確に理解するのはそう簡単ではない。

また、債権者・主債務者・保証人間の紛争をどのように解決するのが実体的正義と手続的正義とに適ったものになるのかを検討するのに、本件事案は格好の素材を提供している。筆者は前記 5 でその一端を試みたのであるが、読者もこれに囚われることなくそれぞれに試みられることを推奨しておきたい。判例を学ぶ楽しみは、こういうところにもある。

本判決は、学説上の定説のない確定判決の反射的効力という論点につき、小さな場合判例を作ったものにすぎないが、その先を考える起点になる面白い判例である。

第9章 判決によらない訴訟の終了

◆ 訴訟上の和解

訴訟上の和解と既判力
最 1 小判昭和33・6・14民集12巻 9 号1492頁[68]（苺ジャム事件）

【事実】
1　Xは、Yに対し、Xが売り渡した水飴代金53万円余及び約定清算金 9 万円余の合計62万円余の支払を求めて訴えを提起した。

2　第 1 審の口頭弁論期日において、以下の内容の訴訟上の和解（以下「本件和解」という。）が成立した。

① 　Yは、Xに対し、上記の62万円余の支払義務があることを認め、内金40万円の支払に代えてXが仮差押をしたY所有の苺ジャム（ 1 箱 4 ダース入り、 5 号罐、特選金菊印）150箱を昭和29年11月16日限り譲渡することとし、その引渡しを翌17日にYの営業所においてする。

② 　Xは、Yに対し、前項の物件の引取りと引換えに 5 万円を支払う。

③ 　Yが①の代物弁済物件をXに引き渡したときは、残額22万円余の支払を免除する。

3　Xは、本件和解の条項に従って、昭和29年11月17日にYの営業所に代物弁済物件の引取りに赴いたが、仮差押物件は林檎ジャムに変わっていて、市場価値のないものであったから、本件和解は要素の錯誤により無効であると主張し、第 1 審裁判所に期日指定の申立てをした。

4　第 1 審は、続行期日を指定して訴訟手続を進め、本件和解は要素の錯誤により無効であると判断して、Xの請求を認容した[1]。Yが控訴。

5　控訴審（原審）は、概要、次のように判示して、Yの控訴を棄却した。すなわち、本件和解は、当事者双方が仮差押物件は市場で一般に通用しているところの特選金菊印苺ジャムであることを前提とし、仮差押後日時の経過により一部変質品のあることを見込んで 1 箱当たり3000円（ 1 罐平均62.5円）総額45万円と評価することに落ち着いたため成立したものである。ところが、実際

---

(1)　大阪地判（判決年月日不明、主文と事実は民集12巻 9 号1498頁に収録）。

の仮差押物件は大部分が林檎やアンズを原料とするもので苺はわずか1、2割にすぎない粗悪品であって、到底金菊印苺ジャムとして通用する品物ではなく、その販売価格も混合ジャムとして1罐38円程度であったことが認められるのであって、以上の事実からすると、本件和解に関与したXの訴訟代理人の意思表示にはその重要な部分に錯誤があったものと解するのが相当であり、民法95条によりその効力を生じなかったというべきである[2]。

6　Yが上告。上告理由は、①本件和解を無効とした判断は、和解契約の解釈を誤り、民法95条の解釈を誤ったものである、②有償契約である代物弁済契約には瑕疵担保責任についての民法570条の規定が錯誤についての民法95条の規定に優先して適用されるべきであるのに、民法95条の規定を適用して本件和解を無効としたのは、法令の適用を誤ったものである、③訴訟上の和解は実質的確定力を有するのに、Yに対して支払を命じたのは、民訴法203条（現行民訴法267条）の規定に違反するなどというものである。

［関係図］

【判旨】
上告棄却。

1　和解と要素の錯誤との関係
「原判決の適法に確定したところによれば、本件和解は、本件請求金額62万9777円50銭の支払義務あるか否かが争の目的であって、当事者であるX、Yが原判示のごとく互に譲歩をして右争を止めるために仮差押にかかる本件ジャムを市場で一般に通用している特選金菊印苺ジャムであることを前提とし、これ

---

(2)　大阪高判昭和32・9・16民集12巻9号1500頁。

を1箱当り3千円（1罐平均62円50銭相当）と見込んでYからXに代物弁済として引渡すことを約したものであるところ、本件ジャムは、原判示のごとき粗悪品であったから、本件和解に関与したXの訴訟代理人の意思表示にはその重要な部分に錯誤があったというのであるから、原判決には所論のごとき法令の解釈に誤りがあるとは認められない。」

2 錯誤の規定と瑕疵担保の規定の優先関係

「原判決は、本件代物弁済の目的物である金菊印苺ジャムに所論のごとき瑕疵があったが故に契約の要素に錯誤を来しているとの趣旨を判示しているのであり、このような場合には、民法瑕疵担保の規定は排除されるのであるから[3]、所論は採るを得ない。」

3 訴訟上の和解の実質的確定力

「原判決は、本件和解は要素の錯誤により無効である旨判示しているから、所論のごとき実質的確定力を有しないこと論をまたない。」

【判例の読み方】

1 本判決のポイント

本判決は、実体法と訴訟法の問題が交錯して争われた事案において、民法の基本的争点（【判旨】1、2）と民訴法の基本的争点（【判旨】3）とにつき、最高裁として一応の解決策を提示したものである。

本書は、民訴法の論点についての理解を深めることを主要な目的とするものであるが、本判決に見られるように、実際の紛争では実体法と訴訟法の問題がともに争われることも稀ではない。

本講では、訴訟法のみならず、実体法の問題[4]についても簡単に基本を押さえておくことにする。以下、実体法の問題である2つの論点、すなわち、和解

---

(3) 本判決は、ここで大判大正10・12・15民録27輯2160頁を参照判例として挙げる。

(4) 本判決の扱う実体法上の問題全般につき、曽野裕夫・中田裕康＝窪田充見編『民法判例百選Ⅱ債権［第7版］』（有斐閣、2015年）144頁を参照。

と要素の錯誤との関係（後記2）、錯誤の規定と瑕疵担保の規定の優先関係（後記3）を概観検討した上で、訴訟法の問題であり本講の主要な論点、すなわち、訴訟上の和解と既判力との関係（後記4）を検討することにする。

2　和解と要素の錯誤との関係──【判旨】1

　和解と要素の錯誤との関係は、互譲によって止めることとした争いの目的自体に錯誤があっても、成立した和解の効力に影響を及ぼすことはないが、互譲の前提ないし基礎とされた事項に錯誤があった場合において、当該事項が要素に当たるときは、民法95条の規定の適用により、和解は無効になると解するのが判例[5]及び通説[6]の立場である。

　本判決の【判旨】1は、この法理を前提として、本件への当てはめをした事例判例である。すなわち、【判旨】1は、①本件における争いの目的は、YがXに対して62万円余の支払義務を負っていたかどうかにあること、②Yが本件ジャムを代物弁済としてXに引き渡すことを約するという互譲をして争いを止めることとしたが、本件ジャムが一定の市場価値を見込むことのできる品質を具備していることがその前提になっていたことを明示した上で、本件和解の錯誤無効を肯定した原判決の判断を維持したのである。

3　錯誤の規定と瑕疵担保の規定の優先関係──【判旨】2

　本判決は、前掲注(3)の大審院判例を引用した上で、【判旨】2のとおり判示することによって、最高裁も、民法95条の適用によって契約の無効が導かれる場合には、民法570条・566条の瑕疵担保の規定の適用が排除されるとの法理（このような立場を「錯誤優先説」という。）を明らかにしたものである。

　錯誤優先説とは、これを要件事実論によって説明すると、有償契約につき、錯誤を理由として契約無効の主張をしている事件において、瑕疵担保の要件事実を主張・立証しても、錯誤無効の主張に対する抗弁になることを認めない見解をいう。したがって、錯誤優先説によれば、錯誤無効の主張をすることによ

---

(5)　大判大正6・9・18民録23輯1342頁。

(6)　我妻栄『債権各論中巻2（民法講義V₃）』（岩波書店、1962年）880～882頁、内田貴『民法Ⅱ債権各論［第3版］』（東大出版会、2011年）318頁を参照。

って、瑕疵担保の要件事実が明らかになることがあっても、そのことのゆえに錯誤無効の主張が主張自体失当になるわけではない。他方、錯誤優先説によれば、有償契約につき、原告が瑕疵担保を理由とする損害賠償請求をしている事件において、被告としては錯誤の要件事実を主張・立証することによって抗弁とすることができる。

瑕疵担保優先説とは、以上の錯誤優先説とは逆の結論を採る見解をいう。学説の多数説は、法律関係の早期確定の利益[7]を重視して瑕疵担保優先説を採る[8]。

なお、いずれの要件を主張していずれの規定の適用を主張するのも当事者の自由である[9]との立場もあり得ないではない。しかし、錯誤と瑕疵担保のいずれの主張をすることも当事者の意思にゆだねられるとの弁論主義の観点における議論としては当然のことであるが、いずれかの主張を先に持ち出した当事者の意向に相手方当事者も裁判所も拘束されるという理屈はないであろうから、上記のような場面を前提にすると、最終的には、錯誤優先説又は瑕疵担保優先説のいずれかの立場を選択せざるを得ないことになるのではないかと思われる。

以上のような議論が存するものの、最高裁判例としては、錯誤優先説を採用した本判決の【判旨】2が現在も生きているので、法律実務家としては注意を要する。

4 訴訟上の和解と既判力との関係──【判旨】3

(1) 訴訟上の和解の性質

訴訟上の和解の性質をどう理解するかの学説は、一般に、①私法行為説（私法上の和解が訴訟の期日においてされるものであり、調書はこれを公認するにすぎないものとする考え方）、②訴訟行為説（私法上の和解とは全く異なる純然たる訴訟行為であるとする考え方）、③両性説（私法行為と訴訟行為の双方の性質を兼有す

---

(7) 民法566条3項は、「契約の解除又は損害賠償の請求は、買主が事実を知った時から1年以内にしなければならない。」とし、短期の権利行使期間を規定する。

(8) 我妻榮『債権各論中巻1（民法講義V₂）』（岩波書店、1973年）303頁、加藤雅信『新民法大系IV契約法』（有斐閣、2007年）242〜244頁を参照。

(9) 内田・前掲注(6)146頁を参照。

る1個の行為であるとする考え方）、④並存説（私法行為と訴訟行為の2個の行為が並存しているとする考え方）の4説に大別される[10]。

最2小判昭和31・3・30民集10巻3号242頁［15］（昭和31年判決）は、「裁判上の和解は、その効力こそ確定判決と同視されるけれども、その実体は、当事者の私法上の契約であって契約に存する瑕疵のため当然無効の場合もある」と判示した。昭和31年判決は、主論として訴訟上の和解の性質を判断したものではないが、訴訟行為説の立場に立つものでないことは明らかである。一般には、本判決の【判旨】3をも併せ考慮し、最高裁判例の立場はその他の3説のうち両性説に最も親和性が高いとみられている[11]。

(2) 訴訟上の和解の効力

民訴法267条は「和解……を調書に記載したときは、その記載は、確定判決と同一の効力を有する。」と規定しているのであるが、「確定判決と同一の効力」とは何かがここでの問題である。訴訟法上の効力として、訴訟終了効と執行力（民事執行法22条7号）とを有することについては異論がないといってよい。争われているのは既判力を肯定するかどうかについてであり、以下の3説に大別される。

第1は、民訴法267条の上記の文言を重視し、訴訟上の和解を判決代用物とみて、判決と同様の既判力を肯定する立場である（既判力肯定説）[12]。

第2は、実体法上の要件を備えた有効な訴訟上の和解に限って既判力を肯定する立場である（制限的既判力説）[13]。実体法上の無効原因・取消原因があるときは、訴訟上の和解は無効になり、訴訟終了効も既判力も発生しないという立場である。

第3は、訴訟上の和解が当事者の意思に基礎を置くことを重視し、裁判所の関与によっても当事者の意思の瑕疵を排除することはできないから、その点についての実体法上の主張を遮断することは裁判を受ける権利（憲法32条）の侵害になりかねないとし、また、判決における場合と異なり、既判力の客観的範

---

(10) 石渡哲「訴訟上の和解とその効力」民訴争点［第3版］260頁を参照。

(11) 石川明「訴訟上の和解とその効力」民訴争点［新版］310頁を参照。

(12) 兼子・新修体系309頁を参照。

(13) 菊井維大『民事訴訟法下［補正版］』（弘文堂、1968年）375頁、斎藤秀夫『民事訴訟法概論［新版］』（有斐閣、1982年）335頁を参照。

囲が不明確になり、既判力を肯定するのは既判力概念の拡散化を招くとして、既判力を否定する立場である（既判力否定説）[14]。学説の多数説ということができる。

判例の立場は、必ずしも明らかではない。最大判昭和33・3・5民集12巻3号381頁［19］は、「裁判上の和解は確定判決と同一の効力を有し（民訴203条）、既判力を有するものと解すべきであ〔る〕」と判示したのであるが、この判示部分は主論とはいえない[15]上、そう解すべき理由の説示もないから、この判示部分をもって最高裁が上記の既判力肯定説を採用したものと即断することは適切でない[16]。

本判決の【判旨】3は、その文言どおりに受け取ると、和解に実体法上の瑕疵がなければ実質的確定力を有し、実体法上の瑕疵があれば実質的確定力を有しないとの立場を採るものと読むことができるから、昭和31年判決と相まって、制限的既判力説に立つものと理解することができ[17]、このように理解すると法理判例ということになる。

(3) 訴訟上の和解の瑕疵の主張方法

前記(2)のうちの既判力肯定説によると、実体法上又は訴訟法上の理由による和解の当然無効の主張を認めることはできず、再審事由又はこれに準ずる事由のある場合に限って、再審又はこれに準ずる訴えによってのみ、和解の無効・取消しを求めることができるということになる。

これに対し、判例は、訴訟上の和解の瑕疵の主張方法として、以下の3つの方法を認める。

第1は、当事者の一方が期日指定の申立てをして、訴訟上の和解によって終了したとされている訴訟手続を続行する方法である。これは、無効原因のある

---

(14) 岩松三郎「民事裁判における判断の限界」『民事裁判の研究』（弘文堂、1961年）99頁、三ケ月・民訴444頁、新堂・新民訴372〜373頁を参照。

(15) この大法廷判決は特殊な事案におけるものであり、詳細は判決文に当たっていただきたいが、結論を述べておくと、主論は、「罹災都市借地借家臨時処理法第15条による裁判については、それが実質的理由によって賃借権設定申立を却下する裁判であっても、その既判力を否定すべきではない。」との判示部分（判決要旨3として掲げられた判示部分）である。

(16) 三宅多大・最判解昭和33年度民事40頁は、同旨をいうものと思われる。

(17) 高田裕成・百選196頁を参照。

訴訟上の和解は当然に無効であり、訴訟終了効もなかったことになると考えるものである。本判決の【判旨】3は、この方法によった原審の手続を肯認するための前提としての判断と位置付けることができる[18]。

なお、期日指定の申立てを受けた裁判所は、まず主張されている瑕疵（本件であれば、錯誤）の有無を口頭弁論を開いて審理し、瑕疵があったと判断するときは更に期日を指定して当該訴訟手続を続行し、瑕疵があったとはいえないと判断するときは訴訟終了宣言の終局判決（主文は、「訴訟上の和解により、訴訟は終了した。」というもの）をするというのが裁判実務の一般的扱いである。

第2は、当事者の一方が和解無効確認の訴え（別訴）を提起する方法である[19]。これは、訴訟上の和解に無効原因がある場合には既判力が生じないという考え方を前提にする。

第3は、訴訟上の和解に給付を約する条項がある場合に、給付義務を負う当事者が請求異議の訴えを提起して、和解調書に基づく強制執行の不許を求める方法である[20]。

以上の3つの方法のいずれを選択すべきであるかは、訴訟上の和解の瑕疵が意思表示の瑕疵（錯誤、詐欺、強迫等）であるかそれ以外の瑕疵（代理権の欠缺等）であるかにかかわるものではない。

基本的には、訴訟上の和解の無効を主張する当事者の選択にゆだねられる[21]。ただし、訴訟上の和解の無効を主張して別訴を提起した一方当事者の選択が相手方当事者に対して合理的な範囲を超えた負担になるといった例外的場合にどう対処すべきであるかの問題は起こり得る[22]。また、本件のXのように、旧訴の原告が訴訟上の和解の無効を主張することによって旧訴請求の全部認容を求めるというのであれば、期日指定の申立ての方法によるのが適切であり、和解無効確認の訴えを提起する方法によるのは適切でない。和解無効確認の訴えが

---

[18]　本判決以前に期日指定の方法によることを肯定したものとして、大決昭和6・4・22民集10巻380頁がある。

[19]　最1小判昭和38・2・21民集17巻1号182頁 [14]、大判大正14・4・24民集4巻195頁を参照。

[20]　大判昭和14・8・12民集18巻903頁を参照。

[21]　新堂・新民訴375頁、上田・民訴454頁を参照。

[22]　高橋・重点講義上784頁を参照。

許容されるのは、当然のことながら、確認の利益（対象選択の適切性、紛争解決手段としての適切性、紛争の成熟性の３つの観点から検討される）が存する場合であるから、確認の利益によるスクリーニングは受けることになる。

(4)　訴訟上の和解の解除と訴訟終了効

前記(3)とは別の問題として、瑕疵なく訴訟上の和解が成立した場合において、その内容を成す私法上の契約が債務不履行等を理由として解除されたときに、当該訴訟上の和解による訴訟終了効に影響を及ぼすかどうかの問題がある。

この点につき、最１小判昭和43・２・15民集22巻２号184頁［22］（昭和43年判決）は、大審院判例を変更して[23]、「訴訟が訴訟上の和解によって終了した場合においては、その後その和解の内容たる私法上の契約が債務不履行のため解除されるに至ったとしても、そのことによっては、単にその契約に基づく私法上の権利関係が消滅するのみであって、和解によって一旦終了した訴訟が復活するものではないと解するのが相当である。」と判示して、解除によって訴訟終了効までが遡及的に消滅し、終了した訴訟が当然に復活するものではないとの理を明らかにした。この判決文からすると、当事者が期日指定の申立てをしたとしても、旧訴の手続を復活させることは許されない（すなわち、解除を理由とする期日指定の申立ては許されない）との趣旨をいうものと理解するのが素直であろう[24]。

しかし、昭和43年判決は、旧訴の原告が私法上の和解を解除したことを理由として提起した別訴が民訴法231条（現行民訴法142条）の禁止する重複訴訟に当たるかどうかが争われた事件における判断であって、旧訴の原告が旧訴の手続の続行を求めてした期日指定の申立てを却下すべきであるかどうかを判断したものではない。したがって、旧訴の手続の当然復活を否定した判示部分を主論と考えるべきであって、期日指定の申立ての方法を否定した判例ということはできない[25]。

そうすると、訴訟上の和解が解除された場合、その後の紛争解決を常に別訴によらなければならないのか、期日指定の申立てを経由しての旧訴の手続の続

---

(23)　大判昭和８・２・18法学２巻1231頁、大決昭和８・11・29裁判例７巻民273頁を参照。

(24)　奥村長生・最判解説昭和43年度民事189頁は、同旨をいうものと思われる。

行によることが許されるかにつき、実務的には、昭和43年判決を前述のように理解して期日指定の申立てを主張自体失当として却下するという扱いが一般的であると思われる[26]が、厳密には、未だに判例のない分野として残されているということになる。この辺りが理解できるようになると、判例を読むのが楽しくなる。

5　おわりに

本判決は、【判旨】1、2が民法判例、【判旨】3が民訴法判例であるが、いずれの判示部分についても理由付けとなる実質的な論理が明示されていない。昭和30年代の最高裁判決には、少なからず理由付けのないものが存する。最高裁における判決の作られ方の歴史を知るという観点からも、興味深いものである。

しかし、民法判例部分であれ民訴法判例部分であれ、本判決の結論としての判断は、学説のその後の展開にもかかわらず、現在に至るも判例として裁判実務を支配している。私法上の和解及び訴訟上の和解の要件と効果を理解するに当たり、避けて通ることのできない判例である。

---

[25]　東京高決昭和61・2・26判時1186号64頁は、期日指定の申立てがされた場合には、口頭弁論期日を開いて契約解除により訴訟が復活する旨の主張が理由があるかどうかを検討し、同主張に理由がないと判断するときは、判決により訴訟終了宣言をすべきであるとし、決定をもって期日指定の申立てを却下した原決定を違式の裁判として違法と判断した。この東京高決は、訴訟上の和解の解除の場合においても期日指定の申立てを受けて旧訴の手続を続行するという方法をも許容しているようにみえるが、そのような立場に立つものであるかどうかは判然としない。

[26]　藤原弘道「訴訟上の和解の既判力と和解の効力を争う方法」後藤勇＝藤田耕三編『訴訟上の和解の理論と実務』（西神田編集室、1987年）499頁を参照。

◆ 訴えの取下げ

49 終局判決後の訴えの取下げと再訴禁止効

最 3 小判昭和52・7・19民集31巻 4 号693頁[21]

【事実】

1　本件土地 L の所有者である X は、建物 H₁ の所有者である Y₁ に対し、所有権に基づき H₁ 収去 L 明渡しを求めて訴え（旧訴）を提起し、第 1 審で勝訴判決を得た。

2　旧訴の控訴審において、Y₁ は、建物賃借人 Y₂ による増改築の結果著しく状況が変更され、H₁ は実在しなくなったと主張した。そこで、X は、旧訴を L についての賃借権不存在確認請求へと訴えの変更をし、勝訴判決を得て、同判決は確定した。

3　その後、Y₁ は、L 上に存する現建物 H₂ は自分の所有物であると主張するに至った。そこで、X は、Y₁ と Y₂ を被告として、Y₁ に対して H₂ 収去 L 明渡しを、Y₂ に対して H₂ 退去 L 明渡しを求めて訴え（新訴）を提起した[1]。

4　Y₁ と Y₂ は、旧訴の控訴審における訴えの交換的変更によって、変更前の旧訴請求は終局判決があった後に取り下げられたのであるところ、新訴請求は民訴法237条 2 項（現行民訴法262条 2 項）にいう「同一ノ訴」に当たるから、却下されるべきであると主張した。

5　新訴の第 1 審は、再訴禁止の要件としての「同一ノ訴」につき、訴訟物が同一であるだけでは足りず、訴えの利益・必要の点についても同一であることを要するというべきであり、新たに同一の訴えを提起することを正当ならしめるに足りる事情の存するときは、再訴禁止の規定は適用されるべきではないとして、Y₁ と Y₂ の上記の主張を排斥して、X の請求を認容した[2]。Y₂ のみが控訴。控訴審（原審）は、控訴を棄却した[3]。

---

(1)　本文は、第 1 次請求のみを取り上げた。第 2 次請求は、Y₁・Y₂ に対して共同して H₂ 収去 L 明渡しを求めるものである。

(2)　大阪地判昭和50・2・19民集31巻 4 号702頁。

6　Y_2が上告。上告理由は、上記の主張を繰り返すものであるが、その上で、Y_2は、旧訴における訴えの変更につき、収去すべき建物の表示が登記簿上の記載に一致しなくても、公簿上の記載の横に現況を併記することによって執行することが可能であったから、訴えの変更によって取下げの効果を生ぜしめたのはX代理人の失態というべきである。原判決は、これを救済するための不当な解釈であると主張した。

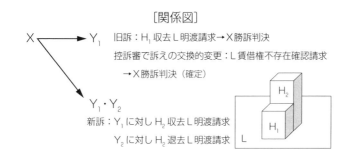

【判旨】
上告棄却。

1　終局判決後の訴え取下げに対する再訴禁止の制度趣旨
「民訴法237条2項〔現行民訴法262条2項〕は、①終局判決を得た後に訴を取下げることにより裁判を徒労に帰せしめたことに対する制裁的趣旨の規定であり、②同一紛争をむし返して訴訟制度をもてあそぶような不当な事態の生起を防止する目的に出たものにほかならず、旧訴の取下者に対し、取下後に新たな訴の利益又は必要性が生じているにもかかわらず、一律絶対的に司法的救済の道を閉ざすことをまで意図しているものではないと解すべきである。」(①、②の付番は、筆者による。)

2　民訴法237条2項にいう「同一ノ訴」の意義——結論命題
「同条項〔現行民訴法262条2項〕にいう『同一ノ訴』とは、単に当事者及び

---
(3)　大阪高判昭和51・8・18民集31巻4号737頁。

訴訟物を同じくするだけではなく、訴の利益又は必要性の点についても事情を一にする訴を意味し、たとえ新訴が旧訴とその訴訟物を同じくする場合であっても、再訴の提起を正当ならしめる新たな利益又は必要性が存するときは、同条項の規定はその適用がないものと解するのが、相当である。」

3　本件への当てはめ

「原審の適法に確定したところによれば、……その〔建物〕賃借人である Y_2 の増築した……建物は、民法242条本文の規定により、H_1 に従として附合し、H_2 となり、Y_1 の所有に帰したものというべく[(4)]、かつ、控訴審においてされた訴の交換的変更の場合には旧訴については訴の取下があったものと認めるべきであるから[(5)]、X の Y_1 に対する H_2 を収去してその敷地の明渡を求める本件……請求は、前記別件訴訟において取下げられた請求とその訴訟物を同一にするものといわなければならない。」

「しかしながら、原審の確定した前記事実関係のもとにおいては、X が建物の附合関係等につき誤認して前記のように訴の変更をしたのには無理からぬところがあったものというべく、しかも、別件訴訟の確定後に至って、Y_1 が従前の主張を変えて建物〔筆者注：Y_2 による増築部分を指す〕は自己の所有であると主張するに至った以上、X としては、Y_1 を相手方として、H_2 を収去してその敷地を明渡すべきことを求めるため本訴を提起し維持する新たな必要があるものというべきである。」

【判例の読み方】

1　本判決のポイント

現行民訴法262条2項（旧民訴法237条2項）は、終局判決後の訴え取下げに対して再訴禁止という効果を規定する。本判決は、同項にいう「同一の訴え」の解釈と適用を示したものである。

---

(4)　本判決は、ここで最1小判昭和43・6・13民集22巻6号1183頁［49］を参照判例として挙げる。

(5)　本判決は、ここで大判昭和16・3・26民集20巻361頁を参照判例として挙げる。

第9章 判決によらない訴訟の終了 553

　本講は、訴えの取下げの意義・要件・効果等の前提となる基礎知識を整理した上で（後記2）、本判決の理由構成に従って、終局判決後の訴え取下げに対して再訴禁止という効果を導入した民訴法の制度趣旨（後記3）、禁止される「同一の訴え」の意義（後記4）、本件への当てはめ（後記5）の順に検討する。

2　訴えの取下げをめぐる基礎知識

(1)　訴えの取下げの意義・要件・効果

　訴えの取下げは、原告が自らの提起した訴えの全部又は一部を撤回する旨の意思表示をいう（民訴法261条1項）。

　訴えの取下げの要件は、①判決の確定前であること（民訴法261条1項）、②被告が本案について訴訟行為をした後においては、被告の同意を得ること（同条2項本文）、③訴訟能力のある原告又は特別の授権を受けた代理人がすること（民訴法32条2項1号・55条2項2号）、の3つである。

　訴えの取下げの効果は、訴訟係属が当該訴えの提起時に遡って消滅するというものである（民訴法262条1項）。

(2)　訴えの取下げと意思表示の瑕疵

　上記(1)の定義から明らかなように、訴えの取下げは、純然たる訴訟行為（いわゆる与効的訴訟行為）である。そして、訴訟行為については、行為の明確性と訴訟手続の安定性とが核心的価値と考えられるため、条件を付することは許されないし、民法の意思表示の瑕疵に関する規定の適用はないとするのが判例の立場である。

　すなわち、最2小判昭和46・6・25民集25巻4号640頁［30］は、「訴の取下は訴訟行為であるから、一般に行為者の意思の瑕疵がただちにその効力を左右するものではない」と明言する。しかし、他方で、同判決は、「詐欺脅迫等明らかに刑事上罰すべき他人の行為により訴の取下がなされるにいたったときは、民訴法420条1項5号〔現行民訴法338条1項5号〕の法意に照らし、その取下は無効と解すべき」であるとする(6)。

　判例は、このように再審に関する規定の法意という論理によって「無効」の効果を導くのであり、伝統的通説(7)も同じである。これに対し、訴訟係属を遡及的に消滅させる訴えの取下げについては、訴訟手続の安定よりも当事者の利益保護の価値を重視すべきであるから、意思表示の瑕疵に関する民法の規定を

類推適用するのが相当であるという論理によって「無効」の効果を導くことを認める有力説[8]もある。有力説のメリットは、訴えの取下げについても錯誤による無効の主張を許すという結論を無理なく採ることができるところにある。

ただし、訴えの取下げにつき、主論（ratio decidendi）として、錯誤による無効の主張を許さないとした判例が存するわけではないから、厳密に説明するのであれば、この点に関する判例の立場はオープンであるというのが正しい。なぜなら、訴訟行為であっても、外観尊重や手続安定の要請の乏しいものについては錯誤による無効の主張を許した判例も存する[9]からである。

3　終局判決後の訴え取下げに対する再訴禁止の制度趣旨
——【判旨】1

前記2のとおり、被告が本案について訴訟行為をした後に訴えの取下げをするには、被告の同意を得ることを要するが、終局判決があった後であってもその確定に至るまでの間は、訴えの取下げをすることが許される。

ところで、民訴法262条2項は、「本案について終局判決があった後に訴えを取り下げた者は、同一の訴えを提起することができない。」と規定するのであるが、具体的事案に対して再訴禁止の効果を及ぼすべきであるかどうかを決するには、まず、再訴禁止という効果を導入することとした民訴法の想定する制度趣旨を明確にしておく必要がある。

この点につき、一般には、原告が訴権を喪失するとの見解（訴権喪失説）、裁判所の本案終局判決を無に帰せしめたことに対する制裁であるとの見解（制裁説）、再訴の濫用を抑えることを目的とするとの見解（濫用説）、の3説が存す

---

(6)　その上で、同判決は、訴えの取下げの無効を主張するにつき、民訴法420条2項（現行民訴法338条2項）の規定する有罪判決の確定等の要件の具備を要しないとした。これは、刑事上罰すべき他人の行為による自白の無効を主張するのに、同項の要件の具備を要しないとした最1小判昭和36・10・5民集15巻9号2271頁［105］と同趣旨に出るものである。

(7)　兼子一・新修体系294頁を参照。

(8)　新堂・新民訴350頁、伊藤・民訴462頁、河野正憲『民事訴訟法』（有斐閣、2009年）322頁を参照。

(9)　最1小判昭和44・9・18民集23巻9号1675頁［56］は、公正証書における執行受諾の意思表示につき、要素の錯誤による無効を認めた。

ると説明される[10]。しかし、これらの3説は、同一レベルでの議論をしているものではなく、相互に対立する説明をするものでも、排他的な関係に立つものでもない（特に、制裁説と濫用説は、説明の観点を異にするにすぎない。）。

本判決の【判旨】1を一読すると、このような消息をよく理解することができる。すなわち、【判旨】1は、上記のとおり、その①において、旧民訴法237条2項〔現行民訴法262条2項〕の規定の趣旨を制裁説によって説明し、その②において、同項の規定の目的を濫用説によって説明する。

その上で、本判決は、同項の規定につき、旧訴の取下後に新たな訴えの利益又は必要性が生じている場合には、一律に司法的救済の道を閉ざすことを意図するものではない旨判示する。

4 禁止される「同一の訴え」の意義──【判旨】2

本判決は、【判旨】2において、禁止される「同一の訴え」につき、当事者及び訴訟物の同一に加えて、訴えの利益又は必要性の同一を要する旨判断した。この判断部分が、本判決の法理判例としての主論（ratio decidendi）である。

本判決がこのような結論を採る直接的な理由は、上記3の再訴禁止の制度趣旨（【判旨】1）にあるが、このような結論を採る背景には、民訴法262条2項の規定する終局判決後の再訴禁止という失権効が比較法的に類をみない厳しいものであり、立法論として問題ありとする批判が存すること[11]を知っておくと、【判旨】2の結論命題を理解するのに困難を感じないであろう[12]。

ここでは、【判旨】2を正確に理解するという観点から、留意すべき点をみておくことにしよう。

本判決につき、大判昭和11・12・22民集15巻2278頁（昭和11年判決）を「改めた」ものと説明されることがある[13]が、判例変更をしたとの趣旨をいうものであるとすると、正確な説明とはいえない。なぜなら、昭和11年判決は、請求

---

(10) 牧山市治・最判解昭和52年度民事244頁を参照。

(11) 牧山・前掲注(10)の245〜246頁を参照。

(12) 最3小判昭和38・10・1民集17巻9号1128頁[65]は、差戻後の第1審における訴えの取下げには再訴禁止の失権効が及ばないとしたが、この判決も本文のようなコンテクストで理解することができる。

の基礎を同一にするだけでは、現行民訴法262条2項にいう「同一の訴え」に当たるとはいえず、請求原因（訴訟物）を同一にすることを要すると判断して、新訴の提起を再訴禁止にふれないとしたものであって、当事者及び訴訟物の同一に加えて何らかの要件の充足を要するかどうかを判断したものではないからである。

　次に、【判旨】2にいう「訴えの利益又は必要性」とは何を意味するのかが問題である。後記5において、事例判例としての【判旨】3について検討するところから明らかなように、裁判所（ないし訴訟制度を設営する国家）をわずらわせるような利益の有無という側面からみた「訴えの利益」（いわば狭義の「訴えの利益」）のみを意味するのではなく、再度の応訴を強いられる被告の側にそれを甘受すべき事情が存するかどうかという側面からみた「訴えの必要性」（いわば広義の「訴えの利益」）を包含するものと理解すべきであろう[14]。

　そうすると、結局のところ、本判決は、旧訴の原告に対して再訴禁止という制裁を課する合理的理由があるかどうかを検討し、それがあるといえない場合には新訴提起を許すという判断枠組みを採用しているということになるから、再訴禁止の判断枠組みという観点からすると、前記3の「濫用説」によるものと理解することができる。

5　本件への当てはめ──【判旨】3

(1)　【判旨】3の判例としての位置付け

　【判旨】3は、民集の判決要旨として抽出されていないが、【判旨】2に宣明した法理を本件の具体的事案に適用した結果を示したものであり、事例判例として位置付けることができる。

　そこで、【判旨】2に説示された「当事者の同一性」、「訴訟物の同一性」、「訴えの利益又は必要性の同一性」の順に検討してみよう。

---

(13)　上田徹一郎・昭和52年度重判142〜143頁、同「判批」民商法雑誌（1981年）83巻4号624頁を参照。

(14)　牧山・前掲注(10)の246頁、上田・前掲注(13)の143頁、角森正雄・百選Ⅰ〔新法対応補正版〕（1998年）171頁は、同旨の指摘をする。

第9章　判決によらない訴訟の終了　557

(2)　当事者の同一性

本判決に接して、最高裁が何故このような内容の判決を言い渡すことにしたのだろうかとの疑問を抱いたとすれば、民訴法の学習についてはアドヴァンスト・レベルに達していると自信を持ってよい。

なぜなら、【事実】5のとおり、本件では、肝心のY_1は控訴・上告しておらず、Y_2のみが控訴・上告しているのであり、XのY_2に対するH_2退去L明渡しを求める訴えが民訴法262条2項の規定によって禁止されることがないのは、被告を異にする以上自明のものであるからである[15]。すなわち、Y_2が主張した上告理由は、自らに対する原判決の違法を主張するものではないから、そもそも上告理由にすることのできないもの（主張自体失当）なのである。

この点につき、本判決は判決文中に触れるところがなく、担当調査官の解説にも何らの説明もない。したがって、推測するしかほかに方法がないのであるが、1つの説明としては、民訴法262条2項にいう「同一の訴え」の意義及びその適用に係る問題は、重要な割には実際にそう頻繁に争われる問題ではないので、最高裁は、将来の裁判実務を整序するため、あえて本件のY_2の上告理由を取り上げて判例にすることにしたというものである。

そうすると、【判旨】2、3の判断は、いずれも、本来的にはすべて傍論（obiter dicta）というべきなのかもしれない。しかし、最高裁がこれらの判断を理由にして上告棄却の主文を導くこととした以上、主論（ratio decidendi）といってよいのであろう。

(3)　訴訟物の同一性

本判決の論理に沿って、以下、Y_1について検討することにしよう。

ア　建物収去土地明渡請求の訴訟物

Y_1に対する建物収去土地明渡しを求める旧訴の訴訟物をどう把握するかについては、争いがある。一般に、土地所有権に基づく返還請求権としての土地明渡請求権1個であるとする見解（旧一個説）、土地所有権に基づく妨害排除請求権としての建物収去請求権と土地所有権に基づく返還請求権としての土地

---

[15]　Y_2に対するH_2収去L明渡しを求める第2次請求についても、民訴法262条2項の規定によって禁止されることがないのは当然である。【判旨】2は、同項の規定によって禁止されるのが「当事者を同じくする訴え」であることを明言する。

明渡請求権の2個であるとする見解（二個説）、土地所有権に基づく建物収去土地明渡請求権1個であるとする見解（新一個説）の3説に分類される。そして、この点について説示した最高裁判例はないものの、最高裁を含む民事裁判実務は通説である旧一個説を前提にしていると理解されている[16]。

　本判決は、【判旨】3のとおり、原判決の確定した事実に参照判例として挙げた最1小判昭和43・6・13の解釈論を当てはめて、増築部分がH_1に附合してH_2となった旨判断するのであるが、この判断は、①H_2がY_1の所有に属すること及び②H_2とH_1との間に同一性が維持されていることを説示するものである。上記の旧一個説によれば、①の点のみによって旧訴請求権と新訴請求権とが同一であるとの結論を導くことになり、上記の二個説又は新一個説によれば、①及び②の点を併せ考慮することによって旧訴請求権と新訴請求権とが同一であるとの結論を導くことになるので、民訴法262条2項の規定の適用の前提を成すことになる。

　したがって、本判決によっても、最高裁が上記の3説のいずれの見解を前提にするのかを確かに判定することはできない。

イ　訴えの交換的変更と訴えの取下げ

　原告が訴えの提起時に特定した請求を訴訟係属後に変更することを訴えの変更という（民訴法143条）が、訴えの変更には追加的変更（従来の請求を維持しつつ別個の請求を追加するもの）と交換的変更（従来の請求に代えて新たな請求を審判の対象にするもの）との2つの類型がある。

　訴えの交換的変更につき、最1小判昭和32・2・28民集11巻2号374頁［25］は、新請求を追加して、その訴訟係属後に旧請求を取り下げるか又は請求を放棄するものと解するのであるが、本判決は、【判旨】3において、「控訴審においてされた訴の交換的変更の場合には旧訴については訴の取下があったものと認めるべきである」と判示する。これは、原告において旧請求を明示に放棄するのでない限り、控訴審での訴えの交換的変更は原則として訴えの取下げとして扱うべきであるとの考え方を表明するものと理解すべきであろう。このように考えると、**控訴審において訴えの交換的変更があると、原則として民訴法262条2項の規定する再訴禁止の適用問題が生ずる**ことになる。

---

(16)　司法研修所・類型別58〜59頁を参照。

⑷ 訴えの利益（必要性）の同一性の評価根拠事実又は評価障害事実

本判決が上記⑶アのように建物の附合に言及する目的の1つは、旧訴と新訴における訴訟物の同一性を明らかにするところにあるのであるが、それだけにとどまらない。

もう1つの目的は、①本件における附合の成否は、微妙な問題を含んでいて必ずしも容易な判断ではないため、Xがこの判断を誤って H_1 収去L明渡請求を取り下げてLについての賃借権不存在確認請求に訴えを交換的に変更したのにも無理からぬところがあることを示し、かつ、②旧訴控訴審において、H_1 は現存しておらず現存する H_2 は自分の所有物ではないと主張していた Y_1 が、旧訴判決の確定後に、現存する H_2 は自分の所有物であると真っ向から矛盾する主張を始めたという事実関係、すなわちXの新訴提起の直接の原因が Y_1 の矛盾挙動にあることを示すところにある。

これを、前記3の再訴禁止の制度趣旨との関係で整理すると、上記①の事実は、Xのした旧訴請求の取下げに濫用的側面がなく、Xに制裁を加える必要に乏しいことを示す具体的事実であり、上記②の事実は、民訴法2条に規定する訴訟上の信義則に反する行動をとったのは Y_1 の側であって、Xのする新訴の提起に濫用的側面がないことを示す具体的事実である[17]。

本判決の【判旨】3から読み取ることができるのは、①本判決のいう「訴えの利益又は必要性の同一性」は、「当事者の同一性」及び「訴訟物の同一性」と異なって、規範的評価の性質を色濃く有すること、その結果、②実際上、民訴法262条2項の規定の発動を求める当事者（被告）は、旧訴請求の取下げが濫用というに足りることを示す評価根拠事実又は新訴の提起が濫用というに足りることを示す評価根拠事実を主張・立証する必要があり、相手方当事者（原告）は、それらの評価障害事実を主張・立証する必要があることである[18]。

---

[17] 近藤完爾＝小野寺忍「判批」判タ357号（1978年）95頁は、取下げの動機が最重要かつ決定的メルクマールであると述べる。しかし、原告の内心の動機に着目するよりも、本文で説明したように、2つの観点から客観的事実関係に即して「訴えの利益又は必要性の同一性」の有無を検討するという方法が裁判所の安定した判断を保障するものと思われる。

6　おわりに

本判決の判断のうち、【判旨】2 が法理判例、【判旨】3 が事例判例である。【判旨】1 は、【判旨】2 の結論を導く理由付け命題を説示するものである。

本判決は、訴えの取下げという原告の訴訟行為に対し、再訴禁止という制裁が比較法的にみると厳格にすぎるとの一般的な理解を背景にして、民訴法の条項を制限解釈する通説の立場を採用することを宣明した判例である。

本判決は、前記 5 (2)に説明したように、最高裁判例としてはやや強引に作られたきらいがあるが、最 2 小判昭和55・1・18判時961号74頁によって踏襲されており、現在も生きている判例である。

本判決は、判例形成の仕方として例外的なものであるが、稀にこのようなものもあることを知るという点からも興味深いものである。

---

(18)　本文で主張・立証の必要に言及するのは、訴訟の実際の動態を説明するものであって、民訴法262条 2 項の規定の発動につき弁論主義が適用されるとの趣旨をいうものではない。

◆ 請求の放棄

50 離婚請求訴訟と請求の放棄の許否
最１小判平成６・２・10民集48巻２号388頁［９］

【事実】

1　Ｘ（夫）とＹ（妻）は、夫婦であり、成人した２人の子がいる。Ｘは、Ａ女との間に３人の子がおり、Ａ女らと同居している。Ｘは、Ｙに対し、後記［関係図］に略記のとおり、離婚調停の申立て等を経て、平成元年12月23日、離婚を求めて訴えを提起した。Ｙは、Ｘが有責配偶者であるとして主位的に請求棄却を求めていたところ、平成３年７月19日、離婚請求が認容されることを条件として予備的に財産分与の申立てをした。Ｘは離婚給付として5000万円の支払を申し出たが、Ｙは、Ｘ所有の本件土地建物（成人した長男一家とともに居住している土地建物）、別の土地１筆及び現金１億3000万円の離婚給付を求めた。

2　第１審は、最大判昭和62・９・２民集41巻６号1423頁［29］に依拠して、Ｘの離婚請求を認容した上、Ｙの予備的財産分与の申立てに基づき、本件土地建物及び5500万円をＸからＹに財産分与すべきことを命じた[(1)]。

3　Ｘは、第１審判決における財産分与についての判断を不服として控訴するとともに、訴えの全部取下書を提出したが、Ｙが異議申立書を提出したため、訴え取下げの効力が生ずることはなかった。

4　Ｘは、控訴審の第３回口頭弁論期日において「離婚意思を放棄し、訴え却下を求める。」と記載された準備書面を陳述し、更に平成４年９月９日の第４回口頭弁論期日において「本訴の請求を放棄する。」と記載された準備書面を陳述した。

5　控訴審（原審）は、Ｘの控訴を棄却し、離婚請求の放棄が許されるかどうかにつき、人事訴訟手続法10条[(2)]の民訴法203条中請求の認諾に関する規定は婚姻事件に適用しない旨の定めは、その対象となる身分関係が当事者の自由

---

(1)　奈良地判平成４・１・30民集48巻２号394頁。

な解決にゆだねることのできないものであり、その審理については職権探知が行われることから、いったん訴えが提起された以上は当事者の任意の処分は許されず判決によって解決すべきとされることによるとした上、請求の認諾のみならず請求の放棄、和解も同様に許されないと判断した[3]。

6　Xが上告。上告理由は、控訴審判決には人事訴訟手続法10条の解釈適用を誤った違法があるというものである。

[関係図]

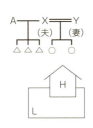

S50	Y→X	離婚調停申立て→取下げ
S51	Y→X	離婚調停申立て→取下げ
S52	Y→X	婚費分担申立て→月51万円の支払を命ずる審判
H1	X→Y	離婚調停申立て→不調→本件訴訟提起
H3	Y→X	予備的財産分与の申立て
H4・1・30		第1審判決→Xが控訴
H4・9・9		Xが請求の放棄

【判旨】

原判決破棄・訴訟終了宣言。

1　離婚請求訴訟における請求の放棄の許否

「離婚請求訴訟について請求の放棄を許さない旨の法令の規定がない上、婚姻を維持する方向での当事者による権利の処分を禁じるべき格別の必要性もないから、離婚請求訴訟において、請求を放棄することは許されると解すべきである。」

---

(2)　人事訴訟手続法10条1項は、「民事訴訟法第139条、第140条第1項、第255条、第316条及ヒ第317条ノ規定ハ婚姻事件ニ之ヲ適用セス同法第203条中請求ノ認諾ニ関スル規定亦同シ」と規定していた。後述4のとおり、人事訴訟法（平15法108号）の成立により、人事訴訟手続法は廃止された。

(3)　大阪高判平成4・11・11民集48巻2号410頁。

2　予備的財産分与の申立ての帰趨

「この場合、離婚請求が認容されることを条件として相手方から予備的に申し立てられた財産分与の申立ては、離婚請求の放棄によって当然に失効するものと解される。」

【判例の読み方】

1　本判決のポイント

本判決は、離婚請求訴訟において請求の放棄が許されるかどうかについての判断を示したものである。

本講は、まず、請求の放棄と認諾についての意義・要件・効果等の一般論を押さえた上で（後記2）、本判決の取り上げた離婚請求訴訟における請求の放棄の許否という論点につき、人事訴訟手続法10条1項の規定をめぐる解釈論（後記3）を展望し、本判決後の人事訴訟法による立法的解決を見て（後記4）、請求の放棄の成立要件に係る本判決の立場を確認し（後記5）、最後に、請求の放棄がされた場合における予備的財産分与の申立ての帰趨について検討する（後記6）。

2　請求の放棄と認諾

請求の放棄とは、訴訟上の請求に理由がないことを自認する旨の期日（口頭弁論期日、弁論準備手続期日又は和解期日）における原告の陳述をいう。請求の認諾とは、訴訟上の請求に理由があることを認める旨の期日における被告の陳述をいう。

民訴法267条は、請求の放棄又は認諾を当事者の意思に基づく訴訟終了事由として位置付けており、その旨の調書記載が確定判決と同一の効力を有するものとしている[4]。すなわち、請求の放棄は請求棄却判決と同一の、請求の認諾は請求認容判決と同一の効力を有する。

請求の放棄と認諾の法的性質につき、純粋の訴訟行為とする見解と実体法上

---

[4]　裁判所による放棄判決又は認諾判決によって訴訟終了の効力を生じ、判決の効力として既判力を生ずるという旧民訴法とは異なる。

の処分行為の性質をも有するとする見解とが存する。訴訟上の和解の法的性質に係る議論とほぼ同様のものであるので、48講の解説4を参照されたい。

3　人事訴訟手続法10条1項の規定をめぐる解釈論──【判旨】1

請求の放棄と認諾は、訴えの取下げと異なり、前記1のとおり訴訟物となった権利義務又は法律関係を処分したのと同一の効力を生じさせるから、当事者が訴訟物についての処分権を有していることが要件となる。

ところで、人事訴訟手続法10条1項は、婚姻事件につき民訴法203条（現行民訴法267条）の規定のうち請求の認諾に関する部分を適用しない旨を定める[5]が、請求の放棄には触れていない。これを文理解釈又は反対解釈すれば、請求の放棄に関する規定はそのまま適用されることになる。しかし、人事訴訟一般につき、人の身分関係は当事者の自由な処分が禁じられており、実体的真実発見の要請から職権探知主義が採用されていると考えるのであれば、請求の放棄についても人事訴訟手続法10条1項の規定を類推適用すべきであるとの結論に導かれる。

【事実】5の本件原判決は、後者の見解によったものであり、学説の有力説である[6]。

本判決は、前者の見解によったものであり、学説の多数説といってよい。しかし、学説の説明の仕方は様々である。

第1に、請求の放棄を私法上の請求権それ自体の放棄とは異なる訴訟を終了させるための行為とみて（前記2の純粋の訴訟行為とみて）、訴えの提起が強制されていないのと同様、請求の放棄も当然に許されるとする見解[7]がある。

第2に、人事訴訟手続法10条1項が請求の認諾のみを除外したのは婚姻事件における片面的職権探知（職権探知が婚姻を維持する方向にのみ作用すること）

---

(5)　人事訴訟手続法10条の規定は、同法26条により養子縁組事件に、同法32条により認知請求等の親子関係事件に、それぞれ準用されている。

(6)　岡垣学＝吉村徳重『注解新人事訴訟手続法』（青林書院、1987年）145頁［住吉博］、村重慶一＝梶村太市編『人事訴訟の実務［3訂版］』（新日本法規、1998年）80頁［武田聿弘］、野田愛子・私リマ11号（1995年下）93頁を参照。

(7)　三田高三郎『人事訴訟手続法解説』（帝国判例法規出版、1952年）331頁、加藤令造『人事訴訟手続の実務』（日本加除出版、1971年）36頁を参照。

に照応するものであるから、離婚請求の放棄は許してよいとする見解[8]がある。この考え方によると、双面的職権探知が適用される親子関係事件においては請求の認諾のみならず放棄も許されないという結論になる。

本判決は、【判旨】1の「婚姻を維持する方向での当事者による権利の処分を禁じるべき格別の必要性もない」との説示の仕方に照らして、第1の見解によったとは考え難く、第2の見解に親和性がある。

4　人事訴訟法による立法的解決──本判決の立法に対する影響

人事訴訟法が平成15年7月16日に公布され、平成16年4月1日に施行された。人事訴訟法の制定を中心とする人事訴訟制度の改革は、次の2つの要請によるものであった。第1は、長年の懸案であった人事訴訟事件の家庭裁判所への移管を実現することであり、第2は、1898（明治31）年に制定された人事訴訟手続法を現在の社会の実状に適合したものにすることである[9]。

人事訴訟法37条1項本文及び44条は、離婚及び離縁請求事件において請求の放棄及び認諾が許されることを明文をもって明らかにした[10]。これは、実体法である民法が協議離婚及び協議離縁を認める以上、請求の放棄及び認諾を不適法とする理由はないとの考え方に基づくものである。結局、**人事訴訟法は、本判決及び本判決が前提とした学説の考え方を立法化したものと理解することができる。**

なお、人事訴訟法37条1項ただし書は、同法32条1項の附帯処分についての裁判（本件における財産分与に関する処分についての裁判もそのひとつ）又は同条3項の親権者の指定についての裁判をする必要のない場合に限って請求の認諾を許すことにしており、きめの細かい手続規制を導入している。

結局、本判決の【判旨】1は、人事訴訟法の条文として取り込まれており、

---

(8)　伊藤・民訴469頁、新堂・新民訴359頁を参照。

(9)　梶村太市＝棚村政行編『新家族法大系第5巻　調停・審判・訴訟』（新日本法規出版、2008年）343頁［高田裕成］を参照。

(10)　ただし、当事者の意思の確認に慎重を期する趣旨から、民訴法266条2項の書面による認諾はすることができず（人事訴訟法37条1項本文及び44条）、また民訴法170条3項の電話会議システムによる弁論準備手続期日においては同条4項の不出頭当事者は認諾することができない（人事訴訟法37条3項・44条）。

現在では独自の存在意義はないのであるが、司法上の判断が立法に影響を与えた一例として位置付けることができる。

5 請求の放棄の成立要件に係る本判決の立場

本判決は、理由中で「記録によれば、……Xは、……平成4年9月9日の原審口頭弁論期日において右離婚請求を放棄する旨陳述したこと、が認められる」とし、Xの請求放棄の陳述が調書に記載されたことを認定しないまま、主文で「本件訴訟は、平成4年9月9日にXが請求を放棄したことにより終了した。」と訴訟終了宣言をした。

したがって、本判決は、調書への記載は請求の放棄の成立要件ではなく、確認的な性質のものにすぎず、請求の放棄は期日における当事者の口頭の陳述によって成立するとの立場によるものと理解することができる[11]。

そして、本判決は、主文において上記のとおりの訴訟終了宣言をした。これは、請求の放棄のみならず、請求の認諾、訴訟上の和解、訴えの取下げ等による訴訟終了の効果が争われる場合に、終局判決によって、訴訟終了の成否とその終了の態様等を明らかにする[12]という訴訟実務に定着した方式を踏襲したことを示している。

6 予備的財産分与の申立ての帰趨——【判旨】2

人事訴訟法32条1項は、裁判所は、離婚請求を認容する場合には、申立てにより、子の監護者の指定その他の監護に関する処分及び財産分与に関する処分をしなければならない旨規定するが、これは従前の実務の取扱い[13]を明文化したものである。

本判決の【判旨】2は、離婚請求訴訟において請求の放棄がされた場合における予備的財産分与の申立ての帰趨について判断するものである。この財産分与の申立ては、離婚請求が認容されないことを解除条件とするものである[14]から、離婚請求が放棄された結果、解除条件の成就が明らかになることによって

---

(11) 野山宏・最判解平成6年度民事203頁を参照。

(12) 長谷部・民訴256頁を参照。

(13) 野山・前掲注(11)205頁を参照。

失効するのは当然のことというべきであろう[15]。

　人事訴訟法が施行された現在においても起こり得る問題であり、本判決の【判旨】2は生きている法理判例ということになる。

　ところで、離婚請求を形の上では争ってはいるものの、内心では財産分与等の内容次第では離婚に応じてもよいと考えている被告も実際には存する。そのような被告にとっては、本件におけるように、控訴審での請求の放棄によって第1審判決が失効することを防ぐために、控訴審において離婚の反訴とともに財産分与の申立てをするといった対策を忘れてはならないことになる[16]。

7　おわりに

　本判決は、【判旨】1のみが民集における判決要旨として抽出されているが、【判旨】1、2ともに**法理判例**である。【判旨】1は、平成16年4月1日施行の人事訴訟法の規定として取り込まれているから、今後これ自体を問題にする必要は少ないであろうが、【判旨】2は現在も生きている判例である。

　請求の放棄の効力が争われるということ自体珍しいものである。学説が多岐に分かれて対立しているためか、本判決は、親子関係事件を含む人事訴訟一般について請求の放棄が許されるかどうかの議論に立ち入ることはしていない。離婚請求訴訟についてみれば、請求の放棄が許されるというのが大方の理解であったところ、これに沿った結論を採り、人事訴訟法の立法を促したものとみることができ、司法と立法との相互関係を考える素材になろう。

⒁　本判決は、【判旨】2において、「離婚請求が認容されることを条件として」と表現しており、離婚請求の認容を停止条件とする申立てとして構成しているようにみえるが、本文のように構成するのが正確であろう。

⒂　本文4のとおり、人事訴訟法37条1項ただし書は、財産分与の申立てがされていてその裁判をしなければならない場合には、請求の認諾をすることができないこととしている。

⒃　島田充子・平成6年度主要民事判例解説（判タ882号）249頁を参照。

●事項索引●

【あ行】

充て職……………………………………………6
あらかじめ一義的に明確に認定することができ
　る…………………………………………79
案分説……………………………………493,494
遺言無効確認の訴え………………………………54
遺産確認の訴え……………………113,117,356
　──の訴訟物の性質……………………………360
　──の紛争解決機能……………………………361
遺産共有と通常の共有…………………………359
慰謝料……………………………………………268
移審する請求の範囲……………………………404
一部請求訴訟における相殺………………491,496
一部請求敗訴後の残部請求……………………482
一物一権主義……………………………………465
１回的給付請求権…………………………………80
入会権………………………………………………42
　──確認の訴え…………………………………366
入会団体の原告適格………………………………39
内側説……………………………………493,494
訴えの取下げと意思表示の瑕疵………………553
訴えの利益…………………………………………91
　──（必要性）の同一性……………………559
　──の失われない特別事情……………………99
a＋b………………………………………………164

【か行】

概括的認定………………………………………229
回顧型損害額認定………………………………269
会社の補助参加…………………………………409
確認訴訟……………………………………………56
確認の利益………………………………………138
型…………………………………………………213
株主総会決議
　──取消訴訟……………………………………91
　──不存在確認の訴え…………………………93
株主代表訴訟……………………………………409
　──の訴訟構造…………………………………411
過料の制裁…………………………………………92
管轄配分説…………………………………………21
間接事実
　──推認説………………………………………12

──の自白の拘束力……………………………168

間接反証………………………………………244
管長の地位…………………………………………8
管理組合…………………………………………64
基準時後における形成権の行使………………475
擬制……………………………………………258
規範的要件
　──（過失）と概括的認定……………………232
　──の主張・立証責任…………………………254
既判力
　──・執行力の拡張……………………………517
　──に矛盾する後訴……………………………464
　──の及ぶ判断の範囲…………………………496
　──の（実質的）矛盾関係…461,465,467,469
　──の時的限界…………………………………474
　──の制限………………………………………448
決まり文句………………………………………212
義務履行地…………………………………………23
逆推知説……………………………………………21
客観説……………………………………………266
旧訴訟物理論……………………………………108
給付の訴え
　──における原告適格…………………64,65,67
　──における被告適格…………………………67
共同所有関係と訴訟形態………………………363
共同訴訟
　──における審理判断の規律…………………379
　──の類型………………………………………378
共有権………………………………………338,341
　──確認訴訟……………………………………339
　──に基づく所有権移転登記請求訴訟………340
　──に基づく登記請求訴訟……………………342
共有の性質を
　──有しない入会権……………………………43
　──有する入会権………………………………43
共有持分確認の訴え………………………113,117
共有持分権………………………………………341
　──に基づき行使することのできる請求権
　　…………………………………………………68
禁止される「同一の訴え」……………………555
金融機関の顧客情報……………………………294
区別する（distinguish）………………………84
経験則……………………………………………289

事項索引　569

——の例外……………………………292
経済的・市民的活動…………………………5
形式的証拠力……………………287,292
形成訴訟……………………………93
継続的給付請求権……………………80
継続的不法行為……………………75
決議の取消しを求める実益………………92
血脈相承……………………………2
権限規定……………………………271
現実的損害説……………………………242
権利主張参加……………………………391
——の意義と要件……………………392
権利能力のない社団……………………33
合意解除による不当利得返還請求権……105,107
交互尋問制……………………………330
口頭弁論終結後の承継人………………501
口頭弁論の全趣旨……………………176
高度の蓋然性……………………………282
——説……………………………219
抗弁……………………………160
——先行型……………………144,148
顧客情報の4類型……………………304
国際裁判管轄……………………………19
個別事案説……………………266,269
固有必要的共同訴訟………119,339,340,356
——と訴えの取下げ……………345,361
ゴルフクラブ……………………………30

【さ行】

債権者代位訴訟……………………………123
債権的（登記）請求権………………350
再訴禁止……………………………554
裁判所に対する拘束力………………169
債務不存在確認の訴え………………134
裁量説……………………………265
詐害防止参加……………………………390
差額説……………………………242
錯誤の規定と瑕疵担保の規定の優先関係……543
参加的効力……………………………425
——の援用権者……………………433
——の客観的範囲……427,429,435,436,440
——の主観的範囲……………………437
——の性質……………………………428
残部請求
——が許される「特段の事情」………488
——の許否……………………………487

事案解明義務……………………249,255
事案を異にし本件に適切でない…………51
死因贈与契約……………………………162
自己査定資料……………………318,323
自己利用文書……………318,319,321
事実上の推定……………278,280,282
事実的要件（事実的因果関係）と概括的認定
……………………………………234
事実問題……………………………258
実益説……………………………93
実質説（実体法説）……………………509
実質的証拠力……………………287,292
実質秘説……………………………298
実体審理のための要件………………139
実体判断のための要件………………139
自働債権の存否についての既判力………493
自白……………………………168
——の拘束力……………………166
自判……………………………246
死亡した幼児の逸失利益………………268
釈明義務……………………110,199,202
——違反……………………………201
釈明権……………………………190
——（の）行使……………………198
——行使の類型論……………………193
——の存在理由……………………193
釈明権限……………………………110
——の及ぶ範囲……………………194
主位的請求原因……………………183
宗規……………………………2
宗教活動……………………………5
宗教上の
——教義……………………………2
——教義や信仰の内容に立ち入ることが不可
　避である場合……………………8
——地位の確認……………………7
宗教団体内部における懲戒処分の効力の有無の
　確認……………………………7
終局判決後の訴えの取下げ………………550
住職の地位……………………………8
宗制……………………………2
住民訴訟……………………………375
重要な事実（material facts）………51,84
主観的範囲……………………………435
取材源……………………………308
——の秘密……………………………312

取材の手段・方法の刑罰法令違反如何⋯⋯⋯315
主債務者勝訴の確定判決⋯⋯⋯⋯⋯⋯⋯525
主張共通の原則⋯⋯⋯⋯⋯⋯⋯⋯⋯⋯⋯179
主張事実と認定事実の同一性⋯⋯⋯⋯⋯164
主張自体失当⋯⋯⋯⋯⋯⋯⋯⋯⋯⋯⋯⋯67
主張した事実と認定した事実との間の同一性
⋯⋯⋯⋯⋯⋯⋯⋯⋯⋯⋯⋯⋯⋯⋯⋯⋯161
主張責任説⋯⋯⋯⋯⋯⋯⋯⋯⋯⋯⋯⋯⋯11
主張の不明瞭をただす釈明権⋯⋯⋯⋯⋯202
受働訴訟⋯⋯⋯⋯⋯⋯⋯⋯⋯⋯⋯⋯⋯⋯350
主要事実と間接事実との区別⋯⋯⋯⋯⋯174
主論（ratio decicendi）⋯⋯⋯⋯⋯⋯⋯⋯60
　　──と傍論⋯⋯⋯⋯⋯⋯⋯⋯⋯⋯⋯444
準物権行為の独自性⋯⋯⋯⋯⋯⋯⋯⋯⋯175
　　──肯定説⋯⋯⋯⋯⋯⋯⋯⋯⋯⋯⋯175
消極的確認の訴え⋯⋯⋯⋯⋯⋯⋯⋯⋯⋯56
証拠能力⋯⋯⋯⋯⋯⋯⋯⋯⋯⋯⋯327,331
証拠の偏在⋯⋯⋯⋯⋯⋯⋯⋯⋯⋯⋯⋯223
証拠の優越説⋯⋯⋯⋯⋯⋯⋯⋯⋯⋯⋯219
焼失家財の損害額の認定⋯⋯⋯⋯⋯⋯⋯269
上訴
　　──しない敗訴者の上訴審における地位⋯405
　　──又は上訴の取下げ⋯⋯⋯⋯377,381
情報（証拠）偏在型訴訟⋯⋯⋯⋯⋯⋯⋯251
証明度⋯⋯⋯⋯⋯⋯⋯⋯216,219,226
　　──軽減説⋯⋯⋯⋯⋯⋯⋯⋯⋯⋯265
　　──と概括的認定⋯⋯⋯⋯⋯⋯⋯230
将来給付の訴え⋯⋯⋯⋯⋯⋯⋯⋯⋯⋯75
職業の秘密⋯⋯⋯⋯294,295,308,312
書証⋯⋯⋯⋯⋯⋯⋯⋯⋯⋯⋯⋯⋯⋯286
職権調査事項⋯⋯⋯⋯⋯⋯⋯⋯⋯100,132
処分権主義⋯⋯⋯⋯⋯⋯⋯⋯⋯⋯106,115
　　──と不利益陳述⋯⋯⋯⋯⋯⋯⋯108
処分証書⋯⋯⋯⋯⋯⋯⋯⋯⋯⋯⋯⋯⋯291
所有権喪失の抗弁⋯⋯⋯⋯⋯⋯⋯154,162
所有権と共有持分権⋯⋯⋯⋯⋯⋯⋯⋯453
自律的決定尊重説⋯⋯⋯⋯⋯⋯⋯⋯⋯12
事例判例⋯⋯⋯⋯⋯⋯⋯⋯⋯⋯⋯⋯85
新既判力説⋯⋯⋯⋯⋯⋯⋯⋯⋯⋯⋯⋯432
心証の形成過程⋯⋯⋯⋯⋯⋯⋯⋯⋯⋯282
新訴訟物理論⋯⋯⋯⋯⋯⋯⋯⋯⋯⋯⋯109
審判対象の同一性⋯⋯⋯⋯⋯⋯⋯⋯⋯137
新類型説⋯⋯⋯⋯⋯⋯⋯⋯⋯⋯⋯⋯22
推認⋯⋯⋯⋯⋯⋯⋯⋯⋯⋯⋯⋯229,258
請求原因事実⋯⋯⋯⋯⋯⋯⋯⋯⋯⋯⋯159
請求権

──適格⋯⋯⋯⋯⋯⋯⋯⋯⋯⋯⋯⋯75
──の競合⋯⋯⋯⋯⋯⋯⋯⋯⋯⋯⋯116
請求の
　　──基礎の同一性⋯⋯⋯⋯⋯⋯⋯119
　　──合理的解釈⋯⋯⋯⋯⋯⋯⋯⋯65
　　──認諾⋯⋯⋯⋯⋯⋯⋯⋯⋯⋯563
　　──放棄⋯⋯⋯⋯⋯⋯⋯⋯561,563
政治的・政策的裁量⋯⋯⋯⋯⋯⋯⋯⋯252
生前贈与契約⋯⋯⋯⋯⋯⋯⋯⋯⋯⋯⋯164
積極的確認の訴え⋯⋯⋯⋯⋯⋯⋯⋯⋯56
積極的釈明⋯⋯⋯⋯⋯⋯⋯⋯⋯⋯⋯⋯111
積極否認⋯⋯⋯⋯⋯⋯⋯⋯⋯⋯⋯⋯160
折衷説⋯⋯⋯⋯⋯⋯⋯⋯⋯⋯⋯⋯⋯265
前後理論⋯⋯⋯⋯⋯⋯⋯⋯⋯⋯⋯⋯244
前訴確定判決が解決した紛争の範囲⋯⋯⋯458
選択的併合⋯⋯⋯⋯⋯⋯⋯⋯⋯113,115
専門技術的裁量⋯⋯⋯⋯⋯⋯⋯251,252
占有権原の抗弁⋯⋯⋯⋯⋯⋯⋯⋯⋯181
先例拘束性の原理（doctrine of stare decisis）
⋯⋯⋯⋯⋯⋯⋯⋯⋯⋯⋯⋯⋯⋯⋯⋯⋯60
相殺の抗弁⋯⋯⋯⋯⋯⋯⋯⋯⋯⋯⋯141
送達の適法性⋯⋯⋯⋯⋯⋯⋯⋯⋯⋯⋯471
争点整理⋯⋯⋯⋯⋯⋯⋯⋯⋯⋯⋯⋯173
総有的に帰属する債権債務⋯⋯⋯⋯⋯68
総有不動産と登記⋯⋯⋯⋯⋯⋯⋯⋯⋯48
訴訟行為の合理的解釈⋯⋯⋯⋯⋯⋯⋯146
訴訟告知の効力の及ぶ主観的範囲⋯⋯⋯436,438
訴訟材料新提出の釈明⋯⋯⋯⋯⋯⋯⋯111
訴訟上の因果関係の立証⋯⋯⋯⋯⋯⋯217
訴訟上の和解
　　──と既判力⋯⋯⋯⋯⋯⋯⋯540,544
　　──の解除と訴訟終了効⋯⋯⋯⋯548
訴訟追行権⋯⋯⋯⋯⋯⋯⋯125,127,130
訴訟物
　　──限定説⋯⋯⋯⋯⋯⋯⋯⋯⋯414
　　──の異同⋯⋯⋯⋯⋯⋯⋯104,107
　　──非限定説⋯⋯⋯⋯⋯⋯⋯⋯414
外側説⋯⋯⋯⋯⋯⋯⋯⋯⋯⋯⋯493,494
損害額（逸失利益）を推計する方法⋯⋯⋯243

【た行】

第1段の推定⋯⋯⋯⋯⋯⋯⋯⋯⋯⋯⋯277
第三者の訴訟担当⋯⋯⋯⋯⋯⋯⋯⋯⋯69
対象適格⋯⋯⋯⋯⋯⋯⋯⋯⋯⋯⋯⋯57
第2段の推定⋯⋯⋯⋯⋯⋯278,286,287
代表者に対する特別の授権⋯⋯⋯⋯⋯40,45

代表者の授権の有無	73	——変更	382
他主占有の抗弁	181	比較衡量説	298, 313
建物買取請求権	472, 477	評価根拠事実	254
単純併合	115	付随的便益	98
抽象的な違法宣言	95	物権的登記請求権	351
重複訴訟禁止の原則	123, 128, 137, 141	物権的返還請求権	352
賃料相当損害金請求	81	不当利得返還を求める将来給付の訴え	87
ディスティンクション	367, 373	付郵便送達	463
適格承継説（形式説・訴訟法説）	510	不利益性	325
適法性確保説	93	不利益陳述	108, 177, 179
手渡し釈明	196, 198	——と釈明権の行使	184
伝聞証拠	331	——と証拠による認定の要否	186
当事者相対効の原則	503	——と訴訟物	184
当事者適格	66, 123, 125, 130	不利益変更禁止の原則	494, 498
当事者に対する拘束力	170	分割帰属する債権債務	68
当事者能力	66	紛争の成熟性	54, 61
独自性否定説	175	紛争の統一的解決	533
特段の事情（事実上の推定の反証）	282	紛争予防機能	98
——アプローチ（国際裁判管轄）	19, 20, 25	別訴先行型	143, 144
独立財産	34	変造又は改ざんの可能性	289
独立当事者参加	124, 387	弁論主義	100, 157
——訴訟	130	——と概括的認定	229
取引明細表	296, 303	法源（source of law）	60
		放射線起因性	217, 221

【な行】

		法主の地位	10
内部文書性	323	法人格のない社団	68
二重譲渡	387	法人格否認の法理	514, 516
2段の推定	274, 277, 288	——と自白の撤回	520
任意的訴訟担当	69	法人でない社団	33
認定と判断	228	法定解除による原状回復請求権	105, 107
能働訴訟	350	法定証拠法則	278, 287
		法定訴訟担当	126

【は行】

		報道の公共の利益性	315
場合判例	85, 96	法律上の争訟	2, 6
敗訴者の1人による上訴	401	法律上の地位	8
判決釈明	198, 204	法律問題	258
判決の当然失効	121	法理判例	85
判決要旨	260	傍論（obiter dicta）	60, 259, 260, 517
反射的効力	523	保管者冒用型	280, 283
——の意義	526	保証人敗訴の確定判決に対する請求異議事由	
反証	280, 281, 282		525
反対訊問		補助参加の要件としての	
——権の保障	330	——訴訟の結果	414
——の機会	327, 331	——利害関係	413
判例	260	補助参加の利益の有無の識別基準	413, 419
——の射程	51	補助事実の自白	171

本案審理の要件……………………………131
本案判決の要件……………………………131
本証…………………………………………282

【ま行】

民事事件
　　——における代替証拠の有無……………316
　　——の重大性如何……………………316
民訴法220条4号ハ……………………296
民訴法228条4項………………………284
　　——の推定を妨げる反証
　　……………………………………289,291
民訴法248条……………………………246,262

【や行】

優越的蓋然性説…………………………219
予測型損害額認定………………………269

預託金
　　——会員制……………………………30
　　——制ゴルフクラブ……………………37
予備的財産分与の申立て………………566
予備的請求原因…………………………183
予備的反訴………………………………145
予備的併合………………………………115

【ら行】

利益衡量説………………………………21
利益変更禁止の原則……………………401
立証を促す釈明権………………………203

【わ行】

和解と要素の錯誤との関係……………543

●判例索引●

大判明治39・2・5民録12輯165頁 ……………… 43
大判明治42・5・28民録15輯528頁 ……………476
大判（連）明治43・11・26民録16輯764頁
　　　　　　　　　　　　　　　　……………476,477
大判大正2・7・11民録19輯662頁 ……………361
大判大正5・6・13民録22輯1200頁…………342
大判大正6・9・18民録23輯1342頁 …………543
大判大正6・10・27民録23輯1867頁 …………108
大判大正10・3・18民録27輯547頁 …………342
大判大正10・6・13民録27輯1155頁 …………342
大判大正10・12・15民録27輯2160頁 ……542,543
大判大正11・7・10民集1巻386頁 ………340,344
大判大正11・7・15新聞2033号20頁 …………476
大判大正12・4・16民集2巻243頁 …………343
大判大正13・5・19民集3巻211頁 ……339,342
大判大正13・11・20民集3巻516頁 …………341
大判大正14・3・20民集4巻141頁 …………476
大判大正14・4・24民集4巻195頁 …………547
大判大正15・5・14民集19巻840頁 …………343
大判昭和5・11・5新聞3204号16頁…………476
大判昭和5・11・20裁判例4巻民113頁 ………342
大決昭和6・4・22民集10巻380頁 …………547
大判昭和7・1・26民集11巻169頁 …………480
大判昭和7・3・7裁判例6巻民59頁…………351
大判昭和8・2・18法学2巻1231頁 …………548
大決昭和8・9・9民集12巻2294頁 …………415
大判昭和8・9・29民集12巻2408頁 …………476
大決昭和8・11・29裁判例7巻民273頁 ………548
大判昭和10・11・22裁判例9巻民288頁 ………351
大判昭和11・12・22民集15巻2278頁 …………555
大判昭和14・5・16民集18巻9号557頁 ……125,127
大判昭和14　8　12民集18巻903頁 ……………517
大判昭和15・7・26民集19巻1395頁………428,434
大判昭和16・3・26民集20巻361頁 …………552
大判昭和17・7・7民集21巻740頁 …………344
最2小判昭和24・2・1民集3巻2号21頁……334
最3小判昭和25・7・11民集4巻7号316頁 …169
最2小判昭和25・11・10民集4巻11号551頁 …165
最大判昭和27・8・6刑集6巻8号974頁 ………312
最2小判昭和27・12・5民集6巻11号1117頁
　　　　　　　　　　　　　……330,331,332,335
最1小判昭和27・12・25民集6巻12号1255頁…529
最2小判昭和28・11・20民集7巻11号1229頁…273

最大判昭和28・12・23民集7巻13号1561頁……94
仙台高判昭和29・8・2民集11巻14号2334頁…105
東京高判昭和29・12・22民集11巻2号267頁 …328
最3小判昭和30・5・31民集9巻6号793頁[51]
　　　　　　　　　　　……184,359,454,457
福岡高判昭和30・10・10下民集6巻10号2102頁
　　　　　　　　　　　　　　　　　　　…394
最1小判昭和30・12・1民集9巻13号1903頁…505
最3小判昭和30・12・26民集9巻14号2082頁[138]
　　　　　　　　　　　　　　　　　　　…62
最2小判昭和31・3・30民集10巻3号242頁[15]
　　　　　　　　　　　　　　　　…545,546
最1小判昭和31・5・10民集10巻5号487頁[27]
　　　　　　　　　　　　　　　　　　…343
最3小判昭和31・5・15民集10巻5号496頁[28]
　　　　　　　　　　　　　　　　　　…203
最2小判昭和31・5・25民集10巻5号577頁[34]
　　　　　　　　　　　　　……169,170,171
最2小判昭和31・7・20民集10巻8号965頁[58]
　　　　　　　　　　　　　　　　　　…532
最1小判昭和31・10・4民集10巻10号1229頁[74]
　　　　　　　　　　　　…58,59,60,62,63
最2小判昭和32・2・8民集11巻2号258頁[16]
　　　　　　　　　　　　　　　　…327〜
最1小判昭和32・2・28民集11巻2号374頁[25]
　　　　　　　　　　　　　　　　　　…558
最3小判昭和32・3・26民集11巻3号543頁 …332
最2小判昭和32・5・10民集11巻5号715頁[42]
　　　　　　　　　　　　　　　　…161,233
最2小判昭和32・6・7民集11巻6号948頁 …486
最3小判昭和32・7・9民集11巻7号1203頁
　　　　　　　　　　　　　　　　…332,335
大阪高判昭和32・9・16民集12巻9号1500頁…541
最2小判昭和32・11・1民集11巻12号1842頁[103]
　　　　　　　　　　　　　　　　　　…405
最3小判昭和32・12・24民集11巻14号2322頁[127]
　　　　　　　　　　　　　　　…104〜,184
最大判昭和33・3・5民集12巻3号381頁[19]
　　　　　　　　　　　　　　　　　　…546
最1小判昭和33・6・14民集12巻9号1492頁[68]
　　　　　　　　　　　　　　　　…540〜
最3小判昭和33・7・22民集12巻12号1805頁[86]
　　　　　　　　　　　　　　　　　　…343

最 2 小判昭和34・2・20民集13巻 2 号209頁 ‥‥486
最 1 小判昭和34・3・26民集13巻 4 号 1 頁[23]
‥‥‥‥‥‥‥‥‥‥‥‥‥‥‥‥‥351
最 1 小判昭和34・9・17民集13巻11号1372頁[74]
‥‥‥‥‥‥‥‥‥‥‥‥‥‥‥‥‥169
最 3 小判昭和34・9・22民集13巻11号1426頁[76]
‥‥‥‥‥‥‥‥‥‥‥‥‥‥254,255
最 3 小判昭和34・9・22民集13巻11号1451頁[77]
‥‥‥‥‥‥‥‥‥‥‥‥‥‥‥‥‥108
最 1 小判昭和34・11・19民集13巻12号1500頁[82]
‥‥‥‥‥‥‥‥‥‥‥‥‥‥‥‥‥169
大阪高判昭和35・7・22判例集未登載‥‥‥‥284
最 3 小判昭和36・2・28民集15巻 2 号324頁[17]
‥‥‥‥‥‥‥‥‥‥‥‥‥‥‥‥‥480
最 1 小判昭和36・3・16民集15巻 3 号524頁[25]
‥‥‥‥‥‥‥‥‥‥‥‥403,404,405
最 3 小判昭和36・8・8 民集15巻 7 号2005頁[93]
‥‥‥‥‥‥‥‥‥‥‥‥‥‥‥‥‥223
最 1 小判昭和36・10・5 民集15巻 9 号2271頁[105]
‥‥‥‥‥‥‥‥‥‥‥‥‥‥169,554
最 3 小判昭和36・12・12民集15巻11号2778頁[135]
‥‥‥‥‥‥‥‥‥‥‥‥‥‥‥‥‥476
最 2 小判昭和36・12・15民集15巻11号2865頁[138]
‥‥‥‥‥‥‥‥‥‥‥‥350,351,352,353
最 2 小判昭和37・1・19民集16巻 1 号76頁[1]
‥‥‥‥‥‥‥‥‥‥‥‥‥‥‥‥‥‥94
最 1 小判昭和37・4・12集民60号167頁‥‥‥‥532
最 2 小判昭和37・8・10民集16巻 8 号1720頁
‥‥‥‥‥‥‥‥‥‥‥‥486,494,496,498
最 1 小判昭和38・2・21民集17巻 1 号182頁[14]
‥‥‥‥‥‥‥‥‥‥‥‥‥‥‥‥‥547
最 3 小判昭和38・3・12民集17巻 2 号310頁[26]
‥‥‥‥‥‥‥‥‥‥‥‥‥‥350,351,352
新潟地判昭和38・7・9 下民集14巻 7 号1354頁
‥‥‥‥‥‥‥‥‥‥‥‥‥‥‥394,399
最 3 小判昭和38・7・30集67号141頁‥‥‥284〜
最 1 小判昭和38・8・8 民集17巻 6 号823頁[54]
‥‥‥‥‥‥‥‥‥‥‥‥‥‥‥‥‥‥94
最 3 小判昭和38・10・1 民集17巻 9 号1128頁[65]
‥‥‥‥‥‥‥‥‥‥‥‥‥‥‥‥‥555
盛岡地花巻支判昭和39・1・13民集20巻 7 号
1399頁‥‥‥‥‥‥‥‥‥‥‥166,175
最 1 小判昭和39・1・23集民71号271頁‥410,413
最 1 小判昭和39・1・28民集18巻 1 号136頁[25]
‥‥‥‥‥‥‥‥‥‥‥‥‥‥‥‥‥242
最 3 小判昭和39・4・7 民集18巻 4 号520頁[27]

‥‥‥‥‥‥‥‥‥‥‥‥‥‥‥116,121
最 3 小判昭和39・5・12集18巻 4 号597頁[33]
‥‥‥‥‥‥‥‥276,277,278,279,283
最 2 小判昭和39・6・24民集18巻 5 号874頁[66]
‥‥‥‥‥‥‥‥‥‥‥‥‥‥‥‥‥268
最 2 小判昭和39・6・26民集18巻 5 号954頁[56]
‥‥‥‥‥‥‥‥‥‥‥‥‥‥‥‥‥203
最 1 小判昭和39・7・28民集18巻 6 号1241頁[72]
‥‥‥‥‥‥‥‥‥‥232,233,234,235,236
最 1 小判昭和39・10・15民集18巻 8 号1671頁[96]
‥‥‥‥‥‥‥‥‥33,34,35,36,37,69
仙台高判昭和40・2・24集20巻 7 号1405頁
‥‥‥‥‥‥‥‥‥‥‥‥‥‥‥167,175
最 2 小判昭和40・4・2 民集19巻 3 号539頁[35]
‥‥‥‥‥‥‥‥‥‥‥‥‥‥‥476,477
浦和地川越支判昭和40・10・5 民集25巻 7 号893頁
‥‥‥‥‥‥‥‥‥‥‥‥‥‥‥‥‥338
東京高判昭和40・11・17民集22巻 3 号623頁 ‥‥347
最 3 小判昭和40・12・21民集19巻 9 号2270頁[99]
‥‥‥‥‥‥‥‥‥‥‥‥‥‥‥‥‥468
最 2 小判昭和41・3・4 民集20巻 3 号406頁[25]
‥‥‥‥‥‥‥‥‥‥‥‥‥‥‥‥‥204
最 3 小判昭和41・3・22民集20巻 3 号484頁‥‥510
最 3 小判昭和41・4・12民集20巻 4 号548頁[32]
‥‥‥‥‥‥‥‥‥‥‥‥‥‥‥‥‥165
最 1 小判昭和41・6・2 判時464号25頁
‥‥‥‥‥‥‥‥‥‥‥‥509,510,512
最 1 小判昭和41・9・8 民集20巻 7 号1314頁[72]
‥‥‥‥‥180,181,182,183,184,185,186
最 1 小判昭和41・9・22民集20巻 7 号1392頁[67]
‥‥‥‥‥‥‥‥‥‥‥‥‥‥‥166〜
広島地判昭和41・10・21民集27巻 7 号871頁 ‥‥402
最 2 小判昭和41・11・25民集20巻 9 号1921頁
‥‥‥‥‥‥‥40,41,42,43,45,366,367,
368,369,372,373,374
東京高判昭和42・2・17民集25巻 7 号897頁 ‥‥338
最 1 小判昭和42・3・23集民86号669頁
‥‥‥‥‥‥‥‥‥‥‥‥184,454,457
大阪地判昭和42・3・24集24巻11号1588頁‥426
最 2 小判昭和42・4・7 民集21巻 3 号572頁[29]
‥‥‥‥‥‥‥‥‥‥‥‥‥‥‥253,254
最大判昭和42・9・27民集21巻 7 号1925頁[82]
‥‥‥‥‥‥‥‥389,391,392,398,403
最 1 小判昭和42・10・19民集21巻 8 号2078頁[86]
‥‥‥‥‥‥‥‥‥‥‥‥‥‥34,36,37
最 3 小判昭和42・10・24集民88号741頁‥‥‥‥292

最2小判昭和42・11・10民集21巻9号2352頁[100]
……………242
最1小判昭和43・2・15民集22巻2号184頁[22]
……………548,549
最2小判昭和43・3・15民集22巻3号607頁[37]
……………341,347〜,350
最1小判昭和43・3・28判時518号49頁………127
最2小判昭和43・4・12民集22巻4号877頁[27]
……………403,404,405
大阪高判昭和43・5・16判時554号47頁………394
最1小判昭和43・6・13民集22巻6号1183頁[49]
……………552,558
最2小判昭和43・8・2民集22巻8号1558頁[79]
……………175
広島高判昭和43・12・24判時576号59頁
……………403,405,406
最1小判昭和44・2・27民集23巻2号511頁[43]
……………516,517,518,522
千葉地八日市場支判昭和44・3・5民集24巻6号
522頁……………188,194
最3小判昭和44・6・24民集23巻7号1156頁[90]
……………111,194,202,211,356
最3小判昭和44・7・8民集23巻8号1407頁[73]
……………464,468,469,471
最1小判昭和44・7・10民集23巻8号1423頁[74]
……………8
最3小判昭和44・9・2訟月16巻1号1頁……127
最1小判昭和44・9・18民集23巻9号1675頁[56]
……………554
東京高判昭和44・10・15民集24巻6号524頁
……………189,196
大阪高判昭和44・10・30高民集22巻5号729頁
……………426
最大決昭和44・11・26刑集23巻11号1490頁
……………310,311
最1小判昭和45・4・2民集24巻4号223頁[74]
……………95,96,99,100,101,102
最1小判昭和45・6・11民集24巻6号516頁[33]
……………111,188〜,202,212
最大判昭和45・6・24民集24巻6号712頁[28]
……………198,204,205,458
最1小判昭和45・7・9民集24巻7号755頁[78]
……………94
最大判昭和45・7・15民集24巻7号861頁………58
最2小判昭和45・7・24民集24巻7号1177頁…486
最1小判昭和45・10・22民集24巻11号1583頁[46]

………425〜,435,436,438,440,441,445
福島地郡山支判昭和45・11・24民集27巻3号602頁
……………123
最1小判昭和45・12・24判時618号34頁………407
名古屋地判昭和46・5・11民集27巻6号715頁
……………502,504
最2小判昭和46・6・25民集25巻4号640頁[30]
……………553
最3小判昭和46・6・29判時636号50頁………160
最1小判昭和46・10・7民集25巻7号885頁[60]
……………338〜,361,362
名古屋高判昭和46・11・25民集27巻6号723頁
……………502,507,508
最1小判昭和46・12・9民集25巻9号1457頁[43]
……………370
最3小判昭和47・2・15民集26巻1号30頁[37]
……………58,59,60,61,63
仙台高判昭和47・5・24民集27巻3号621頁…123
最2小判昭和47・6・2民集26巻5号957頁[67]
……………49,50,70
東京高判昭和48・2・22民集29巻9号1480頁
……………222,223
最1小判昭和48・4・5民集27巻3号419頁[51]
……………487,495,496
最3小判昭和48・4・24民集27巻3号596頁[10]
……………123〜,145
最1小判昭和48・6・21民集27巻6号712頁[65]
……………501〜
最2小判昭和48・7・20民集27巻7号863頁[20]
……………401〜
最3小判昭和48・10・9民集27巻9号1129頁[6]
……………33,69
最2小判昭和48・10・26民集27巻9号1240頁[7]
……………520,521
大阪高判昭和48・11・16判時750号60頁………44
松山地大洲支判昭和49・2・27高民集27巻3号
326頁……………524
最1小判昭和49・2・28判時735号97頁………265
最3小判昭和49・6・28民集28巻5号666頁[4]
……………533
東京高決昭和49・7・29判時755号103頁………517
高松高判昭和49・7・29高民集27巻3号319頁
……………524
最1小判昭和49・9・26民集28巻6号1283頁[57]
……………94
大阪地判昭和50・2・19民集31巻4号702頁…550

最 1 小判昭和50・3 ・13民集29巻 3 号233頁[13]
·····································392,405
大阪高判昭和50・3 ・28判時781号101頁···515,518
最 1 小判昭和50・4 ・10判時779号62頁 ·········72
最 1 小判昭和50・6 ・12判時783号106頁·········280
最 2 小判昭和50・10・24民集29巻 9 号1417頁[47]
················219,220,222,223,230,231
最 2 小判昭和50・11・7 民集29巻10号1525頁[50]
···360
最 3 小判昭和51・3 ・30判時814号112頁·········415
広島地昭和51・7 ・27判時823号17頁 ·········220
大阪高判昭和51・8 ・18民集31巻 4 号737頁
·····································551,557,558
東京高判昭和51・9 ・13判時837号44頁 ·········333
最 1 小判昭和51・9 ・30民集30巻 8 号799頁[28]
···488

最 1 小判昭和51・10・21民集30巻 9 号903頁[32]
···523〜
広島高松江支判昭和52・1 ・26判時841号 3 頁
···44
最 2 小判昭和52・4 ・15民集31巻 3 号371頁[15]
·····································172,173
最 3 小判昭和52・5 ・27金判548号42頁 ·········161
最 2 小判昭和52・6 ・20金判535号48頁
·····································474,475,478
名古屋高判昭和52・7 ・19民集34巻 2 号134頁
·····································154,161,164
最 3 小判昭和52・7 ・19民集31巻 4 号693頁[21]
···550〜
最 1 小判昭和53・3 ・23判時886号35頁
·····································532,533,537
最 1 小判昭和53・3 ・30民集32巻 2 号485頁[13]
·····································380,381
松山地昭和53・4 ・25判時891号38頁 ·········249
最 1 小判昭和53・9 ・14判時906号88頁·····514〜
広島高判昭和54・5 ・16判時944号40頁·········220
札幌高決昭和54・8 ・31判時937号16頁
·····································309,313,317
最 3 小判昭和55・1 ・11民集34巻 1 号 1 頁[1]
···8,10
最 2 小判昭和55・1 ・18判時961号74頁 ·········560
最 1 小判昭和55・2 ・7 民集34巻 2 号123頁[7]
···154〜
最 2 小判昭和55・2 ・8 民集34巻 2 号138頁[8]
···34
最 1 小判昭和55・4 ・10判時973号85頁 ·········4,9

最 3 小判昭和55・4 ・22判時968号53頁 ·········173
仙台高判昭和55・5 ・30判タ419号112頁·········392
最 1 小判昭和55・10・23民集34巻 5 号747頁[25]
···477
山形地鶴岡支判昭和56・3 ・31判時997号18頁
···238
最 3 小判昭和56・4 ・7 民集35巻 3 号443頁[14]
·····································8,10,11,13
那覇地沖縄支判昭和56・5 ・25判例集未登載···114
最 1 小判昭和56・10・8 判時1023号47頁·········268
最 2 小判昭和56・10・16民集35巻 7 号1224頁[38]
·····································17,19,20,21,22,27
最大判昭和56・12・16民集35巻10号1369頁[43]
··· 75,77,79,80,82,83,84,85,87,89,90,260
最 3 小判昭和57・3 ・30民集36巻 3 号501頁[19]
···477
最 3 小判昭和57・4 ・27判時1046号41頁·········164
最 1 小判昭和57・7 ・1 民集36巻 6 号891頁[28]
·····································42,343,370
東京地判昭和57・9 ・27判時1075号137頁·······21
最 3 小判昭和57・9 ・28民集36巻 8 号1642頁[41]
···94
東京高判昭和57・10・14判タ487号159頁·········99
最 3 小判昭和58・2 ・8 判時1092号62頁·········370
東京高判昭和58・2 ・28判時1075号121頁·······67
静岡地判昭和58・3 ・30判時1081号38頁·········3
最 2 小判昭和58・4 ・1 民集37巻 3 号201頁[8]
·····································381,382,383,384,385
最 3 小判昭和58・6 ・7 民集37巻 5 号517頁[15]
···93
最 3 小判昭和58・6 ・7 判時1084号73頁·········203
山口地岩国支判昭和58・7 ・11民集43巻 3 号170頁
···356
福岡高那覇支判昭和58・11・22判時1129号65頁
·····································114,119,121
高松高判昭和59・12・14判時1136号 3 頁
·····································249,257,259
最 2 小判昭和60・3 ・15判時1168号66頁·········391
広島高判昭和60・3 ・19民集43巻 3 号177頁
·····································356,361,363
仙台高秋田支判昭和60・3 ・26判時1147号19頁
·····································239,244,245
東京地判昭和60・8 ・29判時1196号129頁·······139
東京高判昭和60・10・30判時1173号140頁·······99
東京高判昭和60・11・21判時1173号14頁·········3
京都地判昭和60・12・13金判962号28頁·········387

東京高決昭和61・2・26判時1186号64頁………549
最1小判昭和61・3・13民集40巻2号389頁[9]
　　　……117,357,358,359,360,361,363,452,454
最1小判昭和61・4・3判時1198号110頁……203
最1小判昭和61・7・10判時1213号83頁
　　　　　　　　　　　　　………67,70,71,73
最1小判昭和62・7・2民集41巻5号785頁[18]
　　　　　　　　　　　　　　………240,242
大阪高判昭和62・7・16判時1258号130頁……140
最大判昭和62・9・2民集41巻6号1423頁[29]
　　　　　　　　　　　　　　　………561
東京地判昭和63・1・28判時1263号3頁………91
最3小判昭和63・3・15民集42巻3号170頁[7]
　　　　　　　　　　　　　　　………144
最1小判昭和63・3・31判時1277号122頁…87,88
福岡地小倉支判昭和63・10・12民集48巻7号
　　1359頁………………………491,498
東京高判昭和63・12・14判時1297号126頁……92
最3小判昭和63・12・20判時1307号113頁……12
山口地下関支判平成元・2・20判タ902号173頁
　　　　　　　　　　　　　　　………225
松山地判平成元・3・17判時1305号26頁………375
名古屋地判平成元・3・24民集48巻4号1075頁
　　　　　　　　　　　　　　………39,47
最3小判平成元・3・28民集43巻3号167頁[5]
　　　　　……114,119,341,356～,452
仙台高秋田支判平成元・9・11判例集未登載…275
最3小判平成元・9・19判時1328号38頁……113～
最2小判平成元・12・8民集43巻11号1259頁[26]
　　　　　　　　　　　　　………120,237～
福岡高判平成2・5・14民集48巻7号1373頁
　　　　　　　　　　　………493,498,499
大阪高判平成3・4・25金判962号23頁
　　　　　　　　　………363,388,399,400
東京地判平成3・5・22判時1400号84頁………462
名古屋高判平成3・7・18民集48巻4号1095頁
　　　　　　　　　　　　　　………39,47
大阪地判平成3・7・26民集49巻10号3059頁
　　　　　　　　　　　　　………472,480
東京地判平成3・9・27金判1020号31頁………449
最3小判平成3・12・17民集45巻9号1435頁[27]
　　　　　………142,144,145,146,148,150
東京高判平成3・12・17判時1413号62頁………392
最1小判平成4・1・23民集46巻1号1頁[1]…7
奈良地判平成4・1・30民集48巻2号394頁…561
大阪高判平成4・2・26民集49巻10号3079頁

　　　　　　　　　　　　　………472,480
千葉地判平成4・3・23民集51巻10号4067頁…16
高松高判平成4・5・12判時1419号38頁………376
最1小判平成4・10・29民集46巻7号1174頁[19]
　　　　　　　　　　　　　………229,249～
最1小判平成4・10・29民集46巻7号2580頁[20]
　　　　　　　　　　　　　　　………91～
大阪高判平成4・11・11民集48巻2号410頁…562
東京高判平成4・12・17判時1453号132頁……449
最1小判平成5・2・25民集47巻2号643頁[12]
　　　　　　　　　　　　　　　………77
最1小判平成5・2・25判時1456号53頁………77
東京高判平成5・3・3判時1456号101頁
　　　　　　　　　　　　　………463,470
長崎地判平成5・5・26判時1465号66頁………216
東京高判平成5・5・31民集51巻10号4073頁
　　　　　　　　　　　　　………17,23,26
最3小判平成5・7・20判時1503号5頁………12
最3小判平成5・7・20判時1508号18頁……274～
最3小判平成5・9・7民集47巻7号4667頁[32]
　　　　　　　　　　　　　　　………2～
最1小判平成5・11・25判時1503号18頁………12
最3小判平成6・1・25民集48巻1号41頁[3]
　　　　　　　　　　　　　………345,362
最1小判平成6・2・10民集48巻2号388頁[9]
　　　　　　　　　　　　　　　………561～
最3小判平成6・5・31民集48巻4号1065頁[20]
　　　　　　　　　………38～,70,73,370
最3小判平成6・9・27判時1513号111頁…387～
大阪地判平成6・10・28判タ865号256頁………54
最3小判平成6・11・22民集48巻7号1355頁[29]
　　　　　　　　　　………484,487,491～
広島高判平成7・2・22判タ902号154頁…226,234
大阪高判平成7・3・17判時1527号107頁……54
最3小判平成7・7・18民集49巻7号2717頁[34]
　　　　　　　　　　　　　　　………8
最2小判平成7・12・15民集49巻10号3051頁[42]
　　　　　　　　　　　　　　　………472～
大阪地判平成8・1・26判時1570号85頁………148
最1小判平成8・2・22判時1559号46頁
　　　　　　　　………111,203,204,208
東京高判平成8・4・8判タ937号262頁…148,149
最2小判平成8・6・24民集50巻7号1451頁[20]
　　　　　　　　　　　　　………17,20
東京地判平成8・9・5民集52巻4号1178頁…483
東京高判平成8・12・26判時1599号79頁………68

東京高判平成9・1・23民集52巻4号1187頁…484
最3小判平成9・2・14民集51巻2号337頁[9]
　　　　　　　　　　　　　　　　　…142,150
最3小判平成9・2・25民集51巻2号502頁[14]
　　　　　　　　　　　　　　　　　…225〜
最2小判平成9・3・14判時1600号89頁
　　　　　　　　　　　　　…184,418,448〜
最2小判平成9・3・14判時1600号97頁……448〜
最大判平成9・4・2民集51巻4号1673頁[23]
　　　　　　　　　　　　　　　　　…375〜
最3小判平成9・7・15民集51巻6号2581頁[39]
　　　　　　　　　　　　　　　　　…142,150
最1小判平成9・7・17判時1614号72頁……177〜
大阪高判平成9・10・30判例集未登載
　　　　　　　　　　…435,439,443,444
福岡高判平成9・11・7判タ984号103頁
　　　　　　　　…216,220,221,222,223
最3小判平成9・11・11民集51巻10号4055頁[54]
　　　　　　　　　　　　　　　　…16〜
最2小判平成10・6・12民集52巻4号1147頁[25]
　　　　　　　　　　　　　　　　　…482〜
最1小判平成10・9・10判時1661号81頁……461〜
京都地判平成10・12・11判時1708号71頁………220
東京地判平成11・3・26判時1788号144頁
　　　　　　　　　　　　…135,139,140
最2小判平成11・6・11判時1685号36頁……54〜
東京地判平成11・8・31判時1687号39頁………269
最3小判平成11・11・9民集53巻8号1421頁[29]
　　　　　　　　　　　　…370,371,373
最2小決平成11・11・12民集53巻8号1787頁[33]
　　　　　　　…319,321,322,324,325,326
名古屋地決平成12・2・18金判1100号39頁……409
長崎地壱岐支判平成12・3・9判例集未登載
　　　　　　　　　　　　　　…262,270
最1小決平成12・3・10民集54巻3号1073頁[12]
　　　　　　　　…298,299,309,312,313
名古屋高決平成12・4・4金判1100号34頁……410
最2小判平成12・4・7判時1713号50頁
　　　　　　　　　　　…458,459,460
最2小判平成12・7・7民集54巻6号1767頁[24]
　　　　　　　　　　　　　　　　　…383
最3小判平成12・7・18判時1724号29頁
　　　　　　　　　　　…216〜,228,231
最1小判平成12・9・7民集54巻7号2349頁[30]
　　　　　　　　　　　　　　　　　…5,10
最1小決平成12・12・14民集54巻9号2709頁[35]

　　　　　　　　　　　　　　　　　…322
最1小決平成13・1・30民集55巻1号30頁[3]
　　　　　　　　　…409〜,436,438
東京高判平成13・1・31判時1788号136頁
　　　　　　　　　　　…135,139,140
千葉地判平成13・2・21判時1756号96頁…31,35
最1小決平成13・2・22判時1745号144頁……419
最1小決平成13・3・22金法1617号39頁………72
最3小判平成13・3・27判時1784号16頁………139
東京高判平成13・8・22金判1157号10頁…31,35
最2小決平成13・12・7民集55巻7号1411頁[30]
　　　　　　　　　　　　　　　　…323
最3小判平成14・1・22判時1776号67頁
　　　　　　　　　　…420,434,435〜
東京地八王子支判平成14・5・30判時1790号47頁
　　　　　　　　　　　　　　　　　…75
最2小判平成14・6・7民集56巻5号899頁[19]
　　　　　　　　　　　　　…30〜,86
東京地決平成14・6・21判時1790号156頁……416
最3小判平成15・6・10判時1859号16頁
　　　　　　　　　　　…180,182,183
岐阜地判平成15・11・8金判1233号20頁………199
大阪高判平成15・12・24民集60巻4号1522頁…142
最1小判平成16・3・25民集58巻3号753頁[10]
　　　　　　　　　　　　　　　　…134〜
名古屋高判平成16・7・15金判1233号18頁
　　　　　…200,205,207,208,209,210
最1小決平成16・11・26民集58巻8号2393頁[36]
　　　　　　　　　　　　　　　　…323
鹿児島地判平成17・4・12民集62巻7号2002頁
　　　　　　　　　　　　　…366,370
最1小判平成17・7・14判時1911号102頁
　　　　　　　　　　　…111,199〜
新潟地決平成17・10・11判タ1205号118頁………308
福岡高判平成17・10・14判例集未登載
　　　　　　　　　　…264,272,273
最1小決平成17・11・10民集59巻9号2503頁[36]
　　　　　　　　　　　　　　　　…323
東京高判平成17・11・30判時1938号61頁………75
最3小判平成18・1・24判時1926号65頁…271,272
最1小決平成18・2・17民集60巻2号496頁[11]
　　　　　　　　　　　　　…319,323
東京地決平成18・3・14判時1926号42頁………316
東京高決平成18・3・17判時1939号23頁………309
東京高決平成18・3・29金判1241号2頁………319
最2小判平成18・4・14民集60巻4号1497頁[22]

判例索引　579

··141～
東京高決平成18·6·14判時1939号28頁···315,317
福岡高宮崎支判平成18·6·30民集62巻7号
　　2008頁···366
東京地決平成18·8·18金判1282号65頁········318
最3小決平成18·10·3民集60巻8号2647頁[40]
　　····················298,299,305,308～,317
名古屋地決平成18·12·19金法1828号53頁······294
東京高決平成19·1·10金判1282号63頁···319,324
名古屋高決平成19·3·14金法1828号51頁······295
最3小判平成19·5·29判時1978号7頁
　　····································75～,260,418
最2小決平成19·8·23判時1985号63頁···299,305
最2小決平成19·11·30民集61巻8号3186頁[32]
　　··318～
最3小決平成19·12·11民集61巻9号3364頁[36]
　　··294～
最1小判平成20·4·14民集62巻5号909頁[12]

··46
最3小判平成20·6·10判時2042号5頁······262～
東京地判平成20·6·24判例集未登載············64
最1小判平成20·7·10判時2020号71頁········489
最1小判平成20·7·17民集62巻7号1994頁[20]
　　··366～
最3小決平成20·11·25民集62巻10号2507頁[26]
　　····················302,304,305,306,307,326
東京高判平成20·12·10判例集未登載····64,70,72
名古屋高判平成22·12·10民集68巻2号166頁
　　··362

最3小判平成23·2·15判時2110号40頁·······64～
最1小決平成23·2·17判時2120号6頁···383,384
最2小判平成24·12·21判時2175号20頁······81,88
最1小判平成25·6·6民集67巻5号1208頁[12]
　　··486
最2小判平成26·2·14民集68巻2号113頁[3]
　　··362,363

＊　［　］内の番号は、最高裁判所判例解説民事篇中の解説番号を示す。
＊＊　太字は、本書各講の主要判例である。

■著者紹介
　田中　豊（たなか・ゆたか）

現職：弁護士、慶應義塾大学法科大学院客員教授
略歴：1973年　東京大学法学部卒業
　　　1977年　ハーバード・ロー・スクール法学修士（LL.M.）
　　　1987年　司法研修所教官（民事裁判）
　　　1988年　司法試験考査委員（民事訴訟法、民法）
　　　1992年　最高裁判所調査官（民事事件担当）
　　　1996年　裁判官退官、弁護士登録
　　　2004年　慶應義塾大学法科大学院教授
　　　2006年　新司法試験考査委員（民法）
主要著書：
　『判例でみる音楽著作権訴訟の論点60講』（編著）（日本評論社、2010年）
　『法律文書作成の基本──Legal Reasoning and Legal Writing』（日本評論社、2011年）
　『民事訴訟の基本原理と要件事実』（民事法研究会、2011年）
　『債権法改正と裁判実務──要件事実・事実認定の重要論点』（編著）（商事法務、2011年）
　『債権法改正と裁判実務Ⅱ──要件事実・事実認定の重要論点』（編著）（商事法務、2013年）
　『Q&A 金融ADRの手引き──全銀協あっせん手続の実務』（編著）（商事法務、2014年）
　『和解交渉と条項作成の実務』（学陽書房、2014年）
　『紛争類型別 事実認定の考え方と実務』（民事法研究会、2017年）
　『衆議のかたち2──アメリカ連邦最高裁判所判例研究（2005～2013）』（共著）（羽鳥書店、
　　2017年）

民事訴訟判例 読み方の基本
──The Fundamentals of Judicial Precedents on Civil Procedure
2017年9月25日　第1版第1刷発行

著　者	田中　豊
発行者	串崎　浩
発行所	株式会社 日本評論社

　　　　　　　〒170-8474 東京都豊島区南大塚3-12-4　振替 00100-3-16
　　　　　　　　　　　電話　03-3987-8621（販売：FAX-8590）
　　　　　　　　　　　　　　03 3987 8631（編集）

印刷所	精文堂印刷
製本所	難波製本
装　幀	有田睦美

ⓒ2017　Y. Tanaka　　Printed in Japan　　　　　　　　　　　　　検印省略

JCOPY ＜(社)出版者著作権管理機構 委託出版物＞

本書の無断複写は著作権法上での例外を除き禁じられています。複写される場合は、そのつど事前に、(社)出版者著作権管理機構（電話03-3513-6969、FAX03-3513-6979、e-mail: info@jcopy.or.jp）の許諾を得てください。また、本書を代行業者等の第三者に依頼してスキャニング等の行為によりデジタル化することは、個人の家庭内の利用であっても、一切認められておりません。

ISBN978-4-535-52222-0

法律文書作成の基本

田中 豊[著] Legal Reasoning and Legal Writing

訴状、答弁書、準備書面、契約書といった法律文書の「書き方」を学ぶための、日本で初の本格的な「リーガル・ライティング」のテキスト。　◆A5判／本体3,500円＋税

目次		
	第1章	法律文書作成の基本5段階
	第2章	日本の法と裁判手続の構造
	第3章	相談過程の文書
	第4章	訴状・答弁書・控訴状等
	第5章	判決書・決定書
	第6章	契約書
	Appendix	文書例

法律文書作成の基本
田中 豊[著]

Legal Reasoning and Legal Writing

法律実務家、ロー・スクール生のための
日本で初めての本格的な
「書き方」のテキスト

ケース演習 民事訴訟実務と法的思考

瀬木比呂志[著]

『ケースブック 民事訴訟活動・事実認定と判断』の解説をさらに徹底的に掘り下げ、設問に詳細にして完璧な解答を加えた待望の全面改訂版。　◆A5判／本体5,800円＋税

民事訴訟実務・制度要論　瀬木比呂志[著]

民事訴訟の実務とそれを支える制度のエッセンスを理論的見地もふまえて解説。かつて実務家も研究者も論じることができなかった点に言及。　◆A5判／本体6,500円＋税

要件事実・事実認定ハンドブック[第2版]

河村 浩・中島克巳[著]　　ダイアグラムで紐解く法的思考のヒント

民事裁判の基礎理論を根本から理解するためのハンドブック。債権法改正をふまえた記述にアップデートし、さらなる充実を期した第2版。　◆A5判／本体5,000円＋税

ADR仲裁法[第2版]　山本和彦・山田 文[著]

体系性・客観性・包括性を実現し、初学者から研究者・実務家まで、多様なニーズに応えうる、注目の2名の著者による最良のテキスト。　◆A5判／本体3,800円＋税

コンメンタール
民事訴訟法 I [第2版 追補版]・II [第2版]・III～VII

〔菊井維大・村松俊夫＝原著〕

秋山幹男・伊藤 眞・加藤新太郎・高田裕成・福田剛久・山本和彦[著]

第一線の研究者と実務家による「菊井＝村松」の全面改訂版、ついに完結！
民事訴訟法・民事訴訟規則を一体的に説明する。

◆ I ：本体5,400円＋税／II ：本体5,100円＋税／III ：本体5,000円＋税／IV ：本体5,200円＋税
◆ V ：本体4,400円＋税／VI ：本体5,200円＋税／VII ：本体4,800円＋税　すべてA5判

日本評論社
https://www.nippyo.co.jp/